SAVOIR VIVRE EN FRANÇAIS

LE MONDE FRANCOPHONE

1   La France
2   La Belgique
3   Le Luxembourg
4   La Suisse
5   Monaco
6   La Corse
7   Le Maroc
8   L'Algérie
9   La Tunisie
10 La Mauritanie
11 Le Sénégal
12 La Guinée
13 Le Burkina Faso
14 La Côte-d'Ivoire
15 Le Togo
16 Le Bénin
17 Le Cameroun
18 Le Gabon
19 Le Congo
20 Le Zaïre
21 Le Ruanda
22 Le Burundi
23 La République Centrafricaine
24 Le Tchad
25 Djibouti
26 Le Niger
27 Le Mali
28 Le Madagascar
29 Les Comores, T.O.M.
30 La Réunion, D.O.M.
31 La Guadeloupe, D.O.M.
32 La Martinique, D.O.M.
33 La Guyane française, D.O.M.
34 Haïti
35 Saint-Martin, T.O.M.
36 la Louisiane (Les États-Unis)
37 Saint-Pierre-et-Miquelon, D.O.M.
38 le Québec (Le Canada)
39 La Polynésie française, T.O.M.
40 Wallis-et-Futuna, T.O.M.
41 Vanuatu
42 La Nouvelle-Calédonie, T.O.M.
43 Le Kampuchéa

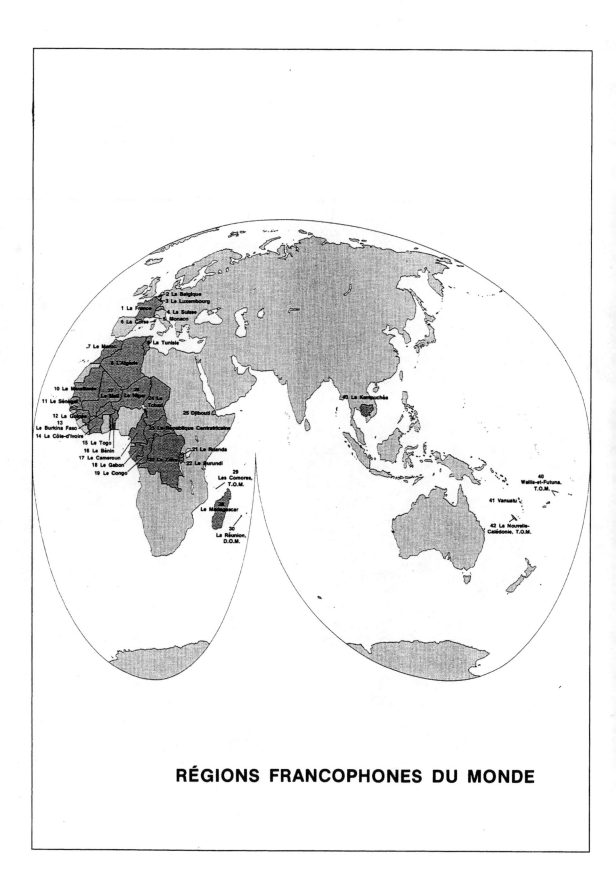

1 La France
2 La Belgique
3 Le Luxembourg
4 La Suisse
5 Monaco
6 La Corse
7 Le Maroc
8 L'Algérie
9 La Tunisie
10 La Mauritanie
11 Le Sénégal
12 La Guinée
13 Le Burkina Faso
14 La Côte-d'Ivoire
15 Le Togo
16 Le Bénin
17 Le Cameroun
18 Le Gabon
19 Le Congo
20 Le Mali
21 Le Rwanda
22 Le Burundi
23 Le Niger
24 Le Tchad
25 La République Centrafricaine
26 Djibouti (?)
28 Le Zaïre
29 Les Comores, T.O.M.
30 La Réunion, D.O.M.
40 Wallis-et-Futuna, T.O.M.
41 Vanuatu
42 La Nouvelle-Calédonie, T.O.M.
43 Le Kampuchéa
Le Madagascar

RÉGIONS FRANCOPHONES DU MONDE

SAVOIR VIVRE EN FRANÇAIS
CULTURE ET COMMUNICATION

HOWARD LEE NOSTRAND
University of Washington

FRANCES B. NOSTRAND
University of Washington

CLAUDETTE IMBERTON-HUNT
Académie de Lyon

WILEY

JOHN WILEY & SONS
New York Chichester Brisbane Toronto Singapore

Cover photo: Claude Monet, *La Rue Montorgueil, 1878*. Musée d'Orsay, Paris. Cette peinture commémore la grande fête de l'Exposition Universelle du 30 juin 1878. (Photo from Spadem/ARS/ Art Resource, NY.)

Library of Congress Cataloging in Publication Data:

Nostrand, Howard Lee, 1910-
     Savior vivre en francais : culture et communication / Howard L. Nostrand, Frances B. Nostrand, Claudette Imberton-Hunt.
     p.   cm.
     Bibliography: p.
     ISBN 0-471-82724-X (pbk.)
     1. French language—Textbooks for foreign speakers—English.
2. French language—Readers—France. 3. France—Civilization.
I. Nostrand, Frances B.   II. Imberton-Hunt, Claudette.   III. Title.
PC2129.E5N67 1988
448.2'421—dc19   87-31646
                                     CIP

Printed in the United States of America

10 9 8 7 6 5 4 3

PREVIEW

This is an intermediate college program which develops communicative competence through the discussion of important features of French culture and the francophone world. In a trial year, the course also proved successful in Advanced Placement classes. In terms of the ACTFL *Proficiency Guidelines*,[1] the aim is to complete at least the Intermediate level, "Survival competence," and to lay a sound basis for the Advanced level, "Limited social competence" in the four language skills and the social/cultural component.

What makes *Savoir vivre en français* different, in a field of some admirable competitors, is that we present French culture as an articulated whole centering around its major values, with the attendant habits of mind and assumptions about the individual and society that the outsider needs to know in order to grasp what the values mean for the person in the culture.

This integrative approach has several advantages. French life becomes more understandable and more interesting. The central values give insight into French expressions. Thus the language, too, grows more interesting, and words are easier to remember. In turn, the language furnishes concrete examples that make the underlying culture patterns come alive. Each of the 15 chapters contains brief *Scènes de la vie française*, made vivid on audio tapes by a troupe of French actors; they are to be improvised upon in class. In two tapes for each chapter a *présentatrice* and *présentateur*, Mme Huet and Vincent, help the students with their assignments, discuss French points of view on the readings, and provide a varied experience of today's spoken French, for they find themselves caught up in an evolving personal narrative occasioned by one of the students in America.

The advantages of seeing the culture as a whole go beyond the French experience. The student overcomes the ethnocentric presupposition that the foreign culture departs in all directions from one's home culture and has no unifying center of its own. That ethnocentric presupposition is only reinforced by early emphasis on contrastive analysis. The course is designed to induce an "examined experience" of the quest for useful generalization about a sociocultural system.

The program begins with a basic grammar review, to make up for the heterogeneous backgrounds of intermediate students. The first discussion is about the students' individual interests and goals. The subsequent chapters meet a wide variety of human interests and vocational concerns. The advantages of the book are enhanced if one devotes the entire year to it, rather than supplementing it with other grammars or readers. For classes that must omit parts of chapters, however, the *Manuel du professeur* suggests treating communication and the central elements of the culture as a core experience, to be broadened by at least one of three other sequences: sociocultural history, literature, and regional geography. Students whose interests relate to the parts omitted may enjoy summarizing them orally for the class.

Maximum practice in all four language skills is assured by using French

---

[1]American Council on the Teaching of Foreign Languages, 1986. Professor Howard Nostrand served as consultant for the all-language culture section of *Provisional Guidelines*, 1982, and as subcommittee chair for the same section in the application to French carried out by the American Association of Teachers of French, 1987. The ACTFL Intermediate level corresponds to a 1, and the Advanced level, to a 2, on the ILR (Interagency Language Roundtable) scale of 0+ to 5 (native competence), developed by the U.S. government agencies which recruit personnel for positions in international relations.

throughout. The *Cahier de l'étudiant* contains the grammar to be studied; each segment of grammar is followed by *exercices*. Keys to these exercises enable the student to correct answers, while a scoreboard at the end of the *Cahier* makes it possible to plot one's progress in grammar, *dictées*, and compositions.

The *Cahier* has an introduction in English. It offers practical tips on learning techniques, and explains the opportunities for pursuing personal interests by using the inter-chapter "*Paliers*" (plateaus of learning) and the brief compositions.

For the teacher, the book aims to maximize enjoyable human relations and minimize drudgery. Even composition can be taught by reacting to the substance rather than correcting grammar, until the student is motivated to ask for corrections.

The *Manuel du professeur* is in three parts. Part I, in English, includes a list of the maps and other realia one may want for each chapter, as well as sections on methods and testing, with sample tests. Part II, in French, provides lesson plans based on five days (at three classes a week) for each chapter and its *palier*, suggestions for teaching specific points, sample tests and *dictées*. Part III, again in English, gives useful addresses, a bibliography of source materials that individual students may wish for, and an index of the researchers whose conclusions are utilized.

The *Lexique* indicates the chapter in which each word is introduced, marks "faux amis," connects families of words, and relates words to their origin, where that favors remembering, or to the changing culture—for example, the nouns that still lack a feminine form, such as *sénateur* and *juge*.

A separate *Index socio-culturel* shows how the parts of the sociocultural system fit together. A second section refers to discussions of the methods on which the organized conception of the system is based, and a third refers to more than 40 careers mentioned in connection with individual interests.

In short, here is a response to Laurence Wylie's enduring challenge, in *Contemporary French Civilization* (Winter 1977): "I don't really like the textbooks on culture; they're so fragmented: a little about French sports, [. . .] about how to order coffee, [. . .] about structuralism [. . .]. It's not put together. [. . .] some history, some history of ideas, some literature and geography, and that's supposed to add up to an understanding of France. It doesn't at all [. . .]. What I'd like to do is get the *structure* of French culture." (p. 251)

Acknowledgments

We are grateful to the guest essayists and researchers, several of whom provided unpublished research: Raymonde Carroll from Oberlin, Alain Girard from INED, Michael Hoppe from Chapel Hill, Jean Stoetzel from Faits et Opinions.

We are equally grateful to many others, notably:

Among the critics of draft essays, Alfred Fontenilles of HEC, Paris, Joseph Labat of Washington State University, Béatrice Ness of Middlebury College; David Pinkney and Sidney Culbert, University of Washington, respectively for the historical essays and the francophone world; for the conversations on sports, Paul-Louis and François Imberton.

For French Canada, André Gaulin of the Université du Québec, Jean-Claude Gagnon of the Université Laval, and the Canadian teachers of French in Howard Nostrand's M.A. course at Simon Fraser University. For the phonetic description and the recording of the Canadian French in Chapter 10, Paul Beaubien and Luc Ostiguy of the Université du Québec à Trois-Rivières.

For helpful documentation, Mme Claire Martin of the Office de la langue française, Québec, and Ms. Susan Redd of Mount Vernon, Washington, High School.

The instructors who tested the trial edition, especially Jacqueline Elliott at the University of Tennessee, Bette Hirsch at Cabrillo College, Philip Konkel at Franklin High School, Seattle, and Andrew Suozzo at De Paul University. Eloise Brière at SUNY Albany and Pierre Larzul at San Francisco University High School also tested parts of the trial edition.

For reviewing the manuscript at various stages: Robert Anderson, University of Kansas; John Philip Couch, University of North Carolina at Greensboro; Naomi Holoch, SUNY, Purchase; Jean-Pierre Montreuil, University of Texas, Austin; Arthur V. Sabatini, SUNY, Oswego; and Robert J. Tzariki, California State University, Sacramento.

For word-processing the text, Gerald Upp of the University of Washington and Christine Passani.

For his engaging drawings, Philippe Passani, and for their expressive photos, Alain Huitric and George White. For the humorous photos with the copyright Jean Amadou, the Editions Robert Laffont, which had reproduced them in *Les yeux au fond de la France*, Paris: Editions Robert Laffont, 1984.

For recording the tapes, Françoise Maimone's troupe of actors and the Studio of J.-P. Lemercier at Lyon, and the Hagens Recording Studio at Princeton.

For resourceful advice and understanding of the purpose which it is hoped the book will serve, Ronald Nelson, Editor, John Wiley & Sons, and for his editing of the manuscript, David Thorstad.

H.L.N.
F.B.N.
C.I-H.

Claudette Imberton-Hunt, Howard and Frances Nostrand.

Five of the actors. Mme Maimone ("Mme Huet"), second left; Claude Lesko ("Vincent") at right.

TABLE DES MATIERES[1]

[1]La seconde colonne se réfère aux matières grammaticales, qui se trouvent dans le *Cahier
de l'étudiant*. Les pages numérotées C + nombre se réfèrent au *Cahier*.

CHAPITRE TROIS

CHAPITRE QUATRE

CHAPITRE CINQ

CHAPITRE SIX

CHAPITRE TREIZE

CHAPITRE QUATORZE

CHAPITRE QUINZE

CLES ET APPENDICE

CHAPITRE UN

Ecoutez la bande 1-A. Au milieu des exercices de prononciation, pour changer d'activité, vous allez écouter un bref essai sur le commencement de l'histoire de France.

Etudiez Les sons du français et leurs symboles, et L'alphabet, dans le Cahier de l'étudiant, p. C2, et faites l'Exercice A, p. C3.
Lisez « To the student », p. Ciii. On parle de votre succès.

POURQUOI VOULEZ-VOUS APPRENDRE LE FRANÇAIS ? UNE PRISE DE CONSCIENCE

Note : On vous propose à la p. 7 d'écouter la bande 1-B, qui contient cet essai, précédé des deux scènes, pp. 4 et 6. Ecoutez-les maintenant si vous préférez !

Certaines personnes désirent voyager en France ou dans d'autres pays où l'on parle français : car ces pays offrent la possibilité de voir de belles régions, de parler avec des gens pour qui la conversation est un plaisir, de goûter une cuisine délicieuse.

Les beaux-arts aussi attirent des gens vers la France : les musées, les églises, les châteaux.

D'autres personnes ont l'intention de lire la littérature française dans le texte. En fait, c'est l'une des littératures les plus riches du monde entier, même sans inclure celles de la Belgique, de la Suisse, du Canada d'expression française, de l'Afrique et des Antilles. La France enrichit la littérature mondiale depuis neuf cents ans. Depuis environ 1080 (mille quatre vingts), date de *La Chanson de*

Roland, presque chaque siècle voit ajouter de nouveaux chefs-d'œuvre qui ont une importance internationale.

En dehors des amateurs de la littérature du passé, il y a aussi des gens qui désirent comprendre les versions originales des films français, ou les paroles des chansons françaises et québécoises. Ou bien, certains ont pour but d'aller au théâtre, à l'opéra.

Certains jeunes, des femmes aussi bien que des hommes, préparent une carrière diplomatique, et ils trouvent que le français est particulièrement recommandé à cause du grand nombre de pays où il est la seconde langue — ou la langue maternelle.

D'autres jeunes ont l'intention d'entrer dans le commerce ou dans une entreprise internationale. C'est un champ d'activité en pleine expansion.

Heureusement pour toutes ces personnes, il existe des individus qui choisissent la curieuse vocation d'enseignant, parce qu'ils aiment la langue, ou parce que la vie française et cette culture créatrice les fascinent ; ou bien, parce qu'ils pensent que la France est un pays clé pour les relations entre les Etats-Unis et l'Europe. S'ils ont raison, le développement des contacts avec la France a une importance particulière pour l'avenir du monde.

Qu'est-ce qui vous attire, personnellement, dans l'étude du français ? Et pour cela, qu'est-ce que vous serez obligé(e) de savoir, et de savoir faire ?

Maintenant, au début du cours, c'est un bon moment de réfléchir à ces deux questions. Vous allez avoir le temps d'y penser, et de partager vos conclusions avec les autres étudiants. Car après chaque chapitre de ce livre, un « palier » vous permettra d'assimiler les idées et la grammaire que vous avez découvertes, avant de commencer un nouveau chapitre.

Dans le Chapitre Deux, nous verrons comment ce cours peut vous aider à développer les compétences indispensables pour réaliser votre projet. Mais premièrement, pensez à votre réponse personnelle aux deux questions.

Etude de mots

La fonction des « études de mots » après chaque essai est beaucoup plus importante que de vous dire le sens des mots difficiles. La fonction principale est de vous aider à associer les mots nouveaux à d'autres mots, à leur origine, etc., pour les retenir mieux et avec moins d'effort.

ajouter *v* Par exemple : on enseigne aux enfants à ne pas répondre simplement « Oui » ou « Non » mais à ajouter « Monsieur » ou « Madame », parce que c'est plus poli.

un **amateur** une personne qui cultive un art, une science, un sport, pour son plaisir et non par profession. REMARQUEZ : le nom **personne** est *toujours* au féminin. (**Ne . . . personne**, pronom, est masculin.)

attirer *v* Le nom dans cette famille de mots est l'**attraction**.

l'**avenir** *nm* le temps futur (à venir)

le **but** l'objectif d'une action

celles *pron démonstratif au fpl* *those*

un **chef-d'œuvre** [ʃɛdœvʀ(ə)] la meilleure création d'un artiste ; ou une œuvre de première importance : *L'Après-midi d'un faune*, de Debussy [dəbysi], est un chef-d'œuvre musical du mouvement impressionniste ; *pl* des **chefs-d'œuvre** [de ʃɛdœvʀ(ə)]

une **clé** (ou **clef**) [kle] un pays clé : une nation particulièrement importante

enrichir *v* rendre (faire) riche. Beaucoup de verbes réguliers formés avec un adjectif + **-ir** indiquent un changement, par exemple, **blanchir**, faire blanc ou devenir (*become*) blanc.

goûter *v* manger ou boire une petite quantité de quelque chose pour l'essayer. On dit aussi **goûter à** qqch.

le **monde** Le monde est la terre. L'adjectif est **mondial**. Mais attention : on dit **tout le monde** quand on parle de personnes. Pour parler de l'ensemble des continents et des océans, on dit **le monde entier**.

un **palier** une plate-forme dans un escalier

partager *to share*

une **prise de conscience** l'acte d'analyser votre situation

un **siècle** une période de cent ans [sãtã]. Le XXᵉ siècle va de 1901 (dix-neuf cent un, ou mille neuf cent un) à l'an 2000 (deux mille).

nous **verrons** *futur du v* **voir**

y penser **y** = à cela

QUESTIONS[1]

1. Pourquoi certaines personnes désirent-elles voyager en France ou dans les pays francophones ?
2. Qu'est-ce qui attire les amateurs d'art vers la France ?
3. Depuis quand la France enrichit-elle la littérature mondiale ?
4. Nommez un chef-d'œuvre de la littérature française de la fin du XIᵉ siècle.
5. Les amateurs de littérature désirent lire la littérature française. Quels sont les buts des autres personnes mentionnées ?
6. Pour certaines carrières il est utile de savoir le français. Nommez deux de ces carrières.
7. Quelles sont vos raisons personnelles d'étudier la langue et la culture françaises ?

Comment apprendre un mot nouveau : Suggestions de Bison Futé

Voici mon système, dit-il :

D'abord, concentration intense. C'est le principal.

Prononcez le mot vigoureusement deux ou trois fois.

Employez le mot dans une *phrase*, non pas dans une *liste*.

Observez votre style personnel, vos points forts ou vos faiblesses. (*a*) Etes-vous du type visuel ? (*b*) Retenez-vous les sons ? (*c*) Etes-vous du type qui retient les mots dans les muscles (de la main qui écrit, de la bouche qui parle) ? Mais vous pouvez employer plus d'une de ces ressources. Votre professeur sait comment vous pouvez consulter ELSIE : l'*Edmonds Learning Style Identification Exercise*.

Associez le mot à une famille de mots.

Finalement, écrivez-le. Chez vous ; en classe aussi. Demandez comment l'épeler. Mais ne gardez pas ces papiers. Regardez-les bien, puis jetez-les. Certaines personnes emploient un autre truc pour apprendre un mot nouveau : mettez un point (.) avant le mot dans votre lexique. Si vous cherchez le même mot une deuxième fois, mettez un second point. La troisième fois, pas de point ! Ecrivez et apprenez bien ce mot.

---

[1]Les questions après chaque essai vous permettent de vérifier que vous le comprenez. Désirez-vous les lire avant l'essai, pour vous aider à le comprendre ? Employées en classe, les questions offrent l'occasion de parler.

Etude
de mots

épeler nommer successivement chacune des lettres d'un mot

Futé veut dire très alerte et très intelligent. Une expression ancienne, **se futer**, signifiait (*used to mean*) échapper à (*escape from*) un chasseur. Les Français admirent particulièrement la capacité d'échapper aux dangers (et quelquefois, aux obligations civiques !). **Bison Futé** est un personnage de la radio française. Au moment des vacances quand tout le monde veut prendre sa voiture en même temps, Bison Futé annonce quelles routes ne vont pas être trop congestionnées.

un **truc** *fam* un moyen, un stratagème, un procédé ; une chose. Cf. le mot *trick*.

un **type** un modèle ; une espèce ; *adj* : un verbe **type** = typique d'un groupe de verbes

SCENES DE LA VIE FRANÇAISE

DEUX ETUDIANTS SE RENCONTRENT dans la rue juste avant le commencement des cours à l'université. Il s'agit de Martine et Patrick.

MARTINE Salut, Patrick. (*Elle tend la main.*)
PATRICK Bonjour, Martine. (*Poignée de main*)
MARTINE Tu as une chambre près d'ici ?
PATRICK Oui, je suis en train de m'installer. Et toi, tu es là depuis longtemps ?
MARTINE Depuis hier. Je suis déjà installée.
PATRICK Tu auras beaucoup de travail cette année ? Moi, je vais avoir trois cours assez difficiles.
MARTINE Moi aussi, j'aurai pas mal de travail, mais je vais faire du sport quand même. Je vais souvent à la piscine.
PATRICK Tu as raison. Je t'accompagnerai de temps en temps si tu veux.
MARTINE D'accord. A bientôt.
PATRICK A bientôt.

Etude
de mots

s'installer se loger ; **installé(e)** *adj* = logé(e), établi(e)

la **piscine** grand bassin artificiel où on nage dans l'eau (du latin *piscis* un poisson)

La poignée de main à la française

Nous allons parler souvent du « langage du corps » : l'expression non-verbale est une partie très importante de la communication. Les différences entre cultures causent des malentendus (*misunderstandings*) et, plus souvent, de l'irritation. Un exemple est la poignée de main. Les Français donnent une poignée de main quand ils se disent Bonjour et quand ils se disent Au revoir. La poignée consiste en un seul mouvement de haut en bas. On ne fait pas comme une pompe. On quitte la main de l'autre personne immédiatement.

**Etude
de mots**

ils **se disent**   **se** = *pron réfléchi* ; ici, *to each other*

*Voyez dans le Cahier, p. C4, les instructions pour réviser (review) les verbes régu-liers ; le verbe **être** et **être en train de**, pp. C5 et 6. Faites les Exercices B, C et D.*

EXERCICE ORAL SUR **être en train de**

Parlez avec un camarade de classe. Posez-lui des questions et répondez à ses questions.

MODELE :   Qu'est-ce que le pilote de cet avion est en train de faire ?
Le pilote est en train d'atterrir.

1. Qu'est-ce que le professeur est en train de faire ?
2. Et toi, qu'est-ce que tu es en train de faire ?
3. Qu'est-ce que ton voisin (ta voisine) de gauche est en train de faire ?
4. Qu'est-ce que ton voisin (ta voisine) de droite est en train de faire ?

*Etudiez Le temps présent avec **depuis**, p. C6, et écrivez l'Exercice E. Faites l'Exercice facultatif sur **depuis**, **pendant**, etc., p. C7.*

EXERCICE ORAL SUR LE TEMPS PRESENT AVEC **depuis**

Répondez aux questions par une phrase complète. Remarquez que l'on commence par la situation présente.

1. Depuis quand apprenez-vous le français ?
2. Depuis quand êtes-vous étudiant(e) à l'université ?
3. Depuis quand désirez-vous voyager en France ?
4. Depuis quand habitez-vous cette ville ?
5. Depuis quand portez-vous ce chandail (ou cette chemise) ?
6. Depuis quand notre pays a-t-il un nouveau président ?

7. Depuis quand la France a-t-elle une littérature ?
8. Quels sont les beaux-arts qui attirent les gens depuis longtemps vers la France ?

EXERCICE ORAL

Répondez aux questions par une phrase complète.

1. Combien de temps avez-vous étudié pour préparer les examens ?
2. Combien de temps avez-vous attendu à la banque la dernière fois que vous y êtes allé(e) ?
3. Combien de temps avez-vous voyagé l'été dernier ?
4. Combien de temps avez-vous joué au volley-ball (basket, football) la semaine dernière ?

Révisez L'adjectif démonstratif **ce**, **cet**, **cette**, **ces**, *p. C7, et écrivez l'Exercice F.*

SCENES DE LA VIE FRANÇAISE

Dans la première Scène, à la page 4, deux étudiants se tutoient. Dans la deuxième Scène, deux professeurs se vouvoient. Dans les Scènes suivantes, deux enfants, deux jeunes femmes et deux jeunes gens se tutoient.

Dans les chapitres suivants, vous trouverez d'autres Scènes qui vous aideront à communiquer entre vous et avec les citoyens des pays francophones. Il vous serait utile de prendre l'habitude, dès ce premier chapitre, de reproduire ces conversations dans vos propres mots.

DEUX PROFESSEURS, collègues, Messieurs Gasquet et Favre, se rencontrent en sortant de la Faculté.

M. GASQUET	Bonjour, Favre.
M. FAVRE	Bonjour, Gasquet. Vous avez votre voiture aujourd'hui ?
M. GASQUET	Oui, je vais la chercher à l'instant.
M. FAVRE	Ma voiture est en panne. Allez-vous par hasard du côté de la Place de l'Hôtel-de-Ville ?
M. GASQUET	Oui, justement. Je serai content de vous y déposer.
M. FAVRE	Merci. Cela m'arrangera.

Etude de mots

à l'instant en ce moment

Cela m'arrangera. Cela m'aidera beaucoup.

du côté de dans la direction de

en panne ne marche pas

justement précisément, par coïncidence. Ici, la coïncidence est que les deux messieurs veulent aller dans le même quartier.

par hasard peut-être ; par coïncidence

y *adv* à cet endroit, là

AU JARDIN D'ENFANTS.   Le langage simple et clair des enfants est une des formes authentiques du français. On peut apprendre beaucoup si on parle avec ces petits représentants de leur culture.

1er ENFANT   Bonjour !
2e ENFANT   Bonjour ! Comment tu t'appelles ?
1er ENFANT   Alain, et toi ?
2e ENFANT   Sophie. Tu joues avec moi ?
1er ENFANT   Oui, j'veux bien. Lui, c'est mon ami.
2e ENFANT   Comment il s'appelle, ton ami ?
1er ENFANT   Il s'appelle Jacques. On joue à chat perché, tu viens ?
2e ENFANT   D'accord, c'est moi le chat !

REMARQUEZ   la forme que prend ici, dans le français familier, le « Comment t'appelles-tu ? », « Comment s'appelle-t-il ? » du français soigné (*standard, correct*).

Etude
de mots   **jardin d'enfants**   école privée pour les enfants de trois à cinq ans

jouer à chat perché   *to play tag*. Le chat = « *it* ». On crie « chat » en touchant la victime que l'on poursuit.

Un panneau (*sign*) amusant.

Pitié pour les pauvres automobilistes ![1]

Ecoutez la bande 1-B.

Révisez Les pronoms non-accentués, sujets du verbe, p. C8.
Révisez Le pronom démonstratif **ce**, *p. C9, et écrivez les Exercices G et H.*
Révisez, finalement, L'article et L'omission de l'article, pp. C10 et 11, et faites les Exercices I et J.

SCENES DE LA VIE FRANÇAISE

A UN ARRET D'AUTOBUS Chantal rencontre une amie, Isabelle.

CHANTAL   Tiens, Isabelle, salut !
ISABELLE   Salut, Chantal. Comment ça va ?
CHANTAL   Pas mal, et toi ?

[1]Cette photo et d'autres dans les chapitres à venir vient de *Les Yeux au fond de la France*, par l'humoriste Amadou.

ISABELLE   Moyen. J'attends le bus depuis un quart d'heure !
CHANTAL   D'habitude, ils passent souvent à cette heure-ci.
ISABELLE   Le dernier ne s'est pas arrêté ; il était complet.
CHANTAL   Ah, le voilà qui arrive.

**Etude
de mots**

un **arrêt**   endroit où l'on prend le bus, où le bus s'arrête

complet *adj*   plein. Il n'y a plus de place dans le bus.

moyen   comme ci comme ça (l'adjectif **moyen** s'emploie ici comme adverbe)

CLAUDE DEMANDE PARDON POUR SON RETARD.

FRANÇOIS   Te voilà, enfin ! Ça fait vingt minutes que je t'attends !
CLAUDE   Désolé de t'avoir fait attendre, mon vieux. C'est à cause du dentiste qui m'a pris avec dix minutes de retard. Ensuite j'ai raté un bus. Je n'ai pas de chance.

FRANÇOIS   Ce n'est pas grave, ça arrive à tout le monde. Nous aurons moins de temps pour parler, c'est tout. Je suis quand même content de te voir.

**Etude
de mots**

avoir de la chance   *to be lucky*

avoir fait *inf passé de* **faire**   *to have made (you wait)*

mon vieux   terme d'amitié

rater   manquer, ne pas réussir : il a manqué le bus.

PREMIER EXERCICE DE COMMUNICATION NON-VERBALE

Etudiez l'aspect visuel d'une conversation entre deux personnes françaises, pour l'imiter en groupes de deux étudiants. Observez (1) la distance entre les personnes, et (2) les mains. Un film ou une vidéocassette d'une ou de deux minutes est un modèle idéal. Des bandes dessinées (*comic strips*) ou des photos peuvent aussi servir de modèles. Vous allez faire encore trois de ces exercices, pp. 54, 84 et 142 : est-ce qu'un membre de la classe peut demander à un correspondant, un *tape pal,* dans un pays de langue française de vous faire une vidéocassette, peut-être d'une scène de votre livre ? (Votre professeur peut demander des correspondants pour des membres de la classe, en s'adressant au Bureau de la Correspondance Scolaire Internationale à Paris. *V* aussi la p. 29.)

LANGUE ET CULTURE : INSEPARABLES !

Au début de ce premier chapitre nous avons parlé de vos raisons individuelles d'apprendre le français. Mais d'une façon générale, on étudie une langue moderne pour communiquer dans cette langue et pour comprendre la mentalité des gens, des personnes qui la parlent.

Ces deux buts, communiquer et comprendre, sont en relation très étroite, beaucoup plus étroite que vous n'aviez peut-être supposé. Pour communiquer avec succès, il est essentiel de comprendre la culture, la mentalité de l'autre personne. Et il est plus facile de comprendre une mentalité si l'on a une certaine expérience de la langue ; la langue est l'instrument qui donne forme aux pensées et aux attitudes. Sans doute, on peut étudier une langue sans la parler. Mais sans parler la langue d'un peuple, il est très difficile d'assimiler ses habitudes mentales et sa manière de voir les choses.

Voici un exemple de l'étroite relation entre la communication et la compréhension d'une culture. C'est un exemple pratique si vous voulez parler, et révélateur si vous cherchez à saisir l'autre manière de voir les relations humaines.

Les pronoms tu et vous

Les jeunes Américains choquent souvent les Français parce qu'ils oublient d'employer ces deux pronoms à propos. Ils oublient parce qu'ils ne comprennent pas pourquoi la distinction est importante. Si vous pénétrez dans la mentalité qui commande ce phénomène linguistique, vous n'allez plus l'oublier. Et au lieu de choquer, vous allez rencontrer de la bonne volonté. On dira :

— Ah ! Voilà un Américain différent ! Voilà une Américaine qui a du savoir-vivre !

Alors, comment pénétrer sous la surface de cette habitude ? Quelles en sont les racines ?

L'énorme différence entre *tu* et *vous* n'est bizarre que pour les anglophones. En anglais, *thou* est complètement archaïque, et l'ancien pluriel, *you,* est le seul pronom employé aujourd'hui pour le singulier. Mais en Europe, et aussi en Asie, on fait une distinction entre un terme d'adresse très direct, comme *tu,* et des formes qui sont plus polies parce qu'elles sont plus diffuses, plus indirectes : en français, *vous.* En italien on va plus loin encore : les Italiens emploient un pronom de la troisième personne, *elle,* au lieu de *vous.*

Ces autres langues marquent des degrés différents d'intimité ou de distance. Les anglophones qui ne comprennent pas le code donnent l'impression d'être des barbares. Dans une situation ils sont trop familiers, trop intimes. Dans une autre situation ils ont l'air distant et snob. Apprenez le code ! Nous allons le simplifier, mais en voici l'essentiel.

Tu est une forme intime, on l'emploie entre personnes qui se connaissent bien, comme par exemple les membres d'une famille et leurs amis. Les enfants, les jeunes, tous les étudiants à l'université se disent *tu* entre eux. Et on dit toujours *tu* aux enfants et aux animaux.

Le pronom *vous*, au singulier, s'emploie entre personnes qui n'ont pas une relation intime. (On dit que ces personnes se vouvoient au lieu de se tutoyer.) *Vous* est aussi, depuis toujours, le pluriel de *tu* ; aujourd'hui, c'est également le pluriel de *vous*.

Le *vous* s'adresse à une personne comme membre d'une catégorie sociale : Monsieur le Juge, Madame le Maire, ou simplement Monsieur, Madame, Mademoiselle. On ne dit jamais *tu* si on emploie un de ces titres. Lorsqu'il y a cette distance entre les personnes, le *tu* représente une insulte.

Dans une tragédie classique de Racine, *Phèdre*, les héros et héroïnes se disent « vous » jusqu'aux dernières scènes, quand les masques sociaux tombent et la vérité intérieure des personnages et de leurs sentiments apparaît, démasquée.

Les chrétiens tutoient Dieu parce qu'Il n'entre pas dans une catégorie sociale et aussi parce que dans ce cas, le *tu* a la dignité d'une forme archaïque, comme le *thou* anglais.

De plus en plus aujourd'hui, les jeunes passent directement à *tu*. Mais on dit *vous* à une personne plus âgée, jusqu'au moment où elle vous invite à dire *tu*. Prenez l'habitude de dire *tu* ou *vous* naturellement, chaque forme à sa place. Sans cela, vous risquez de faire des gaffes qui vous embarrasseront.

 Pour bien apprendre à faire la distinction, nous recommandons de dire *tu* en classe entre étudiants et *vous* avec le professeur.

DIRE TU   DIRE VOUS

Etude **de mots**	**anglophone, francophone** *n* et *adj* qui parle anglais, français : le monde anglophone, les francophones

anglophone, francophone *n* et *adj*   qui parle anglais, français : le monde anglophone, les francophones

archaïque *adj* d'une époque passée : « le sourire **archaïque** » des plus anciennes statues grecques

avoir l'air *inf* + *nm*   donner l'apparence, sembler. Ce long vocabulaire **a l'air** difficile, mais en réalité on peut maîtriser chaque petit problème un par un.

une **gaffe** une erreur sociale

ne . . . que seulement

QUESTIONS

1. Quels sont les deux buts mentionnés au début de cet essai ?
2. Quelle sorte de relation y a-t-il entre ces deux buts ?
3. Qu'est-ce qui est essentiel pour communiquer avec succès ?
4. Nommez deux aspects d'une culture qu'il est très difficile de comprendre si on ne parle pas la langue.
5. Qu'est-ce que beaucoup d'anglophones oublient de faire quand ils parlent français ?
6. Quel pronom emploie-t-on quand on parle à un enfant ? à un animal ?
7. Quel pronom emploient les étudiants d'université entre eux ?
8. Quel pronom est à propos quand on parle à une personne âgée ?

EXERCICES ORAUX SUR **tu** ET **vous**

*Complétez par le pronom correct, **tu** ou **vous**, et par la forme correcte du verbe entre parenthèses, au temps présent.*

MODELE : Hélène parle à son frère : (vouloir) Jean-Marc, **tu veux** jouer au tennis ?

1. Marcel parle à son chien : (être) ____ ____ un beau chien, Fédor !
2. L'épicier parle à M. X : (désirer) Qu'est-ce que ____ ____, Monsieur ?
3. Le professeur parle à ses étudiants : (aller) ____ ____ finir la leçon demain.
4. Mme Coste parle à son bébé : (manger) ____ ____ très bien, mon chou !

Etude de mots

mon chou *darling*. Un **chou à la crème** est un petit gâteau rempli de crème fouettée (**fouetter** battre avec un fouet).

Choisissez la réponse correcte.

1. Pierre, 12 ans, rencontre un de ses professeurs qui lui dit : — Bonjour, Pierre. Pierre répond :
   A. — Salut !
   B. — Bonjour, Monsieur !
   C. — Comment allez-vous ?
2. Mme Gilbert est chez l'épicier. Elle désire acheter de la moutarde.
   A. — As-tu de la moutarde pas trop forte, Monsieur ?
   B. — Je voudrais de la moutarde pas trop forte. Est-ce que vous en avez ?
   C. — Cette moutarde-là est si bonne, Monsieur ! Donne-m'en deux pots, s'il vous plaît.

CONVERSATION LIBRE

La classe peut s'organiser en groupes de deux (ou plus) pour parler.
   Voici des questions qui servent à « briser la glace » en conversation avec vos amis, vos camarades, votre professeur. Les questions sont basées sur les Scènes précédentes, mais soyez libres de les amplifier, d'ajouter vos propres questions.

1. Est-ce que vous faites de l'exercice ? Tous les jours ? Où ? Sinon, pourquoi ? Quel est votre sport préféré ? (le basket, le football américain, le tennis, le ski, le patinage, la voile, la marche, le jogging, la natation)
2. Après vos études, que voulez-vous faire ? Si vous choisissez une profession, choisirez-vous la même profession que l'un de vos parents ?

3. Aimez-vous les animaux ? Quel animal (ou Quels animaux) aimez-vous le mieux ? Avez-vous un animal chez vous ?
4. Qu'est-ce que vous dites quand vous arrivez en retard pour un rendez-vous ?
5. Prenez-vous le bus pour venir à l'université ? Ou venez-vous à l'université à pied ?
6. Est-ce que vous faites de l'auto-stop ? L'auto-stop est-il permis là où vous habitez ? Parlez des avantages et des inconvénients de faire de l'auto-stop.

**Etude
de mots**

briser la glace *to break the ice*

faire de l'auto-stop demander à un automobiliste de vous transporter gratuitement

UN PREMIER MOMENT HISTORIQUE :
LE DEBUT DU MOYEN AGE

Les Français sont très conscients de leur histoire. Vous trouverez indispensable de connaître cet aspect de leur mentalité, si vous voulez les comprendre. Dans les prochains chapitres, nous allons évoquer les époques principales de cette histoire.

Le Moyen Age (la période médiévale) est aussi long que l'ensemble de toutes les autres périodes : il va du Xe (dixième) au XIVe (quatorzième) siècle. Nous pouvons commencer par Charlemagne, roi des Francs, couronné empereur de l'Occident en l'an 800. Ce grand homme a rassemblé à sa cour plusieurs intellectuels des plus brillants de son temps. Certains historiens ont même comparé cette « Renaissance du IXe (neuvième) siècle » à la Renaissance définitive de la civilisation occidentale, aux XVe (quinzième) et XVIe (seizième) siècles.

La langue française apparaît sur scène seulement après la mort de Charlemagne, qui parlait une langue germanique et, bien sûr, le latin. Le premier texte écrit en français date de 842, quand on a divisé l'empire en trois, et que les soldats des trois successeurs de l'Empereur ont fait un serment (*oath*) de loyauté, chacun dans sa propre langue.

Le premier chef-d'œuvre en français célèbre Charlemagne, « nostre Emperedre magnes » (notre grand Empereur). C'est *La Chanson de Roland*, écrite trois siècles après, vers 1100. L'identité du poète reste un mystère.

Charlemagne.

Etude
de mots
une **couronne** symbole qu'un personnage royal porte sur la tête. Le verbe est **couronner**. Au sens abstrait, on dit qu'une œuvre est couronnée de succès, c'est-à-dire, qu'elle est appréciée.

PREMIERE COMPOSITION

Avant d'écrire la composition, révisez dans le Lexique les noms des mois et des jours, et en p. C21 la manière d'écrire la date.

Un marché à Fort-de-France, à la Martinique.

Vous êtes en vacances. Ecrivez une carte postale à un ami (une amie) et parlez de vos vacances. Ecrivez la date. N'écrivez pas plus de 100 mots.

L'évaluation des compositions

Si le professeur décide de ne pas donner de notes pour les compositions, vous pouvez les évaluer vous-même, si vous voulez, sur l'échelle de I à 5, sur le Tableau de marque (*scoreboard*) à la dernière page du *Cahier*.

PREMIER PALIER

ACTIVITES PROPOSEES

A. Discutez les deux questions posées : que veut chacun, personnellement, obtenir de ce cours ? Votre discussion en classe va donner un résultat beaucoup plus satisfaisant si vous écrivez, avant la discussion, vos principales raisons d'apprendre le français. Quel est le rapport avec vos autres sujets d'intérêt ?

> Quelle est votre première raison ?
> Pour accomplir votre objectif, vous allez vouloir savoir quoi ? Et savoir faire quoi ?
> Avez-vous d'autres raisons ?

Suggestion : Utilisez l'expérience d'écrire pour cultiver la précision. Pensez à la sage observation de Francis Bacon, l'essayiste, philosophe et homme d'état anglais, 1561–1626 : « Reading maketh a full man, conference a ready man, and writing an exact man. » (En 1600, on dit « homme » pour tout membre de la race humaine !) Vérifiez bien chaque forme de verbe : quel mot est son sujet ? Et chaque adjectif : quel mot modifie-t-il ?

B. Parlez ensemble des relations entre l'étude du français et vos autres cours.

PROJETS INDIVIDUELS OU D'EQUIPE

A. Quelques-uns trouveront peut-être le temps de chercher (par exemple dans une encyclopédie française) qui a été le Comte Roland, héros de *La Chanson de Roland* ; qui a été son Empereur Charlemagne ; quelle est la signification de la guerre contre les Arabes qui forcent Charlemagne à retirer son armée d'Espagne ; et quel est le mouvement appelé par certains historiens « la Renaissance du IXe (neuvième) siècle ». Il sera intéressant pour la classe de découvrir combien cette période est passionnante.

Ou si quelqu'un raconte un bref épisode de *La Chanson de Roland*, la classe goûtera à l'action et à l'émotion de cette célèbre histoire : une émotion intense, mais sans sensiblerie. Car dans cette culture française, la sensiblerie est la victime, depuis bien longtemps, d'un très vif sens du ridicule.

Etude de mots   un **comte**   C'est un titre de noblesse, comme *duc* ou *marquis*. Le féminin est *une comtesse*. REMARQUEZ : le mot *compte*, qui a le même son, est le nom pour le verbe *compter*. Exemple : Je compte de 1 à 10.

le **sens** Ce mot signifie plusieurs choses. On l'emploie dans quelle expression à la fin du Projet A ? Que signifie-t-il au début de l'Etude de mots, p. 2 ?

la **sensiblerie** Distinguez entre cette caractéristique négative et la sensibilité qui est une qualité et qui, comme toute qualité, se trouve entre deux extrêmes mauvais. Il est bon d'être sensible aux réactions des autres, sensible à la beauté. Le mot correspond à l'anglais *sensitivity* ou *sensitiveness*. Trop de sensibilité, c'est la sensiblerie, *sentimentality*. Etre trop peu sensible, c'est être insensible. REMARQUEZ que sentimental, en français, est premièrement l'adjectif pour le sentiment : l'éducation sentimentale est l'éducation des sentiments.

une **victime** REMARQUEZ : ce mot est toujours féminin, comme le nom *une personne*.

B. Dans vos autres cours, existe-t-il la possibilité de présenter un compte-rendu (*report*) ou un *term paper* sur un thème qui touche un aspect de votre étude du français ? Si vous avez, en même temps, un cours d'art, de musique, de littérature ; ou d'une science sociale ou naturelle ; ou un cours de préparation professionnelle : considérez les suggestions offertes, p. 48.

CHAPITRE DEUX

Ecoutez la bande 2-A. Révisez les nombres, p. C194.

Etudiez La division en syllabes, p. C13, et faites les Exercices A à C. Notez l'explication des changements orthographiques, pp. C175–176.

COMMENT SAISIR LA CULTURE D'UN PEUPLE ? UN DEBUT : LA FORME FRANÇAISE DE L'AMITIE ET DE L'AMOUR

A propos de votre méthode de lecture (reading): avant de lire un essai, préférez-vous lire l'Etude de mots et peut-être aussi les questions qui se trouvent juste après l'essai? A vous de décider.

Pensez à vos raisons d'apprendre le français. Dans tous les cas, vous allez avoir besoin de comprendre le style de vie français.

Oh, il sera utile de connaître aussi le cadre matériel de la vie française : les régions géographiques si différentes, la statistique de la population rurale et urbaine, l'économie, la position internationale de la France. Dans les chapitres futurs, nous allons parler de quelques éléments de ce cadre matériel.

Mais pour comprendre vraiment le style de vie d'un peuple, il faut pénétrer dans sa mentalité. Voilà un sujet passionnant.

La clé d'une mentalité se trouve dans un petit nombre (une dizaine ou une douzaine) de valeurs principales. Une valeur signifie, simplement, ce que l'on veut obtenir de la vie. C'est un principe que l'on emploie pour faire des choix ou des jugements. Par conséquent, ce principe porte une charge émotionnelle. C'est une « idée-force », une idée dont on désire la réalisation et que l'on veut appliquer dans sa propre vie.

Les valeurs sont donc la clé d'une mentalité. Mais vous avez besoin de savoir quelque chose de plus pour comprendre ces idées-forces. Chaque *valeur* dans une culture est colorée par des *habitudes mentales*, et également, par des *notions* dites « présupposées ». Or, ces habitudes et ces notions peuvent être complètement inconscientes pour les gens nés dans la culture même. Mais les étrangers doivent les observer pour savoir vraiment ce qu'une valeur française signifie pour les Français. Nous allons donner un nom à la définition d'une valeur amplifiée qui inclut les habitudes mentales et les notions pertinentes. Nous appellerons cet ensemble un « *thème culturel* ».

Dans ce chapitre, essayons de saisir la forme précise que prennent deux « thèmes » dans le style de vie des Français : l'amitié et l'amour.

« L'amitié » est *la valeur* au centre d'un « thème » majeur de la culture française. C'est une relation belle, sérieuse, et durable même si la mobilité géographique d'aujourd'hui sépare quelquefois les amis d'enfance pendant de longues périodes. C'est une relation composée de fidélité, de confiance, et de services mutuels. C'est une obligation que l'on ne prend pas à la légère, car elle peut devenir pénible. Un Français ne vous offre son amitié que quand il vous connaît depuis assez longtemps.

Antoine de Saint-Exupéry, l'auteur du *Petit Prince*, a trouvé une bonne image pour la lente formation de l'amitié. « Saint-Ex. » était pilote, à l'époque où les avions étaient fragiles, et les pilotes, très liés par un danger commun. Il a écrit ceci dans une nouvelle de 1939, *Les camarades*, au sujet du petit groupe de ses amis aviateurs : « Il est vain, écrit-il, si l'on plante un chêne, d'espérer s'abriter bientôt sous son feuillage. . . La grandeur d'un métier est, peut-être, avant tout, d'unir des hommes : il n'est qu'un luxe véritable, et c'est celui des relations humaines. »

Un etranger, en contact avec des Français, a tort de vouloir forcer cet arbre à pousser trop vite. Il prend un air de plus en plus amical, et même intime. Et les Français ? Ils ont peur d'une personne qui leur paraît si agressive et si indiscrète, une personne qui semble vouloir pénétrer de force dans leur vie privée, en posant des questions trop personnelles sur leur famille, leur salaire, ou le prix de leur maison.

— Vraiment, se disent-ils, cet étranger est collant ! Il est insupportable !

Cet étranger ne comprend pas la réserve des Français, dont les sources sont profondes. L'une des sources de leur réserve est leur individualisme : ils protègent jalousement leur vie privée contre les importunités du monde extérieur.

Une autre source de leur réserve est une certaine méfiance habituelle. Cette méfiance a posé un problème pour les hommes d'affaires américains. Ils ont découvert qu'ils ne peuvent pas aborder brusquement le sujet d'une transaction. Il faut d'abord établir une relation, gagner la confiance. Bien entendu, on ne pourra pas devenir tout de suite un ami. Car les Français ne possèdent pas de catégorie « *business friend* » : ils ne possèdent que la catégorie d'ami tout entier.

Les Français ont confiance en un petit groupe de personnes : la famille et les amis. Un mur imaginaire sépare ce petit groupe des « autres ». C'est-à-dire, du reste de l'humanité. L'on se méfie systématiquement de ces « autres ». Ils n'ont pas prouvé qu'ils méritent la confiance.

Si vous n'êtes qu'une « connaissance », ou même « un copain », « une co-pine », vous êtes à l'extérieur de ce mur imaginaire. On ne vous fait pas confiance, on se méfie de vous par principe. Devenir un ami veut dire franchir le mur, entrer dans le cercle intérieur. Une fois que vous avez un ami français, vous l'avez pour toujours. Il ne vous oubliera jamais.

Passons maintenant de l'amitié à cet autre thème culturel, l'amour. Quand Saint-Exupéry parle du seul luxe véritable, il l'appelle non pas l'amitié, mais « les relations humaines », ce qui inclut l'amour.

Ce thème de la culture française est extrêmement mal représenté par le sté-réotype du Français qui ne pense jamais à autre chose qu'à l'amour. Les « Anglo-Saxons », gênés pour parler de la sexualité pendant la période puritaine et encore pendant la période victorienne, ont été choqués d'entendre les Français parler librement de cet aspect de l'amour. Ce n'est que depuis les années soixante, ou même soixante-dix, que nous nous libérons des anciens tabous. Par contre, les Français s'offrent cette liberté depuis toujours. Ils ne détestent pas l'humour gaulois, l'humour « Rabelaisien » (du nom du grand auteur et médecin du XVIe (seizième) siècle, François Rabelais). C'est un humour gai qui respecte peu les tabous. Mais attention ! Cette liberté de pensée et d'expression coexiste avec un code de conduite très strict qui gouverne les relations humaines et qui limite aussi la liberté de parole selon la situation précise où vous vous trouvez.

Sur la nature de l'amour-passion, la France a deux traditions. L'une est la tradition romantique, de l'amour comme source d'une joie merveilleuse. C'est la tradition des troubadours médiévaux et des poètes de 1830. L'autre est la tradi-tion de l'antiquité grecque et romaine : là, c'est une force irrationnelle, sinistre et destructive. Racine trouve une image vivace pour cette force dans sa tragédie classique, *Phèdre*, écrite en 1677 : « C'est Vénus toute entière à sa proie attachée. »

Evidemment, on rencontrera des Français et des Françaises qui sont beaucoup plus romantiques que d'autres. Mais l'amour-passion est coloré dans cette culture par un autre de ses thèmes principaux, le réalisme. Grâce à ce thème, les Français et Françaises ne s'attendent pas à la satisfaction parfaite. « Le bonheur » n'est pas un absolu, mais sujet aux limites humaines. Les spectateurs français et américains ont réagi très différemment au film « Les parapluies de Cherbourg », où l'héroïne accepte un mariage moins qu'enchanteur. Les Américains ont été déçus ; les Français ont dit, en haussant les épaules :

— Que voulez-vous ? C'est la vie !

Le taux de divorce est relativement bas en France. Sans doute en partie à cause de l'opposition de l'Eglise catholique romaine. Mais l'Eglise s'oppose aussi à la contraception, et le taux de croissance de la population est extrêmement bas. Les Français sont des individualistes. Pourquoi, donc, le taux relativement bas des divorces en France ? Une cause possible est que les Français ont une attitude réaliste envers ce qu'ils comptent obtenir du mariage, avant de se marier aussi bien qu'après.

La passion n'est pas la seule forme de l'amour dans les relations humaines. Voilà bien longtemps que les sages, en Occident comme en Orient, admirent la générosité d'un amour qui donne sans rien demander en retour. C'est ce que les Jésuites appellent depuis des siècles « l'amour intelligent », amour qui cherche le bien-être de la personne aimée. C'est là, précisément, la nature de l'amour que le Petit Prince de Saint-Exupéry prodigue à la rose qu'il cultive, enrichissant sa propre vie par la tendresse qu'il sent pour elle.

**Etude
de mots**

aborder un sujet commencer à en parler (origine : monter à bord d'un bateau)

s'abriter *to shelter oneself*

à la légère sans penser aux conséquences ; **léger** *adj* veut dire premièrement le contraire de **lourd** : une plume est très légère. Ici, il veut dire **frivole**.

s'attendre à qqch supposer que qqch va arriver

le **bien-être** bonheur, satisfaction, sérénité

le **cadre** une bordure autour d'un tableau, d'une photo. Ici, la situation qui entoure ou **encadre** la vie des Français.

un **chêne** (un arbre) *oak tree*

déçu *part p de* **décevoir** *to disappoint*

dites *adj* appellées

franchir surmonter (un obstacle) ; de l'adjectif **franc** libre

hausser les épaules (de l'adjectif **haut**) lever les épaules ; une **épaule**, du latin *spatula*, qui signifiait *shoulder blade*. (Noter le diminutif, **épaulette**, employé en anglais.)

un **homme d'affaires** homme qui a sa profession dans l'industrie ou dans le commerce

l'**humour gaulois** *nm adj* humour un peu libre, dont on riait franchement au Moyen Age mais qui peut offenser aujourd'hui à cause d'un tabou

Il n'est que expression littéraire pour **Il n'y a que**

un **Jésuite** un homme de l'ordre religieux de la Société de Jésus

la **méfiance** le manque de confiance (**se méfier de** = ne pas avoir confiance en)

pénible *adj* qui cause de la peine ou, ici, qui est fatigant

prévoir anticiper ; organiser d'avance (*plan for . . .*). L'action de prévoir s'appelle la **prévision**.

prodiguer donner généreusement ; accorder ; de l'adjectif **prodigue**, généreux, comme « l'enfant prodigue » de la Bible

le **taux** ici, le nombre de divorces comme pourcentage du nombre de mariages. (Ce taux monte : dix fois plus en 1982 qu'en 1972.)

QUESTIONS

1. On dit souvent que toute généralisation au sujet des Français est impossible ! (C'est un cliché que nous examinerons dans le Chapitre Quatre.) Admettant la difficulté, comment propose-t-on ici de saisir la culture d'un peuple ?
2. Quels sont les trois éléments d'un « thème » culturel ?
3. Définissez ce que l'amitié veut dire pour un(e) Français(e).
4. Quel est le luxe véritable dont parle Saint-Exupéry ?
5. Quelles sont deux sources de la réserve des Français ?
6. Les Français ont-ils un grand nombre d'amis ?
7. Quelles sont les deux traditions de la France sur la nature de l'amour-passion ?
8. Dans la culture française l'amour-passion est coloré par un autre thème. Expliquez l'attitude en question.
9. Que veut dire le terme « amour intelligent » ?

Ne stationnez pas dans cette rue !

UNE PAGE D'HISTOIRE :
LES DEUX GRANDS SIECLES DU MOYEN AGE EN FRANCE

La Chanson de Roland, vers la fin du XIe (onzième) siècle, est comme un prélude aux deux grands siècles du Moyen Age en France, le XIIe (douzième) et le XIIIe (treizième).

Au XIIe, on commence à construire les cathédrales gothiques, et l'aristocratie écoute des poèmes épiques qui racontent les exploits glorieux des seigneurs féodaux. Le Roi Arthur et ses Chevaliers de la Table Ronde sont un sujet favori. Les troubadours chantent aussi des poèmes sur un amour idéalisé.

Un troubadour.

Au XIIIe, on continue à construire les cathédrales, mais le système féodal a un nouveau rival : les villes. La population des villes grandit. Les bourgeois commencent à rivaliser en pouvoir avec les seigneurs ruraux. Ils ridiculisent le pouvoir féodal, et la satire devient une forme littéraire importante.

La littérature montre très tôt, même au Moyen Age, certaines valeurs qui vont caractériser, jusqu'à nos jours, la vie ordinaire aussi bien que la haute culture française : par exemple, le strict code social, la haute importance de l'amitié, l'élégance de l'œuvre d'art, et surtout la place centrale occupée par la langue et par les intellectuels dans la vie nationale.

Etude de mots

bourgeois *adj, n* ici, les citoyens d'un bourg, c'est-à-dire d'une ville (qui avaient certains privilèges)

féodal (*pl* **féodaux**) *adj* Le féodalisme est le système social médiéval où les nobles possèdent la propriété (des « fiefs ») et les serfs [sɛʀ(f)] travaillent la terre.

un **troubadour** un poète médiéval qui allait d'un château à l'autre, chantant ses compositions

Révisez le verbe **avoir** *et les expressions avec* **avoir**, *p. C15. Faites les Exercices D et E.*
Révisez la phrase interrogative, p. C16.

EXERCICE ORAL

Lisez à haute voix (aloud) les phrases suivantes. Ensuite lisez les phrases en mettant les verbes au passé composé. Changez d'autres mots si nécessaire.

MODELE : Le matin je ne mange pas, alors j'ai faim.
Hier matin, je n'**ai** pas **mangé**, alors j'**ai eu** faim.

1. Après une longue promenade au soleil, nous avons soif.
2. Tu dis que je suis riche ; tu as tort.
3. Vous avez raison. Je trouve ce livre très intéressant.
4. Il a raison de mettre son argent à la banque.
5. Pour écrire j'ai besoin d'une feuille de papier et d'un stylo.
6. Ah, ces belles fraises ! J'ai envie de les manger.
7. Chaque fois que ce professeur parle, on a sommeil.
8. Demanderez-vous où la réunion aura lieu ce soir ?
9. J'ai mal à la tête, alors je prendrai un comprimé d'aspirine.
10. Jacques ! Tu manges tout le gâteau ! Tu n'as pas honte ?
11. Vous passez l'été en France ? Vous avez de la chance !
12. Nous avons pitié de ce pauvre soldat. Une bataille aura lieu demain.
13. Marie a peur de ce chien : soudain, il a l'air hostile.
14. Quand vous mettrez un gros chandail, vous aurez chaud.
15. Mon frère aura douze ans le Ier janvier.

Révisez les pronoms non-accentués, objets directs du verbe et leur position dans la phrase, p. C17. Faites l'Exercice facultatif, p. C17.

SCENES DE LA VIE FRANÇAISE

FREDERIQUE ET CHRISTINE sortent de leur bureau à six heures du soir.

FREDERIQUE	Ouf ! Je suis fatiguée après cette longue journée !
CHRISTINE	Moi aussi. Je suis crevée. On va prendre un pot quelque part avant de rentrer ?
FREDERIQUE	Bonne idée ! Ça nous remontera. Après, j'ai mes courses à faire avant de préparer le dîner.
CHRISTINE	Voici une table libre. Qu'est-ce que tu prends ?
FREDERIQUE	Un express.
CHRISTINE	Garçon, un express et un thé au citron, s'il vous plaît.

Etude de mots

crevée *adj fam* (*part p de* **crever** *to burst*) ici, extrêmement fatiguée

un **express** un café express, fait avec de la vapeur (*steam*)

prendre un pot prendre une boisson, alcoolisée ou non

remonter ici, redonner de la force morale à qqn

Révisez le verbe **aller** *et Le futur proche, p. C18. Faites les Exercices F à H.*
Etudiez les verbes **prendre**, **dire**, **faire**, *les expressions avec* **prendre** *et* **faire**, *p. C19 et faites les Exercices I et J.*

Ecoutez la bande 2-B.

Révisez Le nom ; La formation du pluriel, p. C20. Faites l'Exercice K et l'Exercice facultatif sur le pluriel des noms, p. C23.

Révisez Les divisions du temps, p. C21, et faites l'Exercice L.
Etudiez La phrase conditionnelle : **si** + *le présent, p. C24, et faites l'Exercice M.*

EXERCICE ORAL SUR LA PHRASE CONDITIONNELLE

Répondez aux questions suivantes par une phrase complète.

1. Si vous êtes libre samedi soir, que ferez-vous ?
2. Si vous faites de bonnes études à l'université, quel diplôme recevrez-vous ?
3. Où irez-vous cet été si vous avez assez d'argent ?
4. Si vous arrivez en retard en classe, que dira le professeur ?
5. Si vous avez besoin de timbres, où irez-vous en chercher ?
6. Si votre ami(e) vous téléphone, en serez-vous malheureux(euse) ?

SCENES DE LA VIE FRANÇAISE

LE TELEPHONE SONNE chez Jean-Pierre.

JEAN-PIERRE	Allô.
FRANÇOIS	Bonjour, Jean-Pierre, c'est François. Dis, es-tu libre pour venir dîner à la maison jeudi soir ? Il n'y aura que la famille, et nous pourrons écouter mes nouveaux disques avec Julie.
JEAN-PIERRE	Tu es gentil, François. Oui, je suis libre et je viendrai avec plaisir. Vers quelle heure ?
FRANÇOIS	Quand tu veux. Huit heures, ça te va ?
JEAN-PIERRE	D'accord et merci. A jeudi, alors.

Jeudi soir vers onze heures.

JEAN-PIERRE	Je dois partir, François. Cette soirée a été vraiment sympa. Tes disques sont super !
FRANÇOIS	Il n'est pas tard. Tu ne peux pas rester encore un peu ?
JEAN-PIERRE	Je voudrais bien mais j'ai un cours de maths à huit heures et demie demain et il ne faut pas que j'arrive en retard. (*à la maman de François*) Merci bien pour ce bon dîner. J'ai passé une excellente soirée.
LA MAMAN DE FRANÇOIS	Cela m'a fait très plaisir de vous avoir.
JEAN-PIERRE	(*serre la main de chacun*) Bonsoir, Madame, bonsoir, Monsieur, bonsoir, Julie. A demain, François.

Etude de mots

sympa *adj fam invariable* (abréviation de **sympathique**) très agréable (On dit aussi d'une personne qu'elle est sympathique, c'est-à-dire, très aimable.)

Christophe, Jacques, Suzanne et Béatrice sont DANS UN CAFE boulevard Saint-Germain à Paris.

CHRISTOPHE	Il y a un monde fou aujourd'hui ! Ce café est bondé.
SUZANNE	Tout le monde profite du beau temps pour se délasser et regarder passer les gens.
BEATRICE	Que j'ai soif ! Enfin, voici le garçon.
LE GARÇON	Qu'est-ce que vous prenez, messieurs-dames ?
BEATRICE	Rien d'alcoolisé ; un jus d'ananas.
SUZANNE	Moi, je prends un citron pressé.
CHRISTOPHE	Et moi, un panaché.
JACQUES	Un diabolo menthe. Et une carafe d'eau, s'il vous plaît.
CHRISTOPHE	Cette table est juste assez grande pour quatre, mais ça ira. C'est si sympa d'être ici au cœur de Paris.

Etude de mots

bondé(e) *adj* plein de monde

une **carafe d'eau** C'est l'eau du robinet. Il y a aussi l'eau minérale en bouteille, plate ou gazeuse.

se délasser se reposer en s'amusant

un **diabolo menthe** une boisson, mélange de limonade et d'un sirop (la **menthe** *mint*)

un **monde fou** beaucoup de monde

un **panaché** bière mélangée avec de la limonade (eau gazeuse sucrée, parfumée au citron)

EXERCICE ORAL

MODELE : Demandez à votre voisin s'il va partir à la campagne dimanche prochain.
Jean, est-ce que tu vas partir à la campagne dimanche prochain ?

1. Vous voilà au café. Demandez à votre camarade si elle désire prendre quelque chose.
2. Remerciez votre hôtesse d'un dîner délicieux.
3. Demandez au garçon de vous apporter une carafe d'eau.
4. Dites à votre copain qu'il ne va pas voir le début du film s'il n'arrive pas à l'heure.
5. Dites à votre professeur que vous passerez les grandes vacances en France si vous avez assez d'argent.
6. Demandez à votre amie si elle veut bien faire un gâteau pour votre anniversaire.
7. Dites à votre copine que vous ne jouerez pas au tennis cet après-midi parce qu'il va pleuvoir.
8. Dites à votre père que vous avez besoin d'argent pour prendre un billet d'avion.

BANDES DESSINEES

Jean-Michel appelle son ami Emmanuel pour lui demander quelque chose. Que dit Emmanuel ? Remplissez les bulles de la BD.

Remplissez les bulles de la BD. Imaginez la conversation entre Catherine et son amie, Isabelle ; ou entre vous et votre ami(e). Employez les verbes et le vocabulaire de ces deux chapitres autant que possible. Voici quelques suggestions pour une conversation.

1. Il y aura un bal au Club France-Amérique (ou à l'Ecole des Beaux-Arts, ou à la Maison de la Culture) dans 15 jours. Catherine désire savoir si Isabelle y va, avec qui, etc.
2. Catherine va partir faire du ski dans les Alpes. Elle demande à Isabelle de l'accompagner.
3. Vous voulez faire un voyage à bicyclette au Canada pendant les grandes vacances. Vous appelez votre copain (copine) pour lui demander s'il (ou si elle) voudrait vous accompagner.
4. C'est samedi et vous n'allez pas bien. Vous avez rendez-vous avec un camarade. Appelez-le pour lui dire que vous ne pouvez pas sortir ce soir parce que vous avez mal à la tête.

Les hiboux

Ce sont les mères des hiboux
Qui désiraient chercher les poux
De leurs enfants, leurs petits choux,
En les tenant sur les genoux.

Leurs yeux d'or valent des bijoux
Leur bec est dur comme cailloux,
Ils sont doux comme des joujoux,
Mais aux hiboux point de genoux !

Votre histoire se passait où ?
Chez les Zoulous ? Les Andalous ?
Ou dans la cabane bambou ?
A Moscou ? Ou à Tombouctou ?
En Anjou ou dans le Poitou ?
Au Pérou ou chez les Mandchous ?
    Hou !   Hou !
Pas du tout, c'était chez les fous.

ROBERT DESNOS

— *Chantefables et Chantefleurs* © Gründ, Paris,
1970, avec l'aimable autorisation de l'Editeur.[1]

Etude de mots

les **Andalous** *m*   habitants de l'Andalousie, région du sud de l'Espagne

l'**Anjou** *m*, le **Poitou**   anciennes provinces françaises

un **bijou** *jewel*

un **caillou** petite pierre

le **hibou** (**h** aspiré : [lə ibu]) oiseau aux grands yeux

un **joujou** *toy.* Desnos s'amuse à employer dans les sept premiers vers (lignes d'un poème) tous les sept mots en **-ou** qui ont le pluriel en **-oux**. *V* p. C20.

les **Mandchous** *m* les habitants de la Chine du Nord-Est, autrefois appelée la Mandchourie

petits choux *V* **mon chou**, p. 11.

point de pas de

le **pou** un insecte parasitique [paʀazitik] (*a louse*)

Tombouctou ville du Mali en Afrique

valent *3e personne du pl du prés de* **valoir**

les **Zoulous** *m* peuple noir de l'Afrique du Sud

Dans la bande 2-B on vous a servi comme dessert ce petit poème. La même bande contient aussi le Dernier poème de Desnos [dɛsnos]. Vous allez aimer la poésie française ! Elle a un rythme très souple, flexible, parce que la base de ce rythme est la syllabe individuelle (pas « un pied » comme en anglais). L'idéal, comme en musique, est de créer une tension entre le rythme régulier de la structure mécanique, et le rythme souple des mots, ou de la mélodie en musique. Imaginez le contraste entre un treillis [tʀeji] (*trellis*) rigide et la ligne souple d'une vigne vivante :

---

[1]Note sur la bande 2-B : Mme Huet mentionnera le titre de 1944, *Chantefables pour les enfants sages.* **Sage** signifie ici *good.*

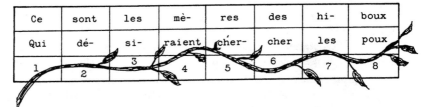

Ce	sont	les	mè-	res	des	hi-	boux
Qui	dé-	si-	raient	cher-	cher	les	poux
1	2	3		4	5	6	7	8

ROBERT DESNOS, UN POETE DE LA RESISTANCE

Robert Desnos est né à Paris en 1900. A part quelques voyages à l'étranger, il a passé presque toute sa vie dans la ville qu'il aimait tant : Paris.

Pendant sa courte vie, Desnos a connu deux grandes guerres, la première guerre mondiale, 1914–1918, et la seconde, de 1939 à 1944. En 1917 les premiers poèmes de Desnos apparaissent dans *La Tribune des jeunes*, revue socialiste. Pendant un certain temps il est journaliste mais continue à faire publier des poèmes. Il a fait partie du mouvement surréaliste, mais plus tard il s'est détaché de tout groupe.

En 1941, Desnos devient membre de la Résistance et continue à écrire des poèmes, surtout des poèmes contre la guerre, publiés par les Editions de Minuit, groupe clandestin d'écrivains résistants.

Saisi par la Gestapo (l'armée allemande occupe la moitié nord de la France de juin 1940 jusqu'au 25 août 1944), Desnos est déporté au camp de concentration de Buchenwald. Il refuse de se cacher, de peur que la Gestapo prenne sa femme, Youki, à sa place. Il meurt enfin dans un camp de concentration en Tchécoslovaquie, neuf mois après la libération de la France par les troupes alliées. La France a perdu, trop jeune, un remarquable poète.

Son humour, qui est souvent un humour noir, enchante les adultes autant que les enfants. Beaucoup de ses poèmes expriment sa passion pour la liberté, la fraternité et la justice. D'un autre côté, Desnos est le poète du fantastique et des rêves, auxquels il attache une grande importance. Il dessinait, illustrant ses poèmes de dessins fantastiques.

Parmi les poèmes les mieux connus et les plus charmants de Desnos sont les poèmes pour enfants, écrits pour les enfants de ses amis car lui-même n'en avait pas. Les collections *Chantefables pour les enfants sages* et *Chantefleurs* ont été écrites pendant qu'il était dans les camps de concentration.

Desnos est également le poète de l'amitié et de l'amour. Il était très sociable, aimait les gens, avait beaucoup d'amis. Sa femme, Youki, était son grand amour. Son dernier poème, trouvé après sa mort, était pour elle.

Les poèmes de Desnos ont été publiés dans nombre de collections. Certains ont été mis en musique et enregistrés sur disques.

Pour la biographie de Desnos, consulter surtout Pierre Berger, *Robert Desnos*. Paris : Editions Seghers, 1970 (1949) (Poètes d'aujourd'hui). Ce volume contient de nombreux poèmes.

Etude de mots

aimait   *l'imparf du v* **aimer**. L'imparfait est le temps qui *décrit une situation* au passé.

avait   *l'imparf du v* **avoir**

écrits   *part p du v* **écrire**, employé comme adjectif

est né   *passé comp de* **naître**

était   *l'imparf du v* **être**

faire partie de   être membre de, être du nombre de

la **Gestapo**   une des deux sections de la police de sûreté du gouvernement allemand sous Hitler

meurt   *prés de* **mourir**

perdu *part p de* **perdre**, *v régulier de la 3ᵉ conjugaison*

la **Résistance** l'action clandestine menée au cours de la seconde guerre mondiale par ceux qui se sont opposés à l'occupation de la France par l'Allemagne

le **surréalisme** un mouvement littéraire et artistique dont le but a été d'exprimer la pensée pure en excluant toute logique et toute préoccupation morale ou esthétique

Le dernier poème

J'ai rêvé tellement fort de toi,
J'ai tellement marché, tellement parlé,
Tellement aimé ton ombre,
Qu'il ne me reste plus rien de toi,
Il me reste d'être l'ombre parmi les ombres
D'être cent fois plus ombre que l'ombre
D'être l'ombre qui viendra et reviendra
dans ta vie ensoleillée.

ROBERT DESNOS

— « Domaine public », © Editions Gallimard, Paris,
1973, avec l'autorisation de l'Editeur.

Etude de mots

ensoleillé(e) *adj* plein de soleil (et *fig* plein de bonheur). Les arbres donnent de l'ombre dans un jardin ensoleillé.

une **ombre** absence de soleil dans une zone (l'ombre d'une personne : un fantôme)

DEUXIEME PALIER

ACTIVITES PROPOSEES

A. Les auteurs de ce livre choisissent une certaine approche pour comprendre une culture : connaître son système de valeurs, d'habitudes mentales et de présuppositions. Quelles autres approches pouvez-vous nommer ? Lire la littérature ? Lire les journaux ? Discuter ou correspondre avec des Français ou des Françaises de votre génération ? . . .

B. Un ancien interprète du département d'Etat, le professeur Edmund Glenn a dit, avec un grain de vérité, que quand deux Russes ont un conflit violent, ils finissent par se réconcilier avec effusion. Deux Français ne se voient plus, mais ils peuvent reprendre contact s'il y a un héritage à diviser. Deux Espagnols, leur *dignidad* offensée, ont un *resentimiento* (*grudge*) pour la vie. Et deux Américains se séparent et ne pensent jamais plus l'un à l'autre. Que pensez-vous de cette comparaison entre Américains et Français ?

C. Voici une histoire vraie. Une étudiante française aux Etats-Unis a rencontré un homme d'affaires américain à une soirée offerte pour les étudiants étrangers.

— Il s'est beaucoup intéressé à moi, dit-elle. Il m'a parlé longuement et il m'a même posé des questions très indiscrètes, sur ma famille. Eh bien ! trois semaines après, j'ai rencontré ce monsieur à la poste, et pouvez-vous le croire ? Il ne m'a pas reconnue.! Voilà comme ils sont hypocrites, les Américains, quand ils veulent donner l'impression de s'intéresser à vous.

La jeune Française avait-elle raison ?

D. Un contemporain de Racine, La Bruyère, a fait en 1688 cette observation pessi-miste : « Le temps, qui fortifie les amitiés, affaiblit l'amour. » Dans le même cha-pitre, « Du Cœur », La Bruyère écrit : « L'amitié peut subsister entre des gens de différents sexes. . . Une femme cependant regarde toujours un homme comme un homme ; et réciproquement, un homme regarde une femme comme une femme. Cette liaison n'est ni passion ni amitié pure ; elle fait une classe à part. »

Remarquez comme vous lisez facilement ce français écrit vers 1688 ! Que pen-sez-vous de ces idées de La Bruyère ?

E. Après avoir appris le petit poème, « Les hiboux », en écoutant et imitant la bande magnétique, amusez-vous à le lire en classe. Pensez à la remarque du poète symboliste, Stéphane Mallarmé. Un ami intellectuel a dit à ce poète :

— Stéphane, j'ai une excellente idée pour un poème !

— Ah non, répond Mallarmé. Un poème, cela s'écrit avec des sons, non pas avec des idées.

PROJETS INDIVIDUELS OU D'EQUIPE

A. Pour quelqu'un qui a lu *Le Petit Prince*. Racontez l'histoire du Prince et de sa rose : amour ? ou amitié ?

B. Pour des membres de la classe qui s'intéressent au Moyen Age : Décrivez l'amour idéalisé d'un troubadour pour sa « princesse lointaine » ; la société aristocratique féodale qui écoutait les romans courtois sur le Roi Arthur et les Chevaliers de la Table Ronde.

Faites entendre un enregistrement d'une de ces chansons, pour montrer comme elle est vivante.

C. Expliquez à la classe comment le Moyen Age a évolué : après l'idéalisme du XIIe (douzième) siècle, le développement des villes au XIIIe (treizième) siècle et la montée de leurs habitants, les bourgeois, avec leur satire souvent aux dépens de la vieille aristocratie. Puis aux XIVe et XVe siècles, le réalisme. Comparez la sérénité idéalisée des statues du XIIe siècle (Est-ce que quelqu'un a visité *The Cloisters*, à New York ?) à la statue réaliste de Bernard Du Guesclin, au XIVe, et à la *Ballade des pendus* du grand poète du XVe, François Villon.

D. Racontez à la classe une des histoires amusantes de *Reynard the Fox* (le Renard), ou un des fabliaux du XIIIe siècle.

E. Aimeriez-vous correspondre, par lettre ou par cassette, avec un étudiant ou une étudiante francophone ? Si votre ville n'a pas encore de ville-jumelée (*sister city*) en France, une source de *pen pals*, sinon de *tape pals,* en France, en Algérie et peut-être dans d'autres pays, est l'International Friendship League, 55 Mount Vernon St., Boston, MA 02108. Le coût est de 8 \$ pour les 19–29 ans (5 \$ pour les 14–18), ou 10 \$ pour ceux qui ont plus de 29 ans. On accepte aussi des demandes de la part de groupes de personnes.

Votre professeur peut également demander des correspondants français à titre gratuit pour les étudiants intéressés, s'ils n'ont pas plus de vingt ans, en s'adressant au Bureau de la Correspondance Scolaire Internationale, 29 rue d'Ulm, 75230 Paris Cedex 05. Le bulletin de demande se trouve dans le *Manuel du professeur*. Pour les étudiants qui ont plus de vingt ans, on s'adresse à la Ligue d'Amitié Internationale, 54, boulevard de Vaugirard, 75015 Paris.

Etude de mots	un **fabliau** petit récit en vers propre à la littérature des XIIIe et XIVe siècles **pendu** *part p de* **pendre**

CHAPITRE TROIS

Ecoutez la bande 3-A.

Révisez le Triangle des voyelles, p. C2, et faites les Exercices A, B et C.

L'ART DE VIVRE

Vivre, est-ce que cela a quelque chose d'artistique ?

En effet, on est tenté de nommer cette valeur « la *joie* de vivre », tant elle contribue au plaisir des visiteurs qui pénètrent dans la vie française. Mais c'est en vérité un art, non seulement dans les moments de joie mais aussi dans les moments de malheur ou de conflit. Il est passionnant d'explorer cet art, de voir comment il est coloré par d'autres thèmes de la même culture. Dans cet essai nous ne pourrons que commencer cette exploration. Mais vous y trouverez, dès le début, des suggestions pour votre art de vivre personnel.

Cet art signifie d'abord, pour toutes les classes de la société française, l'appréciation des petits plaisirs de tous les jours, comme la satisfaction de savourer un plat bien assaisonné, de déguster un « bon petit vin », ou de trouver deux saveurs « qui se marient bien ». La conversation, elle aussi, figure parmi les plaisirs de la vie ordinaire, et le fait que l'on n'aime pas dire « *manger* un repas » montre un effort pour subordonner l'aspect animal d'un repas à son aspect de sociabilité. (On préfère dire « *prendre* le déjeuner, le dîner ».)

Les plaisirs de tous les jours ne se limitent pourtant pas aux deux plaisirs de la table. Les Français cherchent en général à se créer un cadre individualisé, à exprimer leur personnalité dans le décor de leur intérieur ; et ils font attention au bon goût des costumes qu'ils portent.

Les Français de toute classe sociale ont l'avantage d'une très ancienne tradition. C'est la tradition d'une aristocratie qui a eu le temps de raffiner son observation du monde, son analyse des gens, son appréciation de la beauté et sa capacité de voir le côté amusant des choses.

C'est le goût aristocratique qui a donné ainsi au reste de la société l'idéal de « l'élégance » : idéal d'une personne qui aime les plaisirs des sens, qui s'émeut devant la beauté d'une fleur ou la noblesse d'un acte de prouesse, mais qui n'a aucun respect pour la seule intensité de l'émotion. Un étudiant étranger dans un conservatoire de musique français parvient à comprendre la critique, « Il faut jouer cela avec plus d'élégance » : non pas avec plus d'émotion, mais avec une qualité faite de grâce, de finesse et d'imagination.

Dans les rapports sociaux l'élégance veut de la politesse, comme « règle du jeu » et pas nécessairement comme expression d'un sentiment spontané. Elle veut aussi une réserve que les Français appellent « la tenue ». Cette réserve renforce le réalisme face à l'infortune. Au lieu de manifestations excessives de sensibilité devant les tragédies de la vie, on rencontre souvent un simple « Pas de chance ! » Les personnes qui manquent de réserve sont accusées de sensiblerie. Il va sans dire que cette attitude réservée nécessite une certaine discipline. « La modération », « la mesure », reviennent souvent dans les discussions sur la morale. Donc : la politesse, la tenue, la mesure ; et finalement « la simplicité » : « être tout à fait simple » est le contraire de l'affectation, ou de « faire l'important ».

Les Français qui s'attachent particulièrement à la tradition aristocratique traitent la vie entière comme une œuvre d'art, jusqu'au plus petit geste. André Maurois, un observateur pénétrant de ses compatriotes, a bien noté « cette tendance à faire de tout, mais absolument de tout, une œuvre d'art, . . . d'une robe de femme comme d'un plat de poisson, d'une liaison d'amour comme d'une belle journée de printemps. . . »[1]

Tous les Français ont tendance à *composer* un repas, à *composer* leur intervention dans un dialogue. Ils apprennent à l'école qu'il faut organiser ses idées. (Ils disent même « composer » un numéro de téléphone pour faire un appel.) Ici nous rencontrons l'élément intellectuel, la réflexion, qui contribue à rendre cet art de vivre difficile à imiter. On examinera « l'intellectualité » française dans le Chapitre Onze.

Une conséquence intéressante de la tendance constante à organiser la vie, c'est la distinction très marquée entre le travail et le loisir — distinction qui vient aussi en partie, sans doute, du désir d'imiter l'aristocratie, tout en acceptant la nécessité de travailler. Un ouvrier fera son travail journalier, en « rouspétant » contre ses supérieurs et puis, rentré chez lui, s'appliquera à préparer le repas de la famille avec un soin d'artiste.

Les syndicats ouvriers français ont fait un plus grand effort en faveur des vacances qu'en faveur des conditions de travail, de sorte qu'ils ont obtenu successivement, depuis le gouvernement du Front Populaire de 1936, trois, quatre et même cinq semaines de congés payés. On peut mesurer l'importance des

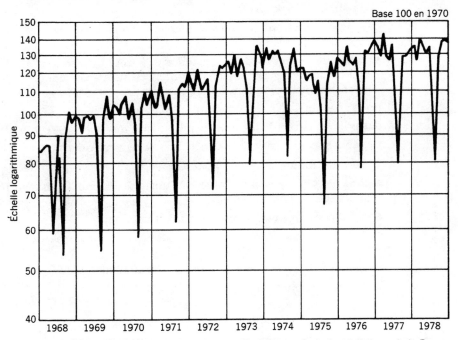

Les Variations saisonnières de la production industrielle. — *Annuaire statistique de la France*, 1979, Planche graphique n° 9 (Base 100 en 1970). Notez qu'en 1968 la production plonge en mai aussi, mais moins bas qu'en août ! (V mai 68, p. 54.) En 1984, presque la moitié des entreprises, 45 %, ont fermé ; en 1986, cependant, seulement 37 %.

[1]André Maurois, 1885–1967, *Portrait de la France et des Français*, Paris : Hachette, 1955, pp. 27–28. L'étude des cultures a progressé depuis la génération de Maurois, mais il était l'un des plus judicieux de son temps. Il avait un double avantage : Français lui-même, il observait en même temps avec la perspective d'une tradition familiale juive.

« grandes vacances » d'été soit en observant comment une famille française les prépare dès l'automne précédent, soit en regardant la courbe de productivité de l'économie française, qui plonge chaque année au mois d'août, malgré les efforts des dernières décennies pour « étaler » les vacances afin de maintenir un personnel réduit dans les entreprises.

En somme, recherche des plaisirs, mais recherche colorée par une orientation esthétique et par l'idéal de l'élégance ; recherche modérée aussi par la discipline et un sévère conformisme social. Les Français savent exactement (trop bien, même) comment vous devez vous conduire.

Et pourtant, malgré ce conformisme, l'art de vivre français reste profondément individualiste. Le Français a horreur d'être « un homme de série », comme s'il était embrigadé dans une chaîne de production industrielle. Vous n'avez pas besoin d'entrer dans l'appartement d'un Français pour découvrir son individualité. Dès les présentations, il s'individualise par la tournure qu'il donne à une banalité, par le rapport qu'il établit avec vous.

La bande continue par la Scène, Luc passe chez un copain, p. 34.

Etude de mots

s'appliquera à préparer le repas Cet ouvrier représente un nombre considérable de Français qui aiment cuisiner.

assaisonné *adj* dosé d'ingrédients pour donner un goût délicieux

une **banalité** une platitude, quelque chose qui est sans originalité, un cliché (les **banalités** *small talk*)

comme s'il était *as if he were* (l'imparfait après **si** *if* indique une condition contraire à la réalité)

se conduire (*n* la **conduite** la manière de faire) Ces mots impliquent la capacité d'appliquer des normes de moralité. Les mots **se comporter** et le **comportement** omettent cette implication morale.

une **décennie** 10 ans, par exemple les années 1980

dès *prép* à partir de, *beginning with* ; latin *de* (*from*) + *ex* (*out of*)

de sorte que *conj* (avec l'indicatif) avec le résultat que . . .

Donc : introduit ici une récapitulation

embrigadé *adj* : **être embrigadé** En anglais, on emploie une autre métaphore militaire : *to be regimented.*

s'émeut *prés de* **s'émouvoir** sentir de l'émotion

étaler les vacances faire en sorte que tout le monde ne parte pas (*subj*) en vacances en même temps

un **homme de série** un homme sans individualité

la **mesure** la modération, « rien de trop »

parvient à *de* **parvenir** = arriver à

la **recherche** la poursuite ; en science, l'investigation. Le verbe pour les deux sens est **rechercher** ; et la personne qui recherche (ou, fait des recherches) est un **chercheur** (*researcher, seeker*).

la **sensiblerie** sentimentalité excessive

seul(e) ici, *mere*

soit . . . soit *conj* *either . . . or* (c'est le présent du subjonctif de **être** : *be it . . . or be it . . .*)

un **syndicat** association qui défend les intérêts d'une profession

la **tenue** ici, façon disciplinée de tenir le corps

la **tournure**   manière artistique d'organiser une expression. Cf. l'anglais *to turn a phrase*.

QUESTIONS

1. Quels sont les trois éléments d'un thème culturel, selon le Chapitre Deux (les deux premières pages) ?
2. Les thèmes de l'amitié et de l'amour ajoutent des éléments importants à la définition de l'art de vivre. Nommez deux ou trois de ces éléments.
3. Que signifie l'art de vivre pour toutes les classes de la société française ?
4. Que veut dire « l'élégance » ?
5. Décrivez l'influence de la tradition aristocratique sur certains Français.
6. Citez une contribution de l'école à « l'intellectualité française ».
7. Combien de semaines de congés payés les ouvriers français ont-ils ?
8. Pourquoi le gouvernement veut-il « étaler » les grandes vacances ? A-t-on fait des progrès ?
9. On dit que les Américains aiment admettre qu'ils travaillent dur, tandis que les Français préfèrent dire : « Oh ! moi, je n'ai pas tellement travaillé. » Cherchez une cause possible de cette attitude. Quelle impression fera-t-elle sur un Américain ?
10. Par quoi la recherche des plaisirs est-elle modérée ?
11. Une certaine Française du monde diplomatique dit souvent : « Où serions-nous (*How would we get along*) sans les banalités ? » Que veut-elle dire ?

Dans ce chapitre vous allez commencer à apprendre Le conditionnel de chaque verbe, p. C28. Faites les Exercices D et E, p. C29.

Bison Futé sur les verbes irréguliers

Comment aviez-vous imaginé ce guide qui vous donne des conseils sur les meilleures routes ? L'animal des plaines ? Les Français le voient comme cet autre habitant de l'Amérique, qui connaît encore mieux les chemins ouverts et cachés.

UNE ETUDIANTE	Monsieur, ne partez pas. Nous avons besoin de vous un moment, s'il vous plaît. Ces verbes irréguliers, ils sont si difficiles à apprendre. Avez-vous un système pour cela ?
BISON FUTÉ	Mais bien sûr, Mademoiselle. J'ai toujours un système à proposer. C'est ma profession. Voici ! Chaque verbe a cinq éléments fondamentaux, centraux. Ce sont les « temps primitifs ». Apprenez simplement cinq formes pour chaque verbe, et hop ! vous savez pratiquement tout.
UN ETUDIANT	En effet, cinq formes sont plus faciles à apprendre que des douzaines !
BISON FUTÉ	D'accord ! Et de plus, pour le moment vous n'avez que quatre formes à mémoriser, parce que la cinquième est le temps passé littéraire, que vous allez apprendre plus tard. Alors, pour **vouloir**, les quatre sont : **vouloir, voulant, voulu**, je **veux** — l'infinitif, les deux participes (le participe présent et le participe passé), et le temps présent. Donc : **vivre, vivant, vécu**, je **vis**. Pour **pouvoir**, ce sont : **pouvoir, pouvant, pu**, je **peux**. Voilà. Vous pouvez faire **venir** vous-mêmes. Débrouillez-vous !
L'ETUDIANTE	Merci bien, Monsieur ! Maintenant vous pouvez partir. . . pour le moment !
BISON FUTÉ	Bon. A un de ces jours, mes amis.

Etude
de mots

se débrouiller se tirer d'une situation difficile. **Je peux me débrouiller** = *I can get along.*

Etudiez les verbes **vouloir**, **pouvoir**, **venir**, **vivre** ; *l'expression* **venir de** ; *et le verbe* **devenir**, *pp. C29–31. Faites les Exercices F, G et H, pp. C30–32, et l'Exercice facultatif sur le verbe* **vivre**, *p. C31.*

Etudiez Le passé composé et l'accord du participe passé, pp. C32–35. Faites les Exercices I et J et l'Exercice facultatif, p. C36.

Révisez Les pronoms objets indirects et La place des pronoms objets, p. C37, et faites les Exercices K à O. Faites l'Exercice facultatif sur le pluriel des pronoms objets, et l'Exercice facultatif sur les pronoms objets, p. C40.

EXERCICE ORAL

Posez-vous les questions les uns aux autres, en employant **tu** *ou* **vous**. *Employez une forme correcte de* **vouloir**, **pouvoir**, **venir**, **venir de**, **devenir** *pour répondre aux questions par une phrase complète.*

1. Que voudriez-vous faire l'été prochain ?
2. Avez-vous pu faire une promenade à bicyclette (ou à moto ou à pied) pendant la fin de semaine ?
3. Est-ce que tu fais du sport pendant la semaine ? Si oui, quelle sorte de sport ?
4. Aimez-vous écouter la musique ? Quelle sorte ? la musique classique ? le jazz ?
5. Aimes-tu le rock ? Est-ce que le rock est devenu populaire en France ?
6. Veux-tu jouer au tennis cet après-midi ? Si non, pourquoi ?
7. Peux-tu me dire si on passe un bon film français en ce moment ?
8. Le Président de la République française est-il venu aux Etats-Unis depuis son élection ?
9. Que pensez-vous devenir à la fin de vos études ? (C'est-à-dire, avez-vous choisi une carrière ?)
10. Comment votre université a-t-elle changé (ou, votre collège a-t-il changé) depuis dix ans ? . . .plus grande, plus petite, plus riche, plus pauvre ? etc.

SCENES DE LA VIE FRANÇAISE

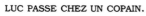

LUC PASSE CHEZ UN COPAIN.

LUC	Salut, Patrick, comment ça va ?
PATRICK	Mal. J'ai un gros rhume. J'ai de la fièvre et je tousse. C'est ennuyeux, je ne peux pas sortir.
LUC	Désolé, mon vieux. Je voulais justement te proposer d'aller voir le match de basket ce soir.
PATRICK	Je voudrais bien, mais, comme tu vois, ce n'est pas possible.
LUC	Bon. Repose-toi et soigne-toi bien. J'espère que tu seras vite guéri. Je te donnerai un coup de fil bientôt.
PATRICK	Merci, Luc, à la prochaine.

La bande continue par Paris, point de repère.

Etude de mots

à la prochaine *fam*   à la prochaine fois

un **coup de fil**   un appel téléphonique. Le mot **coup** (*lit, a blow*) s'emploie souvent dans un sens abstrait : un **coup d'état** ; le **fil** (de fer)   *wire.*

guéri(e) *adj* (*de* **guérir**)   aller mieux, recouvrer la santé ; ou, rendre la santé à qqn)

se reposer *v réfl*   prendre du repos

un **rhume**   inflammation (très commune) des muqueuses du nez, de la gorge. Le verbe est **s'enrhumer, être enrhumé(e)**.

se soigner *v réfl* (du *n* le **soin** *care*)   faire attention à sa santé

tousser   faire le bruit que provoque une irritation des voies respiratoires

PARIS, POINT DE REPERE

L'influence de la langue et de la culture française s'étend aujourd'hui autour du globe. Mais pour vous orienter dans le monde francophone, vous ne pourriez choisir un point de repère plus central que Paris. Par une heureuse coïncidence, Paris a le bonheur d'être aussi une ville enchanteresse. Une fois que vous aurez connu sa magie, vous ne pourrez plus la quitter sans une certaine nostalgie. Elle fera partie de votre vie.

Mais il n'est pas donné à tout visiteur de connaître la magie de Paris. Pour y parvenir, il y a un secret. Le secret, c'est d'écouter d'abord les échos d'un long passé, échos qui apportent des résonances profondes à la réalité présente.

Quand des ouvriers font des excavations dans une rue parisienne afin de réparer des tuyaux (comme cela arrive souvent), votre regard plonge soudain, à travers les couches de terre noircie, dans un passé de. . . vingt-trois siècles ! En fait, trois siècles avant Jésus-Christ une tribu de la Gaule pré-romaine, les Parisii, s'est installée sur les îles de la Seine qui forment le cœur de la ville : l'Ile de la Cité et l'Ile Saint-Louis.

Jules César a pris la ville en l'an 52 avant J.-C. et les Romains l'ont nommée Lutèce. Des musées conservent des objets d'art, des articles de cuisine, des outils d'artisans qui vous permettent d'imaginer la vie quotidienne de cette période gallo-romaine d'il y a deux mille ans. Parmi ces musées, deux se trouvent dans la région parisienne : le monastère médiéval de Cluny, au cœur du quartier latin ; et l'ancien palais des rois à Saint-Germain-en-Laye, dans la grande banlieue ouest.

L'importance stratégique de Paris est assurée par sa situation géographique : la ville se trouve au milieu du vaste et très fertile Bassin parisien drainé par la Seine et ses affluents. Ainsi, située sur le grand fleuve, la ville se trouve reliée à l'Atlantique et à la mer du Nord par la Seine qui, au Havre, se jette dans la Manche.

Le déclin de l'Empire romain, achevé au Ve (cinquième) siècle, a donné lieu à une période d'extrême décentralisation qui a duré cinq cents ans. Durant cette période, Paris se trouve limité à n'être rien de plus qu'un centre de commerce parmi d'autres. Le comte de Toulouse, les ducs de Bourgogne, d'Aquitaine, de Normandie et de Bretagne n'acceptaient pas de roi. Mais en l'an 500, Clovis, roi des Francs, a vaincu les Burgondes et il fait de Paris la capitale de son royaume. Paris a attendu presque l'an mil (987 exactement : neuf cent quatre-vingt-sept) pour devenir finalement la capitale d'un roi de France, Hugues Capet (Hugues qui porte une cape). C'est au XIe (onzième) siècle que la prospérité commerciale commence. Peu à peu, et surtout au XIIe (douzième) siècle, la France s'unifie administrativement sous le roi Philippe-Auguste et son successeur Louis IX (neuf), ou Saint Louis. Ce pays est donc devenu une nation bien avant l'Allemagne ou l'Italie, unifiées seulement en. . . 1870 !

Avec l'unification administrative de la France, le dialecte de Paris et de sa province, l'Ile de France, devient la langue officielle. Les nobles et les intellectuels assez ambitieux pour vouloir participer au pouvoir centralisé sentent la nécessité de parler la langue de la cour royale. Après 1800, les écoles nationales établies par Napoléon ont continué à imposer le français dans les colonies. L'esprit régional, cependant, n'a jamais cessé de résister à la domination de Paris, et ce sont les dialectes régionaux qui concrétisent l'esprit de résistance à la centralisation.

 Paris est le symbole suprême de cette centralisation. Sur la carte de France, les autoroutes, les chemins de fer et les lignes aériennes partent de Paris dans tous les sens, comme les rayons d'une étoile.

Mais par un curieux contraste, le peuple de Paris a toujours été prêt à contester l'autorité nationale. Au XVIIe (dix-septième) siècle Louis XIV (quatorze), le Roi-Soleil, n'a jamais pu oublier que lorsqu'il avait cinq ans on l'a transporté de nuit au château de Saint-Germain-en-Laye, de crainte d'une rébellion parisienne. Pendant la Révolution de 1789, la Commune de Paris a joué un rôle central. Le drapeau tricolore, bleu, blanc et rouge, a remplacé le drapeau blanc et la fleur de lis des rois Bourbons en ajoutant le blanc aux deux couleurs de Paris : le bleu et le rouge.

Louis XIV, par Rigaud.

Ecoutez la bande 3-B. Notez que Mme Huet parle de l'Assemblée nationale. Le nom ancien, « Chambre des députés », reste le nom de la station de métro.

C'est surtout à Napoléon III (trois), empereur de 1852 à 1870, et à son préfet de la Seine, le baron Haussmann, que Paris doit son visage d'aujourd'hui, célèbre dans le monde entier : les belles rues aux façades presque uniformes de bâtiments à sept étages et aux toits mansardés, les grands boulevards, les parcs, les grands espaces verts — le bois de Boulogne à l'ouest et le bois de Vincennes à l'est. Avant le Second Empire il n'y avait pas, par exemple, de rue qui traverse Paris du nord au sud : la plupart des Parisiens ne quittaient guère leur propre quartier. Haussmann a percé la rue Caulaincourt. . . traversant le vénérable cimetière Montmartre et causant de formidables procès ! Le baron a alors eu besoin de tout le pouvoir de son protecteur impérial pour vous permettre aujourd'hui d'aller directement de la place de Clichy au Sacré-Cœur.

Deux des points de repère les plus frappants du Paris moderne sont encore plus récents que le Second Empire, qui n'a pas survécu à la défaite de Napoléon III en 1870. Le Sacré-Cœur a été commencé en 1876. La Tour Eiffel a été construite pour l'Exposition internationale de 1889 : sa construction métallique a constitué une innovation spectaculaire. Les Parisiens restent très divisés sur la beauté ou la laideur de ces deux monuments.

Néanmoins, aujourd'hui vous trouverez partout le charme poétique du vieux Paris, même si la silhouette de la ville a été transformée par les tours modernes s'élevant dans le ciel. C'est notamment le cas à l'ouest, où une forêt architecturale de gratte-ciel marque le quartier de la Défense. Au sud, la tour Maine-Montparnasse domine la grande Place Bienvenue, là où la rue de Rennes, descendant de Saint-Germain-des-Prés (une autre idée de Haussmann), rencontre l'avenue du Maine et le boulevard du Montparnasse. Ce gratte-ciel est assez controversé. Pour les uns, il détruit la symétrie de la grande perspective qui descend, à un autre angle, de l'esplanade des Invalides. Pour d'autres, il se justifie par ses belles proportions ou par l'originalité de son thème artistique, dérivé de son nom : le bâtiment a la forme de deux grands M, joints par les pieds.

Coupe horizontale de la Tour Maine-Montparnasse.

La construction moderne la plus spectaculaire est le Centre Georges Pompidou, ou « Beaubourg » : un musée d'art et une bibliothèque populaire, dans un édifice fort contesté qui arbore sur ses murs extérieurs sa tuyauterie multicolore et un escalier roulant suspendu dans un gros tube transparent. Cette innovation radicale, dans le 4e (quatrième) arrondissement, se trouve à côté d'une vieille église, Saint-Merri, dans le quartier du Marais où l'on restaure de beaux hôtels de l'aristocratie du XVIIe siècle.

Réservez un bon nombre de jours pour pénétrer dans la magie de cette ville. Pour commencer, rien n'est plus central que l'Ile de la Cité, également dans le 4e arrondissement, où la Cathédrale et le Palais de Justice, l'un en face de l'autre, symbolisent les deux pouvoirs qui se sont établis ensemble. Ce double centre, qui est à l'origine de tant de villes européennes, explique pourquoi il leur est si difficile de se décentraliser.

De cette île, où aimeriez-vous aller ? Peut-être traverser la Seine, vous rendre sur la rive gauche, en passant toujours devant de fascinantes boutiques de toutes sortes, voir le quartier latin où se trouve la Sorbonne. Vous êtes alors dans le 5e arrondissement.

Prenez le temps de vous asseoir à la terrasse d'un café pour vous reposer et vous rafraîchir. C'est l'une des joies de l'art de vivre des Parisiens, que vous retrouverez

PARIS

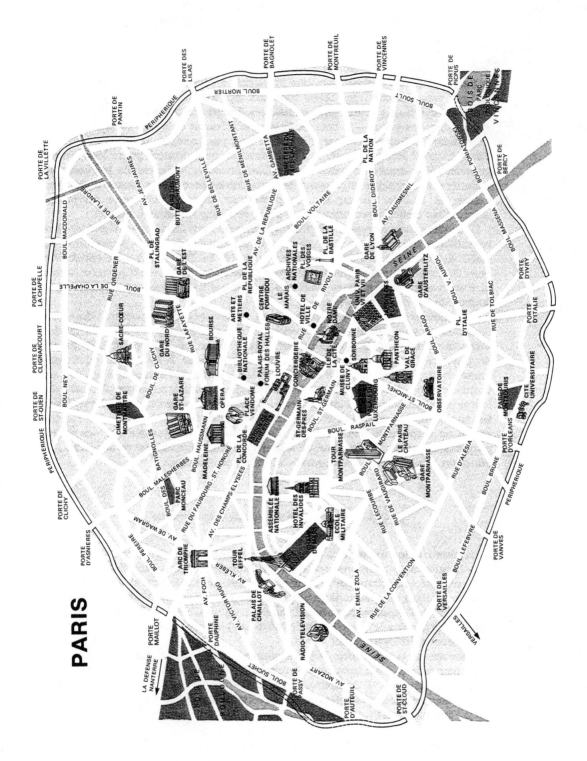

Le Centre Pompidou (« Beaubourg ») — à côté d'une vieille église, St. Merri.

La Cathédrale Notre-Dame de Paris.

dans tous les quartiers. Une boisson ou une glace ne coûte pas autant dans ce quartier estudiantin que dans les élégants drugstores du boulevard Saint-Germain à côté, dans le 6ᵉ, ou le long des Champs-Elysées.

Ou bien, traversez l'autre bras de la Seine pour vous rendre sur la rive droite, vers l'Hôtel de Ville (siège du maire de Paris), et continuez vers le Louvre, la place Vendôme, la Comédie-Française, l'Opéra. Un autre jour, il serait amusant de vous promener sur les quais. On peut encore trouver ça et là chez les bouquinistes quelques bouquins et estampes de valeur. De plus, la magnifique place de la Concorde, au bout du jardin des Tuileries, n'est pas tellement loin pour de bons marcheurs. D'ailleurs, les autobus sont excellents, ils vont partout, et leur trajet est admirablement bien marqué à chaque arrêt, avec les mots rassurants : « Vous êtes ici. »

L'Hôtel de Ville de Paris.

La Place Vendôme.

La Place de la Concorde.

Un restaurant dans le quartier latin.

Comme dans toute grande ville, chaque quartier de Paris est un petit village. Il a sa propre vie, et les plus humbles de ces villages sont les plus intimes. Vous voudrez connaître les quartiers populaires à l'est de Paris, vers la place de la Bastille — symbole de l'esprit rebelle du peuple Parisien — ainsi que les quartiers des habitants aisés à l'ouest, par exemple vers l'Etoile (rebaptisée place Charles-de-Gaulle), ou vers la place Victor Hugo, dans les 16e et 17e arrondissements ; ou encore, la rive gauche : le 7e, également un quartier aisé.

La population, riche ou pas, se déplace de plus en plus vers la banlieue, surtout vers l'ouest, au détriment de la ville de Paris qui se dépeuple. Elle n'a plus que deux millions d'habitants. Néanmoins elle reste le centre des affaires, de l'emploi et de la vie culturelle de toute la région. La population de cette région est de huit millions et demi, un sixième (⅙) de la population nationale. Chaque jour, un million de voyageurs utilisent le R.E.R. et le métro pour aller se joindre aux habitants de Paris, si bien que l'encombrement ne cesse de s'aggraver.

Heureusement, la France a le génie de la planification nationale. Précisément à cause de la centralisation de son système de gouvernement, elle a le pouvoir de décentraliser les concentrations excessives. Depuis 1966, on a construit au moins neuf villes nouvelles, cinq d'entre elles dans la région parisienne. Cette initiative offre une expérience utile aux autres pays développés.

Etude de mots

acceptaient à l'imparfait : le temps du passé qui décrit une situation statique, le contraire d'une action

a été construit(e) *v* au passé composé et au passif, *was built*

arborer montrer très visiblement (du mot **arbre**). C'est « le mot juste » (*exact*) ici pour **porter**, avec la nuance voulue.

un **arrondissement** *du v* **arrondir** rendre rond *to round out*. Paris est divisé en 20 arrondissements, chacun avec son maire. Il y a aussi un maire de Paris.

un **bouquin** *fam* un livre

un(e) **bouquiniste** marchand(e) de livres d'occasion (pas neufs)

la **Cathédrale** Notre-Dame de Paris

Jules **César** général et homme d'état romain (101—44 av. J.-C.). Il a conquis la Gaule.

la **Comédie-Française** le premier théâtre national (1680)

une **commune** La France est divisée en 37 708 communes, chacune avec un maire et un conseil municipal.

controversé *adj* qui fait l'objet d'une controverse

donner lieu à occasionner, être cause de

le **drugstore** [dʀœgstɔʀ] pas un *drugstore* au sens américain ! Une sorte de café-restaurant, de bar, et de magasin. Au drugstore on peut prendre un repas léger, des glaces, des boissons ; on peut y acheter les derniers disques, des bijoux fantaisie (*costume jewelry*), du maquillage (*makeup*), des T-shirts bizarres, etc. Les drugstores restent ouverts tard la nuit.

Elle n'a plus que deux millions *It no longer has more than . . . = It now has only . . .*

un **encombrement** beaucoup de personnes ou d'objets qui obstruent. Par exemple : des voitures, des camions, des bicyclettes et des gens encombrent une rue qui est trop étroite.

une **estampe** une gravure *a print* : une image imprimée (*printed*) au moyen d'une planche gravée (*by means of an engraved plate*) ou par lithographie

faire partie de être un élément de. Un chapitre fait partie d'un livre.

la **fleur de lis** [lis] ou [li]

le **fleuve** Un fleuve se jette dans un grand corps d'eau, par exemple un océan ; une rivière est seulement de moyenne importance (*size*) et se jette dans un fleuve, une autre rivière, un lac.

le **gratte-ciel** (*pl* les **gratte-ciel**) bâtiment très haut (de **gratter** *to scratch, scrape*)

un **hôtel** ici, une maison privée ; sens du XVIIe siècle

les **Invalides** grand bâtiment construit au XVIIe siècle pour loger les militaires invalides. Sous son dôme célèbre se trouve le tombeau de Napoléon Ier

Jésus-Christ On prononce [ʒezy kʀi], mais **le Christ** [lə kʀist].

joint *adj* et *part p* de **joindre** *to put together*

le **Louvre** ancien palais des rois, maintenant un des plus grands musées du monde

la **magie** l'art de l'enchanteur, du magicien (*adj* **magique**)

Napoléon III neveu de Napoléon Ier, empereur du Second Empire (1852–1870)

noirci *adj* et *part p* de **noircir** = rendre noir (ou devenir noir)

un **outil** [uti] objet fabriqué qui sert à faire un travail

parvenir à arriver à un but, réussir

un **point de repère** objet ou endroit précis, reconnu et choisi pour se retrouver (**se repérer** = reconnaître où l'on est)

le **préfet** *prefect* : de 1800 (sous Napoléon Ier) à 1981, un fonctionnaire placé par l'Etat à la tête d'un département. Dans le cadre du plan de décentralisation, le gouvernement Mitterrand a remplacé les préfets par des « commissaires de la République ». On continue à appeler le bureau « la préfecture ».

le **procès** *lawsuit* (≠ un **processus** *a process*)

le **quartier latin** quartier des étudiants où se trouve la première Université de Paris (la Sorbonne)

Saint-Germain-des-Prés une des plus vieilles églises de Paris (XIe siècle), à l'angle du boulevard Saint-Germain et de la rue de Rennes.

si bien que avec le résultat que (c'est tellement vrai que)

le **toit mansardé** *n* + *adj* forme de toit (*roof*) inventée par François Mansart au XVIIe siècle : une nouvelle taxe sur le nombre de portes et de fenêtres n'a pas compté les fenêtres dans le toit !

les **Tuileries** (une **tuile** *a roofing tile*) A un moment, ce jardin a été le quartier des tuileries (*tile factories*).

un **tuyau** un tube destiné à faire passer un liquide, un gaz

vous rendre *v* **se rendre** = aller

QUESTIONS

1. Expliquez la difficulté qu'ont les Américains à apprécier le rôle du passé dans la mentalité des Français.
2. Quel âge a Paris à peu près ?
3. Comment s'appellent les deux îles de la Seine où la ville de Paris s'est établie ?
4. Nommez un musée qui possède des objets d'art gallo-romains.
5. Où se jette la Seine ?
6. Expliquez le rôle du français dans l'unification administrative de la France.
7. Comment s'appelle la cathédrale médiévale qui se trouve dans l'Ile de la Cité ?
8. Que trouverez-vous chez les bouquinistes ?
9. Tous les gens qui travaillent à Paris, habitent-ils la ville ?
10. Pourquoi a-t-on construit cinq villes nouvelles dans le Bassin parisien ?

 SCENES DE LA VIE FRANÇAISE

 JE PRENDS LE METRO OU LE BUS ? Steve, un étudiant américain qui ne connaît pas encore Paris, demande des renseignements à son copain parisien, André.

STEVE André, je voudrais aller de la Gare St-Lazare à la Gare Montparnasse. Est-ce que je prends le métro ou le bus ?

ANDRE   Tu as le choix. Si tu prends le bus, le 95, tu verras plus de choses. Le trajet est intéressant, le bus traverse la Seine. Il y a un arrêt rue de Rome en face de la gare, juste avant la place. La Gare Montparnasse est le dernier arrêt, le terminus. Si tu prends le métro, tu entres dans la gare et tu descends l'escalier marqué Métro. Cherche la direction Mairie d'Issy. Cette ligne va directement à la station Montparnasse-Bienvenue. Tu vois, ce n'est pas compliqué. Bien sûr, le métro va plus vite.

STEVE   Merci infiniment. Je vais prendre le bus pour voir Paris. Je ne suis pas pressé.

ANDRE   N'oublie pas d'acheter un carnet de tickets. Tu les trouveras au guichet avant de passer sur le quai. Les mêmes tickets servent pour les deux moyens de transport. On peut les acheter dans un bureau de tabac, aussi bien que dans le métro.

Etude de mots   le **guichet**   *ticket window ; box office ; bank teller's window ;* etc.

le **quai**   dans une gare de chemin de fer ou dans une station de métro : la plate-forme où les trains s'arrêtent

le **trajet**   le chemin parcouru pour aller d'un lieu à un autre (Cf. *trajectory*)

UNE RENCONTRE BOULEVARD HAUSSMANN.   Mme Bernard et Mme Leblanc se rencontrent dans le quartier animé des grands magasins.

MME BERNARD   Bonjour, Hélène !

MME LEBLANC   Bonjour, Sylvie ! Voilà longtemps que nous ne nous sommes pas vues. Comment allez-vous ?

MME BERNARD   Très bien, je vous remercie, et vous-même ?

MME LEBLANC   Ça va. Je me demande de temps en temps ce que vous devenez. Vous habitez toujours à Ville d'Avray ?

MME BERNARD   Mais oui. Je viens d'en arriver. Je viens à Paris assez souvent pour faire des courses.

MME LEBLANC   Justement, je vais aux Galeries Lafayette. Il y a des soldes.

MME BERNARD   Je vous accompagnerai si vous permettez. Je cherche des chaussures.

Etude de mots   **Galeries Lafayette** un des « grands magasins » (*department stores*) à Paris. D'autres sont : le Bon Marché, le Printemps, les Trois Quartiers, le Bazar de l'Hôtel de Ville.

des **soldes** *m*   marchandises vendues à prix réduit : *a sale* (toujours au pluriel sauf dans l'expression « en solde »). Note historique : La France a développé la première, vers 1850, les nouvelles méthodes de marketing du « grand magasin ».

Entrez, Mesdemoiselles ! Choisissez votre homme.

Ville d'Avray   petite ville de la proche banlieue parisienne

DEUXIEME EXERCICE DE COMMUNICATION NON-VERBALE

Observez et imitez une conversation filmée d'une ou deux minutes entre deux personnes françaises. *V* la p. 9. Cette fois, observez non seulement (1) la distance entre les personnes et (2) les mains, mais aussi (3) les bras — le rôle du haut du bras (*upper arm*) et de l'avant-bras dans les gestes, et (4) l'activité de la bouche, des yeux, des muscles des joues (*cheeks*) : beaucoup moins actifs que la bouche ?

COMPOSITION : Une promenade dans Paris

Vous allez avoir une journée entière pour voir Paris. En une page, faites un exposé des choses que vous voulez voir et faire. Prenez le temps de déjeuner ! Mais dans quel quartier ?

NOTE SUR LA « CHANSON DE LA SEINE »

Jacques Prévert, poète de la vie des petites gens, emploie des mots de l'argot parisien. La Seine « s'en balance », elle « se la coule douce » sont des expressions d'un niveau de langage populaire, comme « *No sweat!* ». Le ton populaire de ce poème vient aussi de son rythme. Chaque vers a six syllabes, mais Prévert ne compte pas le [ə] (obligatoire jusqu'à sa génération), excepté quand il le veut. Ainsi :

Et quand ell(e) se pro- mèn(e)[1] . . .

1   2   3 4 5   6

a- vec sa bell(e) robe vert(e)

1 2 3   4   5   6

—mais, pour un rythme plus lent, ou plein de dignité :

No- tre Da- me ja- lous(e)

 1   2   3   4 5   6

---

[1]Le [ə] à la fin des vers ne compte jamais. Dans la versification traditionnelle, il est obligatoire d'alterner des rimes « masculines » (comme **soucis**, **quais**) avec des rimes « féminines » (qui se terminent en **-e**, comme **chance**, **promène**).

Vincent et Madame Huet vous aident à réciter ce poème à la fin de la seconde bande. Vous arriverez plus vite à parler couramment si vous pouvez en apprendre au moins une strophe par cœur.

Chanson de la Seine

La Seine a de la chance
Elle n'a pas de soucis
Elle se la coule douce
Le jour comme la nuit
Et elle sort de sa source
Tout doucement sans bruit
Et sans se faire de mousse
Sans sortir de son lit
Elle s'en va vers la mer
En passant par Paris

La Seine a de la chance
Elle n'a pas de soucis
Et quand elle se promène
Tout le long de ses quais
Avec sa belle robe verte
Et ses lumières dorées
Notre-Dame jalouse
Immobile et sévère
Du haut de toutes ses pierres
La regarde de travers

Mais la Seine s'en balance
Elle n'a pas de soucis
Elle se la coule douce
Le jour comme la nuit
Et s'en va vers le Havre
Et s'en va vers la mer
En passant comme un rêve
Au milieu des mystères
Des misères de Paris.

JACQUES PREVERT

— « Aubervilliers » III, extrait de
Spectacles, © Gallimard, Paris, 1951, avec
l'autorisation de l'Editeur.

Etude de mots

doré *adj* jaune, couleur d'or

la **misère** la pauvreté, plutôt que la souffrance. Cf. le roman de Victor Hugo, *Les Misérables* : les pauvres.

regarder de travers considérer avec mépris, avec désapprobation

un **rêve** une image, une action, imaginée en dormant

sans se faire de mousse sans se faire de souci (la **mousse** *lather*)

se la couler douce *fam* avoir une vie facile

s'en balancer s'en ficher, ne pas prendre les choses au sérieux

un **souci** ennui, tourment

JACQUES PREVERT, POETE POPULAIRE (1900–1977)

Comme Robert Desnos, Jacques Prévert est parisien, né en 1900. A part quelques voyages, il a passé toute sa vie à Paris. Il a fait plusieurs métiers qui lui ont donné l'occasion de rencontrer les gens de la rue, des théâtres, du cinéma, des cafés ; de connaître la vie des « petites gens ».

Après la guerre de 1940 Prévert a écrit des scénarios pour des films comme « Les Visiteurs du soir » et « Les Enfants du paradis ». Ses premiers poèmes ont été mis en musique et chantés dans des cafés-concerts et des cabarets. Il est devenu un poète apprécié bien avant la publication de son premier livre de poèmes, *Paroles* (1946). Ses chansons plaisent non seulement à cause de la musique mais à cause de leur langage simple, la langue parlée contemporaine.

Prévert aimait beaucoup les jeunes, et dans ses poèmes il défendait leur droit à la liberté. Il attaquait les conventions bourgeoises, c'est-à-dire, la famille et l'école trop autoritaires. C'était un contestataire, un anticonformiste (et là encore il ressemble à Desnos). Il contestait les prêtres, les politiciens et la guerre.

Plusieurs thèmes dominent l'œuvre de Prévert. Des thèmes tristes comme la misère des pauvres, les horreurs de la guerre, et des thèmes plus heureux comme la beauté de la nature, les peintres, Paris, les animaux — surtout les oiseaux. Le ton de ses poèmes, parfois satirique, ou même violent, est le plus souvent humoristique et spirituel.

La poésie de Prévert est pleine de calembours, de jeux de mots, d'images, de symboles. C'est une poésie lyrique écrite avec les mots de tout le monde, et les sentiments qu'elle exprime sont des sentiments universels. Pourtant, il est apprécié aujourd'hui par les littérateurs et les gens instruits autant que par le peuple qu'il a tant aimé.

Etude de mots

à part excepté (**mettre à part** *to set aside*)

bourgeois *adj* ici, se réfère à la classe moyenne et dirigeante (*governing*) — le contraire des ouvriers et paysans

un **calembour** deux expressions qui se prononcent de la même façon, mais qui ont des sens différents (*a pun*)

est né *passé comp de* **naître** *to be born*

la IIIe République 1871–1940, successeur du Second Empire

« les petites gens » les personnes ordinaires, qui travaillent sans gagner beaucoup d'argent

ont été mis *passé comp, au passif, de* **mettre** *have been put, were put*

le **peuple** Ce mot a deux sens : (1) la population d'une nation ; (2) la plus grande partie de la population : la masse, distinguée des classes dirigeantes et des éléments cultivés de la société.

(ils, elles) **plaisent** *prés de* **plaire**

populaire *adj* typique du peuple, ou qui vient du peuple ; ici, aimé du peuple (n'a pas le même sens que *popular*)

pourtant (**pour** + **tant** *so much* ; cf. *for all that*) malgré cela

spirituel *adj* du *n* **esprit**, qui a deux sens : *spirit* et *wit*. Ici, *witty*.

TROISIEME PALIER

SUJETS DE DISCUSSION

A. Demandez à votre professeur et à chaque étudiant(e) quels sont ses sujets d'intérêt, et quel aspect de l'art de vivre est le plus important pour lui ou pour elle.

B. Une anecdote vraie : Une jeune Américaine est étudiante depuis un mois dans une université française. Elle essaie plusieurs fois d'entrer en conversation avec un petit groupe de Françaises qui vont aux mêmes cours, mais ces jeunes filles ne l'encouragent pas. Elle fait un effort pour être cordiale, mais les Françaises deviennent encore plus distantes. L'Américaine se sent triste et comme rejetée. Que devrait-elle faire ?

C. Un débat au sujet de la façade de « Beaubourg ». Est-il plus important d'exprimer l'esprit de notre temps, ou de préserver l'harmonie architecturale d'un quartier ? Considérez que les architectes ont augmenté de quelque 20 % (pour cent) les cent m² (mètres carrés) de surface utilisable en plaçant à l'extérieur du bâtiment l'escalator et les grands tuyaux pour la circulation de l'air.

PROJETS INDIVIDUELS OU D'EQUIPE

A. Voici les suggestions promises au Palier 1, pour un exposé ou un « mémoire » (*term paper*) dans un autre cours — ou/et pour un compte-rendu dans votre cours de français.

- *art, musique, littérature* : une peinture, un opéra, un roman, etc. ; ou un artiste, compositeur ou auteur ; ou un mouvement historique.

- *sociologie, anthropologie, économie, politique* : la contribution française ; ou un aspect de la société française.

- *psychologie* : la psychologie de l'apprentissage des langues.

- *physique, chimie, biologie, ingénierie* : un physicien, chimiste, biologiste ou ingénieur ; une découverte récente.

- *maths* : par exemple, l'analyse (*math analysis*) et l'apport du groupe qui s'appelle « Bourbaki ».

- *commerce, industrie* : voir par exemple J. R. Hubbard et R. A. Ristau, « A survey of bilingual employment opportunities in international trade », *Foreign Language Annals*, April, 1982, pp. 115–121.

- *diplomatie* : obtenir (du bureau local ?) du Département d'Etat la description du Foreign Service Officer Examination.

B. Récitez une strophe de la *Chanson de la Seine*.

C. Montrez des photos de Paris.

D. Parlez d'une brève lecture sur Paris. Voici deux livres fascinants. John Ardagh, *The New French Revolution* (1968, et révisions augmentées), traduit comme *La France vue par un Anglais*, a un chapitre intitulé « Paris monstre adoré ». David H. Pinkney, *Napoléon III and the Rebuilding of Paris* (1958) est plein de petites histoires que l'on peut raconter, et la classe s'amuserait beaucoup à regarder les illustrations.

CHAPITRE QUATRE

Ecoutez le plus tôt possible la bande 4-A.

MAIS PEUT-ON GENERALISER AU SUJET DES FRANÇAIS ?

— Non ! dit Theodore Zeldin, un historien distingué et très original, auteur de *The French* (1982).

Pourtant, un autre historien également distingué, très équilibré, Eugen Weber, montre le contraire. Dans un long compte-rendu de *The French* (*The American Scholar*, hiver 1983–1984), le professeur Weber observe gentiment que son collègue anglais a confirmé, en passant, un bon nombre de caractéristiques décidément communes (quelquefois démontrées statistiquement) dans cette population d'individualistes. Par exemple :

Des valeurs communes comme la fierté nationale, la débrouillardise. . . et l'individualisme ! Sans oublier l'amitié, l'amour et l'art de vivre comme nous les avons définis ici.

Puis, *des habitudes* : de se défendre agressivement ; de manipuler et de subir l'ironie ; de contraster travail et loisirs, et de se libérer du travail le plus souvent possible. (Notez les multiples jours de congé en France, et les vacances de cinq semaines négociées par les syndicats.)

Ensuite, *des présuppositions* : qu'il faut se méfier des autres ; que la société consiste de groupes en conflit ; que l'interférence de la bureaucratie dans la vie privée est inévitable, mais qu'il est normal de cacher son revenu au fisc si l'on peut : « un cas de légitime défense ».

Et enfin, *des points sensibles*. Comme résultat de leur répugnance à se révéler sauf à des intimes, les Français trouvent indiscrètes, « déplacées », des questions sur leur famille ou leurs affaires personnelles. Ils s'attendent à la « considération » due à leur place dans la société — le contraire de l'Egalité — et ils craignent que la France ne soit pas dûment appréciée à l'étranger.

Evidemment, les généralisations ont beaucoup d'exceptions, même dans une population plus conformiste que les Français. Mais il est fort utile à un étranger de prévoir certaines réactions. Notamment, votre interlocuteur pourra être un partisan ardent de la droite ou de la gauche en politique. Vous rencontrerez des Français qui prendront parti violemment pour les patrons contre les ouvriers ; d'autres qui défendront les ouvriers avec la même violence. Et vous tomberez sur des gens d'une sensibilité intense sur des points qui vous surprendront. Par exemple, des citadins prêts à partir en guerre pour ou contre les chiens. Les uns les aiment tendrement. Les autres sont exaspérés de ne pas pouvoir marcher sur le trottoir sans regarder à chaque pas.

Respecter le statut de l'individu. . . et l'étiquette de la situation

Nous allons rencontrer d'autres points sensibles au cours de ce livre, mais il n'y en a pas de plus important que le respect dû au statut d'une personne, et le respect du degré de formalité propre à chaque situation.

C'est un éminent sociologue français, Jean Stoetzel, qui a signalé aux auteurs l'importance de « la considération » évoquée tout à l'heure. L'étudiant ferait bien de commencer tout de suite à observer dans des films, des récits, des interviews journalistiques, les différents degrés de respect entre patron et employé, parent et enfant, enseignant et enseigné, fonctionnaire et l'interlocuteur de l'autre côté du guichet, vendeur (ou serveur de restaurant) et client. De telles relations préservent encore des habitudes héritées de la société monarchique. Une personne âgée peut dire *tu* à une personne plus jeune, mais être offensée si l'autre fait de même.

Chaque type de situation, d'ailleurs, requiert un certain type de savoir-vivre, de bonnes manières. Voici un exemple : l'histoire vraie d'une étudiante américaine. Elle a été invitée à vivre « au pair » dans une famille française. Joyeuse, elle a accepté par une lettre décontractée, embellie d'expressions argotiques qu'elle était fière de savoir. Et hop ! La mère de famille répond par retour de courrier, retirant l'invitation — « à regret », bien entendu. Pourquoi ? Non pas pour punir, mais pour éviter à sa famille la présence d'une fille sans éducation. Encore un exemple : une situation de tous les jours. Le geste de ne pas passer par une porte sans offrir d'abord ce privilège à son compagnon peut sembler ridicule à beaucoup. Pour certains Européens, au contraire, ce geste marque tout le contraste entre la considération et l'arrogance.

Les marques de considération attendues dans une culture donnée sont arbitraires. Elles ne correspondent pas nécessairement aux petits services que l'on pourrait rendre. Les Européens n'ont pas la coutume d'ouvrir une portière de voiture pour une femme, ni de pousser sa chaise à table. En fait, si vous vous placez derrière la chaise d'une femme pour l'aider, l'hôtesse va croire que vous n'avez pas compris où vous deviez vous asseoir.

Les trois niveaux de généralisation utile

Il faut insister sur le fait que les généralisations au sujet d'une culture ne sont que des vérités partielles parce qu'elles n'occupent qu'un niveau intermédiaire parmi trois niveaux où il est utile de généraliser.

Au niveau de l'humanité, nous avons tous les mêmes besoins fondamentaux.

Au niveau des cultures, les besoins universels et les moyens de les satisfaire prennent des formes différentes.

Au niveau des individus, *chaque personnalité est unique*. Pourtant, les mentalités individuelles varient sur plusieurs « dimensions de variation ». Une dimension s'étend (*extends*) d'un dogmatisme rigide, fermé, à un réalisme souple, ouvert. En France, c'est ce bout-ci de la ligne qui est plus peuplé. Une autre dimension s'étend de la domination masculine à l'égalité des sexes. En France la deuxième attitude, déjà forte, gagne peu à peu sur la première. (*V* la note sur Hofstede en p. 225.)

Une attitude conservatrice envers un sujet tend à annoncer certaines autres attitudes conservatrices, comme dans l'exemple français qui sera cité, dans le premier paragraphe sur *L'Invention de la France* au début du Chapitre Neuf. Il en est de même pour des ensembles d'attitudes progressistes ; et il se forme ainsi des types de personnalité.

Etude de mots

au pair   Un étranger échange du travail contre le logement et la nourriture, sans salaire. En Europe, un accord international définit les obligations de la famille hôtesse et de l'invité. Aux Etats-Unis, cet échange est parfois illégal.

d'ailleurs (**ailleurs** = *elsewhere*)   Les Français sont fiers de conduire leur pensée en ligne droite — comme Descartes ! **De** + **ailleurs** signale une idée qui entre dans la ligne *from elsewhere* :

le **fisc**   le trésor public (cf. **fiscal** : *the fiscal year* aux Etats-Unis commence le 1er octobre) l'**ironie** ƒ veut dire normalement en français le sarcasme, la dérision : on dit, par exemple, une ironie amère (*bitter*), mordante (*biting*). Stendhal, un romancier pénétrant, a observé que chez les Français, « le plaisir de montrer de l'ironie étouffe (*stifles*) le bonheur d'avoir de l'enthousiasme ». **Ironie** est un « faux ami » entre le français et l'anglais, où le mot a gardé son sens original : le paradoxe. Exemples : Socrate qui pose innocemment une question dont il sait bien la réponse ; ou, « Il est paradoxal (*ironical*) qu'un homme juste soit victime d'une injustice ». Il ne faut pas généraliser et penser que tout humour français est ironique : souvent il est amusant sans moquerie.

Cimetière
(VOIE SANS ISSUE)

Une ironie qui étouffe l'enthousiame.

subir (sub + ir *to go*) *to undergo*

QUESTIONS

1. Contrastez les positions de Zeldin et de Weber sur la question de savoir si on peut généraliser en cette matière.
2. Nommez quelques prétendus (*claimed*) traits des Français.
3. Définissez « la considération » dans le sens où ce terme est employé ici.
4. Racontez l'histoire de l'étudiante qui a été invitée à venir « au pair » dans une famille française.
5. Trouvez-vous possible de distinguer des niveaux différents de généralisation : traits universels de l'humanité entière ; différences entre cultures (et subcultures) ; individualité unique de chaque personne ? Si c'est possible, est-ce utile ? Utile pour quoi faire ?

Apprenez les cinq temps primitifs (y compris le passé simple) de **croire**, **savoir**, **voir** *et* **devoir**, *pp. C43–44. (Le passé simple est un temps narratif, comme le passé composé, que vous rencontrerez en lisant des textes littéraires.) Faites les Exercices A à D.*

EXERCICE ORAL

Employez la forme correcte de l'imparfait de **devoir**. *Ensuite répondez aux questions avec les mots entre parenthèses.*

MODELE : Et Jean, qu'est-ce qu'il **devait** faire ? (acheter son billet d'avion)
Jean devait acheter son billet d'avion.

1. Hier qu'est-ce que nous _____ faire ? (préparer nos bagages)
2. Qu'est-ce que Mireille _____ donner à son ami hier ? (un cadeau d'anniversaire)
3. Qu'est-ce que les étudiants _____ visiter à Marseille ? (le vieux port)
4. Pourquoi Annette _____-elle rester chez elle la semaine dernière ? (parce qu'elle était malade)
5. Qu'est-ce que tu _____ dire au professeur de français ? (que je n'ai pas trouvé la cassette en librairie)

Etudiez le concept Transitif/Intransitif, p. C46, et faites l'Exercice E.

SCENES DE LA VIE FRANÇAISE

LES BANALITES, sujets de conversation superficiels, sont indispensables pour « briser la glace ». Bien choisies, elles font partie de l'art de vivre. En voici un exemple.

Une Française, Mme Goncourt, est venue à une petite fête organisée par les étudiants et le professeur de ce cours.

MME GONCOURT	Bonjour, Mademoiselle. Vous et vos camarades avez préparé un très bon déjeuner. Même en France je n'ai jamais goûté une meilleure salade niçoise.
L'ETUDIANTE	Vraiment ? Venant de vous, c'est un compliment qui nous fait très plaisir. La cuisine française nous plaît beaucoup. C'est la première fois que nous faisons quelque chose comme ça. Bien sûr, il nous faut commencer par des plats simples.
MME GONCOURT	Vous avez raison. Mais vous parlez bien, Mademoiselle. Etes-vous déjà allée en France ?
L'ETUDIANTE	Pas encore, Madame. J'espère pouvoir y aller l'été prochain. Vous êtes parisienne ?
MME GONCOURT	Oui. C'est-à-dire que j'habite la proche banlieue, à Saint-Cloud.

Etude de mots

un **plat**   chacun des éléments d'un repas ; pièce de vaisselle et son contenu. Les **pommes de terre à l'huile** sont **un plat**.

SCENES DE LA VIE FRANÇAISE

TANT PIS ! ON JOUERA DEMAIN.   Deux étudiants américains en France prennent une décision. (Leurs copains français ont traduit leurs noms.)

LAURENT	Dis, Michel, tu es libre en fin d'après-midi ? Nous pourrions jouer au tennis.
MICHEL	Je dois passer une heure au laboratoire, et après je devrais essayer de voir mon prof de chimie.
LAURENT	Tu es trop sérieux ! D'ailleurs les professeurs de Faculté ici n'ont pas d'heures de consultation. Ils sont rarement dans leur bureau. Moi, je devais rencontrer mon prof de maths hier, mais il a été absent. Il est très difficile de rencontrer son prof hors du cours. Peut-être que ça pourrait marcher demain pour le tennis ?
MICHEL	Je crois que oui. Six heures demain soir ?
LAURENT	Entendu.

Etude de mots

la **chimie** [ʃimi]   la science des substances inorganiques et organiques

hors [ɔR] **de** *prép*   à l'extérieur de

marcher   ici, employé dans le sens de fonctionner : être possible

Révisez L'imparfait, p. C47, et faites l'Exercice facultatif sur l'imparfait.
Etudiez Le contraste entre le passé composé et l'imparfait, p. C48. Faites l'Exercice F et l'Exercice facultatif sur l'imparfait et le passé composé, p. C49.

UN COIN DE FRANCE DANS LE CŒUR

Un point de vue français par Claudette Imberton-Hunt

Le poète Edna St. Vincent Millay appréciait bien l'attachement des Français à leur région. Elle a écrit, en préfaçant une traduction en anglais de Baudelaire :

> . . . the Frenchman, when he says, "mon pays," is not thinking of France ; France is "la patrie." He is thinking of a part of Normandie, a part of Provence, bounded by no lines visible on the map, bounded only by the horizon of his early associations, made significant for him by the simple and marvellous events of his childhood and adolescence ; it is the part of the world he "comes from."

En effet, chaque Français porte en son cœur un coin de terre où il voudrait retourner, pas nécessairement celui où il a vécu le plus longtemps, mais celui où il a d'heureux souvenirs d'enfance, des racines.

Unité profonde

En réalité, ces racines sont entrelacées, impossibles à démêler pour chaque famille ou individu, et les caractéristiques communes à toute la France et ses habitants l'emportent sur les différences. Les contrastes régionaux sont moins forts que l'unité profonde du pays et du peuple de France. A table, au volant ou au café, dans les fermes ou les usines, les mairies ou les réunions syndicales, les gens parlent, agissent de la même manière. Ils rient des mêmes plaisanteries, apprécient l'indiscipline, envient les vainqueurs et chérissent les perdants.

Attachement à une région

Pourtant, chaque Français rencontré vous dira son origine régionale avec fierté. « Vivre au pays » est un slogan qui fait presque l'unanimité. Depuis mai 1968 surtout, l'allégeance à une région, les efforts pour préserver les particularismes et les langues régionales sont devenus courants.

Les régions qui ont réclamé avec le plus de force leur autonomie ont été la Bretagne, les pays basque et catalan, l'Occitanie (Midi-Centre), et la Corse. Les Français n'aiment pas partir pour une autre région ; ils résistent avec force aux mutations nécessitées par des raisons professionnelles, refusent la mobilité géographique.

La France : diversité dans l'unité

La France étonne par la variété de ses paysages et de ses climats, en dépit de ses dimensions modestes : elle est moins grande, en superficie, que le Texas. Dans ce livre vous rencontrerez un peu de cette diversité, mais les plus belles surprises devront attendre votre première visite. Petite ou grande ville, montagne ou vallée, soleil ou pluie : la géographie joue un rôle certain, mais limité, dans le mode de vie. Le type physique et les habitudes culturelles sont influencés également par le voisinage frontalier : Espagne, Italie, Suisse, Allemagne, Belgique et même Grande-Bretagne. Seul le centre de la France — l'Auvergne, le Limousin, les Cévennes, peut-être même la vallée du Rhône — reste pratiquement à l'abri des influences extérieures.

Un village en Bourgogne.

Aux yeux d'un étranger, Lyon peut sembler « la plus française des villes françaises ». C'est en fait l'opinion que donnait Berton Roueché, « *reporter at large* » du *New Yorker*, en 1983. Que pensera donc un Lyonnais, par exemple, lorsqu'il visitera une autre région de France ? Il n'éprouvera pas le choc, le « dépaysement », que provoque un voyage à l'étranger. Il sera intéressé, il prendra plaisir au changement, mais il sera toujours à l'aise, « sur son terrain ». C'est que, malgré les caractéristiques locales, les traits communs prédominent.

A la rencontre des personnes

Chacun intègre sa région dans l'image qu'il veut donner de soi. Il expliquera ainsi les traits de caractère dont il est fier : les Bretons disent qu'ils sont forts et obstinés ; les Méridionaux affirment qu'ils sont plus amicaux et chaleureux que les autres Français ; et les gens du Nord donnent l'image de gens courageux et bons vivants. Les habitants de chaque région se moquent des autres, exactement comme un New-Yorkais rit des gens du Middle-West, un Bostonien des gens du Sud, et vice versa. Ainsi les Parisiens, rapides, raffinés, au courant, se moquent des provinciaux qui le leur rendent bien, les jugeant superficiels, suffisants, égocentriques. Ces formules stéréotypées contiennent plus de préjugés que de vérité. Si vous allez en France, n'attendez rien de particulier. Préparez-vous à rencontrer. . . des personnes.

NOTE SUR « LES EVENEMENTS DE MAI 68 »

La seconde moitié des années 60 a vu des mouvements de protestation d'étudiants depuis la Californie jusqu'à l'Allemagne et la Suède. En France, la protestation a commencé sur le campus de Nanterre, construit dans la banlieue ouest de Paris, loin des cafés, sans possibilité de vie sociale. Les étudiants, frustrés de se trouver dans des programmes qui ne les préparaient pas pour le marché du travail, demandaient plus d'autonomie pour leurs universités par rapport à l'Etat, et une voix estudiantine dans les décisions locales. En quelques jours les troubles ont éclaté dans beaucoup d'autres villes universitaires de France, et dans des usines. Car pendant quelques jours les syndicats d'ouvriers ont secondé les étudiants. On a eu la sensation d'être libéré du passé pour commencer un avenir de bonheur collectif : les marchands du quartier latin serraient la main aux révoltés qui défilaient ! De Gaulle, alors président, est parti de Paris en secret pour vérifier que l'armée était avec lui, puis il est revenu calmer la révolte par son éloquence, après des incidents où la police a agi avec violence. En général, la droite affirme que mai 68 n'a rien changé, et la gauche prétend le contraire. Il semble bien que certaines tendances progressistes — réforme de l'enseignement, attention à la condition ouvrière, décentralisation — ont été accélérées par ce célèbre moment de vision idéaliste.

La manifestation de mai 68 à Paris.

Etude de mots

apprécier l'indiscipline *f*   ici, admirer l'indocilité, l'insoumission

les **Basques** et les **Catalans**   minorités qui habitent des deux côtés des Pyrénées. Les Basques sont une population qui était déjà en place avant l'arrivée des Indo-Européens (les migrants préhistoriques venus de l'Inde) ; ils sont plus militants en Espagne qu'en France. Les Catalans militent pour la langue catalane. Par exemple, ils mutilent des panneaux de route français, effaçant le *n* final de Perpignan. Le centre de la Catalogne est Barcelone.

Baudelaire (1821–1867)   poète dont le sonnet « Correspondances » (1857) suggère des similitudes inattendues parmi les perceptions reçues par les cinq sens

un **bon vivant**   une personne joviale, qui aime la bonne compagnie et les plaisirs de la table

celui   pronom qui remplace « coin de terre »

démêler (le contraire de **mêler** *to mix*)   *to disentangle*

l'emporter sur   triompher de ; ici, être plus fort que

se moquer de   ridiculiser

une **mutation**   ici, déplacement d'une ville à une autre, exigé par l'employeur

les **particularismes** *m*   les droits qu'une population régionale veut conserver

réclamer   demander avec insistance

suffisant   ici, satisfait de soi-même

le **volant**   C'est en tournant le volant qu'un conducteur oriente sa voiture à droite ou à gauche. Les Français ont la réputation (justifiée) de conduire avec une certaine impatience.

QUESTIONS

1. Dans cet essai on évoque des situations où les Français ont tendance à adopter certains comportements caractéristiques. Quel comportement, dans chaque situation ? Cf. aussi les caractéristiques notées en page 49.
2. On parle encore de « mai 68 ». Qu'est-ce que c'est ?
3. Regardez la carte de la France à l'intérieur de la couverture. Dans quelle région trouvera-t-on un type physique et des habitudes culturelles en commun avec l'Espagne ? avec l'Italie ? avec l'Allemagne ? avec la Grande-Bretagne ?
4. Divisez la classe entre gens du Nord et gens du Midi, puis entre Parisiens et provinciaux. Que diront-ils d'eux-mêmes ? et comment caricaturisent-ils leurs compatriotes de l'autre région ?

LA FRANCE
MEDITERRANEENNE

 LA PROVINCE (I) : LA FRANCE MEDITERRANEENNE

Tous les habitants du Midi de la France, et pas seulement les Méridionaux militants du mouvement occitan, sont fiers d'appartenir à une civilisation méditerranéenne. Ils aiment parler, rire, raconter des blagues. Ils se félicitent de ne pas être froids, fermés, trop réservés comme ils considèrent les gens du Nord qui, à leur tour, trouvent que le « tempérament latin » est trop changeant, que ces Méridionaux au langage enflammé ne sont pas sérieux. On peut aimer les deux, comme le romancier André Gide, fils d'une Normande et d'un Languedocien, qui connaissait trop bien le Nord et le Midi pour pouvoir décider qu'il aimait l'un plus que l'autre.

Suivez la côte méditerranéenne de la France de l'est à l'ouest, comme l'ont fait les colonisateurs romains — et grecs, car Marseille a été une colonie grecque. Les colons seraient arrivés d'abord à la fabuleuse Côte d'Azur, qui commence à l'actuelle frontière italienne et s'étend jusqu'aux Bouches-du-Rhône, en passant par la petite principauté indépendante de Monaco, les jolis ports de Nice et de Cannes, le port naval de Toulon et, finalement, Marseille, la plus grande ville de France après Paris et le principal port français de commerce. Avec Aix-en-Provence, un peu au nord, Marseille forme l'une des huit « métropoles d'équilibre » de la France.

La région située à l'intérieur de cette partie de la côte est la Provence, nom que

Marseille : le vieux port.

lui ont donné, en latin populaire, les colons romains. (On ne doit pas confondre ce mot, [pʀɔvɑ̃s], avec la [pʀɔvɛ̃s], la France sauf Paris.)

Entre l'Italie et Nice, la Corse forme une région à part. C'est une île dans tous les sens du terme, séparée du continent par la mer et une forte individualité. Elle est française par la langue et l'administration, mais aurait pu être italienne comme la Sardaigne. Un des Français les plus célèbres, Napoléon, est né en Corse. Aujourd'hui, de nombreux Corses acceptent d'être déracinés et de vivre sur le continent, pour des raisons économiques. Faute de patrimoine matériel, ils sont souvent fonctionnaires, souvent dans la police. Leurs noms chantants ne passent pas inaperçus : Ciancaleoni, Guilghini, Giuliani. . .

Héritiers d'une culture italienne influencée par le climat chaud de la Méditerranée, les Corses tendent d'une part à aimer le laisser-aller de la *dolce vita* ; d'autre part, leur forte personnalité, vive, bouillante, coléreuse, leur donne le goût du commandement et du succès.

Les Corses sont un peu à la France ce que sont les Irlandais à la Grande-Bretagne, en supposant que de telles analogies soient utiles. Comme l'Irlande, la Corse est secouée par un mouvement indépendantiste très fort. Le Front national pour la libération de la Corse (FNLC) utilise le terrorisme en Corse et sur le continent pour obtenir satisfaction. Il est difficile de savoir dans quelle proportion le FNLC est soutenu par la population corse.

La côte méditerranéenne de la France est divisée en deux par le Rhône, un des quatre grands fleuves du pays. Les trois autres, la Seine, la Loire et la Garonne, se jettent tous dans l'Atlantique ou dans la Manche qui en est un bras. Le Rhône, lui, naît dans les Alpes suisses, pas loin de Genève. Il rejoint la Saône [son] à Lyon.

Puis, grossi des eaux de la Saône, le Rhône descend vers la Méditerranée en passant par Avignon, qui est célèbre en partie à cause du Palais où les papes ont vécu pendant la plus grande partie du XIV\ :sup:`e` siècle. Le Rhône passe finalement par Arles, juste avant de s'étendre sur un énorme delta, la Camargue.

A l'ouest du delta, après Montpellier, ville universitaire depuis le Moyen Age, la ligne de la côte décrit une grande courbe vers le sud et vers la pittoresque ville de Perpignan, avec sa place pavée de marbre rose. De Perpignan, on voit déjà les Pyrénées qui séparent la France de l'Espagne.

La région à l'intérieur de la partie de la côte où se trouve Montpellier a pour capitale Toulouse et s'appelle le Languedoc. Ce nom a une histoire intéressante.

Le poète italien, Dante, à la fin du XIIIe siècle, s'intéressait aux dialectes dérivés du latin comme source d'une nouvelle poésie. Il les a classés selon leur façon de dire « oui » : « oc » dans le Midi et « oïl » au-delà de la Loire, dans le Nord de la Gaule. De là vient le mot « Languedoc » ainsi que sa contrepartie, « la langue d'oïl » ; et également, le nom qu'emploient les militants pour le Midi entier, l'Occitanie.

Etude de mots

une **blague** ici, une histoire amusante et difficile à croire. **Sans blague !** = *You're kidding!*

bouillant *adj* ardent *ebullient* (de **bouillir** *to boil*)

coléreux *adj* prompt à se mettre en colère (*anger*)

se féliciter *to congratulate oneself*

André Gide (1869–1951) prix Nobel. Plusieurs de ses « récits » (romans courts) vont par paires : par exemple, l'un sympathisant avec la moralité traditionnelle, l'autre proposant de se tenir libre et « disponible », ouvert à toute expérience humaine.

indépendantiste On distingue, par exemple au Québec, entre cet objectif d'une certaine autonomie, et la solution absolue, le séparatisme.

le **laisser-aller** *easygoing attitude*

le **Languedoc** ancienne province du sud de la France

les **métropoles d'équilibre** villes choisies comme capitales régionales, chacune avec des villes satellites, pour équilibrer l'importance et l'attraction de Paris

le **Midi** la région au sud d'un pays ; *adj* **méridional**

occitan *adj* du Midi de la France

secouer agiter ; une **secousse** un choc

sérieux *adj* ici, consciencieux, qui inspire la confiance

soutenu de **soutenir** (tenir d'en dessous *from underneath*) *to support*

QUESTIONS

1. Quels sont les reproches que les gens du Nord et du Midi de la France se font les uns aux autres ?
2. Sur la carte de la France, retracez la route des colonisateurs de l'Antiquité qui ont longé la côte ou qui ont remonté le Rhône.
3. Nommez deux mouvements régionalistes de la France méditerranéenne.
4. Ce dernier adjectif, **méditerranéen** (médi + terre), dérive évidemment d'une notion antique de la géographie : cette mer était « au milieu » de quoi, précisément ? Qu'est-ce qui la bornait au nord, à l'est, au sud et à l'ouest ?
5. Racontez comment le nom du Languedoc a été créé quand on a voulu classifier les dialectes du latin.

Ecoutez la bande 4-B, qui commence par « L'individualisme ». La fin de la bande vous préparera à faire un exercice en classe.

Etudiez L'article partitif, p. C50, et faites l'Exercice G, p. C52.
Etudiez les adverbes **y** *et* **en,** *p. C52, et faites les Exercices H à K, y compris l'Exercice facultatif sur les pages C50–C53 en page C54.*
Révisez La division en syllabes, p. C13, et écrivez les Exercices L et M, p. C55.
Répondez aux questions de l'Exercice N, p. C55.

EXERCICE ORAL SUR **y**

Répondez aux questions par une phrase complète avec **y**.

1. Habitez-vous à St-Etienne ?
2. Savez-vous si M. le Maire est dans son bureau ?
3. Ton copain (Ta copine) va-t-il (va-t-elle) à la piscine ?
4. Comptez-vous aller au Salon de l'Auto ?
5. Le Président de la République française est-il allé plusieurs fois aux Etats-Unis ?

L'INDIVIDUALISME FRANÇAIS : « PLUS ÇA CHANGE. . . » ?

René Martin, étudiant en sciences économiques, suit un cours avec un professeur de sociologie américain, détaché à l'Université de Bordeaux. Ce professeur, M. Pence, a distribué à la classe l'essai sur l'art de vivre que vous avez lu dans le Chapitre Trois. C'est ainsi que la mère de René a lu l'essai, et que M. Pence a été invité à dîner chez René. (René est fils unique, sa mère est veuve.) Après le dîner, vers neuf heures et demie, on prend le café au salon, et la conversation roule sur la vie française et ses valeurs.

MME MARTIN Cet essai m'a vivement intéressée, Monsieur, et je le trouve en général très juste.

RENE Moi, je ne suis pas tout à fait d'accord. J'ai dit en classe qu'il faudrait parler des sports, par exemple.

M. PENCE Très juste, René ! Les sports font partie des plaisirs de toutes les classes sociales.

RENE Et puis, la politesse n'est pas toujours « la règle du jeu » en France ! Echanger des injures est notre sport préféré. Nous adorons nous injurier les uns les autres. Notre art d'insulter est plus perfectionné que notre art de vivre.

M. PENCE En effet, c'est un art plus facile. Mais l'agressivité est universelle. Alors, une société qui a appris à substituer l'agression verbale à la violence est tout de même une société plus civilisée. Le conflit devient un jeu, et le jeu est gouverné par des règles.

RENE Il est vrai que les parents disent toujours aux enfants, « Surtout, pas de bagarre ! » On ne nous conseille pas d'insulter. . . On en donne simplement de jolis exemples.

M. PENCE Mais vous, Madame, que souhaiteriez-vous changer dans ce petit essai ?

MME MARTIN Moi, j'insisterais plus sur le changement dans notre société. Les gens n'ont plus le temps d'être polis. Et, entre parenthèses, il me semble que cette politesse européenne a toujours été un moyen de montrer son savoir-vivre, plutôt qu'un signe de gentillesse.

M. PENCE   Oh, vous êtes très sévère, Madame. Quant aux changements, vous y êtes inévitablement plus sensible que moi. Nos observations se complètent l'une l'autre. Vous qui vivez la culture française, vous voyez surtout les changements parce que vous comparez le présent au passé. Moi, vieil observateur étranger que je suis, je compare les cultures les unes aux autres et je vois surtout la continuité de chacune. Elles gardent leur identité malgré tout.

RENE   Ces deux points de vue ont provoqué plein de discussions en classe ! Si tu nous avais entendus, maman !

MME MARTIN   J'imagine sans peine. Je serais curieuse de savoir quelles autres valeurs vous apparaissent clairement, Monsieur, dans notre société en mutation.

M. PENCE   J'étais sur le point de vous poser la question, à tous les deux. C'est là le système d'un de mes amis anthropologues. Il demande, « Quelle question dois-je vous poser pour connaître votre culture dans ses propres termes ? »

RENE   Eh bien ! alors, parlons de notre fameux individualisme. Est-ce un stéréotype périmé qui ne nous décrit plus ? Car maman est en train de lire un bouquin qui dit que l'individualisme n'existe plus en France.

MME MARTIN   C'est-à-dire, René, qu'*un aspect* de l'individualisme n'existe plus comme avant, à savoir : le côté actif, entreprenant, le goût de l'aventure. Ce côté-là serait en déclin, selon ce livre, depuis les années 30. Mais le côté défensif serait aujourd'hui plus fort que jamais.

M. PENCE   Tiens ! Cela m'intéresse beaucoup. C'est un livre récent ?

MME MARTIN   Attendez. . . le voici. Il date de. . . 1977. (*Elle le lui offre.*) Tenez, Monsieur.

M. PENCE   (*le prend*) Pardon. Ah, oui. Bernard Cathelat, *Les styles de vie des Français 1978–1998.* Alors, il trouve que le goût de l'aventure n'est plus très commun en France. Qu'en pensez-vous, Madame ? René ?

MME MARTIN   Je dois y réfléchir. Mais vous prendrez encore une tasse de café, n'est-ce pas, Monsieur ?

M. PENCE   Volontiers. Il est délicieux.

MME MARTIN   Et toi, René ?

RENE   Je veux bien, moi aussi. . . Alors, les deux sortes d'individualisme. Ce M. Cathelat a certainement raison de dire que l'aspect défensif est très fort. Je pense à la façon si française de limiter les contacts à un petit groupe d'intimes, « la famille et les amis ». On résiste aux nouveaux contacts qui élargiraient l'horizon.

MME MARTIN   C'est ça. On a horreur des gens qui voudraient pénétrer dans notre vie.

M. PENCE   Vous protégez très jalousement votre *privacy*. C'est une valeur qui va tellement sans dire que vous ne semblez pas avoir besoin de la nommer !

MME MARTIN   En effet, le mot nous manque. Mais on y substitue des locutions comme « la vie privée », « la vie intime ». Nous apprécions beaucoup l'intimité. Elle nous permet d'être complètement à l'aise. Sans ça, il faut toujours être sur ses gardes.

M. PENCE   Ce mur entre « les amis » et « les autres » est sans doute un effet de votre méfiance habituelle, non ? C'est aussi une conséquence de votre savoir-vivre qui impose une réserve si stricte aux relations sociales. Selon mes lectures, les Français, plus que d'autres, parlent de « porter un masque » devant la société. Je ne sais pas. Peut-être que je pense trop à la période classique et à Louis XIV qui s'arrêtait entre deux portes, dit-il dans ses mémoires, « pour me faire une contenance » avant d'entrer dans un salon. Mais ce qui est sûr, c'est que l'on n'apprécie pas les Français si l'on n'a vu que ce masque. Il est vrai que nous ne sommes pas faciles à apprécier. . . au début.

RENE

A suivre

Note : La bande 4-B présente la suite, p. 62, sans interruption.

Etude de mots

une **bagarre**   un échange de coups (*blows*), *roughhouse*

c'est-à-dire   ici, une façon douce, polie, de corriger une erreur qu'une autre personne vient de faire

détaché *adj*   ici, *visiting professor*

entre deux portes   Dans le palais de Versailles, par exemple, les salons sont séparés par un petit vestibule qui a une porte à chaque bout.

être sur ses gardes   se méfier

fameux *adj*   Devant le nom, cet adjectif prend un sens ironique.

un **fils** [fis] **unique**   le seul enfant de ses parents

Je veux bien   ici = *Yes, please* (et non pas *I am willing*)

juste *adj*   correspond à (1) la justice ou à (2) la justesse (l'exactitude)

« **la règle du jeu** »   *"the rule of the game"*

une **lecture**   Ce mot est un « faux ami ». (*V* le Lexique)

le **moyen**   l'instrument

pardon   expression souvent employée en prenant un objet de la main d'une autre personne

périmé   qui n'a plus de valeur

v + **plein de** *fam*   *lots of*

« **Plus ça change**, plus c'est la même chose. »   *The more it changes, the more it stays the same.* (Est-ce que l'individualisme français en sera un exemple ?)

rouler   ici, tourner sur ; une auto roule sur ses quatre roues.

le **savoir-vivre**   les bonnes manières

suivre   venir après ; **suivre un cours**   étudier en classe une certaine matière

tenez   expression qui accompagne l'offre d'un objet. C'est l'origine probable du mot « tennis » : une règle de ce jeu, inventé à la fin du Moyen Age, exigeait de dire « tennes » en servant.

veuve   Son mari est mort.

QUESTIONS

1. Expliquez comment M. Pence a été invité à dîner.
2. Que dit René de l'art d'insulter, et quelle est la réponse du professeur ?
3. Comment l'observation d'une culture faite par l'étranger complète-t-elle la perspective de la personne qui vit la culture ?
4. Quelle est la question par laquelle l'ami anthropologue de M. Pence commence à connaître une culture ?
5. René exagère la conclusion de B. Cathelat. Quelle expression est-ce que sa mère emploie pour le corriger gentiment ? Et quelle est la conclusion précise, selon elle ?

6. Donnez un ou deux exemples de l'individualisme défensif.
7. Comment M. Pence expliquerait-il « le mur entre les amis et les autres » ?

SCENES DE LA VIE FRANÇAISE

L'INDIVIDUALISME DES FRANÇAISES.   Miss Nelson passe un an en France. Elle habite Rouen dans une famille rouennaise, les Dufour. Après six mois, Mme Dufour a donné à Miss Nelson le nom de sa couturière, qui a fait une jolie robe pour la jeune Américaine. Ici Miss Nelson parle avec la couturière.

MISS NELSON   La robe que vous m'avez faite me plaît tellement que je voudrais en avoir une autre.

LA COUTURIERE   J'en suis ravie, ce sera facile. Quel genre de robe désirez-vous cette fois ?

MISS NELSON   J'en voudrais une du même modèle, mais d'une couleur et d'un tissu différents.

LA COUTURIERE   Vous n'y pensez pas ! Cette robe est unique, Mademoiselle, je l'ai créée pour vous seule. Si vous voulez une autre robe, je vous en ferai une, avec plaisir, mais ce serait également une robe unique. Vous ne voudriez pas deux robes du même modèle !

MISS NELSON   (*après une petite pause*) Tiens ! Mme Dufour m'a dit la même chose !

Etude de mots
une **couturière**   femme qui fait de la couture (cf. **coudre**   *to sew*). Les couturiers et l'habitude de faire ses robes à la maison continuent à être importants à côté du prêt-à-porter.

le **tissu**   le textile (cf. **tisser**   *to weave*)

L'INDIVIDUALISME FRANÇAIS *(suite)*

MME MARTIN   Mais pour revenir à l'idée de deux sortes d'individualisme. Il me semble que l'idée n'est pas tout à fait défendable. Quand nous résistons contre les importunités, ou contre les vexations administratives, notre défense n'est pas passive, elle est bien active. Souvent, c'est la révolte. Et sur le plan national, notre vie politique est une compétition fort agressive.

M. PENCE   Il est certain que votre « société conflictuelle » continue toujours à produire des batailles d'idées. . . assez spectaculaires.

RENE   Ça, oui. Mais ce n'est pas l'individualisme entreprenant. Il n'y a guère là d'esprit d'aventure. Mon prof d'histoire dit que les petites et moyennes entreprises, les entreprises à l'échelle de l'individu, sont nettement défavorisées aujourd'hui dans notre pays par les contraintes qui viennent de l'« état providence » : les impôts pour protéger les ouvriers, pour les vieux, pour l'assurance médicale, etc. Ce prof-là, il n'est pas du tout socialiste ! Mais il a raison de penser que l'esprit d'aventure est défavorisé.

M. PENCE   Il a raison en partie. Mais le grand problème des PME ne vient pas de ces mesures humanitaires en France : il vient plutôt de la concurrence internationale. Certains secteurs de la vie française font preuve d'une vitalité, d'un dynamisme qui contredit la notion d'une décadence générale de l'Europe. Vous allez voir, René. J'écris un essai sur cela pour notre cours.

RENE (*à part*) Encore une saine lecture qu'un étudiant peut donner à lire à sa mère !

MME MARTIN Il est vrai que la concurrence internationale a forcé l'entreprise française à devenir plus efficiente, et voilà précisément un des changements que je remarque. Mon mari disait que les chefs d'entreprise d'aujourd'hui ne sont pas autocratiques comme leurs pères. Ils sont plus ouverts aux idées de leurs employés, et ils les traitent plus comme membres d'une équipe.

M. PENCE Est-ce que cela veut dire qu'ils ont peur d'une révolte ?

MME MARTIN Non pas. C'est surtout que le vieux style arbitraire manquait de créer un esprit de coopération. C'est ce style-là qui était défensif ! Non, je pense que ce changement fait partie d'un mouvement général vers une société moins égocentrique, plus soucieuse de coopération et démocratie.

RENE Une société moins individualiste, alors ?

MME MARTIN Pas vraiment. Car même sur le plan de l'individu tout seul, je persiste à prétendre que notre vie quotidienne ne manque pas d'esprit d'aventure. Partout, le « système D » fait preuve d'une invention, d'une ingéniosité merveilleuse.

RENE Tu commences à me convaincre. Et le « système D » n'est pas le seul signe du goût de l'aventure. Les parents de mes copains quand ils travaillent pour accumuler les maisons de campagne, eh bien ! ce n'est pas pour défendre leur sécurité. C'est pour le plaisir de la réussite, le plaisir de faire mieux que les autres, au risque de trop entreprendre. Le risque, c'est l'aventure.

MME MARTIN A mon avis, la simple réussite de garder mon indépendance d'esprit est une aventure. On est sollicité de tous les côtés par les politiciens, les médias, la publicité. Il faut une décision courageuse à tout moment pour dire « Je ne marche pas ! » En somme, c'est un acte créateur de maintenir son intégrité.

RENE Voilà une note héroïque pour mettre fin à une conversation ! Mais si nous avons fait le tour de ce fameux individualisme, ce n'est pas mal pour une soirée.

M. PENCE Oh, mon Dieu ! Je ne faisais pas attention à l'heure. Voilà longtemps que j'aurais dû partir !

RENE Pensez-vous ! Mais non, je ne voulais pas du tout dire cela, Monsieur ! Justement, j'allais dire que la note héroïque ne me semble pas tout à fait justifiée, que l'individualisme me paraît être, au fond, une espèce d'égoïsme. Et puis je voulais vous demander aussi votre avis sur notre façon de concevoir la liberté. Vous voyez, je ne parlais pas de mettre fin à la soirée !

Situation délicate ! Le pauvre René a sauvé la situation par une manœuvre qui prolonge la conversation et la rend trop longue pour ce chapitre. Comment ce diplomate de professeur va-t-il répondre ? Lisez la suite dans le prochain chapitre.

Etude de mots

la **concurrence** la compétition

une **échelle** ici, *scale* (de grandeur)

l'**état** *m* **providence** *the welfare state*

faire le tour de passer en revue

faire preuve de   montrer (une **preuve**   *proof*)

mon Dieu   exclamation pas plus forte que *dear me* (euphémisme anglais, dit-on, pour *Dio mio*)

Pensez-vous !   ici, « Mais vous auriez tort de penser cela » : façon très polie de contredire une interprétation impliquée (*implied*)

les **PME**   les petites et moyennes entreprises

soucieux *adj*   cf. le **souci**   *care, concern*

sur le plan de   *at the level of*

le « **système D** »   de l'adjectif **débrouillard**, habile (*clever*) à contourner (*circumvent*) les difficultés, surtout les contraintes imposées par le système officiel

QUESTIONS

1. Quelle force sur le plan national et international défavorise les petites et moyennes entreprises en France ?
2. Selon Mme Martin, comment les jeunes chefs d'entreprise diffèrent-ils de leurs pères ? Pourquoi ce changement ?
3. Qu'est-ce que « le système D », et pourquoi Mme Martin l'admire-t-elle ?
4. Pour Mme Martin, « Je ne marche pas » représente quel côté de l'individualisme ? Etes-vous d'accord avec elle ?
5. Quelle situation délicate René a-t-il créée, et comment a-t-il sauvé la situation ?
6. Quand M. Pence dit « J'aurais dû partir », René répond « Pensez-vous ! » — une façon de dire poliment « C'est absurde ». Pouvez-vous imaginer une autre situation sociale qui donne l'occasion de dire « Pensez-vous ! » ?

EXERCICE ORAL

Racontez en classe la fable de la souris et du chat. Aidez l'étudiant qui la raconte. Avec l'exclamation Ouf ! on emploie souvent un geste pour exprimer le soulagement (*relief*) : on agite la main rapidement de haut en bas, comme si on venait de se brûler (*burn*) les doigts. Le texte de la fable est en p. C56.

COMPOSITION

Ecrivez une mini-composition d'une seule page. Laissez une bonne marge pour les éventuelles réactions de votre professeur. Avant de lui montrer la page, vérifiez que les adjectifs s'accordent avec leur nom, les verbes avec leur sujet. Choisissez un thème qui vous permettra d'utiliser le vocabulaire que vous savez déjà. Par exemple :

1. Votre art de vivre personnel ou un épisode qui l'a influencé.
2. La présence de l'histoire à Paris.
3. Vous avez gagné un prix : deux mille dollars pour visiter Paris. Qu'aimeriez-vous faire ? Soyez réaliste !

QUATRIEME PALIER

SUJETS DE DISCUSSION ET ACTIVITES

A. Peut-on généraliser au sujet des Américains ? Par exemple, l' « *achievement/ success* » (réalisation/réussite), est-ce une valeur très répandue (*widespread*) ?

B. A la question « Notre pays vous plaît ? », supposez qu'un Américain réponde, « Oui, beaucoup ! » Et qu'un Européen réponde « Oui », mais qu'il ajoute un petit détail qui ne lui plaît pas. Expliquez l'image que chacun veut donner de lui-même.

C. Invitez une personne qui connaît bien un pays francophone à venir vous parler et répondre à vos questions sur son pays.

PROJETS INDIVIDUELS OU D'EQUIPE

A. Une équipe voudrait-elle organiser, pour une date déterminée, un repas français préparé en commun ? Une autre équipe pourrait chercher une ou deux personnes à y inviter. Doit-on préparer d'avance des su'ets de conversation ? « Les banalités » y ont leur place. On peut utiliser, si on veut, la recette pour la salade niçoise, que l'on pourrait servir en classe, à une réunion d'un club français, ou peut-être chez quelqu'un.

B. La Provence, joie des peintres. Montrer des peintures de Cézanne, de Matisse, de Van Gogh [vĕgo] ou de Picasso ; ou des photos de la Chapelle de Vence décorée par Matisse.

C. L'héritage gréco-romain. La colonisation grecque de Marseille, les routes romaines, ou les grands amphithéâtres et le « théâtre en plein air » que l'on y présente aujourd'hui. Un article intéressant : K. Crecelius, « French historical monuments revisited », *Contemporary French Civilization* 5 ii, 1981, surtout les pp. 281–282.

D. Pour un linguiste. Montrez à la classe les mécanismes de l'expression du futur en français, en anglais, et peut-être dans d'autres langues modernes. En français, l'infinitif + **-ai, -as, -a, -avons, -avez, -ont**, dérivé de *to have to*. . . ; en anglais *I will* (volonté) + infinitif ; en allemand **ich werde** (*I become*) + infinitif.

Salade niçoise

La salade niçoise est originaire de la ville de Nice qui se trouve sur la célèbre Côte d'Azur dans le département des Alpes-Maritimes. Connue pour son bon climat ensoleillé, son site remarquable sur la mer Méditerranée, ses fleurs magnifiques et ses marchés en plein air, Nice attire et les Français et les touristes de partout.

Pour 6–8 personnes :
haricots verts cuits, froids (à peu près 1 1/2 livres)
3 ou 4 tomates coupées en quatre
une laitue, séparée, bien lavée et séchée
sauce vinaigrette (voir la recette)
des olives noires (ou vertes si vous préférez)
2 ou 3 tasses de pommes de terre à l'huile (facultatif) (voir la recette)
3 ou 4 œufs durs (1/2 par personne)
1 boîte de thon (8 ox.)
filets d'anchois
jambon et/ou fromage (gruyère ou *cheddar*) coupés en cubes (facultatif)

Juste avant de servir, versez de la vinaigrette sur les haricots verts dans un bol, et sur les tomates qui sont dans un autre bol, et mélangez bien. Mettez de la laitue dans un grand saladier, ajoutez de la vinaigrette et tournez bien. Arrangez les pommes de terre au fond du saladier et arrangez les tomates et les haricots verts dessus, artistiquement. Parmi ces légumes arrangez les œufs coupés en quatre, le thon, les olives, les cubes de jambon et/ou de fromage, et les anchois si vous les aimez. Versez la vinaigrette sur le tout, ajoutez quelques herbes si vous voulez, et servez.

Sauce vinaigrette

C'est le vrai « *French dressing* » : 1 ou 2 cuillères à soupe (*tablespoons*) de vinaigre de vin ou de jus de citron (ou un mélange des deux) ; une pincée de sel ; 1/4 t. de moutarde sèche ou 1/2 t. de moutarde, type Dijon ; une pincée de poivre ; 1/3 à 1/2 tasse d'huile d'olive ou d'un mélange d'huile d'olive et d'huile dite *salad oil*. Vous pouvez ajouter, si vous voulez, 1/2 t. d'herbes comme l'estragon, le basilic, le persil et des échalotes (*shallots*) hachées. Mélangez bien, en fouettant, le vinaigre, le sel et la moutarde dans un bol ; ajoutez peu à peu, en fouettant, l'huile et ensuite le poivre et les herbes et échalotes.

T   *tablespoon* = 1 cuillère à soupe
t.   *teaspoon* = 1 cuillère à café

Pommes de terre à l'huile

1 kilo (*2.2 lbs.*) de pommes de terre
3 cuillères à soupe (*T*) de vin blanc sec ou de vermouth sec
3 cuillères à soupe de bouillon de poulet.
1/2 tasse de sauce vinaigrette
2 cuillères à soupe d'échalotes ou de petits oignons verts hachés
3 cuillères à soupe de persil haché

Faites bouillir les pommes de terre en robe des champs (sans peler). Pelez et coupez en tranches pendant qu'elles sont encore chaudes. Mélangez doucement dans un saladier avec le vin blanc et le bouillon. Quand les pommes de terre auront absorbé le liquide (20 minutes), ajoutez la vinaigrette, les échalotes et le persil. Mettez les pommes de terre au réfrigérateur pendant 2 ou 3 heures, mais servez-les à la température ambiante.

Etude de mots

un **anchois**   *anchovy*

l'**estragon** *nm   tarragon* ; le **basilic**   *basil* ; le **persil** [pɛRsi]   *parsley*

et . . . et *conj   both . . . and*

haché *adj*   coupé en très petits morceaux

une **pincée**   juste ce que vous pouvez pincer entre le pouce et l'index

pommes de terre en robe des champs   pommes de terre cuites avec la peau

une **salade**   veut dire aussi *a head of lettuce*

la **température ambiante**   *room temperature*

le **thon**   variété de poisson, trouvé généralement en boîte (*tuna*)

une **tranche**   morceau coupé assez mince

Bonne chance et bon appétit !

CHAPITRE CINQ

 Ecoutez la bande 5-A avec votre Cahier. Voir la p. C59.

 Etudiez Le rythme, l'accentuation et les groupes de mots, p. C60, et faites les Exercices B à E.

LE SIECLE DE LA RENAISSANCE EN FRANCE

Nous avons interrompu notre petit résumé de l'histoire de France à la fin des deux grands siècles du Moyen Age, le XIIe, avec son esprit héroïque exprimé par les grands poèmes épiques, et le XIIIe marqué par le développement des villes et de la satire contre l'aristocratie rurale.

Les deux siècles qui ont suivi interrompent eux-mêmes, en fait, cette histoire nationale qui est si présente dans la mentalité d'aujourd'hui. Car les XIVe et XVe siècles ont été une période de faiblesse nationale. Une grande partie du pays a été occupée par l'Angleterre. Jeanne d'Arc, par ses victoires, a commencé à restaurer le moral patriotique mais elle a été brûlée sur le bûcher comme hérétique, à Rouen en 1431.

Cette même année est né l'un des deux grands poètes de la période, François Villon. Sa vie suggère la violence de son temps. Condamné à mort, à la prison, pardonné cinq fois mais banni finalement de Paris, il disparaît mystérieusement à 32 ans. L'autre grand poète, Charles d'Orléans appartenait au contraire à la famille royale. Ce sont les seuls grands auteurs français de ces deux siècles, avec le plus pénétrant des historiens du temps, Philippe de Commines.

Charles d'Orléans.

67

La France est comme cela. La diversité régionale et l'indépendance individuelle sont si fortes qu'elles déchirent la nation quand il lui manque une volonté commune pour l'unifier. Par contre, quand cette volonté est ranimée, ces mêmes forces de diversité et d'indépendance produisent une période riche de vitalité créatrice.

Le siècle de la Renaissance en France, le XVIe, est l'une de ces périodes. Elle est fascinante pour nous, car c'est alors que la peinture aux vives couleurs remplace la statue impersonnelle ; l'époque où la conscience individuelle se détache de la tradition médiévale et affirme son droit de chercher la vérité par ses propres forces, avec tout le risque que nous connaissons si bien aujourd'hui. Si vous entrez dans la vie de ce siècle, vous trouverez des gens qui vous ressemblent : sophistiqués, courageux devant un monde et une société en évolution rapide, amusés par le côté comique des hommes.[1] La cour de François Ier, roi de 1515 à 1547, brille d'esprits créateurs, hommes et femmes, dans les lettres, les arts et les sciences. La vie sociale de la cour, non moins brillante, présidée par les femmes, enrichit de ses souvenirs les châteaux de la Loire qui passionnent les visiteurs de notre temps. Cette vie de cour a été raffinée, et les châteaux ont été embellis, par l'influence de l'Italie, déjà en pleine Renaissance depuis presque deux siècles — influence rapportée des guerres d'Italie, auxquelles François Ier a mis fin.

François Ier.

Le XVIe siècle a été une période d'expansion pour l'horizon tout entier de l'esprit humain : philosophique, scientifique, géographique et par conséquent, linguistique — comme aujourd'hui. François Rabelais, ce médecin de Montpellier qui aidait ses malades à guérir par le rire, a enrichi le français de mille mots qui existent encore dans la langue de nos jours. L'histoire de ses géants, Gargantua et Pantagruel, a donné à la littérature humoristique une énorme envergure, du sublime jusqu'à l'indécent, que la littérature mondiale n'avait guère connue avant et n'a pas retrouvée depuis.

---

[1]Est-ce que quelqu'un peut résumer pour la classe un des chapitres passionnants de Louis Batiffol, *Le siècle de la Renaissance* (1913), *The century of the Renaissance* (1919) ?

Le Château de Chambord, bâti pour François I⁰ʳ.

La source d'énergie à laquelle nous devons le nom Renaissance, c'est la découverte de la civilisation grecque et romaine avec toute sa curiosité philosophique et scientifique, son art et architecture, et son trésor littéraire. Un des fruits de cette inspiration est l'œuvre des sept poètes qui s'appellent comme la constellation de sept étoiles, la Pléiade. Ronsard et du Bellay sont les plus connus. Les Français apprennent à l'école plusieurs de leurs poèmes, d'une beauté toujours nouvelle. Le langage de ces poèmes fait partie de la curieuse « présence du passé » si vivace dans la mentalité française.

Montaigne.

Un dernier écrivain qu'il faut évoquer, dans ce rapide survol d'un siècle très créateur, c'est Michel de Montaigne, maire de Bordeaux. Ses trois livres d'*Essais* ont apporté à la civilisation européenne le meilleur de la pensée antique, sous une forme personnelle, comme s'il parlait avec nous. « C'est ici un livre de bonne foi, lecteur, dit-il. [. . .] je veux qu'on m'y voie en ma façon simple, naturelle et ordinaire. . . » Surtout, peut-être, Montaigne a donné l'exemple d'un esprit indépendant qui réfléchit et qui reconnaît l'absurdité des préjugés. Un jour, il a eu une conversation avec un Indien du Nouveau Monde et a découvert combien ce « bon sauvage » était raisonnable et civilisé dans son costume exotique. « Mais, quoi ! conclut-il, l'œil moqueur fixé sur son lecteur occidental, ils ne portent pas de pantalon ! »

Montaigne, né en 1533, a vécu jusqu'en 1592. Entre temps, les guerres de Religion dévastatrices entre protestants et catholiques, la Réforme et la Contre-Réforme, ont plongé la France dans une de ses périodes de division et de faiblesse. Tout à la fin du siècle, en 1598, un roi bien-aimé, Henri IV, protestant devenu catholique, a garanti la liberté religieuse et la nation a pu, encore une fois, concentrer son énergie pour vivre l'une de ses grandes époques, la période classique. En fait, les périodes de désunion dans l'histoire de France ont un aspect positif : l'énergie sauvage qui y fait irruption devient la force motrice de la période de création qui suit. C'est la tension entre cette force et la force contraire de l'esprit organisateur qui explique la vitalité des grands mouvements novateurs.

**Etude
de mots**

déchirer diviser en deux, en tirant des deux côtés opposés ; *fig* troubler par de tragiques divisions

l'**envergure** *f* l'ampleur. L'image est d'un voilier, toutes voiles déployées (*under full sail*).

eux-mêmes (*of*) *themselves*

la **Pléiade** (*mythologie grecque*) *the Pleiad*

la **Réforme et la Contre-Réforme** *the Reformation and Counter-Reformation*

sur le bûcher *at the stake* (une **bûche** : morceau de bois de chauffage)

QUESTIONS

1. Citez une caractéristique du XIIᵉ siècle ; puis du XIIIᵉ.
2. Qu'est-ce qui arrive, sur le plan politique, pendant les XIVᵉ et XVᵉ siècles ?
3. L'essai explique — de façon contestable — l'alternance de périodes fortes et faibles dans l'histoire de la France. Quelle est l'explication proposée ?
4. Quelle est l'importance de la Renaissance pour l'histoire de l'individualisme ?
5. Qu'est-ce que les gens du XVIᵉ siècle ont en commun avec nous ?
6. Qu'est-ce que François Iᵉʳ a en commun avec Charlemagne ? (*V* la p. 12.)
7. Quelles sont les sources de la sagesse (*wisdom*) de Montaigne ?
8. Quel est l'effet des Guerres de religion sur la vitalité de la France comme nation, et comment le conflit a-t-il été calmé suffisamment pour rendre possible « le Grand Siècle » classique ?

Etudiez les verbes **connaître**, **mettre**, **rire** *et* **falloir**, *p. C62.* **Paraître** *est conjugué comme* **connaître**. *Faites l'Exercice facultatif, p. C62.*
Etudiez L'adjectif interrogatif, Le pronom interrogatif, et Le subjonctif, pp. C63, 64, 66. Faites les Exercices F à M.

EXERCICE ORAL SUR LES PRONOMS ET LES ADJECTIFS INTERROGATIFS

Préparez à l'avance une question à poser à un(e) camarade de classe. Notez les pronoms et adjectifs interrogatifs dans ces phrases.

1. Quelle est la date de votre naissance ?
2. Quel est votre numéro de téléphone ?
3. Lequel des journaux quotidiens lisez-vous ?
4. Auquel (A laquelle) de vos ami(e)s êtes vous le (la) plus reconnaissant(e) ?
5. Votre cours de gymnastique a lieu dans quel bâtiment ?
6. Parmi les essais lus en classe, duquel aimeriez-vous parler ?
7. Lequel (Lesquels) des cinémas près d'ici passe(nt) des films français ?

SCENES DE LA VIE FRANÇAISE

A LA CREMERIE.   Madame Perrier va chez la crémière acheter quelques provisions.

Des fromages ! Lesquels choisir ?

MME PERRIER	Bonjour, Madame Duval.
LA CREMIERE	Bonjour, Madame, euh. . .
MME PERRIER	Ce qu'il fait froid ce matin !
LA CREMIERE	En effet, il ne fait pas chaud.
MME PERRIER	Un litre de lait frais demi-écrémé, s'il vous plaît. (*La crémière lui donne une bouteille de lait que Mme Perrier met dans son panier.*) Et donnez-moi aussi 6 œufs, des gros, les meilleurs.
LA CREMIERE	Et avec cela ?
MME PERRIER	Une part de brie et 250 grammes de gruyère.
LA CREMIERE	Pour le brie, vous voulez le double ou le triple crème ? J'ai les deux.

MME PERRIER	Le triple crème. Ça fait grossir mais mon mari aime ça.
LA CREMIERE	C'est tout, Madame ?

MME PERRIER   Je crois que oui. Ah non, j'ai besoin de yaourts. Donnez-m'en quatre, au lait entier. C'est tout, cette fois.

LA CREMIERE   Bon. Je fais le compte : le lait, 4,15 ; les œufs, 7,50 ; le brie vous fait 16,50 et le gruyère 12,30 ; et 6 francs 70 de yaourts. Au total, 47 francs 15.

MME PERRIER   Voilà. Merci. Au revoir, Madame.

LA CREMIERE   Au revoir, Madame Perrier. Et merci.

Etude de mots

demi-écrémé   2 % de matière grasse (*fat*). **Lait écrémé**   *skim milk* ; **entier**   *whole* ; **frais** (pasteurisé) : se garde 2 ou 3 jours au réfrigérateur ; **lait cru**   *raw milk*.

double crème   60 % de matière grasse ; **triple crème**   75 %

250 grammes   à peu près *1/2 lb.* ; 1 000 gr. = 1 kilo = *2.2 lbs.*

le **gruyère**   fromage d'origine suisse, fait avec du lait de vache

une **part**   En France on coupe les fromages ronds, mous, en « parts ».

Ecoutez la bande 5-B.

SCENES DE LA VIE FRANÇAISE

LE FOOTBALL [futbol] FRANÇAIS.   Deux étudiants, l'un français, l'autre américain, en parlent.

Le foot : Paris (au centre) contre Nice, 1987.

ERIC   Oui, John, nous irons ensemble voir le match de foot Nantes-Bordeaux. Ce sont deux équipes formidables et à peu près égales. Je ne sais pas laquelle gagnera le championnat.

JOHN   Je n'ai pas vu de match depuis que je suis ici. Je sais que le foot français est très différent du *football* américain. Par exemple, le ballon est rond. Mais il y a aussi onze joueurs dans chaque camp.

ERIC   C'est ça. L'entraîneur peut répartir ses onze joueurs comme il le veut. Il y a un gardien de but et en général quatre arrières, trois attaquants et trois milieux de terrain. Chaque camp s'efforce d'envoyer le ballon dans le but de l'autre. C'est un jeu compliqué mais passionnant.

JOHN   Les joueurs ont le droit d'attaquer le ballon avec la tête et les pieds, enfin avec tout le corps sauf les mains, n'est-ce pas ?

ERIC   Oui. Seuls les gardiens ont le droit d'utiliser les mains. Tu sais que nous employons le mot « dribbler », emprunté à l'anglo-américain. Le mot « penalty » aussi, et « shooter ».

JOHN   C'est marrant. Dis, le foot ressemble plutôt à notre *soccer*, je trouve.

ERIC   Absolument. Ce sera un match super. J'espère quand même que Nantes gagnera.

JOHN   Je n'ai pas de préférence, moi. Mais je crois que je vais encourager Bordeaux !

Etude de mots

un **ailier** joueur placé aux extrémités de la ligne d'attaque (du mot **aile** *f*)

un **entraîneur** *coach*

le **gardien de but** *goalkeeper, goalie*

un **libéro** joueur placé devant le gardien de but

marrant *adj fam* drôle, amusant

quatre arrières un arrière-gauche, un arrière-droit, un libéro, un stoppeur

répartir distribuer

un **stoppeur** joueur placé au centre de la défense, devant le libéro

trois attaquants un avant-centre et deux ailiers

trois milieux de terrain un offensif, un défensif et un entre les deux

FIN DE LA CONVERSATION SUR L'INDIVIDUALISME — ET LA LIBERTE

RAPPEL : René a fait un faux pas en semblant dire à son invité « Il est temps que vous partiez ». Pour sauver la situation il a dit qu'il voulait encore discuter de deux questions. L'individualisme est-il au fond égoïste ? Et que penser de la façon française de concevoir la liberté ?

RENE   Y a-t-il, en fait, une différence entre l'individualisme et l'égoïsme ?

MME MARTIN   Moi, je crois bien que oui. Je suis sans doute plus idéaliste que toi, René. Mais le « système D » ne consiste pas à prendre quelque chose aux autres. Il consiste simplement à employer son intelligence pour survivre dans un environnement hostile et sans pitié.

RENE   Oui, toujours les contraintes. D'une part, la bureaucratie qui pénètre dans tous les coins de notre vie — et ne cherche pas à la faciliter ! D'autre part, le conformisme : la société qui veut que je sois à tout moment « comme il faut ». Ça m'énerve !

M. PENCE   Peut-être que les contraintes ne sont pas complètement mauvaises,

René. Elles concentrent la force qui pousse un individu à mettre en œuvre ses capacités d'action et d'invention. Cette force vitale, égoïste ou non, est la source des plus belles réalisations de la nature humaine, ne crois-tu pas ?

RENE   Au fond, alors, l'individualisme serait neutre : capable de bons et de mauvais effets. Mais tout de même, ce sont surtout les mauvais effets qui nous entourent, n'est-ce pas ? Je sais que je me fais l'avocat du diable ce soir, mais est-ce que les Français ne traitent pas les lois comme si elles étaient leur ennemi naturel ?

MME MARTIN   Il est vrai que nous avons l'air quelquefois de faire la guerre à certaines de nos lois, ou au gouvernement, qu'il soit de gauche ou de droite.

RENE   Mais oui ! Et puis, regardez dans la rue. Les conducteurs d'auto qui foncent devant vous et qui crient si vous faites de même ; le sport qui consiste à dépasser la limite de vitesse ; et les piétons qui ne sont guère plus disciplinés, quand ils ont soudain envie de traverser la rue.

MME MARTIN   En effet, les Français manquent de discipline et de courtoisie comme conducteurs ; mais cela serait en train de changer, selon un de mes amis qui est enquêteur : la manière de conduire devient moins agressive, peut-être.

Dans le passé, ou conduisait plus agressivement.

M. PENCE   En fait, je vois de plus en plus d'automobilistes qui s'arrêtent pour laisser traverser un piéton, surtout en province, mais même à Paris. Est-ce que vous voyez d'autres changements, Madame ?

MME MARTIN   Oui, et ils sont tous dans ce domaine des relations entre personnes. Nous devenons moins égocentriques. Nous formons des associations de voisinage, tandis que dans le passé, les syndicats étaients presque les seules associations privées. Il existe des groupements pour protester contre un centre nucléaire, ou contre la pollution d'une rivière.

RENE   C'est ce que mon prof d'économie appelle « le mouvement associatif ». C'est une forme de coopération, d'accord. Mais au fond ce n'est qu'un égoïsme collectif, et toujours défensif.

MME MARTIN   Le mouvement n'est pas limité à cela, pourtant. Il y a d'autres associations, consacrées au loisir, tu sais, comme ma petite section de « France nouvelle ». Un soir par mois, j'assiste à une réunion.

M. PENCE   Ah, bon ? Et qu'est-ce qu'on y fait ? Vous êtes nombreux ?

MME MARTIN   Une dizaine, seulement. Des couples, des personnes seules comme moi. Des croyants, parmi eux un couple musulman, et des sceptiques aussi, bien sûr. Ce sont des rencontres de réflexion, comme ce soir. Souvent nous décidons que tous liront le même livre, pour en parler. Nous payons une cotisation et parfois nous votons une aide à l'un des nôtres, par exemple une jeune mariée qui avait sa mère très malade en Tunisie et voulait aller la soigner. Il y a d'autres sections, un peu partout dans le pays.

M. PENCE   Cela semble assez nouveau pour la France, et même pour la plupart des pays du monde. Est-ce que vous voyez une relation entre ce « mouvement associatif », Madame, et le nouveau style plus démocratique des chefs d'entreprise ?

MME MARTIN   Bien sûr. Dans l'un et l'autre cas, le changement nous rend plus ouverts aux autres. Et je trouve que le même esprit d'ouverture a été transposé sur le plan international. Nous voyageons à l'étranger, nous voulons connaître les étrangers qui viennent en France.

RENE   Heureusement, ces changements-là n'attaquent que le plus mauvais côté de notre caractère ! Quand au goût de l'aventure, au contraire : cet esprit d'ouverture y contribue.

MME MARTIN   En même temps il semble bien que nous gardions intacts notre indépendance et notre esprit critique, souvent trop critique.

M. PENCE   Et je vous assure, Madame, que pour le visiteur, tous les changements actuels ne détruisent pas la très forte originalité que nous aimons retrouver dans le mode de vie français.

RENE   Eh bien ! Cette fois nous avons vraiment fait le tour complet de ce fameux individualisme ! Si seulement nous avions le temps de faire de même pour la liberté à la française ? Voulez-vous bien que nous essayions, Monsieur ?

M. PENCE   Il me semble, à vrai dire, que nous l'avons déjà fait. Car quand on a défini l'individualisme d'un peuple, on a découvert du même coup sa notion de la liberté. Ce n'est qu'une autre face de la même valeur : la face tournée vers les institutions sociales. Entre les deux faces, je ne trouve pas de conflit. Donc, pourquoi chercher deux valeurs différentes ?

RENE   Alors, c'est la nature d'une valeur, d'être en conflit avec d'autres valeurs ? Et un système de valeurs est un système d'oppositions ?

Un système de tensions !

M. PENCE   C'est juste. C'est un système de tensions, un équilibre dynamique.

RENE   Mais si une seule valeur domine toutes les autres ? C'est la recette de la sérénité ?

M. PENCE   Cela serait plutôt ma définition du fanatisme !

MME MARTIN   Mais je suis gênée par l'idée qu'il n'y ait qu'une valeur là où il y a deux mots : individualisme et liberté.

M. PENCE   Qu'importe si nos langues ont deux mots pour exprimer un seul concept. Vous verrez que les deux côtés de l'ensemble ont une même anatomie, faite d'esprit d'aventure et de réaction de défense. A propos de la liberté, nous avons coutume de dire en anglais « *freedom for and freedom from* ». On veut être libre, d'une part, *pour* s'engager dans une aventure. C'est ainsi qu'André Gide voulait être toujours « disponible » : prêt pour une aventure. D'autre part, on veut être libre *de* toute intrusion dans sa vie privée. C'est là la liberté qui correspond à l'individualisme défensif.

MME MARTIN   Je vois ! Alors, parler de liberté, c'est parler de l'individualisme face à la société.

RENE   Et l'individualisme égoïste, ce serait la liberté. . . abusive ?

M. PENCE   Exactement ! Et l'identité entre individualisme et liberté va encore plus loin. Montesquieu parle souvent de la liberté dans *L'Esprit des lois*. Eh bien, d'ordinaire le mot veut dire chez lui une condition extérieure à l'individu : si les forces autour de lui s'opposent, se neutralisent, il est entouré d'un minimum de contraintes. C'est évident. Mais d'autres fois, Montesquieu parle d'une « liberté » intérieure à la personne : la capacité de vouloir faire ce que l'on devrait vouloir faire. Autrement dit, vous êtes libre si vous êtes assez discipliné pour être content de faire les choses qu'il est bon de faire, sans vouloir faire le contraire.

MME MARTIN   C'est beau, ça ! Cette liberté-là rejoint mon idéal de l'individualisme. C'est l'homme libre de suivre sa conscience.

M. PENCE   L'homme. . . ou la femme ! Nous ne devons pas l'oublier aujourd'hui ! Sur ce, je dois absolument mettre fin à cette très agréable soirée, en vous remerciant tout spécialement, Madame, de ce dîner délicieux. (*Il se lève.*)

MME MARTIN   (*lui tend la main*) Je vous en prie, Monsieur. C'est un plaisir de vous avoir et j'espère que vous reviendrez.

M. PENCE   Bonsoir, René. A lundi.

RENE   Merci d'être venu, Monsieur. Je vais vous raccompagner.

Etude de mots

chez lui   ici, dans ses écrits

du même coup   *in the same stroke*

mettre en œuvre   appliquer

une **réalisation**   *achievement*

QUESTIONS

1. Doit-on distinguer entre l'individualisme et l'égoïsme ?
2. Que dit Mme Martin de la façon française de conduire ? Les Européens ont l'habitude de vivre dans un espace limité : est-ce que ce fait peut influencer leur façon de juger combien d'espace suffit entre voitures ?
3. Décrivez les deux types de mouvement associatif en France.
4. Quelle relation Mme Martin voit-elle entre ce mouvement et le nouveau style des chefs d'entreprise ?
5. Selon M. Pence, quelle est la relation entre l'individualisme et la liberté ?
6. Comment M. Pence propose-t-il de voir si deux mots représentent une seule et même valeur ? Trouvez-vous cette proposition raisonnable ?
7. Quand l'individualisme est égoïste, que devient la liberté correspondante ? Pouvez-vous en trouver un exemple ?
8. Montesquieu emploie le mot liberté dans deux sens différents. Lequel des deux sens, croyez-vous, vient de l'analogie, chère aux penseurs du XVIIIe siècle, entre les forces sociales et les forces étudiées par les sciences physiques ?
9. Et quel sens du mot vient des moralistes tels que La Bruyère ?

Etudiez **penser à**/**penser de**, *p. C70, et faites l'Exercice N.*

EXERCICE ORAL

Devinez les mots dont voici la prononciation française.

MODELE : [œ̃ byldɔzɛʀ] *bulldozer*

1. [lə kɛ̃tyki]
2. [de ʃip(s)]
3. [yn plimus]

4. [lə vɛʀmõ]
5. [la ʀy sezam]
6. [lə vezyv]

SCENES DE LA VIE FRANCAISE

DANIEL TELEPHONE CHEZ LUI.   Aura-t-il de la chance ?

DANIEL — Je dois téléphoner chez moi, Valérie, mais je n'ai pas de monnaie. Voici un café, je vais changer un billet.

VALERIE — Je peux te prêter un franc.

DANIEL — Tu es gentille. Il y a une cabine téléphonique à côté. (*Daniel compose le numéro.*) Allô, papa ? Oh, excusez-moi, Monsieur, je me suis trompé de numéro. Zut ! Voilà ma pièce perdue !

VALERIE — Ça ne fait rien. J'en ai encore une.

DANIEL — Merci. Je ne me tromperai pas cette fois. (*Il compose le numéro.*) Allô, papa ? Je suis en ville avec Valérie. On va voir un film ce soir. Je ne rentrerai pas dîner.

VOIX DU PERE — Très bien. Merci de nous prévenir.

DANIEL — Dis-moi, papa, est-ce que tu peux me prêter ta voiture samedi soir ?

VOIX DU PERE — Pas question ! Ta mère et moi sortons.

DANIEL — Et pour mardi prochain ? Tu me l'as promise, tu sais.

VOIX DU PERE — Pas de problème.

DANIEL — Merci, papa, à plus tard.

VOIX DU PERE — Bonne soirée.

LA PROVINCE (II) : LA FRANCE ATLANTIQUE

Comme le Midi de la France s'oriente vers les pays méditerranéens, et l'Est s'attache au continent européen, l'Ouest s'ouvre vers les Iles britanniques et les continents américains.

La France a des liens avec le Nouveau Monde depuis cinq siècles, et elle a un rapport spécial avec les Etats-Unis depuis la période coloniale. La première guerre mondiale (1914–1918) a fait découvrir l'Europe au public américain, et à partir de ce temps, les touristes sont devenus de plus en plus nombreux.

Une jeune femme américaine, Christine, fait des projets pour visiter la France atlantique. Elle en parle avec ses amis français, M. et Mme Delorme.

LA FRANCE
ATLANTIQUE

CHRISTINE	Ce que j'essaie de faire, c'est un itinéraire touristique de la côte ouest. Mais comme je ne l'ai jamais visitée, je ne sais exactement où aller, que voir. Pourriez-vous m'aider ?
M. DELORME	Bien sûr, Christine. Ce sera un plaisir. Par où penses-tu commencer ce voyage ?
CHRISTINE	Je crois qu'on va commencer par le sud. Mon amie Denise va m'accompagner. Elle a une voiture et moi, je conduirai aussi. Nous voulons partir au début d'avril pour arriver en Bretagne à la mi-juin. Nous resterons là-bas pour voir les grands pardons.
M. DELORME	C'est une bonne idée, ça ! Vous aurez beaucoup à découvrir toutes les deux. Avec les cartes routières Michelin, vous n'aurez pas de difficultés. Vous pouvez commencer par le Pays Basque. Tu sais, Christine, les Basques ont des origines mystérieuses, et leur langue ne ressemble à aucune autre.
CHRISTINE	Pas même au breton ?
M. DELORME	Pas du tout. Géographiquement, les Basques sont presque isolés à cause des Pyrénées, et c'est une des choses qui gardent leur culture intacte. Ils sont, pour la plupart, bergers et pêcheurs. Peut-être que tu as entendu parler de la pelote basque ?
CHRISTINE	Oui, il paraît que c'est un jeu très difficile.
M. DELORME	Mais fascinant.
MME DELORME	Les Basques sont connus pour leurs danses aussi, et pour leur cuisine. C'est une des meilleures et des plus originales des cuisines régionales. Tu vas te régaler là-bas !
CHRISTINE	L'appétit, ça me connaît ! Et le béret, est-il vraiment basque ?
M. DELORME	Bien sûr ! Tu le verras souvent à St-Jean-de-Luz et à Biarritz. Ce sont des villes de rêve ! Elles ont des plages de sable fin et des vues splendides sur la mer et les Pyrénées. C'est une de nos régions préférées, d'autant plus que la famille de ma mère est béarnaise.
MME DELORME	Et pas loin de la côte vous verrez la charmante ville de Pau avec le château où Henri IV est né. Le même gave qui traverse Pau, le gave de Pau, passe devant la célèbre grotte de la Vierge à Lourdes.
CHRISTINE	Il paraît que la petite maison si pauvre de Bernadette Soubirous y est toujours. J'ai envie de visiter ce site s'il n'est pas trop loin de la côte.
M. DELORME	Il n'est pas trop loin, et la route est bonne. Mais reprenons la route vers une ville que nous aimons particulièrement. . . Bordeaux !
CHRISTINE	Je connais un peu les vins de Bordeaux.

M. DELORME	Ah, Bordeaux. Cette ville élégante, à l'architecture harmonieuse. Aujourd'hui, c'est la cinquième ville de France. C'est également un grand port de commerce. Les vins de la région bordelaise sont exportés partout dans le monde.
CHRISTINE	Il y a certainement une université, comme dans toutes les grandes villes, n'est-ce pas ?
MME DELORME	Oui, une grande université fréquentée par des étudiants de toutes les nationalités. Elle se trouve hors de la ville.
M. DELORME	Tu vas aimer les spécialités bordelaises : l'agneau, les entrecôtes, la sauce bordelaise, et les cèpes — une espèce de champignon qu'on ne trouve pas ailleurs.
CHRISTINE	Nous allons goûter à tout ça, bien sûr. Mais le plus souvent possible on prendra un casse-croûte « régional » au lieu de manger au restaurant.
MME DELORME	Tu as parfaitement raison. On trouve partout des produits de qualité. A Bordeaux, tu pourras faire tes courses au grand marché couvert du centre ville. Tu auras l'embarras du choix. Quand tu te promèneras sur la grande place qu'on appelle Esplanade des Quinconces, tu reconnaîtras deux statues, je crois.
CHRISTINE	Je vais deviner. . . Des hommes célèbres de la région ? Montaigne ?
MME DELORME	Bravo ! Et l'autre ?
CHRISTINE	Je ne sais pas.
MME DELORME	Montesquieu. Le château de Labrède, où il est né, est à la campagne dans un grand parc, pas loin de la ville. Le château appartient encore à ses descendants qui en permettent la visite.
CHRISTINE	J'ai hâte de partir voir tous ces trésors d'art et d'histoire.
M. DELORME	Des siècles d'histoire. . . La Vallée de la Dordogne est pleine de vestiges préhistoriques. Connais-tu l'homme de Cro-Magnon, par hasard ?
CHRISTINE	Pas personnellement, non !
MME DELORME	(*Elle rit.*) Si tu passes par Les-Eyzies-de-Tayac, tu feras sa connaissance.
M. DELORME	C'est là que des archéologues ont découvert une des premières traces de l'*homo-sapiens*. Une statue représentant l'homme de Cro-Magnon domine l'avenue principale.
CHRISTINE	Il y a aussi des grottes renommées dans la même région, n'est-ce pas ?
M. DELORME	Oui ! Simone et moi avons eu la chance de voir la vraie Grotte de Lascaux à Montignac, avant sa fermeture en 1963 pour empêcher les détériorations. C'est la plus fantastique découverte de l'art d'une civilisation préhistorique.
CHRISTINE	Oui, j'ai vu des photos de ces dessins extraordinaires.
M. DELORME	Ils ont créé un fac-similé, Lascaux II, dont la visite vaut sûrement le détour.
CHRISTINE	Nous irons certainement voir cela.
M. DELORME	Continuons ton voyage, Christine. Tu voudrais arriver en Bretagne, n'est-ce pas ?
CHRISTINE	Oui. Voilà longtemps que je désire la connaître !
M. DELORME	Tu ne seras pas déçue, je t'assure. Cette province est unique. Tu sais, elle n'est devenue française que dans les années où Christophe Colomb découvrait l'Amérique. Elle est restée duché indépendant jusqu'en 1491 quand la duchesse Anne de Bretagne s'est mariée avec un roi de France. Et les Bretons restent toujours très indépendants.

CHRISTINE	Est-ce qu'on parle encore breton en Bretagne ?
M. DELORME	Seulement à la campagne, çà et là, et surtout parmi les personnes âgées.
CHRISTINE	On dit que les Bretons sont d'origine celte.
M. DELORME	On ne connaît pas vraiment les origines des habitants. Les Celtes sont venus, croit-on, vers l'an 400. Ils habitaient aussi ce qui est aujourd'hui l'Irlande et le pays de Galles. Cela expliquerait la ressemblance entre le breton et le gallois. Tu verras des menhirs et des dolmens qui sont peut-être aussi d'origine celtique.
CHRISTINE	Toute cette histoire est passionnante. Mais par quelle ville commencer ?
M. DELORME	Commençons par Nantes qui est à l'extrême sud de la Bretagne. C'est un port sur la Loire à soixante kilomètres de l'Atlantique. Nantes est la sixième ville de France. C'est aussi une ville industrielle et universitaire.
MME DELORME	On l'appelle « la ville fleurie ». Ses jardins ont gagné le premier prix des villes fleuries pendant tant d'années que l'on a fini par la mettre hors-concours !
M. DELORME	Mais voyons un peu ce que tu connais déjà de Nantes. *Vingt mille lieues sous les mers*, ça te dit quelque chose ?
CHRISTINE	Oh oui ! Jules Verne !
M. DELORME	C'est ça, Christine. Jules Verne était de Nantes. Aujourd'hui il y a un musée Jules Verne que tu pourras visiter.
CHRISTINE	J'espère bien avoir le temps.
MME DELORME	On appelle Nantes la porte des châteaux de la Loire. Elle s'ouvre aussi sur la Bretagne.
CHRISTINE	Je tiens à voir des pardons et des calvaires. Il paraît que les Bretons prennent leur religion très au sérieux.
MME DELORME	Les Bretons sont plus dévôts que la plupart des Français. Si tu t'adresses au syndicat d'initiative à Nantes, tu auras la liste des pardons avec la date du pardon de chaque ville et village.
CHRISTINE	Est-ce qu'on porte encore des costumes traditionnels ?
MME DELORME	On ne les voit presque plus. Autrefois, les Bretonnes mettaient leurs coiffes le dimanche et les jours de fête, en particulier pour les pardons. Chaque région avait son costume, et presque toutes les coiffes étaient en dentelle (*lace*). Aujourd'hui, seules les vieilles les mettent encore. Au musée d'art breton à Quimper, tu pourras voir de très beaux costumes.

CHRISTINE	Je voudrais voir ce musée. En général, de quoi vivent les Bretons ?
M. DELORME	La pêche est l'activité traditionnelle ; beaucoup d'autres Bretons sont agriculteurs ou vivent grâce à la construction navale. Les plus grands chantiers navals se trouvent à St-Nazairs et à Brest. Quant à l'agriculture, plus de la moitié des primeurs cultivées en France proviennent des cultures maraîchères bretonnes. Les Parisiens (et les autres !) apprécient beaucoup les artichauts, les pommes de terre et les fraises de Bretagne.
CHRISTINE	Et les spécialités culinaires ? Je sais que tu t'y connais, Louis !
M. DELORME	En effet, je peux en citer pas mal : les huîtres, le homard, le gigot d'agneau, le caneton nantais. . .
CHRISTINE	Oh, quelle liste !
M. DELORME	Attends, je n'ai pas fini ! Il y a aussi les gâteaux bretons, et surtout les crêpes ; on les mange avec du cidre.
CHRISTINE	Arrête ! Tu me donnes une indigestion !
MME DELORME	Au lieu de passer ton temps à manger, il faudra visiter Quimper et ses Faïenceries ; elles sont célèbres depuis trois siècles. Il y a d'ailleurs un musée de la faïence.
CHRISTINE	Ce serait l'endroit idéal pour acheter des souvenirs.

Le calvaire de Saint-Thégonnec.

MME DELORME	Oui, ta mère serait ravie d'avoir une belle assiette de Quimper. Et tu vas adorer les petits villages typiquement bretons tout au long de la route. Ensuite tu pourrais aller à Rennes. Entre Quimper et Rennes, il y a beaucoup de calvaires.
M. DELORME	Rennes est très différente de Quimper. C'est presque une ville champignon. Depuis la Seconde Guerre, elle s'est beaucoup industrialisée et sa population a doublé. Aujourd'hui elle se spécialise dans les technologies de pointe : informatique et électronique.
MME DELORME	Rennes a aussi sa ville ancienne. Tu verras des maisons à colombage comme en Normandie.

Le Mont-Saint-Michel.

M. DELORME	A propos de la Normandie, il y a encore une chose à voir, à la frontière de la Normandie et de la Bretagne. C'est le Mont-Saint-Michel.
CHRISTINE	Je ne quitterai pas la France sans le voir. C'est une île, n'est-ce pas ?
M. DELORME	Oui, et la construction de cette abbaye sur le rocher de l'île est une merveille.
MME DELORME	C'est un chef-d'œuvre de l'architecture du Moyen Age, qui montre l'évolution du style roman du VIIIe siècle au style gothique du XVIe. Autrefois des milliers de pèlerins visitaient l'abbaye.
CHRISTINE	Et maintenant des milliers de touristes !
M. DELORME	Quel bâtiment moderne survivrait à l'attaque de tous ces pieds ? Et ce n'est pas là tout le mystère. On a construit le massif deuxième niveau de cette abbaye comme si l'on prévoyait ce que de futures générations bâtiraient là-dessus. A-t-on eu une vision de l'avenir ? Si tu trouves la réponse, envoie-moi une carte postale !
CHRISTINE	Entendu ! Mais il me tarde de partir, il y a tant à voir !
MME DELORME	Est-ce que tu vas te rappeler tout ça ?
CHRISTINE	J'espère bien. Merci infiniment de vos conseils, Simone et Louis. Je prends aussi le *Guide Michelin* vert.
M. DELORME	Si tu veux un guide pour les hôtels et restaurants, prends le *Guide Michelin* rouge. Tous les deux sont indispensables. On s'en sert même après le voyage. Reviens nous voir après ton séjour, Christine, tu nous donneras tes impressions de la côte Atlantique !
CHRISTINE	Encore un grand merci ! Je vous écrirai.
M. DELORME	D'accord. Allez, au revoir !
MME DELORME	Fais un très bon voyage.

**Etude
de mots**

un **agneau**   le petit du mouton

Allez *interjection*   *Well then, So*

avoir hâte de   être pressé(e) de

béarnais *adj*   du Béarn, ancienne province

un **berger**   personne qui garde les moutons

Bernadette Soubirous   la petite fille qui, avec deux autres enfants, a eu plusieurs visions de la Vierge à l'entrée de la Grotte maintenant célèbre

un **calvaire**   croix en plein air, avec des sculptures représentant, notamment, la passion du Christ

ça me connaît !   Cf. *That's my middle name.*

le **caneton**   le petit de la cane, qui est la femelle du canard

le **casse-croûte**   repas léger pris rapidement ; de **casser** + **croûte** (la partie extérieure du pain)

un **chantier naval**   lieu où des ouvriers construisent des navires

une **coiffe**   coiffure traditionnelle qui protégeait les cheveux des femmes, différente suivant les villages et les régions; aujourd'hui folklorique

la **crêpe** [kʀɛp]   *pancake* mince, et en Bretagne, grande

une **entrecôte**   morceau de viande de bœuf coupée entre les côtes (*ribs*)

la **faïence**   poterie

une **faïencerie**   une fabrique de faïences

un **gave**   torrent qui descend des Pyrénées

le **gigot**   la cuisse du mouton ou de l'agneau qu'on fait rôtir

une **grotte**   grande cavité dans un rocher ou dans le flanc d'une montagne

le **homard**   *lobster*

Il me tarde de partir.   Je suis impatient(e) de partir ; Il m'est difficile d'attendre le départ.

l'informatique *f* (information + automatique)   science du traitement des informations à l'aide des ordinateurs (*computers*)

un **lien**   liaison, relation

une **maison à colombage**   habitation dans laquelle les poutres (*beams*) sont visibles dans la maçonnerie. Les poutres, noires, forment un dessin dans la maçonnerie blanche.

maraîcher(ère) *adj* (du *n* **marais**   *marsh*)   Se dit de la culture des primeurs et autres légumes.

un **menhir**, un **dolmen**   monuments mégalithiques

un **pardon**   fête religieuse bretonne avec procession

le **pays de Galles**   *Wales*, dont la langue est **le gallois**

un **pêcheur**   personne qui pêche (prend des poissons) (la **pêche**   profession ou sport du pêcheur)

la **pelote basque**   Deux équipes de joueurs envoient alternativement la balle rebondir contre un mur (*jai alai*).

des **primeurs** *fpl*   les premiers fruits et légumes de la saison

ravi *adj*   très heureux (Cf. **ravissant**   très joli)

se régaler   faire un bon repas ; se donner un grand plaisir

un **syndicat d'initiative**   *tourist bureau*

vaut   *de* **valoir**

QUESTIONS

1. Quel est le rapport spécial entre la France et les Etats-Unis, et comment a-t-il commencé ?
2. Les Basques sont connus pour plusieurs choses. Nommez-en deux.
3. Bordeaux évoque, pour les Français, le souvenir de deux grands écrivains du passé. Qui sont-ils ?
4. Racontez ce que les archéologues ont trouvé dans la vallée de la Dordogne.
5. Quel lien y a-t-il entre les Bretons et les Gallois ?
6. Nommez deux caractéristiques des Bretons.
7. Qu'est-ce que c'est qu'une ville champignon ?
8. Quelle est l'importance économique de la ville de Rennes ?
9. Quels sont les *Guides* recommandés à Christine pour son voyage en France ?

TROISIEME EXERCICE DE COMMUNICATION NON-VERBALE

Imitez une brève conversation entre deux personnes françaises. *V* la p. 9. Cette fois, observez non seulement (1) la distance entre les personnes, (2) les mains, (3) les bras et (4) la bouche, les yeux et les joues, mais aussi (5) les corps et les jambes, et (6) les sourires. Est-ce que l'on sourit ?

COMPOSITION

Ecrivez une lettre à votre professeur. Racontez-lui un événement qui vous a intéressé(e). Commencez votre lettre par : « Chère Madame », « Chère Mademoiselle », ou « Cher Monsieur », et terminez par : « Avec mes meilleures salutations », ou « Avec l'assurance de mon respect », et votre signature.

Le Temps a laissé son manteau

L'auteur de ce poème est Charles d'Orléans, 1394–1465, neveu du roi Charles VI. Pendant la bataille d'Azincourt en 1415, à l'extrême Nord de la France, les Anglais victorieux l'ont fait prisonnier et il a dû passer vingt-cinq ans dans une captivité assez douce en Angleterre. De retour en France, il a vécu au château de Blois où il est devenu le père, d'abord, du futur Louis XII, et plus tard, du futur François Ier et de Marguerite de Navarre, un des grands talents littéraires de la cour de François. Marguerite, comme son père Charles d'Orléans, est connue aujourd'hui pour ses qualités d'esprit, qui éclipsent le souvenir de son haut rang social.

Ce rondeau, que tous les Français connaissent, exprime la joie qui nous envahit chaque année au départ de l'hiver. Un rondeau est un poème de treize vers et à deux rimes seulement : une rime masculine et une féminine. Cette forme stricte exige que les deux premiers vers reviennent comme conclusion du second quatrain, et que le tout premier vers termine le poème, comme un dernier écho musical du thème.

Nous donnons la première strophe du poème deux fois : d'abord dans l'orthographe du XVe siècle, puis en français moderne. Au début du vers 6, nous laissons *Que* (aujourd'hui, *Qui*), pour ne pas fausser le rythme.

> *Le Temps a laissié son manteau*
> *De vent de froidure et de pluye,*
> *Et s'est vestu de broderye*
> *De souleil rayant, cler et beau.*

Le Temps a laissé son manteau
De vent, de froidure et de pluie,
Et s'est vêtu de broderie,
De soleil rayant, clair et beau.

Il n'y a bête ni oiseau
Qu'en son jargon ne chante ou crie :
Le Temps a laissé son manteau
De vent, de froidure et de pluie.

Rivière, fontaine et ruisseau
Portent, en livrée jolie,
Gouttes d'argent d'orfèvrerie ;
Chacun s'habille de nouveau :
Le Temps a laissé son manteau.

Etude de mots

la **froidure** aujourd'hui, le **froid** ; mais le vieux mot poétique reste dans les dictionnaires, préservé par ce poème tant cité.

la **livrée** *livery* ; même les domestiques portaient de riches costumes décorés.

l'**orfèvrerie** *f* l'art de l'orfèvre, l'artisan qui travaille les métaux précieux. (Le quai des Orfèvres à Paris porte toujours ce nom.)

Qu'. . . chante ou crie **Que** ne s'emploie plus comme sujet.

rayant (aujourd'hui, **rayonnant**) qui jette des rayons (*rays*)

un **ruisseau** une très petite rivière

CINQUIEME PALIER

ACTIVITES ET SUJETS DE DISCUSSION

A. La mère de Montaigne était d'une famille juive espagnole, nommée de Louppes (Lopez). Est-ce qu'une famille qui a deux traditions culturelles rend un enfant plus libre de préjugés, selon votre expérience ?

B. Qui veut bien réciter « Le Temps a laissé son manteau » ? Aidez ce volontaire courageux. Est-ce que le français semble avoir changé plus, ou moins, que l'anglais depuis le XVe siècle ? (*Hamlet* date de 1600 ; Chaucer est né en 1340, un demi-siècle avant Charles d'Orléans.)

C. Un professeur français en Amérique et une étudiante américaine parlent ensemble en attendant un ascenseur, qui arrive enfin. Le professeur invite l'étudiante à y entrer. L'étudiante accepte, de peur que la porte ferme si les deux personnes hésitent.
— Ne trouvez-vous pas, dit-elle, que les ascenseurs à portes automatiques doivent mettre fin aux vieilles formalités ? « Après vous. Non, après vous ! »
— Franchement, dit le Français, réfléchissant, et avec une pointe d'irritation, je ne suis pas de votre avis. Expliquez l'attitude du professeur. (Cf. les « points sensibles », p. 49.)

D. Des Français vont vous dire, « Les Américains sont conformistes, nous sommes plus individualistes ». Quelle est votre opinion ? Voici des éléments du tableau :

INDIVIDUALISME	CONFORMISME
Français	*Américains*
Priorité à la vie personnelle sur les intérêts de la société	L'homme de l'organisation (*organization man*) : la responsabilité imposée par l'entreprise à la femme ou au mari de l'employé(e)
Peu d'organisations privées sauf les syndicats	Tendance à être membre d'organisations privées — une nation de « *joiners* »
Admission d'un manque de « discipline civique »	Lois exigeant de tenir les chiens en laisse (*leash*) ; amendes pour le « *jaywalking* »
Américains	*Français*
Rare politisation des associations ou clubs	Politisation, par exemple les slogans des syndicats d'étudiants
Refus de tolérer que l'on enregistre secrètement les conversations téléphoniques	Attitude « réaliste » qui consiste à accepter que l'Etat le fasse
Des horaires et calendriers familiaux variés et souples	Horaires et calendriers familiaux synchronisés et assez fixes, par exemple le marché et les repas, le départ en vacances

PROJETS INDIVIDUELS OU D'EQUIPE

Parlez à la classe d'un des sujets suivants.

A. Les vins de Bordeaux, rouge et blanc. Montrez la forme distinctive de la bouteille. Bordeaux, plus proche de l'Angleterre que de Paris au XVIIIe siècle, fournissait aux *squires* (châtelains) anglais leur « *glass of claret* ».

B. La grotte de Lascaux. L'artiste qui a créé Lascaux II, Monique Peytral, trouve que les dessins forment une composition, et qu'ils ne pouvaient avoir pour but d'attirer ces animaux : on ne les mangeait pas !

C. La vie de cour sous François Ier. Les châteaux de la Loire. Des photos en couleur ?

D. L'architecture : le château de Chambord, de l'architecte Le Primatice (1526) ; Le Louvre, de Pierre Lescot (1541) et Jean Goujon (1570), et la nouvelle pyramide de I. M. Pei dans la grande cour.

E. Le génie civil. Un ingénieur trouvera intéressant le pont sur la Loire à Saint-Nazaire.

F. La Bretagne. Le breton et les autres langues celtiques, en Irlande et au pays de Galles. Le mouvement indépendantiste breton. Montrer des objets d'artisanat bretons ?

G. Les pardons (par exemple, la procession, la cérémonie consistant à brûler les péchés de l'année passée) ; et les calvaires, qui servent à illustrer les leçons d'histoire religieuse. (*V* une encyclopédie.)

H. Racontez l'expérience par laquelle le psychologue Stanley Milgram a découvert que des étudiants français étaient encore plus indépendants d'esprit que des étudiants norvégiens. (*V* « Nationality and conformity », *Scientific American*, 205, n° 6 (décembre 1961), pp. 45–51.)

CHAPITRE SIX

Faites l'Exercice A (symboles phonétiques) et étudiez L'intonation, p. C73.

Ecoutez la bande 6-A et écrivez la dictée (l'Exercice B), p. C74.

LE FEMINISME EN FRANCE

Un point de vue français par Catherine Valabrègue

Catherine Valabrègue a été le premier écrivain à consacrer un livre (1968) à l'évolution de « la condition masculine », livre qui examine les problèmes posés aux hommes par l'évolution de la condition féminine. Dans d'autres livres elle a étudié la femme seule, chef de famille, et sa victoire sur la solitude ; la condition étudiante ; l'éducation sexuelle à l'étranger ; les modes nouveaux de vie familiale, dont elle a tiré une pièce de théâtre ; le désir et non-désir d'enfant chez les femmes et chez les hommes ; même un livre sur les difficultés des travailleurs immigrés. *Les masques de l'argent* (1984) est son douzième livre.

Madame Valabrègue est parisienne. Son activité civique remonte aux années 50. Elle est co-fondatrice du Mouvement français pour le planning familial (1957), et présidente-fondatrice de l'association « Pour une éducation non sexiste » (1980), subventionnée par le ministère des Droits de la femme.

Lorsqu'aucune manifestation spectaculaire ne vient frapper les esprits, on entend dire périodiquement que le Mouvement des Femmes est mourant. Il n'en est rien. A l'université, les études féministes se multiplient. Des groupes de femmes, au sein des partis politiques, des syndicats, dans les quartiers des grandes villes, réfléchissent, agissent, entraînant des changements irréversibles en faveur des femmes.

Le féminisme profite à toutes

Le drame actuel, c'est que la majorité des femmes profite des progrès dûs au féminisme mais ne s'y reconnaît pas. Ainsi les féministes demeurent isolées de la masse des femmes qui, elles, refusent de prendre parti pour les positions féministes. Les grandes formations électorales le savent et, selon la jolie expression de Françoise Parturier, « ouvrent les bras aux femmes et ferment la porte aux féministes ».

En fait, il n'y a pas une « question féministe », il y a une question générale qui est la remise en cause de la répartition des rôles et des tâches liés au sexe, répartition qui, jusqu'à maintenant, a conduit à la gestion du monde par les hommes.

Le féminisme libère aussi les hommes

Depuis que j'ai écrit *La condition masculine*, titre qui fit rire lorsque le livre sortit en 1968 (on n'avait jamais employé pareille expression), je me suis efforcée de convaincre les hommes que le féminisme leur offrait la chance d'abandonner des modèles de virilité qui les emprisonnent, et les femmes qu'elles ont le droit de se déterminer sans en référer toujours aux hommes, à leur regard, à leur désir, aux normes qu'ils ont édictées.

Des progrès du côté des lois

Ici et là, de petites victoires laissent présager de plus grandes victoires à venir. Appliquant pour la première fois la loi de 1975 sur la discrimination sexiste, le Tribunal de grande instance de Limoges condamnait un notaire à 2 000 francs d'amende pour avoir éconduit une femme qui sollicitait un emploi dans son étude. Il s'était permis de juger que, « ayant charge d'un mari et de trois enfants, la postulante avait mieux à faire dans sa propre maison ».

Faire valoir ses droits à la maison

Pour ma part, je considère l'accès à l'indépendance économique comme essentiel à la libération des femmes. Malheureusement, j'ai pu constater, dans les stages de trois mois conçus pour celles qui voudraient retravailler professionnellement après avoir élevé leurs enfants, que, bien souvent, une fois le stage terminé, elles n'osent pas envisager de reprendre contact avec le marché du travail, de peur que leur mari ne s'y oppose.

Celles qui s'obstinent à vouloir sortir des quatre murs de leurs maisons s'entendent dire bien des fois qu'elles « font des histoires pour rien ». Ou bien, il arrive que le mari donne son accord, mais « à condition que tout soit fait à la maison comme avant ». Certains vont jusqu'à menacer leur femme de ne plus l'aider financièrement. « Tu te débrouilleras, déclarent-ils, toi et les enfants. » La femme, jugeant alors inconciliable la bonne entente conjugale et sa réussite professionnelle, renonce à ses projets. « J'essaie, dit l'une d'entre elles, d'obtenir un meilleur statut chez moi. C'est comme une lutte syndicale, sauf que vous aimez votre patron. » Il s'agit là de femmes qui n'ont pas fait d'études supérieures, et qui par conséquent n'ont pas de poste suffisamment intéressant pour que leur mari en soit fier.

La lutte contre les inégalités

Quant à l'égalité des salaires et de promotion, il est bien connu qu'elle est loin d'être atteinte dans aucun des pays de l'Europe.

Outre le fait qu'il faut absolument faire prendre conscience à *toutes* les femmes qu'elles ont *droit* au travail, quelles que soient les circonstances économiques, et qu'il faut user de ce droit, un autre combat est à mener pour leur permettre d'exercer ce droit dans les mêmes conditions que les hommes ; je veux parler de la lutte que je mène depuis que j'ai créé, en 1980, l'association « Pour une éducation non sexiste », soutenue par le ministère des Droits de la femme.

Inégalité dès l'apprentissage de la lecture

Il est en effet grand temps d'enrayer le handicap avec lequel grandissent les filles lorsqu'elles apprennent à lire dans des manuels datant parfois de trente ans, bourrés de stéréotypes sur les rôles masculins et féminins. Rien d'étonnant à ce qu'elles s'enferment dans des images traditionnelles rétrogrades qui les empêchent, quand elles sont devenues adultes, de se sentir sur un pied d'égalité avec les hommes. C'est pour éviter de retomber dans des schémas dont elles voudraient bien s'évader que tant de femmes hésitent aujourd'hui à se marier ou préfèrent rester célibataires après un divorce.

S'il est indispensable d'exiger, en France, le renouvellement des manuels scolaires du primaire, presque tous sexistes — le mot est entré en 1967 dans nos dictionnaires — je remarquerai au passage que ce sont des féministes qui ont commencé le combat et obtenu pour la première fois que des stages sur les préjugés sexistes soient organisés dans les Ecoles normales où sont formées les institutrices, stages devenus obligatoires au cours de l'année scolaire 64/65.

Une idéologie et un vocabulaire sexistes

A vrai dire, il n'est pas étonnant de voir l'école véhiculer une idéologie sexiste dans une société qui exalte pour l'homme les valeurs telles que le Faire, le Savoir, l'Efficacité, alors que les femmes ne sont pas toujours jugées d'abord sur leur compétence, mais trop souvent encore sur leur personnalité, leur moralité, voire leur physique. Il m'apparaît indigne des institutrices d'accepter le contenu des manuels qu'elles utilisent en classe, sans protester ouvertement, quitte à faire grève. Sans doute est-ce un signe qu'elles acceptent inconsciemment la prédominance du masculin sur le féminin, cette prédominance que l'on retrouve dans notre grammaire, dans notre vocabulaire, et qui joue un rôle de renforcement dans l'inégalité des sexes. J'en parle d'autant plus volontiers que j'appartiens à la Commission de terminologie, créée début 1984 par le ministre des Droits de la femme. Il faut voir les difficultés que nous rencontrons à faire accepter la féminisation des termes indiquant les activités maintenant exercées par les femmes et qui n'étaient désignées qu'au masculin. Les journalistes de tous bords se moquent de nos travaux, d'une plume aussi bête que méchante.

Pour la maternité « tardive »

J'ai évoqué le sexisme en milieu scolaire, mais on sait l'influence de la famille. C'est pourquoi j'ai défendu dans un ouvrage intitulé *Ces maternités que l'on dit tardives* (Laffont 1982) l'idée que les femmes seraient des mères bien différentes de celles que nous avons eues, si elles avaient leur premier enfant après trente ans.[1] Elles seraient suffisamment insérées dans la société pour ne pas vouloir se contenter d'une vie consacrée au foyer, elles ne donneraient plus à l'enfant l'image d'une femme vouée à sa progéniture et aux tâches ménagères. On pourrait alors espérer que les garçons devenus des hommes ne seraient plus d'« éternels enfants ». Ils intégreraient les qualités « maternelles » de douceur, de tendresse

---

[1] L'âge moyen des maternités se situe entre 24 et 26 ans.

qu'ils auraient trouvées chez des femmes mères *et* actives professionnellement. Les filles n'auraient plus à s'inspirer essentiellement du modèle masculin pour imaginer et bâtir leur vie professionnelle.

Il reste à convaincre beaucoup d'hommes et de femmes indisposés par le seul mot de féminisme qu'il s'agit de la libération des deux sexes. Que l'on soit homme ou femme, il est grand temps de croire que l'avenir dépend de la place des femmes dans notre société.

Etude de mots

une **amende**   *a fine* (payer une amende)

d'autant plus volontiers que   *all the more willingly because*

de tous bords   de toutes opinions. Cf. **à bord d'un bateau** : cette métaphore pittoresque compare des groupes idéologiques à des équipes (*crews*) de différents bateaux.

éconduire   refuser de recevoir qqn

édicter *v*   (Cf. *an edict*)

enrayer   arrêter dans son cours

s'entendent dire   entendent leur mari qui leur dit

exalter   glorifier

faire prendre conscience à *toutes* les femmes   *to cause all women to realize* (« **faire** causatif »)

faire une histoire   dramatiser une situation

fit rire (**fit** = *passé simple de* **faire**)   *made people laugh*

Il n'en est rien.   Rien n'est vrai de cela.

il s'agit de   il est question de

une **manifestation**   marche ou rassemblement pour exprimer une protestation

mourant *adj*   *part prés* de **mourir**

le **notaire**   homme de loi chargé de rédiger et certifier les contrats, testaments, ventes et achats. (Ressemble au *solicitor* britannique plutôt qu'au *notary public*.)

s'obstiner   s'attacher avec ténacité

une **plume** *fig*   l'acte d'écrire (au XVIIIe siècle, *a feather pen*)

un(e) **postulant(e)**   personne qui cherche un travail

présager   prévoir ce qui va arriver

quelles que soient les circonstances économiques   *whatever the economic conditions may be*

qu'ils auraient trouvées *cond passé*   *which they would have found*

quitte à   au risque de

la **remise en cause**   mise en question d'une opinion longtemps acceptée

le **schéma**   scénario (Cf. « *scheme of things* »)

le **Tribunal de grande instance**   *a court which hears important civil cases*

user de   utiliser

véhiculer   transmettre (Cf. un **véhicule**)

QUESTIONS

1. Catherine Valabrègue mentionne au début de son essai trois types de groupes féministes. Lesquels ?

2. Quelle est l'attitude de la masse des Françaises envers le féminisme ?
3. Qu'est-ce que le notaire de Limoges a décidé à l'égard de la femme qui demandait un emploi ?
4. Qu'est-ce qui arrive quand les épouses sans éducation supérieure s'obstinent à vouloir travailler au dehors de la maison ?
5. Où en sont les progrès, en Europe, vers l'égalité des salaires et de promotion ? et vers des manuels scolaires non sexistes ?
6. Que fait-on dans les Ecoles normales pour la cause féministe ?
7. Catherine Valabrègue prétend (*claims*) que l'on juge un homme et une femme selon des valeurs différentes. Trouvez-vous qu'elle ait raison ? Est-ce que la différence diminue, dans votre milieu ?
8. Quelle est la thèse de l'auteur au sujet des maternités « tardives » ? Qui veut défendre la thèse ? Qui veut la réfuter ?

Etudiez les verbes **dormir** *et* **recevoir** *(plus* **mentir**, **partir**, **sentir**, **servir** *et* **sortir**), *p. C75 ; faites l'Exercice C.*
Etudiez L'adjectif, p. C75. Révisez L'adjectif possessif, p. C78, et faites les Exercices D, E et F.
Etudiez Le parfait du subjonctif, p. C80, et faites l'Exercice G.
Etudiez Le subjonctif après certaines conjonctions, après le superlatif, et après certains adjectifs, pp. C81 et C82. Faites l'Exercice H et l'Exercice facultatif, pp. C81–82.
Etudiez Le verbe pronominal et apprenez l'expression **il s'agit de**, *pp. C83–84. Faites les Exercices I, J et K.*
Etudiez La négation, p. C85, et faites l'Exercice L.

NOTES SUR LE GENRE FEMININ

Madame. . . le maire ? la maire ?

La langue française suit d'assez loin les progrès du statut social de la femme. Curieusement, ce ne sont pas les professions ou états ordinaires qui posent des problèmes. Ces mots tendent à avoir la même forme pour les deux genres. Par exemple, propriétaire et locataire (*tenant*), élève et pensionnaire (*boarder*), pianiste et d'autres instrumentistes sont par conséquent aussi facilement féminins que masculins.

Ce sont les fonctions ou dignités plus distinguées qui prennent difficilement une forme féminine, et ici la langue est en plein désarroi. Certains de ces termes ont désigné l'épouse : la présidente, la générale, l'amirale, la colonelle. D'autres mots féminins sont réservés à des abstractions : la médecine, la critique (*criticism*), la garde (*guardianship*). D'autres encore signifient un instrument ou une machine : une trompette. (Le mot cuisinière, *cook* (f) ou *kitchen stove*, reste un mot ambigu.) Les mots architecte, diplomate, ministre (d'Etat) ou juge sont des termes si prestigieux qu'ils résistent à la féminisation malgré le fait que leur forme la facilite. On a même entendu « Madame Monsieur-le-juge » ! De même, bien que l'on dise depuis longtemps une secrétaire, secrétaire d'Etat tend à rester masculin. Le journal *Le Matin* a fait preuve de courage en écrivant, en 1983, à propos de Simone Weil, « l'ancien**ne** ministre de la Santé est restée fidèle à sa réputation d'opposante plutôt modérée ».

Pour sauver la situation on emploie le prénom ou le mot Madame : le docteur Marie-Christine Van Batten ; Madame le ministre des Droits de la femme. Pour ne pas indiquer si une femme est mariée ou non, on commence à écrire **Me** en français, comme on écrit *Ms.* en anglais. **Me** se prononce « Madame ».

Les abstractions féminines révèlent une présupposition

Vous pouvez être sûr(e) qu'un mot qui se termine en **-té**, comme la **liberté**, sera féminin, ainsi que tous les autres mots d'origine latine qui représentent des abstractions (la **démocratie**, l'**anarchie**, la **raison**, la **nation**). La raison de ce phénomène remonte à l'époque très ancienne où l'on cherchait une image pour le concept, l' « abstraction ». L'image que l'on a trouvée, c'est celle d'une mère avec ses petits : la mère représente l'idée et les petits représentent les cas particuliers — les exemples concrets.

L'image est significative, non seulement parce qu'elle reflète une société matriarcale primitive (société où la mère dominait), mais parce que, évidemment, la mère existe d'abord et les petits viennent après : l'image présuppose que l'idée existe d'abord, avant les cas particuliers.

Cette présupposition reste importante dans la mentalité française d'aujourd'hui. Dans l'enseignement traditionnel on commence par des principes et on organise les détails à partir de ces principes ; on crée ainsi des compartiments, des catégories mentales, qui risquent de devenir rigides.

Pour la mentalité anglophone, les exemples existent d'abord, puis on construit des généralisations. Il en résulte des différences d'habitudes mentales qui causent plus ou moins d'irritation dans les contacts sérieux entre les deux cultures. Les Français jugent que les « Anglo-Saxons » n'ont pas d'idéologie cohérente, pas de point de départ clair pour leur raisonnement ; ces derniers, à leur tour, considèrent que leurs partenaires français forcent la réalité à entrer dans des compartiments qui l'altèrent, la déforment.

SCENES DE LA VIE FRANÇAISE

LE THE UN DIMANCHE.   Madame Déjardin reçoit des amis pour prendre le thé. Ici elle parle avec une jeune avocate, Charlotte Cardineau, et un jeune ingénieur, André Gautier.

MME DEJARDIN	Bonjour, Charlotte. Comment allez-vous ?
CHARLOTTE	Bonjour, Madame. Très bien, je vous remercie, et vous-même ?
MME DEJARDIN	Bien, merci. Est-ce que vous connaissez André Gautier ?
CHARLOTTE	Non, mais M. Déjardin m'a parlé de lui.
MME DEJARDIN	Je vais vous le présenter. Entrons dans le salon. Charlotte, je vous présente André Gautier. Monsieur Gautier est ingénieur et travaille dans le bureau de mon mari.
CHARLOTTE	Bonjour. M. Déjardin dit que vous jouez très bien du piano.
ANDRE	Très heureux de vous connaître. Euh. . . Oui, j'aime beaucoup le piano.
MME DEJARDIN	Comme vous, André, Charlotte s'intéresse à la musique. Elle a une très jolie voix. Mais asseyez-vous. Je vais servir le thé. Mon mari arrive à l'instant.
M. DEJARDIN	Bonjour, Charlotte ; bonjour, André. C'est un plaisir de vous voir tous les deux.

Etude de mots   **présenter**   Notez que le verbe **introduire** est ici un faux ami.

LE XVIIᵉ SIECLE : LE CLASSICISME

On l'appelle « le Grand Siècle », car la France a été alors la force prédominante de l'Europe, d'abord au sens politique : sous Louis XIII et les célèbres ministres

Richelieu et Mazarin, puis sous Louis XIV qui a régné personnellement —
« L'Etat, c'est moi ! » — de 1661 jusqu'en 1715. Mais la grandeur a été surtout
d'ordre culturel. Une galaxie d'auteurs de stature mondiale est apparue en
France, la plus remarquable depuis la période classique de la Grèce, c'est-à-dire
les Ve et IVe siècles avant Jésus-Christ.

Quelques étoiles de la galaxie

Dans la première moitié du XVIIe siècle, par exemple, Descartes a révolutionné la
philosophie avec son *Discours de la méthode*. Pascal, inventeur à dix-huit ans de
la machine à calculer, a fait époque comme mathématicien, physicien et philosophe. Le théâtre a été enrichi, pendant le siècle entier, de tragédies inoubliables ; et pendant la seconde moitié du siècle, Molière a écrit ses comédies. Nous
ferons connaissance tout à l'heure avec deux observateurs pénétrants de la
nature humaine, La Rochefoucauld et La Bruyère. Des orateurs de l'Eglise osaient
critiquer les grands de leur temps, et La Fontaine montre le même courage dans
ses *Fables*. Les frères Perrault ont donné à nos contes folkloriques leur forme
classique : « Le Chat botté », « Cendrillon », « Barbe-Bleue ». Mais on ne saurait
faire le tour de toute cette galaxie.

La Fontaine.

Le secret d'une littérature impérissable

A la surface des ouvrages classiques, c'est la forme disciplinée, concise, qui
frappe : les mêmes qualités qui distinguent les parcs de châteaux aux formes
géométriques — « les jardins de l'intelligence ». Mais la vitalité de cette littérature ne vient pas de la surface. Elle vient de la tension entre cette forme
stricte, à l'apparence sereine, et l'énergie rebelle, héritée du XVIe siècle, que la
raison cherche à maîtriser.

Une vie sociale présidée par des femmes

La littérature et l'art du XVIIe siècle doivent beaucoup aux formes de loisir de
l'époque, et particulièrement, aux « salons ». C'étaient des groupes de réflexion et
de discussion qui se réunissaient, par exemple tous les mardis ou jeudis, chez
une hôtesse, et les grands écrivains du temps étaient des habitués d'un salon ou
d'un autre.
Le premier salon, chez Catherine de Rambouillet, s'est ouvert au début du XVIIe

Villandry et ses jardins, près de Tours, datent de la Renaissance.

siècle et l'institution durera presque deux cents ans, jusqu'à la Révolution de 1789. Les sujets de discussion évolueront : les propos littéraires et artistiques cèderont à des questions de justice sociale et de politique.

La participation des femmes a rendu les salons très différents des clubs anglais, dont les femmes étaient exclues. En France on écoutait les poèmes, les maximes, les portraits littéraires que les auteurs étaient en train d'écrire. On les critiquait, les polissait ensemble, définissant les mots de la langue française avec une précision qu'aucune autre société n'a probablement jamais égalée.

Parfois les salons luttaient entre eux pour causer la réussite d'un auteur ami ou l'échec d'un autre, avec une cruauté qui étonnerait dans la vie sociale d'aujourd'hui.

Un effet inattendu de la discorde

Les conflits continuels du XVIIe siècle entre différents groupes, et surtout entre les nobles et le roi, contribuent à expliquer une qualité qui distingue le classicisme. C'est la recherche de « l'homme universel » : l'essence de la nature humaine. L'atmosphère de discorde incitait les gens à accentuer les sources de la concorde : les aspirations, les émotions, les problèmes moraux communs à tous les êtres humains. Cette préoccupation de l'universel, qui continue encore aujourd'hui dans la culture française (comme les conflits !), a enrichi le monde de précieux aperçus qui éclairent les coins obscurs de la nature humaine.

Une galaxie durable, mais une société en transition

Les constantes du classicisme — la raison, l'ordre, l'universel — donnent au XVIIe siècle l'apparence d'une période statique. La vérité est tout le contraire. La société, aussi bien que la philosophie, l'art et la science, était en évolution.

Les premiers transports publics, les premiers journaux, le premier service postal apportaient à une classe moyenne des avantages réservés jusqu'alors à l'aristocratie, qui avait ses propres carrosses pour voyager et des domestiques pour porter ses lettres. Donc, une évolution des classes sociales, et la montée de la bourgeoisie.

Evolution également à l'intérieur de la famille. L'historien Philippe Ariès a découvert que les relations affectives entre parents et enfants, essentielles à notre concept de la famille, datent seulement du XVIIe siècle. Ce fait est important pour nous, car la mutation de la famille à notre époque cesse d'être alarmante quand on sait qu'il ne s'agit pas du déclin d'une institution toujours inchangée jusqu'ici.

La famille avait été surtout une institution pour conserver et transmettre la propriété ; c'est pourquoi les parents arrangeaient le mariage de leurs enfants. La mère riche envoyait son bébé à une nourrice pour l'élever ; les pauvres plaçaient leurs enfants dans une ferme ou dans un atelier comme apprentis. C'est le village qui se chargeait de socialiser les enfants. Puis au XVIIe siècle, les villes grandissantes n'ont plus suffi à socialiser les enfants de la classe supérieure, et la famille a commencé à les élever elle-même, avec pour conséquence l'émergence des relations affectives que nous connaissons. Ce changement profond allait atteindre la classe moyenne pendant le XVIIIe siècle, et les ouvriers et paysans seulement au début du XXe.

La famille au sens affectif du terme a commencé à éprouver le besoin d'une vie privée, et ce besoin a changé l'architecture domestique. Jusqu'au milieu du XVIIe siècle, les maisons bourgeoises consistaient en une série de pièces menant de l'une à l'autre, de sorte que tous les villageois qui avaient affaire au chef de famille traversaient plusieurs pièces avant d'arriver à son bureau. On a donc commencé à construire un corridor le long de la série de pièces, avec une porte à chaque pièce pour la protéger des yeux du passant. Et même de nos jours, vous verrez que les Français aiment voir les portes des chambres. . . fermées !

**Etude
de mots**

affectif(ive) *adj*   qui concerne les sentiments (Cf. l'**affection**)

un **aperçu** *an insight* (Cf. **apercevoir** *to notice*)

un **carrosse**   *a private coach*

un **club**   prononcé aujourd'hui comme en anglais

faire époque   laisser un souvenir durable

impérissable (*de* **périr**)   qui dure très longtemps

la **propriété**   les possessions, l'héritage

QUESTIONS

1. Pour quelles raisons appelle-t-on le XVIIe « le Grand Siècle » ?
2. Quels auteurs de la « galaxie » aimeriez-vous connaître un jour, et pourquoi ?
3. Quelle tension trouve-t-on au-dessous de la surface de la littérature classique ?
4. Que faisait-on dans les « salons » ?
5. Les clubs anglais ont peut-être contribué à l'invention des machines qui ont rendu possible la révolution industrielle, alors qu'en France on inventait de jolies pendules (*clocks*) ingénieuses. Croyez-vous que les salons aient pu contribuer au fait que la révolution industrielle a été retardée d'un siècle en France ?
6. Comment les conflits dans la société du XVIIe siècle ont-ils pu contribuer à motiver la recherche de l'universalité ?

7. Nommez deux ou trois changements qui ont aidé la bourgeoisie à gagner plus de pouvoir au cours du XVIIe siècle.
8. Quel est le grand changement que la famille a commencé a subir au XVIIe siècle ?
9. Certains changements sociaux commencent vers le bas de l'échelle socio-économique, d'autres vers le haut. Duquel des deux s'agit-il ici ? Pourquoi ?
10. Décrivez le changement que la maison bourgeoise a subi au milieu du XVIIe siècle.
11. Parlez de la différence culturelle entre la préférence pour les portes de chambres (ou de bureaux) ouvertes ou fermées. Qui a rencontré les deux habitudes ?
12. Qui peut identifier le conte des frères Perrault où se trouve la fameuse question, « Sœur Anne, ma sœur Anne, ne vois-tu rien venir ? »

« **Je me souviens** » : bizarre conséquence de l'individualisme

Au Moyen Age on disait, « Il me (*objet indirect*) souvient », c'est-à-dire, Il monte à ma conscience (*consciousness*). C'était logique : on croyait que les pensées venaient de l'extérieur, car tout venait de Dieu. Puis, au XIVe siècle, l'individualisme a changé la mentalité européenne. On a commencé à supposer que c'est moi qui crée mes propres idées. De là, cette forme bizarre et illogique « Je me souviens », où l'on traite le pronom objet comme objet direct (exemple : « Elle s'est souvenue ») ! Ce changement profond de perspective a transformé aussi *It remembereth me* en *I remember*, et *Es erinnert mich* en *Ich erinnere mich*.

Ecoutez la bande 6-B. Elle vous aidera beaucoup à comprendre les pensées de La Rochefoucauld et de La Bruyère.

LA LITTERATURE CLASSIQUE EN MINIATURE

Comme exemple de la riche littérature du XVIIe siècle on peut prendre un genre de petits bijoux, des « maximes » souvent d'une seule phrase, que les invités des salons polissaient au cours de leurs discussions. Plus que des conseils moraux, ces maximes donnent des observations sur la nature humaine. Ainsi, en les critiquant, les salons ont raffiné un goût particulier des Français qui, depuis le Moyen Age, se sont appliqués à analyser les actions humaines et leur motivation. Le même goût se retrouve dans la littérature dramatique qui domine la production de l'époque classique. Nous choisissons ici quelques réflexions des deux « moralistes » les plus connus de la seconde moitié du siècle.

Le duc de la Rochefoucauld, soldat à seize ans, a pris part à la révolte armée des nobles contre Mazarin. Plus tard il a fréquenté plusieurs des salons, surtout un salon où l'on rédigeait des maximes morales. Les *Maximes* de La Rochefoucauld, parues en 1665, démasquent l'hypocrisie : l'illusion d'être vertueux, charitable, altruiste. Elles reflètent l'esprit de la Contre-Réforme dans l'Eglise catholique, qui égale en sévérité la Réforme protestante. Les en-têtes que nous insérons dans cette sélection de ses 641 maximes montrent comment elles conduisent à une certaine stratégie qui permet de concilier la paix intérieure avec une opinion pessimiste de la nature humaine.

La vertu en question

1. Les vertus se perdent dans l'intérêt, comme les fleuves se perdent dans la mer.
2. La vertu n'irait pas si loin, si la vanité ne lui tenait compagnie.

La Rochefoucauld.

3. L'amour de la justice n'est, en la plupart des hommes, que la crainte de souffrir l'injustice.
4. Nous avons tous assez de force pour supporter les maux d'autrui.
5. L'hypocrisie est un hommage que le vice rend à la vertu.

L'égocentrisme au fond des relations humaines

6. On aime mieux dire du mal de soi-même que de n'en parler point.
7. L'extrême plaisir que nous prenons à parler de nous-mêmes nous doit faire craindre de n'en donner guère à ceux qui nous écoutent.
8. Pourquoi faut-il que nous ayons assez de mémoire pour retenir jusqu'aux moindres particularités de ce qui nous est arrivé, et que nous n'en ayons pas assez pour nous souvenir combien de fois nous les avons contées à une même personne ?

La connaissance de soi-même

9. Le vrai moyen d'être trompé c'est de se croire plus fin que les autres.
10. Tout le monde se plaint de sa mémoire, et personne ne se plaint de son jugement.
11. L'absence diminue les médiocres passions, et augmente les grandes, comme le vent éteint les bougies et allume le feu.

La stratégie constructive d'un pessimiste

12. Nous gagnerions plus de nous laisser voir tels que nous sommes, que d'essayer de paraître ce que nous ne sommes pas.
13. On n'est jamais si ridicule par les qualités que l'on a que par celles que l'on affecte d'avoir.
14. Les vices entrent dans la composition des vertus comme les poisons entrent dans la composition des remèdes : la prudence les assemble et les tempère, et elle s'en sert utilement contre les maux de la vie.

La Bruyère.

Jean de La Bruyère excelle lui aussi dans l'analyse du comportement. Il a commencé par écrire des portraits littéraires (*character sketches*), un genre que les salons ont porté à une haute perfection. *Les Caractères*, 1688, passe en revue la société de son époque. Voici quelques-unes de ses observations regroupées sous des en-têtes que nous ajoutons pour suggérer la structure de sa philosophie.

Conformité sociale et conscience individuelle

1. Les hommes sont trop occupés d'eux-mêmes pour avoir le loisir de pénétrer ou de discerner les autres [. . .]
2. Nous cherchons notre bonheur hors de nous-mêmes et dans l'opinion des hommes, que nous connaissons flatteurs, peu sincères, sans équité, pleins d'envie, de caprices et de préventions. Quelle bizarrerie !
3. Il n'y a pour l'homme qu'un vrai malheur, qui est de se trouver en faute, et d'avoir quelque chose à se reprocher.

Excellence intellectuelle et modestie

4. Un esprit médiocre croit écrire divinement ; un bon esprit croit écrire raisonnablement.
5. Il n'y a point de chemin trop long à qui marche lentement et sans se presser ; il n'y a point d'avantages trop éloignés à qui s'y prépare par la patience.
6. La modestie est au mérite ce que les ombres sont aux figures dans un tableau : elle lui donne de la force et du relief.

Comment on doit juger les autres

7. La règle de Descartes, qui ne veut pas qu'on décide sur les moindres vérités avant qu'elles ne soient connues « clairement » et « distinctement », est assez belle et assez juste pour devoir s'étendre au jugement que l'on fait des personnes.

Le moyen de s'épanouir

8. Il y a une philosophie qui nous élève au-dessus de l'ambition et de la fortune, qui nous égale [aux riches], que dis-je ? qui nous place plus haut que les riches, que les grands, et que les puissants ; qui nous fait négliger les postes, et ceux qui les procurent ; qui nous exempte de désirer, de demander, de prier, de solliciter, d'importuner ; et qui nous sauve même l'émotion et l'excessive joie d'être exaucés. Il y a une autre philosophie qui nous soumet et nous assujettit à toutes ces choses en faveur de nos proches ou de nos amis : c'est la meilleure.

Etude de mots

à qui marche. . . , à qui se prépare. . . à une personne qui marche, etc.

une **bougie** une chandelle (aussi, *a spark plug*). Une bougie est en cire (*wax*), une chandelle, au XVIIe siècle, était en suif (*tallow*).

concilier *to reconcile*

un **en-tête** (*pl* des **en-têtes**) *headline*

s'épanouir *to bloom* ; ici, *to fulfill oneself*

être exaucé obtenir (la faveur demandée) ; **exaucer** *to grant* (une prière)

l'**intérêt** *m* ici, *self-interest*

se laisser voir se montrer (**laisser** + *inf*, p. C94)

les **mœurs** *mpl* [mœR] ou [mœRS] *mores*, habitudes de vie

moindre *adj* *less(er)* ; **les moindres** *the least*

une **prévention** ici, *prejudice*

qui nous sauve l'émotion *which spares us the shock*

supporter (faux ami) tolérer (*to support* = **soutenir**)

QUESTIONS

1. Quel est le rapport entre le genre littéraire des « maximes » et la vie des salons ?
2. Déduisez (*Deduce*) si La Rochefoucauld était catholique ou protestant.
3. Quelle est votre maxime favorite, parmi les quatorze citées ? Pourquoi ?
4. Comment La Rochefoucauld propose-t-il de se servir de ses propres vices ?
5. Expliquez pourquoi l'opinion des autres n'aide pas beaucoup, selon La Bruyère, à devenir ce que l'on veut être ?
6. Quels sont les ingrédients, à son avis, du « mérite personnel » ? (Pensez à la discussion entendue sur la bande.)
7. Quelle philosophie est encore meilleure, selon La Bruyère, que la philosophie qui consiste à renoncer à l'ambition pour vivre dans la tranquillité ?
8. Choisissez une de ces pensées de La Bruyère qui, selon vous, aura eu une influence au cours des trois siècles écoulés entre 1688 et 1988. Expliquez votre choix.

UN JEU : DEVINEZ LES MOTS EFFACÉS

D'abord, la classe entière pourrait chercher ensemble les mots qui manquent dans les trois phrases suivantes.[1]

1. La Rochefoucauld sur l'égocentrisme au fond des relations humaines : « Nous pardonnons souvent à ceux qui nous ennuient ; mais nous ne pouvons pardonner à ceux que _____. »
2. La Rochefoucauld sur la connaissance de soi-même : « Nous sommes si accoutumés à nous déguiser aux autres, qu'enfin nous _____ à nous-mêmes. »

[1]La clé, si on en a besoin, est en p. C164.

3. Un critique du XIXe siècle, qui regarde les hommes comme un naturaliste regarde les animaux : « Le vice et _____ sont des produits, comme le vitriol [= l'acide sulfurique] et le sucre. »

Maintenant, en groupes de deux ou trois étudiants, complétez les phrases ci-dessous. Dans un troisième temps, vous pourriez comparer les conclusions des différents groupes.

4. Descartes, pas humoriste du tout, a dit que le bon sens (le sens commun) est la mieux distribuée de toutes les bonnes choses, parce que chacun est _____ la part qu'il en a reçue.
5. Le temps d'écrire la lettre que vous aimeriez écrire : Pascal a écrit une fois à un ami qu'il regrettait d'être trop pressé pour faire sa lettre plus _____.
6. Dans un vers de 6 + 6 syllabes, le grand critique du XVIIe siècle, Boileau, dit comment perfectionner une composition : « Ajoutez quelquefois, et souvent _____. »
7. Dans un vers de 6 + 6 syllabes, Boileau décrit le rapport entre la conception et l'expression d'une idée : « Ce que l'on conçoit bien s'énonce _____. » Quel est l'adverbe final ? (Suggestion : « Concevoir bien » veut dire concevoir comment ? Avec quelle qualité intellectuelle ?) Etes-vous d'accord avec Boileau ?
8. La Bruyère sur la critique de soi-même : « L'on se repent rarement de parler peu, très souvent de _____ _____ ; maxime usée et triviale que tout le monde sait, et que tout le monde ne pratique pas. »

SCENES DE LA VIE FRANÇAISE

OU ACHETER DES LIVRES A PARIS ? Une étudiante étrangère, Barbara, demande des renseignements à deux étudiants français, Marie-Hélène et Claude.

BARBARA	J'ai un tas de livres à acheter pour mes cours. Je vois tant de librairies dans le quartier. Est-ce que les prix sont très différents ?
CLAUDE	C'est-à-dire, le gouvernement a réglementé le prix des livres qui doit être le même dans toutes les librairies et autres points de vente.
MARIE-HELENE	Oui, mais cela peut changer. Les gouvernements fixent les prix à un moment, et à d'autres, ils laissent faire le secteur privé.
CLAUDE	Moi, je vais à la FNAC. Là, il y a un stock très complet et un grand choix.
BARBARA	C'est où, la FNAC ? Et qu'est-ce que c'est ?
CLAUDE	C'est une coopérative : Fédération nationale des achats des cadres. Il y en a une rue de Rennes, pas loin d'ici. C'est assez loin à pied, mais tu peux prendre le métro ou le bus.
MARIE-HELENE	J'y vais demain vers 4 h, Barbara. Si tu es libre, on ira ensemble.
BARBARA	Je suis libre à 4 h. Cela m'arrange bien. Merci beaucoup, Marie-Hélène.
CLAUDE	A la FNAC on trouve également des disques et des cassettes à des prix abordables.
BARBARA	Merci du renseignement. A demain, Marie-Hélène, Claude. (*Elle serre la main à chacun.*)

**Etude
de mots**

abordable *adj*   raisonnable, pas trop cher

un **cadre**   ici, employé d'une entreprise qui « encadre » le travail des employés
sous sa direction

le **quartier**   ici, le quartier latin

un tas *fam*   beaucoup

SAMEDI SOIR.   Qu'est-ce qu'on va faire ? Un groupe de jeunes en discute.

SERGE	Qu'est-ce qu'on va faire demain soir ? Vous êtes libres, vous autres ?
JOËL	Moi, oui. Il y a un bon film, paraît-il, au Cinéma Pathé. Il passe pour la première fois.
SABINE	Il s'agit de quoi, dans ce film ? Et qui joue ?
JOËL	C'est un film policier avec Gérard Depardieu et Nathalie Baye. J'ai entendu dire qu'il est super.
JEANINE	Il n'y a pas de films de cow-boys ? Moi, j'aime les films de cow-boys, surtout s'ils sont américains.
SABINE	Et si on allait danser dans une boîte ? On n'a pas dansé depuis longtemps.
JEANINE	Oui, ça me tente, mais elles sont loin, les discothèques.
JOËL	J'ai ma bagnole, mais l'essence coûte cher, et j'ai plus d' fric. Je suis à sec en ce moment.
SERGE	Ça ne fait rien ! On fera la quête. On partagera l'essence, n'est-ce pas ?
LES AUTRES	Mais oui, bien sûr.
SABINE	Alors on va dans une discothèque ? On pourra voir un film plus tard.
LES AUTRES	D'accord.

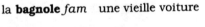

**Etude
de mots**

la **bagnole** *fam*   une vieille voiture

une **boîte** *fam*   une discothèque, une boîte de nuit (« Disco » désigne en français
un type de musique rock.)

l'essence coûte cher   En France l'essence coûte en général quatre fois plus cher
qu'aux Etats-Unis.

faire la quête   demander de l'argent, surtout pour des œuvres religieuses ou
charitables (« *pass the hat* »)

un **film de cow-boys**   un western

le **fric** *fam*   argent

j'ai plus d' fric   Le langage populaire supprime souvent le **ne**.

Je suis à sec. *fam*   Je n'ai pas d'argent. (*I'm broke.*)

on   remplace souvent **nous** dans la langue familière (*V* p. C8.)

plus tard   ici, = une autre fois

policier *nm, adj*   *detective* (ici, *adj*)

Le musicien fait la quête.

CONVERSATION LIBRE[1]

En groupes de deux ou trois, parlez de ce que vous allez faire samedi soir. Invitez un(e) camarade ou des camarades à faire quelque chose avec vous. Notez qu'en France, on dit « Bonsoir » à partir de 4 h de l'après-midi. Alors, votre samedi soir peut commencer à 5 h, si vous le voulez.

Faites l'invitation. Fixez l'heure et le lieu du rendez-vous. Parlez de l'organisation, si nécessaire.

Invitez un(e) camarade ou des camarades, par exemple, à :

1. faire une promenade à vélo (en fin d'après-midi).
2. faire une partie de tennis.
3. faire un pique-nique.
4. dîner dans un restaurant français ou autre.
5. une soirée chez des amis pour écouter des disques.
6. aller au bal, danser.
7. assister à un concert de rock.
8. assister à un concert de musique classique.
9. assister à un spectacle de danse et de musique africaines.
10. voir un match de basket, de base-ball, de boxe.
11. aller au bowling.
12. passer la soirée chez vous à regarder des diapos de votre voyage en _____.

Voici quelques expressions pour le cas où il faudrait refuser une invitation.

Je regrette, mais je suis pris(e) ce soir-là. Merci de ton invitation.

Je serai absent(e) cette semaine-là, malheureusement. Tu es gentil(le) de m'inviter. Merci.

Ce ne sera pas possible, nous avons des invités à la maison. Je te remercie quand même.

---

[1]Cette conversation est basée sur l'article « Le Jeu des invitations » dans *Le Français dans le monde* 190 (janv. 1985) : 58–61 (Hachette/Larousse).

**LA NORMANDIE,
LE NORD ET L'EST**

LA PROVINCE (III) : LA NORMANDIE, LE NORD ET L'EST

Une table ronde à la radio

LA PRESENTATRICE   Bonsoir, Mesdames, Mesdemoiselles, Messieurs. Je vous propose ce soir une table ronde. Ici à Orléans, le directeur du syndicat d'initiative me dit qu'il reçoit dans son courrier pas mal de questions sur les départements au nord du nôtre. J'ai donc invité trois personnes à vous en parler. Le premier (je suis l'ordre alphabétique) est M. Gilbert Dalençon, un architecte qui a signé de belles réalisations à Orléans et plus au nord.

M. DALENÇON   Je vous remercie, Mademoiselle.

LA PRESENTATRICE   Et puis je vous présente Mme Martine Lévy, qui voyage partout en France comme responsable de budget en publicité.

MME LEVY   C'est à cause de ma formation de géographe que je suis très intéressée par les différences entre les régions. Et j'adore goûter la cuisine régionale.

LA PRESENTATRICE   La tradition française de « la géographie humaine » comprend tous les aspects de la vie ! Notre troisième invité est une surprise. C'est un visiteur d'Amérique, le professeur Robert Pence, qui fait un cours cette année à Bordeaux. Soyez le bienvenu, Monsieur.

M. PENCE   Je suis très heureux de pouvoir visiter Orléans.

LA PRESENTATRICE   Commençons par la Normandie, puis nous nous promènerons vers l'est jusqu'à l'Alsace. M. Pence, vous disiez tout à l'heure qu'il vaut la peine de visiter la petite ville de Bayeux.

La Haute- et la Basse-Normandie

M. PENCE   Oui. Je recommande que l'on y aille pour voir « la tapisserie de la reine Mathilde ». Je trouve fascinant non seulement Guillaume le Conquérant et la vue normande de la conquête de l'Angleterre, mais aussi la vie des petites gens de 1066 : tout le long des 70 mètres de tapisserie, en bas, on trouvera l'histoire sociale de l'époque : des fermiers, des ouvriers, des artisans, tous occupés à manier les outils de leur métier.

Un épisode de la tapisserie de Bayeux.

MME LEVY	On ne se rend pas compte aujourd'hui du proche rapport entre la Normandie et l'Angleterre après la conquête. N'est-il pas vrai que *La Chanson de Roland* a été écrite dans le dialecte anglo-normand ?
M. PENCE	Oui, Madame, et probablement dans une abbaye anglaise, une quinzaine d'années après la conquête. Les grandes abbayes qui gouvernaient la Normandie au Moyen Age étaient jumelées avec des abbayes du même ordre religieux en Angleterre.
M. DALENÇON	On peut, par exemple, visiter l'Abbaye de Saint-Wandrille [vãdRij], entre Rouen et Dieppe. Dans ce gros bâtiment tortueux on se sent plongé dans le passé anglo-normand. J'en ai rapporté un disque de chant grégorien. La spiritualité des moines et leur musique ne se soucient guère de frontières nationales.
MME LEVY	Vous dites que les abbayes anglo-normandes gouvernaient le pays ?
M. PENCE	Oui. Les orfèvres de Saint-Georges de Boscherville avaient le droit de fabriquer des pièces de monnaie.
M. DALENÇON	En Normandie, les traces de ce monde vieux de huit cents, neuf cents ans côtoient celles d'un passé tout récent. Juste au nord de Bayeux, un peu plus à l'ouest, se trouvent Utah Beach et Omaha Beach, où le débarquement anglo-américain en 1944 a commencé la Libération de la France.
MME LEVY	Ma famille est de celles qui ont souffert pendant l'occupation. Enfin, vivons dans le présent. Parlons d'autres choses.
LA PRESENTATRICE	Parlons des plaisirs de la table normande.
MME LEVY	J'avoue que moi, j'apprécie mieux une immersion dans le Moyen Age après un bon petit déjeuner au pain croustillant avec du bon beurre normand et une confiture de reine-claudes. Et quand je sais que je pourrai dîner d'un gigot de pré-salé suivi d'un fromage normand comme le pont-l'évêque, le camembert, le port-salut.
M. DALENÇON	Toute la Normandie est riche en produits laitiers. Mais la

L'Abbaye de Saint-Georges de Boscherville.

	Haute-Normandie est différente de la Basse-Normandie. L'une est industrialisée, l'autre reste à 20 % agricole.
MME LEVY	En effet, les deux sont divisées par une ligne qui traverse toute la France en diagonale, du Havre jusqu'aux Bouches-du-Rhône — en passant justement par Orléans. Au nord-est de cette diagonale la France est plus industrialisée et plus urbanisée et le niveau de consommation des habitants est plus élevé ; même le rendement agricole est meilleur.
M. PENCE	Je note que le Nord et l'Est ont trois des huit métropoles d'équilibre, Lille, Nancy et Strasbourg, alors que l'Ouest en a deux, Bordeaux et Nantes.
LA PRESENTATRICE	Donc, toute la partie de la France dont nous parlons ce soir appartient à cette moitié plus favorisée, sauf la Basse Normandie.
M. DALENÇON	. . . qui est tout de même un pays prospère, souriant.
LA PRESENTATRICE	Nous n'avons pas encore parlé de Rouen, l'ancienne capitale de toute la Normandie.
M. DALENÇON	Il faut y voir la cathédrale, et l'église Saint-Maclou. Puis, du gothique flamboyant de Saint-Maclou on saute à travers les siècles jusqu'à l'église très moderne qui marque l'endroit du Vieux Marché où Jeanne d'Arc fut brûlée. Et j'ai passé une journée entière au musée de ferronnerie ancienne, à voir les vieilles enseignes d'auberges, les serrures mystérieuses, les outils des anciens artisans.
M. PENCE	Moi, j'aime « le Gros-Horloge » perché sur son arche au centre de la ville. Il symbolise pour moi la ponctualité de ces Normands. Ce sont des gens sérieux !
M. DALENÇON	La campagne normande aussi vous réserve de bons moments. Il y a de jolis coins au fond de ce pays de champs et de vergers où les touristes pénètrent peu. Un ami normand m'a montré un village sans rues : il faut descendre de voiture et circuler à pied. Cela à quelques dizaines de kilomètres du pont moderne qui relie les deux Normandies à travers la Seine, à Honfleur.
LA PRESENTATRICE	Si nous allions maintenant vers le nord, à Lille ?

Le Gros-Horloge ; à droite, une maison à colombage.

Les cathédrales gothiques

M. DALENÇON   Il serait bien dommage, pourtant, de traverser la Picardie sans voir les magnifiques cathédrales d'Amiens et de Beauvais.

M. PENCE   Celle d'Amiens est la plus grande de France, n'est-ce pas ?

La cathédrale de Chartres.

M. DALENÇON	Oui. Ç'a été une réussite structurale remarquable. Mais elle vaut surtout par sa beauté. Puis entre Amiens et Paris, Beauvais. Les architectes de Beauvais ont dû méditer sur le péché d'orgueil quand la nef de leur cathédrale est tombée ! Ils avaient dépassé la limite de la structure gothique, pour faire plus grand que leurs voisins. Mais la partie qui reste est superbe et d'énormes tapisseries de Beauvais couvrent le mur où devait être la nef.
MME LEVY	Puis à l'est, la grande plaine picarde devient celle de la Champagne et là se trouve ma cathédrale favorite : Reims. Peut-être parce que Jeanne d'Arc y a fait couronner Charles VII.
M. DALENÇON	Il faut consacrer une journée à voir cette merveille.
LA PRESENTATRICE	Même si on a vu Chartres, par exemple ?
M. DALENÇON	Chartres, c'est l'autobiographie de l'esprit médiéval, dès son premier temps. On voit sur sa façade les traces d'une église plus petite. Mais chaque cathédrale est si différente des autres.
LA PRESENTATRICE	Alors, au nord, . . .
MME LEVY	Au nord, la forêt des Ardennes. Imaginez une longue ligne qui descend de là, en diagonale, vers le sud-ouest jusqu'aux Pyrénées, du côté de Pau. Eh bien ! Cette ligne sépare la plaine côtière de la moitié plutôt montagneuse de la France. Elle fait

La plaine côtière

• Rouen

LES ARDENNES

• Paris

LES VOSGES

• Rennes

LE JURA

• Nantes

LE MASSIF CENTRAL

LES ALPES

Bordeaux

LES CÉVENNES

• Pau

LES PYRÉNÉES

La moitié plutôt montagneuse

	un X avec l'autre diagonale qui sépare les régions plus ou moins prospères.
LA PRESENTATRICE	Alors, faisons un petit zigzag vers le nord-ouest et nous arrivons à Lille. M. Pence ?
M. PENCE	Eh bien ! C'est une ville à destinée internationale, tant par son histoire que par sa situation actuelle sur la frontière belge. Elle a été d'abord flamande, puis est passée sous l'autorité des ducs de Bourgogne, ensuite a été intégrée à la France sous Louis XIV. On y voit encore de vieux bâtiments qui parlent de l'époque flamande comme si elle n'avait jamais disparu.
M. DALENÇON	Lille m'a réservé une surprise. On m'avait dit que c'était une ville industrielle et froide. Industrielle, oui ; froide, non ! C'est une ville accueillante.
M. PENCE	J'ai fait à Lille une découverte qui va intéresser mes étudiants en Amérique. Ma femme et moi y sommes arrivés un dimanche, trop tard la nuit pour aller à notre hôtel dans la banlieue. Le dernier train du métro ultramoderne était parti. Pas un taxi ! Mais j'ai découvert qu'il y a de petits hôtels, exclus de la liste officielle parce qu'ils n'ont pas le téléphone dans la chambre. Un portier de nuit (qui n'avait plus de chambres) nous a trouvé un de ces hôtels, la patronne s'est levée

pour nous ouvrir, et nous nous y sommes trouvés comme en famille, à un prix vraiment modique.

MME LEVY   Il y a de très bons restaurants à Lille, et de délicieux plats régionaux. J'aime les « anguilles au vert à la Flandre », cuites au vin blanc, avec une sauce à la crème et au cresson, assaisonnée de fines herbes.

L'Alsace et la Lorraine

LA PRESENTATRICE   Consacrons le temps qui nous reste aux deux anciennes provinces de l'Est. D'abord la Lorraine et surtout Nancy.

M. DALENÇON   Oui, Nancy a toute la dignité d'une capitale provinciale. Il faut que nos voyageurs voient la place Stanislas avec ses gracieuses grilles en dentelle de fer.

M. PENCE   Effectivement, c'est seulement à la mort du duc Stanislas, au XVIIIe siècle, que la Lorraine a été intégrée à la France ; et l'Alsace ne l'avait précédée que de quelques années. La culture de ces deux provinces reste imprégnée d'influence allemande.

M. DALENÇON   Quand j'entends parler les ouvriers dans les rues de Nancy ou de Strasbourg, ils semblent presque parler allemand.

MME LEVY   Cette influence germanique ne nuit pas à la cuisine des charmantes petites auberges. Au contraire ! Elle a tant de variété. Elle va de la robuste choucroute garnie à la délicate truite à la crème, que l'on couvre d'amandes hachées, grillées au beurre.

M. DALENÇON   Et les bons vins du pays que l'on sert pour arroser ces plats, Madame. Le riesling, le gewürztraminer. . . A moins que l'on ne préfère une des fameuses bières de la région.

MME LEVY   Et après le dîner, une des subtiles liqueurs d'Alsace.

LA PRESENTATRICE   Mais nos auditeurs ne sont pas tout estomac ! Que deviendra ce grand port fluvial qu'est Strasbourg si l'Alsace vend de moins en moins de fer et d'acier ?

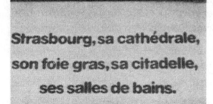

Strasbourg, sa cathédrale, son foie gras, sa citadelle, ses salles de bains.

La gastronomie n'est pas tout.

MME LEVY   Heureusement, la sidérurgie n'est pas la seule industrie de la région. Il reste les produits chimiques et mécaniques, l'usine Peugeot à Mulhouse, et une agriculture qui est très productive. Ces deux provinces sont d'ailleurs post-industrielles : le tertiaire représente plus de 50 % de leur économie.

M. PENCE   Un élément du tertiaire qui m'intéresse beaucoup à Strasbourg, c'est le siège du Conseil de l'Europe et sa Cour des Droits de l'homme. J'admire les gouvernements européens qui ont consenti à s'y laisser contester par de simples citoyens (*private citizens*).

M. DALENÇON   Le bâtiment moderne qui loge ces organismes est très réussi. Ses espaces ouverts respirent la liberté. Ils invitent à imaginer des choses nouvelles !

MME LEVY   On a bien fait de trouver cet espace un peu à l'extérieur de la ville ; le centre garde tout le charme des siècles passés.

LA PRESENTATRICE   Voici presque la fin de notre temps, Madame, Messieurs.

M. DALENÇON   Ah, que je regrette cela, Mademoiselle. Car je gardais la cathédrale de Strasbourg pour la fin. Il n'y a nulle part au monde une plus fine dentelle en pierres. Et puis, cette pierre rose lui donne sous toutes les lumières un air de fête.

M. PENCE   Et moi, j'avais une anecdote à vous raconter.

LA PRESENTATRICE   Bon. S'il ne s'agit pas de gastronomie.

M. PENCE   C'était à l'ombre de cette cathédrale en fête. Un violoniste jouait, avec la finesse d'un concertiste, une romance sans doute allemande et je me suis arrêté, comme une cinquantaine d'autres, émerveillé. Derrière lui un clochard, assis sur le bord du trottoir, aimablement ivre, interprétait la romance à sa manière, gesticulant, grimaçant, mais avec goût. Les spectateurs, au lieu de s'en moquer, souriaient avec lui. Et j'ai songé à l'harmonie exaltante qui peut réunir l'art et la vie de cette ville. . . une harmonie que moi, venu de si loin, j'avais le privilège de partager.

LA PRESENTATRICE   Sur ce tableau poétique, nous allons tirer le rideau ! Bonsoir à tous nos auditeurs.

Etude de mots

une **anguille** [ãgij]   poisson long et mince à la chair délicate

a signé de belles réalisations   Les architectes gravent leur nom sur leurs œuvres.

le **chant grégorien**   *chant* non accompagné introduit par le pape Grégoire Ier au VIe siècle

la **choucroute**   *sûrkrût* en alsacien (*sauerkraut*)

le **Conseil de l'Europe**   Créé en 1949, il réunit des représentants des pays non communistes d'Europe. La documentation sur ses multiples projets économiques et sociaux est ouverte à tout chercheur.

la **Cour des Droits de l'homme**   *Court of Human Rights*, une des institutions juridiques les plus éclairées (*enlightened*) du monde. Sa Direction (son bureau administratif) se trouve dans le bâtiment du Conseil de l'Europe.

le **cresson**   plante qui pousse à la surface de l'eau douce (*watercress*)

effectivement *adv*   confirme une affirmation (*actually*)

la **ferronnerie**   objets artisanaux en fer

fines herbes *fpl*   un mélange de persil, ciboulette *f* (*chives*), estragon et cerfeuil *m* (*chervil*). Dans le Midi on y ajoute d'autres herbes.

garni(e) *adj*   ici, de charcuterie (porc et produits faits avec du porc : saucisses, etc.) et de pommes de terre bouillies

une **horloge**   *clock* (*m* dans le cas de ce Gros-Horloge à Rennes)

la **nef** (d'une église)   *the nave* (du latin *navis*, un navire, un vaisseau)

un **portier**   *hotel clerk*

le **pré-salé**   mouton élevé dans les pâturages côtiers périodiquement inondés par la mer

une **reine-claude**   petite prune (*plum*) sucrée et parfumée, nommée en l'honneur de la femme de François Ier lors d'une visite royale en Normandie

réserver (de bons moments, une surprise, etc.)   *to have in store*

un **responsable de budget en publicité**   *advertising executive*

une **serrure** fermeture de porte, de fenêtre, contre les voleurs

le **tertiaire** = le secteur tertiaire. L'agriculture et l'élevage constituent le secteur primaire d'une économie, l'industrie = le secondaire, et le tertiaire comporte les services bancaires, commerciaux, etc.

un **verger** terrain planté d'arbres fruitiers. La Normandie est le pays des pommes, du cidre, et du calvados, une liqueur distillée du cidre (et un des secrets de la cuisine normande).

QUESTIONS

1. On considère que l'école française de « géographie humaine » fait partie des humanités aussi bien que des sciences. Comment la géographie peut-elle être « humaine » ?
2. Qu'est-ce que c'est que la tapisserie de Bayeux ?
3. Quelle est l'importance des abbayes normandes au Moyen Age ?
4. Qu'est-ce que vous aimeriez voir à Rouen ?
5. Expliquez comment deux lignes diagonales aident à retenir, l'une la géographie physique de la France, l'autre sa géographie économique.
6. Résumez l'histoire internationale de Lille.
7. Quand est-ce que l'Alsace a été intégrée à la France pour la première fois ?
8. Que savez-vous du Conseil de l'Europe ?

COMPOSITION

Ecrivez votre idée de la féminité ou/et de la masculinité idéales.

Ou, écrivez un autoportrait à la manière du XVIIe siècle : d'abord votre apparence extérieure, par exemple des traits physiques, votre manière de parler, de vous habiller ; ensuite votre caractère, vos valeurs principales, vos sujets d'intérêt.

Suggestion pour l'enchaînement (l'organisation en chaîne) des paragraphes : reprenez un mot clé, employé à la fin d'un paragraphe, pour le développer dans le paragraphe suivant. Par exemple, le premier paragraphe de l'essai sur le XVIIe siècle (p. 93) finit par annoncer « une galaxie d'auteurs », et il est suivi de « Quelques étoiles de la galaxie ». Plus bas, un paragraphe finit par « des habitués d'un salon ou d'un autre » ; le suivant commence, « Le premier salon ». Ce « truc » s'emploie beaucoup en français.

SIXIEME PALIER

ACTIVITES PROPOSEES, SUJETS DE DEBATS

A. Avoir son premier enfant après l'âge de 30 ans ? Quel est l'effet sur la mère, le mari, la société ? Est-ce que la carrière de la mère libère les enfants d'un amour maternel trop possessif ?

B. Jeu de rôle. Un drame de famille à deux personnes. Le mari (un étudiant ?) ne veut pas que sa femme (une étudiante ?) travaille comme secrétaire, ou dans une usine.

C. Certains disent que, quand on se trouve à l'étranger, il faut se conformer aux règles de la société mais garder ses propres valeurs. D'autres essaient, en parlant une seconde langue, de prendre une autre personnalité. Lequel des deux principes est le meilleur ?

PROJETS INDIVIDUELS OU D'EQUIPE

A. Votre carrière. Pour commencer à lire le français d'un domaine spécialisé, une bonne ressource est disponible dans beaucoup de bibliothèques : les livres destinés à entraîner les *graduate students* à lire en français. Par exemple, Roy Jay Nelson, *Reading Expository French* (Harper and Row, 1965) présente des lectures intéressantes dans des domaines comme les sciences naturelles et humaines, l'art, l'industrie, le droit et la politique. Ces lectures ne sont pas élémentaires. On y rencontre par exemple le passé simple.

B. Est-il temps de proposer un *term paper* qui lierait votre étude du français avec un autre cours ? *V* la p. 48.

C. Sur le christianisme. On trouvera un argument aussi brillant que raisonnable en faveur de la croyance religieuse dans les *Pensées* de Blaise Pascal. Expliquez « le pari » (*the wager*).

D. Expliquez à la classe sous quelle forme votre sport favori est pratiqué en France. Parmi les sources : une récente encyclopédie française ; un Français de votre ville ; un magazine sportif ; un article ou un livre indiqué dans une bibliographie ; une émission de radio ou de télévision provenant du Canada francophone.

E. Lisez à la classe une fable de La Fontaine. Certaines des fables peuvent être récitées à deux voix, comme « Le Loup et l'Agneau », sur la bande 6-B et à la p. C87.

F. Pour un amateur d'architecture. Montrez des exemples des styles roman et gothique.

G. Parlez d'une visite, déjà faite ou projetée, en Normandie, dans le Nord ou l'Est.

CHAPITRE SEPT

Ecoutez la bande 7-A et faites l'Exercice A : notez l'explication, p. C90.

Etudiez La liaison, p. C89 ; écrivez l'Exercice B et l'Exercice facultatif sur la liaison.

LA FAMILLE

Un point de vue français par Claudette Imberton-Hunt

Si vous demandez à de jeunes Français et Françaises, lycéens et même étudiants, ce qui compte le plus dans leur vie, ou encore l'endroit où ils sont le plus heureux, il y a de fortes chances pour qu'ils répondent : ma famille. La famille reste en France le lieu privilégié de l'épanouissement personnel. C'est en famille, avec ses parents et ses frères et sœurs, que le jeune s'affirme en s'opposant. Ce sont les conflits internes à la famille qui permettent à chacun de structurer sa personnalité sans risque. La sécurité est au-dedans, l'aventure est à la porte. Une famille française est encore fréquemment un cocon qui fournit chaleur et nourriture avant que chaque individu affronte l'extérieur.

Le changement se trouve ailleurs, dans le fait que le modèle unique de famille traditionnelle a fait son temps. Les familles nombreuses sont de plus en plus rares. Alors que les couples mariés entre 1960 et 1970 avaient en moyenne trois enfants, donc souvent quatre ou cinq, la natalité est tombée aujourd'hui en dessous de deux enfants par foyer. Les familles à autorité parentale unique sont nombreuses et forment en général des cellules d'autant plus unies qu'elles ont souffert. Les naissances illégitimes, comparativement nombreuses, sont assez bien vécues : les jeunes mères célibataires, parfois très jeunes, gardent le plus souvent leur enfant. La loi, et en particulier les aides financières, la famille, le lycée, cherchent à les aider plutôt qu'à les montrer du doigt.

Il y a de l'égoïsme dans cette attitude : la famille veut avant tout « ne pas la perdre », et la société a besoin de ces naissances. Il y a de moins en moins de mariages en France, mais les couples non mariés sont acceptés, reçus par leurs parents respectifs même traditionnels et très catholiques pour la même raison : garder ses enfants autour de soi. Cet égoïsme familial se reconnaît aussi dans le fait que la famille passe avant les amis, souvent. Au lieu d'organiser des distractions entre amis, on arrange par exemple des « réunions de famille » avec quinze ou vingt personnes, beaux-frères et belles-sœurs, oncles et tantes, cousins et cousines, toutes générations confondues. On fait semblant de considérer que c'est une corvée, on passe son temps à se plaindre les uns des autres et à critiquer, mais on aime ça. La stabilité géographique favorise ces rapprochements : on ne se perd pas de vue. Cette habitude qui consiste à se préoccuper du sort des parents éloignés, à demander de leurs nouvelles, semble appartenir aux traditions méditerranéennes. Elle est, bien entendu, plus ou moins vivante suivant les familles et il serait impossible de généraliser.

La mère française joue un rôle essentiel dans la famille. Elle en est le pilier et le pivot, même si elle travaille. Or, très souvent la Française refuse de faire un choix entre responsabilités professionnelles et familiales, et s'efforce de tout concilier. Les enfants s'en montrent plutôt heureux, libérés d'une tutelle parfois étouffante, et fiers d'avoir une maman active.

Les parents français se sentent responsables de leurs enfants très longtemps. Conséquence positive : ils trouvent normal, et se plaignent moins que certains parents américains, d'avoir à payer les études ou l'entretien de leurs enfants. Mais, conséquence négative, ils ne savent pas les rendre indépendants et autonomes aussi vite et aussi bien qu'on le fait dans les familles américaines. Ils ont tendance à trop protéger leur progéniture.

Les sentiments s'expriment à voix haute. La colère, l'affection n'ont pas peur de se manifester. On exprime même parfois la haine. Un père n'a pas honte de dire que ses enfants adolescents lui manquent et il cherchera bien souvent à les retenir, à attirer ceux qui sont déjà partis pour les revoir à la maison. La famille française est peut-être à mi-chemin entre la famille anglo-saxonne et la famille méditerranéenne. On crie moins fort qu'en Italie mais on s'embrasse plus qu'en Angleterre (quoique jamais sur la bouche). On cache moins ses sentiments qu'en Amérique, mais on sait moins bien que les Italiens prendre ses grands enfants dans ses bras.

A cause des liens très intimes entre parents et enfants, on adopte moins facilement et moins vite un étranger dans la famille. Les jeunes Français à qui l'on dit en Amérique : « ton père américain », « ta mère », « ta sœur », sont surpris et charmés ; mais ils auraient du mal à dire la même chose à un étudiant américain qu'ils connaissent depuis un mois. Car « je t'aime désormais comme ma sœur », cela voudrait trop dire.

Les liens étroits se tissent au cours de moments privilégiés de vie en commun, bien après la petite enfance. Il n'y a pas un modèle unique de famille française mais des familles rurales, citadines, ouvrières, aristocratiques, ouvertes aux autres ou repliées sur elles-mêmes. Mais en général, les repas sont pris en commun ; plus important encore, les week-ends et les vacances, de nombreuses formes de loisirs sont partagés. Bien des parents initient leurs enfants à leurs sports préférés et sont ensuite distancés par leur « petite fille » ou leur « petit garçon ». Le phénomène de la « résidence secondaire » ou de la maison de campagne contribue aussi à ce rapprochement entre les générations, les grands-parents étant souvent ceux qui invitent.

Vous aurez gagné lorsque vous serez entrés dans une famille française et qu'on vous oubliera ; lorsque vos hôtes se laisseront observer tels qu'ils sont, avec tous leurs défauts, dont ils ont conscience, mais qui les rendent tellement plus intéressants, plus savoureux. Vous assisterez ainsi à des discussions passionnées, orageuses, sur la politique, la religion peut-être, et vous aurez l'impression que personne n'est d'accord sur rien. Pourtant, les familles transmettent encore de génération en génération des valeurs, une sensibilité politique, sociale, artistique, ou religieuse, mieux que n'importe quel autre cadre de vie. C'est par le biais des jeunes qui auront envie de vous emmener chez eux que vous entrerez chez les Français. N'hésitez-pas à le demander, à dire que cela vous intéresserait, car c'est souvent par timidité et peur de ne pas être « à la hauteur » que les Français n'invitent pas chez eux. Vous vous direz peut-être : « Mais c'est comme chez moi ! » Cela vaut pourtant la peine de tout faire pour entrer et revenir de nombreuses fois. Il n'y a pas de meilleur endroit pour tisser des liens d'amitié qui peuvent durer une vie entière.

Etude de mots

a fait son temps   est passé

la **natalité**   le taux de naissance

ne pas la perdre   la = la jeune mère

par le biais   par un moyen indirect

tisser   fabriquer un tissu en entrelaçant des fils de coton, de laine, etc.

QUESTIONS

1. Etes-vous d'accord sur l'idée que les enfants puissent tirer profit des conflits au sein de la famille ?
2. Pourquoi les naissances illégitimes sont-elles assez bien vécues dans la société française d'aujourd'hui ?
3. Comment est-ce que les Français réagissent à l'expression américaine, « mon frère » français, « ma mère » française ?
4. Vous n'êtes pas invité(e) à prendre un repas dans une famille française. Enumérez quelques-unes des raisons possibles.
5. Vous aimeriez être invité(e) dans une famille. Quoi dire, pour agir très discrètement sur le conseil de Mme Imberton-Hunt ?

*Etudiez les verbes **écrire**, **naître** et **mourir**, p. C91, et faites l'Exercice C.*
*Etudiez Le pronom + **de** + adjectif, p. C92.*
Etudiez Les pronoms relatifs, p. C92, et faites les Exercices D et E. Faites l'Exercice facultatif sur les pronoms relatifs.
*Etudiez **faire** causatif et **laisser** + infinitif, p. C94, et faites les Exercices F et G.*

L'ORGANISATION DE L'ESPACE

La façon correcte d'organiser l'espace semble évidente à chacun, selon la culture dans laquelle il a été élevé. Et puisque la façon « correcte » n'est pas la même, des conflits surgissent inévitablement quand l'habitant et l'étranger doivent partager un même espace. Voici donc une occasion de prévoir le choc culturel, pour y substituer le plaisir de comprendre l'autre personne.

La conception française de l'espace est une des particularités qui donnent à cette culture une saveur distincte. Montesquieu avait raison d'en chercher la cause tout d'abord dans l'environnement : les dimensions limitées de l'espace habité constituent la plus permanente des influences formatrices. A cette première influence, deux autres viennent s'ajouter : l'esprit centralisateur, et le besoin d'organiser les choses et les idées en compartiments préconçus.

Les maisons enfermées dans leur jardin illustrent l'habitude du compartimentage.

Des dimensions à l'échelle humaine

Les villes et villages de France enseignent l'habitude des espaces étroits. A leur origine on voulait des distances que l'on puisse couvrir à pied ; de plus, il fallait fortifier les villes. Aujourd'hui dans leurs rues étroites les conducteurs d'autos, les gens à bicyclette ou en moto ont l'habitude de se contenter de quelques centimètres entre leurs véhicules. La plupart des maisons, pareillement, ne disposent que de peu de place. Dans les pièces, dans les couloirs, il est prudent de marcher avec les bras serrés près du corps, comme font les Français. A la campagne il y a plus de place, mais il a fallu penser à chauffer les bâtiments pendant l'hiver, et la grande majorité de la population a été pauvre jusqu'à la période de prospérité qui suivit la deuxième guerre mondiale. On peut imaginer l'effet exotique, dans un cinéma français, d'un « western » américain avec son village ouvert au milieu d'une plaine qui s'étend à perte de vue.

Les Français aiment contempler par moments ces paysages exotiques, mais pour eux ils préfèrent leur monde à échelle humaine, un monde dont on se sent maître. De là, le prestige chez eux de l'adjectif *petit*. Quand on leur demande s'ils voudraient vivre à l'étranger, la grande majorité répond, « A condition de pouvoir y vivre à la française ». On aime les repas familiers, à l'heure française, la conversation — et l'horizon pas trop loin.

Une des différences interculturelles se trouve dans la distance entre deux personnes en conversation. C'est l'aspect de la communication non-verbale que l'anthropologue Edward T. Hall a nommé *proxemics*, la proxémique. Les différentes distances habituelles produisent souvent une irritation dont on ne soupçonne pas la cause. Les Français se tiennent plus près que les anglophones et même que les Allemands, mais moins près que les Espagnols. La poignée de main établit la distance que gardent les Français pour converser ; les anglophones reculent après avoir retiré leur main. L'important est qu'à chacun, sa distance habituelle semble correcte : plus près, on lui paraît agressif, plus loin, on paraît distant et froid.

Comme la proxémique, le contact de l'œil a son effet sur la satisfaction ou l'insatisfaction que l'on éprouve en conversant. Le Français cherche l'œil de son interlocuteur en prononçant la dernière syllabe d'un groupe de souffle, parce que la tension de la phrase française ne cesse de monter, jusqu'à cette syllabe finale. L'anglophone, accoutumé à faire ce mouvement de l'œil à la dernière syllabe *accentuée*, semble au Français avoir détourné l'œil à l'instant critique ! Dans un groupe, le Français regarde chacun de ses interlocuteurs tour à tour.

L'habitude mentale de la centralisation

La tendance à organiser l'espace autour d'un centre ne se manifeste pas seulement en ce qui concerne les chemins de fer, les routes, et les voies aériennes qui partent de Paris comme les rayons d'une étoile. Le gouvernement et le secteur privé sont centralisés de la même façon. Edward Hall a fait observer dans *Le langage silencieux* que les Français tendent à organiser un bureau administratif avec le chef au centre du groupe d'employés qu'il dirige.

Le modèle du rayonnement à partir d'un centre reste très fort dans la mentalité française malgré les mesures prises sous Mitterrand en faveur de la décentralisation. Chez les conservateurs — par exemple, une jeune Française demandait, « Si Paris n'est pas le centre, alors quel *est* le centre ? » — ce modèle veut dire un mouvement à sens unique qui va vers les administrés ou vers l'étranger. Dans les esprits plus modernes, le sens unique cède au modèle cybernétique, où le feedback venant du « terrain » est employé pour corriger l'action au centre. Il faut que l'étranger s'attende à rencontrer cette habitude de centralisation, et à avoir affaire éventuellement à l'ancienne corollaire de cette habitude, le chauvinisme.

La maison et l'habitude des catégories mentales

La maison ou l'appartement typique montre bien la façon française de compartimenter l'espace. La même habitude mentale s'applique aux idées : c'est un aspect
intéressant de l'intellectualité qui retiendra notre attention dans le Chapitre
Onze.

La sécurité, quand même !

La maison (« le pavillon », dans le langage de la région parisienne) est entourée
d'un mur. Arrivé devant ce mur, on sonne à la grille, qui est fermée à clé, pour
demander à entrer. On traverse le jardin, et la porte de la maison a, elle aussi, une
serrure. Dans le cas d'un appartement, la porte de l'immeuble remplace la grille
comme première barrière. Dans les deux cas, les fenêtres ont des rideaux et des
volets de métal ou de bois, fermés solidement chaque soir avant la nuit. L'espace
privé est ainsi nettement distingué de l'espace public. Quand on a essayé dans
des immeubles nouveaux d'introduire, après l'entrée, une grande pièce ensoleillée
avec des fauteuils, des canapés, des plantes, les habitants s'y sont trouvés mal à
l'aise. Cet espace ambigu n'était ni public ni privé.

Dans la maison, un compartimentage tout aussi net. La grande bourgeoisie
réserve un salon au décor impersonnel pour les rares visiteurs. La salle de séjour
et la salle à manger sont pour la famille et les amis. Il y a eu des cas où une jeune
fille au pair n'était pas à tout moment la bienvenue dans la salle de séjour, n'étant
ni de la famille, ni amie. La télévision dans la salle à manger montre que c'est là le
centre de la vie familiale. C'est à table, en fait, que se réunit la famille, riche ou
pauvre.

C'est dans les chambres que l'on trouve ce qu'il faut pour lire, écrire, faire les
devoirs scolaires. Les chambres sont le domaine des individus. Même les autres
membres de la famille frappent avant d'y entrer. Pour bien séparer les chambres
on consacre une partie de l'espace disponible à des corridors.

La cuisine est un espace fermé. L'étranger admis dans l'espace familial n'est
pas autorisé du même coup à y entrer. Les toilettes et la salle de bain restent des
pièces séparées, mais le lavabo et le bidet se trouvent dans la même pièce que la
baignoire. On garde toujours fermées les portes de ces pièces.

Cette maison traditionnelle s'ouvre, dans la nouvelle génération, comme on le
verra en lisant l'essai d'Alain de Vulpian dans les deux derniers chapitres de ce
livre. Mais la plupart des Français que l'on rencontre ont été élevés dans ce cadre
physique traditionnel. Un invité français à l'étranger croira nécessaire de demander, en passant de sa chambre à l'espace familial, « Je peux entrer ? ». Et
l'invité dans une maison française fera bien de fermer derrière lui toutes ces
portes qui protègent contre un mélange considéré désagréable des catégories.

Parmi les trois grandes influences sur l'organisation française de l'espace,
deux — l'habitude mentale de centraliser, et celle de ranger dans des comparti-

ments préconçus — sont en train d'évoluer. La première, l'étroitesse de l'espace, ne changera pourtant pas. C'est une présupposition qui correspond à la réalité. On peut échapper à cette réalité par moments, en voyageant, en allant au cinéma, et à travers les autres médias, et on le fait. Mais les grandes villes et même les villages restent trop étroits pour leur population. Les habitants qui s'y trouvent serrés les uns contre les autres en ressentiront fatalement de l'irritation et, étant individualistes, ils éprouveront une envie pressante de protéger leur espace privé, physique ou psychique, contre toute personne qui n'a pas été invitée à y pénétrer.

Etude de mots

le **chauvinisme** ethnocentrisme. L'adjectif **chauvin** vient du nom d'un soldat naïvement patriotique du Premier Empire (1804–1814).

reculer ici, faire un pas en arrière

la **salle de séjour** *living room*

le **terrain** ici, *the field* : la population que l'on veut influencer

QUESTIONS

1. Cet essai va prétendre que dans la culture française trois forces influencent la conception de l'espace, nommément : . . .
2. L'individu se sent enfermé dans une bulle imaginaire d'espace privé. Pourquoi cette bulle complique-t-elle la communication interculturelle ?
3. Comment peut-on utiliser la poignée de main pour juger les dimensions de cette bulle pour la culture française ?
4. Comment est-ce que le style d'administration français correspond à la forme des voies de transports publics ?
5. Le modèle cybernétique se compose de trois temps : on pose des questions au « terrain », on analyse le feed-back et on recommence l'action. Qu'est-ce qui manque de cela dans une communication à sens unique ?
6. Expliquez comment la salle de séjour, les chambres, et la cuisine constituent des catégories différentes de l'espace pour un visiteur dans une maison ou un appartement français.
7. Expliquez pourquoi les quatre Français dans la situation suivante l'ont trouvée normale. Le conducteur d'une petite voiture invite à y monter un président d'université et trois professeurs, dont l'un est une femme. Le président, qui occupe peu de place, s'installe sur le siège avant, sans l'offrir à Madame le professeur X, qui en occupe beaucoup.

SCENES DE LA VIE FRANÇAISE

PRENEZ LE TRAIN ! Dans quinze jours, Pierre et Chantal partent en vacances. Pierre parle à l'employé du guichet à la Gare Montparnasse à Paris.

PIERRE   Deux aller-simples, deuxième classe, pour Toulon, s'il vous plaît.
L'EMPLOYE   C'est pour quand ?
PIERRE   Jeudi 28 juin. Est-ce qu'il y a un train qui part le matin ?
L'EMPLOYE   Un express part à 9 h 40 et arrive à Toulon à 18 h 07. Vous n'avez pas besoin de changer à Marseille.
PIERRE   Ah, on ne change pas à Marseille. Ça va, Chantal ?
CHANTAL   Il n'y a pas un train plus rapide ?

Le T.G.V. entre dans Lyon.

L'EMPLOYE	Si, vous avez un T.G.V. direct qui part d'ici à 10 h 23 et arrive à 15 h 50 à Toulon. Vous gagnez du temps. Et c'est le même prix.
CHANTAL	Prenons le T.G.V. Est-ce qu'il y a un wagon-restaurant ?
L'EMPLOYE	Non, Madame, il y a un mini-bar.
PIERRE	Bon. Avez-vous deux places non-fumeurs, en seconde ?
L'EMPLOYE	(*Il regarde l'ordinateur.*) Oui, j'ai deux places, deuxième classe, non-fumeurs.
PIERRE	Alors je voudrais deux réservations.
L'EMPLOYE	Préférez-vous les places près de la fenêtre, ou. . . ?
CHANTAL	Près de la fenêtre, s'il vous plaît.
L'EMPLOYE	Voilà, Monsieur. C'est 384 F par billet, plus onze francs de réservations, donc 779 F au total. Remarquez que le train part de la Gare de Lyon, pas d'ici.
PIERRE	Oui, merci, Monsieur.

Etude de mots

un **aller** (*ou* **billet**) **simple**   d'un endroit à l'autre (Cf. un **aller-retour**)

deuxième classe   Les billets de 2e classe coûtent moins chers que les billets de 1ère classe.

les **express**   trains qui ne s'arrêtent que dans les grandes gares

un **mini-bar**   certains plats et boissons à des prix raisonnables

l'**ordinateur**   *computer*

T.G.V.   Train à grande vitesse (*V* la p 324.)

le **wagon**   voiture de train

Ecoutez la bande 7-B.

Note sur la bande 7-B. Notez que quand Mme Huet veut faire lever le rideau sur la Scène de la vie française, elle s'amuse à imiter « les trois coups ». C'est une habitude des théâtres français. Quand Molière jouait dans un château, il n'y avait pas de rideau ; on frappait trois coups pour attirer l'attention de la salle.

Etudiez Les pronoms démonstratifs **ce**, **celui** *p. C96, et faites l'Exercice H.*
Révisez **C'est/Il est**, *p. C9, et faites l'Exercice facultatif, p. C97.*
Etudiez Comment éviter le subjonctif, p. C98, et faites l'Exercice I.

LE XVIIIe SIECLE : L'AGE DES LUMIERES PREPARE LA REVOLUTION

« Les Lumières » veut dire l'intelligence, et en même temps, le savoir, les connaissances acquises. Le XVIIIe siècle s'appelle aussi « l'âge de la Raison », parce que c'est l'époque où la pensée des philosophes a mis en question les idées reçues ainsi que les institutions sociales et politiques de l'Ancien Régime. La monarchie s'affaiblissait peu à peu sous les deux successeurs de Louis XIV. Pour beaucoup de Français les noms de Louis XV ou de Louis XVI évoquent surtout aujourd'hui les deux styles de meubles qui doivent leur nom à ces deux rois, mais qui doivent leur conception artistique, si merveilleusement cohérente et harmonieuse, aux artisans de la période.

Les styles Louis xv et Louis xvi.

Un siècle où la raison est déesse

Le XVIIIe est donc un siècle de mutation intellectuelle. Il a aussi un côté sentimental dont nous parlerons dans un moment. Chacun de ces deux aspects a fortement influencé notre mentalité aujourd'hui.

Du côté intellectuel, un exemple frappant des progrès du savoir est l'*Encyclopédie*, cette admirable synthèse des connaissances philosophiques, scientifiques et technologiques créée dans la seconde moitié du siècle par un homme de génie, Denis Diderot, avec le prestigieux physicien d'Alembert et beaucoup de collaborateurs. Diderot visitait lui-même les ateliers des artisans pour décrire leurs outils et leurs techniques.

Voltaire représente bien les idées-forces de son temps : la liberté et la tolérance, la justice et le progrès de la société. Au cours de sa longue vie (1694—1778) il s'est distingué dans plusieurs genres de littérature. Comme historien, il a été le premier à concevoir l'histoire globale d'une société. Commentateur sur son propre

Voltaire.

temps, il a été exilé plusieurs fois pour ses écrits satiriques. Romancier, il est connu surtout pour *Candide*. Dramaturge, il a fait réfléchir le public par des tragédies qui mettent en opposition des attitudes philosophiques. Voltaire se faisait des ennemis en critiquant des traditions, par exemple dans son *Dictionnaire philosophique*. Il était déiste, comme l'était aussi Thomas Jefferson ; ils croyaient en un Créateur mais ne s'attachaient à aucune église. Voltaire s'attirait encore des ennemis par sa satire. On n'oublie pas ses quatre petits vers sur Fréron, un critique littéraire qui lui était hostile :

> « *L'autre jour, au fond d'un vallon,*
> *Un serpent piqua Jean Fréron.*
> *Que pensez-vous qu'il arriva ?*
> *C'est le serpent qui en creva.* »

De l'idée de justice à l'esprit de compassion

Voltaire représente le côté sentimental aussi bien que l'intellectualité de son siècle. Il a montré son esprit humanitaire à la suite d'un terrible tremblement de terre qui a secoué le Portugal au milieu du siècle. Son long *Poème sur le désastre de Lisbonne* est une réflexion sur la tragédie des innocentes victimes, y compris des enfants trop jeunes pour avoir pu commettre des péchés, qui sont disparues dans les crevasses ouvertes et refermées sur elles. A la fin de sa vie, Voltaire s'est fait le champion de deux victimes de l'injustice sociale qu'il a rendues célèbres, intervenant comme journaliste pour faire réussir leurs procès qui semblaient perdus.

Une vague de sensibilité qui montera jusqu'à nous

Le premier signe d'une révolution sentimentale, peu après le début du siècle, est le « jardin anglais », un jardin sauvage, parfois avec une grotte mystérieuse : un style en pleine rébellion contre le style du XVIIe qui subordonnait la nature à l'ordre géométrique. Le jardin anglais a donc symbolisé la libération de la nature humaine. Le conflit entre celle-ci et la raison n'était pas nouveau. Pascal avait écrit au siècle précédent que « Le cœur a ses raisons que la raison ne connaît pas ». Mais le conflit s'aggrave au XVIIIe et jusqu'à nos jours.

Nous verrons qu'Alain de Vulpian, en étudiant scientifiquement les changements culturels des années 1980, trouve qu'en Europe le rationalisme cède devant les sentiments : « Les émotions éprouvées l'emportent sur les représentations claires et sur les idéologies. [. . .] L'affectivité publique pèse plus lourd que l'opinion publique. » La même tendance semble évidente aux Etats-Unis.

La grande vague de sensibilité surgie au XVIIIe siècle n'a pas manqué d'atteindre l'amour. Ce sont les amoureux qui font vivre les comédies de Marivaux, et les femmes y jouent avec les hommes à armes égales. Le mariage d'amour commence à se faire accepter, comme en Angleterre avec les romans de Richardson (*Pamela* date de 1741). Mais ce sont les peintres qui ont donné à la nouvelle sensibilité sa plus belle expression : d'abord Watteau, puis Greuze, Chardin, Boucher. . .

Le cœur, qui n'avait été pour Pascal que le symbole de l'organisme biologique opposé à la raison, devient l'organe palpitant qui soulèvera la poitrine des romantiques de 1830.

Jean-Jacques Rousseau.

Le penseur qui a le plus contribué à l'épanouissement de la sensibilité est Jean-Jacques Rousseau, plus jeune de 18 ans que son ennemi philosophique, Voltaire, mais mort dans la même année, onze ans avant la Révolution.

Rousseau, lui aussi, est un esprit brillant. Quand on le lit on s'émerveille de le trouver si original et à la fois, si raisonnable. Son *Discours sur l'origine de l'inégalité* vous persuadera, au moins pour un moment, que la nature humaine est fondamentalement bonne, et que c'est la société qui nous a corrompus. *Le Contrat Social* vous convaincra qu'une société juste est possible si seulement les individus qui la composent se consacrent, librement, à la réalisation de « la volonté générale », ce qui ne veut pas dire le désir immédiat du peuple mais son bien-être à long terme.

Mais là où Rousseau prédomine sur tous ses contemporains, c'est dans l'exaltation de la sensibilité. Dans son roman *La Nouvelle Héloïse* il s'attendrit sur l'amour frustré, malheureux, et sur la beauté de la nature ; dans ses *Confessions* et *Rêveries du promeneur solitaire* il savoure sa propre vie sentimentale. Son autre roman, l'*Emile*, a révolutionné pour toujours les idées sur l'éducation, en basant la théorie pédagogique sur la psychologie et l'empathie au lieu de traiter l'enfant comme un adulte délinquant. C'est là que le monde a découvert que « L'enfance a ses manières de voir, de penser, de sentir qui lui sont propres ». Ce livre a renforcé aussi la mutation de la famille. Des lectrices passionnées ont été persuadées par Rousseau de nourrir leur enfant elles-mêmes, au lieu de le confier à une nourrice. « La véritable nourrice est la mère », prêchait-il.

La vague montante de sensibilité, ainsi que la discussion de la justice sociale dans les livres, dans les salons et dans les nouveaux cafés fréquentés par les hommes, tout ce mouvement culturel a contribué, avec les causes économiques, politiques et personnelles, à faire tomber la monarchie. Le théâtre, vers la fin, a porté un coup mortel à l'Ancien Régime. Le *Mariage de Figaro* de Beaumarchais est de 1774, l'opéra de Mozart, de 1776. La Révolution américaine et la présence à Paris de Jefferson, John Adams et Franklin dans les années 1780 ont poussé la pensée française vers le dénouement de 1789.

Un historien donne des preuves de l'influence américaine. « Le succès de Franklin, ce qui fait de lui le héros des salons, c'est qu'il apparaît comme un philosophe qui unit l'esprit de Voltaire à la simplicité de Rousseau. [. . .] On s'attendrit sur la vie évangélique des Quakers, sur le bonheur paisible et laborieux des défricheurs des forêts vierges. Et cet enthousiasme, où se mêlent l'amour des idées et les élans du cœur, gagne bientôt la nation entière. Toute la jeune noblesse veut partir avec La Fayette combattre pour un peuple qui ignore la noblesse, qui proclame l'égalité et dont la constitution sera la condamnation de leurs privilèges. Les collégiens se passionnent pour la cause américaine. [. . .] Ni la bourgeoisie, ni le peuple ne les ignorent. [. . .] A Clermont-Ferrand on célèbre par des réjouissances publiques la Déclaration d'indépendance. Un paysan de Provence nommé Gargaz vient à Paris, à pied, pour se jeter aux pieds de Franklin. Et l'une des premières sociétés où s'agitèrent les idées révolutionnaires est la Société des amis des noirs, qui s'inspire des doctrines des Quakers. »[1]

En fait, l'esclavage a été aboli définitivement en France en 1848 ; une première loi, votée en 1794, n'avait pas survécu aux détours de la Révolution.

Les Droits de l'homme. . . et de la femme

Le souci de la justice a produit en 1789 un document célèbre, la *Déclaration des droits de l'homme et du citoyen*, qui nous touche aujourd'hui parce qu'elle a inspiré la *Déclaration universelle des droits de l'homme* (en anglais, *of human rights*), adoptée en 1948 par l'ONU sur la proposition du Comité présidé par Eleanor Roosevelt.

Tout aussi remarquable est une *Déclaration des droits de la femme et de la citoyenne* rédigée par Olympe de Gouges, femme de lettres et une des patriotes guillotinées pendant la Révolution. Voici deux articles de cette Déclaration, préservée à la Bibliothèque Marguerite Durand (qui porte le nom de l'actrice féministe du début du XXe siècle) dans la mairie du Ve arrondissement de Paris.

Article I

La femme naît libre et demeure égale à l'homme en droits. Les distinctions sociales ne peuvent être fondées que sur l'utilité commune.

Article VI

La loi doit être l'expression de la volonté générale : toutes les citoyennes et citoyens doivent concourir personnellement ou par leurs représentants à sa formation ; elle doit être la même pour tous ; toutes les citoyennes et citoyens étant

---

[1]Daniel Mornet, *La pensée française au XVIIIe siècle* (1936 ; 1973 p. 207). Avec l'aimable autorisation d'Armand Colin, Editeur.

égaux à ses yeux doivent être également admissibles à toutes dignités, places et emplois publics, selon leurs capacités, et sans autres distinctions que celles de leurs vertus et de leurs talents. [. . .]

Etude de mots

l'**affectivité** l'attitude émotionnelle

s'attendrir s'émouvoir, éprouver de l'émotion (Cf. l'adjectif **tendre**)

crever *to burst* ; ici, « *to croak* », mourir

un(e) **défricheur(euse)** *du v* **défricher** transformer une forêt en champs

l'**esprit** (de Voltaire et de Franklin) ici, *wit*

les **idées reçues** les présuppositions généralement acceptées

les **Lumières** *the Enlightenment*

les **meubles** *m* (la propriété mobile) chaises, tables, etc. Cf. un **immeuble** (propriété immobile) un bâtiment

l'**ONU** Organisation des Nations Unies

la **poitrine** le thorax

les **représentations claires** Ici il s'agit de voir (se représenter) les choses avec clarté.

une **vague** masse d'eau qui se soulève

QUESTIONS

1. Comment Diderot et Voltaire servent-ils d'exemples du côté intellectuel du XVIIIe siècle ?
2. Comment est-ce que Voltaire appartient au côté sentimental de son siècle ?
3. Contrastez ce qui est symbolisé par (*a*) le jardin classique et (*b*) le « jardin anglais ».
4. Selon votre expérience, Alain de Vulpian a-t-il raison de dire qu'aujourd'hui les émotions du public l'emportent sur l'effort de voir clair ?
5. Que signifiait « le cœur » dans la phrase célèbre de Pascal ? Et deux cents ans après ?
6. Comment peut-on soutenir que Rousseau est un esprit brillant ?
7. Comment Rousseau a-t-il influencé l'évolution des sentiments ?
8. Expliquez l'accueil que Benjamin Franklin a rencontré à Paris.
9. Trouvez une idée qu'Olympe de Gouges a empruntée à Rousseau.
10. Est-ce que les articles cités de sa Déclaration revendiquent le vote pour les femmes (un droit que les femmes n'ont acquis en France qu'en 1945) ?

SCENES DE LA VIE FRANÇAISE

A LA GARE. Deux jeunes étrangers, Florence et Paul, prennent le train à la Gare d'Austerlitz (Paris) pour Bordeaux-Saint-Jean.

PAUL   Regardons d'abord le tableau des départs pour savoir le numéro de la voie.

FLORENCE   Il n'y a pas de porteurs pour les bagages ?

PAUL   Penses-tu ! Il n'y en a presque plus dans les gares. Il y a des chariots. Reste là avec les valises. J'essaierai d'en trouver un. (*Après quelques minutes, Paul revient avec un chariot.*) Ça y est !

FLORENCE	Chouette ! Voilà le tableau des départs. C'est la voie 9.
PAUL	Il faut composter les billets avant d'aller sur le quai.
FLORENCE	Il y a des petites machines oranges partout. C'est vite fait.
PAUL	Est-ce que tu veux acheter des sandwiches et une bouteille d'eau minérale ou un jus de fruit ? Nous avons le temps.
FLORENCE	Oui. J'ai aussi des fruits et du chocolat dans mon sac à dos. Il paraît qu'il n'y a pas d'eau potable dans les trains.
PAUL	Pour moi, un sandwich au jambon. Et toi ?
FLORENCE	Au fromage, s'il te plaît. (*Paul revient avec les provisions.*)
PAUL	Maintenant trouvons notre train sur la voie 9. (*Ils compostent les billets et entrent sur le quai.*) Le train est là. C'est bien d'être en avance. Tu sais que les trains français partent et arrivent à l'heure exacte. Certains sont les plus rapides du monde, avec les trains japonais.
FLORENCE	Les T.G.V. sont super ! Mais il y a beaucoup de voitures. Nous sommes dans la voiture 18.
PAUL	Regardons le tableau de composition des trains. Voyons. . . La voiture 18 est ici, tu vois ? Elle est à peu près au centre. Allons-y.
FLORENCE	Nous avons des places près de la fenêtre ; on verra de beaux paysages.
PAUL	J'ai apporté le *Guide Michelin* vert, alors nous pouvons décider de ce que nous allons voir à Bordeaux et dans les environs.

Etude de mots

Bordeaux-Saint-Jean   Saint-Jean est la gare principale à Bordeaux.

Chouette ! *adj fam*   Super !

composter   insérer un billet dans une machine qui y marque la date du départ et le nom de la gare

un **porteur**   Ceux qui portent les bagages se trouvent plus souvent dans les aéroports, mais sont petit à petit remplacés par les chariots.

potable *adj*   qu'on peut boire. L'eau des lavabos dans les trains n'est pas potable.

la **voie**   les deux rails parallèles sur lesquels roule le train

MONTESQUIEU ET *L'ESPRIT DES LOIS*

Que choisir comme introduction à une littérature si abondante et si variée ? Chacun des grands écrivains sera fascinant à connaître. Parmi eux, Montesquieu a l'avantage d'illustrer succinctement dans un seul ouvrage de 1748, *L'Esprit des lois*, le côté intellectuel et le côté sentimental de ses contemporains. De plus, ce classique nous touche aujourd'hui par ses idées qui ont été incorporées, après les Révolutions américaine et française, dans nos constitutions démocratiques.

La recherche des lois de la nature

Montesquieu était très impressionné par la découverte de lois générales en science physique, comme la loi de la gravité. Juriste, il a voulu chercher de telles lois en science politique. Ainsi, il est un chercheur en quête de nouvelles connaissances, un de ces chercheurs confiants dans le progrès de la société.

Dans la préface de *L'Esprit des lois* il explique son effort pour découvrir des principes universels dans les cas particuliers de tous les âges historiques.

« J'ai posé les principes, et j'ai vu les cas particuliers s'y plier comme d'eux-mêmes, les histoires de toutes les nations n'en être que les suites, et chaque loi particulière liée avec une autre loi, ou dépendre d'une autre plus générale. »

Montesquieu.

En cherchant de nouvelles lois naturelles, Montesquieu illustre la volonté contemporaine de se libérer des idées reçues, traditionnelles : « Je n'ai point tiré mes principes de mes préjugés, mais de la nature des choses. » Ainsi il se rallie au « retour à la nature » cher à Rousseau.

Dans ce livre Montesquieu examine les types de gouvernement qui ont existé et il décrit les avantages, les désavantages, les maladies auxquelles chacun est sujet : l'aristocratie, la monarchie (sous laquelle il ne se plaignait pas de vivre), le despotisme, la démocratie. Cette dernière a l'avantage d'une justice qui est égale pour tous, mais elle est difficile à maintenir parce qu'elle exige de tous une certaine vertu, la soumission de l'intérêt égoïste à l'intérêt collectif.

« Il ne faut pas beaucoup de probité pour qu'un gouvernement monarchique ou un gouvernement despotique se maintiennent ou se soutiennent. La force des lois dans l'un, le bras du prince toujours levé dans l'autre, règlent ou contiennent tout. Mais dans un Etat populaire, il faut un ressort de plus, qui est la *Vertu*.

« Ce que je dis est confirmé par le corps entier de l'histoire, et est très conforme à la nature des choses. Car il est clair que, dans une monarchie, où celui qui fait exécuter les lois se juge au-dessus des lois, on a besoin de moins de vertu que dans un gouvernement populaire, où celui qui fait exécuter les lois sent qu'il y est soumis lui-même et qu'il en portera le poids.

« Il est clair encore que le monarque qui, par mauvais conseil ou par négligence, cesse de faire exécuter les lois, peut aisément réparer le mal : il n'a qu'à changer de conseil, ou se corriger de cette négligence même. Mais lorsque, dans un gouvernement populaire, les lois ont cessé d'être exécutées, comme cela ne peut venir que de la corruption de la république, l'Etat est déjà perdu. »

Donc, la maladie qui menace la démocratie est le déclin de la vertu : c'est-à-dire, de la volonté d'exécuter les lois qui avaient assuré la justice égalitaire.

« Lorsque cette vertu cesse, l'ambition entre dans les cœurs qui peuvent la recevoir, et l'avarice entre dans tous. Les désirs changent d'objets : ce qu'on aimait, on ne l'aime plus ; on était libre avec les lois, on veut être libre contre elles. . . »

On peut donc perdre la liberté parce que l'on cesse de l'apprécier. Mais il y a aussi un danger contraire qui, lui aussi, menace cette forme fragile de gouvernement. « Le principe de la démocratie se corrompt, non seulement lorsqu'on perd l'esprit d'égalité, mais encore quand on prend l'esprit d'égalité extrême, et que chacun veut être égal à ceux qu'il choisit pour lui commander. Pour lors le peuple, ne pouvant souffrir le pouvoir même qu'il confie, veut tout faire par lui-même, délibérer pour le sénat, exécuter pour les magistrats, et dépouiller tous les juges. »

L'expérience historique à partir de laquelle Montesquieu distille ses conclusions s'étend de son propre temps à l'antiquité grecque. Cent ans avant 1748, l'Angleterre des années 1650 s'était montrée incapable de démocratie sous Oliver Cromwell. Rome avait subi un échec semblable sous Sulla un siècle avant Jésus-Christ. Mais les cités antiques de la Grèce avaient eu la vertu nécessaire. L'admiration de Montesquieu historien pour ces petites républiques du face-à-face a fortement influencé les « pères fondateurs » des Etats-Unis : un type de fédération des cités-Etats grecques, appelée une « ligue amphictyonique », revient constamment dans les débats en Amérique sur la future constitution fédérale.

La séparation des trois pouvoirs

Montesquieu a tiré de son étude de la constitution d'Angleterre le principe de séparer les pouvoirs appelés aujourd'hui législatif, exécutif et judiciaire. Il a avancé l'idée que l'équilibre de ces trois pouvoirs offrait la meilleure garantie de la liberté politique. Il a convaincu les pères fondateurs américains, comme on sait, de séparer radicalement les trois pouvoirs dans leur constitution. C'était relativement facile dans une nation nouvelle. Montesquieu est allé jusqu'à esquisser une constitution pour la France, mais dans ce vieux pays le principe de la séparation a toujours été tempéré par les vieilles habitudes formées sous une monarchie centralisée et paternaliste.

Le cœur s'impose

Deux des trente et un chapitres de *L'Esprit des lois* sont consacrés au problème de l'esclavage. Montesquieu se demandait si c'était un phénomène naturel produit par certaines conditions de l'environnement, comme il lui semblait être le cas de la polygamie et de la polyandrie. Ses recherches l'ont amené à deux conclusions. La première, que si la servitude est naturelle à certains pays elle est inutile en Europe. Il termine ce chapitre :

« Je ne sais si c'est l'esprit ou le cœur qui me dicte cet article-ci. Il n'y a peut-être pas de climat sur la terre où l'on ne pût engager au travail des hommes libres. Parce que les lois étaient mal faites, on a trouvé des hommes paresseux ; parce que ces hommes étaient paresseux, on les a mis dans l'esclavage. »

L'autre conclusion s'exprime dans une satire mordante où le cœur s'indigne contre les arguments ridicules avancés pour défendre l'esclavage.

« Si j'avais à soutenir le droit que nous avons eu de rendre les nègres esclaves, voici ce que je dirais :

« Les peuples d'Europe ayant exterminé ceux de l'Amérique, ils ont dû mettre en esclavage ceux de l'Afrique, pour s'en servir à défricher tant de terres.

« Le sucre serait trop cher, si l'on ne faisait travailler la plante qui le produit par des esclaves.

« Ceux dont il s'agit sont noirs depuis les pieds jusqu'à la tête ; et ils ont le nez si écrasé, qu'il est presque impossible de les plaindre.

« On ne peut se mettre dans l'esprit que Dieu, qui est un être très sage, ait mis une âme, surtout une âme bonne, dans un corps tout noir.

« Il est si naturel de penser que c'est la couleur qui constitue l'essence de l'humanité. [. . .]

« [. . .] la couleur des cheveux, [. . .] chez les Egyptiens, les meilleurs philosophes du monde, était d'une si grande conséquence, qu'ils faisaient mourir tous les hommes roux qui leur tombaient entre les mains.

« Une preuve que les nègres n'ont pas le sens commun, c'est qu'ils font plus de cas d'un collier de verre que de l'or, qui, chez des nations policées, est d'une si grande conséquence.

« Il est impossible que nous supposions que ces gens-là soient des hommes, parce que, si nous les supposions des hommes, on commencerait à croire que nous ne sommes pas nous-mêmes chrétiens.

 « De petits esprits exagèrent trop l'injustice que l'on fait aux Africains : car, si elle était telle qu'ils le disent, ne serait-il pas venu dans la tête des princes d'Europe, qui font entre eux tant de conventions inutiles, d'en faire une générale en faveur de la miséricorde et de la pitié ? »

Notez que Montesquieu ose satiriser les rois contemporains en disant que, si l'injustice faite était si grande, l'idée serait sûrement venue à nos rois d'adopter un accord à ce sujet — un accord plus utile que ceux dont ils s'occupent.

Montesquieu, comme Voltaire, Rousseau et leurs contemporains, joint à la passion de la découverte intellectuelle une valeur du côté du sentiment : la sensibilité, et surtout la compassion.

Etude de mots

dépouiller ici, priver (*deprive*) de leur pouvoir

écrasé *adj* plat, pas long (*du v* **écraser** *to crush*)

esquisser faire une esquisse, un dessin préliminaire

le **face-à-face** le débat dans la « démocratie directe »

faire (grand) cas de attribuer une grande valeur à

Il ne faut pas au XVIIIᵉ siècle = Il n'est pas nécessaire

les **nations policées** civilisées — parce qu'elles font grand cas de l'or !

n'en être que les suites J'ai vu les histoires. . . être les conséquences des principes.

se plier (à un principe) s'y conformer, l'illustrer (*adj* **pliable**)

porter le poids des lois être obligé d'obéir aux lois

Pour lors *adv* Alors, Dans ce cas

quand . . . et que *conjs* Au lieu de répéter une conjonction, on la remplace normalement par **que**.

roux (rousse) *adj* couleur de brique (et des cheveux)

QUESTIONS

1. Montesquieu parle des forces sociales dans les termes des sciences physiques : il les appelle des « ressorts », *springs* (en métal). Pourquoi cette analogie ?
2. La démocratie est différente des autres types de gouvernement : pourquoi la monarchie ou le despotisme n'ont-ils pas besoin de ce « ressort de plus », la vertu civique ?
3. Qu'est-ce qui arrive à une démocratie « lorsque cette vertu cesse » ?
4. Montesquieu prétend que « le corps entier de l'histoire » confirme les principes qu'il pose. Il parle des siècles à partir des cités grecques du Vᵉ siècle av. J.-C. Que dirait un anthropologue de cette perspective ?
5. Pourquoi est-ce que les relations entre ces cités grecques ont intéressé les « pères fondateurs » des Etats-Unis ?

6. Quelles sont les deux conclusions de Montesquieu au sujet de l'esclavage ?
7. Une coutume bizarre attribuée aux anciens Egyptiens sert d'exemple d'un principe général. Quel est ce principe ?
8. Expliquez le dernier des arguments ironiques par lesquels Montesquieu « défendrait » l'esclavage.

LA PROVINCE (IV) : LE CENTRE ET LE SUD-EST

Les montagnes du centre de la France, datant de l'ère hercynienne, sont rabotées et ne dépassent jamais 2 000 mètres. Elles dessinent un grand V : la barre orientale comprend les Ardennes, les Vosges et les collines de Bourgogne ; à l'ouest, le Massif Central forme l'autre barre du V. On a souvent comparé ces montagnes du centre à un château d'eau, car de nombreuses rivières y ont leur source. La partie occidentale est encore difficilement pénétrable à cause de sa géographie.

C'est une région sobre, assez peu peuplée (15 habitants au km² dans le Massif Central), appelée du temps des Romains « la Gaule chevelue » à cause des forêts qui la couvraient. Encore aujourd'hui, si la France est le pays le plus boisé d'Europe occidentale, c'est au centre et à l'est qu'elle le doit. On y retrouve le même schéma en plusieurs endroits : un tissu essentiellement rural et agricole où des villes petites ou moyennes se consacrent soit à un artisanat d'art hautement qualifié, soit à une industrie lourde aux mains d'une société commerciale unique et toute-puissante. Les habitants du centre et de l'est de la France font aussi bien du fromage et du vin que de la porcelaine et de la dentelle, ou des pneus Michelin et des automobiles Peugeot. Le milieu influence le tempérament des habitants : calmes, économes (ils ne sont pas riches), et persévérants.

C'est dans cette région que les tribus gauloises, d'origine celte, ont résisté à l'envahisseur romain et particulièrement à Jules César. Plus que la force des armées romaines, les caractéristiques gauloises de ces tribus hautement civilisées causèrent leur perte. Elles se querellaient entre elles, ne pouvaient se décider sur le choix d'un chef. Si vous vous intéressez à la vie politique en France, vous verrez que les choses n'ont pas beaucoup changé !

Si vous vous trouvez un jour sur l'autoroute A37, entre Beaune et Dijon, arrêtez-vous à « l'archéodrome », un musée de plein air où vous verrez une reconstitution, grandeur nature, d'une partie des fortifications construites par César et ses 80 000 soldats pour obliger le chef gaulois Vercingétorix à se rendre, en empêchant les renforts d'arriver. Tous les enfants français connaissent le nom de Vercingétorix et celui de la bataille qui a marqué la victoire complète de Rome sur les Gaulois : Alésia. Aujourd'hui, Alésia est devenu le village d'Alise-Sainte-Reine, en Côte-d'Or.

Une région à part : La Bourgogne

Restons en Côte-d'Or, c'est-à-dire en Bourgogne, l'une des régions les plus attrayantes de toute la France. Sur les pentes des collines de Bourgogne s'étendent les fameux vignobles. Le mot « côte » désigne précisément ces collines. C'est presque une surprise de voir que les noms des crus réputés sont d'abord des noms de villages. Meursault, Pommard, Volnay, Vosne-Romanée ne sont pas seulement des noms sur des étiquettes de bouteilles apportées par un sommelier qui se prend au sérieux ; vous les verrez sur les panneaux au bord des routes. Dans un de ces villages, Aloxe-Corton, l'Empereur Charlemagne avait fait planter des vignes. Pas étonnant que les Bourguignons soient fiers de leurs traditions millénaires.

La conquête romaine a joué un rôle déterminant dans la naissance de cette tradition. Les légionnaires venus des régions viticoles de l'Italie apportèrent à la Bourgogne leur expérience de la culture de la vigne et de la production du vin. Beaucoup plus tard, au Xe siècle, la viticulture a fait de nouveaux progrès sous l'influence de deux ordres monastiques, les Bénédictins et les Cisterciens. Les recherches faites par l'Abbaye de Cluny, et plus tard par l'Abbaye de Cîteaux, ont amené aux méthodes de culture de la vigne et de production du vin dont on se sert aujourd'hui. L'influence spirituelle et matérielle de ces deux abbayes était immense. Leur pouvoir a été un facteur important de l'amélioration des vins de Bourgogne et de leur renommée.

La Révolution a démocratisé les vignobles. La vente des terres de la noblesse et du clergé a divisé les immenses domaines. Depuis, par le jeu des héritages, les propriétés sont devenues encore plus fragmentées. D'où l'importance des négociants en vin qui s'occupent du vieillissement, de la mise en bouteilles, et de la commercialisation pour les propriétaires qui ne veulent pas le faire eux-mêmes. La réputation du négociant est donc importante quand on achète un grand Bourgogne. Pourtant, grâce à l'augmentation de la valeur de leurs vins, de plus en plus

Les Hospices de Beaune.

de domaines mettent en bouteille leur production sur place. L'étiquette indique ce fait avec des phrases comme : « mis en bouteille au domaine ».

On ne peut parler de la Bourgogne sans mentionner la ville de Beaune et ses Hospices. Que vous vous intéressiez aux vins, à l'art ou à l'histoire, Beaune vous enchantera. Les Hospices sont en réalité un hôpital fondé en 1443 par le chancelier du Duc de Bourgogne et son épouse, née à Beaune. Appelé l'Hôtel-Dieu, il a été voulu par ses fondateurs comme un centre de soins pour les plus déshérités. Les Hospices de Beaune continuent à soigner gratuitement les pauvres parce que, au cours des siècles, ils ont accumulé, en plus des propriétés léguées par les fondateurs, les dons en vignobles de riches propriétaires. Les vins des Hospices sont vendus aux enchères chaque année, le troisième dimanche de novembre. L'argent de cette vente est utilisé pour le fonctionnement de l'hôpital et l'entretien des bâtiments du XVe siècle, une merveille d'architecture gothique flamande.

Le Bourbonnais

Au sud de la Bourgogne, le Bourbonnais (qui doit son nom à la petite ville de Bourbon-l'Archambault, berceau des rois de France) est une plaine peu fertile qui vit surtout de la forêt et de l'élevage. Vous y verrez les bœufs charolais réputés pour leur viande, et depuis longtemps acclimatés aux *prairies* du Middle-West.

L'Ouest du Massif Central : Creuse, Haute-Vienne

Continuons dans le sens inverse des aiguilles d'une montre, vers le sud-ouest. Dans le département suivant, vous allez reconnaître un nom au moins : Aubusson. Cette petite ville est la patrie des tapisseries fabriquées à la Manufacture des Tapis. Aubusson est le siège d'une Ecole Nationale des Arts Décoratifs.

A l'ouest du département de la Creuse, la capitale de la Haute-Vienne, Limoges, vous fait penser immédiatement aux porcelaines, celles que l'on trouve aussi bien sur les tables des princes que dans les rayons de luxe des grands magasins. Parmi les nombreuses manufactures rivales (on peut les visiter), un nom, Haviland, surprend par sa consonance anglo-saxonne. Rien d'étonnant pourtant : le fondateur de cette société était américain.

Les Alpes

A l'est de la vallée du Rhône, et de Nice au Jura, les Alpes dressent une magnifique frontière naturelle qui sépare la France de l'Italie et de la Suisse. Elles forment l'un des six côtés de l'hexagone. Elles occupent les départements de Savoie et de Haute-Savoie, ainsi qu'une partie du département de l'Isère. Notez en passant que l'adjectif « haute » est une indication concernant la latitude : la Haute-Savoie est au nord de la Savoie.

C'est, après la Côte d'Azur, la région la plus touristique de France. La Savoie était autrefois un duché. L'ancienne capitale des ducs de Savoie, Chambéry, est maintenant la plus grande ville des Alpes françaises. Depuis 1364, cependant, le Dauphiné, qui correspond à peu près à l'actuel département de l'Isère, a été le domaine des fils aînés des rois de France et on a appelé le futur roi « le Dauphin ». Grenoble est la capitale du Dauphiné.

Les autres villes des Alpes françaises sont Annecy avec son lac ravissant, Aix-les-Bains, et enfin Chamonix, au pied du Mont-Blanc, point de départ de « courses » ou escalades célèbres. Là vous pouvez, au « Bureau des Guides », retenir un de ces « premiers de cordée » au pied sûr et aux yeux perçants, capables de vous entraîner en haut des sommets les plus hauts et des pics les plus verticaux.

Aujourd'hui, un tunnel routier moderne relie la France à l'Italie, sous le Mont-Blanc. Et plus qu'une région d'histoire, les Alpes sont une région active et industrielle : barrages hydro-électriques, industrie laitière (deux de ses fromages sont le reblochon et le beaufort), fabrication de skis (Rossignol, . . .) et d'équipement sportif. Elles constituent un immense terrain de jeu et de sports, un réservoir de santé pour les citadins de nombreux pays, avec surtout des stations de ski merveilleusement équipées. Vous aimerez les petites routes, accrochées au flanc des montagnes, qui vous mèneront par des virages en épingle à cheveux, à travers des tunnels, sur des ponts étroits vers des stations de ski en grande altitude.

Le Sud : Corrèze, Cantal, Haute-Loire

Les départements du Sud du Massif Central sont parmi les plus défavorisés de France : climat rude, terre pauvre d'origine volcanique. L'industrie est liée aux forêts et à l'élevage : industrie alimentaire en particulier. Le centre de la France est comme un plateau de fromages et les noms de lieux sont devenus des noms de fromages : cantal, fourme d'Ambert, bleu d'Auvergne, Saint-Nectaire. . . A l'origine, ces fromages étaient tout simplement des recettes pour conserver le lait, principale richesse agricole de cette région. Le lait caillé était moulé dans des formes (d'où le mot « formage », déformé plus tard en « fromage »).

Pour aider l'économie précaire de ces régions à l'écart des grands axes routiers nationaux et internationaux, les autorités locales favorisent le « tourisme vert », c'est-à-dire qu'elles encouragent les citadins las des grandes villes à passer leurs vacances dans ces paisibles villages plutôt qu'à la mer ou à la montagne, ou à l'étranger. Vous entendrez des expressions comme « camping à la ferme », « fermes-auberges », « gîtes ruraux » (maisons à louer pour les vacances). Stages d'artisanat, vacances en roulotte ou à cheval, randonnées à pied ou à bicyclette sont parmi les moyens utilisés pour attirer les touristes.

Le chef-lieu de la Haute-Loire, le Puy, est une petite ville pittoresque, capitale française de la dentelle, spécialité de la ville depuis le XVe siècle.

Le Nord-Est : Puy-de-Dôme, Loire, Saône-et-Loire

On revient ensuite vers le nord à des départements moins isolés, surtout le Puy-de-Dôme, qui s'étend sur la majeure partie de l'ancienne province d'Auvergne. Le chef-lieu de ce département, Clermont-Ferrand, a une grande université et les usines Michelin. Les frères Michelin inventèrent le pneumatique démontable à la fin du XIXe siècle et leurs usines devinrent le type même de l'industrie régionale dominante et paternaliste du début du siècle. Encore maintenant, la santé de Michelin est d'importance vitale pour la santé économique de la ville.

En contournant la Bourgogne du sud vers le nord, nous trouvons une autre région industrielle textile et automobile. La porte de Bourgogne ou Trouée de Belfort est un seuil faisant communiquer la plaine alsacienne du Rhin et la plaine bourguignonne de la Saône. De plus en plus, l'électronique et l'électromécanique remplacent le textile. A quelques kilomètres de Belfort, la ville de Montbéliard vit pratiquement des activités des usines automobiles Peugeot.

Le Rhône et l'Ain

Ces dernières années, Lyon s'affirme de plus en plus comme une métropole d'équilibre, un pôle d'attraction distinct de Paris. Centres de recherche, organismes internationaux comme Interpol, sociétés multinationales s'y installent chaque année. Aujourd'hui, comme du temps des Romains, la géographie commande, et grâce à la vallée du Rhône, Lyon est accessible par trains rapides (T.G.V.), par l'autoroute la plus fréquentée de France (l'autoroute du Soleil), et par avion (aéroport de Satolas).

Grâce aux départements voisins, l'Ain en particulier, qui fournissent volailles de Bresse, grenouilles des Dombes, écrevisses de Nantua, brochets, crème fraîche, Lyon se vante d'être la capitale mondiale de la gastronomie. Il est vrai que les plus grands chefs de France de ces dernières années vivent ou ont vécu près de Lyon ou à Lyon même. Avec le Beaujolais et le Mâconnais tout proches, les repas lyonnais sont également bien arrosés !

La France profonde : une tentative de définition

Cette partie centrale de la France est la plus difficile à connaître. Ses limites sont mal définies, son particularisme moins exacerbé que dans les autres régions. Mais c'est dans cette France profonde que sont tissés les liens entre Français. C'est du centre que partent les lignes de force, les caractéristiques unifiantes et significatives que l'on retrouve dans tout le pays.

Loin du côté brillant et parfois superficiel de Paris et de la Côte d'Azur, le centre est une région où il fait bon respirer. On y a le sentiment réconfortant qu'il y a encore de l'espace en France. Cette région de vieille civilisation, importante dans le passé, continue à jouer un rôle essentiel dans le présent par ses sites, ses hommes, ses activités. Le centre, en particulier le Massif Central (car la Bourgogne est différente), peut très bien se reconnaître en ce qu'il a de meilleur, dans le plus illustre de ses fils, Blaise Pascal, né à Clermont-Ferrand en 1623. Mathématicien, physicien, philosophe, ce grand écrivain se mit finalement entièrement au service du jansénisme, une doctrine religieuse proche du calvinisme, tout en restant dans l'obédience catholique. Ce jansénisme convient à la « France de l'intérieur », un peu sévère, où travail et droiture comptent plus que le divertissement.

Etude de mots

accroché *adj* Cf. un **crochet** *hook*

à l'écart des grands axes pas sur les routes principales

le **Beaujolais** et le **Mâconnais** Le beaujolais et le mâcon sont deux vins célèbres.

un **berceau** lit de bébé ; ici, lieu d'origine

un **bœuf charolais** race de bœuf à poils (*coat*) blancs

le **brochet** poisson d'eau douce à la chair blanche

un **château d'eau** un réservoir élevé (*water tower*)

chevelu *adj* qui a beaucoup de cheveux (ou ici, d'arbres)

une **course** *a race* (Cf. **courir**)

la **crème fraîche** crème épaisse et un petit peu acide

la **droiture** la loyauté, l'honnêteté

une **écrevisse** *crayfish*

l'**entretien** (*du v* **entretenir**) les dépenses courantes

une **épingle à cheveux**

l'**ère hercynienne** appartient à la période géologique primaire (la plus ancienne)

une **escalade** l'ascension d'une montagne

un **gîte** lieu où l'on peut loger, coucher

une **grenouille** *frog*, dont les cuisses sont un plat recherché

Interpol *f* Organisation internationale de la police criminelle

le **jansénisme** du nom d'un théologien et évêque (*bishop*) hollandais, Jansenius, mort en 1638, inspirateur de la Contre-Réforme en France

le **jeu des héritages**   En France on a divisé parmi les enfants les terrains hérités. Ainsi, les champs agricoles ont fini souvent par prendre la forme de rubans. Aujourd'hui, l'Etat encourage le « remembrement » ou consolidation des fragments par l'achat ou par l'échange. **Jeu** ici = *process*.

le **lait caillé**   *curds*

las(se)   fatigué(e)

un **pneumatique démontable**   pneu détachable de la roue

un **premier de cordée**   guide alpin qui marche à la tête du groupe d'alpinistes attachés par une corde

qualifié *adj   skilled*

rabotées *adj*   ici, rendues plates, pas pointues (*de* **raboter** ; un **rabot** est un outil de charpentier, *a plane*)

une **randonnée**   longue promenade à pied, à bicyclette, en voiture

une **roulotte** (*ou* une **caravane**)   voiture-maison tirée par des chevaux (*covered wagon*)

un **seuil**   *threshold* ; ici, couloir de basses terres qui sert de voie de passage entre deux régions

un **sommelier**   celui qui se charge des vins dans un restaurant ; il renseigne les clients à ce sujet.

vendre aux enchères   *to auction*

un **virage**   un tournant de la route

viticole *adj* du *n* la **viticulture**, la culture de la vigne pour produire le raisin

QUESTIONS

1. Qu'est-ce que c'est que « le Massif Central » ?
2. Nommez quelques produits de cette région.
3. Qui était Vercingétorix ?
4. On ne trouve plus en Bourgogne les immenses domaines d'avant la Révolution. Pourquoi ?
5. Qu'est-ce que c'est que les Hospices de Beaune ?
6. Qu'est-ce que l'on fabrique à Aubusson ? à Limoges ?
7. Quels sont quelques-uns des fromages du centre de la France ?
8. Si vous pensiez à faire du « tourisme vert », laquelle des activités mentionnées choisiriez-vous ? Si vous choisissiez un stage d'artisanat, qu'est-ce que vous aimeriez apprendre à faire ? de la dentelle ? une tapisserie ? des porcelaines ? autre chose ?
9. L'économie du Massif Central est à moins de 20 % primaire, plus de 30 % secondaire, et presque 50 % tertiaire. (*V* la p. 111.) Quelles sont les principales activités secondaires ?
10. Lyon prétend être la capitale gastronomique, au moins du monde occidental. Comment les départements voisins contribuent-ils à rendre cette prétention défendable ?
11. Comment Pascal représente-t-il la culture régionale du Massif Central ?

COMPOSITION

Parmi les sujets intéressants :

1. Quelle région de France aimeriez-vous spécialement visiter ? Pourquoi ?
2. « Les grands paysagistes exploitent la psychologie de l'espace en incluant toujours dans leurs tableaux une longue perspective et un refuge où on peut s'ima-

giner protégé de tout danger. » Est-ce vrai ? (Tous les peintres mentionnés en p. 122, sauf Chardin, en fournissent des exemples. D'autres encore, notamment Fragonard.)

SEPTIEME PALIER

SUJETS DE DISCUSSION (EN PETITS GROUPES D'ETUDIANTS)

A. « La famille » évolue. Elle assume des fonctions très différentes selon le problème que la société lui pose. Qui a connu un cas où une branche de la « famille étendue » a abrité un parent qui n'avait pu trouver de travail dans sa propre ville ? Un cas où la « famille nucléaire » a aidé un membre à vaincre le découragement ? Ou au contraire, lui a imposé la discipline d'un emploi du temps (*schedule*) aux heures fixes ?

B. Le juge William O. Douglas a prétendu, dans *Of Men and Mountains*, que les êtres humains ont besoin d'espace et que, par conséquent, les grandes villes les rendent irritables. Est-ce que votre expérience soutient ou réfute sa thèse ?

C. Voltaire a écrit une *Défense du luxe*, cause indirecte, selon lui, des bienfaits de la civilisation. Rousseau voulait un retour à la nature, quitte à éliminer le luxe. Lequel a raison ? Pourquoi ?

D. Rousseau a inspiré deux siècles de réflexion sur le développement propre à chaque âge de la vie. Par exemple, Alfred North Whitehead, dans *The Aims of Education*, prétend que l'enfance doit être une période d'exploration ; l'âge lycéen, une période pour acquérir des connaissances organisées ; et l'âge universitaire, un temps de réflexion et de synthèse personnelle (*reflective synthesis*). Comment définiriez-vous la phase appropriée à votre âge ?

E. Un débat. La classe est un salon de 1788. On parle du *Mariage de Figaro*, ce barbier plus intelligent et tellement plus sympathique que son patron, le comte Almaviva. Les esprits modérés accusent Beaumarchais et Mozart de vouloir changer la société trop vite, au risque de provoquer une catastrophe. Les idéalistes les défendent, prétendant que la Révolution américaine a fait avancer la justice sociale.

F. Etudiez ensemble un paysage d'un des peintres mentionnés en p. 122. Quelle sorte de monde idéal vous invite-t-on à imaginer ?

G. Regardez un portrait d'enfant du XVIIIe siècle, ou une peinture d'une famille avec des enfants. Qu'est-ce que vous remarquez au sujet des enfants ?

H. Montrez des photos du Centre ou du Sud-Est de la France. Est-ce que des skieurs ont des vues de Grenoble, de Chamonix, . . . ?

PROJETS INDIVIDUELS OU D'EQUIPE

A. Pour de futurs psychologues ou enseignants. Résumez des idées de Rousseau, *Emile* (1762), ou de Philippe Ariès, *L'Enfant et la vie familiale sous l'Ancien Régime* (1960), que l'on étudie dans les cours de pédagogie sous le titre *Centuries of Childhood*.

B. *Secrecy : A Cross-cultural Perspective*, par Stanton K. Tefft (N.Y. : Human Sciences Press, 1980) est intéressant sur l'espace privé. La classe aimerait entendre l'histoire d'un intervieweur américain (pp. 103–113) qui a pénétré dans des maisons d'ouvriers d'un village normand. La première réaction d'hostilité s'est transformée en curiosité et puis en hospitalité.

C. L'inventeur Norbert Wiener et l'importance de la cybernétique.

D. Un musicien pourrait jouer pour la classe le temps (*movement*) lent de la symphonie de Haydn appelée « L'Horloge », afin d'illustrer l'idée rassurante que les gens du XVIIIe siècle se faisaient de l'univers ; ou jouer un morceau d'un claveciniste baroque tel que Couperin ou Rameau ; ou parler de l'opéra, de Lully à Gluck ; ou bien, parler du *Neveu de Rameau*, ce fascinant homme-orchestre de Diderot !

E. Est-ce que quelqu'un peut apporter en classe de la porcelaine de Limoges ? Et raconter l'histoire de la société fondée par David Haviland en 1842 et gérée par quatre générations de cette même famille américaine ?

F. Pour un linguiste. Expliquez au tableau pourquoi le futur de certains verbes est devenu irrégulier, sous l'influence du [r] trillé (remplacé par le [ʀ] uvulaire seulement vers la fin du XVIIe siècle) : j'a(v)rai > j'aurai ; je cour(i)rai > je courrai. Il était évidemment difficile de prononcer [kurire]. Et pourquoi l'infinitif de **être** est différent du futur : es(se)re > es(t)re > être, alors que j'esserai > je serai.

G. Pour un géologue. Les montagnes du Massif Central sont de la période hercynienne (de l'ère primaire). Expliquez leur forme à la classe ; comparez leur âge à celui des montagnes que la classe connaît déjà.

CHAPITRE HUIT

Ecoutez la bande 8-A, avec le Cahier pour faire une dictée, p. C101.

LA DIMENSION DU TEMPS ET LE RYTHME COMMUNICATIF

Comme l'organisation de l'espace, celle du temps nous réserve des surprises quand nous passons d'une culture à l'autre. Les présuppositions et les habitudes ne sont pas les mêmes, et les différences produisent des malentendus, ou plus souvent, une vague irritation. Voici des causes du choc culturel que nous pouvons transformer, par l'analyse, en sources du plaisir de comprendre, et de réussir !

La conception française du temps

Tous les Occidentaux divisent le temps entre passé, présent et avenir, à la différence de tant d'Orientaux qui l'organisent en cycles répétitifs.

Pour les Français le passé, cependant, n'a pas le même sens que pour ceux qui croient au progrès, car les Français sont assez sceptiques à ce sujet. Au lieu de supposer que chaque période de l'histoire est plus éclairée que la précédente, ils considèrent ces périodes plutôt comme un musée où chacun peut choisir le modèle qu'il veut imiter. Charles de Gaulle, par exemple, se méfiait du régime parlementaire produit par les idées philosophiques du XVIIIe siècle ; il préférait s'inspirer de la gloire de Louis XIV. Les uns glorifient Napoléon, les autres considèrent naïf celui qui l'admire.

Jean Stoetzel a fait observer dans *Valeurs du temps présent* (1982) que les Français continuent à trouver dans leur histoire des racines différentes, et que « Ceci ne va pas sans provoquer des tensions entre générations et des conflits entre groupes sociaux [. . .] ». Ainsi, la présence du passé affaiblit cette même unité nationale dont elle est le principal support.

L'attachement à un idéal dans le passé entre en conflit, d'ailleurs, avec une volonté plus ou moins forte d'être moderne, « dans le vent ». C'est un point sensible. On ne veut pas se laisser considérer comme un attardé. De là, une tendance à épouser la dernière vogue artistique ou philosophique de Paris : ce qui constitue une curieuse exception au scepticisme général à l'égard du progrès.

« Vivre le présent » prend de plus en plus d'importance, et cela pour plusieurs raisons. La recherche du plaisir, de « la satisfaction ici et maintenant », est un des éléments de l'individualisme défensif. Et cette tendance hédoniste de la culture actuelle se trouve renforcée de deux côtés.

Du côté économique, on a goûté à la prospérité matérielle des années 60, et on peut acheter à crédit pour payer à l'avenir l'équipement que l'on veut pour aujourd'hui.

Du côté philosophique, l'incertitude de l'avenir à long terme fait penser que c'est précisément au présent que l'on peut être sûr de vivre. Les gens d'esprit conservateur cherchent à se protéger par les armements ; les gens de la gauche ont encore plus peur du danger introduit par les arsenaux nucléaires. Mais presque personne ne peint l'avenir lointain en rose. Pour d'autres populations, d'esprit moins réaliste, la science-fiction peut faire espérer une fin heureuse ; ce genre d'imagination n'a pas beaucoup d'attrait pour les Français.

En contraste avec l'avenir à long terme, le proche futur apparaît simplement comme une projection du présent. Ce proche avenir est très clair ; la culture française n'a jamais eu, comme sa voisine hispanique, le problème de n'envisager les moments futurs que vaguement. Un rendez-vous dans quinze jours ou trois semaines est aussi net que pour demain matin. Dans la vie collective, la prévision joue un rôle essentiel comme guide de l'action dans le présent.

Depuis la deuxième guerre mondiale, l'Etat emploie la prévision scientifique en planifiant les buts économiques qu'il propose au secteur privé pour chaque période de cinq ans.

Le compartimentage du temps

La culture française organise le temps, comme l'espace, en compartiments. On ne mélange pas travail et loisir, l'occasion d'être solennel ou décontracté, de parler sèchement à travers le guichet officiel ou de rire avec ses amis. On ne cherche pas à avoir une relation d'affabilité avec un employé de la poste, ou d'une banque. Par contre, en famille, au dîner, c'est le moment de se raconter sa journée, et la télévision n'a pas remplacé tout à fait la vieille formule, « Qu'est-ce-que tu as fait de beau aujourd'hui ? »

Chaque situation prescrit la manière correcte de se comporter — et de se vêtir. Les jeunes en particulier peuvent être très conformistes à l'égard du vêtement, parce qu'ils se savent observés et critiqués.

Le compartimentage sert à rendre le monde maîtrisable. C'est une façon de penser héritée des Romains, qui comptaient le temps en périodes, marquant la fin d'une période pour exprimer une date : « tant de jours avant les calendes du mois prochain ». On sait qu'ils exprimaient les nombres, pareillement, par référence à une limite : IV (cinq moins un), IX, XC, CD (cinq cents moins cent). Le même trait mental se montre dans la coutume française de désigner les années au début de l'école secondaire comme « sixième », « cinquième », etc., jusqu'à « première » ; et de concevoir une énumération comme allant de A à D, en passant par B et C. Les formes closes, les frontières vues comme limites, excluent le vague et l'inconnu. L'espace ou le temps à l'intérieur des limites devient maîtrisable et donne une impression de sécurité.

Le rythme communicatif

Les habitudes culturelles viennent donc de loin dans le passé. Elles viennent de loin également dans notre vie individuelle.

Il en est ainsi du rythme particulier à chaque langue. Ces rythmes sont communicatifs au sens propre du mot : ils sont contagieux. On a découvert que nous apprenons le rythme de notre langue maternelle avant la naissance ; le nouveau-né est prêt à synchroniser ses mouvements avec le rythme de la voix de sa mère.

Deux personnes en conversation, si la conversation est réussie, s'attirent l'une l'autre dans un rythme. Dans toutes les langues, paraît-il, ce rythme de la communication verbale et non-verbale a une pulsation de la longueur d'à peu près une seconde ; mais à l'intérieur de cette mesure universelle, chaque culture est différente. Le rythme du français est particulièrement léger, syncopé, et sa légèreté vient en partie du fait que l'on accentue une syllabe importante, non pas par un éclat d'énergie comme dans les langues germaniques, y compris l'anglais, mais par l'intonation.

Voilà une notion sommaire de la théorie, assez récente d'ailleurs, qui explique l'importance du rythme dans la communication orale. Il est évident depuis longtemps que certains apprentis s'adaptent plus facilement que d'autres à une se-

conde langue. La clé est la sensibilité ; mais on apprend beaucoup plus rapidement quand on sait à quoi on essaie de se sensibiliser !

Les éléments visibles de l'expression non-verbale ont évidemment les deux dimensions de l'espace et du temps. Nous avons mentionné la tenue relativement contractée du corps, en parlant des espaces limitatifs. Ajoutons ici que les mouvements du corps et des jambes prennent part au rythme de la communication, aussi bien que l'expression du visage et les gestes des mains et des bras.

Le langage silencieux de la figure

Les Français sont attentifs aux yeux ; l'expression du regard dans cette culture est en effet d'une variété et d'une éloquence remarquables. Le mot *œil* veut dire couramment toute la région autour de l'œil lui-même. Dire qu'une personne « a l'œil bien fendu » se réfère à la beauté de l'ouverture des paupières.

A part les expressions subtiles des yeux, toute l'activité de la figure se concentre autour de la bouche, qui a, après tout, quelque seize voyelles à articuler, dont neuf ou dix sont arrondies. Les muscles des joues sont relativement immobiles. Le sourire, comme l'affabilité en général, est réservé dans toutes les classes sociales aux situations qui appellent la sociabilité. Ne font guère exception que les politiciens très modernes, ou un vieil aristocrate aux joues tendues qui semble dire à ses vassaux, « Vous n'avez rien à craindre de moi ». Les Français trouvent bizarre, sinon bête, qu'un étranger sourie à n'importe quelle personne qu'il croise dans le couloir d'un immeuble.

Gestes symboliques et gestes inconscients

Les gestes des mains et des bras sont de deux espèces, les uns symboliques et les autres inconscients, habituels.

On a catalogué surtout les gestes symboliques, qui sont souvent pittoresques. La poignée de main n'a pas partout le même caractère, et l'accolade française, tout aussi conventionnelle, peut étonner l'étranger : c'est le cérémonial par lequel une personnalité officielle met sa joue contre la joue d'une personne qu'elle honore, par exemple en lui conférant une décoration militaire. Notons que quand on énumère 1, 2, 3 sur les doigts, c'est le pouce et pas l'index qui représente le nombre 1. Par conséquent, si l'on lève deux doigts en direction du maître d'hôtel d'un restaurant, il comprendra que l'on veut trois places.

D'autres gestes symboliques français dont le sens n'est pas évident sont ceux de passer les doigts courbés sur la joue comme un rasoir pour indiquer l'ennui ; ou d'indiquer du doigt « mon œil » en signe de scepticisme. Il y a un petit nombre de gestes indécents d'insulte que l'on comprend grâce à l'attitude d'agressivité qui les accompagne.

C'est rasoir.

Plus importants, cependant, sont les gestes habituels de tous les jours. Ceux-ci sont plus restreints à mesure que l'on monte dans la hiérarchie des classes socio-économiques. Donc il ne faut pas les exagérer. Si l'on se frappe la poitrine du doigt à chaque fois que l'on dit « moi », et la poitrine de l'autre en disant « vous », on s'annonce « paysan », « plouc ».

Chez les Français qui emploient les gestes avec bon goût on en observera beaucoup de très utiles. Un léger haussement des épaules exprime la résignation. Pas besoin de dire « Que voulez-vous ? » Les avant-bras croisés qui s'écartent vigoureusement signifient « Pas question ». La main plate qui bascule un peu, la paume en bas, signifie « Cela dépend ! Il faut nuancer votre généralisation ». Une

Pas question !   Cela dépend !

exhalation qui fait vibrer les lèvres veut dire « Je ne sais vraiment quoi répondre ».

Le geste français précède souvent le mot qu'il met en relief. La langue écrite imite ce procédé artistique en mettant des points de suspension (. . .) avant le mot, au lieu d'un point d'exclamation après.

Les expressions et gestes liés au rythme communicatif ne sont pas les seuls éléments de l'interaction non-verbale. Même le ton de la conversation animée se prête au malentendu. Mais là, nous demanderons à Raymonde Carroll de prendre la parole à partir du Chapitre Douze.

L'analyse du non-verbal s'est faite beaucoup plus scientifique depuis les années 60. Un espion qui essaie de passer pour Français trouverait bien difficile aujourd'hui de tromper un observateur tel que le chercheur Ray Birdwhistell ou ses disciples. Mais il est toujours aussi instructif qu'amusant de remonter aux aperçus préliminaires des pionniers Jurgen Ruesch et Weldon Keyes dans leur livre, *Nonverbal Communication*, de 1956 : « Le geste parmi les Américains est orienté vers l'activité ; chez les Italiens il sert d'illustration graphique ; chez les Juifs il est insistant ; pour les Allemands il précise une attitude, l'engagement à une valeur ; et pour les Français. c'est l'expression du style et de la discipline [*containment*]. » (p. 22 — notre traduction)

Etude de mots

basculer Cf. une **bascule**, une **balançoire**

les **calendes** *f* le l[er] du mois (Cf. un **calendrier**)

un **espion** (une **espionne**) personne qui pratique l'espionnage

être dans le vent être dans la direction générale (de la mode, etc.)

fendre *to split*

hédoniste *adj* L'hédonisme est une philosophie basée sur la recherche du plaisir.

mettre en relief mettre l'accent sur

une **paupière** chacune des parties mobiles qui recouvrent l'œil. Les paupières sont fermées quand on dort.

peindre en rose représenter comme plein d'espoir

le **temps** Il est intéressant de voir comment ce mot peut signifier *time, weather, tense,* et *a movement* d'une symphonie. La raison de cette diversité est que le mot latin, *tempus,* signifiait une période de temps, ce qui est très différent du *chronos* grec, signifiant une ligne qui va de l'infini passé à l'infini futur. Les saisons de l'année sont des périodes de temps dont la première est le printemps (*primum tempus*) ; et elles ont leurs différents climats (*weather*). Les *tenses* indiquent des périodes de l'histoire, passée, présente et future. Les « temps » d'une symphonie, eux aussi, constituent des laps de temps. Et pour tout processus que l'on divise en phases ou en étapes (*stages*), on dit « en un premier temps », « en un deuxième temps », etc.

tendu *adj* ici, contracté

un **vassal** homme lié à un seigneur féodal

QUESTIONS

1. La présence du passé a-t-elle le même sens pour vous que pour un Français typique ? Expliquez votre réponse.
2. De Gaulle sert d'exemple d'une attitude envers le passé. Laquelle ?
3. Contrastez le proche futur avec le futur à long terme, dans la mentalité française d'aujourd'hui.
4. Illustrez la tendance française à compartimenter le temps.
5. A quoi sert le compartimentage en général ? Donnez un exemple romain et un exemple français.
6. Quel argument emploie-t-on pour prétendre que le rythme d'une langue s'apprend avant la naissance ?
7. Nommez une source de la légèreté de l'accentuation caractéristique du français.
8. Décrivez la mobilité relative des yeux, des joues et de la bouche dans la communication orale française.
9. Donnez des exemples de gestes symboliques français.
10. Quelle est l'autre catégorie de gestes ? Donnez des exemples de ce qui se fait en France, et dans votre propre culture.

Apprenez le verbe **ouvrir**. *Les verbes* **couvrir**, **découvrir**, **offrir** *et* **souffrir** *suivent ce modèle, p. C101. Faites l'Exercice B.*

QUATRIEME EXERCICE DE COMMUNICATION NON-VERBALE

Analysez une brève conversation. *V* la p. 9. Observez et commentez la représentation de la scène par deux étudiants. Cette fois, notez non seulement (1) la distance acceptable socialement entre les individus, (2) les mains, (3) les bras, (4) la bouche, les yeux et les joues, (5) les sourires, (6) les corps et les jambes, mais aussi (7) ce qui est communiqué par les gestes symboliques ou inconscients, et finalement (8) le rythme de la langue et des corps. Quelles syllabes sont accentuées par le rythme ou/et par l'intonation ? Y a-t-il synchronisme entre les interlocuteurs ?

SCENES DE LA VIE FRANÇAISE

ON MANGE BIEN EN FRANCE ! Deux jeunes voyageurs et leur copain français, Robert, parlent des restaurants à Paris.

LAURA   Quelle bonne promenade ! Reposons-nous dans ce beau jardin, ici, où nous avons une vue sur la Place de la Concorde.

DAVID   Il est chic, ce quartier. Et il doit y avoir de bons restaurants. Moi, j'ai faim. Si on allait bouffer quelque chose ?

ROBERT   Vous voulez faire un vrai repas dans un restaurant ? Ou simplement prendre un sandwich et une boisson dans un café ? Il y a plusieurs self-services à Paris mais je n'en connais pas dans ce quartier.

LAURA   Les selfs ne sont pas très intéressants, bien que les prix soient raisonnables. Mais les bons restaurants coûtent cher, n'est-ce pas ?

ROBERT   Un bon restaurant, comme ceux mentionnés dans le *Guide Michelin*, vous coûtera au minimum 100 F avec service et taxe. Mais on trouve partout des petits restaurants et des cafés qui servent un bon repas pas cher.

DAVID   Combien faut-il payer comme service ?

ROBERT   15 %. La carte indique généralement si le service est compris ou non-compris dans le prix du repas.

LAURA   Tu sais, David, qu'on peut savoir d'avance combien on doit payer. Tu as vu les menus avec les prix affichés à l'extérieur ? On y indique si le service et les vins sont compris.

ROBERT   Les menus à prix fixe, service compris, sont les plus raisonnables. C'est encore moins cher si on se contente du plat du jour.

DAVID   Et les drugstores, qu'en penses-tu ? C'est curieux, les drugstores ne sont pas des pharmacies, ici !

ROBERT   Les drugstores coûtent tout aussi cher que les restaurants, et on y mange moins bien, à mon avis. Les touristes y vont. Moi, je préfère un bistrot ou une brasserie bien dans la tradition parisienne.

LAURA   Toi, tu connais bien Paris. Veux-tu choisir un endroit ? Nous nous fions à toi, n'est-ce pas, David ?

DAVID	Bien sûr ! Après un petit déjeuner à la française ce matin, je suis prêt à faire un repas de midi copieux.
ROBERT	Bon. Vous aimez la choucroute ?
LAURA ET DAVID	Oh oui !
ROBERT	Je connais une brasserie pas trop loin. Si elle est bondée, ce qui est possible à cette heure-ci, nous trouverons bien autre chose.
LAURA	Chaque repas en France est une expérience nouvelle.

Etude de mots

affiché (*du v* **afficher**)   montrer publiquement ; annoncer par affiche (une **affiche** un placard ou annonce, souvent illustré)

à prix fixe   On paie une certaine somme pour un certain nombre de plats. Par exemple, « menu à 35,00 F : pain, hors-d'œuvre, bifteck ou poisson, frites ou autres légumes, fromage ou dessert ».

le **bistrot** (ou **bistro**)   petit restaurant ou café dont le menu est limité

bouffer *fam*   manger

la **brasserie**   grand café-restaurant qui sert surtout de la charcuterie, par exemple, une choucroute garnie, et de la bière

la **carte**   tous les plats et boissons que sert le restaurant. On choisit son **menu** sur la **carte**.

se fier à   avoir confiance en

le **plat du jour**   la spécialité du jour, le plat principal du menu, qui peut aussi être commandé seul pour un prix modique

le **self-service** (ou **self**)   une cafétéria ; *syn* un (des) libre-service

NOTE CULTURELLE

Un des délices de la vie française est de s'offrir un repas dans un restaurant. La qualité des restaurants s'explique par leur origine, comme on verra tout à l'heure (p. 151). Les repas de restaurant ont leur importance aussi comme « déjeuner (ou dîner) d'affaires » : une des ressources pour les relations d'affaires.

Etudiez La comparaison des adjectifs, p. C102, et faites l'Exercice C.
*Etudiez La préposition, p. C103. Faites l'Exercice facultatif sur **en** + les saisons et l'Exercice D.*

LE TEMPS DANS LES RELATIONS D'AFFAIRES

Les affaires commerciales et les négociations politiques offrent un bon exemple des différentes conceptions et habitudes à l'égard du temps. Cette analyse aura une valeur d'autant plus pratique que les enseignements que nous en tirerons pourront être d'une grande utilité à un stagiaire, un touriste. . . ou une famille d'accueil qui reçoit des francophones à l'étranger.

Il faut s'attendre à une certaine lenteur dans les affaires. Cette lenteur a plusieurs causes, dont la première, si l'on veut bien patienter, peut devenir une source de plaisir.

Une valeur culturelle qui ralentit le rythme des affaires

Il s'agit de l'art de vivre. On préfère jouir du temps plutôt que de le raccourcir, prendre plaisir aux relations humaines au lieu de réduire une affaire à l'essentiel.

Nous sommes confrontés ici à deux façons très différentes de vivre le temps.

Edward Hall les appelle « monochronique » et « polychronique », car la différence consiste à faire une ou plusieurs choses à la fois. La vie professionnelle impose la mentalité monochronique ; les tâches ménagères font adopter la mentalité polychronique.

Les Français passent d'un système à l'autre. Intellectuellement ils sont monochroniques. Ils ne veulent en rien laisser troubler la ligne droite de la pensée logique. Pareillement, dans leurs relations avec une personne qu'ils ne connaissent pas, ils préfèrent se limiter à l'objet de la rencontre.

Mais avec leurs amis ils utilisent le temps de façon polychronique. Tout sujet de conversation leur paraît pertinent. Et c'est dans cet esprit qu'ils aiment conduire leurs affaires : un esprit de sympathie mutuelle.

L'art de vivre et l'amitié font faire des choses qui donnent une fausse impression à l'étranger. Si vous demandez rendez-vous à un Français, il vous le donnera probablement pour la semaine suivante. Il vous fait attendre non pas pour faire l'important mais pour se donner la flexibilité nécessaire à une activité de type polychronique.

Dans un contexte où il n'y a pas, à proprement parler, de contrat, mais simplement une promesse de poursuivre un projet, certains individus sont consciencieux, d'autres ne le sont pas. Chez ceux-ci, l'enthousiasme du moment risque de s'éteindre au contact des inévitables obstacles. Avec le temps et en l'absence de l'interlocuteur, on semble vite oublier la confiance qu'on avait ressentie en discutant face à face.

Dans de telles situations, nous retrouvons l'importance des relations personnelles. L'amitié peut soutenir la confiance pour poursuivre un projet avec un correspondant lointain. De plus, on n'aime pas dire non à un ami. Il est vrai que l'on n'aime pas le dire à un autre non plus. Mais là, on résout le problème en ne disant rien, et l'étranger se sentira frustré de voir sans réponse des efforts répétés pour relancer l'affaire.

Des effets de la méfiance et du compartimentage

Une seconde cause qui ralentit la marche des affaires, on le voit déjà, c'est la méfiance envers « les autres ». Au lieu de pouvoir procéder avec l'efficacité qui caractérise la mentalité monochronique, on se sent obligé de gagner la confiance de l'autre. Parfois même, dans le cas d'une entreprise familiale, il faut convaincre l'entourage, y compris le grand-père ou la grand-mère. Ceux-ci peuvent être des gens fort intéressants. . . pourvu que l'on n'ait pas hâte de conclure l'affaire.

La méfiance entraîne d'autres sources de retards. On rencontre partout des précautions contre la fraude. On rencontre aussi la crainte de mal percevoir les intentions qui semblent être exprimées, soit de vive voix, soit dans la correspondance. Beaucoup de Français d'un certain âge n'aiment pas conduire les affaires par téléphone, en partie parce qu'ils éprouvent le besoin de voir tous les signes non-verbaux qui révèlent l'attitude, peut-être inconsciente, de leur interlocuteur. Une autre objection contre le téléphone est évidemment qu'il rend une personne disponible pour d'autres que ses amis ; il y a des gens qui ne se croient pas obligés d'y répondre à tout moment. « Le téléphone nous appelle comme on appelle un valet », disent certains Français.

Le compartimentage contribue à compliquer la façon de conduire les transactions. Si vous avez ouvert un compte en banque, ou si vous voulez simplement toucher un chèque de voyage, vous faites la queue devant un employé qui reçoit votre demande. Celui-ci la passe au caissier et vous attendez une seconde fois à la caisse.

Les conséquences de l'habitude centralisatrice

L'habitude de la centralisation est encore une cause de lenteur, aussi importante que l'art de vivre et la méfiance. Les dirigeants considèrent que c'est leur responsabilité d'imposer des règles détaillées. Ceux qu'ils dirigent font écho à ce style d'administration en s'attendant à voir résoudre les questions pour eux aux niveaux supérieurs. Voilà l'essence du phénomène qu'Alain Peyrefitte, ancien ministre de la Justice, a étudié dans un livre souvent cité, *Le Mal français* (1976).

Ainsi, dans une entreprise plutôt importante ou dans la bureaucratie officielle, un employé consultera son supérieur sur tout détail exceptionnel, là où un Allemand ou un Américain d'un certain courage déciderait lui-même. L'employé français s'attend à une réponse nette, oui ou non, de son supérieur. Celui-ci a besoin de savoir en détail ce que font tous les employés qu'il encadre. Il est donc très occupé. De plus, il doit à son tour en référer pour les grandes décisions à son supérieur. Au sommet de la hiérarchie, le bureau du chef d'entreprise, du ministre et du président de la République tend à être encombré.

Stratégies pour traiter avec la bureaucratie

La mentalité centralisatrice, dans les rangs subalternes aussi bien que chez les dirigeants, a une conséquence pratique pour toute personne qui veut obtenir quelque chose d'exceptionnel de la part d'une bureaucratie française. La première stratégie à essayer est celle d'intéresser un directeur, le plus haut placé possible. Un proverbe dit : « Il vaut mieux avoir affaire au Bon Dieu qu'à ses Saints ! » En premier, on peut écrire au directeur une lettre, bien organisée et bien exprimée. Ensuite on peut l'inviter à déjeuner ou à dîner, faire appel à son imagination. Si vous y réussissez, il vous passera au subalterne chargé de poursuivre l'affaire et vous n'aurez plus qu'à surmonter l'inertie du système.

Un observateur bien informé propose de signaler ici « l'inaccessibilité grandissante de l'*Homo Gallicus* qui monte dans la hiérarchie professionnelle ». Ce conseil vient d'Alfred Fontenilles [fõtənij], qui enseigne à HEC et qui a écrit l'un des meilleurs livres de français commercial, *La vie des affaires* (Macmillan, 1981).

C'est ainsi qu'il décrit l'attitude que l'on risque de rencontrer : « A partir d'un certain niveau hiérarchique l'accessibilité d'un individu devient fonction inverse de son importance. Plus il est situé haut, moins il est accessible. Sa secrétaire (qui est maintenant promue attachée de direction) répondra à ceux qui cherchent à le joindre qu'il est en réunion, en conférence ou même en voyage d'affaires. Aux yeux de beaucoup de gens, être immédiatement disponible serait déchoir. A priori un vrai patron qui travaille ne doit être là pour personne. »

Si l'affaire ne se prête pas à la première stratégie, on peut parfois faire appel à une motivation chez les employés subalternes qu'a signalée l'un des grands sociologues contemporains, Michel Crozier. Chaque bureaucrate, observe-t-il, veut élargir le champ de son autorité, et cette ambition peut l'emporter sur la peur du face-à-face avec son supérieur immédiat. Citons un cas où une demande de ce genre a réussi. La requête d'un historien américain, demandant une exemption de copyright, avait été refusée de façon routinière. Il a alors rédigé une lettre très soignée demandant si, exceptionnellement, le fonctionnaire ne pouvait prendre une décision discrétionnaire, vu telles et telles circonstances extraordinaires. . . et la requête a été accordée.

Ce remède au « mal français » ne réussira sans doute que si l'on tombe sur un employé d'un individualisme assez audacieux. Mais on peut toujours réduire la durée d'une négociation en appliquant un concept que nous devons, encore une fois, à Edward Hall : la distinction entre les cultures *high-context* et *low-context*.

La culture française est du premier type : le contexte d'un message est riche. Pour saisir les nuances du message, il est très important de connaître le code qui est présupposé. Dans les cultures qui se placent à l'autre extrême, le contexte des messages est relativement simple. La culture des Etats-Unis appartient à ce second type, étant un mélange assez récent de diverses sources ethniques, donc avec moins de présuppositions.

Nous venons de voir comment une valeur comme l'amitié, une présupposition comme la méfiance, et une habitude comme la centralisation entrent dans le contexte français des relations d'affaires.

Encore un élément vient compliquer le contexte d'une transaction commerciale, à la surprise d'un Américain entre autres. Le Français pense inévitablement à l'effet de son action sur l'Etat, qui est si inextricablement lié au secteur privé. L'Américain, lui, se voit comme indépendant de l'Etat et plutôt son adversaire que son complice.

La richesse du contexte français a son effet sur la propagande et la publicité, et donc sur le marketing. Le message publicitaire peut être rapide puisque toute la complexité est dans le contexte qu'il évoque. Et il faut qu'il soit simple pour vaincre la méfiance des destinataires. La publicité qui capte ce public est imaginative, souvent humoristique, suggestive, poétique. Quand elle veut conseiller d'acheter un produit, elle fait semblant d'être la douce voix intérieure de celui qui écoute, tout au contraire du *hard sell* américain.

Nous trouverons d'autres effets du riche contexte français, par exemple dans le Chapitre Dix où nous parlerons des façons nuancées de commencer et de terminer une lettre.

Quant aux effets du temps polychronique, cette habitude peut certainement ralentir la marche des affaires ; mais en revanche, elle rend les relations humaines plus riches et plus agréables. Et un pays accoutumé à vivre ainsi le temps du travail se trouvera peut-être adapté d'avance à un environnement post-industriel qui ne semble pas tellement éloigné de nous : la télécommunication audiovisuelle permettra de décentraliser les lieux de travail ; on pourra travailler chez soi et la vie professionnelle se réintégrera dans la vie domestique.

Etude de mots

attaché(e) de direction *administrative assistant*

déchoir tomber à un statut inférieur

en référer à ici, **en** = (au sujet) de l'exception

le **face-à-face** ici, l'affrontement (*confrontation*). (Selon Crozier, l'employé français blâme son supérieur immédiat pour les contraintes contre lesquelles il rouspète. Le supérieur représente un pouvoir dont on a peur.) Notez que le mot français **confrontation**, un « faux ami », ne signifie pas *a confrontation*, mais une comparaison.

faire l'important agir comme quelqu'un qui se croit plus important que les autres

HEC Ecole des Hautes Etudes Commerciales, Paris. HEC et les Ecoles Supérieures de Commerce dans d'autres villes sont gérées par les Chambres de Commerce, et ne font partie ni du système scolaire ni de celui des universités.

joindre ici, atteindre par téléphone

promu *part p de* **promouvoir** (Cf. la **promotion**)

un **stagiaire** étudiant qui fait un stage (*internship*) dans une entreprise, une banque, etc.

QUESTIONS

1. Que veut dire monochronique ? et polychronique ?
2. Comment l'art de vivre français peut-il ralentir la marche des affaires commerciales ?
3. Comment l'intellectualité pousse-t-elle vers le style monochronique ?

4. Quelle est l'ambition des employés subalternes à laquelle on peut faire appel en demandant une exception aux directives officielles ? Racontez un incident où l'on y a fait appel.
5. Vous avez emprunté un livre à une bibliothèque publique et vous voulez le garder un jour de plus que la période permise. Comment persuader le bibliothécaire ?
6. Le niveau de la généralisation au sujet des cultures entières se place entre deux autres niveaux de généralisations utiles. Quels sont les trois niveaux ? (p. 50)
7. On peut compter sur un contrat ; quelle sorte de promesse risque de vous décevoir ?
8. Comment la méfiance peut-elle causer des retards dans les affaires ou les négociations ?
9. Supposez que vous voulez être admis(e), par exception, à un programme d'études réservé à des candidats diplômés en France. Quelle est la première approche à considérer ?
10. Comment la société post-industrielle fera-t-elle vraisemblablement réintégrer la vie professionnelle dans la vie domestique ?

Ecoutez la bande 8-B. Elle commence par « La Nuit de mai », p. 154.

Etudiez L'adverbe, p. C105, et faites les Exercices E et F.
Etudiez Le pronom accentué, p. C108, et faites l'Exercice G.

CONTEXTE SIMPLE ET CONTEXTE RICHE

Voici deux dessins humoristiques.

Le premier, par Plantu, est compréhensible presque sans contexte. Une personne de n'importe quelle culture comprend son message sans explication. Nous reproduisons ce dessin avec l'aimable autorisation de la Documentation Française, qui publie les *Cahiers français*.

Dans le second dessin, par Forcadell, le petit garçon français a de la difficulté à expliquer à E.T. des symboles historiques de l'unité française. E.T. est très intelligent, mais il est d'une tout autre culture ! Nous reproduisons ce dessin avec l'aimable autorisation de la rédactrice-en-chef de l'*Unité*, le journal socialiste parisien. Combien de ces symboles est-ce que la classe peut identifier avant de regarder la clé dans le *Cahier*, p. C165 ?

L'AMOUR CHANGE DE VISAGE : DEUX STATUES

La première des deux statues en page 150 est de goût classique, l'autre de goût romantique. Cupidon n'a évidemment pas la même expression dans les deux sculptures, et son rapport à l'Amitié se trouve complètement renversé.

« Le sacrifice des flèches ⟨⟩ de l'Amour sur l'autel de l'Amitié », 1776, est de Jean-Pierre Antoine Tassaert, 1727–1788. « L'Amour et l'Amitié »[1], 1783, est de Jean-Baptiste Pigalle, 1714–1785. Le quatrain sur cette statue est médiocre :

> *Sage Amitié ! L'Amour recherche ta présence :*
> *Epris de ta douceur, épris de ta constance,*
> *Il vient te supplier d'embellir ses liens*
> *De toutes les vertus qui consacrent les tiens.*

C'est un « document authentique » typique du goût populaire du temps, mais loin des grands poèmes que nous lirons et entendrons tout à l'heure.

Voici des questions qui attendent votre réponse :

---

[1]Une version de 1758, au Louvre, est en moins bon état que celle-ci, qui se trouve dans la Walters Art Gallery à Baltimore.

Le sacrifice des flèches de l'Amour
sur l'autel de l'Amitié.

L'Amour et l'Amitié.

1. Quelles sont les deux expressions sur le visage de Cupidon ? (Vocabulaire pour le décrire : **avoir les poings** (*fists*) **serrés ; être furieux, en colère ; être frustré ; froncer les sourcils** (*to frown*).)
2. Chez Tassaert, les flèches de Cupidon sont sacrifiées — cassées en deux — sur l'autel de l'Amitié. Quelles sont les deux valeurs en conflit ?
3. Que veut dire la vigne sur le long bâton de l'Amitié ?
4. La tête de bélier (*ram*) sur l'autel de l'Amitié est-elle à propos ? Ce symbole représente traditionnellement la force et, étant le signe du zodiaque pour le début du printemps, une force qui se renouvelle.
5. Quel est le rapport entre l'amour et l'amitié :

    - selon la sculpture classique ? (Notez le titre qu'il a donné à son ouvrage.)
    - selon la sculpture romantique ? (Notez le quatrain qu'il a inscrit sur le piédestal.)
    - et d'après vous ? Faut-il se méfier de l'amour-passion ou l'allier avec l'amitié ?

**Etude
de mots**   **épris** *part p de* **s'éprendre**   être saisi par un sentiment

LE XIXe SIECLE JUSQU'A 1848 : LE ROMANTISME

De Napoléon à la Restauration

Dans le but de rompre avec l'Ancien Régime, les réformateurs de la Révolution ont essayé de donner un nouveau point de départ au temps. Ils ont adopté un nouveau calendrier au début de la Première République, commençant l'an I en septembre 1792 et créant douze mois nouveaux.

Mais la tradition était trop forte pour de tels changements, et la situation internationale trop hostile pour une démocratie débutante. La France révolutionnaire effrayait les rois voisins, et l'Angleterre a pu former une coalition européenne. Les brillantes victoires de Napoléon sur la coalition lui ont permis de saisir le pouvoir, d'abord comme Premier consul sous une nouvelle constitution de l'an VIII (1799), puis en se couronnant empereur en 1804.

Napoléon en train de se
couronner empereur lui-même.
Peinture de David

Le Code Napoléon, qui date de cette même année, a véhiculé les principes de la Révolution à travers l'Europe. Mais cette synthèse du droit civil a constitué un pas en arrière pour la démocratie. Il consacrait le pouvoir politique entre les mains d'un véritable dictateur et, pour la France, le principe de la centralisation a été dès ce moment plus enraciné que jamais. (Pendant la Révolution, seuls les Jacobins avaient soutenu ce principe contre des factions d'esprit décentralisateur.) Dans la famille, le Code Napoléon soumettait la femme à la volonté du mari « qui administre seul les biens de la communauté » familiale.

Après la défaite de Napoléon par la coalition en 1815 à Waterloo, la réaction conservatrice est allée plus loin. Le divorce, par exemple, légalisé en 1792, est prohibé sous la Restauration et sera illégal jusqu'en 1884.

Les nobles qui s'étaient réfugiés en Angleterre et ailleurs sont revenus. Leurs anciens chefs de cuisine aussi. Pourtant, ceux-ci ne trouvaient pas tous un riche patron. Les plus débrouillards d'entre eux ont ouvert des restaurants ; et voilà l'origine de cette institution, qui offre tant de plaisir à presque toutes les classes sociales — un petit exemple d'une certaine démocratisation des privilèges réservés auparavant aux riches.

La Révolution de 1830 et la Monarchie de Juillet

Trois « Journées glorieuses » de révolution en juillet 1830 ont mis sur le trône le « roi citoyen » Louis-Philippe, dont le règne a duré, contre une opposition montante, jusqu'à la vague de révolution qui a envahi toute l'Europe en 1848.

La « Monarchie de Juillet » ne croyait pas à la démocratie, mais elle a contribué à son développement futur. Dans le domaine pratique de la législation on a adopté la loi Guizot assurant l'accès, pour les garçons, à l'enseignement primaire ; une loi réglant les conditions de travail dans les usines ; et une loi prévoyant la construction des chemins de fer. Dans le domaine de la réflexion sur la justice sociale, des penseurs français ont inspiré l'idée de former des communautés expérimentales en France et ailleurs. Parmi celles-ci se trouve l'*Oneida Community* dans l'Etat de New York. Un de ces penseurs est Charles Fourier, critique sévère des villes industrielles contemporaines, esprit fantaisiste, qui envisageait un monde de microcosmes « socialistes » où les gens vivraient dans une coopération harmonieuse. Un précurseur de ces idéalistes, Henri de Saint-Simon, mort en 1825, avait dit que la perte du roi et de trente mille nobles, ministres d'Etat et ecclésiastiques n'avait pas été aussi grave pour la France que le serait la perte de trois mille grands scientifiques, ingénieurs et artistes. Saint-Simon a proposé une société gouvernée par les savants, les artistes, et les réalisateurs d'idées ; une société où la propriété privée serait justifiable mais seulement selon l'emploi que le possesseur en ferait. Les communistes ont emprunté à Saint-Simon des slogans comme « l'exploitation de l'homme par l'homme ».

L'idéalisme de ces théoriciens de la société se retrouve chez les grands poètes du romantisme. Victor Hugo a proposé de créer « les Etats-Unis de l'Europe ». Lamartine, qui fut chef d'un gouvernement provisoire en 1848, a envisagé une humanité unie. Dans un *Toast porté à un banquet national des Gallois et des Bretons*, il avait dit :

> « *L'esprit des temps rejoint ce que la mer sépare ;*
> *Le titre de famille est écrit en tout lieu.*
> *L'homme n'est plus Français, Anglais, Romain, Barbare ;*
> *Il est concitoyen de l'empire de Dieu ! [. . .]* »

Le Romantisme

L'esprit de sensibilité et de compassion du XVIIIe siècle devient un mouvement littéraire en France avec un petit club ou « cénacle » de jeunes poètes qui ont fondé en 1823 une revue pour publier leurs poèmes. Parmi eux se trouvaient Victor Hugo et Alfred de Vigny, et parmi les influences qu'ils ont senties était celle de Mme de Staël, écrivain perspicace, d'esprit généreux et ouvert. Elle avait écrit en 1810 *De l'Allemagne* et avait attiré l'attention en France sur le romantisme allemand, qui remontait à un roman de Goethe, *Les souffrances du jeune Werther*, de 1774. « Le nom de *romantique*, écrivait-elle, a été introduit nouvellement en Allemagne, pour désigner la poésie dont les chants des troubadours ont été l'origine, celle qui est née de la chevalerie et du christianisme. »

Le mouvement romantique se veut une réaction progressiste contre le classicisme. On se rebelle contre les règles telles que les trois unités — de temps, de lieu et d'action — imposées au théâtre classique. On est fasciné par le mystérieux et par les profondeurs de sa propre vie sentimentale : le moi.

Le culte du moi a pour résultat d'isoler le héros romantique, l'opposant au bourgeois. Alfred de Vigny fait dire au chef spirituel, Moïse, s'adressant à son Dieu,

> *Laissez-moi m'endormir du sommeil de la terre.*
> *— Que vous ai-je donc fait pour être votre élu ? [. . .]*
> *Sitôt que votre souffle a rempli le berger,*
> *Les hommes se sont dit : « Il nous est étranger ».*

Victor Hugo.

Baudelaire décrit l'isolement du poète dans la société en le comparant à l'albatros : « Ses ailes de géant l'empêchent de marcher. »

Fini donc l'homme universel. Au contraire, les romantiques se plaisent à découvrir le cas particulier et la couleur locale. Balzac, dans les quatre-vingt-dix romans de la massive *Comédie humaine*, a décrit des types précis de personnalités et il les a entourés des choses qui meublaient leurs différents milieux. George Sand, amie du compositeur Chopin, a fait apprécier le roman régional. Stendhal, subtil observateur et romancier de stature internationale comme Balzac, se révolte lui aussi contre la recherche de l'universalité. « Voici la théorie romantique, écrit-il dans *Racine et Shakespeare* : il faut que chaque peuple ait une littérature particulière et modelée sur son caractère particulier, comme chacun de nous porte un habit modelé pour sa taille particulière. »

Hector Berlioz.

La riche contribution internationale de ce mouvement français a été répandue au-delà du monde francophone sous trois formes : la peinture, notamment de Delacroix et de Géricault ; la musique de Berlioz, également pleine de vigueur ; et les romans. *Les Misérables* et *Notre-Dame de Paris* de Victor Hugo, *Le Père Goriot* et *La Cousine Bette* de Balzac, *Le Rouge et le Noir* de Stendhal ont été diffusés par le film et par la télévision, aussi bien qu'en traduction écrite.

Mais c'est au théâtre que le mouvement a éclaté en France. En 1830, une tragédie nouvelle de Victor Hugo, *Hernani*, a provoqué une véritable bataille dans la salle de théâtre entre les romantiques, en gilet rouge, et les partisans des règles classiques. Le théâtre en vers, comme *Hernani*, est difficile à traduire dans d'autres langues ; encore plus difficile à traduire est la poésie lyrique, personnelle, qui constitue le courant central du mouvement ; et presque aussi difficile, la poésie épique, comme la puissante *Légende des Siècles* de Victor Hugo. Pour les Français, le théâtre et la poésie du mouvement romantique font partie de la présence vivace du passé.

Prenons ici le début d'un poème lyrique de Musset pour vous donner une idée de la beauté de la poésie lyrique française. Alfred de Musset avait pris part en 1824, à l'âge de quatorze ans, au cénacle de jeunes poètes. A l'âge de vingt-cinq ans il a écrit quatre *Nuits* qui captent merveilleusement bien la poésie des quatre saisons de l'année. Choisissons le début de la première, « La Nuit de mai ».

Alfred de Musset.

La Muse

Poète, prends ton luth et me donne un baiser ;
La fleur de l'églantier sent ses bourgeons éclore.
Le printemps naît ce soir ; les vents vont s'embraser ;
Et la bergeronnette, en attendant l'aurore,
Aux premiers buissons verts commence à se poser.
Poète, prends ton luth, et me donne un baiser.

Le Poète

Comme il fait noir dans la vallée !
J'ai cru qu'une forme voilée
Flottait là-bas sur la forêt.
Elle sortait de la prairie ;
Son pied rasait l'herbe fleurie ;
C'est une étrange rêverie ;
Elle s'efface et disparaît.

La Muse

Poète, prends ton luth ; la nuit, sur la pelouse,
Balance le zéphir dans son voile odorant.
La rose, vierge encor, se referme jalouse
Sur le frelon nacré qu'elle enivre en mourant.
Ecoute ! tout se tait ; songe à ta bien-aimée. [. . .]

Le Poète

Pourquoi mon cœur bat-il si vite ?
Qu'ai-je donc en moi qui s'agite
Dont je me sens épouvanté ?
Ne frappe-t-on pas à ma porte ?
Pourquoi ma lampe à demi morte
M'éblouit-elle de clarté ?
Dieu puissant ! tout mon corps frissonne.
Qui vient ? qui m'appelle ? — Personne.
Je suis seul ; c'est l'heure qui sonne ;
O solitude ! ô pauvreté !

La Muse

Poète, prends ton luth ; le vin de la jeunesse
Fermente cette nuit dans les veines de Dieu.
Mon sein est inquiet ; la volupté l'oppresse,
Et les vents altérés m'ont mis la lèvre en feu.

O paresseux enfant ! regarde, je suis belle.
Notre premier baiser, ne t'en souviens-tu pas,
Quand je te vis si pâle au toucher de mon aile, [. . .]

Etude
de mots

La Comédie humaine panorama de la société française des années 1830–1850.
Le titre de la série fut inspiré par *La divina Commedia* de Dante, panorama du
monde spirituel du christianisme.

des Gallois et des Bretons Le gallois et le breton, deux des langues celtiques,
ont un grand nombre de mots en commun. Le **pays de Galles** = *Wales*.

un **gilet** *vest*

Moïse *Moses* ; un des grands poèmes philosophiques de Vigny. Moïse est **le**
berger du poème, choisi par Dieu pour conduire le peuple hébreu d'Egypte à la
Terre promise.

(mots qui paraissent dans « La Nuit de mai ») :

altéré *adj* ici, qui excite la soif

une **bergeronnette** *wagtail* (oiseau)

un **bourgeon** fleur pas encore ouverte

un **buisson** *bush*

éclore *littér* s'ouvrir (Cf. **clore** = fermer)

l'**églantier** *m* rose sauvage

s'embraser [sābʀɑze] prendre feu, s'enflammer (≠ s'embrasser)

le **frelon** gros insecte qui ressemble à l'abeille mais qui ne produit pas de miel : *hornet*

me donne forme archaïque de **donne-moi**

nacré *adj* *pearly* ; la **nacre** la surface opalescente à l'intérieur des coquilles d'huîtres

la **pelouse** terrain planté d'herbe (*grass*)

une **prairie** = un **pré** *meadow*

raser toucher légèrement (Cf. *to graze*)

je (te) **vis** *passé simple de* **voir**

un **voile** *veil* ; *v* **voiler** (Cf. une **voile** *a sail*)

la **volupté** vif plaisir des sens (Cf. *voluptuous*)

QUESTIONS

1. Qu'est-ce qui a provoqué la coalition européenne, à partir de 1792, contre la Première République ?
2. Quel a été l'effet de la coalition sur la carrière de Napoléon ?
3. Que savez-vous du Code Napoléon ?
4. Expliquez le nom « Monarchie de Juillet ».
5. Qu'est-ce que Saint-Simon et Fourier ont proposé ?
6. Quelle est l'importance du « cénacle » de 1823 ?
7. Résumez trois caractéristiques du romantisme.
8. Le romantisme français ne montre pas son visage entier au-delà des frontières du monde francophone. Pourquoi ?

LE XIXe SIECLE APRES 1848 — LES SUITES DU ROMANTISME

Le cadre politique et social

Le Gouvernement provisoire de 1848 a mis en place une Deuxième République et l'électorat a choisi pour président le neveu de Napoléon, Louis-Napoléon Bonaparte. Celui-ci a transformé la République en Empire, cependant, par un coup d'état, fin 1851, devenant ainsi dès 1852 l'empereur Napoléon III. Sous le Second Empire la France a bénéficié d'une véritable seconde révolution industrielle, et elle a connu encore une génération de créativité dans les arts et les sciences.

La courte Guerre de 1870, provoquée par le ministre prussien Bismarck, a mis fin au Second Empire et a transféré l'Alsace et une partie de la Lorraine à l'Allemagne. La défaite dans cette guerre a été suivie d'un régime précaire qui a réprimé en 1871 une révolte de la Commune municipale de Paris, au prix de quelque 30 000 morts, avant de réussir à établir la Troisième République. Sous la Troisième République, qui devait durer jusqu'à la Guerre de 1914, la créativité a repris et a continué, malgré des crises économiques et des conflits sociaux. L'année 1882, par exemple, est celle d'une grave crise bancaire, mais aussi celle d'une grande avance sociale : la loi Jules Ferry qui a achevé de rendre l'enseignement primaire gratuit et obligatoire pour garçons et filles, administré par l'Etat.

Deux courants nés du Romantisme

Au long de cette seconde moitié du XIXe siècle la France s'est trouvée à la tête de plusieurs mouvements littéraires et artistiques, grâce à deux courants d'idées issus du fécond mouvement romantique. Le premier de ces courants explore le monde poétique, fantaisiste, que la « La Nuit de mai » nous a laissé entrevoir. L'autre découle du roman réaliste et de sa préoccupation de découvrir, au lieu de l'universel, le cas particulier. Chacun de ces courants prendra des directions inattendues. Le deuxième, par exemple, s'alliera avec la méthode scientifique.

Or, la fantaisie et la méthode scientifique sont diamétralement opposées ; à ce point de vue, les deux courants sont bien différents. Mais ils partagent l'*esprit* de la science : observer avant de juger, explorer, repousser la frontière de l'inconnu, confiant de pouvoir atteindre à des réalisations intellectuelles, artistiques ou sociales sans précédent.

Le Parnasse, le Symbolisme et l'Impressionnisme

Surprise : le culte du moi, force motrice du romantisme depuis Rousseau, va droit dans une « voie de garage » : le prochain mouvement, le Parnasse, part à la recherche d'une beauté resplendissante dans des paysages loin des hommes et de toute leur agitation sentimentale. De là le nom de Parnasse, la montagne en Grèce où habitent les Muses et le serein Apollon. C'est à ce mouvement que nous devons les très beaux poèmes de Leconte de Lisle.

Vers 1885, un troisième mouvement se développe, dont les poètes les plus connus sont Mallarmé et Verlaine. C'est le symbolisme. Son nom est prophétique : ce mouvement conduit à l'art innovateur du XXe siècle, dont la préoccupation dominante est, précisément, celle des symboles, comme l'était l'évolution ou l'histoire pour le siècle passé. A notre époque, nous voyons comment on manipule les symboles, et comment les symboles manipulent nos attitudes ; nous sommes très conscients de la différence entre la simplicité d'un symbole et la complexité de la situation qu'il représente.

On peut dire que le mouvement symboliste commence vers 1855, par un sonnet de Baudelaire. On a bien dit qu'à partir de ce poème, la poésie ne pouvait jamais

Baudelaire.

plus être la même qu'avant. Il illumine le cours que prendra la poésie à partir de 1885, et il montre comment on peut poursuivre l'*esprit* de la science en explorant l'inconnu par un procédé tout à fait opposé à la méthode scientifique.

Baudelaire prétend que les impressions reçues par nos cinq sens ont des similitudes entre elles, et que ces similitudes, ou « correspondances », suggèrent une profonde unité dans notre expérience intérieure (peut-être même dans la réalité extérieure) qui échappe à l'observation scientifique.

<h3 align="center">Correspondances</h3>

La Nature est un temple où de vivants piliers
Laissent parfois sortir de confuses paroles ;
L'homme y passe à travers des forêts de symboles
Qui l'observent avec des regards familiers.

Comme de longs échos qui de loin se confondent
Dans une ténébreuse et profonde unité,
Vaste comme la nuit et comme la clarté,
Les parfums, les couleurs et les sons se répondent.

Il est des parfums frais comme des chairs d'enfants,
Doux comme les hautbois, verts comme les prairies,
— Et d'autres, corrompus, riches et triomphants,

Ayant l'expansion des choses infinies,
Comme l'ambre, le musc, le benjoin et l'encens,
Qui chantent les transports de l'esprit et des sens.

Dans la peinture au cours de ce second demi-siècle, la très riche production des impressionnistes correspond au symbolisme en poésie. A la différence de l'école réaliste de Courbet ou du sculpteur Rodin, les impressionnistes s'intéressent moins aux choses qu'à la magie de la lumière qui les transforme du matin au soir. Les impressionnistes de la France, Edouard Manet, Renoir, Degas, Cézanne,

Claude Monet : La terrasse Ste-Adresse.

Sisley, Claude Monet, remplissent des salles de musées dans plusieurs pays. L'*Art Institute* de Chicago leur a consacré une aile entière.

En musique, les grands impressionnistes sont Debussy et Ravel. Leur style fait penser au mot du poète symboliste Mallarmé, « Suggérer, c'est créer ; nommer, c'est détruire ». Dans la musique de l'autre courant, le courant réaliste, l'initiative passe à l'Allemagne. L'héritier de Berlioz est Wagner.

En France, ce sont la philosophie et la science issues du courant réaliste qui produisent des effets inattendus, tant sur le plan de la société que sur celui de la littérature.

Un réalisme et une science idéalistes

La préoccupation romantique des choses et des cas particuliers a redoublé le respect pour l'observation systématique : la méthode scientifique. Auguste Comte avait lancé un mouvement international appelé « le positivisme », par le *Cours de philosophie positive* qu'il avait fait de 1830 à 1842. C'est une philosophie qui n'accepte comme certain rien d'autre que les données des cinq sens. Le positivisme a résisté longtemps au reproche d'être trop étroit, et entre temps il a eu quelques bons effets.

Un de ces effets est la découverte que les périodes historiques, comme les régions du monde et leurs peuples, sont toutes si différentes qu'il faut les comprendre dans leurs propres termes. C'est « le relativisme historique ». On a poussé ce relativisme plus loin. Le jugement que nous faisons d'une autre culture, et qui nous semble si évident, est relatif à notre système de valeurs : l'autre nous jugera à son tour ! C'est « le relativisme culturel », le fondement du respect mutuel dans une société pluraliste.

Les résultats positifs des sciences physiques et biologiques ont agrandi ce courant d'idées. La découverte du radium par Pierre et Marie Curie a été un pas en avant important pour la physique atomique. Les recherches de Pasteur et la médecine expérimentale de Claude Bernard se sont traduites en bienfaits pour l'humanité.

Le courant réaliste continue dans le roman après Balzac et Stendhal. Le chef-d'œuvre de Flaubert, *Madame Bovary*, rend fascinante l'histoire de personnages médiocres dans un milieu monotone, grâce à l'observation pénétrante du romancier, grâce aussi à la beauté de son langage. Ensuite, le mouvement naturaliste s'inspire consciemment de la méthode scientifique. Emile Zola voulait observer les sujets humains de ses romans exactement comme le naturaliste observe ses insectes. (Mais Zola est surtout un idéaliste, ainsi que l'artiste Daumier.)

Le succès des sciences a nourri l'espoir idéaliste que les romantiques avaient toujours entretenu, l'espoir de mettre fin un jour à la misère et à l'injustice qu'ils décrivaient. C'est paradoxal ! Plus le réalisme se faisait scientifique, plus il devenait idéaliste.

Un idéaliste de 1848 vingt ans après

Arrêtons un moment ce rapide récit d'un demi-siècle pour écouter un ancien « quarante-huitard » qui a été exilé par Louis-Napoléon Bonaparte (le futur Napoléon III) en 1851 et qui, en 1869, presque à la fin du Second Empire, réaffirme ses principes dans un tract d'une page. C'est un provincial du nom de Pierre Joigneaux, de Beaune, en Côte-d'Or, un pays connu pour sa fine cuisine et l'un des superbes vins de Bourgogne, le côte de Beaune. C'est un homme robuste, qui vit bien, mais surtout un homme très civilisé, issu de vingt générations de gens cultivés. En cela il est typique d'une catégorie de provinciaux, hommes et femmes, dans tous les coins de France, avec lesquels c'est un plaisir de converser. Il a par ailleurs écrit plusieurs livres et fondé une école d'horticulture à Versailles.

Voici des extraits de son tract. Il accepte d'être le candidat de trois départements à la législature nationale. Notez son attitude envers le changement social, son idéalisme et la confiance qu'il fait au pacifisme. . . un an avant la prochaine guerre.

« Mes Chers Concitoyens,

« En aucun temps, je n'ai sollicité l'honneur de votre mandat ; ce sont vos sympathies qui me l'ont offert spontanément en 1848 et 1849 ; ce sont vos sympathies qui, de nouveau, [. . .] triomphent de mon hésitation et me font un devoir d'accepter cette candidature.

« Entre nous [. . .] vous savez que j'ai passé ma vie au service de la liberté, [. . .] vous savez également que je n'admets pas de temps d'arrêt dans la marche du progrès, et que je la veux incessante. Il me paraît plus sage de solliciter, de favoriser le mouvement des esprits, que de le paralyser ou de le comprimer.

« L'exercice du suffrage universel implique la connaissance des droits et des devoirs politiques ; [. . .] à cet effet, je revendique la liberté absolue de la presse, ainsi que la liberté de réunion et d'association.

« Les guerres ne sont plus de notre époque ; les différends entre nations peuvent se terminer par arbitrage. Je désire donc que la conscription disparaisse et que les sommes énormes dépensées pour l'entretien des armées permanentes soient employées utilement. Avec les six cents millions au moins que l'on donne à l'armée pour ne rien produire, on pourrait [. . .] rendre l'instruction gratuite et obligatoire, et faciliter la réalisation d'autres réformes également utiles.

« La centralisation nous étouffe ; je demande donc que les libertés communales soient aussi étendues que possible, et que les maires soient nommés par leurs administrés [. . .].

« Le coin de terre du pauvre cultivateur est imposé, tandis que le portefeuille du millionnaire échappe au bordereau du percepteur. [. . .] Il importe donc que des citoyens, libres de toute attache officielle, sachent où va l'argent des contribuables et aient la ferme volonté de mettre un terme aux dépenses folles et aux emprunts.

« Cette ferme volonté, je l'ai et je l'affirme devant vous, en même temps que je vous remercie affectueusement de votre bon souvenir et du nouveau témoignage de confiance que vous me donnez.

Pierre JOIGNEAUX,
Ancien Représentant du Peuple.

« Varennes, le 7 mai 1869 »

L'Affaire Dreyfus

La science a eu l'effet inattendu de polariser la France. Ernest Renan a porté l'esprit du mouvement naturaliste jusqu'à écrire une *Vie de Jésus* sur un plan simplement humain : « un homme incomparable » . . . ce qui lui a coûté sa chaire de professeur d'hébreu au prestigieux Collège de France. Renan insistait aussi, dans l'*Avenir de la Science*, sur le changement, l'évolution : « Le grand progrès de la réflexion moderne a été de substituer la catégorie du *devenir* à la catégorie de l'*être*, la conception du relatif à la conception de l'absolu, le mouvement à l'immobilité. »

Mais beaucoup de ses contemporains croyaient le contraire, et c'est le conflit d'idées entre les deux camps qui a rendu si passionnée l'affaire Dreyfus. En 1894, ce capitaine d'armée a été condamné par un tribunal militaire pour un acte prétendu de trahison : l'espionnage. Les partisans des Droits de l'homme ont mis en question la justice du jugement. Zola, ce documentaliste par excellence, a publié ses recherches dans une lettre ouverte, *J'accuse*. . . et a été condamné à une année de prison.

La Ligue de la patrie française a mené la défense de l'armée, soutenue par la droite politique. De ce côté-ci il y avait beaucoup d'antisémitisme, et le fait que Dreyfus était juif a compliqué les attitudes des deux côtés. On a établi que le condamné avait été la victime de documents faussés et le jugement contre lui a été finalement renversé en 1906. Le souvenir de cette affaire, cependant, n'a jamais cessé d'aggraver tout conflit qui surgit entre la droite et la gauche.

Etude de mots	l'**ambre** *m* ici, l'ambre gris (*ambergris*), source d'une odeur sucrée

le **benjoin**   *benjamin gum (benzoin)*

Claude Bernard (1813–1878)   médecin et physiologiste

un **bordereau**   *itemized bill; a statement; a memo*

communal *adj*   d'une commune

un **contribuable**   *taxpayer*

Honoré **Daumier** (1808–1879)   grand caricaturiste du XIXe siècle. Peu apprécié par les objets de sa satire. Aussi réaliste qu'idéaliste, il mourut dans la pauvreté.

découler   couler à partir d'une source, d'une cause

un **différend**   une dispute

l'**encens** [ãsãs] *m*   *incense* ; ici, *frankincense*

entrevoir   voir trop rapidement

étouffer   *to stifle*

le **hautbois**   *oboe* (Notez le son du mot, tellement meilleur que « Doux comme la clarinette » !)

il est   ici, = il y a

imposer   ici, *to tax*

le **percepteur**   représentant du fisc

qui devait durer   qui était destinée à durer

revendiquer   demander, en prétendant que c'est un droit

ténébreux *adj*   obscur ; les **ténèbres** *fpl, littér* l'obscurité profonde

une **voie de garage**   qui ne mène nulle part

QUESTIONS

1. Quels événements marqués de violence ont précédé le remplacement du Second Empire par la Troisième République ?
2. L'essai que vous venez de lire classe les mouvements culturels de 1848 à 1900 en deux courants. Comment y sont-ils décrits ?
3. Pourquoi les poètes du Parnasse ont-ils choisi ce nom ?
4. Qui peut retrouver une citation du poète symboliste Mallarmé où il conseille de s'exprimer indirectement, par le biais des symboles ?
5. Qui peut trouver dans « Correspondances » un exemple de l'esprit scientifique ? (Vincent en signale un sur la seconde bande.)
6. Qu'est-ce que le relativisme ?
7. Comment se peut-il que la méthode scientifique encourage l'espoir idéaliste ?
8. Selon M. Joigneaux, il serait sage de favoriser une tendance culturelle qui était chère à Renan. Laquelle ?
9. Quelle aura été la réaction de la droite et de la gauche en 1859 à *De l'origine des espèces par voie de sélection naturelle* ? L'auteur ?

SCENES DE LA VIE FRANÇAISE

ON FAIT LES PRESENTATIONS. Monsieur et Madame Brandicourt (Odile et Michel) reçoivent des amis un dimanche soir (vers 18 h). Les amis sont : Mme Grandjean (Marie-Christine) ; M. Grandjean (Georges) ; Mme Foulon (Jeanne) ; M. Foulon (Jacques) ; les Dufayard (Marthe et François).

MME BRANDICOURT	Bonjour, Marie-Christine. Quel plaisir de te voir ! (*Elles s'embrassent.*)
M. BRANDICOURT	Bonjour, chère amie. Ton époux t'accompagne ? (*Ils s'embrassent.*)
MME GRANDJEAN	Bonjour, Odile, bonjour, Michel. Georges arrive. Il était en train de garer la voiture. Le voilà.
M. GRANDJEAN	Bonjour, Odile, Michel. Voilà longtemps qu'on ne s'est vu. (*Odile et Georges s'embrassent.*)
M. BRANDICOURT	Bonjour, Georges. Comment vas-tu ? (*Ils se serrent la main.*) Il est de plus en plus difficile de garer une voiture à Paris.
M. GRANDJEAN	Et avec ça les promeneurs du dimanche ! Mais nous sommes revenus de la campagne assez tôt pour éviter le pire de la circulation.
MME BRANDICOURT	Vous êtes gentils de'être revenus vous joindre à nous. Vous connaissez les Foulon, n'est-ce pas ? Non ? Alors je vais vous présenter. Jeanne, je vous présente Madame Grandjean, Monsieur Grandjean. Marie-Christine, Georges, je vous présente M. Foulon.
MME FOULON	Bonjour, Madame, Monsieur. (*Ils se serrent la main.*)
MME GRANDJEAN	(*à Mme Foulon*) Bonjour, Madame.
M. FOULON	(*aux Grandjean*) Mes hommages, Madame. Très heureux de vous connaître, Monsieur. Je vous connais de nom. Je lis avec beaucoup d'intérêt vos articles dans *L'Expansion*. Je partage votre point de vue la plupart du temps.
M. GRANDJEAN	Vous êtes bien aimable, Monsieur. Nous en parlerons tout à l'heure si vous voulez bien.
MME BRANDICOURT	Asseyez-vous, je vous prie. Ah, voici les Dufayard. Bonjour, Marthe, bonjour, François. (*Ils s'embrassent.*) Vous avez une mine superbe tous les deux ! Vous revenez de Saint-Tropez ?
MME DUFAYARD	Hier soir. Il a fait un temps magnifique là-bas. Et toi, comment ça va ?

Etude de mots

être revenu(s) *inf passé* to have returned

L'Expansion revue mensuelle d'économie

garer trouver une place pour une voiture ou autre véhicule

mes **hommages** *mpl* formule de politesse adressée par un homme à une femme

une **mine** aspect du visage qui est l'expression de la santé

Saint-Tropez ville renommée sur la Côte d'Azur

EXERCICE ORAL

En groupes de deux ou trois, inventez des scènes où il faut faire des présentations. Rappelez la remarque faite à la p. 32 : Dès les présentations, un Français s'individualise par la tournure qu'il donne à une banalité, par le rapport qu'il établit avec vous.

En principe, on présente un homme à une femme, une personne plus jeune à une personne plus âgée.

Les amis s'embrassent sur les deux joues, même s'ils se disent **vous**. A Nantes, on embrasse trois fois !

COMPOSITION

1. Votre réaction aux deux poèmes, « La Nuit de mai » et « Correspondances ».
2. Une lettre pour persuader. Par exemple, écrivez à un restaurateur dans un pays francophone pour le convaincre de vous envoyer une recette inédite. Vous savez que, en général, les maîtres queux (= grands cuisiniers) ne révèlent pas leurs recettes, mais exceptionnellement. . . On peut commencer la lettre par « Monsieur », et la terminer par un paragraphe tel que : « Je vous prie d'agréer, Monsieur, l'expression de mon profond respect. »
3. Une comparaison entre deux carrières qui vous attirent. (*V* la section Carrières, dans l'Index socio-culturel.) Notez, par exemple, que la diplomatie exige des séjours dans différents pays : un désavantage si deux époux ont chacun une carrière rémunérée.

HUITIEME PALIER

ACTIVITES DE CLASSE

A. Dans la seconde moitié du cours, voulez-vous échanger des vidéocassettes (si vous avez l'équipement pour faire la conversion) ou des films avec une classe en France ? Y a-t-il un jumelage ou une amitié personnelle qui puisse faciliter le contact ?

B. Débat. Est-ce que les hommes ont généralement une mentalité monochronique et les femmes, polychronique ?

C. Est-ce que quelqu'un peut parler du musée Rodin à Paris, du musée Stendhal à Grenoble, des impressionnistes à l'*Art Institute* de Chicago, du musée Van Gogh à Amsterdam, ou d'une autre collection d'art du XIXe siècle ?

D. Débat. Un psychologue, un biologiste, et un physicien auront probablement des points de vue très différents : Edward T. Hall compare la tendance de deux systèmes nerveux humains à se synchroniser (par exemple, deux personnes qui conversent), à la même tendance de deux pendules (*pendulums*) ou de deux lucioles (*fireflies*). Il associe même la télépathie à ce phénomène. (*The Dance of Life*, 1983, *La Danse de la vie*, 1984, Chapitre 10.)

PROJETS

A. Pour démontrer la flexibilité rythmique du français, lisez à la classe « Les Djinns » de Victor Hugo. Il faudra expliquer que ces démons légendaires s'approchent de loin par une nuit calme, descendent sur nous comme un orage terrible, et puis s'éloignent. La virtuosité de Hugo lui permet d'exprimer ce mouvement par des vers successivement de 2, 3, 4, 5, 6, 7, 8 et 10 syllabes, puis de 8, 7, 6, 5, 4, 3, 2. Ce poème célèbre, paru dans *Les Orientales* (1829), montre en même temps le goût romantique de l'exotisme.

B. Sondage de la classe par un volontaire. Si vous étiez employés à plein temps, quel pourcentage de la classe préférerait (*a*) gagner davantage, et (*b*) réduire le temps de travail ? Cf. le sondage du *Nouvel Observateur* (du 7 au 13 octobre 1983, p. 58) :

	1973	1983
REDUIRE LE TEMPS DE TRAVAIL	40 %	45 %
GAGNER DAVANTAGE	41 %	38 %

Que pensez-vous de la façon dont cette majorité de Français cherche le bonheur ?

C. Pour un politologue ? Nicholas Wahl emploie les termes de Jacobin et anti-Jacobin pour éclaircir l'opposition entre les deux côtés du parti socialiste des années 1980 (*Contemporary French Civilization* 8, 1983–84, pp. 106–115). Que veut dire Jacobin ?

D. Pour un amateur d'histoire. Tocqueville était un brillant observateur des Etats-Unis des années 1830, aussi bien que de ses compatriotes. Résumez pour la classe quelques-uns de ses aperçus.

E. Décrivez pour la classe les communautés expérimentales que Charles Fourier appelait des « phalanstères ».

F. Pour un musicien. Parlez de la musique du XIXe siècle que vous aimez le plus.

G. Montrez des caricatures d'Honoré Daumier, considéré le plus grand caricaturiste de son siècle — par exemple « Amateurs classiques de plus en plus convaincus que l'art est perdu en France » , p. 269 de Roger Passeron, *Daumier, témoin de son temps* (Fribourg : Office du livre, 1979 ; en anglais, même titre, Oxford : Phaidon, 1981, p. 267). Cet exemple date de 1852, vingt ans après la bataille d'Hernani (p. 154). Remarquez l'expression de mépris que dirige le romantique vers les deux amateurs classiques.

CHAPITRE NEUF

 Ecoutez la bande 9-A, avec le Cahier : Voir l'Exercice J, p. C118.

NOTE : Vous êtes maintenant assez expert(e) pour distinguer entre *l'étude* d'un texte et la lecture rapide. Si le temps manque vraiment pour étudier un essai tout entier, demandez si votre professeur préfère en limiter l'étude à certains passages, par exemple à ceux présentés sur les bandes.

LA PATRIE, QU'EST-CE QUE C'EST, AU JUSTE ?

L'Invention de la France

Un livre qui porte ce titre, paru en 1981 chez Hachette, propose deux thèses qui se complètent l'une l'autre. Selon la thèse principale, chaque région de la France a des traits anthropologiques très durables. Dans la France ouest-atlantique, par exemple, et aussi sur la frontière est, on se marie relativement tard, et le fait de rester longtemps sous la tutelle des parents correspond à une structure familiale plus autoritaire, avec des attitudes conservatrices en politique et en religion. De tels traits, et les traits contraires dans d'autres régions, engendrent des conflits permanents qui affaiblissent l'unité nationale.

La thèse complémentaire présente la France comme une « invention », un « mythe utile » créé pour que les régions puissent vivre ensemble. Les auteurs du livre, Hervé Le Bras (il prononce le s) et Emmanuel Todd, définissent cette invention comme « un processus de fabrication d'une nation à partir d'éléments contradictoires ».

L'étude moderne des communications amène à une idée semblable, à l'échelle internationale : les régions qui composent les nations-états ont des réseaux de communication qui ont précédé l'existence de ces nations et qui pourraient bien leur survivre.

 En France, le sentiment d'appartenir à une région semble prédominer sur le nationalisme. Selon le sondage CARA de 1981, 49 % des Français se sentaient appartenir d'abord à la région (32 %) ou à la ville (17 %) où ils habitaient, plutôt qu'à la France (seulement 28 %).

Cependant, « . . . enfants de la Patrie »

Les Français sont en même temps fiers d'être français : l'attachement à un « pays » n'exclut pas le nationalisme, de sorte que (comme chez tout peuple) l'étranger prudent laissera à ses hôtes le soin de critiquer leurs propres défauts.

Les réponses des Français et des Américains à la question de fierté nationale dans l'enquête CARA semblent d'abord montrer moins de patriotisme du côté de ceux-là, mais les chiffres couvrent en même temps une autre variable. Entre ces deux cultures, le style de réponse diffère grandement : l'un très critique, sceptique, mesuré ; l'autre plutôt enthousiaste, confiant, préférant le blanc et noir aux nuances de gris.

	FRANÇAIS	AMERICAINS
TRES FIERS	33 %	80 %
ASSEZ FIERS	48 %	16 %

Quel est donc l'objet de ce patriotisme que l'on célèbre en chantant *la Marseillaise* ? C'est avant tout une tradition, un patrimoine.

La tradition nationale est distillée dans des symboles tels que Jeanne d'Arc, et les souvenirs communs que le petit garçon expliquait à E.T. (p. 149).

Le patrimoine des Français ajoute à ces symboles abstraits des symboles plus concrets : les trésors de la Bibliothèque nationale et du Louvre ; la cuisine, l'architecture, les meubles, non seulement des grands styles mais aussi du style de vie des gens simples, dont on trouve les humbles trésors émouvants dans le musée des Arts et Traditions populaires. Au milieu de l'héritage commun, la langue française fait l'objet d'une fierté et d'une sollicitude particulières.

C'est sur cette tradition nationale que les Français se sont repliés après l'humiliante invasion allemande de juin 1940. (Les moments de crise révèlent les valeurs d'un peuple, de même que chez l'individu.) On s'est dit à ce moment-là, « Le gouvernement peut tomber, l'Etat même peut tomber, mais la France est éternelle ». Les Américains ne diraient sûrement pas en pareille occasion, « La Constitution peut être détruite mais les Etats-Unis resteront intacts ». Ce dernier pays a distillé tout l'héritage politique du XVIIIe siècle, une fois pour toutes, dans son unique constitution, alors que la France a connu depuis la Révolution un Consulat, un Directoire, deux Monarchies, deux Empires et cinq Républiques, pour ne pas mentionner l'Etat fasciste de Vichy. Marianne a pris l'habitude de voir passer les régimes sans rien perdre de sa jeune beauté.

Les Français se sont donc vus obligés de transférer leur patriotisme du niveau politique au niveau plus élevé d'une tradition culturelle ; et cette conception de la France a un effet heureux sur le reste du monde francophone, car les citoyens des autres pays peuvent partager avec les Français une dévotion loyale, même fervente, à la France ainsi conçue, sans rien soustraire à leur propre patriotisme. Les Canadiens français fournissent un exemple parfait de cette double allégeance sans conflit. Solidement attachés à leurs racines ancestrales en France, ils n'en sont pas moins libres d'être Canadiens ou Québécois avec la même ferveur. D'autres anciennes colonies françaises libérées plus récemment, notamment celles de l'Afrique occidentale, devenues indépendantes seulement en 1960, apportent des exemples plus compliqués. Là, la tradition française n'est généralement qu'une culture seconde, et des intellectuels de gauche en veulent au colonialisme culturel et économique.

Il est vrai que le patriotisme français prend un autre sens à propos des sports internationaux, comme en temps de guerre. La rivalité sportive se fait plus intense aux moments des rencontres internationales que lors des matchs entre régions de France. La plupart du temps, néanmoins, « la France » veut dire pour les Français, ainsi que pour tous leurs voisins de la planète, un trésor que chacun peut emporter chez soi sans empêcher que tous les autres fassent de même.

Etude de mots

en vouloir à qqn garder un ressentiment contre lui

laisser à qqn le soin ici, expression humoristique : ne pas prendre cette responsabilité, qui ne convient pas à un visiteur

Marianne l'équivalent français de l'Oncle Sam. Elle porte un bonnet phrygien à la page 149. La Phrygie fait partie de la Grèce antique tant admirée par les orateurs de la Révolution.

n'en sont pas moins en = à cause de cela

se replier (plier *to fold)* rentrer en soi-même

le **sondage CARA** Le Center for Applied Research in the Apostolate (CARA), à Washington, avec la collaboration du European Value Systems Study Group à l'Université de Louvain en Belgique et l'organisation Gallup, a fait pour l'Eglise catholique une étude des valeurs contemporaines dans vingt pays représentatifs de l'Europe occidentale (y compris la Grande-Bretagne, plus la Hongrie), les trois Amériques et l'Orient. Les 25 000 interviews, commencées en 1981, constituent l'enquête la plus étendue jamais réalisée sur les systèmes de valeurs. Jean Stoetzel a analysé les résultats pour la France et huit pays voisins dans *Les Valeurs du temps présent* (1983) ; supplément par Alain Girard, « Les Français et les valeurs du temps présent », *Revue française de sociologie* 26 (i, janvier–mars) 1985, pp. 3–31.

QUESTIONS

1. Quelles sont les deux thèses de *L'Invention de la France* ?
2. L'étude moderne des communications amène à quelle conclusion au sujet de la nation-état ?
3. Lequel des sentiments d'allégeance est le plus fort chez les Français : envers leur région ou envers l'Etat ? Citez des chiffres pour expliquer votre opinion.
4. Les Français révèlent quel trait en préférant se dire « assez fiers » plutôt que « très fiers » ?
5. Cherchez sur un plan de Paris où se trouvent la Bibliothèque nationale, rue de Richelieu, au nord de la place du Palais-Royal ; le Louvre, entre cette place et la Seine ; et le musée des Arts et Traditions populaires, dans le Bois de Boulogne.
6. La Troisième République est tombée en juin 1940. Comment les Français ont-ils réagi à ce fait politique ?
7. Qu'est-ce qui a obligé les Français à transférer leur patriotisme à un niveau plus élevé ?
8. Expliquez le contraste entre l'attitude des Québécois envers la France, et l'attitude de certains Africains de gauche.
9. Les sports inspirent un certain type de patriotisme. Lequel ?

Apprenez les verbes **lire**, **plaire** *et* **manquer**, *p. C111, et faites les Exercices A et B, et l'Exercice facultatif sur le verbe* **manquer**.
Apprenez L'emploi du futur après les conjonctions de temps, p. C113, et écrivez l'Exercice C.
Etudiez L'actif et le passif, p. C113, pour faire l'Exercice D.
Etudiez Comment éviter le passif, p. C114, et faites l'Exercice E.
Apprenez quelles prépositions on emploie avec les noms géographiques, p. C115, pour faire l'Exercice F.
Finalement, étudiez Le participe présent, p. C116, et écrivez l'Exercice G.

LE MONDE FRANCOPHONE

(Regardez la carte du début du livre.)

Moins de la moitié des francophones habite la métropole, qui a plus de 55 millions d'habitants. Plus de la moitié des gens qui parlent français au moins comme langue seconde se trouve dans une quarantaine d'autres parties du globe : cinq départements d'outre-mer (D.O.M.), cinq territoires (T.O.M.), et surtout des pays indépendants.[1] Nous indiquons ces régions sur la légende de la carte, avec les capitales dans le cas des pays. Nous n'y comptons pas les pays ou régions où le français s'apprend comme langue étrangère, ni les Zones économiques françaises.

Une couverture de la revue *Autrement*, dont chaque numéro est consacré à un des thèmes « qui forment l'actualité profonde de notre temps ».

Montréal et sa banlieue, avec une population de 3 600 000, est la plus grande ville francophone du monde après Paris. Kinshasa, la capitale du Zaïre, dont la population est de trois millions et demi, risque d'enlever cette distinction à la ville québécoise, et l'Afrique est en voie de devenir le continent de la plus importante population francophone.

Aux Etats-Unis, on trouve en Nouvelle-Angleterre un million de personnes dont la langue maternelle est le français. En Louisiane, ancienne colonie française baptisée en l'honneur de Louis XIV, les francophones prédominent dans la moitié sud de l'Etat. C'est là que se sont refugiés les Acadiens, quand la Nouvelle-Ecosse a été cédée par la France à l'Angleterre, en 1713, et c'est là que se trouve la Nouvelle-Orléans, deuxième port des Etats-Unis après New York, célèbre pour son quartier français, le Vieux Carré.

En Louisiane et à Haïti on entend plus de créole que de français standard. Dans les trois départements voisins — à la Martinique, à la Guadeloupe et en Guyane — grâce au système éducatif français, 98 % de la population parle aussi la langue officielle. Dans ces D.O.M. cependant, aussi bien que dans les pays noirs indépendants de cette région et d'Afrique, le mouvement en faveur de la Négritude, dont nous parlerons tout à l'heure, a défendu les cultures indigènes contre l'envahissement de la civilisation occidentale.

Si l'on a de la difficulté à imaginer l'opposition entre les deux familles de cultures, on n'a qu'à réfléchir à un seul aperçu d'Edmund Glenn : l'individualisme, qui a une valeur positive en Occident, a une valeur négative en Afrique.

---

[1] Le nombre total de francophones, selon une estimation conservatrice, dépasse 113 millions. L'Ambassade de France à Washington a estimé — sans doute avec trop d'optimisme — 200 millions et même 250 millions (*News from France*, 24 février et 6 octobre, 1986, respectivement).

Quand nous lirons la vie de Senghor et de Césaire, nous pourrons sentir quels conflits ils ont été obligés de surmonter pour atteindre à leur admirable culture personnelle.

Le plus difficile à surmonter a été sans doute la relation entre dominé et dominant. On peut dire que des deux côtés la mentalité coloniale est en déclin avec, d'une part, les véhémentes critiques contre l'impérialisme économique ou culturel, et d'autre part, les lents progrès de l'idée d'égalité.

Parmi les forces qui font progresser cette idée, les sports ne sont pas négligeables. Depuis le début des années 80, le Marathon de la Francophonie rassemble des athlètes d'Europe, d'Afrique et du Canada. Et en 1983, aux quatrièmes jeux de l'Union nationale des sports scolaires, tenus à Fontainebleau, des athlètes des D.O.M.–T.O.M. ont participé pour la première fois et ils s'y sont distingués, ceux de Guadeloupe au 500 mètres, et une jeune fille de la Nouvelle-Calédonie au javelot.

Etude de mots

la **Négritude** mouvement qui, dès les années 1940, a donné une expression littéraire aux valeurs et aspirations du monde noir, par exemple dans les écrits de Senghor et de Césaire

outre-mer au-delà des mers (Cf. *outer, utter*)

Zones économiques françaises Il y en a six, reconnues internationalement en plus des T.O.M. Dans le Pacifique Sud, (1) les Iles Saint-Paul et Amsterdam (appelée la Nouvelle-Amsterdam), et (2) l'Ile Kergulen. Dans l'océan Indien, (3) Bassas da India, (4) l'Ile de l'Europe, et (5) les Iles Crozet. Et à l'ouest de l'Amérique Centrale, (6) l'Ile Clipperton.

QUESTIONS

1. Dans quelles régions du globe se trouvent les cinq D.O.M. ?
2. Au début du XXIe siècle quelles seront vraisemblablement la première, deuxième et troisième villes francophones ? (Paris avec sa banlieue a 8,5 millions d'habitants.)
3. Pourquoi les francophones sont-ils si nombreux en Louisiane ?
4. Pourquoi parle-t-on un français si proche du langage parisien en Guyane, à la Martinique et à la Guadeloupe ?
5. Vous êtes un étudiant noir qui voulez faire des études à l'Université des Antilles-Guyane, ou à celle de la Réunion. Quelle sera votre attitude envers les individualistes blancs qui font les mêmes études ailleurs en vue des mêmes débouchés (possibilités de travail) ?
6. Dans le petit magazine, *Kaléidoscope*, une agence de tourisme invite les touristes français à visiter la Malaisie. Où se trouve-t-elle sur la mappemonde ? Pourquoi la Malaisie plutôt que Singapour, ou Kuala Lumpur, capitale de la Malaysia ?

La carte du monde francophone

en Europe

1. La France (Paris)
2. La Belgique (Bruxelles)
3. Le Luxembourg (Luxembourg)
4. La Suisse (Berne)

5. Monaco *m* (Monaco)
6. La Corse, deux Départements : La Haute-Corse et La Corse du Sud

en Afrique du Nord

7. Le Maroc (Rabat)
8. L'Algérie *f* (Alger)

9. La Tunisie (Tunis)

en Afrique subsaharienne

10. La Mauritanie (Nouakchott)
11. Le Sénégal (Dakar)
12. La Guinée (Conakry)
13. Le Burkina Faso [faso] *m* [anciennement La Haute-Volta] (Ouagadougou)
14. La Côte-d'Ivoire (Abidjan)
15. Le Togo (Lomé)
16. Le Bénin [anciennement le Dahomey] (Porto-Novo)
17. Le Cameroun (Yaoundé), bilingue, français et anglais
18. Le Gabon (Libreville)
19. Le Congo (Brazzaville)
20. Le Zaïre (Kinshasa)
21. Le Ruanda ou Rwanda (Kigali)
22. Le Burundi [anciennement Urundi] (Bujumbura)
23. La République Centrafricaine (Bangui)
24. Le Tchad (N'Djamena), bilingue, français et arabe
25. Djibouti *m* (Djibouti)
26. Le Niger (Niamey)
27. Le Mali (Bamako)

dans l'océan Indien

28. Madagascar *f* ou *m* (Antananarivo)
29. Les Comores (Moroni), dont une île majeure, Mayotte, a choisi par vote de rester T.O.M.
30. La Réunion, D.O.M.

dans la région des Antilles (des Caraïbes)

31. La Guadeloupe, D.O.M.
32. La Martinique, D.O.M.
33. La Guyane française, D.O.M.
34. Haïti *m* ou *f* (Port-au-Prince)
35. Saint-Martin, T.O.M. (île des Petites Antilles, partagée avec les Pays-Bas)

en Amérique du Nord

36. La Louisiane
37. Saint-Pierre-et-Miquelon, D.O.M.
38. Le Québec

dans le Pacifique

39. La Polynésie française (du nord au sud : les Iles Marquises, l'Archipel Tuamotu, les Iles de la Société — qui incluent Tahiti — , l'Archipel Tubuaï et les Iles Gambier), T.O.M.
40. Wallis-et-Futuna, T.O.M.
41. Vanuatu [anciennement les Nouvelles-Hébrides], dans l'Archipel de la Mélanésie (Port-Vila)
42. La Nouvelle-Calédonie (île de la Mélanésie), T.O.M.

en Asie du Sud-Est

43. Le Kampuchéa *m* [anciennement le Cambodge] (Phnom Penh)

Cette liste néglige beaucoup d'endroits où le français est très utile, bien que ni officiel ni langue dominante. Les francophones sont nombreux par exemple au Viêt-Nam, au Laos, dans les grandes villes du Moyen-Orient, et dans le territoire de Pondichéry, sur la côte sud-ouest de l'Inde. Pondichéry fut cédée à l'Inde en 1956.

74ᵉ TOUR DE FRANCE

Du mercredi 1ᵉʳ Juillet au dimanche 26 Juillet 1987

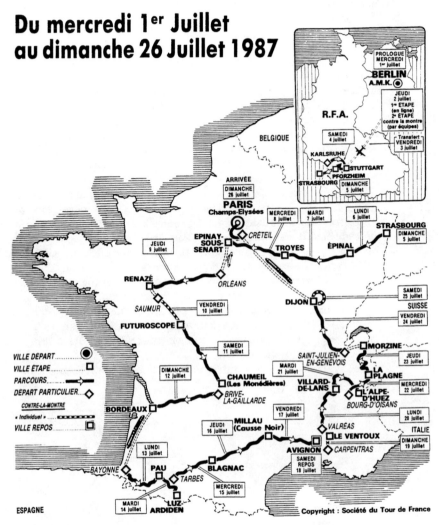

Copyright : Société du Tour de France

 SCENES DE LA VIE FRANÇAISE

Le Tour de France

Introduction à la Scène

Le Tour de France est une course cycliste, en plusieurs étapes, courue chaque année fin juin et pendant la première partie du mois de juillet, et ceci depuis 1903 ! Les coureurs parcourent 4 000 km en une vingtaine de jours avec seulement deux jours de repos. Un itinéraire différent est décidé chaque année par un comité organisateur. Il comporte toujours un grand nombre d'étapes de montagne : Pyrénées, Massif Central, Alpes, Jura. La dernière étape, une course contre la montre, se termine à Paris sur les Champs-Elysées. Chaque coureur part seul, et le classement (c'est-à-dire, le score) se fait suivant le temps mis par le coureur.

Le Tour de France est le seul événement sportif entièrement gratuit : n'importe qui peut s'installer au bord de la route pour regarder. Le financement du Tour est donc assuré par la publicité : une marque commerciale peut soit sponsoriser une équipe qui courra à son nom et portera ses couleurs, soit plus modestement payer pour faire partie de la « caravane publicitaire » et profiter ainsi de la popularité du Tour et du nombre considérable de spectateurs pour se faire connaître.

Plus d'une centaine de coureurs participent à la course. Tous appartiennent à une équipe, et il y a des classements par équipes aussi bien que des classements individuels. Un classement par étape est donné tous les jours, ainsi que le classement général. Les membres d'une équipe (l'équipe Peugeot, ou Michelin, ou Vie Claire. . .) sont de différentes nationalités. Par exemple, en 1985 Bernard Hinault a gagné devant l'Américain Greg Lemond, tous les deux faisant partie de la même équipe (Vie Claire). Les membres d'une équipe s'entraident en « menant » à tour de rôle et en surveillant ou en fatigant les « hommes à battre » des autres équipes. Ainsi dans le Tour de France le sport l'emporte sur les rivalités internationales.

C'est une grande fête populaire. Les spectateurs n'ont pas le plaisir de voir longtemps les coureurs. Mais les haut-parleurs déversent des slogans publicitaires, de la musique, tandis que l'immense « caravane publicitaire » qui précède et suit les coureurs passe sous leurs yeux avec les véhicules de radio et de télévision, les voitures de chaque équipe portant des vélos de rechange sur leurs toits, celles des médecins et des soigneurs.

Grâce au progrès de la médecine et au perfectionnement technique, les performances s'améliorent chaque année. Pendant longtemps les meilleurs coureurs sont venus de quelques pays Européens comme la Belgique, la Hollande, l'Italie, l'Espagne, en plus de la France. Mais ces dernières années, de plus en plus de coureurs originaires de pays anglo-saxons : Irlande, Etats-Unis, Australie, Canada sont parmi les gagnants.

Les Français ont une tendresse spéciale pour le cyclisme, et ils appellent le vélo « la petite reine ».

 Un jeune Américain, Tom, va voir passer les coureurs du TOUR DE FRANCE avec deux copains français, Julien et Stéphane. Ils sont au bord de la route qui monte au col de la Faucille, dans le Jura.

TOM	J'ai de la chance d'être ici pendant le Tour de France. Tout le monde en parle. Il y a des articles plein les journaux et on voit partout des affiches annonçant le passage du Tour.
JULIEN	C'est vraiment la grande distraction de l'été. Je ne sais pas de quoi on parlerait s'il n'y avait pas le Tour.
TOM	Je crois que je comprends pourquoi il est si populaire. C'est un sport simple à comprendre, et chacun peut facilement se choisir un héros. Vous pensez qu'on verra bien les coureurs d'ici ?
JULIEN	Oui, sûrement ; asseyons-nous là, sur le talus. Dans une montée pareille, ils ne pourront pas aller très vite, et certains seront détachés.
STEPHANE	A plat ou en descente, on a à peine le temps de reconnaître un ou deux visages, et ils ont disparu.
TOM	Allez, on a assez attendu. Je suis prêt, moi ! La publicité, c'est bien beau, mais je préfère voir les coureurs.
JULIEN	Ça y est, regarde, les voilà, c'est le peloton de tête ! Les voilà ! Les voilà !
STEPHANE	Regarde, Bernard Hinault, c'est Bernard Hinault ! Il est deuxième, il est dans la roue d'un co-équipier !
JULIEN	C'est Greg Lemond qui mène ! Sensationnel, Tom, tu es verni, ton champion américain emmène Hinault !
TOM	(*hurlant*) Come on, Greg, vas-y, montre-leur ! Magnifique ! Vous avez vu ce style ? C'est peut-être lui qui portera le Maillot Jaune demain !
STEPHANE	En voilà un autre, tout seul.
TOM	Encore un autre.
JULIEN	Ils donnent une impression de force et d'aisance, c'est sensationnel, avec une pente pareille.
TOM	En voilà tout un paquet. Ce doit être le gros de la troupe.
JULIEN	Les derniers ont l'air plus fatigués.
STEPHANE	Oui, ils ont l'air crevés, mais je parie qu'ils finiront tous l'étape.
TOM	Rien que pour participer, même si on arrive dernier, il faut être un sacré athlète. Une étape de près de 200 km en montagne, vous vous rendez compte !
JULIEN	Ce sont tous des professionnels. Ils commencent par gagner des courses régionales et n'entrent dans une équipe qu'après avoir fait leurs preuves.
TOM	Je suis vraiment content d'avoir vu ça !
STEPHANE	Courons vite jusqu'à la voiture et essayons de trouver un café pour les voir à la télé. J'aimerais trop les voir descendre !
JULIEN	Oui, c'est à voir, Tom. Ils descendent à tombeau ouvert. Les chutes et les accrochages sont rares, heureusement. Mais ils ont une audace de cascadeurs.
TOM	Le cyclisme est vraiment un sport complet.
JULIEN	Oui, surtout à ce niveau. En plus de la force physique et de l'adresse, il leur faut un courage ! Ah ! Voilà la voiture.
STEPHANE	Allons-y. Mais avec cette foule, nous n'irons pas vite.

**Etude
de mots**

f***l'adresse** *f* habileté (*skill*)

à tombeau ouvert Ils descendent une pente dangereuse, vite, en risquant leur vie.

à tour de rôle *taking turns*

un **cascadeur** *stunt man*

un **col** dépression formant passage entre deux sommets montagneux

un **coureur** celui qui participe à une course

dans la roue de très près de (« *on the heels of* »)

des articles plein les journaux = les journaux sont pleins d'articles. Dans la première phrase, **plein** est invariable.

une **étape** lieu où s'arrête une équipe de coureurs cyclistes ; distance d'un de ces lieux à un autre

le **gros** la plus grande partie

un ᵸ**haut-parleur** *loudspeaker*

ᵸ**hurler** crier fort

Maillot Jaune vêtement (*T-shirt*) que porte le coureur qui est en tête du classement du Tour de France

parier par exemple, parier une certaine somme qu'un certain cheval, une certaine équipe, gagnera (*n* un **pari**, l'acte de parier)

un **peloton** ici, groupe compact de coureurs ; le **peloton de tête** arrive le premier, en tête des autres pelotons.

un **sacré athlète** Devant le nom, **sacré** = formidable (*one heck of an athlete*; *terrific!*)

le **talus** terrain en pente

verni(e) *adj pop* : **Tu es verni** = Tu as de la chance.

LE MAGHREB (LA TUNISIE, L'ALGERIE ET LE MAROC)

En face de la côte méridionale de la France, sur l'autre rive de la Méditerranée, se trouvent les trois pays du Maghreb : la Tunisie à l'est, l'Algérie au centre et le Maroc à l'ouest. Ces trois pays ont des liens particuliers avec la France, des liens comparables à ceux qui existent entre un homme et une femme qui s'aiment et se haïssent presque en même temps.

Au Moyen Age, vers l'an 700, les Maures ont conquis l'Espagne et pénétré la France jusqu'au Poitou. Beaucoup de villages français gardent encore dans leur mémoire collective des anecdotes historiques ou légendaires sur ces envahisseurs redoutés. Les seuls rapports entre Occidentaux et Nord-Africains étaient des rapports de force, accompagnés de beaucoup d'ignorance et de mépris.

Au XIXᵉ siècle, les trois pays du Maghreb étaient des colonies françaises, et le gouvernement du Maroc sous le Maréchal Lyautey, de 1912 à 1925, a été des plus éclairés.

Pendant la deuxième guerre mondiale, c'est en Afrique du Nord que les forces armées des Etats-Unis avaient, dès 1942, rassemblé leurs moyens et préparé la victoire en Europe, si bien que les Allemands s'attendaient à un débarquement allié en Provence plutôt qu'en Normandie.

La Tunisie et le Maroc sont devenus indépendants dans les années 50. L'Algérie, conquise en 1830 et que la France avait intégrée au point d'en faire un département français, est devenue République démocratique algérienne en 1962. Pour ce dernier pays, la séparation n'a eu lieu qu'après huit années de luttes fratricides aussi douloureuses qu'une guerre civile.

Aujourd'hui, en partie grâce à la langue et à l'héritage de la France, ces trois pays indépendants et modernes jouent un rôle d'intermédiaire entre l'Europe et l'Afrique noire : entre le Nord et le Sud.

Les années de présence française ont laissé des traces nombreuses dans les trois pays : type d'habitat, lois, habitudes culturelles avec surtout l'usage du français. Les Arabes, les Kabyles des montagnes, les Berbères du Sahara, presque tous de religion musulmane, et les colons européens, surnommés « pieds-noirs », en majorité français et catholiques avec une importante minorité israélite, se sont influencés au point d'avoir des caractéristiques communes : énergie, accent,

Les tapis de Kairouan en Tunisie sont célèbres.

goût de l'exagération et cette confiance en soi que donnent les grandes étendues avec beaucoup de ressources à développer et où tout semble encore possible.

Les Européens : Français de Bretagne, d'Alsace ou de Gascogne, Italiens, Espagnols, expatriés en Afrique du Nord, étaient parmi les plus aventureux des leurs. Confrontés à une autre culture et à un vaste territoire avec tout ce que cela implique comme travail et comme risques, mais aussi comme source d'inspiration et d'enthousiasme, ils ont créé une culture régionale qui a des points communs avec celle du peuple américain. Lorsqu'ils ont quitté l'Algérie et les autres pays du Maghreb, la plupart des deux millions et demi de pieds-noirs sont allés en France, mais nombre d'entre eux ont émigré aux Etats-Unis et au Canada où ils se sont vite sentis à l'aise.

Si vous voulez imaginer les pays du Maghreb, pensez à la Californie : plages magnifiques et séduction des régions côtières, zones arides et écrasées de chaleur à l'intérieur, végétation luxuriante et culture de tomates, d'oranges, pamplemousses, citrons ; vignobles dès que l'irrigation est possible. Même si la pauvreté et la surpopulation font des ravages dans les villes, au point qu'il serait indécent de comparer le mode de vie des Californiens et celui des Maghrébins, l'hospitalité, le soleil et la beauté des sites favorisent la même douceur de vivre. Alger, construite sur des collines autour d'une baie, bruissante de palmiers et de jardins, est comparable à San Francisco.

La Tunisie et le Maroc ont, depuis leur indépendance, accentué le tourisme, développé leur capacité hôtelière. L'Algérie a choisi plutôt l'industrialisation, pour des raisons économiques et politiques : d'une part, ses ressources en gaz naturel et en pétrole, d'autre part, sa volonté d'être libre par rapport aux pouvoirs colonisateurs.

Dans ces trois pays, le français est encore aujourd'hui la langue internationale, celle qui vient juste après l'arabe dans les media (journaux, télévision, cinéma). Il vous servira plus que l'anglais en tant que touriste. Dans les hôtels, dans les visites guidées on vous parlera français. Après avoir gagné leur indépendance, les trois pays ont cherché à retrouver leur culture et leur langue nationale, l'arabe. Mais le français est la première langue étrangère enseignée dans les écoles. De nombreux enseignants français signent des contrats avec les pays maghrébins, où la plupart des étudiants n'ont pas de peine à suivre des cours de sciences, de lettres ou de droit lorsqu'ils sont donnés en français. A l'inverse, de nombreux étudiants maghrébins étudient dans les universités françaises.

La littérature née du contact entre la langue française et les pays du Maghreb est riche de contenu, dense et belle, inséparable de son contexte géographique et historique. L'Afrique du Nord a donné à la littérature de langue française des écrivains issus de tous les groupes ethniques ou religieux. Il faut nous contenter de mentionner trois auteurs. Les deux premiers ont été qualifiés, dans un article du *Magazine littéraire* en mai 1985, de « figures de proue de la littérature maghrébine ».

Albert Camus.

Albert Camus (1913–1960), existentialiste et humaniste, Prix Nobel de littérature et un des grands écrivains du XXe siècle, était algérois. Vous aurez plaisir à lire en français certaines nouvelles dont le cadre est la région d'Alger, ou même un roman entier comme l'*Etranger*.

Albert Memmi.

Albert Memmi (1920–), né en Tunisie, est à la fois romancier et professeur de sociologie à l'Université de Paris X, à Nanterre, où il travaille dans quatre UER (Unités d'enseignement et de recherche) : Ethnologie, Sociologie, Histoire et Cinéma. Dans ses romans pleins d'action il analyse la psychologie des deux participants au colonialisme : le dominant et le dominé. *L'Homme dominé* (1973) est l'un des plus connus. Dans *Le Racisme* (1982) il critique sévèrement l'antisémitisme.

Kateb Yacine.

Le troisième auteur, Kateb Yacine, est né en 1929 dans une communauté musulmane d'Algérie, scolarisé dans une école arabe puis dans un lycée français. Kateb Yacine a atteint une renommée internationale grâce surtout à un recueil de poésie, *Soliloques* (1946), et à un roman, *Nedjma* (1956 ; l'auteur avait aimé de grand amour une cousine de ce nom, qui s'est mariée avec un autre.) Au temps de la guerre d'Algérie, l'héroïne Nedjma est tourmentée, comme sa terre natale, par le conflit entre les deux cultures. Kateb Yacine, lui, cherche la résolution de ce conflit dans l'etablissement d'une nation de culture algérienne. « Loin de nous faire français, écrit-il, la culture française a rendu plus vive notre soif de la liberté. »

Des écrivains arabes, kabyles, berbères, utilisent le français pour exprimer les réalités nord-africaines et créent ainsi une œuvre originale, capable d'ouvrir les yeux des lecteurs d'autres pays qui ignorent l'évolution post-coloniale du tiers-monde.

Etude de mots

les **Berbères** groupe ethnique de langue berbère. L'empereur romain Septime Sévère (IIe–IIIe s.) était berbère.

bruissant *adj* qui fait un bruit léger comme le vent dans les feuilles

des leurs (de + pronom possessif) de leurs compatriotes

existentialiste *adj* se rapporte à l'existentialisme, doctrine philosophique selon laquelle chaque personne a la responsabilité de son existence

une **figure de proue**

haïr le contraire d'aimer

les **Kabyles** *Kabyles* ; habitants de la Kabylie, région montagneuse près de la côte nord-africaine

Maures au Moyen Age, musulmans

pieds-noirs nom familier donné aux Français d'origine européenne qui habitaient l'Afrique du Nord — peut-être à cause des soldats qui portaient des chaussures de cuir

un **recueil**   collection d'écrits publiés dans un seul volume

le **tiers-monde**   les pays en voie de développement : « tiers » (3e) parce qu'ils n'appartiennent ni au monde « occidental » ni au camp communiste

QUESTIONS

1. Qu'est-ce que vous aimeriez retenir au sujet du Maghreb ?
2. Comment la guerre d'Algérie s'est-elle terminée ?
3. Voyez-vous des similitudes entre les Européens qui ont colonisé le Maghreb au XIXe siècle et ceux qui avaient colonisé l'Amérique du Nord aux XVIIe et XVIIIe siècles ?
4. Qu'est-ce qui est comparable et qu'est-ce qui est différent entre le Maghreb et la Californie ?
5. Quelle est la situation de l'arabe et du français dans les pays maghrébins ?
6. Qui peut résumer un récit de Camus ?
7. Quelles autres facettes du Maghreb sont représentées par les deux autres écrivains mentionnés dans l'essai ?

Révisez Les sons du français et leurs symboles, p. C2, et La division en syllabes, p. C13, et faites les Exercices H et I.
Ecoutez la bande 9-B.
Faites l'Exercice facultatif sur la géographie du monde francophone, p. C118.

DEUX GRANDS POETES DU MONDE FRANCOPHONE : SENGHOR ET CESAIRE

Un point de vue français par Jacqueline Leiner

Jacqueline Leiner est docteur ès lettres, professeur émérite de l'Université de Washington, écrivain, critique, producteur de films, spécialiste des écrivains africains, antillais, maghrébins. Elle a rédigé en 1984 *Le Soleil éclaté : Mélanges offerts à Aimé Césaire à l'occasion de son soixante-dixième anniversaire par une équipe internationale d'artistes et de chercheurs.* (Tübingen : Editions Gunter Narr)

Léopold Senghor.

 ## LEOPOLD SEDAR SENGHOR (1906–)

Membre de l'Académie française, 1983

Président du Sénégal depuis la fondation de ce pays en 1960 jusqu'en 1980, Senghor est à la fois poète, agrégé de grammaire, essayiste, critique, homme politique. Toute l'œuvre de Senghor visera à la réhabilitation de la culture africaine d'une part, au dialogue avec l'Occident d'autre part, à ce qu'il appellera « le métissage culturel ». Mais le plus africain des poètes de langue française est également un poète universel, d'où sa renommée à l'échelle planétaire.

Né en 1906 à Joal, pays sérère au sud de Dakar, il étudie dès l'âge de sept ans à la mission catholique de son village où il apprend le français, puis au séminaire et au lycée de Dakar. A 22 ans, il entre au Lycée Louis-le-Grand à Paris.

Paris jouera un rôle considérable dans son évolution : « En m'ouvrant aux autres, la Métropole m'a ouvert à la connaissance de moi-même [. . .]. Nulle part ailleurs l'Art nègre n'a été, à ce point, compris, commenté, exalté, assimilé. Véritablement Paris, en me révélant les valeurs de ma civilisation ancestrale, m'a obligé à les assumer et à les faire fructifier. Pas seulement moi, mais toute une génération d'étudiants nègres : des Antillais comme des Africians. » Par l'intermédiaire des Américains de la capitale, il prend contact avec des revues noires américaines et leur donne des traductions de poèmes sérères.

En 1931, il rencontre l'Antillais Aimé Césaire et fonde avec lui, en 1934, *L'Etudiant Noir*. C'est au cours de ses longues discussions avec Césaire que prit naissance le mot « Négritude » que Césaire sera le premier à imprimer et qui a suscité tant de polémiques passionnées. A cette époque, le mot signifiait « plus ou moins confusément, à la fois l'ensemble des hommes noirs, les valeurs du monde noir et la participation de chaque homme et de chaque groupe noir à ce monde et à ces valeurs ». La Négritude se voulait essentiellement un mouvement culturel, un mouvement littéraire, avec ses manifestes, sa praxis, sa thématique, son esthétique.

Premier noir reçu à l'agrégation de Grammaire, Senghor est nommé en 1936 professeur au Lycée de Tours, puis à Saint-Maur-des-Fossés, à côté de Paris. C'est à cette époque que lui et Césaire découvrent l'ouvrage de Léo Frobenius, traduit de l'allemand : *Histoire de la civilisation africaine*, Paris, Gallimard, 1936. « Quel coup de tonnerre soudain que celui de Frobenius ! [. . .] Toute l'histoire et toute la préhistoire de l'Afrique en furent illuminées — jusque dans leurs profondeurs. » Senghor a collaboré à *L'Homme de couleur*, ouvrage collectif édité chez Plon en 1939. Son essai, « Ce que l'homme noir apporte », se veut déjà une reconnaissance de la culture africaine qu'ignorait alors la grande majorité de l'Occident.

De 1940 à 1942, il est prisonnier en Allemagne. Après la guerre, en 1945, il est élu, au Sénégal, à l'Assemblée constituante française, fondatrice de la Quatrième République. *Chants d'ombre*, composé en Europe dans « le regret du pays noir », réunit des poèmes nostalgiques, chante le Royaume d'Enfance, la douceur de vivre en pays sérère. Ces poèmes sont déjà une initiation à la culture africaine et montrent les dons étonnants de ce musicien de la langue française.

En 1947, Senghor participe à la création de la revue *Présence africaine* ; en 1948, il publie *Hosties noires* (écrit en captivité), consacré à la souffrance et au sacrifice des tirailleurs sénégalais, mobilisés dans l'armée française. Recueil de dénonciation, il n'est cependant pas un recueil de haine : « Seigneur Dieu, pardonne à l'Europe blanche. » En 1948, il publie l'*Anthologie de la nouvelle poésie nègre et malgache de langue française*, précédée d'une préface remarquable de Jean-Paul Sartre : « Orphée Noir » ; elle fera découvrir aux intellectuels de la capitale l'existence de la littérature noire.

Chants pour Naëtt, en 1949, réunit des poèmes d'amour consacrés à la femme noire : thème qu'il reprendra souvent ; nous en choisirons un comme exemple de ses écrits.

Ethiopiques, écrit entre 1945 et 1953, est une des œuvres essentielles de Senghor, la plus africaine et la plus engagée aussi. Née dans des circonstances particulières (lors des tournées électorales du poète député à travers le Sénégal), aucune œuvre senghorienne n'est aussi riche de résonances politiques. Le poète y apparaît souvent partagé entre la France et l'Afrique, entre l'Art et la Politique, entre l'Amour personnel et la Passion de son peuple. Ces conflits, ces déchirures

Au Sénégal l'eau est précieuse.

donnent naissance à une œuvre complexe, riche, contradictoire, à la fois plus personnelle et plus impersonnelle que les autres. Souvent, seule une connaissance profonde des deux cultures de l'auteur (la française, mais surtout l'africaine) permet de vraiment la déchiffrer. Cette œuvre se veut une « défense et illustration de la civilisation africaine », mais est dédiée, tour à tour, à la femme blanche (Belborg) et à la femme noire (Sopé).

Toutes les contradictions du poète, dues au choc de cultures et de sensibilités différentes, y sont résolues dans son poème célèbre : *A New York*, rédemption de l'Humanité Blanche grâce au sang de Harlem, naissance d'une civilisation de l'Universel, faite d'un syncrétisme de cultures ; c'est la théorie du « métissage culturel » que Senghor développera longuement dans ses essais postérieurs. Le recueil se termine par une postface essentielle à la compréhension de la poésie négro-africaine, celle de Senghor tout particulièrement. Dans ce recueil, fidèle à la prosodie de sa race, Senghor réhabilite le poème chanté et indique désormais, en tête de toutes ses pièces, les instruments de musique qui doivent les accompagner.

Elu président de la République du Sénégal en 1960, Senghor quittera la présidence volontairement en 1980. Pendant ces vingt ans il ne cesse d'écrire poèmes et essais. *Nocturnes* en 1961 est la reprise des *Chants pour Naëtt*, enrichis de cinq élégies. L'accent y est mis toujours sur la Négritude, mais un dialogue avec la mort apparaît aussi pour la première fois. Suivent en 1975 les *Lettres d'hivernage*, rêve de la Femme et de la Poésie, et en 1979 *Elégies majeures*, avec un dialogue sur la poésie francophone.

En 1966 il a organisé à Dakar le *Premier Festival des Arts nègres*, un des grands moments de l'histoire, marqué tout particulièrement par les interventions d'Aimé Césaire et d'André Malraux, le grand romancier, ministre de la Culture sous le président de Gaulle.

Les essais de cette période sont regroupés en quatre livres. *Liberté I, II et III* (1964, 1971, 1977) traitent respectivement de Négritude et d'Humanisme ; de Nation et de voie africaine du socialisme ; de Négritude et de civilisation de l'Universel. *Liberté IV*, 1980, est consacré à *La Poésie de l'action*.

Etude de mots

l'**Académie française** fondée en 1635 par Richelieu et chargée de rédiger un *Dictionnaire*. Etre élu parmi « les 40 immortels » est le plus haut honneur que la France puisse conférer à un intellectuel.

agrégé(e) personne qui a réussi l'**agrégation**, et peut donc enseigner dans un lycée ou une université. L'agrégation est un concours. Les candidats sont sélectionnés en deux étapes : des épreuves écrites ; puis, pour un quart des candidats, des épreuves orales au cours desquelles ils font quatre exposés devant un jury. 10 % environ réussissent.

f***assumer** prendre la responsabilité de

engagé(e) *adj* au service d'une cause

Frobenius ethnologue berlinois (1873–1938)

l'**hostie** *f* le pain de la communion, symbole d'offrande et de sacrifice

malgache *adj* de Madagascar

le **métissage** l'hybridation. Un métis [metis], une métisse est une personne dont les parents sont de « races » différentes.

la **praxis** activité en vue d'un résultat

la **prosodie** ici, la forme de poésie caractéristique d'un peuple

Jean-Paul **Sartre** (1905–1980) le philosophe et écrivain le plus célèbre de l'Europe pendant la période qui suivit la deuxième guerre mondiale. D'une envergure trop large pour permettre de le classer entièrement comme existentialiste. Il a refusé le prix Nobel pour ne pas se soumettre aux pouvoirs établis.

sérère *adj* les Sérères, un peuple noir du Sénégal

un **syncrétisme** combinaison d'éléments discordants (comme les peuples de l'Ile de Crète !)

une **thématique** ensemble de thèmes

un **tirailleur** soldat d'infanterie coloniale (algérien, sénégalais, etc.)

le **tonnerre** bruit de la foudre

QUESTIONS

1. Expliquez l'attitude de Senghor envers Paris.
2. L'Afrique a beaucoup de langues et de cultures. Quelle est l'innovation de « la Négritude » ?
3. Comment ce mouvement a-t-il bénéficié de l'énorme prestige de Jean-Paul Sartre ?
4. Quels sont les conflits dans la personnalité de Senghor qui se trouvent reflétés dans *Ethiopiques* ?

Deux brefs extraits donneront une idée de son œuvre. Nous commencerons par *Femme Noire*, symbole de l'Afrique.

Femme Noire

Femme nue, femme noire
Vêtue de ta couleur qui est vie, de ta forme qui est beauté !
J'ai grandi à ton ombre ; la douceur de tes mains bandait mes yeux.
Et voilà qu'au cœur de l'Eté et de Midi, je te découvre Terre promise,
du haut d'un haut col calciné
Et ta beauté me foudroie en plein cœur, comme l'éclair d'un aigle.

Femme nue, femme obscure
Fruit mûr à la chair ferme, sombres extases du vin noir,
bouche qui fais lyrique ma bouche
Savane aux horizons purs, savane qui frémis aux caresses ferventes
du Vent d'Est
Tam-tam sculpté, tam-tam tendu qui grondes sous les doigts du Vainqueur
Ta voix grave de contralto est le chant spirituel de l'Aimée.

Femme nue, femme obscure
Huile que ne ride nul souffle, huile calme aux flancs de
l'athlète, aux flancs des princes du Mali
Gazelle aux attaches célestes, les perles sont étoiles sur la nuit de ta peau
Délices des jeux de l'esprit, les reflets de l'or rouge sur ta peau qui se moire
A l'ombre de ta chevelure, s'éclaire mon angoisse aux soleils prochains de
tes yeux.

Femme nue, femme noire
Je chante ta beauté qui passe, forme que je fixe dans l'Eternel,
Avant que le Destin jaloux ne te réduise en cendres pour nourrir les racines
de la vie.

— Chants d'ombre

Etude de mots

bander *v trans* entourer d'une bande, d'un morceau d'étoffe ; ici, adoucir, réconforter

calciné brûlé, noirci par la chaleur

s'éclaire mon angoisse est le sujet du verbe

foudroyer frapper comme la foudre, comme un éclair

frémir trembler

gronder ici, faire un son grave ; murmurer

se moirer jeter des reflets, comme la moire (« *watered silk* »)

rider ici, faire une légère ondulation (une **ride** petit pli de la peau)

une **savane** *savannah* (vaste prairie)

Nous terminerons par la dernière strophe du poème *A New York* qui célèbre le « métissage culturel », source d'une « civilisation de l'Universel », explicitée plus haut.

A New York
(pour un orchestre de jazz : solo de trompette)
. . . III

New York ! je dis New York, laisse affluer le sang noir dans ton sang
Qu'il dérouille tes articulations d'acier, comme une huile de vie
Qu'il donne à tes ponts la courbe des croupes et la souplesse des lianes.
Voici revenir les temps très anciens, l'unité retrouvée la réconciliation du
*   Lion du Taureau et de l'Arbre*
L'idée liée à l'acte l'oreille au cœur le signe au sens.

Voilà tes fleuves bruissants de caïmans musqués et de lamantins aux yeux
*   de mirages. Et nul besoin d'inventer les Sirènes.*
Mais il suffit d'ouvrir les yeux à l'arc-en-ciel d'Avril
Et les oreilles, surtout les oreilles à Dieu qui d'un rire de saxophone créa le
*   ciel et la terre en six jours.*
Et le septième jour, il dormit du grand sommeil nègre.

— *Ethiopiques*

Chantre des valeurs anciennes, il était normal que Senghor s'exprime à travers des formes esthétiques africaines traditionnelles. Il est le premier noir à avoir eu l'audace et le courage de le faire en français. Il a réussi ainsi avec un rare bonheur à nous donner à voir, à sentir la civilisation africaine sans pourtant jamais s'enfermer dans cette Négritude. Homme de dialogue, Senghor sait « donner mais aussi recevoir », « assimiler sans être assimilé », et cette ouverture sur le monde fait de lui un des plus grands.

Etude
de mots

affluer couler en abondance (vers, dans)

un **arc-en-ciel** phénomène météorologique aux couleurs du prisme

une **articulation** *lit, a joint*

le **caïman** *cayman* (reptile africain). Ici, avec les lamantins, symbolise la profusion de formes de vie africaine (!) que pourra créer le Dieu noir à New York.

la **croupe** partie postérieure de certains animaux, par exemple le cheval ; mot utilisé familièrement pour les humains

dérouiller la rouille = corrosion du fer ; *v* **rouiller**

un **lamantin** *manatee, sea cow*

une **liane** plante souple et longue qui s'accroche. (Cf. un lien)

une **sirène** femme-poisson de la mythologie, donc une invention, pas un fait de la Nature. D'ailleurs, Senghor veut que le Nouveau Monde soit libre des traditions européennes.

QUESTIONS

1. Quel est le ton du célèbre poème, *Femme Noire* ?
2. Dans la première strophe du poème *A New York*, Senghor juge que la ville manque de chaleur humaine (comme tout visiteur qui ne pénètre pas dans les petits villages que sont les quartiers d'une grande ville). Dans la seconde, il découvre Harlem, et la strophe se termine par « Ecoute New York ! . . . Ecoute au loin battre ton cœur nocturne, rythme et sang du tam-tam, tam-tam sang et tam-tam. » Quel conseil donne-t-il à la grande ville dans la troisième strophe ?
3. Décrivez l'harmonie de l'ancien Age d'or.
4. Cet Age d'or, selon Senghor, rend croyable une future réconciliation entre. . . qui?

AIME CESAIRE (1913–)

Grand Prix national de la poésie, 1982

Poète, historien, dramaturge, pamphlétaire antillais, Césaire est américain par la géographie, africain et européen par l'histoire et la culture. Son œuvre, nourrie par son expérience d'ancien colonisé et d'homme politique, se veut le creuset des cultures du monde : d'où sa portée universelle. Elu, depuis 1946, sans interruption, maire de Fort-de-France et député de la Martinique, il considère « la politique comme la forme moderne du destin ».

Aimé Césaire.

Césaire est né à Basse-Pointe, Martinique, Antilles, dans une famille de sept enfants. Après des études primaires, il entre au lycée et obtient une bourse pour étudier à Paris au lycée Louis-le-Grand. Là, il rencontre Senghor qui lui fera découvrir l'Afrique, tournant essentiel dans sa vie : « Après ma rencontre avec Senghor, je me suis dit Africain. »

En 1934, il crée à la Cité universitaire *L'Etudiant Noir*, journal qui regroupe pour la première fois tous les étudiants noirs, sans distinction d'origine. En 1935, il est le premier Noir reçu à l'Ecole Normale Supérieure, haut lieu de la vie intellectuelle et universitaire française.

En 1939, à la fin de l'entre-deux-guerres, il publie son *Cahier d'un retour au pays natal.* C'est ici qu'apparaît pour la première fois le mot « Négritude », qui donnera son nom au mouvement littéraire, créé par Damas (Guyanais), Senghor (Sénégalais) et Césaire (Martiniquais). « Douloureuse parturition de la prise de conscience d'un nègre, il s'en fallut de peu que le parturiant y laissât sa vie, je veux dire la raison » nous dit Senghor. Cet anti-poème où, pour la première fois, nous ne sommes pas en présence « des îles heureuses » des rimailleurs blanchis ou des colons aveugles à la souffrance des opprimés, sera considéré par André Breton comme « le plus grand monument lyrique de ce temps, un document unique, irremplaçable ».

Pour cette quête douloureuse de son moi martiniquais, Césaire bouscule les traditions littéraires françaises et crée un langage nouveau. Si le *Cahier* ne met pas en cause les rapports avec la métropole, il reste néanmoins une date décisive, la « somme de la révolte nègre contre l'histoire européenne », la défense passionnée de la « race » noire à travers le monde. Le *Cahier* deviendra la Bible de tous les Noirs de la diaspora et finalement de tous les spoliés de la terre.

Il a créé, en 1941, avec sa femme Suzanne et des amis, la revue *Tropiques*, qui a pour but d'aider les Martiniquais à prendre conscience de leur originalité propre, à retrouver leur moi, étouffé par des siècles de colonisation, à créer enfin des œuvres qui ne soient pas des copies de la métropole.

1941 marque aussi sa première rencontre avec André Breton, à Fort-de-France, rencontre aussi décisive que celle avec Senghor quelques années plus tôt. Césaire était déjà surréaliste avant sa rencontre avec Breton. Ils avaient eu les mêmes ancêtres : Rimbaud, Lautréamont. Breton confirme Césaire dans sa recherche, dans l'utilisation de ses techniques d'écriture pour retrouver le moi martiniquais, et c'est dans *Tropiques* que Breton publiera un de ses textes les plus célèbres : « Martinique, charmeuse des serpents. Un grand poète noir. » Cette revue a posé les problèmes de l'aliénation de l'opprimé, de sa tragique recherche de l'identité. En 1945, Césaire fait un voyage en Haïti qui aura une très grande influence sur son œuvre et sera à l'origine de *La Tragédie du roi Christophe.*

Elu député de la Martinique l'année suivante sur la liste communiste, Césaire demande et obtient la transformation de la colonie, la Martinique, en département français.

Son premier recueil vraiment surréaliste sera *Les Armes miraculeuses*, 1946. Ce titre signifie que le mot et l'écriture automatique (celle-ci dominée pourtant, et souvent restructurée) permettent au poète de donner « une radioscopie de la psyché du colonisé ».

En 1947 il crée avec Alioune Diop, Sénégalais, et un certain nombre d'intellectuels noirs et français (Senghor, Damas, Birago Diop, Gide, Sartre) la revue *Présence africaine* dont le but est le suivant :

- affirmer les valeurs des cultures nègres
- les défendre contre ce qui les humilie ou les diminue dans leur épanouissement
- dégager l'apport des Noirs à la culture universelle, établir un dialogue fécond entre les cultures des peuples noirs et celles des autres peuples du monde.

Ses livres des années 50 comprennent son *Discours sur le colonialisme* et des poèmes. Le plus célèbre, un long poème de 1956 intitulé *Et les chiens se taisent*, illustre le mythe de la Négritude et ses diverses facettes : découverte de l'identité martiniquaise, conquête du nom d'homme, rédemption des opprimés grâce à l'esclave révolté, humanisme universel qui est une somme de tous les particuliers et non d'un quelconque dénominateur abstrait.

En 1957 Césaire rompt avec le parti communiste dans une lettre célèbre à Maurice Thorez où il explique les raisons de sa décision. Il fonde le parti progressiste martiniquais.

Dès les années 60 il se consacre au théâtre afin d'expliciter à son peuple sa poésie, considérée souvent comme trop hermétique. « Le poète devient homme de théâtre dès le moment où il essaie de faire voir, de transmettre sa vision aux autres », confie Césaire. Son théâtre se situe historiquement et ethniquement dans un contexte particulier, et c'est par l'approfondissement du particulier que ce théâtre accède à l'universel, comme celui de Shakespeare qu'il admire d'ailleurs profondément. Césaire sait élargir l'histoire à la dimension du mythe et son théâtre politique n'est jamais idéologique : il reste très ouvert, ambigu parfois, parce que Césaire ne veut pas appauvrir la réalité.

Ainsi, *La Tragédie du Roi Christophe*, 1963, « représente le Dieu Tonnerre, la volonté de puissance, tout à la fois destructeur et bienveillant », nous dit Césaire. Cette pièce est avant tout une interrogation sur la nature du pouvoir, sur la solitude du chef. Elle était destinée à aider les nouveaux dirigeants de l'Afrique, autrement dit, à préparer une bonne décolonisation. *Une saison au Congo*, 1967, fait partie du même effort. Tout en suivant de très près la biographie de Patrice Lumumba, cette pièce reste très césairienne par « l'affrontement du héros avec les forces d'un monde qu'il entend recréer ».

Césaire a montré son admiration pour Shakespeare en adaptant *La Tempête* pour un théâtre noir : *Une Tempête*, œuvre assez énigmatique, qui a donné lieu à de nombreuses interprétations.

Césaire retourne à la poésie en 1982 avec *Moi, laminaire*.

« La jeunesse noire veut agir et créer, avait-il écrit. Elle veut avoir ses poètes, ses romanciers qui lui diront ses malheurs à elle, et ses grandeurs à elle ; elle veut contribuer à la vie universelle, à l'humanisation de l'humanité ; et pour cela encore une fois, il faut se conserver ou se retrouver. C'est le primat du moi. » Ce programme, que Césaire projetait déjà dans *L'Etudiant Noir*, à 22 ans, il l'a réalisé avec tant de richesse et de force qu'aucun autre poète au XXe siècle ne donnera naissance, à travers tous les continents, à tant d'exégèses.

Dans sa revue, *Tropiques*, Césaire a formulé son art poétique (par poésie il entend aussi théâtre). Il le résume ainsi : « La poésie est cette démarche qui par le mot, l'image, le mythe, (le rythme), l'amour et l'humour l'installe [*sic*] au cœur vivant de lui-même et du monde. » Son art lui permettra de répondre à sa triple interrogation sur le moi : le moi individuel, le moi martiniquais, le moi universel, et fera de lui un des poètes essentiels du XXe siècle.

Etude de mots

accéder à   atteindre, avoir accès à

bousculer   pousser brutalement ; ici, modifier avec brusquerie

André **Breton** (1896–1966)   un des fondateurs de l'école surréaliste

une **Cité universitaire**   ensemble de résidences pour étudiants

Léon-Gontran **Damas** (1912–1978)   poète et journaliste de la Guyane française

dégager   mettre en évidence

une **démarche**   ici, une action

la **diaspora**   la dispersion

Alioune **Diop** (1910–)   écrivain sénégalais

Birago **Diop** (1906–)   Sénégalais, auteur des *Contes d'Amadou-Koumba*, 1947

l'**écriture** *f* **automatique**   une technique des surréalistes : on écrit ce qui vient à l'esprit, sans contrôle de la volonté, pour révéler l'inconscient (*the subconscious*).

entendre   ici, avoir l'intention de

une **exégèse**   commentaire sur un texte

Fort-de-France   capitale de la Martinique

Gide   *V* les pp. 58, 76.

il s'en fallut de peu *passé simple de* **s'en falloir** manquer d'avoir comme résultat, + **de peu** *by very little* : la naissance de la Négritude a presque causé la mort de ses créateurs.

y **laissât sa vie** imparfait du subjonctif après un verbe principal — **fallut** — au passé simple. Le groupe qui a créé la Négritude a presque sacrifié sa vie, ou au moins, sa raison.

laminaire *adj (minéralogie)* composé de couches plates, l'une sur l'autre. Cf. la sonorité proche du mot **liminaire** (qui est au seuil, c'est-à-dire préliminaire) ; et cf. une **laminaire**, algue brune formée de rubans aplatis (*flattened*).

le comte de **Lautréamont** (1846–1870) un précurseur du surréalisme

Patrice **Lumumba** (1925–1961) champion de l'indépendance du Congo belge (aujourd'hui le Zaïre)

la **métropole** la France

mettre en cause soumettre au débat, questionner

un **mythe** ici, la représentation poétique d'un concept

la **parturition** l'acte de donner naissance ; la **parturiante** = la mère. Senghor crée « le parturiant ».

une **pièce** ici, de théâtre

le **primat** caractère de ce qui est premier : la prédominance (≠ un primate)

une **problématique** un ensemble cohérent de problèmes

un **quelconque dénominateur** quelque élément commun

une **radioscopie** examen par rayons X

un **rimailleur** poète médiocre

Arthur **Rimbaud** (1854–1891) jeune génie dont l'imagination a lancé la poésie dans des voies nouvelles. Il a écrit *Bateau ivre* à l'âge de 17 ans.

spolier prendre les biens de qqn par la violence

Maurice **Thorez** (1900–1964) secrétaire général du parti communiste français de 1930 à 1964

QUESTIONS

1. Comment Senghor a-t-il influencé le point de vue de Césaire ?
2. Quelle est l'originalité de *L'Etudiant Noir* ; et celle de l'anti-poème, le *Cahier d'un retour au pays natal* ? Qu'est-ce qu'André Breton en a dit ?
3. Comparez la vie politique de Césaire à celle de Senghor.
4. Pourquoi Césaire a-t-il décidé d'écrire des pièces de théâtre ?
5. Trouvez, dans les paragraphes sur *Tropiques*, une explication du titre, *Moi, laminaire*.

Citons deux passages du *Cahier* qui unissent son ambition pour le peuple noir et son amour pour l'humanité entière.

Dans le premier il parle de quitter l'Europe et de revenir sauver par la parole son pays colonisé et tous les opprimés de la terre.

Partir. Mon cœur bruissait de générosités emphatiques.
Partir. . . j'arriverais lisse et jeune dans ce pays mien et je dirais à ce pays dont le limon entre dans la composition de ma chair : « J'ai longtemps erré et je reviens vers la hideur désertée de vos plaies. »

Je viendrais à ce pays mien et je lui dirais : « Embrassez-moi sans crainte. . . Et si je ne sais que parler, c'est pour vous que je parlerai ».

Et je lui dirais encore :

« Ma bouche sera la bouche des malheurs qui n'ont point de bouche, ma voix, la liberté de celles qui s'affaissent au cachot du désespoir. »

Et venant je me dirais à moi-même :

« Et surtout mon corps aussi bien que mon âme, gardez-vous de vous croiser les bras en l'attitude stérile du spectateur, car la vie n'est pas un spectacle, car une mer de douleurs n'est pas un proscenium, car un homme qui crie n'est pas un ours qui danse. . . »

Dans l'extrait qui suit, Césaire se montre trop généreux pour préférer seulement une partie de la race humaine. C'est une prière non seulement pour la libération de son peuple, mais pour la fraternité entre tous les hommes :

> *[. . .] voici le temps de se ceindre les reins comme un*
> *   vaillant homme —*
> *Mais le faisant, mon cœur, préservez-moi de toute haine*
> *ne faites point de moi cet homme de haine pour qui je n'ai que*
> *   haine*
> *car pour me cantonner en cette unique race*
> *vous savez pourtant mon amour tyrannique*
> *vous savez que ce n'est point par haine des autres*
> *   races*
> *que je m'exige bêcheur de cette unique race*
> *que ce que je veux*
> *c'est pour la faim universelle*
> *pour la soif universelle*

> — *Cahier d'un retour au pays natal*

Etude de mots

s'affaisser   tomber en pliant sur les jambes ; ici, désespérer

un **cachot**   cellule dans une prison

se cantonner en   se restreindre à, se donner pour limite

ceindre   *to gird* (Cf. une ceinture   *belt*)

ce pays mien   ce pays qui est le mien (pronom possessif)

f***errer**   *to wander*

la **hideur**   laideur extrême ; *adj* **hideux(euse)**

le **limon**   l'argile (*clay*)

m'exiger bêcheur   m'obliger à être un bêcheur : une personne qui utilise une bêche (*spade*) ; ici, qui remue la terre pour lui faire porter du fruit afin de satisfaire la « faim » et la « soif » de tous. La terre, métaphore pour sa « race », son peuple.

une **plaie**   la marque saignante, ouverte, causée par une blessure

un **proscenium**   l'avant-scène d'un théâtre

les **reins** *m*   *kidneys* ; ici, *loins*

QUESTIONS

1. Pourquoi Césaire quitte-t-il l'Europe ?
2. Quel est l'unique objet de la haine de Césaire ?
3. Que veut-il dire par « mon amour tyrannique » ?

4. Est-ce que Césaire se critique lui-même ?
5. Est-ce que la défense de sa « race » l'a rendu raciste ?

COMPOSITION AVEC PREPARATION ORALE FACULTATIVE

Cette composition, qui vous préparera à être interviewé(e) pour un emploi, sera plus facile si vous réalisez l'interview d'abord avec un camarade de classe. Vous pouvez choisir 1 ou 2.

1. Imaginez que vous interviewez M. Senghor pour un magazine qui s'intéresse à ses idées.
2. Interviewez un membre de la classe sur son expérience comme employé(e), ou sur sa préparation professionnelle.

NEUVIEME PALIER

ACTIVITES DE CLASSE

A. Décidez ensemble quelle est la séquence de sentiments que l'on doit exprimer en récitant un des extraits de Senghor ou de Césaire. Puis, que des volontaires essaient cette interprétation.
B. Un jeu. Divisez la classe en deux ou trois équipes. Un étudiant (ou le professeur) pose des questions : Quelle est la capitale de. . . ? Dans quelle région du globe se trouve. . . ? Dans quel pays se trouve. . . ? Quel est le statut politique de. . . ? L'équipe qui aura le plus grand nombre de réponses correctes sera la gagnante.
C. La fête des Rois. La visite que font les trois Rois mages à l'enfant Jésus symbolise l'Epiphanie (*Twelfth Night*) : la manifestation du Christ aux païens (*pagans*). En France on célèbre cette fête en famille, le 6 janvier. On sert un gâteau, « la galette des Rois », dont l'un des morceaux contient un petit objet de porcelaine, « la fève » (*a bean*). La personne qui reçoit la fève cache le fait pendant un temps. Suspense ! Puis elle le révèle, elle est proclamée roi ou reine, et elle choisit une reine ou un roi. Un des contes les plus attachants de Guy de Maupassant, *Mademoiselle Perle*, doit son dénouement inattendu à ce choix d'une reine. Organiser une fête des Rois ? Ou/et lire des passages du conte ?

PROJETS INDIVIDUELS OU D'EQUIPE

A. Montrez à la classe des timbres-poste ou d'autres objets évoquant une zone du monde francophone.
B. Racontez un conte folklorique d'un griot (poète ambulant de l'Afrique noire) tel que le Malien Amadou Hampate Ba, auteur de *Vie et enseignement de Tierno Bokar, le sage de Bandigara* (Editions du Seuil, 1981), ou l'un des contes publiés chez Maspéro. V *Le Monde du dimanche*, 25 oct. 1981, pp. i, xiv.
C. Faites pour la classe une liste de gestes et d'intonations qui contribuent à de faux stéréotypes entre Français et, par exemple, Américains. V « Vocalic communication in second-language learning », W. B. Pearce and T. H. Mueller, *French Review* 48 (v, April) 1975, pp. 856–863.
D. Est-ce qu'une équipe aimerait faire goûter un mets créole à la classe, en organisant un repas ou en servant des échantillons de cette cuisine ?

E. Pour un sportif. Parlez à la classe d'un aspect de la bicyclette : sa technologie, son histoire, le Tour de France, la bicyclette dans la chanson ou dans l'art, etc. Le *Manuel du professeur*, p. M3, donne les coordonnées d'un dossier publié par le Centre national de documentation pédagogique.

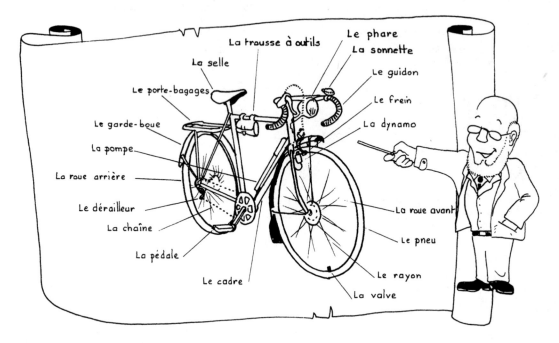

CHAPITRE DIX

LES CANADIENS FRANÇAIS

Discussion préliminaire. Que savez-vous du Canada français ?

Ce sujet donne une occasion idéale de vous poser un type de question qui lance des discussions intéressantes. Que savez-vous de l'histoire des Canadiens français ? de la géographie du Canada et du Québec ? de la situation de la langue française au Canada ?

Ecoutez la bande 10-A, avec votre Cahier. Voyez la page C121. Faites l'Exercice A.

Parmi les populations avec lesquelles vous pouvez communiquer en français, celle du Canada est la plus nombreuse à proximité des Etats-Unis.

Quelques notions de base

Le Canada est un pays immense. Seule l'Union Soviétique a une plus grande superficie. La plus vaste des dix provinces canadiennes, le Québec a 2,8 fois l'étendue de la France métropolitaine. (On a pris l'habitude de dire que le Québec est six fois plus grand que la France, mais ce n'est plus vrai depuis 1927, année où le Labrador a été transféré à la Province voisine de Terre-Neuve.)

La population du Québec, quelque 6 millions, n'occupe guère qu'un tiers de ce territoire, au sud, le long de la frontière entre le Québec et quatre états des Etats-Unis. Dans cette bande où la population est concentrée se trouve Montréal, qui a

Montréal et le Saint-Laurent.

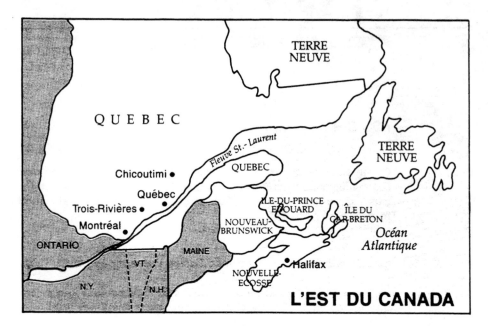

presque deux millions d'habitants, ainsi que la capitale de la Province, la Ville de Québec. Montréal a été la ville la plus peuplée du Canada jusqu'au recensement de 1981, où Toronto l'a légèrement dépassée.

Les Québécois étaient en 1981 à 80 % francophones : ce que le recensement définissait comme personnes « dont le français a été la première langue, et qui le comprennent encore ». Par contre, la population nationale de 24 millions ne comprenait que 28 % de francophones contre 58 % d'anglophones, avec 14 % d'autres minorités : des Européens et des Asiatiques, les Amérindiens et les Inuit. (Ce terme a remplacé le mot « Esquimaux », de même que le terme *Blacks* a remplacé *Negroes* aux Etats-Unis.)

La langue et l'identité culturelle

Les indépendantistes du Québec insistent avec fierté sur leur indépendance culturelle par rapport à la France. Ils refusent d'adopter l'accent de Paris. Ils veulent être appelés Québécois plutôt que Canadiens français. Les nationalistes, eux, ont poussé le séparatisme, en 1980, jusqu'à obtenir un référendum à ce sujet ; mais la majorité des habitants de la province a choisi par son vote de rester dans la fédération canadienne. Cette décision a laissé les militants profondément insatisfaits, car ils soutiennent que « les Anglos » les dominent sur les plans économique et politique, même si en 1977, la loi 101 a amélioré la situation, en déclarant le français langue officielle unique de la province. Le gouvernement fédéral est officiellement bilingue, ainsi que la province du Nouveau-Brunswick ; les huit autres provinces ont comme unique langue officielle l'anglais. En Colombie Britannique, sur la côte ouest, la minorité francophone n'est que la septième en importance, après les groupes de langue allemande, italienne, et autres.

Quatre-vingts pour cent des Canadiens français vivent au Québec, ce qui équivaut à dire qu'il en reste un 20 % non négligeable, bien que très dispersé, surtout dans les provinces maritimes et l'Ontario. Une seule concentration, mineure, se trouve au Nouveau-Brunswick, qui avec la Nouvelle-Ecosse constituait l'ancienne Acadie. Antonine Maillet, dont le roman historique sur l'Acadie, *Pélagie la Charrette*, a obtenu le prix Goncourt en 1980, est Acadienne du Nouveau-Brunswick.

Ces autres Canadiens français s'irritent quelquefois quand un Québécois leur semble s'approprier le droit de parler au nom de tous. Mais ils se rendent compte que sans le Québec ils seraient une minorité ethnique impuissante, avec peu de chances de survie. Qui plus est, la plupart des auteurs et chanteurs qui font briller le Canada français à travers le monde sont Québécois.

Quand vous visiterez le Canada francophone, vous rencontrerez un parler régional plus unifié que l'on ne supposerait, quand on pense que « la Nouvelle-France » fut peuplée par des immigrants venus de toute la côte Atlantique, du Poitou à la Picardie, au XVIIe siècle quand chaque province avait son propre dialecte. Les différents dialectes ont fusionné au Canada entre les premières migrations, au début des années 1600, et l'an 1763, date à laquelle la France a cédé le Canada à l'Angleterre. Par contraste, en 1789, quand la Révolution a éclaté en France et que l'on a commencé à chanter *la Marseillaise* en français dans tout ce pays, c'était presque une langue étrangère pour la majorité des Français.

On ne sait vraiment pas comment les dialectes ont fusionné au Canada. Une explication possible serait que la moitié des colons venaient d'Ile-de-France ou du Poitou, dont les dialectes ne sont pas très différents, et que les autres arrivaient peu à peu, bateau par bateau, ce qui aurait permis de les absorber, en ajoutant des mots normands et picards au langage commun. En tout cas vous trouverez partout aujourd'hui certains traits de prononciation, plus ou moins marqués selon les individus et leur milieu socio-économique.

Un jeune Québécois expliquera ces traits dans une lettre que vous pourrez lire. Ils font une sorte de code amusant à déchiffrer. Et si vous préparez une visite dans une des régions francophones du Canada, ce code vous servira de clé pour comprendre un parler qui, sans la clé, vous serait incompréhensible.

La prononciation est de loin la chose la plus difficile. A part cela, il faut s'attendre seulement à ce que certains mots changent de sens (ou de genre). Le mot « boisson » suggère une boisson alcoolique, donc on pourra vous demander ce que vous voulez comme breuvage. Par contre, si l'on vous offre une liqueur douce, il s'agira probablement d'un coca-cola ! Le mot « pied-noir » ne se réfère pas au Maghreb mais, naturellement, à la tribu amérindienne *Blackfoot*.

Certains termes ont une résonance socio-culturelle inattendue. Un professeur peut commencer une causerie par « Messieurs Dames », alors qu'en France cette locution appartient à la langue populaire. Une des surprises agréables que vous réserve le français du Canada, c'est son vocabulaire plein de belles expressions imagées. On dit par exemple *embarquer* dans une voiture ou un bus, et en *débarquer*, ce qui révèle un milieu marin.

Pour réconcilier l'identité culturelle avec la communication internationale

Ces deux besoins tirent les Canadiens francophones dans deux sens opposés.

D'une part, les militants tiennent à employer leur parler régional ; les régions rurales changent lentement ; et dans le quartier est de Montréal, la population moins cultivée parle un dialecte appelé « joual », dont le nom vient d'une ancienne prononciation de « cheval ».

D'autre part, la langue des Canadiens instruits se rapproche du français international, sous l'influence des contacts et échanges internationaux, de la radio et de la télévision. En même temps, les Québécois instruits se font de plus en plus nombreux depuis l'établissement des écoles publiques au début des années 60. De jeunes enseignants vous diront qu'ils constatent ce changement dans leur propre parler depuis leur adolescence.

Sur le plan du vocabulaire, le rapprochement se fait des deux côtés de l'Atlantique. Au Canada, les forces que nous venons de mentionner sont secondées par deux Offices de la Langue française, l'un à Ottawa et l'autre à Québec, qui collaborent étroitement avec le Haut Conseil de la Francophonie à Paris. Et il est évident que la langue de l'hexagone subit à notre époque une expansion de son vocabulaire telle qu'elle n'a connue auparavant qu'au siècle de la Renaissance. Les canadianismes peuvent être acceptés et appréciés.

En imaginant l'avenir, cependant, il ne faut pas mésestimer les dangers qui menacent la survie des minorités ethniques, et même des pays multi-ethniques. Ces pays tendent, dans une perspective à long terme, à être vulnérables au risque d'exploitation des antagonismes entre ethnies, et ils ne durent que tant que les représentants des ethnies, dans une élite composite, trouvent qu'il est de leur intérêt personnel de perpétuer la coalition. Quant aux minorités, elles risquent de voir leur identité ethnique dégénérer en un folklore fossilisé qui peut attirer des touristes mais qui ne sert plus à unir la collectivité.

Le pluralisme culturel est une situation difficile à maintenir. Il nécessite une attitude de tolérance active, de compréhension empathique, et de relativisme envers la culture que l'on vit soi-même. Les systèmes éducatifs ne réussissent guère à véhiculer ces attitudes.

Hasardons néanmoins une hypothèse constructive : les efforts des gens de bonne volonté ont pour eux une tendance sélective des cultures en contact. Elles tendent à converger dans les domaines où elles répondent aux mêmes conditions modernes : la technologie, l'interdépendance des nations. Mais elles tendent à accentuer dans d'autres domaines le particularisme de la vie en communauté : les coutumes, les expressions et l'accent d'une région. On a même vu les gauchistes (sans doute athées) d'un village en France qui ressuscitaient la tradition de promener par les rues les reliques de l'église !

Peut-être que l'évolution sélective des cultures nous permettra d'harmoniser, d'une part, la tendance à l'homogénéisation des modes de vie et d'autre part, notre besoin d'une petite communauté intime, avec un langage riche en allusions à une tradition commune et à une expérience partagée. Ainsi, une même langue servirait, sous sa forme locale, aux relations intimes et à l'insertion de l'individu dans son milieu ; et sous sa forme internationale, elle servirait aux relations avec l'extérieur.

QUESTIONS

1. Comparez la superficie du Canada, de la France métropolitaine, de l'Union Soviétique, et (en réfléchissant) de la Chine.
2. Qui peut nommer les quatre états des Etats-Unis qui ont une frontière commune avec le Québec ?
3. Est-ce que la définition de « francophones » adoptée pour le recensement de 1981 correspond à votre définition ?
4. Le Canada est-il un pays bilingue ? Expliquez la situation.
5. Jusqu'à quel point serait-il vrai de dire que le Canada français, c'est le Québec ? Décrivez l'attitude qu'inspire le Québec aux autres Canadiens francophones.
6. Dans quel sens l'accent des jeunes Canadiens professeurs de français est-il en train d'évoluer ?
7. S'il est vrai que les cultures en contact évoluent sélectivement, quelles forces en seraient la cause ?

UNE CORRESPONDANCE ENTRE LIMOGES ET TROIS-RIVIÈRES : COMMENT PRONONCE-T-ON LE FRANÇAIS AU CANADA ?

Limoges, le 6 janvier

Salut, Gérard !

Depuis ma dernière lettre, j'ai eu la chance de rencontrer deux étudiantes québécoises. Elles étaient derrière moi au cinéma, je les ai entendues parler et leur ai dit que je correspondais avec un jeune étudiant au Québec. Malheureusement elles ne te connaissent pas ! Elles sont de Montréal. Cela m'a donné envie de t'entendre ou bien de te lire.

Je me demande si tu parles comme ces jeunes filles de Montréal, et dirais-tu que tous les Québécois et Canadiens francophones ont le même accent ? Peut-être devrions-nous échanger des cassettes plutôt que des lettres ! L'accent québécois semble ressembler à celui de nos provinces de l'ouest ou du nord-ouest, comme la Normandie. Est-ce seulement une impression ?

Amicalement,

Trois-Rivières, le 4 février

Cher Serge,

Oui, je parle probablement comme ces jeunes filles de Montréal que tu as rencontrées à Limoges. J'ai fait quelques recherches pour toi à ce sujet, et tu verras que la prononciation du français d'ici forme un système cohérent, obéissant à des règles bien définies.

La prononciation qui paraît normale en France nous semble peu naturelle, voire étrange. Je me rappelle la stupéfaction d'un Parisien à qui j'ai dit l'été dernier que s'il restait toute l'année à Trois-Rivières il se débarrasserait de cet accent qu'il a ! Il n'avait jamais perçu les choses sous cet angle.

Notre accent à nous ressemble en effet à ceux de nos ancêtres des provinces françaises de l'Ouest. Puisque les différences de prononciation t'intéressent, je te laisse ces quelques explications. Mon prof ici à l'Université du Québec à Trois-Rivières dit que tu auras étudié un peu la phonémique à l'école. Il connaît bien la France.

Tu nous comprendras beaucoup plus facilement si tu sais que [d] et [t] deviennent [ts] et [dz] quand ils sont suivis des voyelles antérieures au haut du triangle, [i] et [y]. Exemple : *tu* [tsy], *dis* [dzi], *Arthur* [aʀtsyʀ], *petit* [ptsi], *du* [dzy]. (Mais cette règle ne s'applique pas à la communauté acadienne.)

Un second point t'aidera aussi à comprendre notre prononciation. Les voyelles [i], [y] et [u] sont prononcées [ɪ], [ʏ] et [ʊ] (variantes relâchées, comme dans l'anglais *bit, euh. . .*, *look*), quand elles sont suivies d'une consonne fermant le mot, sauf si cette consonne est [ʀ], [v], [z] ou [ʒ]. Voici des exemples où la consonne qui ferme le mot est **p, d, m** ou **t** :

type [tsɪp] ; MAIS : brise [bʀiz]
stupide [stsypɪd] ; MAIS : tire [tsiʀ]
rhume [ʀʏm] ; MAIS : mur [myʀ]
toute [tʊt] ; MAIS : ouvre [uvʀ]

Ensuite, lorsque tu reverras tes copines québécoises, remarque comment elles prononcent la voyelle [ɛ]. La voyelle *longue* [ɛ] se diphtongue en [aᵉ]. Exemple : *mère* [maᵉʀ], *maître* [maᵉtʀ], *rêve* [ʀaᵉv], *fête* [faᵉt], *seize* [saᵉz], *tête* [taᵉt]. Mais la voyelle *brève* [ɛ] ne se diphtongue pas. Exemple : *mettre* [mɛtʀ], *grève* [gʀɛv], *faite* [fɛt], *tette* [tɛt]. Ça, c'est comme chez toi. Mais ce n'est pas tout. Cette voyelle [ɛ], *en finale de mot* devient souvent [æ]. C'est comme l'anglais *cat* : *jamais* [ʒamæ], *il était* [etæ], *c'est vrai* [vʀæ].

Encore une diphtongue te surprendra ; de même que le [ɛ] long, la voyelle longue [œ] dans *beurre*, *sœur*, etc., se diphtongue. Elle devient [aœ] : [baœʀ], [saœʀ].

Une dernière surprise pour toi est que la voyelle nasalisée [ɛ̃] est prononcée [ẽ] (voyelle plus fermée) en syllabe ouverte : *main* [mẽ], *rien* [ʀjẽ]. Mais elle se prononce [ãᵉ] en syllabe finale de mot fermée par une consonne : *sainte* [sãᵉt], *prince* [pʀãᵉs], *cinquante* [sẽkãᵉt].

Voilà ! Tu verras que ce code te permet de comprendre ce que tes copines montréalaises se disent entre elles. Amuse-toi à essayer. Bonne chance !

Nous qui restons au Québec, nous sommes en pleine saison de Carnaval. Cela t'amuserait de nous voir tous costumés et en train de faire la fête. Chez mes grands-parents tout au nord, à Chicoutimi, on dit « Carnaval-souvenir » parce que chaque année évoque une année différente de notre assez longue histoire. (Chicoutimi fut fondée par des Jésuites au XVIIᵉ siècle.)

Le mois prochain commencera la saison des « parties de sucre » dans les érablières. As-tu déjà goûté au sirop d'érable ? Je te parlerai de tout cela dans ma prochaine lettre.

Bonjour à toi et à tes nouvelles copines.

Gérard

Etude de mots

une **consonne fermant un mot**   qui termine le mot et qui « ferme » la voyelle, c'est-à-dire, met fin à sa résonance

se débarrasser de qqch   se libérer d'un objet encombrant ou inutile

une **érablière**   une plantation d'érables

une **partie de sucre**   au Canada, fête au cours de laquelle on goûte au sirop d'érable qu'on vient de faire (on dit **faire les sucres**). On ramasse la sève (*sap*) des **érables à sucre** (*sugar maple trees*) dans des seaux, et on la vide dans des cuves sur des chaudières pour la faire bouillir. Ensuite, on y goûte en versant un peu de sirop sur la neige pour le faire durcir. On verse le sirop dans des moules pour en faire du sucre d'érable. La feuille de l'érable à sucre est l'emblème national du Canada.

une **syllabe ouverte**   où la voyelle est le dernier son de la syllabe, libre de continuer à résonner

QUESTIONS

1. Quel événement inattendu a fait penser Serge à son ami québécois ?
2. Comment entendrez-vous prononcer au Québec les mots suivants ?

   la politique ([la pɔlitsɪk])
   un crime ([œ̃ kʀɪm])
   un pauvre dupe ([œ̃ povʀə dzyp])
   une bulle ([yn bʏl])
   une boule ([yn bul])
   Touche ! ([tuʃ])

treize ([tʀaᵉz])
un verre de lait ([œ̃ vaᵉʀ də læ])
cinquante ([sēkã̄ᵉt])

3. Qu'est-ce que les Québécois célèbrent en février ?
4. De quel produit s'occupent-ils en mars ?

Apprenez le verbe **valoir**, *p. C121, et faites l'Exercice B.*
Etudiez L'adjectif + **de/à** + *infinitif, p. C122, et faites l'Exercice C.*
Révisez Verbe + **de**, + **à**, *ou sans préposition,* + *infinitif, p. C123. Faites l'Exercice D.*
Etudiez L'imparfait + **depuis** + *une expression de temps, p. C123 ; écrivez l'Exercice E.*
Finalement, étudiez La question indirecte, p. C124, et faites l'Exercice facultatif sur la
question indirecte.

SCENES DE LA VIE QUEBECOISE

UNE STAGIAIRE A QUEBEC.   Une enseignante française, Colette, stagiaire à l'Université Laval dans cette ville, parle avec une enseignante québécoise, Carole, chez qui elle habite.

Québec : le Château Frontenac.

COLETTE   Je suis ravie de mon stage à l'Université Laval. J'ignorais beaucoup de l'histoire du Canada français et de sa culture. Je les trouve extrêmement intéressantes.

CAROLE   J'en suis contente, Colette. Et vous n'avez plus de difficulté à comprendre notre accent, n'est-ce pas ?

COLETTE   Aucune. D'ailleurs, presque tous les profs ont un accent français — je ne dis pas parisien, car l'accent de Paris n'est pas le meilleur de France ! Mais je continue à apprendre des mots. Elle est pittoresque votre langue !

CAROLE   Moi, je vous comprends très bien, mieux qu'au début. Notre langue et surtout notre parole sont le reflet de notre culture après tout. Et maintenant, le stage terminé, vous êtes libre pour visiter la ville et les environs. Je vous invite à faire une promenade en voiture. Il fait si beau.

COLETTE   Vous êtes gentille. J'accepte avec plaisir. Je n'avais aucune idée de la beauté de cette ville. Le site sur le Saint-Laurent est magnifique. J'ai déjà visité le Château Frontenac et les plaines d'Abraham. Si nous nous promenions dans la vieille ville ?

CAROLE   Très bonne idée. L'ambiance est d'une autre époque, et bien française, dit-on. Vous me direz si c'est vrai. On prendra un breuvage ou une crème glacée dans un des cafés de la Grande-Allée. Et si vous voulez faire des emplettes, nous ne serons pas loin du grand centre d'achats de Sainte-Foy un peu plus haut. Là, tout est moderne, le dernier cri. C'est une tout autre ambiance.

COLETTE   Je voudrais tout voir pendant ma dernière semaine à Québec. Allons-y !

Etude de mots

un **centre d'achats**   au Canada, un centre commercial

une **crème glacée**   au Canada, une glace

le **dernier cri** *fam*   la mode (ou le modèle) la plus récente

faire des emplettes   faire des courses (Cf. **magasiner**   aller dans les magasins)

la **parole**   ici, l'usage individuel du langage

les **plaines d'Abraham** [abʀam]   *Battlefields Park*, site d'une victoire des troupes britanniques commandées par le Général Wolfe sur les troupes françaises sous les ordres du Marquis de Montcalm en 1759

Ecoutez la bande 10-B.

LE XXe SIECLE : UNE EXPERIENCE QUI RESTE A INTERPRETER

Quand les historiens futurs feront la synthèse de notre siècle, qu'est-ce qu'ils en choisiront comme étant le plus important ? Les événements ? Les tendances ? Pour nous, l'histoire du monde francophone pendant ces années est ponctuée par quelques événements saillants qui sont surtout des guerres.

La première guerre mondiale, de 1914 à 1918, a été désastreuse pour la France, qui a perdu un million trois cent mille hommes, sans compter les milliers de blessés graves, « les mutilés de guerre ». La nation n'avait pas encore réparé la destruction de cette guerre quand elle a été frappée par celle de 1939 à 1945, également désastreuse ; et entre les deux était survenue la grande dépression, dès 1929. Ensuite, les deux guerres dans d'anciennes colonies : au Viêt-Nam de 1946 à la défaite de Diên Biên Phu en 1954 (ce qui a amené les Américains à prendre le relais, sans plus de succès) ; et enfin en Algérie, de 1954 à 1962.

Les sciences, la technologie et la médecine ont rempli le siècle d'événements peut-être encore plus importants, bien que moins ressentis que les guerres. La

en 1949, de la Communauté européenne du charbon et de l'acier en 1950, et finalement de la C.E.E. (Communauté économique européenne) en 1957.

Mais sous l'influence de Sartre et des existentialistes cette foi a pris un ton sévère : l'individu se crée lui-même par les choix qu'il fait tous les jours, donc nous sommes responsables de ce que nous faisons de nous-mêmes, et de l'influence que nous exerçons sur l'avenir. Vous lirez probablement avant longtemps une des inoubliables pièces de théâtre de Sartre, ou un de ses récits, peut-être *Les jeux sont faits*, écrit pour le cinéma.

La seconde moitié du siècle se trouve reflétée dans les romans policiers de Georges Simenon ; et quand vous connaîtrez l'argot et le langage populaire, vous éclaterez de rire à chaque page en lisant un roman de San Antonio.

Dès les années 50, cependant, le « Nouveau roman » a orienté l'avant-garde du genre vers la vie intérieure du romancier lui-même. Michel Butor, Alain Robbe-Grillet ou Nathalie Sarraute cessent de raconter une histoire, pour organiser un roman autour d'un certain nombre de thèmes qui se rencontrent, puis s'affrontent à nouveau dans une nouvelle situation qui change les lignes de force. C'est fascinant, mais le roman s'éloigne ainsi de l'interprétation d'une époque.

C'est le film qui assume ce rôle, par les yeux observateurs de François Truffaut, Alain Resnais, Claude Chabrol, Louis Malle, la romancière et cinéaste Marguerite Duras, le critique social Jean-Luc Godard, l'aimable satiriste Jacques Tati et leurs successeurs, dont les films se voient dans le monde entier.

Jacques Tati.

Il se peut bien que ni les événements ni les interprétations contemporaines ne révèlent les grandes lignes de force de ce siècle. Lorsqu'une interprétation sera tentée par des historiens nés vers 2050 (si nous ne faisons pas de trop grosses bêtises entre temps), lesquelles des réalisations de ce siècle seront retenues comme ayant été les plus importantes ? Quels auront été les fruits de nos inventions dans les sciences, la médecine, la technologie ? Quel sera le bilan de nos efforts pour la justice sociale, pour ralentir la croissance de la population mondiale ? Quel sera le jugement de la fécondité ou de la stérilité de nos innovations dans les arts ?

Les événements saillants du monde francophone ne seront sans doute plus les mêmes. Les violentes guerres post-coloniales céderont-elles cet honneur à un événement moins frappant, la décolonisation paisible de toutes les colonies françaises au sud du Sahara, en 1960, à la suite des plébiscites de 1959 ? Et les voix discordantes des Africains de la gauche, comme Frantz Fanon ou Mongo Béti, qui protestent amèrement contre l'exploitation économique persistante, vont-elles apparaître, avec le recul du temps, comme l'une des forces contribuant à établir une relation entre égaux ?

Au-dessus de tout événement on placera peut-être une tendance philosophique internationale : la méfiance des symboles, et l'affaiblissement de ce qu'Alain de Vulpian appelle « l'édifice de certitudes » du XVIIIe siècle : l'univers-pendule au tic-tac imperturbable qui semblait garantir l'avenir du monde.

Etude de mots

Mongo Béti (Alexandre Biyjdi) (1932–)   romancier camerounais, véhément anti-impérialiste. Extrait (en français) dans *Französisch heute*, déc. 1983, pp. 242–243.

faire une bêtise   commettre une faute stupide

Frantz Fanon (1925–1961)   né à la Martinique, psychiatre, sociologue et écrivain français

Michel Foucault (1926–1984)   auteur d'études sur l'histoire des idées de la folie, de la criminalité et de la sexualité

Jacques Lacan (1901–1981)   psychanalyste qui a décrit le subconscient comme un langage

saillant *adj*   de **saillir**   former un relief ; Cf. *salient*

QUESTIONS

1. Classez dans deux catégories les quatre guerres que la France a faites au XXe siècle.
2. Combien d'hommes la France a-t-elle perdus entre 1914 et 1918 ?
3. Nommez trois événements de cette histoire qui ne sont pas des guerres.
4. Pourquoi a-t-il fallu remplacer la IIIe République en 1945 par une quatrième ?
5. En 1958, la IVe République se trouvait minée par les guerres post-coloniales et par l'instabilité ministérielle persistante. Quelle solution a été retenue par Charles de Gaulle ?
6. Nommez un ou deux romans qui vous plongeraient dans l'atmosphère de la période 1900–1914 ; 1919–1930 ; et 1945–1968.
7. Qui a appris quelque chose d'intéressant sur la France actuelle en regardant un film ? Parlez-en.

SCENES DE LA VIE QUEBECOISE

LOISIRS AU QUEBEC.   Deux étudiants à l'Université de Montréal, Huguette et Dominique, parlent de loisirs et d'amusements.

DOMINIQUE   On a bien bossé, n'est-ce pas, Huguette, et avec ce temps magnifique, on profitera de la dernière fin de semaine du Carnaval pour faire du toboggan. Ou as-tu d'autres idées ? Je crois que Sylvain et Marie voudront nous accompagner.

HUGUETTE   J'en ai déjà fait pas mal, alors je pensais faire du ski de randonnée. La neige est très bonne s'il n'y a pas trop de poudrerie.

DOMINIQUE   Moi, je veux bien. On a assez vu du Carnaval. Et puis, il y a tant de monde — des milliers de touristes. La solitude des grands espaces

nous fera du bien après cette semaine d'étude. Je donnerai un coup de fil à nos copains si tu es d'accord.

HUGUETTE Bien sûr. Pour changer de sujet : Mon cousin Gérard m'invite avec la famille à leur partie de sucre. Ce sera pour la saison des sucres ; nous avons encore le temps d'y penser. Veux-tu être des nôtres ? Ils ont une grande érablière et une cabane à sucre. On danse le soir après un bon souper.

DOMINIQUE Chouette ! J'accepte avec plaisir ! Je crois que j'ai fait la connaissance de ton cousin. Il habite à Trois-Rivières ?

HUGUETTE C'est ça. Tu as bonne mémoire !

DOMINIQUE Je t'appellerai pour faire des projets pour samedi prochain. A bientôt, Huguette.

HUGUETTE A bientôt, Dominique.

La saison des sucres.

Etude des mots

bosser *pop* travailler (*lit*, courber le dos : une **bosse** *a swelling, a hump*)

une **cabane à sucre** au Canada, bâtiment où l'on fabrique le sirop et le sucre d'érable

des nôtres (**de** + pronom possessif) de notre groupe

la **poudrerie** au Canada, neige fraîche que le vent fait tourbillonner ; un **tourbillon** vent très fort qui souffle en tournoyant (tournant en spirale)

la **saison des sucres** le printemps, fin mars, avril quand la sève coule

ski de randonnée promenade à ski, ressemble au **ski de fond** qui est un sport avec parcours organisés, etc. (*cross-country*)

LA VIE INTERIEURE, LA LANGUE, ET LE FRANÇAIS EN PARTICULIER

Il est bizarre que nous jugions important de connaître les mécanismes physiques et chimiques de notre corps, et peu importants les mécanismes de notre pensée. Pourtant, la pensée, elle aussi, a une forte influence sur notre succès dans la vie, selon notre capacité d'analyser les situations, de raisonner, d'imaginer. Les recherches de Wallace Lambert, qui est professeur à l'Université McGill à Montréal, indiquent que la connaissance d'une seconde langue rend l'imagination plus souple.

Chaque langue, comme la culture dont elle fait partie, est un ensemble organisé. L'une et l'autre ont une grande mesure de cohérence — heureusement, car de là dépend la cohérence de notre personnalité. La langue n'est-elle pas le principal instrument de notre vie intérieure ?

Nous pouvons aiguiser cet instrument, rendre notre pensée et sa communication plus efficaces, si nous étudions les mécanismes de cet instrument pour exploiter toutes ses ressources.

Ce qui distingue la mentalité humaine

Un système linguistique est composé de deux sortes de signes : des signaux, qui se réfèrent à un seul concept (la table, Stop), et des symboles, qui se réfèrent à une pluralité de concepts (la liberté, la terre). Un chien comprend un signal, « Couché ! » ou « Assis ! », mais il ne comprend pas la phrase « Je vais me coucher ». C'est la capacité de penser en symboles qui distingue la mentalité humaine.

La réponse que provoque ce stimulus est un simple signal.

Les symboles permettent d'organiser des propositions (affirmations, questions, ordres)—en un mot, le discours, qui distingue la communication et la vie intérieure des êtres humains. Et puisque toute proposition contient nécessairement un verbe, on peut considérer le verbe comme le centre du système linguistique.

La nature d'une langue

Ce système, comme le système socio-culturel, est formé de plusieurs sous-systèmes. D'abord, le système des sons qui ont un sens et un « territoire » phonémique précis dans la langue donnée : [u/y] et [ɛ̃/ɑ̃] limitent le « territoire » l'un de l'autre en français, mais pas en anglais.

Deuxièmement, le système des formes de mots : par exemple les différentes formes de chaque verbe, et les formes des pronoms — démonstratifs, interrogatifs, relatifs. Ce sous-système s'appelle la morphologie.

Ensuite, un système grammatical, « la syntaxe » : les règles selon lesquelles on construit les propositions et les met en relation pour organiser des phrases complexes et des paragraphes. Pour analyser ce système grammatical, nous avons choisi des concepts inventés il y a plus de deux mille ans, par des penseurs d'une perspicacité remarquable : le verbe, le nom, l'adjectif, et les autres « parties du discours ». La linguistique contemporaine cherche à remplacer ces parties du discours, qui se recouvrent (*overlap*) par endroits ; mais ces concepts anciens sont faciles à saisir et les nouveaux requièrent un cours à part.

Il est intéressant de rappeler que la cohérence du système grammatical dépend d'une structure interne, qui ne touche pas partout le monde réel : certains types de mots se réfèrent uniquement à d'autres mots. Vous avez observé que les pronoms *il*, *elle* empruntent leur sens au *mot* qu'ils représentent, tandis que *ce*, le démonstratif, signale un objet réel. Tous les pronoms relatifs se réfèrent à un mot ; et les verbes au subjonctif sont subordonnés à un verbe principal, avec la conséquence que leur temps (*tense*) se réfère, non pas au monde réel, mais au temps du verbe principal.

Enfin, chaque langue a son propre système sémantique. Elle découpe (*carves up*) le monde réel de sa façon particulière, et c'est sans doute à cause de ceci que la connaissance d'une seconde langue accroît la flexibilité de la pensée.

Le français, par exemple, emploie le seul mot *la conscience* pour les deux concepts de *conscience* et *consciousness*. Par contre, le français a deux mots pour *citizenship* : la citoyenneté (le fait d'être citoyen d'un pays) et le civisme (l'esprit civique). Si l'anglais avait eu deux mots différents, on aurait évité une grande controverse au sujet du sens de l'expression *world citizenship*.

La langue française en particulier

Les Français sont fiers de leur langue et particulièrement soucieux d'en conserver les vertus. Ils sont plus ennuyés que d'autres quand ils la voient maltraiter. La raison de leur attitude est sans doute historique. D'une part, leur éducation assez rigide les pousse à corriger diligemment le langage de leurs enfants qui, devenus adultes, regardent le mauvais français comme un ennemi. D'autre part, l'unification administrative de la nation, trois siècles ou plus avant d'autres nations d'Europe, a donné une grande importance au dialecte de la cour royale : l'élite était obligée de l'adopter, et le reste de la population, de reconnaître son prestige. Quelles que soient les causes de l'attitude, il faut en reconnaître l'importance.

Les Français jugent que leur langue a une clarté spéciale. Toute langue a cette vertu, évidemment, pour ceux dont elle a contribué à former la mentalité. On pense au vieux Suédois qui disait, « Le français n'est pas mal, l'anglais n'est pas mal, mais la langue qui exprime les sentiments comme ils sont, c'est le suédois ». En vérité, les critiques et enseignants de la littérature française consacrent un temps et un effort considérables à expliquer les textes importants, et le professeur Jacques Barzun, éduqué en France et devenu l'un des maîtres contemporains de l'anglais, a fait remarquer que les grands auteurs français, ceux dont la pensée est complexe et innovatrice, ne sont pas du tout « clairs » à la manière de ceux qui se limitent aux idées simples et familières.

Néanmoins, la prétention du français à une clarté particulière n'est pas sans justification. Sa syntaxe très stricte exclut bien des ambiguïtés, par exemple les cas où un mot pourrait être nom ou verbe. Les en-têtes de journaux en anglais abondent en ambiguïtés de la sorte, comme *Money talks with Britain coming up*. (« *Talks* », nom ou verbe ?) En second lieu, le vocabulaire limité du français a été raffiné pendant des siècles de salons, de discours et d'écrits marqués par le souci d'employer « le mot juste ». Cette préoccupation pousse parfois à choisir une clarté facile au lieu de se demander (comme le faisait ce penseur pénétrant, La Rochefoucauld) si les « mots justes » représentent, le mieux possible, la réalité que l'on cherche à saisir. La langue française tend parfois, aussi, à imposer des catégories trop rigides à des données qui n'y entrent pas complètement. Mais les langues, comme les personnes, ne peuvent cultiver une qualité sans risquer le défaut qui est l'envers de la médaille.

Une des vertus indubitables de la langue française est sa résistance à toute emphase. Le style déclamatoire d'un Hitler lui est impossible. Les Français ont un trop vif sens du ridicule pour prendre au sérieux un orateur emphatique. Ils se moquent des « grands ténors » de la vie politique. Même l'anglais se prête plus facilement à l'emphase que le français. La phrase terrifiante de la Bible, « *Behold, the behemoth!* » devient simplement « Voici l'hippopotame ».

Senghor a consacré à la langue française son discours de réception à l'Académie. Les qualités qu'il a choisi de commenter sont la beauté, l'agrément, la structure logique, et la remarquable aptitude à l'abstraction.

Aujourd'hui le français évolue, plus rapidement peut-être que jamais. Son vocabulaire s'accroît, sa syntaxe s'assouplit. Les attitudes évoluent également. Jusqu'à récemment on évitait d'employer un néologisme, de peur de sembler ne pas posséder le mot juste. Maintenant, au contraire, les néologismes peuvent servir à montrer que l'on est moderne. Bien entendu, un changement aussi radical ne va pas sans provoquer une réaction conservatrice. Mais dans l'ensemble, la communauté francophone s'adapte avec ingéniosité au monde en mutation, tout en préservant les qualités de ce bel instrument d'expression et de communication.

Etude de mots

f*l'**agrément** *m* le charme, la grâce, qui rendent agréable

f*la **prétention** Ne pas oublier que **prétendre** veut dire *to claim* et pas **faire semblant**.

sémantique *adj* **La sémantique** est l'étude du sens des mots et du discours.

la **syntaxe** l'organisation des mots en propositions

QUESTIONS

1. Quels sont les deux types de « signes » ?
2. Expliquez les deux sens du mot anglais *citizenship*.
3. Trouvez des exemples de l'expression visible (pp. 139–141) et de l'expression audible (p. C73) qui accompagnent la parole.
4. En Angleterre, la voyelle [o] a évolué : elle a traversé le triangle des voyelles, sur une ligne horizontale, de [ɔu] à [εu], et chez certains Britanniques, l'élément [ε] de cette diphtongue [εu] a attiré l'élément [u] vers lui jusqu'à [ø] : ils disent [εø] pour *Oh!*. Quel est l'effet sur un Américain qui dit encore [ɔu] ?
5. Traduisez en français l'en-tête de journal « *Money talks with Britain coming up* ». Pourquoi une telle ambiguïté n'existe-t-elle pas en français ? Pouvez-vous repérer d'autres exemples dans un journal ?

CES SITUATIONS QUI FONT IMPROVISER (I) : SE RENSEIGNER

En groupes de deux, un(e) étudiant(e) pose les questions et l'autre fait semblant de savoir les réponses. Les six « situations » dont voici la première seront particulièrement amusantes si chaque membre de la classe prépare d'avance des questions et des réponses.

Vous voulez offrir vos services comme bénévole (*volunteer*) et participer à l'une des équipes de jeunes qui restaurent en France des bâtiments historiques. Un(e) fonctionnaire du ministère de la Culture vous reçoit. Vous voulez savoir les possibilités. Quels types de bâtiments ? Où ? Quand ? Qui peut y participer ? Est-on rémunéré ? Faut-il payer le logement et la nourriture ? (*V* p. 209.)

NOTEZ que les deux essais qui suivent, sur un séjour dans un pays francophone et sur les types de lettres, sont à lire dans le but d'écrire la composition, p. 214.

PASSER PLUSIEURS MOIS DANS UN PAYS FRANCOPHONE : COMMENT FAIRE ?

Certains collèges ou universités américains organisent pour leurs étudiants des séjours en France. C'est une solution agréable et relativement facile : l'encadrement est américain, vous partez en groupe, et si vous êtes un peu effrayé(e) à l'idée d'être seul(e) en milieu étranger, de tels programmes garantissent la sécurité.

Si vous êtes aventureux(euse), votre expérience en France sera infiniment plus profitable parce que vous serez immergé(e) dans un bain linguistique et culturel, sans intermédiaire. De jeunes Américains courageux s'inscrivent dans un lycée public ou privé pour faire une année de Terminale, juste après avoir obtenu leur diplôme de high school.[1] D'autres (parfois les mêmes, qui reviennent) s'inscrivent dans l'université de la ville de leur choix pour étudier la philosophie, les sciences politiques, la gestion (*management*) ou la littérature. En général, leur année en France ne leur coûte pas plus cher qu'une année dans un *college* aux Etats-Unis, pour deux raisons : d'une part, les cours dans les universités françaises sont gratuits, même pour les étrangers ; d'autre part, le logement et la nourriture sont moins chers à cause du taux de change dollar-franc français.

Pour obtenir des informations sur l'enseignement supérieur dans la région qui vous intéresse — chaque région s'appelle « une académie » en ce qui concerne l'éducation — il faut écrire à l'ONISEP (Office National d'Information sur les Enseignements et les Professions). C'est un organisme national dont la délégation régionale de Rouen est spécialement chargée des étudiants nord-américains. Voici l'adresse : Délégation Générale de l'ONISEP, 15, rue de la Savonnerie, 76000 Rouen. Demandez-leur des renseignements sur l'enseignement supérieur dans la région qui vous intéresse.

Si votre niveau de français est suffisant, suivez des cours faits pour les Français par des Français, dans le secteur qui vous plaît : art, chimie, océanographie, géologie. . . , plutôt que des cours de français pour étrangers. Vous vous mêlerez ainsi aux jeunes Français et Françaises et pourrez acquérir de l'intérieur une compréhension irremplaçable des mentalités. Votre vision du monde sera changée, même si vous passez par des moments de colère et de révolte contre des aspects de la vie en France. Une fois retourné(e) chez vous, vous vous apercevrez peut-être que vous avez acquis une tendresse pour la France, presque un double patriotisme, et vous pourrez chanter comme Joséphine Baker, la chanteuse noire américaine de l'entre-deux-guerres, « J'ai deux amours, mon pays et Paris ».

[1]Les trois années de lycée en France sont appelées seconde, première et Terminale. (*V* p. 234)

Mais vous, vous ne pourrez pas obtenir un permis de travail pour chanter ou jouer du piano dans un cabaret. Est-il donc impossible de rester en France si l'on n'a pas d'argent ? Mais non. Lisez la suite.

Des séjours gratuits ? C'est possible.

1) *Séjour payé*

Ceux qui se spécialisent en langue française, et pensent l'enseigner dans un établissement secondaire ou supérieur, peuvent demander, après obtention d'un B.A. ou d'un M.A., un poste d'assistant(e) d'anglais dans un lycée, ou de lecteur ou lectrice dans une université, pour enseigner l'anglais parlé. C'est un moyen employé fréquemment par les étudiants britanniques et allemands pour faire un séjour en France en recevant un petit salaire. Trop peu d'étudiants américains connaissent ou saisissent cette chance. Pourtant, leur dynamisme, leur expérience, font merveille en France et ils ont beaucoup à apporter aux étudiants ainsi qu'aux professeurs des établissements français. Ceux qui réussissent le mieux sont ceux qui ont vraiment voulu ce séjour, et qui n'ont pas toujours été protégés, habitués au luxe.

Voici trois histoires vraies, récentes, pour vous montrer que, oui, c'est possible. Premier exemple : un étudiant du Wisconsin, Paul, a passé un an en France comme assistant au Lycée Saint-Just, à Lyon, où il a dirigé, en collaboration avec des professeurs français, la mise en scène de trois pièces jouées en anglais par des élèves : *My Fair Lady* (classe de seconde), *The Wonderful Wizard of Oz* (classe de première), *The Importance of Being Earnest* (élèves de Terminale). Son expérience a été suffisamment bonne pour qu'il obtienne un poste pour une deuxième année consécutive en France, comme lecteur à l'université de la même ville.

Deuxième exemple : un étudiant de Reed College (Oregon), Marvin, originaire d'Alaska, après avoir passé une année scolaire dans un lycée comme élève de Terminale, est revenu plus tard pour sa troisième année d'études supérieures, à l'université de Strasbourg où il a réussi brillamment des examens de philosophie.

Troisième exemple : une jeune femme de Pennsylvanie, Georgeanne, a été assistante dans un lycée il y a quelques années. Très sportive, elle donnait des explications « sur le terrain » concernant le base-ball, participait à toutes les sorties (ski, sciences naturelles, histoire). Six ans plus tard, elle est revenue comme participante à un échange d'enseignants (*exchange teacher*) dans un collège très défavorisé, a eu une expérience dure avec des élèves difficiles. Puis elle est revenue en France pour une année sabbatique. Arrivée avec sa bicyclette, elle a pédalé presque tout l'été, a fait les vendanges à l'automne, et a entrepris d'aider un club de cinéma américain, dont les membres sont tous lycéens, à préparer et rédiger des documents apportant un éclairage culturel aux films choisis.

Le secret de la réussite d'un séjour semble donc être l'action. A partir du moment où vous faites quelque chose avec des Français, soit pour le plaisir (monter à cheval, faire de la voile, du tennis, du ski, du vélo), soit pour vous rendre utile, comme les assistants cités plus haut, vous êtes intégré(e), vous devenez Stacey ou Tom, au lieu de rester un étranger.

Pour demander un poste d'assistant(e) ou de lecteur (lectrice) depuis les Etats-Unis, on obtient un formulaire spécial de l'Institute of International Education, 809 United Nations Plaza, New York, NY 10017 ; ou si votre *college* ou université prend en échange un assistant français, on écrit aux Services Culturels, Ambassade de France, 4101 Reservoir Road N.W., Washington, DC 20007. Date limite : 1er mars pour l'année scolaire suivante. L'Etat français ne paie pas le transport entre le pays d'origine et la France. Les Etats-Unis offrent quelques bourses de voyage Fulbright aux Américains qui obtiennent ces postes ; pour celles-ci on s'adresse à son université ou *college*.

2) Séjour sans salaire, mais gratuit

Les jeunes gens comme les jeunes filles peuvent travailler « au pair ». Ils sont logés, nourris, reçoivent un peu d'argent de poche et ont du temps pour suivre des cours. La France a signé une convention du Conseil de l'Europe qui définit les obligations de l'hôte et du stagiaire, et on peut obtenir un formulaire de contrat distribué par l'Inspection du travail. *Le Français dans le monde* 160 (avril 1981, pp. 88–95) fournit une ample documentation, avec une liste d'agences qui servent d'intermédiaire pour trouver une famille. On peut aussi mettre une annonce dans un journal. Mail il vaut mieux passer par l'intermédiaire d'amis, ou d'amis d'amis, car suivant la famille, l'expérience peut être désastreuse ou très enrichissante. On apprend beaucoup de français avec les enfants, sans être embarrassé. Les jeunes « au pair » bénéficient d'une assurance médicale, ce qu'on appelle « Sécurité Sociale ».

Si on a une carte d'étudiant, on peut aussi travailler, pendant les vacances universitaires seulement, dans n'importe quel secteur. Vous pourriez devenir moniteur de tennis dans une station de vacances, ou plongeur dans un restaurant. En dehors de l'été, il faut un « permis de travail », et seuls les ressortissants de la CEE ou de certains pays francophones peuvent en obtenir un.

Il existe aussi des camps internationaux, en particulier pour la restauration de monuments historiques. Les jeunes y sont nourris, logés, non rémunérés. Le travail est fatigant mais l'atmosphère souvent joyeuse. Voici trois addresses où vous pouvez écrire pour avoir des renseignements (listes, dates, lieux) : CIDJ (Centre Information Documentation Jeunesse), 101 Quai Branly, 75015 Paris ; AFA (Amateurs de Fouilles Archéologiques), La Rousselière, 44220 Coueron ; CONCORDIA, 27 rue du Pont-Neuf, 75001 Paris. En écrivant vous pourrez obtenir le nom d'une multitude de petites associations à Valence, à Dijon, dans les Vosges, partout en France.

Les Rotary Clubs organisent des échanges et offrent des bourses intéressantes.

Les comités de jumelage des villes peuvent éventuellement vous aider à devenir stagiaire ou à faire un échange. S'adresser au Comité ou à l'Association de jumelage le plus près de vous, ou à la Mairie de votre ville ; ou bien, écrire à Sister Cities International, Suite 424, 1625 Eye Street N.W., Washington, DC 20006.

Pour ceux qui souhaiteraient faire un stage en entreprise, il existe deux associations spécialisées. Les étudiants en gestion, commerce, ou banque peuvent adhérer à la section locale de l'AIESEC (Association Internationale des Etudiants en Sciences Economiques et Commerciales), 14 West 23rd Street, New York, NY 10010.

Ceux qui cherchent un stage dans les professions de l'architecture, de l'ingénierie, des maths, ou d'une science physique ou biologique s'adresseraient à l'AIPT (Association for International Practical Training), 217 American City Bldg., Columbia, MD 21044. Cette association américaine est affiliée à l'International Association for the Exchange of Students for Technical Experience, qui exige que l'on ait complété un cours professionnel, plus six mois d'expérience, et que l'on s'engage pour un stage de six mois.

L'Université du Québec à Trois-Rivières (PQ), entre autres, offre de sérieux programmes d'étude pour étrangers. L'addresse est : C.P. 500, Trois-Rivières, Québec, Canada G9A 5H7.

Egalement au Canada, des agences privées organisent des excursions variées pour des groupes d'étudiants accompagnés d'un professeur. L'une de celles qui ont coutume de travailler avec des Américains est Horizons Québec, Club Aventures-Voyages, 1221 St-Hubert, Montréal, Québec, Canada H2L 3Y8. Inclues sont des excursions au Carnaval d'Hiver, de ski, et une visite à une cabane à sucre.

Si vous êtes tenté(e) par un séjour dans un des pays africains dont le français est la langue officielle ou dans un T.O.M. français, le Corps de la Paix américain offre des possibilités de stages avec une formation préliminaire. Le nombre de volontaires acceptés était tombé à 6 000 en 1985, mais le Congrès avait résolu de financer le départ de 10 000 volontaires. S'adresser au Bureau de recrutement le plus proche.

Et rappelez-vous : comme toutes les choses qui valent vraiment la peine, la possibilité d'un séjour à l'étranger s'obtient à la force du poignet. Il y aura des obstacles, mais il ne faut pas se laisser décourager.

Etude de mots

à la force du poignet L'image est celle de s'élever à la force des bras : par ses seuls moyens.

plongeur(euse) ici, personne qui lave la vaisselle

un(e) ressortissant(e) personne dont le statut est déterminé par une juridiction donnée ; ici, celle d'une des nations indiquées

les vendanges *fpl* le fait de cueillir (*to pick*) les raisins mûrs pour la fabrication du vin

NOTE : Voir la page C125 pour des sources de renseignements supplémentaires.

QUESTION

Parmi les possibilités de financer soi-même un séjour dans un pays francophone, quelle est la préférence de chaque membre de la classe, et quelles sont les raisons qui ont motivé ce choix ?

L'ART D'ECRIRE UNE LETTRE

La marquise de Sévigné est peut-être l'un des écrivains français les plus aimés du grand public. Pourtant elle n'a écrit que des *Lettres*, à sa fille qui habitait la Provence alors que la marquise elle-même vivait à Paris. Ecrire une lettre est resté un passe-temps agréable, un jeu qui permet à ceux qui aiment écrire, mais n'en font pas un métier, de montrer esprit et talent dans leurs descriptions ou réflexions personnelles. C'est une manifestation d'amitié qui convient aux Français car elle permet de tenir son interlocuteur à distance. Celui qui écrit maîtrise ainsi la situation parce qu'il définit ses propres règles.

La lettre amicale

Une lettre amicale bien écrite n'est ni trop courte (cela serait une preuve de sécheresse) ni trop longue (cela serait importun ou ennuyeux). Elle est écrite si possible à la main, peut-être parce que la relation est alors plus personnelle. Le papier utilisé n'a pas grande importance dès lors qu'il est uni : le papier à rayures ou à carreaux est réservé pour les étudiants et le bureau, ou encore à ceux qui ne savent pas écrire droit. L'écriture des Français est souvent difficile à déchiffrer. Ils ne font pas d'effort pour écrire lentement et lisiblement et laissent la plume courir, libre d'exprimer un peu leur personnalité, harmonieuse ou désordonnée, optimiste ou non, anarchique ou disciplinée. En général, la signature est illisible : on en revient à cette caractéristique française, la méfiance. L'individu se cache derrière une signature inutilisable par quiconque.

Pour commencer une lettre, vous emploierez le plus souvent le prénom. Mais vous pouvez aussi commencer une lettre amicale avec « Cher Monsieur » ou « Chère Madame » (non pas « Cher Monsieur Le Pen » ou « Chère Madame Marchais »).

La fin d'une lettre amicale peut prendre une infinie variété de formes, ce qui ne facilite pas la tâche mais en fait une sorte de jeu subtil. Rappelez-vous ceci : la fin d'une lettre définit l'état de la relation entre les deux correspondants. Il s'agit donc de finir sur une formule nuancée et qui exprimera la position et les sentiments de celui qui écrit par rapport au destinataire. Faites attention aux lettres que vous recevrez, savourez et relisez la formule finale et vous verrez qu'en général elle n'est pas machinale et creuse. Comme les vêtements que l'on porte révèlent un peu notre personnalité, la fin d'une lettre vous fera mieux connaître votre correspondant.

Les formules varient des plus longues (deux à trois lignes) aux plus brèves (un ou deux mots). On peut terminer par exemple une lettre à de bons amis avec : « Très affectueusement » ; ou bien par : « Avec toutes mes bien vives amitiés à partager avec Gisèle ». Ou encore : « Nous espérons beaucoup que nous finirons par nous revoir cette fois-ci et dans cette attente, nous vous adressons nos amitiés bien cordiales ». Autre exemple caractéristique : « Denise se joint à moi pour vous dire, à Françoise et à vous, toutes nos pensées affectueuses ». Et que pensez-vous de : « Danièle fusionne ses baisers aux miens destinés à vous deux » ?

Les baisers et les embrassades sont aussi utilisés à profusion dans les fins de lettres, du simple : « Je t'embrasse », au classique : « Mille baisers à vous tous de nous tous », en passant par « Je vous embrasse avec toute mon affection ». Ils sont un signe d'intimité, presque incompatibles avec l'expression de la déférence. Si l'on n'est pas très sûr de pouvoir se le permettre, on essaie : « Permettez-moi de vous embrasser » ou « Je me permets de. . . »

La fin d'une lettre fait apparaître l'humour, l'esprit, la sensibilité. Les fins de lettres vous diront aussi quelque chose sur les Français en général. Très souvent, ils cherchent à établir de grands cercles concentriques qui relieront les personnes et les événements. Ils cherchent à rapprocher dans l'espace et dans le temps les membres de leur famille et leurs amis. Des verbes comme « se joindre à », « rappeler », « partager », « espérer », « ne pas oublier » reviennent constamment dans les formules finales. Si un Français vous a rendu visite, il évoquera les événements qui ont marqué cette visite tout en vous remerciant. Si vous avez écrit, il fera allusion encore à votre lettre.

Un Français évoquera systématiquement ceux qui l'entourent et ceux qui vous entourent : « Marguerite se joint à moi pour. . . » ou : « Dites à François que. . . », « Partagez avec François et toute la famille notre. . . », etc. On pense à tous les membres de la famille. Ces formules écrites sont souvent beaucoup plus chaleureuses que les paroles, parce qu'au moment où il écrit, votre correspondant n'a pas peur de vous, il vous tient à distance !

Il n'est pas nécessaire de chercher à imiter certaines formules longues et compliquées pour que vos lettres soient appréciées. Les Français seront toujours sensibles à la sincérité et à la simplicité du ton d'une lettre. Comme dans toute situation de communication, il est essentiel d'être soi-même, d'apparaître comme un individu et non pas un robot qui a appris des formules. Il faut que vos correspondants sentent que vous pensez ce que vous écrivez. En particulier parmi les jeunes, vos amis et amies français sont intéressés par le contenu de votre lettre et non par sa forme. Ils voudront se rappeler et répéter ce que vous avez écrit, et se moquent complètement des formules. Entre jeunes, la simplicité est de rigueur. Ne vous lancez pas dans les phrases signalées pour les lettres d'affaires avec : « Croyez. . . », « Agréez. . . », etc. Vous pouvez et devez être bref. Si par hasard vous avez la chance d'avoir à écrire des lettres d'amour en français, personne n'a plus aucun conseil à vous donner ! Donnez libre cours à votre lyrisme et à votre imagination, comme il vous plaira.

La lettre d'affaires

Elle sera concise, donnant clairement l'information nécessaire. Les règles de présentation matérielle sont peu contraignantes. Il semble que les Français prêtent moins attention que les Américains à la disposition sur la page et même à la qualité de la frappe.

Une lettre d'affaires commence par « Monsieur » ou « Madame », parfois « Messieurs », mais dans ce type de correspondance ils ne vous sont jamais « chers ». Par la force de l'habitude, on lit « Messieurs » plus souvent que « Mesdames ». (Les responsables d'une association de veuves en France aiment raconter qu'elles reçoivent parfois des lettres — adressées par une femme à d'autres femmes — commençant par « Messieurs » !)

Ensuite, la lettre expose l'objet de la correspondance. Quant aux formules finales, elles ont souvent un parfum XVIIIe siècle. Amusez-vous à les reproduire. (Autrefois ce n'était pas seulement le marquis de La Fayette mais aussi Benjamin Franklin et Thomas Jefferson qui utilisaient de telles formules dans leurs lettres.) Si vous écrivez à un supérieur, commencez par : « Je vous prie. . . ». Un simple impératif suffira pour un égal : « Agréez s'il vous plaît » ou « Veuillez agréer. . . » On reprend alors le terme d'adresse utilisé au début de la lettre : « Monsieur le Président. . . », « Monsieur le Directeur » (« Madame la Directrice ») ou simplement « Madame », « Monsieur ». Ensuite vient « l'assurance » et là, vous devez réfléchir et choisir entre l'assurance de votre « respect » ou de votre « considération distinguée » ou de vos « sentiments distingués ».

Il existe des manuels qui enseignent les règles de savoir-vivre, mais ils sont inutilement compliqués et souvent bêtes. La simplicité et la sincérité demeurent des règles d'or. En effet, vous pouvez toujours remplacer les formules stéréotypées ci-dessus par « Merci d'avance » ou « Avec mes remerciements ». La simplicité semble d'ailleurs être la tendance de l'avenir.

Modèles de lettres d'affaires

1328 Wee Street
Lilliput, WA 00099
le 15 novembre 19—

Agence Puthet
Cours Franklin Roosevelt
69006 Lyon
France

Monsieur, Madame,

Je vous serais reconnaissante de m'envoyer la brochure « Skiez France ». Si vous voulez bien m'envoyer une facture comprenant les frais de port <u>par avion</u>, je vous enverrai un mandat-poste pour le montant correspondant.

Veuillez agréer, Monsieur, Madame, mes salutations distinguées.

Jane Perkins

Jane PERKINS

le 15 janvier 19—

Agence Andrau
16, rue des Belges
06405 Cannes Cedex, France

Messieurs,

Je viens solliciter votre aide pour trouver une chambre meublée à louer dans votre région pour le mois de juillet prochain. Je la voudrais près de la plage, pas plus de 15 minutes à pied, et je voudrais pouvoir utiliser un petit réchaud.

Je sais qu'il ne sera pas facile de trouver ce que je souhaite, d'autant plus que mes moyens d'étudiante sont modestes. Je compte sur vous pour me signaler toutes les possibilités. Au cas où un studio pour deux étudiantes serait plus facile à trouver, il est possible qu'une amie puisse m'accompagner.

Dans l'espoir de lire vos bons conseils avant fin février, je vous prie de recevoir, Messieurs, mes meilleures salutations.

Phyllis Wilson

Phyllis WILSON

P.S. Auriez-vous la gentillesse d'envoyer votre réponse par avion ?

le 27 janvier 19—

Délégation Générale de l'ONISEP
15, rue de la Savonnerie
76000 Rouen, France

Je vous serais reconnaissante de bien vouloir me communiquer les renseignements suivants :

1) Dans quelles conditions les étudiants étrangers, en l'occurrence les Américains, sont-ils admis à suivre un enseignement universitaire en France ? (diplômes, niveau linguistique, visa, frais d'inscription, etc.)
2) A quelle date les démarches doivent-elles être entreprises pour la prochaine rentrée universitaire ?
3) Quelles sont les dépenses à prévoir pour le logement et la nourriture ?
4) Y a-t-il un service qui s'occupe des problèmes de logement ?
5) Est-il plus facile de s'inscrire dans certaines universités, et si oui, lesquelles ?

S'il existe une brochure donnant ces renseignements, je serais heureuse de pouvoir l'acheter au prix que vous voudrez bien m'indiquer.

Je suis étudiante en histoire et titulaire d'un diplôme de Bachelor of Arts (licence d'histoire). J'ai l'intention de me spécialiser en histoire de l'art, et un séjour en France m'apporterait beaucoup.

Merci d'avance pour tous les renseignements que vous voudrez bien me faire parvenir. Etant donné les lenteurs du courrier par voie de surface, pourriez-vous, s'il vous plaît, m'envoyer ces renseignements par avion ?

Jill Olson

Jill OLSON

Etude de mots

creux (creuse) *adj* ici, vide de sens (Un **creux** = le contraire d'une bosse.)

dès lors que + indicatif *conj* = **pourvu que** + subjonctif

en l'occurrence dans le cas présent

une **facture** document qui indique une somme à payer

les **frais** *mpl* **de poste** le prix des timbres pour une lettre ou un paquet

la **frappe** la présentation du texte tapé (*typed*)

Madame de Sévigné (1626–1696) Elle décrivait la vie de cour sous Louis XIV.

un **mandat-poste** *money order*

le **montant** le total d'un compte à payer

se moquer de ici, ne pas attacher d'importance à

papier à carreaux ; à rayures *graph paper; ruled*

un **réchaud**   ustensile de cuisine portatif (*portable*), servant à chauffer ou à faire cuire les aliments (*hot plate*)

la **rentrée**   ici, le retour à l'école en automne

QUESTIONS

1. Comment peut-on commencer une lettre amicale ?
2. Discutez de la distance relative entre correspondants que marquent probablement les expressions suivantes : « Bonnes amitiés », « Cordialement vôtre », « Recevez l'expression de mon amitié sincère », « Avec mon souvenir cordial ».
3. Comment commence-t-on une lettre d'affaires ?
4. Laquelle des expressions suivantes montre la plus grande déférence ?

    a) Je vous prie de recevoir, Monsieur, l'assurance de mes meilleurs sentiments.
    b) Veuillez agréer, Monsieur, l'expression de ma considération distinguée.
    c) Croyez, je vous prie, Monsieur, à l'expression de mes sentiments très cordiaux.

COMPOSITION AVEC EXERCICE ORAL PREALABLE

1. Esquissez le projet d'un voyage que vous aimeriez faire dans un pays francophone (lequel ?) : précisez votre but, la nature du voyage ou séjour destiné à atteindre ce but, les préparatifs qui seront nécessaires.
2. Puis, écrivez et postez au moins une lettre demandant des renseignements. Plusieurs lettres brèves, écrites maintenant, peuvent vous faciliter la rédaction du plan détaillé dans le Chapitre Quatorze.

Attention : Si plusieurs membres de la classe décident d'écrire à une même adresse, il vaut mieux collaborer pour écrire une seule lettre. Ou encore, un(e) étudiant(e) ou deux, avec l'aide du professeur, pourraient faire une synthèse des meilleures lettres écrites par leurs camarades. Il vaudrait mieux qu'un organisme comme l'ONISEP, qui risque d'envoyer une brochure assez épaisse, n'ait pas dix réponses à faire.

DEUX POETES CANADIENS-FRANÇAIS

La littérature canadienne s'illustre aussi bien dans les genres en prose qu'en poésie : la nouvelle, le roman, le théâtre, l'essai. Si nous avons choisi des poèmes c'est parce que ce genre permet de présenter une œuvre d'art complète dans les dimensions d'un bref aperçu préliminaire.

Depuis le XVIIe siècle, le Canada français compte des poètes parmi ses écrivains. Mais ce n'est qu'au XIXe siècle que les poètes fleurissent, qu'ils sont lus, qu'ils trouvent enfin leur voix canadienne-française.

Choisir des poèmes est difficile car les poètes sont nombreux et leur production est de grande qualité.

On trouvera une ample collection de poésie canadienne-française *in* Laurent Mailhot et Pierre Nepveu, *La Poésie québécoise des origines à nos jours* (Québec : Les Presses de l'Université du Québec, Montréal : Les Editions de l'Hexagone. 1980). Cette anthologie a reçu en 1981 le Prix France-Canada. Les numéros de pages indiqués plus bas entre parenthèses se réfèrent à ce volume.

Nous avons choisi deux poètes dont l'œuvre a été couronnée au Canada et à l'étranger ; deux écrivains représentatifs de leur époque et de leur environnement, Emile Nelligan et Anne Hébert.

Emile Nelligan (1879–1941)

Né à Montréal d'un père irlandais et d'une mère canadienne-française, Emile Nelligan a écrit toute sa poésie avant l'âge de vingt ans. Ayant choisi la langue et la

culture de sa mère, il connaissait à fond les grands poètes français de son temps : Baudelaire, Verlaine, Rimbaud, Mallarmé, les Parnassiens. Dès le collège il s'est donné entièrement à la poésie. A l'âge de vingt ans il a perdu la raison et a passé le reste de sa vie dans des institutions psychiatriques.

Nelligan est devenu un mythe au Canada. Ce « génie sauvage » (p. 21), passé comme une étoile filante, a pourtant laissé une œuvre significative. « Il n'est pas seulement notre seul (grand) symboliste, il est notre premier *moderne*. Il reste le mieux connu de tous les poètes québécois » (p. 23). Depuis 1979, un Prix Emile-Nelligan est décerné annuellement à un jeune poète.

Claire de Lune Intellectuel

Ma pensée est couleur de lumières lointaines,
Du fond de quelque crypte aux vagues profondeurs.
Elle a l'éclat parfois des subtiles verdeurs
D'un golfe où le soleil abaisse ses antennes.

En un jardin sonore, au soupir des fontaines,
Elle a vécu dans les soirs doux, dans les odeurs ;
Ma pensée est couleur de lumières lointaines,
Du fond de quelque crypte aux vagues profondeurs.

Elle court à jamais les blanches prétentaines,
Au pays angélique où montent ses ardeurs,
Et, loin de la matière et des brutes laideurs,
Elle rêve l'essor aux célestes Athènes.

Ma pensée est couleur de lunes d'or lointaines.

— *Poésies complètes* © Editions Fides, Montréal, 1966.
Avec l'aimable autorisation de l'éditeur.

Etude
de mots

abaisser faire descendre à un niveau plus bas

Athènes symbole de la lumière resplendissante de la Grèce antique

courir la prétentaine faire des escapades

un **essor** élan d'un oiseau qui s'envole

Anne Hébert (1916–)

Née au Québec, fille de Maurice Hébert, poète et critique, cousine de Saint-Denys Garneau, poète connu, Anne Hébert se trouve « aux tout premiers rangs de la littérature québécoise moderne » (p. 278). Son premier recueil date de 1942. Après la guerre, elle a travaillé à Radio-Canada et à l'Office national du film du Canada, où elle a été scénariste. Vous avez peut-être vu « Kamouraska », un beau film québécois tiré de son roman du même titre (1970). Ce film a reçu le Prix des libraires en 1971.

Anne Hébert a écrit des nouvelles, des romans, des pièces de théâtre et des poèmes. L'action se situe presque toujours au Canada. Son œuvre a reçu de nombreux prix au Canada et à l'étranger, notamment en France. Un de ses romans, *Les Fous de Bassan*, a reçu le Prix Femina de 1983 à Paris. Elle demeure à Paris, revenant souvent au Québec.

Eveil au Seuil d'une Fontaine

O ! spacieux loisir
Fontaine intacte
Devant moi déroulée
A l'heure
Où quittant du sommeil
La pénétrante nuit
Dense forêt
Des songes inattendus
Je reprends mes yeux ouverts et lucides
Mes actes coutumiers et sans surprises
Premiers reflets en l'eau vierge du matin.

La nuit a tout effacé mes anciennes traces.
Sur l'eau égale
S'étend
La surface plane
Pure à perte de vue
D'une eau inconnue.
Et je sens dans mes doigts
A la racine de mon poignet
Dans tout le bras
Jusqu'à l'attache de l'épaule
Sourdre un geste
Qui se crée

Et dont j'ignore encore
L'enchantement profond.

— *Le Tombeau des rois,*
© Editions du Seuil, 1960

Etude
de mots

déroulée *adj* **dé-** (*un-*) + **roulée** : étalée

un **éveil** l'acte de s'éveiller

les **fous de Bassan** type de grand oiseau, nichant sur les côtes est du Canada et qui plonge pour prendre des poissons (**nicher** *to nest*)

intacte *adj* à quoi l'on n'a pas touché

sourdre (même origine que **surgir** et que l'anglais *surge*) *fig* monter brusquement, jaillir

DIXIEME PALIER

ACTIVITES

A. Discussion. Qu'avez-vous ajouté à votre connaissance du Canada ?

B. Un débat. Comment voyez-vous l'avenir des pays à culture pluraliste ? Homogénéisation ? Désintégration ? Stabilisation ? Qui connaît le Liban ? la Belgique ? la Yougoslavie ? (La Suisse est plutôt un ensemble de communautés linguistiques distinctes.)

C. Une question de stratégie. A quel moment de sa scolarité est-ce qu'un(e) élève ou étudiant(e) peut profiter le plus de plusieurs mois à l'étranger ?

D. Pour ne pas se moquer de l'accent des autres. Avec le triangle des voyelles au tableau, retracez la mutation (*great sound shift*) qui a séparé l'anglais des langues européennes : [ɑ] → [e], [e] → [i], [i] → [ɑi]. Montrez aussi la migration du [ī] (qui persiste en portugais) à [ẽ] en canadien, à [ɛ̃] dans le français de 1900 (quand on a établi l'alphabet phonétique international) et aujourd'hui à [ã]. Et montrez comment [o] a évolué en anglais de [ɔu] à [ɛu] (= dissimilation) et puis à [ɛø] (mouvement de rapprochement = assimilation).

E. Une fête. Célébrez la Chandeleur. Le jour de la présentation de Jésus au Temple, le 2 février, se célèbre en France en famille, par un repas de crêpes.

F. Récitez les deux poèmes. Quelles images est-ce que Nelligan a choisies dans la tradition chrétienne ? Qu'admire-t-il dans une certaine civilisation non-chrétienne ? Dans le poème d'Anne Hébert, est-ce que l'image changeante de l'eau suggère un sens nouveau de la vie ?

PROJETS INDIVIDUELS OU D'EQUIPE

A. Recherchez les types d'emploi qui requièrent une langue étrangère : le commerce, la finance et d'autres professions internationales, les positions gouvernementales et intergouvernementales, l'enseignement et la recherche. *V* par exemple Theodore Huebener, *Opportunities in Foreign Language Careers* (Lincolnwood, IL 60645-1975: VGM Horizons, édition de 1985). *V* aussi l'Index socio-culturel.

B. Pour les économistes. Quelles sont les ressources naturelles du Canada ? Qu'est-ce que ce pays exporte ?

C. Pour les politologues. Les controverses entre le Canada et les Etats-Unis, au sujet par exemple de la pluie acide, ou du déploiement des armes nucléaires.

D. Pour les historiens. Animez une discussion sur la perspective historique : le « présentisme », qui réduit tout au point de vue égocentrique de nos soucis actuels, contre le relativisme historique.

E. Pour un(e) scientifique. Parlez d'un de vos prédécesseurs (*V* la liste des prix Nobel, p. 199) ; ou renseignez-vous sur les recherches en cours dans un pays francophone qui vous permettraient d'y faire des études.

F. Pour un(e) linguiste. Qu'est-ce que c'est que la langue créole ? Comment un créole diffère-t-il d'un pidgin ? Des exemples de l'un et de l'autre étonneraient la classe.

G. Pour un(e) artiste. Montrez des peintures de votre artiste français(e) favori(te) du XXe siècle. En voici quelques-un(e)s qui ont vécu en France :

Jean Arp	Henri Matisse	Georges Rouault
Pierre Bonnard	Amedeo Modigliani	Henri Rousseau (le Douanier)
Mary Cassatt	Claude Monet	Maurice Utrillo
Marc Chagall	Picasso	Suzanne Valadon
Jean Lurçat	Auguste Renoir	

Qui peut raconter une visite à un musée, par exemple le musée Chagall à Nice ou le musée Picasso dans le quartier du Marais à Paris ?

H. Montrez des exemples d'écriture française.

Les crêpes

La crêpe est d'origine bretonne (pour autant que l'on sache), mais les crêpes et les crêperies ne se limitent pas à la Bretagne. En France on fait des crêpes surtout pour célébrer la Chandeleur et Mardi Gras. Les crêpes sont devenues très populaires aux Etats-Unis, et les crêperies n'y manquent pas.

Les crêpes sont de deux sortes : les crêpes sucrées pour le dessert et les crêpes salées, ou galettes, fourrées de poulet, de champignons, etc., pour le déjeuner ou comme plat d'un dîner. Voici une recette pour des crêpes simples.

Une Bretonne fait sauter une crêpe.

Pâte à crêpes

Pour faire 4 ou 5 crêpes de 15 à 16.5 cm pour une personne. Doublez pour deux personnes, etc.

1 œuf entier
2 cuillerées à soupe bien bombées (*heaping*) de farine
une pincée de sel

du lait : assez pour faire une pâte assez liquide. Vous pouvez y ajouter 1 ou 2 cuillerées à soupe de rhum ou de bière (facultatif).

D'abord cassez les œufs et battez-les légèrement avec un fouet. Ensuite ajoutez-y la farine et mélangez bien avec le sel. Versez-y le lait et mélangez bien. Vous pouvez également mélanger les ingrédients dans un mixer (*blender*). Couvrez et gardez au réfrigérateur au moins deux heures ou toute la nuit.

Méthode pour faire des crêpes

La première crêpe sera un test : Est-ce que la pâte est assez légère ? Est-ce que la température est correcte ? Combien de pâte faut-il mettre dans la poêle ? Il y a des poêles spéciales pour faire des crêpes, ou vous pouvez employer n'importe quelle poêle de 15 à 16.5 cm ou plus petite.

Frottez la poêle d'huile (vous pouvez la frotter avec la moitié d'une pomme de terre trempée dans de l'huile) et chauffez-la sur un feu assez vif. Immédiatement enlevez-la du feu et versez-y 3 ou 4 cuillerées à soupe (à peu près ¼ *cup*) de pâte au centre en inclinant la poêle pour que la pâte la couvre entièrement d'une couche mince. Reposez la poêle sur le feu pour 60 ou 80 secondes. Ensuite, en agitant la poêle pour que la pâte ne colle pas, avec une spatule, regardez pour voir si le fond de la crêpe est dorée. Retournez-la. Les experts jettent la crêpe en l'air pour la retourner ! Ne laissez pas trop longtemps ; 30 secondes suffiront. Glissez la crêpe sur une assiette et gardez au four (température basse). Continuez ainsi avec le reste de la pâte. Du papier sulfurisé entre les crêpes les empêchera de se coller les unes aux autres.

Vous pouvez faire les crêpes d'avance et les réchauffer.

Pour servir, chaque crêpe est saupoudrée de sucre, sucre avec de la liqueur (le Grand Marnier est délicieux !) ou avec de la confiture, et roulée. Vous pouvez y mettre ce que vous voulez : de la sauce au chocolat, de la glace, des marrons glacés. . .

Bon appétit !

Etude de mots   **marrons glacés**   *glazed chestnuts* (cuits dans un sirop de sucre)
le **papier sulfurisé**   *waxed paper*

CHAPITRE ONZE

Ecoutez la bande 11-A, avec votre Cahier pour faire une dictée. Ne manquez pas de lire les Notes préliminaires en p. C127.

L'ESPRIT ANALYTIQUE ET L'ESPRIT ASSOCIATIF

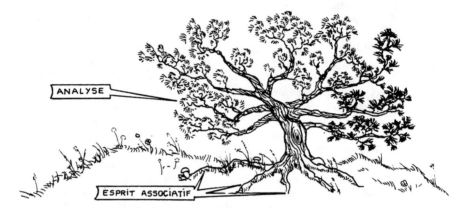

Avant de faire le tour de « l'intellectualité », une valeur qui comprend plusieurs aspects, choisissons un point de départ qui servira ensuite de point de repère.

A cet effet l'esprit analytique possède deux atouts. Il occupe une place centrale dans l'ensemble, et en même temps, il a une relation très simple et très claire à l'extérieur de cet ensemble : le contraste entre l'esprit analytique et un tout autre type d'esprit, beaucoup plus ancien, qui n'est pas intellectuel et que l'on trouve partout : l'esprit « associatif ». Il s'agit d'une différence entre individus plutôt qu'entre cultures ; mais cette différence entre individus contribue aux conflits interculturels, car les deux types d'esprit s'irritent mutuellement.

L'esprit associatif procède par intuition. Il voit une situation globalement, et son attitude envers chaque élément de la situation est fortement colorée par l'attitude envers l'ensemble. « Je trouve ce boucher antipathique, donc je ne crois pas que la viande que je vois chez lui soit fraîche. » Cette mentalité est sujette aux préjugés irrationnels. Elle a pourtant son bon côté. Voir une situation dans son ensemble, quand il s'agit des relations humaines, est essentiel à la sensibilité : essentiel donc à « l'esprit de finesse » que Pascal a contrasté. dans ses *Pensées*, avec « l'esprit de géométrie ».

Cet « esprit de géométrie », qui procède par le raisonnement logique, n'est autre que la mentalité analytique. Celle-ci cherche les éléments d'une situation, et prend envers chaque élément l'attitude qu'il mérite. « Je trouve cet homme antipathique, mais je reconnais que ce qu'il vend est de bonne qualité. » Les gens d'esprit analytique sont plus logiques. On peut raisonner avec eux. Mais dans les cas extrêmes, ils peuvent manquer de sensibilité aux attitudes qui pour un autre sont plus fortes que le raisonnement.

On voit comment ces deux mentalités peuvent s'irriter l'une l'autre. L'esprit analytique veut des preuves ; l'intuition n'en a pas. L'esprit associatif veut des réponses simples ; l'autre complique toujours les choses par des distinctions.

Le goût de l'analyse contribue depuis des siècles à former le caractère de la langue française. On en trouve un exemple frappant dans un roman courtois de Chrétien de Troyes, *Yvain*, qui date d'environ 1170. Yvain, l'un des chevaliers de la Table Ronde du roi Arthur, a blessé mortellement un adversaire. Celui-ci s'enfuit vers son château. Yvain le poursuit jusque sur le terrain ennemi et se cache dans le château. Il tombe amoureux de la veuve de sa victime, et il gagne la confiance de la confidente de la veuve. La châtelaine se trouve confrontée à un dilemme quand Yvain lui propose le mariage. C'est le meurtrier de son mari ! Et pourtant, ce chevalier, si vaillant. . . La châtelaine raisonne, raisonne, elle passe par six étapes de raisonnement, nettement marquées, qui occupent cinquante-sept vers du poème, et à la dernière étape, elle finit par voir clair. Elle conclut que son désir d'épouser Yvain est bien justifié.

La langue française, formée sous l'influence du goût de l'analyse, encourage et perpétue ce type de pensée en lui fournissant un outil particulièrement favorable. C'est le français que *Le Dictionnaire Robert* prend (naturellement) comme exemple, en définissant le terme « Langues analytiques : qui tendent à séparer l'idée principale de ses relations en exprimant chacune d'elles par un mot et en ordonnant logiquement les mots ».

Etude de mots

un **atout**   dans un jeu de cartes tel que le bridge, une couleur (*suit*) ou une carte, la plus forte qui reste à jouer

Chrétien de Troyes (1135–1183)   auteur de romans de chevalerie

un(e) **confident(e)**   personne qui reçoit les plus secrètes pensées de qqn

voir clair   comprendre (Cf. « *to see one's way clear* »)

QUESTIONS

1. Décrivez l'esprit associatif.
2. Décrivez l'esprit analytique.
3. Avez-vous observé le conflit entre ces deux habitudes mentales ? Racontez ce qui est arrivé.
4. Quels sont les deux termes que Pascal a contrastés ?
5. Qui se rappelle quand Pascal a vécu et ce qu'il a fait ?
6. Démontrez que l'esprit d'analyse était déjà développé en France il y a huit siècles.
7. Comment la langue française favorise-t-elle la pensée analytique selon le *Robert* ?
8. Etes-vous d'accord que l'ordre des mots en français soit logique ? Par exemple, Je frappe la balle ; je la frappe.

Apprenez les verbes **s'asseoir** *et* **courir**, *p. C127, et faites les Exercices B et C.*
Etudiez Le pronom possessif, p. C128, et faites les Exercices D et E.
Apprenez Le futur antérieur, p. C130, et Le conditionnel passé, p. C131, et faites les Exercices F, G et H. Notez l'Exercice facultatif sur le conditionnel passé.
Etudiez **Demander/dire à qqn de faire qqch**, *et* **demander à faire qqch**, *p. 132 ; faites les Exercices I et J.*

EXERCICE ORAL SUR LE DISCOURS INDIRECT

1. Dites très poliment à une voisine de se lever et puis de s'asseoir.
2. Demandez au premier étudiant ce qu'il a dit à sa voisine de faire.
3. Excusez-vous auprès de votre voisin de lui avoir marché sur le pied. (Attendez sa réponse.)

4. Invitez quelqu'un à prendre une tasse de café avec vous.
5. Demandez à l'étudiant le plus près de vous, de vous toucher délicatement le bout du nez.
6. Quelle demande absurde est-ce que ce farceur-là a faite ?
7. Laissez votre voisin vous tirer doucement l'oreille.
8. Qu'est-ce que cet humoriste-là a permis à son voisin de faire ?
9. Demandez à quelqu'un s'il a couru pour arriver en classe à l'heure.
10. Dites à un voisin que vous allez lui enseigner à se frotter les mains avec satisfaction.
11. Rappelez au professeur, très poliment, de ne pas oublier d'enlever ses chaussures avant de se mettre au lit.

« NOTRE INTELLECTUALITE SI POUSSEE »

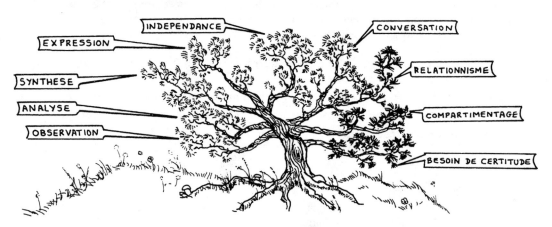

Les Français sont fiers de leur intellectualité. Qu'est-ce que l'on veut dire par ce mot ? Sous quelles formes va-t-on rencontrer aujourd'hui cette valeur française traditionnelle, et dans quelles classes sociales ? Ou bien, est-ce que l'intellectualité française est devenue un mythe ?

La valeur évolue ; elle a beaucoup changé au cours de la seconde moitié du XXe siècle. Mais elle demeure un élément important du système de valeurs français.

On la trouve dans toutes les classes et pas seulement chez les plus éduqués. On l'appelle « intellectualité » quand on pense à ses effets positifs, mais on dit « intellectualisme » quand on pense à ses défauts ! Les Américains et les Français ont beaucoup à apprendre les uns des autres. Les Américains sont plutôt anti-intellectuels : ils se méfient des abstractions (et toute idée est une abstraction). Chacun a des qualités indéniables, mais chacun a les défauts de ses qualités.

Avant d'en venir aux jugements, cependant, essayons de comprendre la situation actuelle des deux côtés, à la lumière des deux histoires différentes.

Une différence radicale à expliquer

La mentalité américaine reflète l'origine des colonisateurs. La plupart d'entre eux venaient de la classe moyenne anglaise ou européenne, souvent de la petite bourgeoisie. C'étaient des gens pratiques, pieux, peu faits pour la pensée abstraite. Ensuite ils se sont trouvés confrontés aux défis matériels de « la frontière », du développement d'un continent, et de l'industrialisation.

La France, au contraire, a produit dès la renaissance du IXe siècle des cours féodales où l'aristocratie avait le loisir de cultiver les arts, et assez d'argent pour patronner des poètes et des romanciers, des philosophes et des scientifiques. Le reste de la société aspirait à imiter les aristocrates, si bien qu'au cours des siècles les bourgeois, les ouvriers et les paysans, même avant d'accéder à la scolarité et aux loisirs, ont pris certains goûts des classes supérieures.

Une circonstance géographique est venue contribuer au goût français pour les idées et la discussion. Elle explique le grand nombre de mouvements littéraires, artistiques et philosophiques nés dans ce pays. Paris se trouve à un croisement de chemins où se rencontrent, depuis plus de quatre cents ans, des croyances contraires : conservatisme et libéralisme, mysticisme et rationalité, capitalisme, socialisme et communisme. Le ferment d'idées a attiré des penseurs et des artistes, français et étrangers, des non-conformistes comme Chopin, Picasso, Chagall, Beckett, qui trouvent que le choc entre différentes idées et visions du monde libère leur créativité.

L'anatomie de l'intellectualité française

Que faut-il savoir pour saisir la nature précise de l'intellectualité française actuelle ?

L'idéal en question consiste surtout à bien exprimer et à bien organiser les productions de l'esprit. Mais on ne saurait bien exprimer une pensée confuse. C'est pourquoi on ne cesse de citer certains vers de Boileau, le grand critique du temps de Louis XIV : « Avant donc que d'écrire, apprenez à penser », et « Ce qui se conçoit bien s'énonce clairement. » Le premier effort de l'esprit français confronté à une difficulté, avant de chercher à franchir l'obstacle, est de « voir clair dans la situation ».

Pour atteindre cet idéal, on commence donc par bien observer la réalité. L'intellectualité rejoint par là une autre valeur, le réalisme, et elle s'attache à un certain présupposé : l'idée que les apparences vous trompent souvent sur la nature intérieure d'une chose. L'intellect prend donc une grande importance, parce que c'est par l'analyse que vous pourrez pénétrer la fausse façade pour en arriver à la vérité de la chose. Les Français aiment analyser les actions des gens, imaginer pourquoi, chercher la vraie signification. Voilà la source de beaucoup de discussions intéressantes. Quand vous verrez un film français, observez combien de fois le metteur en scène vous montre, de très près, l'expression des visages.

La préoccupation de bien observer pousse à cultiver l'indépendance d'esprit, cet aspect de l'individualisme que Stanley Milgram mesurait par son intéressante expérience psychologique (p. 86). Or, cultiver l'indépendance, c'est cultiver un esprit critique, l'habitude de chercher le bon et le mauvais avant de juger. On montre cet esprit critique par des opinions mesurées, comme la réponse de Gide à la question, « Quel est le plus grand poète français du XIXe siècle ? » — Victor Hugo. . . hélas.

Une fois que l'on a observé d'un œil critique et analysé logiquement, il reste à bien exprimer et organiser sa pensée.

Un politicien français, pour réussir, doit bien parler. Une femme de ménage aussi bien qu'un professeur critiquera un candidat s'il est mauvais orateur.

— Je préfère M. X, dira-t-elle. Il est plus intelligent !

Un père ou une mère de famille, pas moins qu'un politicien, a besoin de savoir bien dire les choses pour se faire respecter par ses enfants. Dans une société d'individualistes critiques, on apprend l'art de persuader !

L'art de la conversation, lui aussi, donne lieu au souci de bien s'exprimer. Combien de fois entend-on louer une personne pour son esprit lucide. Si vous émettez une généralisation vague, on vous dira :

— Voulez-vous *préciser* ce que vous voulez dire ? Ce qui signifie *limiter* le champ de votre concept, la portée de votre généralisation.

Comme tout autre art, celui de la conversation reflète un idéal esthétique. L'occasion peut demander une conversation où chacun développe sa pensée, ou bien une conversation animée où tous parlent plus ou moins en même temps ; mais on est conscient de la composition que l'on produit, que ce soit seul ou collectivement. C'est un jeu, et si l'on semble s'exciter, élever la voix, argumenter, n'ayez pas peur. Ce sont les arguments qu'ils attaquent, pas les personnes.

Les Français apprennent, au cours de leur scolarité, à organiser leurs idées aussi bien qu'à les exprimer. Quand un professeur français enseigne dans le monde anglophone, il est ravi de rencontrer tant de spontanéité, tant d'idées originales, mais il est déçu par l'incapacité de ses nouveaux élèves ou étudiants à formuler ou à organiser leurs idées. L'esprit français est un esprit organisateur autant qu'analytique, et son aspect organisateur a pris une forme particulière et très intéressante que l'on a appelée « relationniste ».[1] Selon Edmund Glenn, la culture française en est peut-être le principal exemple.[2]

L'habitude de supposer que le sens d'une chose dépend de son contexte

La mentalité relationniste se préoccupe de savoir les relations, le contexte, d'un objet ; mais en revanche, ce contexte est modifiable, expansible. Les Français occupent ainsi une place sur une ligne entre deux extrêmes. A un bout de la ligne se trouvent les Américains (ou les anciens Persans), qui voient un objet comme détaché, indépendant. A l'autre bout de la ligne se trouvent les Russes (ou les Romains antiques), qui voient l'objet dans un contexte culturel complet et inaltérable. Pour les communistes russes, « le déviationnisme » est un mot très péjoratif : il est inadmissible de changer une partie de leur doctrine parce que les parties ne sont pas détachables de la synthèse totale. Edmund Glenn fait observer, d'après son expérience des négociations diplomatiques, que les Russes tendent à dire « D'accord pour vos points 1 à 9, mais pas pour le point 10, donc, *nyet* à votre proposition entière ».

Le relationnisme français est plus près de la mentalité russe, mais sans être aussi rigide. Les deux types ont des traits en commun, comme le fait observer M. Glenn. Ils font pleinement confiance à l'entendement humain ; ils édictent des codes écrits, précis, et supposés capables de prévoir tout ce qui pourrait arriver ; et leur contexte riche rend le changement difficile. Ils y résistent jusqu'à ce que l'inadaptation aux conditions nouvelles exerce une pression assez forte pour provoquer un réajustement plus ou moins violent. En France, ce réajustement peut prendre la forme relativement bénigne d'un changement de constitution, ou d'un mai 68.

Dans la vie de tous les jours, l'esprit relationniste met du temps à prendre une décision. Il veut non seulement considérer les options disponibles, mais réfléchir sur les conséquences de chacune. Il n'est donc pas surprenant que les Français soient prudents, circonspects et peu enclins à prendre des risques. D'une part, la liberté de tout penser ; d'autre part, la prudente habitude de tout peser avant de passer à l'action.

Les Français critiques d'eux-mêmes

On peut critiquer toute mentalité, et les Français sont les premiers à critiquer leurs propres défauts, surtout depuis l'explosion de mai 68. En fait, si l'on offrait

[1] Howard Nostrand, « French culture's concern for relationships: Relationism », *Foreign Language Annals* 6, mai 1973, pp. 469 à 480.
[2] Edmund S. Glenn, *Man and Mankind*, 1981, p. 298.

un prix Nobel au peuple le plus sévère à son propre sujet, les Français le gagne-raient probablement, même avant les Suédois ou les Américains. Depuis le per-spicace observateur Alexis de Tocqueville il y a un siècle et demi, les Français reconnaissent que leur formation intellectuelle, si forte en abstraction, néglige d'autres compétences, et les fait vivre dans deux mondes trop éloignés l'un de l'autre : le monde de l'imaginaire et le monde pratique.

Les Français d'aujourd'hui signalent leur propre tendance à ranger toute nouvelle idée dans quelque compartiment familier, ce qui tend à empêcher l'ob-servation fraîche et à retarder l'adaptation à de nouvelles conditions. Les Améri-cains, par contre, plus aptes à accueillir la nouveauté, souffrent de leur habitude de ne voir qu'une chose à la fois : ils se précipitent sur une innovation sans en prévoir les conséquences décevantes.

Une force qui fait persister l'habitude du recours à des compartiments familiers est la répugnance de l'esprit français à l'incertitude. Exprimé positivement, c'est le besoin de « voir clair ». La force de ce besoin apparaît quand on compare la culture française à d'autres. Le psychosociologue Geert Hofstede a fait cette com-paraison, car il considère que les différents degrés de tolérance de l'incertitude constituent une des quatre différences fondamentales entre cultures.[1] Sa conclu-sion, raffinée par un sociologue américain, Michael Hoppe, est significative : la France se range sixième des 40 pays étudiés. Seulement cinq des 40 populations ont un plus grand besoin d'idées claires sur lesquelles baser leurs décisions.

Les Français font remarquer aussi que chez eux les idéologies ont aggravé longtemps le caractère « conflictuel » de leur société. Les Américains, très peu préoccupés d'idéologies, montrent une capacité supérieure pour la coopération politique et civique. Et des observateurs européens trouvent dans les familles américaines moins d'opposition rigide entre parents et adolescents, à notre épo-que où la morale a évolué si rapidement d'une génération à l'autre.

Chaque culture, on le voit, a les défauts de ses vertus. Mais l'intellectualité des jeunes Français et Françaises est certainement un grand avantage qu'un Améri-cain aimerait faire sien. Ce n'est pas qu'ils soient plus mûrs à tous les égards : les jeunes du Nouveau Monde peuvent généralement s'adapter plus vite, par exemple à vivre éloignés de leur famille ; mais les jeunes Européens sont plus préparés à engager une discussion intéressante, et à exercer une responsabilité telle que le vote sur la base d'une connaissance plus approfondie des questions et des consé-quences en jeu.

Une valeur en évolution

Les principes fondamentaux de l'intellectualité française sont très stables. On rencontre aujourd'hui, comme par les siècles passés, le souci d'observer et de critiquer avec un esprit indépendant et celui de bien exprimer et organiser sa pensée, ainsi que le goût de l'analyse et de la conversation sérieuse, le besoin de voir clair et le besoin de placer un objet dans un contexte, de préférence un contexte familier.

La façon d'appliquer ces principes a cependant évolué, surtout au cours de la seconde moitié du XXe siècle, et les directions du changement en cours sont aussi utiles qu'intéressantes à connaître.

La scolarisation

L'instruction donnée dans les écoles a changé. Au début des années 60 Laurence Wylie notait que l'enseignant commençait par faire mémoriser un principe, une

---

[1]*Culture's Consequences: International Differences in Work-related Values.* Sage Publica-tions, 1980. Les trois autres dimensions sont le degré de domination masculine (*V* p. 50) ; l'individualisme ; et l'acceptation d'une distribution inégale du pouvoir (« *power dis-tance* »). La France se place vers le haut sur ces deux dernières dimensions.

Devant un lycée à Paris.

règle. Les élèves devaient ensuite l'appliquer afin de bien comprendre un cas concret. En histoire, dit-il, ils mémorisaient d'abord un cadre, pour y faire entrer ensuite les événements.

A la fin des années 80, l'instruction commence par l'expérience des élèves, ou par un « document authentique » pris sur le vif dans l'environnement local. La mémorisation a été presque entièrement abandonnée en faveur de la « réflexion », et des projets individuels font contraste avec l'ancienne uniformité du programme. Cette révolution tranquille est allée si loin qu'au milieu des années 80, un ministre de l'Education, d'esprit conservateur, a cru devoir essayer de remettre à l'honneur « la transmission des connaissances ». La tendance des élèves à prendre un rôle actif semble pourtant irréversible, et cette façon de nourrir l'intellectualité promet de répandre une capacité d'initiative que, dans la vieille école, seule une minorité développait.

Le management

Dans la gestion des entreprises, un changement tout aussi marqué. L'ancien patron voulait que l'entreprise entière soit la pure création de son intellect, y compris les attitudes des ouvriers envers lui. Chez le nouveau chef, l'intellectualité prend une autre forme : participation des employés, et études empiriques de leurs vœux et de leurs sujets de mécontentement, afin de savoir la réalité. Le principe de la planification demeure, mais les modalités — les formes précises — évoluent, en partie parce que la prospective devient un instrument plus sûr.

Les intellectuels

Le prestige des intellectuels se maintient. La distribution des nombreux prix littéraires chaque automne remplit les médias, comme le Tour de France en juillet, bien que les lecteurs de livres ne constituent qu'une minorité du public, et que les livres couronnés soient presque tous oubliés quelques années après. A chaque scandale public, chaque nouvelle qui soulève les passions, les medias cherchent les vues des intellectuels. Le terme de « maître à penser », que beaucoup appliquaient à Jean-Paul Sartre, en dit long sur le prestige de cette classe sociale qui se recrute dans toutes les couches socio-économiques.

Cependant, les intellectuels changent. Beaucoup d'entre eux avaient cru jusqu'après la deuxième guerre mondiale que le marxisme était la meilleure chance d'atteindre la justice sociale. Mais ils se sont trouvés déçus, l'un après l'autre, par

La France attire les intellectuels.

le communisme en œuvre. *L'Archipel du Goulag* (1973–1976) de Soljenitsyne a convaincu presque tous ceux qui entretenaient encore cet espoir. A partir de 1977 « les nouveaux philosophes » prenaient possession pour un temps de la scène parisienne, parmi eux Bernard-Henri Lévy et André Glucksmann. Pessimistes, préoccupés de la présence ineffaçable du Mal dans la condition humaine, ces nouveaux philosophes ont percé la bulle du rêve inspiré par l'idéologie communiste.

Mais la déception à l'égard du marxisme n'est qu'une facette d'un mouvement plus profond : un scepticisme croissant, à long terme, au sujet de l'idéologie en général. Déjà en 1966, Frédéric Bon et M.-A. Burnier, dans l'un des premiers examens de cette tendance, *Les nouveaux intellectuels*, déclaraient que « toutes les idéologies sont périmées ». Bien sûr, les Français estiment toujours que l'intégrité d'une personne nécessite une certaine cohérence intellectuelle. Ils trouvent que sans cela on n'a pas de principes stables. Mais cette cohérence devient plus une synthèse individuelle et moins l'adhésion à un groupe dans l'espoir d'exercer une influence collective sur le monde.

Rationalité plus empirisme

Notons finalement un changement inattendu dans l'habitude mentale que nous avons appelée « relationniste ». L'habitude persiste, mais à côté de cette valeur il a surgi une certaine admiration pour le pragmatisme américain, là où il donne de bons résultats. Dans l'enseignement du management et de plusieurs autres sciences appliquées on se sert en France de manuels américains. On développe ainsi la flexibilité de choisir entre l'approche à partir d'une théorie et celle qui consiste à chercher une solution empirique, expérimentale.

Nous avons donc devant nous une perspective encourageante. Il est possible d'incorporer dans une culture, sans sacrifier les vertus de celle-ci, un élément que l'on veut emprunter à une autre culture. Les chances d'adapter nos différentes mentalités à un monde en évolution sont en conséquence multipliées. . . à condition d'étudier les cultures étrangères, et aussi, de réfléchir aux choix que nous faisons. Une Française humoriste a fait observer tristement que les mauvaises innovations apparues en Amérique ne mettent que cinq ans à s'implanter en France, et les bonnes, dix ans.

Etude de mots

Samuel **Beckett** (1906–) écrivain irlandais qui a écrit en français, par exemple, *En attendant Godot*, 1953. Prix Nobel, 1969.

Marc **Chagall** (1887–1985) peintre d'origine russe qui a vécu à Paris

empirique *adj* « qui reste au niveau de l'expérience spontanée ou commune, n'a rien de rationnel ni de systématique » — *Le Robert* ; l'**empirisme** *m* empiricism. (Un anglophone accepterait avec difficulté l'idée que *the empirical approach* « n'a rien de rationnel ».)

en dit long (sur) dit beaucoup (au sujet de)

peser *v* C'est avec une balance que l'on pèse un objet pour savoir son poids.

la **prospective** la recherche sur le futur

la **scolarité** le temps passé à l'école, le cours des études. Une abstraction légèrement différente, la **scolarisation** est le fait d'offrir l'enseignement.

si poussée ici, si avancée

sur le vif saisi immédiatement, tel que la vie le présente

QUESTIONS

1. Comment l'histoire des deux sociétés, française et américaine, peut-elle expliquer les deux attitudes envers l'intellectualité ?

2. Quel est le rapport entre l'intellectualité et la présupposition que les apparences sont trompeuses ?

3. Y a-t-il un rapport entre l'idéal de « voir clair », d'« être lucide », et l'origine du mot « débrouillard » ?

4. A la question, « Comment trouvez-vous l'Amérique ? » une certaine Française répond, « Très bien, en général, mais. . . ». Quelle qualité d'esprit veut-elle montrer ?

5. Ajoutez les verbes : Les écoles françaises enseignent aux élèves à bien _____ et à bien _____ leur idées.

6. Pour la mentalité américaine, une idée ou un cas particulier sont plutôt indépendants de tout contexte ; pour la mentalité française, le contexte en est inséparable. Quel sera l'effet des deux optiques sur la façon de choisir les éléments d'un repas ?

7. Des comptables (*accountants*) français et allemands visitaient l'Ecole des Hautes Etudes Commerciales à Harvard. « Quels sont vos principes de comptabilité de prix coûtants (*cost accounting*) ? » Les Américains ont répondu : « Que voulez-vous dire par *principes de*. . . ? Dites-nous simplement vos problèmes et nous vous proposerons des solutions. » (E. Glenn, *Man and Mankind*, p. 302.) Quelle est la critique que chaque mentalité fera de l'autre ?

8. Un jeune Français voyait du broccoli pour la première fois : « Je n'ai jamais vu cela en France. Mais évidemment, c'est une espèce de chou. » C'est un exemple de quelle habitude mentale ?

9. Les Français sont étonnés que les Américains mélangent librement le salé avec le sucré : le jambon cuit avec du sucre roux (*brown*) ; un morceau de fromage avec une tarte aux pommes. Est-ce que leur réaction vous surprend ?

10. Comment l'intellectualité française a-t-elle changé pendant la seconde moitié du XXe siècle, dans les domaines de l'enseignement, de la gestion des entreprises, de l'influence des intellectuels, et de l'habitude mentale « relationniste » ?

UN JEU

Devinez les mots anglais prononcés à la française.[1]

1. le [noɑo]
2. un [knɔkut]
3. [Rɔbɛ̃sɔ̃ kRysɔe]
4. le [ol] d'un château, d'une villa, d'une gare
5. [ɔlide in]
6. un [kanɔe]
7. une chaîne [ifi] (Pour vous mettre sur la voie : une chaîne = ici un ensemble de trois appareils qui sert à rendre audibles des sons conservés dans le silence.)

SCENES DE LA VIE FRANÇAISE

UNE AUBERGE DE CAMPAGNE. Deux couples (Corinne et Emmanuel, Laurence et Alain) voyagent ensemble et s'arrêtent pour dîner dans une petite ville de la Bresse au nord de Lyon. Ils sont maintenant à table.

EMMANUEL　Tu as eu un bon tuyau, Corinne. La dame de la station-service connaît bien les restaurants du coin. Cette Auberge Bressane est une vraie auberge de campagne.

CORINNE　N'est-ce pas ! Nous avons de la chance d'avoir une table à cette heure-ci. Il est 8 h 25.

ALAIN　En effet ! Toutes les tables sont prises. Ah ! Voici le garçon avec la carte. La Bresse, c'est le pays de la célèbre poularde. Voyons les spécialités de la maison. J'ai envie de goûter le gâteau de foies de poularde avec une sauce aux écrevisses. Pour le vin nous consulterons le sommelier.

LAURENCE　Un vin de la région, peut-être.

GARÇON　(*revient*) Avez-vous décidé, Messieurs Dames ?

LAURENCE　Oui. Je vais prendre la soupe au cresson, suivie du poulet de Bresse aux morilles à la crème.

CORINNE　Pour moi, le feuilleté aux queues d'écrevisses et la poularde de Bresse à la Nantua.

ALAIN　Et moi, des quenelles sauce Nantua et le gâteau de foies sauce écrevisse.

EMMANUEL　Le choix est difficile ! Je n'arrive pas à me décider. Eh bien ! Moi aussi, je prends le feuilleté mais ensuite le veau farci aux champignons. Pour le vin. . . ah, voici le sommelier.

SOMMELIER　Voici la carte des vins, Messieurs.

EMMANUEL　Qu'est-ce que vous suggérez comme vin du pays ?

SOMMELIER　Comme vin blanc, je vous propose La Roussette de Seyssel, un de nos meilleurs vins secs. Pour le rouge, peut-être le Château-Laman qui accompagnerait bien le veau.

[1]La clé est à la fin de celles du Chapitre Onze.

EMMANUEL	(*aux autres*) Vous êtes d'accord ?
LES AUTRES	Bien sûr.
EMMANUEL	Une bouteille de chaque. C'est toujours un plaisir de connaître un nouveau vin.
ALAIN	(*Une heure passe.*) On se sent bien dans cette auberge. Je trouve l'ambiance reposante et amicale.
LAURENCE	Le cadre est élégant et simple en même temps.
CORINNE	Je crois que je n'ai jamais fait un meilleur repas.
EMMANUEL	C'est vrai. Les Bressans sont de « fines gueules » !
GARÇON	Voulez-vous revoir la carte pour choisir un dessert, Messieurs Dames ?
LAURENCE	Oh oui. Quelque chose de léger. (*Elle regarde la carte.*) Je prends le sorbet maison, aux fraises.
CORINNE	Je prendrai des fraises, nature, avec un peu de sucre, c'est tout, pas de crème.
EMMANUEL	Je vais prendre la tarte aux fraises du chef. C'est la saison.
ALAIN	Moi aussi, et du café.
CORINNE	(*au garçon*) Vous avez du déca ?
GARÇON	Oui, Madame.
CORINNE	Deux décas, s'il vous plaît. C'est ce que tu prends, n'est-ce pas, Laurence ?
LAURENCE	Oui, le soir, je préfère.
ALAIN	Le service est excellent.
EMMANUEL	Demandons au garçon de féliciter le chef, qui est peut-être une femme ! Dans ce pays, comme à Lyon, on trouve des femmes chefs qui ont une réputation nationale.

Etude de mots

une **auberge**   petit hôtel-restaurant généralement à la campagne

la **Bresse**   ancienne province maintenant comprise dans le département de l'Ain

un **déca** *fam*   décaféiné

une **écrevisse**   *crayfish*

un **feuilleté**   une croûte faite de pâte feuilletée (*puff paste*) et farcie, ici, de queues d'écrevisses

le **gâteau de foies**   *chicken liver terrine*

une **gueule**   bouche de divers animaux ; *pop* bouche, visage. Ici, « fines gueules » *fam* = gourmets.

Messieurs Dames *pop*   expression de la classe ouvrière et de la petite bourgeoisie pour Mesdames, Messieurs

une **morille**   variété de champignon sauvage, au goût très fin

« champignon »   « morille »

la **poularde**   gros poulet nourri de maïs (*corn*), fierté de la Bresse. C'est une race particulière, dite à pattes « bleues » ; ils courent librement dans un pré.

quenelles *nf* un plat fait de poisson, de veau ou de volaille en forme de saucisse. Ici, les quenelles sont au poisson.

la **sauce Nantua** faite avec des écrevisses, du homard et des champignons

un **sorbet** glace légère, sans crème, à base de jus de fruits

le **tuyau** *lit*, un tube ou canal fermé où passe un liquide ou gaz ; *sens figuré, abstrait, fam* information, renseignement (qui passe par le canal de l'oreille)

un **veau** le petit de la vache ; ici, *veal*

un veau

 Ecoutez la bande 11-B. C'est une récréation plutôt qu'un travail. Mais si vous pensez à faire des études un jour dans un pays francophone, prenez des notes sur la conférence au début de la bande. Vous serez prêt(e) alors pour la conférence d'un professeur d'université sur la bande 13-A.

Avant de lire les deux essais sur l'école en France, aimeriez-vous dresser une liste en classe des impressions que vous en avez déjà ? C'est amusant, et à la lumière de ce que vous anticipez, vous saisirez plus vite ce que vous lirez. Soyez préparé(e) à voir une école en mutation, comme l'intellectualité. Dans chaque chapitre de ce dernier tiers du livre, vous allez rencontrer des changements profonds que vivent les Français d'aujourd'hui.

LE SYSTEME SCOLAIRE FRANÇAIS : MYTHE ET REALITE

Un point de vue français par Claudette Imberton-Hunt

L'enseignement n'est pas partout le même !

 Le mythe du dirigisme et de l'uniformité

Beaucoup d'Américains sont convaincus, pour l'avoir entendu répéter partout, que dans tous les lycées de France, à la même heure, les livres s'ouvrent à la même page, et le même enseignement tombe de la bouche des professeurs, conformément à des directives qui seraient données depuis Paris par le ministère de l'Education. Cette idée reçue a la vie dure, mais elle est fausse, et il faut lui tordre le cou. Car en pratique, il n'y a probablement pas deux cours semblables, y compris dans un même lycée.

Diversité des manuels et des approches

C'est l'équipe des enseignants d'une matière qui choisit, pour chaque établissement, le manuel utilisé. Ils sont libres de changer de manuel lorsque celui-ci ne leur convient plus, et ils ont l'embarras du choix, le marché des livres scolaires étant assez profitable pour qu'un grand nombre d'ouvrages soient publiés chaque année. Ils sont libres aussi de ne choisir aucun manuel et d'utiliser uniquement des polycopiés tirés de documents de leur choix. Ou bien, ils « panachent » (mélangent) : c'est-à-dire qu'ils ajoutent d'autres textes à ceux des manuels ou remplacent certains par des documents polycopiés. Donc, aucune contrainte.

Le « programme » : un cadre général et élastique

Dans chaque matière, il existe bien un programme (*syllabus*) pour l'année. Par exemple, en français en première : « la littérature aux XVIIIᵉ, XIXᵉ, XXᵉ siècles ; étude d'une œuvre complète et d'une trentaine d'extraits représentatifs, groupés par thème ». On voit de suite que le professeur devra faire des choix, et il les fera suivant ses goûts, ses intérêts. Deux jumeaux dans le même lycée avec des professeurs différents auront donc toutes les chances d'étudier des auteurs différents, comme cela serait sans doute le cas dans un lycée américain.

Autre exemple : le programme de seconde en anglais donne une liste de fonctions de communication à enseigner (ordres, conseils, comparaison, supposition, etc.) ainsi que des points de grammaire, des champs lexicaux. Mais il n'est dit nulle part comment s'y prendre pour les enseigner. Aucune directive précise n'est donnée (dates, rythmes, administration des tests), rien de comparable aux instructions détaillées données par les *school districts*.

Une profession libérale

Chaque professeur est maître dans sa classe. C'est un honneur redoutable, un privilège dangereux. Le terme « profession libérale » s'applique aux enseignants français, plus qu'à ceux d'aucune autre nation au monde peut-être. Ils ont des droits, plus encore que des devoirs, et ils ne laissent pas souvent aux élèves la liberté qu'on leur laisse à eux. Les adolescents ne peuvent que se plier aux méthodes, aux désirs, à la personnalité de leur professeur, tout en sachant très bien que celui-ci n'a pas forcément raison, n'a pas la vérité absolue et qu'ils rencontreront une autre vérité dans une autre classe.

Absence de contrôle

Si les parents questionnent le contenu ou les méthodes d'un professeur, celui-ci est systématiquement défendu par l'administration : « Monsieur Untel, Madame Unetelle font ce qu'ils jugent bon. » Le proviseur du lycée, le principal du collège n'entrent presque jamais dans les classes. Les seules personnes autorisées à entrer et à écouter sont les Inspecteurs généraux (venus de Paris) et les Inspecteurs pédagogiques régionaux. De nos jours, ils annoncent leur visite et demandent la permission. Il peut se passer cinq, six ans ou plus entre deux inspections. Les Inspecteurs donnent des conseils, pas des ordres, et n'ont presqu'aucun pouvoir, bien qu'ils donnent des notes. Même s'ils sortaient horrifiés d'une salle de classe, ils ne pourraient guère que bloquer temporairement l'avancement ; ils ne pourraient pas faire renvoyer l'enseignant, qui conserverait son poste jusqu'à la retraite, sauf s'il avait tué père et mère (ou frappé un élève).

Manque d'organisation plutôt qu'excès de rigidité

Ce système, qui a le mérite de faire confiance aux enseignants et de les respecter, conduit parfois à un certain désordre. On peut lui reprocher le manque d'organisation et de rigueur. Tel professeur de français donnera un devoir par mois, un autre tous les quinze jours, un autre tous les trimestres. L'un ne corrigera jamais certaines copies, tandis que l'autre les rapportera deux jours plus tard soigneusement annotées. Tel professeur d'anglais passera un trimestre sur le même thème. Un autre changera de sujet de discussion à chaque cours (chaque classe). C'est bien la même langue anglaise qu'ils tenteront d'enseigner, mais par des moyens et supports divers, allant des nouvelles policières aux bandes dessinées en passant par les enregistrements, les articles, les chansons, les poèmes.

Une grande flexibilité

Dans certaines matières, le programme est plus contraignant. Mais rien n'empêche un professeur de maths de changer l'ordre du programme pour aider le professeur de physique. Rien n'empêche un professeur de géographie et d'histoire de participer à un projet interdisciplinaire avec des collègues de sciences économiques ou d'anglais par exemple, ou d'organiser une visite, une projection de film ou un voyage. Pour compenser il passera plus vite sur un passage du programme.

Un enseignement pluraliste et une profession respectée

Malgré les excès, malgré les « mauvais profs », dans l'ensemble ce système libéral fonctionne. Il y a plus de professeurs consciencieux que l'inverse. Les personnes se complètent, les enseignements s'équilibrent d'une année et d'une matière à l'autre. Les écoles secondaires publiques reflètent le pluralisme de la société française. La personnalité des enseignants et leurs intérêts (politique, cinéma, psychologie, voyages) donnent aux cours une coloration particulière. Le fait que chaque professeur se sent libre rend ses cours plus intéressants, et lui permet aussi d'avoir une bonne image de soi, d'exercer son métier avec un sentiment de dignité. En dépit des défauts inverses auxquels cette liberté peut conduire, les enseignants français du secondaire défendent farouchement leur indépendance et le statut libéral qui fait à leurs yeux la valeur de leur profession. L'Education nationale est un bon exemple des tensions entre centralisme et rigidité d'une part, individualisme et indépendance d'autre part. En l'occurrence, c'est l'individualisme qui gagne.

Etude de mots

avoir la vie dure   être difficile à exterminer

le **dirigisme**   la planification centralisée (contraire de **libéralisme**, qui veut dire un minimum d'intervention par l'Etat)

le **principal**, la **principale**   qui dirige un collège

le **proviseur** (pas de *f*)   le directeur ou la directrice d'un lycée

redoutable *adj*   ce qui est à craindre, dangereux

s'y prendre   agir d'une certaine manière en vue d'obtenir un résultat

tordre *v*   *to twist* ; ici, *to wring* (Cf. *torsion*)

QUESTIONS

1. Quel est le mythe qui est devenu faux ?
2. Donnez des exemples qui montrent la vraie nature du « programme » dans le système scolaire français.
3. Trouvez dans l'essai l'attitude envers la punition corporelle.

4. Qui va probablement gagner dans le cas d'un différend entre un professeur et (*a*) un élève, (*b*) un parent d'élève, ou (*c*) un Inspecteur ?

5. Quel aspect de l'intellectualité pourrait contribuer à la rigidité qui entre en conflit avec l'individualisme dans le cadre du système scolaire ?

6. D'après le tableau simplifié du système scolaire ci-dessous, à quel niveau reçoit-on un brevet ? un certificat ? le bac ?

7. Pour savoir ce que les élèves ou étudiants pensent de leurs écoles, qui peut apporter une expérience personnelle, ou une bande sonore ou audiovisuelle reçue d'un correspondant ?

LE PRINCIPAL ITINERAIRE DE FORMATION

On apprend l'informatique.

	AGE DES ELEVES
Ecoles maternelles : enseignement pré-élémentaire (une institution qui date de la Révolution).	2–6 ans
Cinq années d'école élémentaire.	6–11 ans
Enseignement secondaire :	11–17 ou 18 ans

Quatre années de collège, appelées 6e, 5e, 4e, 3e. A la fin de la 3e, brevet des collèges.

Pour ceux qui continuent jusqu'au baccalauréat, trois années de lycée, appelées seconde, 1ère et Terminale. Des programmes courts mènent à des certificats professionnels (*vocational*) spécialisés.

Enseignement supérieur (pages 246–255) :

Ecoles spécialisées
Classes préparatoires (dans certains lycées)
Universités et Grandes Ecoles

Une profession spécialisée requiert une aptitude particulière.

LA TROMPEUSE AGRESSIVITE LUDIQUE : QUELQUES EXEMPLES

Dans la société américaine, selon Margaret Mead, il ne faut pas laisser voir que l'on est agressif. Dans la société française, ce sentiment n'est pas nécessairement refoulé. On se permet de l'exprimer sous forme de jeu : une forme « ludique ». Madame Imberton-Hunt fera sentir l'effet des examens et concours à recrutement limité (p. 238). Seulement un quart des jeunes obtiennent le bac. Cet aspect de la vie française ne manque pas de créer un esprit compétitif assez intense, et il en résulte inévitablement une agressivité qui abonderait en complexes s'il fallait la refouler. C'est le caractère ludique de cette agressivité qui échappe à l'observation des étrangers. Il s'agit d'un jeu verbal.

Nous avons vu comment les Français rouspètent contre leurs institutions. Leur célèbre « esprit frondeur » devant « les contraintes », c'est leur individualisme qui se défend par le biais de leur virtuosité verbale. Nous avons noté aussi que le style français de conversation peut donner une fausse impression : un étranger se trompe en interprétant sa vivacité comme hostilité. Même quand on rencontre une agressivité véritable, on risque de se tromper sur son caractère.

Un chercheur du Centre d'ethnologie française, Guy Barbichon, a réuni en 1982 des études sous le titre *Espace et sociabilité urbaine : Comparaisons culturelles, France — R.F.A. — U.S.A.* où il dit des choses intéressantes, à titre d'hypothèses, sur l'agressivité dans certains lieux publics français. Il fait remarquer que dans la société française le fait de se trouver ensemble ne donne pas lieu nécessairement à la communication, et que l'amabilité n'est pas obligatoire :

« L'absence de répression de l'agressivité dans un système où l'identification interpersonnelle généralisée n'est pas la norme, laisse libre cours à l'expression cathartique des frustrations, et concourt au climat batailleur qui peut surprendre. . . ; les relations de cordialité obéissent à une loi de sélection plutôt que de généralisation.

« . . .les espaces publics français offrent un champ au déploiement d'une agressivité ludique qui s'exerce entre personnes liées par des rapports familiers . . . Les ouvriers dans leurs espaces de réunion — cafés populaires, chantiers — simulent des luttes, des échanges d'insultes qui souvent abusent pour un moment le témoin qui croit assister à une rixe ou à une dispute véritable. Les cours de récréation scolaires sont également le théâtre d'une activité intense de bousculades et d'échanges de coups entre jeunes garçons ; [. . .] moyen de défoulement physique d'une énergie comprimée [. . .].

« Le marché d'alimentation est un autre lieu caractéristique de rapports plus ou moins simulés d'agressivité. » (C'est-à-dire, entre marchands et acheteurs habitués, ou entre acheteurs.) « La disponibilité au rapport d'attaque/contre-attaque n'exclut pas une éthique et une pratique des relations d'entraide, de compassion [. . .]. »

Barbichon explique aussi l'attitude qui permet à des étudiants de se défaire de leur agression par des graffiti sur les murs des bâtiments : « L'université s'est développée comme un espace sans caractère "communal", traité comme le hall de gare, avec, en plus, la latitude et le loisir pour chaque individu d'échapper à un contrôle répressif et de pouvoir s'extérioriser au moyen d'inscriptions individuelles dont la dominante est l'hostilité, le combat [. . .]. » Même sous cette forme plus hostile, cependant, l'agressivité française garde son aspect ludique, ici un aspect d'escapade, comme les *pranks* que l'on connaît également dans une culture où l'expression de l'agressivité est généralement désapprouvée.

Nous allons retrouver l'agressivité ludique dans les deux prochains chapitres, où Raymonde Carroll parlera des malentendus culturels.

Etude de mots   **abuser**   ici, tromper, donner une fausse impression

à titre de   comme, avec la valeur de

le **défoulement**   la décharge (contraire de **refoulement**)

s'extérioriser   s'exprimer

frondeur(euse) n, adj   qui aime critiquer, contredire. Un mouvement de sédition contre Mazarin, pendant la minorité de Louis XIV, s'est appelé la Fronde (une **fronde** = slingshot).

la **R.F.A.**   République fédérale d'Allemagne (Allemagne de l'Ouest)

une **rixe**   une querelle violente

QUESTIONS

1. Etes-vous d'accord avec Margaret Mead au sujet de l'expression de l'agressivité dans la société américaine ?
2. Quels sont les cinq types d'espace public mentionnés dans ces extraits ?

UN PROFESSEUR DE LYCEE PARLE DE SON METIER

Un point de vue français par Claudette Imberton-Hunt

Imaginez un lycée sans élèves, après les cours : le calme règne, les professeurs, l'administration, le personnel de service, tout le monde est détendu et raconte, raconte. De quoi parlent-ils ? Des élèves !

Un lycée sans élèves, en France comme ailleurs, c'est facile. Un lycée plein d'élèves, c'est compliqué. C'est de plus en plus compliqué, et le métier de professeur de plus en plus difficile, parce qu'on accueille chaque année plus de jeunes dans l'enseignement secondaire long (jusqu'à 18 ans), parce que la population scolaire est de plus en plus variée, et enfin parce que le personnel est de plus en plus attentif aux problèmes individuels des élèves. Trois éléments positifs mais qui perturbent pourtant le monde autrefois protégé des enseignants.

Comme ailleurs ?

Un lycée moyen en France (1500 élèves, par exemple) fait l'effet d'un moulin : les élèves entrent et sortent suivant l'horaire de leur classe qui est hebdomadaire et non pas journalier. Bruit, cohue, bousculade dans les couloirs et les escaliers, rires et appels : rien qui soit là exclusivement français. Seuls des détails indiquent que l'on est bien en France : le matin, ou lorsqu'ils se rencontrent pour la première fois de la journée, les garçons embrassent les filles et réciproquement. Peu de romantisme dans ces embrassades sur les deux joues, c'est une habitude vieille d'une dizaine d'années, venue peut-être d'Algérie ou des campagnes françaises ; c'est un signe d'amitié qui manifeste l'absence de barrage entre garçons et filles de cette génération, le plaisir aussi d'être physiquement proche d'une personne du sexe opposé.[1]

Autre détail laxiste qui vous fera dire que vous êtes en France : les jeunes lycéens et lycéennes fument beaucoup, dès l'âge de 16 ans, et les règlements scolaires sont d'autant plus mal appliqués que de nombreux enseignants fument aussi. A tort ou à raison, le tabac est moins pris au sérieux que la drogue ou l'alcool et n'est pas l'objet des mêmes campagnes.

[1]Lorsqu'un garçon et une fille « sortent » ensemble, vous les verrez alors tendrement enlacés et n'aurez aucun doute sur leurs sentiments !

Le style des élèves varie grandement suivant le type de population scolaire, l'âge et la manière du proviseur et de la majorité du corps enseignant, et enfin, suivant le lycée lui-même qui peut être « professionnel », « classique » ou « polyvalent » (qui réunit les deux). En général, on peut dire que le temps de la discipline rigoureuse est terminé. Les jeunes s'expriment, jugent leurs professeurs non plus à voix basse comme cela s'est toujours fait, mais à haute voix et sans retenue, souvent sans discernement ni indulgence, puisqu'on n'a guère d'indulgence pour eux.

Constamment encouragés aujourd'hui à « parler » en classe, ils prennent petit à petit l'habitude de le faire sur les problèmes de la vie scolaire. Les bulletins trimestriels portent une note et une appréciation manuscrite de chaque professeur (entre 7 et 12 professeurs par élève). Dans les annotations des professeurs, on lit souvent : « ne participe pas ». Péché capital !

Conseils de classe

C'est aussi un refrain familier à l'occasion des « conseils de classes ». Dans chaque lycée, à la fin des trois trimestres, c'est-à-dire trois fois pendant l'année scolaire, le proviseur ou un représentant du proviseur convoque tous les enseignants d'une « classe » (groupe qui suit pendant une année scolaire le même enseignement), deux délégués des élèves et deux délégués des parents d'élèves, si possible la conseillère d'orientation (psychologue scolaire), l'infirmière, l'assistante sociale. Tous ceux-ci se réunissent pendant une heure ou deux pour parler de la classe en question et de chaque élève en particulier. Si l'on sait qu'un lycée de 1500 élèves est composé d'environ 50 « classes » (par exemple 18 secondes, 14 premières, 18 terminales), on se rend compte du temps passé par l'administration et même les professeurs à ces réunions.

Le conseil de classe, une des conséquences de mai 68, a le mérite de rassembler tous les intéressés collaborant à un même projet éducatif, de leur donner l'occasion de s'entendre et de s'exprimer. L'atmosphère d'un conseil de classe varie entièrement suivant la personnalité du chef d'établissement et celle des autres participants. Un conseil de classe peut être une caricature de vie démocratique : élèves muets, parents terrorisés, administration menaçante et sur la défensive ; ou bien ce peut être une assemblée amicale au cours de laquelle tous posent des questions, cherchent des solutions positives, ont une attitude bienveillante envers les élèves. Chaque professeur a ainsi l'occasion de remettre en cause ses préjugés à propos d'un élève, d'affiner son jugement.

Créés comme lieu de concertation, les conseils de classe ont survécu parce qu'ils répondent à un besoin. Ils déçoivent fréquemment parce que la concertation souhaitée n'est pas égalitaire : les enseignants, sur la défensive, ne supportent pas la critique, et les parents, craintifs pour d'autres raisons, ont peur de l'avenir pour leurs enfants et éprouvent un sentiment d'infériorité devant le monde de l'école. Mais malgré leurs défauts, l'existence des conseils n'est pas remise en cause. Ils sont même représentatifs des efforts de la société française pour être moins cloisonnée et hiérarchisée.

Une institution significative

On pourrait presque dire que chaque conseil de classe est un microcosme de la société française. Le respect, même s'il n'est qu'apparent, porté aux enseignants au cours d'un conseil, permet de mesurer l'importance en France du savoir livresque et des diplômes. Parce qu'ils ont des diplômes, les professeurs, sûrs d'eux, administrent conseils, boutades et réprimandes du haut de leur savoir ; parce qu'ils sont responsables des enfants, les parents se sentent jugés et parfois condamnés. La craie et le tableau noir (ou blanc) leur rappellent leur propre enfance et qu'à l'école on ne leur fit sans doute jamais un compliment sans restriction.

Les parents savent qu'à leur tour leurs enfants ne verront s'ouvrir les portes de la vie professionnelle que s'ils réussissent examens et concours. Qu'un jeune veuille être coiffeur, pompier, ou spécialiste de physique nucléaire, il devra passer par la porte étroite d'un examen à recrutement limité. Les enseignants étant parmi ceux qui ont réussi des concours sur des sujets abstraits, très théoriques, sont mal placés pour faire changer les choses.

La sélection se fait à partir de 18 ans sous forme de concours et d'examens plutôt que sur des capacités pratiques et une efficacité prouvée dans l'action ; on comprend donc la peur des parents devant des résultats ou une préparation insuffisants, ou quand le mauvais niveau d'ensemble peut retarder le progrès de leur enfant.

Comprendre les Français par leur école

L'examen du système scolaire permet de mieux comprendre certaines réactions des Français et des Françaises. Leur agressivité semble pouvoir être mise au compte d'une éducation exigeante au point d'être décourageante et démobilisante. Les parents sont les complices des instituteurs, puis des professeurs, pour exiger toujours mieux et plus, pour attacher la plus grande importance aux résultats. On espère ainsi pousser chaque enfant à donner le maximum de son potentiel, mais on cause aussi beaucoup d'amertume, de doute, de manque de confiance en soi. Le sentiment d'être inadéquat cause des abandons irréversibles et laisse des cicatrices pour la vie entière. L'insistance presque exclusive donnée aux qualités cérébrales par rapport aux qualités artistiques, manuelles ou sportives atrophie les individus, gêne leur épanouissement.

On accorde, dans la société française, une forme de pouvoir et une place élevée dans la hiérarchie sociale aux intellectuels. Les sociétés anglo-saxonnes sont loin de leur consentir la même place. On peut illustrer ce fait en comparant le rôle des « Conseils d'Etablissement » en France et celui des « School Boards » en Grande-Bretagne ou aux Etats-Unis. Les Conseils d'Etablissement ne sont redoutés ni des enseignants ni des proviseurs. Les membres du public y sont minoritaires et le Conseil d'Etablissement a peu de pouvoir, puisqu'il n'a pas de pouvoir financier et ne peut ni embaucher ni débaucher le personnel. En effet, tous les personnels d'éducation sont gérés par une administration centrale qui distribue, également, tous les crédits. (Le ministère de l'Education nationale emploie plus de personnel que n'importe quelle entreprise ou administration en France.) Ceci donne aux fonctionnaires de l'enseignement une belle autonomie et une certaine arrogance : on ne peut rien contre eux. Un enseignant français n'a donc pas besoin de plaire. Il ne dépend financièrement de personne, et se trouve libre d'exercer son métier comme il l'entend.

Il semble que nous Français ne guérissions jamais de notre école. Nous lui devons nos pires défauts : esprit critique négatif, découragement devant l'action, pessimisme, manque d'enthousiasme, absence de spontanéité, peur des autres. Toute notre vie, nous continuons à nous surveiller, comme à l'école.

Mais nous lui devons aussi ce qui fait notre force : le refus d'être naïvement satisfaits de nous-mêmes et des autres ; une insatisfaction facteur de recherche et de progrès ; une incapacité à être aveuglés par l'opinion dominante, l'idéologie en cours ; un individualisme forcené qui se fortifie au cours d'années de formation, où chacun et chacune était seul(e) devant ses limites, obligé(e) d'être réaliste sur son propre compte, sans illusion devant ses capacités réelles. Ne soyez pas étonnés si vous trouvez les Français plus réalistes que sentimentaux, plus doués pour l'exigence et le progrès que pour le bonheur. Ecole et société françaises sont bien le produit l'une de l'autre.

**Etude
de mots**

l'**amertume** *f* sentiment de tristesse mêlée de rancœur, lié à une humiliation, une déception, une injustice (Cf. l'*adj* **amer** *bitter*)

aveuglé *adj* (*part p du v* **aveugler**) Cf. l'*adj, n* **aveugle** : privé du sens de la vue

un **barrage** action de barrer ; obstacle

une **boutade** plaisanterie

un **bulletin trimestriel** *report card* ; le **trimestre** une période de 3 mois ; *adj* **trimestriel(le)**

une **cicatrice** marque laissée par une plaie après la guérison

cloisonné *adj* divisé par des cloisons (murs entre pièces)

une **cohue** assemblée nombreuse et tumultueuse

la **concertation** consultation et action en commun

débaucher priver de son emploi, de sa fonction

démobilisant *adj* (*part prés de* **démobiliser**) renvoyer un soldat chez lui. Ici, au sens figuré : donner un sentiment d'inutilité.

détendu *adj* (*part p de* **détendre**) décontracté

embaucher engager (un salarié)

forcené *adj* enragé

hebdomadaire *adj, nm* qui appartient à la semaine, se renouvelle chaque semaine

laxiste *adj* tendance marquée à la tolérance excessive

un **moulin** appareil qui sert à moudre les grains. Un moulin à vent a des ailes et il tourne. Ici, au sens figuré : un va et vient continuel.

remettre en cause remettre en question

QUESTIONS

1. Pourquoi le métier de professeur devient-il plus compliqué ?
2. Est-ce qu'un lycéen a les mêmes cours chaque jour de la semaine ? Parlez de son horaire.
3. Dans un lycée français, on remarque depuis une dizaine d'années une certaine manifestation d'amitié entre les garçons et les filles. Décrivez-la.
4. Est-ce qu'on permet aux lycéens de fumer à l'école ?
5. Quelles campagnes sont prises plus au sérieux que celles contre le tabac ?
6. Les jeunes critiquent-ils leurs professeurs ? Comment ?
7. Décrivez un conseil de classe.
8. Quelles sont les qualités qui comptent le plus dans le système scolaire français ? Etes-vous d'accord avec cette échelle de valeurs ?
9. Quelle est une des différences entre le Conseil d'Etablissement en France et les « School Boards » aux Etats-Unis ?
10. Comment l'école nous aide-t-elle à mieux comprendre les Français ?
11. Nommez un ou deux défauts que les Français doivent peut-être à leur école.
12. D'autre part, qu'est-ce qui fait la force des Français ?

CES SITUATIONS QUI FONT IMPROVISER (II) : PERSUADER

Vous arrivez au château du Duc et de la Duchesse du Passédisse-Paru, qui n'ont évidemment pas les fonds pour le maintenir en état. Ils ne reçoivent pas le public. Vous expliquez à Monsieur le Duc (ou à son épouse) que vous avez une raison particulière

pour visiter ce château. (Trouverez-vous une formule assez diplomatique pour oser offrir vos services à la restauration du château ?)

En groupes de deux ou trois, un(e) étudiant(e), en voyage de recherche historique parle avec le(s) châtelain(s).

COMPOSITION

Voici deux sujets particulièrement à propos.

1. « L'esprit de l'escalier ». Cette expression se réfère aux brillantes idées qui vous viennent dans l'escalier après une conversation : les choses que vous auriez dû dire. Avez-vous découvert par l'esprit de l'escalier encore une lettre qu'il aurait été utile d'écrire en vue de votre voyage éventuel ? Il y a encore le temps de recevoir une réponse avant de faire votre projet dans le Chapitre Quatorze.
2. Organisez un bref exposé, en bien distinguant l'introduction, le développement en deux ou trois parties, et la conclusion. L'Index socio-culturel est riche en suggestions de sujets, et il vous fournit des références pour les développer. Profitez de cet Index pour organiser ce que vous savez. Des recherches montrent que l'on retient mieux les connaissances organisées.

UNE CONVERSATION INTELLECTUELLE

Pour terminer ce chapitre sur l'intellectualité et la scolarisation, nous avons choisi l'exemple littéraire d'un poète et auteur dramatique qui joint à sa carrière d'écrivain celle d'acteur et de metteur en scène, tout à fait dans la tradition de Molière. Roland Dubillard a un sens de l'humour très aiguisé, comme on le voit dans sa pièce de théâtre, *Le Jardin aux betteraves* (Gallimard, 1969) où Camoens et Milton jouent des instruments de musique, ou bien dans son long poème modestement intitulé *La Boîte à outils* (L'Arbalète, 1985), qui traite d'outils comme mode d'expression.

Dubillard a joué lui-même dans le sketch qui suit, en l'occurrence dans un théâtre de poche, le théâtre La Bruyère à Paris.

Vous verrez que dans cette conversation, l'humble sujet des poches conduit à la question de la similitude ou dissimilitude entre les deux mains, ce qui soulève

une vieille question philosophique, la nature précise du contraste entre *même* et *autre* ; et on finit par discuter de l'origine de la sociabilité parmi les hommes. Remarquez que la dernière réplique célèbre la liberté et l'ingéniosité de. . . la tête humaine.

LA POCHE ET LA MAIN

par Roland Dubillard

UN   Ce que vous en avez, des noix ! dites donc !

DEUX   Plein ma poche.

UN   Eh ben ! Jamais on n'arrivera à manger tout ça. C'est qu'elle est grande votre poche !

DEUX   C'est une poche à soufflets.

UN   Vous vous habillez pratique. Votre tailleur c'est qui ?

DEUX   Je m'habille toujours chez Marron, parce que pour le complet, c'est la couleur que je préfère. On peut se rouler dans n'importe quoi, personne n'y voit rien. Mais il n'y a que le complet qui soit de chez Marron. Les poches, je les fais toujours poser après, par un spécialiste. Vous voyez : une poche pour chaque chose, il n'y en a pas une pareille. Une poche pour la main droite, une poche pour la main gauche, et pour y mettre la main droite, dans la poche de gauche, faut pas y penser, on n'y arrive pas.

UN   Forcément, faudrait que vous vous tordiez en spirale. Ou alors que vous vous mettiez à l'envers dans votre pantalon.

DEUX   Vous voulez rire. Même en me mettant à l'envers dans mon pantalon, ma main droite n'entrerait pas dans ma poche gauche. C'est comme si vous vouliez y mettre une orange, elle n'y tiendrait pas. C'est des poches sur mesure. A l'intérieur, c'est fait comme des gants.

UN   Et alors.

DEUX   Eh ben, c'est comme si je voulais mettre ma main droite dans un gant gauche, c'est pas possible.

UN   Pourquoi ? Vous n'avez pas les deux mains faites pareilles ?

DEUX   Comment ! « Je n'ai pas les deux mains faites pareilles ! » Elles sont aussi pareilles que les vôtres, mes mains. Regardez. Si on ne les voyait pas ensemble, on les prendrait l'une pour l'autre, tellement elles se ressemblent.

UN   Si elles se ressemblaient tant que ça, elles pourraient entrer dans le même gant.

DEUX   Oui. Y a quelque chose de pas normal, là-dedans. Montrez-moi voir les vôtres.

UN   Moi c'est pas pareil, j'ai des poches ordinaires, des poches de chez Poche, où on peut mettre n'importe quoi. Ça ne me gênerait pas si mes deux mains n'étaient pas tout à fait semblables. Je pourrais mettre mon pantalon à l'envers tout de même.

DEUX   Ben vous voyez, ça trompe, les mains. On a l'impression comme ça, qu'elles se ressemblent, et même on serait embêté s'il fallait dire ce qu'elles ont de différent, et puis. . .

UN   Ce qu'elles ont de différent surtout, la main droite et la main gauche, c'est qu'elles ne sont pas situées au même endroit.

DEUX   Ça c'est vrai. Mais il y a autre chose, c'est qu'en réalité, elles font semblant de se ressembler. Regardez bien.

UN   Oui, vous avez raison. Elles font semblant. Laquelle des deux croyez-vous qui imite l'autre ?

DEUX   Sais pas. Ça doit être la plus jeune qui imite la plus vieille.

UN   Pas possible. Moi, mes deux mains, elles ont le même âge.

DEUX   Quel âge elles ont ?

UN   Le même âge que moi.

DEUX   En tout cas, vos mains ; elles sont comme les miennes : elles s'imitent très mal.

UN   Oui. Ça serait plutôt le contraire d'une imitation. Parce que plus je les regarde, plus je trouve qu'elles sont différentes. Au point qu'il y a rien de plus différent de ma main droite que ma main gauche.

DEUX   C'est bien simple, entre les deux, il n'y a que des différences. C'est même une réussite, d'arriver à être dissemblable à ce point-là.

UN   Vous croyez qu'elles l'ont fait exprès ?

DEUX   Sûrement. Y a une main qui s'est dit : faut pas que je sois comme l'autre main et elle a pris exactement le contre-pied.

UN   Oui. C'est drôle. Comme moyen d'arriver à se ressembler, c'est pas banal, ça. Comme quoi il n'y a rien qui ressemble plus à une chose que le contraire de cette chose.

DEUX   Oui. C'est riche d'enseignement, d'être bimane. On n'a qu'à regarder ses deux mains pour se rendre compte que l'esprit de contradiction est tout de même capable d'obtenir de beaux résultats.

UN   Tenez, votre main droite, eh bien, elle ressemble bien plus à ma main droite que ma main gauche.

DEUX   C'est pour ça qu'il faut être deux pour se serrer la main. Vos deux mains toutes seules, elles n'auraient jamais l'idée de se serrer la main.

UN   Elles pourraient pas, regardez : elles ne vont pas ensemble. Elles n'entrent pas l'une dans l'autre.

DEUX   Et c'est encore un enseignement, ça. Le bon Dieu, s'il avait voulu nous faire comprendre qu'il faut se serrer la main les uns les autres, il ne s'y serait pas pris autrement. Parce que je ne sais pas si ça vous fait comme à moi, mais moi, rien que d'avoir essayé de me donner une poignée de main, eh ben ça me donne des envies de main droite dans ma main droite.

UN   Tenez, voilà la mienne.

DEUX   Bonjour. Comment ça va ?

UN   Pas mal et vous ?

DEUX   Oui. C'est un peu bête de se dire ça, comme ça.

UN   C'est un réflexe. Ce doit être comme ça que la vie sociale a pris naissance chez les hommes. Comme ils ne pouvaient pas se serrer la main chacun tout seul dans son coin, ils ont eu l'idée de se serrer la main entre eux, alors fatalement, ils se sont dit : bonjour comment ça va. A partir de ce moment-là, ils se sont mis à causer. La glace était rompue.

DEUX   Et ça, ça ! Ce n'était possible que pour le genre humain, justement ! Parce qu'il fallait au moins avoir deux mains, ce que n'avaient pas les éléphants par exemple, qui sont tellement intelligents par ailleurs. . .

UN   Les éléphants, y a un facteur qui joue, c'est la trompe.

DEUX   Oui. . . Et il fallait pas non plus en avoir plus de deux, des mains. Parce que regardez les singes, qui en ont quatre, eh bien rien ne les empêche de se serrer la main droite tout seul avec l'autre main droite, la main droite du pied. Résultat, les singes sont restés des singes, et pour la vie sociale, ils lui ont dit adieu. Tandis que nous, on n'est pas restés des singes, vu qu'on avait des pieds.

UN   Comment, « on avait des pieds » ! Mais mon cher, on les a toujours ! Jetez un coup d'œil par terre, ils sont là.

DEUX   Eh oui ! Solides au poste. Dans leurs chaussures.

UN   Oui. Sacrifiés, dans un sens, car ce ne doit pas être bien drôle, l'existence du pied. Le soulier comme confort, on a beau faire, ça ne vaut pas le gant. Ça ne vaut pas la poche.

DEUX   Pauvres pieds, qu'on ne met jamais dans ses poches. Qui ne se serrent jamais entre eux. Comme ils sont loin de nous !

UN   Rien de moi n'est plus loin de moi que mes pieds. Quelle tristesse dans leur exil. . .

DEUX   Et pourtant c'est sur eux que repose le genre humain, c'est à eux que nous devons d'être mieux que des singes, et c'est parce que nos pieds sont captifs que nous avons les mains libres !

UN   Et la tête ! Libre. Car finalement, les singes, qui paraissent plus doués que nous pour un tel exercice, ce n'est pas eux qui jouent du piano à quatre mains ; c'est nous. [. . .]

— *Les Diablogues*, © Marc Barbezat, L'Arbalète, 1976.
Avec l'aimable autorisation de M. Barbezat.[1]

**Etude
de mots**

à l'envers   le devant derrière, l'arrière devant

à soufflets : un **soufflet**   *a bellows* ; ici, un panneau inséré qui se déplie pour donner plus d'ampleur à la poche

bimane *adj, n*   mot fabriqué de **bi** + **mane** (main) sur l'analogie de bipède

---

[1]Faute de place, nous omettons une dernière page du sketch. Pour cette page, ainsi que pour d'autres sketchs, il faudra se procurer le livre.

Luis de **Camoens**   poète épique portugais du XVIe siècle, auteur des *Lusiades*

un **complet**   costume d'homme : pantalon et veste

le **contre-pied**   le contraire, l'opposé

Eh ben ! [ebẽ] *fam*   Eh bien !

un **gant**   habillement qui couvre la main, chaque doigt séparément

John **Milton**   poète anglais du XVIIe siècle, auteur du *Paradis perdu*

une **noix**   *walnut*

un **singe**   primate dont la queue peut saisir la branche d'un arbre

un **théâtre de poche**   petit théâtre

ONZIEME PALIER

ACTIVITES DE CLASSE. UN SPECTACLE PROPOSE

A. Un débat. Edmund Glenn a comparé les traductions très soignées des procès-verbaux (*minutes*) du Conseil de sécurité de l'ONU. Il y trouve des différences de mentalité. Là où un francophone dit, « Puisqu'il n'y a pas de motion contraire, j'en déduis (*deduce*) que la volonté du Conseil est de. . . », un anglophone dit « . . .*I assume*. . . ». Celui-ci soutient que la simple absence d'une motion ne permet pas d'en tirer une conclusion si générale ; celui-là croit que l'anglophone ne pense pas en ligne droite. Lequel des deux a raison ?

B. Quel(s) élément(s) de l'intellectualité française aimeriez-vous adopter ? Y aurait-il conflit avec les vertus de votre propre culture ?

C. Un certain professeur de maths dans un lycée français critique ses élèves d'une façon humiliante qui n'est pas exceptionnelle. « Mais c'est pas possible ! Mais c'est pas croyable ! Qu'est-ce que vous m'avez encore écrit là ! Mais c'est pas vrai ! » (Cette dernière expression s'emploie en réprimandant un petit enfant.) Cherchez les valeurs et les présuppositions de ce professeur. Réalisme devant la médiocrité ? Lutte en faveur de l'excellence ? Crainte pour le succès de ses élèves ? Crainte pour sa propre réputation ? Comment s'applique ici « la considération » due aux personnes ?

D. D'autres classes de français seraient ravies si deux étudiants leur présentaient « La poche et la main ». Les deux acteurs auraient besoin d'aide : un souffleur (*prompter*), un dessinateur de costume aux poches multiples, le rédacteur d'un programme, un organisateur de l'événement.

PROJETS INDIVIDUELS OU D'EQUIPE

A. Se trouve-t-on vers le début d'un trimestre ? Y a-t-il un projet qui profiterait du rapport entre ce cours et un autre ?

B. Racontez une anecdote sur le thème, « Les apparences ne révèlent pas la réalité ».

C. Une équipe pourrait présenter des conclusions au sujet de la publicité trouvée dans des revues ou des journaux d'un pays francophone. (Une autre équipe pourrait-elle faire de même pour la radio ou la télévision ?) Quels goûts, quelles valeurs du public vise-t-on ? Des hypothèses : on simule la douce voix intérieure de la raison plutôt que de sembler exercer une pression de l'extérieur ; on se sent obligé d'intéresser l'imagination de l'acheteur.

D. Pour un spécialiste du marketing. Présentez un produit à la classe, de manière à persuader des auditeurs français.

E. Parlez à la classe des possibilités de mettre au service d'un village du Tiers Monde la compétence d'une profession : comme médecin, infirmière, avocat(e) concerné(e) par les droits de l'homme, etc.

F. Quelle(s) association(s) organise(nt) des congrès internationaux susceptibles de vous intéresser ? Expliquez pourquoi tel ou tel congrès vous intéresserait.

CHAPITRE DOUZE

Ecoutez la bande 12-A.

L'ENSEIGNEMENT SUPERIEUR : UNIVERSITES ET GRANDES ECOLES

Dans un café à Talence, près de l'Université de Bordeaux III, le professeur Pence parle avec deux étudiants, René Martin, que nous connaissons déjà, et son amie Cécile.

Les universités

CECILE   Il est bien ce café. J'adore venir ici.

M. PENCE   (*entrant*) Oui, l'atmosphère est très sympathique, grâce aux étudiants.

RENE   Merci de nous inviter à prendre un pot avec vous. C'est vraiment agréable de se voir en dehors des cours. Il est plus facile de discuter.

CECILE   En effet. Les grands amphis ne favorisent pas la communication. Même si l'on n'est pas timide, on a du mal à se faire entendre. Il est presque impossible de participer !

M. PENCE   Allons, allons, vous n'êtes pas si malheureux pendant les cours, tout de même. Evidemment, tout n'est pas comme vous le souhaiteriez, mais je crois que vous êtes tellement habitués aux bons côtés de votre système universitaire que vous ne les voyez plus.

CECILE   Au fait, je voulais vous dire, j'ai bien aimé votre exposé sur « Intellectualité ou intellectualisme » en France, mais je vous trouve trop indulgent pour nos universités.

M. PENCE   Vous me trouvez trop indulgent ?

CECILE   Beaucoup trop !

RENE   Le peu que je sais des universités américaines me pousse à le croire. Comment faites-vous pour ne pas faire de comparaisons défavorables ?

M. PENCE   Il me semble que les universités françaises souffrent surtout d'un manque de moyens financiers. Si l'on pouvait disposer en France des ressources qu'on utilise dans les meilleures des universités américaines, beaucoup de défauts que vous reprochez à vos UER disparaîtraient.

RENE   Manque de moyens, manque de moyens. . . C'est le refrain que nous entendons chaque année. De plus en plus d'étudiants, de moins en moins de moyens, nous dit-on. Résultat : des amphithéâtres bondés où il faut arriver avec un quart d'heure d'avance pour avoir une chance d'entendre ; du chahut au fond, parce que les étudiants en ont marre. . .

M. PENCE   Vous avez tout de même des travaux pratiques en petits groupes. La première fois que je suis venu en France, cela n'existait pas, il n'y avait que des cours magistraux.

RENE   C'est le seul moment où nous apprenons quelque chose. Autrement, il vaut presque mieux acheter les polycopiés et rester chez soi.

M. PENCE   Ce que vous dites est vrai surtout en 1ère et 2ème année. Reconnaissez que vos universités sont énormes, et donc difficiles à gérer.

246

La Sorbonne, 1257, a précédé de huit siècles les autres universités de Paris.

CECILE   Ce sont des monstres, vous voulez dire.

M. PENCE   Non, je veux dire qu'il y a chez vous beaucoup d'étudiants, deux fois plus qu'en Grande-Bretagne par exemple, et beaucoup plus que par le passé. J'ai lu qu'il y avait 612 000 étudiants en France en 1968, contre 12 000 en 1939 !

RENE   Et je crois plus d'un million maintenant. Mais seulement la moitié obtiennent une licence en fin de 3e année !

M. PENCE   Vous connaissez la raison mieux que moi. En France, tous les jeunes gens et jeunes filles qui réussissent le bac, en fin d'études secondaires, ont le droit de tenter leur chance dans l'université de leur choix. Ne trouvez-vous pas que c'est tout à l'honneur des universités que d'ouvrir leurs portes à tous les bacheliers ?

CECILE   En effet, nous autres jeunes préférons nous rendre compte par nous-mêmes de ce qu'est le travail universitaire, quitte à nous apercevoir rapidement que nous ne sommes pas faits pour les études ou ne sommes pas assez motivés.

M. PENCE   C'est un système libéral et démocratique assez rare dans le monde. Il ne faut pas s'étonner des tensions entre trois éléments : d'abord l'institution elle-même, une dame respectable, mais vieille, et pauvre ; ensuite, des érudits, des chercheurs ; et enfin des hordes de jeunes de toutes origines, de niveau hétérogène, dont certains viennent pour « voir ce que c'est » et éviter le chômage, d'autres pour chercher leur voie. Ils se trouvent mêlés à de futurs intellectuels qui deviendront des chercheurs ou des enseignants de grande valeur, mais qui sont moins ambitieux sur le plan de l'argent et du prestige que leurs camarades des classes préparatoires. Avouez que la tâche paraît impossible. Heureusement que vous m'avez dit qu'impossible n'est pas français ! (*Cécile et René rient.*)

RENE   Vous voyez les choses sous un angle plus positif que nous, et vous avez raison. Mais presque personne en France ne souhaite vraiment une sélection à l'entrée de l'université. N'y aurait-il pas d'autres remèdes ?

M. PENCE   J'ai toujours trouvé très prometteuse l'idée née en mai 68, de mettre en place ces unités plus petites appelées des UER. Elles ont une dimension plus humaine, plus maîtrisable. On pourrait donner à ces groupements de plusieurs disciplines plus d'autonomie pour favoriser le travail interdisciplinaire. Cette réforme a au moins semé un ferment d'évolution dont les résultats seront sensibles pour votre génération, ou la suivante.

CECILE   Vous croyez ?

M. PENCE   Je pense aux signes d'ouverture vers le monde du travail, aux contrats recherche-industrie, à la présence des industriels dans certains conseils, à la création de licences et de maîtrises à orientations plus pratiques, à l'existence des IUT, des INSA. Et puis il semble bien que les notions d'autonomie, de concurrence entre les individus et entre les établissements scolaires ou universitaires, progressent, malgré le conservatisme et malgré le corporatisme des enseignants, de droite comme de gauche, qui luttent pour conserver leurs privilèges. Une évolution se dessine, c'est certain.

RENE   Nous avons pris modèle sur les Américains.

M. PENCE   C'est la force d'une société que de savoir observer les autres et adopter ce qui est bon pour elle au lieu de se replier sur elle-même. Et puis, vous oubliez un aspect positif essentiel qui explique beaucoup de choses, vos universités sont gratuites, le droit d'inscription est minime, dérisoire !

CECILE   D'accord, mais il faut vivre. Nos parents ont tout de même des frais, puisque nous n'avons pas de salaire.

M. PENCE   Peu de frais, si vous comparez aux Etats-Unis. D'abord, vous choisissez en général l'université la plus proche, en partie pour des raisons économiques ; et si vous pouvez, vous vivez chez vos parents. Ensuite, vous pouvez, pour les aider, faire un petit travail rémunéré. Il n'est donc pas besoin d'être fortuné pour faire des études.

RENE   Pourtant, la plupart de nos camarades viennent des classes moyennes.[1] Vous savez, les bourses, surtout en 1er cycle, ne suffisent vraiment pas. Qu'est-ce qu'on peut faire avec 6 ou 7 000 F par an ?

M. PENCE   Il y a aussi des possibilités d'emprunt. Et les repas dans les restaurants universitaires ne sont pas chers, combien, 8 F par repas ?

CECILE   A peu près, oui, mais. . .

M. PENCE   Et l'assurance-santé ? C'est presque un cadeau, pour vous autres.

CECILE   Oui, mais on n'est pas malade quand on est jeune !

M. PENCE   Il y a les accidents.

RENE   En vous écoutant, je m'aperçois d'une différence peut-être significative. En français, on dit « assurance-maladie » alors qu'en anglais c'est « assurance-santé » !

M. PENCE   Amusant, en effet. L'aspect positif et l'aspect négatif. Et je trouve que

[1]Sur 816 000 étudiants en 1984–1985, les enfants d'ouvriers industriels ne constituaient que 12,2 %, et les enfants d'ouvriers agricoles, 0,6 %.

dans votre situation le positif l'emporte sur le négatif, même si pour vous la vie quotidienne n'est pas tout à fait rose.

RENE — Pourquoi les réformes dont parle chaque nouveau ministre ne sont-elles jamais menées à bien ? De belles paroles, des théories, mais jamais suivies d'effet.

M. PENCE — Les réformes ne peuvent pas faire de miracle, l'évolution ne peut qu'être lente. Après mai 68, on a répété le slogan : « l'imagination au pouvoir ». Mais comment faire du neuf avec du vieux ? Les UER ont été obligées trop souvent de s'arranger pour vivre dans des bâtiments conçus pour une autre époque où il y avait moins d'étudiants.

CECILE — Moi qui suis en Fac d'anglais, est-ce que j'aurais dû plutôt préparer un BTS ? J'entends dire partout que je ferais mieux d'étudier le vocabulaire de l'hôtellerie que Shakespeare ou Pinter !

M. PENCE — Je ne suis pas du tout d'accord. « Qui peut le plus peut le moins », dit votre proverbe. Il vous faudra vous familiariser avec le jargon d'une profession. Mais rien ne remplace la lente maturation du goût, la transformation d'une personne qui devient apte à percevoir les aspects de l'existence tels que nous les montrent les grands auteurs. C'est ce travail de longue haleine, de longue patience, qui fait des hommes et des femmes cultivés. Cela ne les empêchera pas d'être aussi des experts dans un domaine étroit, suivant les besoins économiques. Et c'est vrai aussi de la culture scientifique et mathématique. La culture n'a pas besoin d'être immédiatement monnayable sur le marché. Mais elle prépare à faire face à des situations changeantes et difficiles.

CECILE — Merci ! C'est réconfortant de vous entendre.

M. PENCE — Je voudrais vous dire combien il m'est agréable d'entendre les étudiants français discuter entre eux, comme vous, et « refaire le monde » ! Si vous n'avez pas de lieu de réunion organisé, les cafés des quartiers universitaires ne manquent pas d'animation.

RENE — Nous sommes doués pour la parole. Mais je voudrais qu'on passe plus souvent aux actes.

M. PENCE — Pourquoi ne pas vous y mettre, tous les deux ? Pourquoi par exemple ne pas utiliser la voix de vos délégués au Conseil d'Université pour demander la création d'une commission qui organiserait des activités de loisirs ?

CECILE — Vous croyez que ça marcherait ? Les autres suivraient-ils ?

M. PENCE — Encore votre scepticisme ! Ça marcherait si vous y croyiez !

RENE — Cécile est réaliste, pourtant. Nos camarades n'ont pas envie de « se mouiller », de se dépenser pour le bien commun. Ils n'ont pas le sentiment que l'université est un lieu à eux. Au fond, nous avons peut-être l'université que nous méritons, peut-être même celle que nous souhaitons. Nos écoles secondaires non plus ne sont pas des communautés, mais des usines à instruction.

M. PENCE — Je suis en partie d'accord avec vous. L'obstacle auquel se sont heurtées toutes les réformes, autant et plus que le manque d'argent, ce sont les mentalités.

CECILE — Expliquez-nous ce que vous voulez dire.

M. PENCE — Vous me dites que vos camarades ne veulent pas s'impliquer dans une amélioration de leurs conditions de vie, et qu'à la limite ils n'ont pas vraiment envie d'un changement. Eh bien, cela fait tout simplement partie de la mentalité française, individualiste, réservée, réticente quand on parle de groupes, d'activités organisées. Vous préférez sortir avec quelques amis intimes, aller dans les cafés, au cinéma, ou vous retrouver dans les chambres les uns des autres pour écouter de la musique ou discuter. Comme les autres sections de la population, les étudiants n'aiment pas l'idée de rencontres ou de loisirs organisés.

CECILE	Pourtant beaucoup souffrent de la solitude et de leur isolement.
M. PENCE	Eh ! oui.
RENE	Les syndicats étudiants et les groupes d'inspiration religieuse offrent une certaine chaleur humaine. Et si on fait du sport, on est de suite moins isolé.
M. PENCE	Même dans les collèges et universités américains certains étudiants ou étudiantes sont très seuls, surtout s'il s'agit de grandes universités. Or, en France, elles ont souvent plus de 20 000 étudiants. On m'a dit qu'à Paris, il y a au moins 300 000 étudiants répartis dans treize universités. C'est énorme.
CECILE	Aix-Marseille a près de 50 000 étudiants sur trois universités. . .
M. PENCE	Et pourtant de nombreux étudiants d'Afrique noire, d'Amérique du Sud, d'un peu partout dans le monde, y compris les Etats-Unis, sont inscrits gratuitement ou presque.
CECILE	S'ils y arrivent ! Il doit leur falloir fournir encore plus de paperasse que nous !
M. PENCE	Avec de la patience et de la volonté, tout le monde arrive à franchir les barrières administratives.

A suivre (p. 251)

Etude de mots

au fait   à propos, à ce sujet

le bac (le **baccalauréat**, le **bachot**)   le grade universitaire conféré à la suite des examens qui terminent les études secondaires

un BTS   Le Brevet de Technicien Supérieur se prépare en deux ans, dans un lycée.

les classes préparatoires   offertes par certains lycées en vue du concours qui donne accès à l'une des Grandes Ecoles

le Conseil d'Université   comité qui a un pouvoir de décision limité, et dans lequel sont représentés les enseignants, les étudiants, et le personnel de service

le corporatisme   le groupement des professions, des syndicats, des chefs d'entreprises, en corporations pour exercer un pouvoir politique. Ici, protection des intérêts égoïstes du groupe.

le 1er cycle   de l'enseignement supérieur

de longue haleine   qui exige beaucoup de temps et d'effort

J'entends dire (par les gens)   **dire** a ici un sens passif

un INSA   Institut National de Sciences Appliquées (prononcé [insa])

un IUT   Institut Universitaire de Technologie

une licence   le grade universitaire après le bac et le D.E.U.G.

la maîtrise   grade universitaire, entre la licence et l'agrégation ou le doctorat

marre : en avoir marre   en avoir assez, en être dégoûté, excédé

un polycopié   ici, notes de cours distribuées par un professeur d'université (*fam* « **polycope** »)

« se mouiller »   se mettre en contact avec l'eau ; ici, s'engager

sensible *adj*   ici, assez grand pour être perçu

travaux pratiques *m*   travaux dirigés en application d'un cours magistral (*lecture course*)

une UER   unité d'enseignement et de recherche, souvent interdisciplinaire. Pendant 1986, UFR (unité de formation et de recherche).

QUESTIONS

1. Qu'est-ce que René et Cécile reprochent aux universités françaises ?
2. Que dit M. Pence pour les défendre ?
3. Quelle est la différence entre les étudiants d'université et ceux qui choisissent une classe préparatoire ?
4. Que veut dire le mot « corporatisme » ?
5. Expliquez les sigles UER, UFR, BTS, IUT et INSA.
6. Comment M. Pence veut-il appliquer le proverbe, « Qui peut le plus peut le moins » ?
7. Comment les deux étudiants réagissent-ils à la proposition d'une commission sur les activités de loisirs ?
8. Selon les observations de M. Pence, quelles valeurs culturelles l'emportent sur cette sorte d'initiative ?

Les Grandes Ecoles

Un candidat devant son jury.

CECILE	Tiens, regarde, René, la fille qui vient d'entrer ! Tu ne crois pas que c'est Claire ?
RENE	Oui, c'est elle.
CECILE	Va la chercher !
RENE	J'y vais. Vous n'y voyez pas d'inconvénient, Monsieur ?
M. PENCE	Au contraire.
	(*René et Claire reviennent.*)
CECILE	Salut, toi ! Qu'est-ce que tu deviens ? Je suis vraiment contente de te voir.
CLAIRE	Moi aussi, c'est une chance. Bonjour, Monsieur. Je ne vous dérange pas ?
CECILE	Mais non, tu penses. Monsieur, je vous présente ma meilleure amie de lycée, Claire Guyot. Claire, Monsieur Pence est professeur de sociologie à Chicago et il est détaché en France cette année. René a la chance de l'avoir comme professeur.
CLAIRE	Je vois, je vois ! Nos profs à nous ne nous paient pas souvent l'apéritif.
CECILE	Comment ça va, Claire ? J'ai su que tu avais réussi le concours d'entrée à Centrale Paris. C'est sensationnel !
CLAIRE	Oui, maintenant que c'est fait, la vie me paraît facile. Mais j'ai vraiment passé trois années d'esclavage.
CECILE	En classes préparatoires ?
CLAIRE	Oui, j'ai fait une maths sup et deux maths spéciales à Paris, au lycée Louis-le-Grand. Je ne voudrais pas recommencer pour tout l'or du monde. En arrivant, tu te crois assez bonne et puis tout d'un coup tu te retrouves dans une classe uniquement avec des étudiants qui étaient

les meilleurs dans leurs lycées d'origine. Tous « mention très bien » au bac ! La compétition est farouche et le niveau si élevé qu'il n'y a plus ni soirées, ni week-ends. Il faut tout sacrifier. Il faut être vraiment accroché. Si je n'avais pas vu, toute mon enfance, ma mère souffrir d'un manque de diplômes pour gagner sa vie et nous élever, je crois que j'aurais abandonné.

RENE   Maintenant tu es récompensée. Pas de problème de chômage, pour toi !

Bien des jeunes sont amers
à ce sujet.

CLAIRE   Non, pas question. D'ailleurs, l'Ecole centrale, ainsi que l'association d'anciens élèves, nous aident à trouver du travail si nécessaire. Mais on fait tous un stage pendant l'été et la plupart du temps ensuite, on a déjà des offres d'emploi.

RENE   Tu l'auras bien gagné.

CLAIRE   Je n'ai pas trop de rides et de cheveux blancs ?

RENE   Non, ça peut aller ! Tu fais même très gamine.

M. PENCE   Je dirais plutôt très féminine. Expliquez-moi (*il s'est rassis*), Claire. Je sais peu de choses des Grandes Ecoles. C'est une institution typiquement française, n'est-ce pas ?

CECILE   Tout à fait !

CLAIRE   Tiens, je ne savais pas ! Il n'y a pas de Grandes Ecoles en Amérique ? Stanford, le MIT, qu'est-ce que c'est ?

M. PENCE   Ce sont des universités.

CLAIRE   Ah ! Bon. Tout le monde peut y entrer ?

M. PENCE   Non, il faut un excellent dossier et de très bonnes notes pendant les études antérieures.

CLAIRE   Mais pas de concours ?

M. PENCE   C'est une forme de concours car la sélection est très sévère. Mais elle ne prend pas la forme d'un examen.

CECILE   Ton frère fait les Eaux et Forêts ?

CLAIRE   Oui, c'est une grosse tête.

CECILE   Et toi donc !

CLAIRE   Je n'ai pas réussi à intégrer Polytechnique. Mais Centrale Paris, ce n'est pas mal !

CECILE   Ce que ta mère doit être heureuse !

CLAIRE   Tu la connais, elle m'aurait plutôt vue à HEC. Une femme ingénieur, elle ne comprend pas tout à fait. Mais je crois que nous aurons tous des responsabilités au niveau organisation et gestion, plus qu'au niveau purement technique. Je vais sans doute faire un stage dans une petite entreprise qui fabrique du matériel médical sophistiqué pour la rééducation et les handicapés. J'ai un ami qui va faire un stage dans une grosse boîte de Travaux Publics en Arabie Saoudite. Et une des autres filles de la promotion va travailler pour une entreprise de recherche pétrolière en Mer du Nord.

RENE   Nous autres étudiants d'université, nous faisons vraiment figure de parents pauvres.

CLAIRE   Les sacrifices à faire pour entrer dans une Ecole sont si grands que je comprends facilement qu'on préfère une atmosphère moins compétitive, plus détendue.

M. PENCE   Y a-t-il beaucoup de Grandes Ecoles ?

RENE   Difficile à dire. Cent cinquante peut-être, entre Paris et la province. Il y en a de plus ou moins prestigieuses. Ce n'est pas un terme officiel, et il n'y a pas de ligne de partage bien définie entre une bonne école supérieure et une « grande » école. Elles ont aussi des statuts différents. La plupart appartiennent à l'Etat. Mais certaines sont privées, et payantes. Et d'autres sont gérées par les Chambres de Commerce.

CLAIRE   Je peux vous donner quelques chiffres : environ 23 % des étudiants sont élèves d'une Grande Ecole ou d'une Ecole Spécialisée. Et ces écoles dépassent rarement 400 étudiants. Beaucoup en ont moins.

M. PENCE   Et si je comprends bien, c'est ce petit quart des étudiants qui dirige ensuite la France, aux postes-elés ?

CLAIRE   C'est un peu vrai.

M. PENCE   Est-ce une bonne chose ?

RENE   Je pense que c'est rentable pour la France, économiquement, d'avoir des gens très bien formés, dans les meilleures conditions matérielles et intellectuelles. Mais c'est injuste pour les universités, moins élitistes. Et cela prive aussi le pays des services de gens tout aussi valables à qui on n'offre jamais les mêmes promotions, les mêmes postes élevés, parce qu'ils n'appartiennent pas à la mafia d'une Grande Ecole. Il n'est pas normal qu'un concours passé à 20 ans oriente toute une vie, et que les capacités d'abstraction comptent plus que les résultats obtenus sur le terrain !

CLAIRE   Oui, je le reconnais volontiers. C'est vrai dans le secteur public comme dans le secteur privé.

M. PENCE   Cela m'intéresse beaucoup. C'est un exemple de cloisonnement et de rigidité dans la société française. Allons, Cécile et René, réjouissez-vous : on ne pourra pas vous accuser d'être des privilégiés, favorisés par le système !

RENE   Non, nous, nous aurons à nous battre.

CECILE   Et on n'est pas jaloux de toi, Claire. Tu n'es pas née avec une cuiller en argent dans la bouche, comme disent les Anglo-Saxons. Ta cuiller en argent, tu l'as bien gagnée.

Etude de mots

accroché   c'est-à-dire, à ses études : déterminé

une **boite** *fam* ici, une entreprise

Centrale l'Ecole centrale (des Arts et manufactures), une des Grandes Ecoles

un **concours** f***passé** subi (≠ réussi) **à 20 ans**

f*la **configuration** la forme extérieure d'un objet

un **dossier** [dosje] documentation relative à une affaire ou à une personne (*record*)

les **Eaux et Forêts (Ecole Nationale des)** une des Grandes Ecoles

l'**Ecole Polytechnique** la plus célèbre des Grandes Ecoles

tu fais tu donnes l'impression d'être

gamin(e) *n, adj* enfant

une (année de) **maths sup(érieures)**, deux (années de) **maths spé(ciales)**, classes préparatoires

la **mention (bien, très bien)** commentaires qu'un jury de professeurs ajoute à son jugement favorable d'un candidat la (même) **promotion** la même année

f***rentable** *adj* profitable (Cf. la **rente** *income*)

QUESTIONS

1. Quand Claire arrive et que Cécile fait les présentations, qui présente-t-elle à qui ? Pourquoi, à votre avis ?
2. Comment Claire s'est-elle préparée pour le concours d'entrée à Centrale ?
3. « Une grosse tête » est une expression argotique, mais pas du tout péjorative comme *egghead*. Au contraire ! Que diriez-vous des deux cultures reflétées dans ces expressions ?

LA CONFIGURATION DE L'ENSEIGNEMENT SUPERIEUR EN FRANCE

Voici une liste, loin d'être exhaustive, des enseignements offerts par : (1) des écoles supérieures (sans leur existence, les universités seraient encore plus énormes), (2) des universités d'Etat.

I. Ecoles supérieures

A. *Les plus connues parmi les Grandes Ecoles*

Ecole Polytechnique
Instituts d'Etudes Politiques
ENA (Ecole Nationale d'Administration)
HEC (Hautes Etudes Commerciales) et les Ecoles Supérieures de Commerce sont gérées par les Chambres de Commerce et d'Industrie.
Normale Supérieure (Sciences ou Lettres)
Ecole Nationale Supérieure Aéronautique

B. *Quelques écoles spécialisées*

Ecoles d'Infirmiers/Infirmières
Ecole des Beaux-Arts ; d'Architecture
Conservatoires de musique, d'art dramatique
Ecoles de journalisme
Instituts Supérieurs d'audio-visuel, de cinéma, de photographie
Instituts d'agronomie ; Ecoles d'agriculture
Ecoles de Haute Cuisine
Ecole Nationale de Magistrature ; Ecole Supérieure de Police

II. Universités

Elles forment : la majorité des enseignants du supérieur, du secondaire et du primaire ; des médecins ; des légistes ; des biologistes ; des astronomes ; des archéologues ; des linguistes ; des sociologues ; des économistes ; des mathématiciens ; physiciens ; chimistes ; électroniciens ; informaticiens ; psychologues ; philosophes ; géologues ; humanistes ; historiens ; géographes ; ainsi que, depuis quelques années, des ingénieurs, des techniciens, des administrateurs et des gestionnaires.

Faculté de Médecine,
Université de Paris.

Les diplômes universitaires

Année

2e	le D.E.U.G. ([dœg] Diplôme d'études universitaires générales), ou si l'on va à un IUT, le D.U.T. (Diplôme universitaire de technologie)
3e	après le D.E.U.G., la Licence
4e	la Maîtrise
5e	le D.E.S.S. (Diplôme d'études supérieures spécialisées) ou le D.E.A. (Diplôme d'études appliquées). Dans les UER Santé, le Doctorat en pharmacie ou en chirurgie dentaire.
8e	le Doctorat en Médecine
8e, 9e. . .	autres Doctorats

Apprenez les verbes **faillir** *et* **suivre***, p. C133, et faites les Exercices A et B.*
Etudiez Le plus-que-parfait, p. C134, et faites l'Exercice C.
Etudiez Les conditions : **si** *+ l'imparfait et* **si** *+ le plus-que-parfait, p. C134. Faites les Exercices D et E, p. C135.*
Etudiez Le pronom neutre **le** *et faites l'Exercice F, pp. C135–136.*
Faites les Exercices G, p. C136, H, p. C136, et I, p. C137.

EXERCICE ORAL SUR LES PHRASES CONDITIONNELLES

Voici des questions à poser à vos condisciples. Répondez par une phrase complète.

1. Si vous alliez à Chicoutimi, comprendriez-vous le parler des habitants ?
2. Si vous rêviez que vous ouvriez les yeux un matin à Dakar, vous croiriez être dans quel pays ?
3. Vous arrive-t-il de dormir en classe si vous avez travaillé trop tard la veille ?
4. Demandez à un(e) voisin(e) si du mauvais vin au déjeuner risque de changer ses projets pour l'après-midi.
5. Si vous aviez gagné un des prix Nobel, qu'est-ce que vous auriez fait de tout cet argent ?

6. Demandez à un(e) voisin(e) ce qu'on penserait de vous si vous aviez des noix plein les poches.
7. Demandez ce qu'il ou elle ferait si un éléphant ouvrait la porte.
8. Demandez ce que le professeur aurait fait si un étudiant mesurant plus de deux mètres s'était présenté.
9. Demandez à une voisine ce qu'elle ferait si un serpent venait lui offrir une belle pomme rouge.
10. Demandez à quelqu'un s'il peut mâcher du chewing-gum [ʃwiŋgɔm] et jouer de la flûte en même temps.
11. Si vous étiez un singe, aimeriez-vous jouer du piano tout seul à quatre mains ?
12. Demandez au professeur ce qu'il répondrait si la classe demandait à se réunir sur l'herbe. (Priez-le poliment de ne pas répondre que ça, c'est pour les oiseaux.)

UN JEU

Trouvez le calembour.[1]

1. A Lille, la place du Lion d'Or doit son nom à un ancien relais (une auberge où les coches s'arrêtaient pour changer de chevaux). L'enseigne dorée de l'auberge, Au Lion d'Or, a disparu voilà bien des années, laissant son nom qui fait penser aux flammes de la grande cheminée reflétées par les casseroles (*saucepans*) de cuivre bien poli. Qui peut trouver le calembour caché ?

2. LA MAMAN Pierre, Laurent, il est temps de vous coucher. Allez, hop ! A votre chambre.

   PIERRE (*à part*) Viens, Laurent, j'ai une idée pour nous amuser. Nous allons parler de l'Italie, où il fait toujours chaud.

3. C'était trop facile ? Alors, regardez la statue que l'évêque Octavien de Saint-Gelais fit placer au faîte (la pointe du toit) de sa maison à Angoulême, quand il la fit reconstruire au XVe siècle. Ce véritable palais, en ce temps-là le logis épiscopal (= de l'Evêque) et au XVIe, la maison d'un célèbre poète de la même famille, est maintenant un musée d'art, et il a été le premier bâtiment à loger le musée de la Bande dessinée. La morale du calembour caché : une grande famille française n'est pas obligée de se prendre trop au sérieux.

---

[1]La clé est à la fin de celles du Chapitre Douze.

4. Tout le monde sait que la matière de ce monument est un certain métal. Mais lequel ? Ou est-ce vraiment la question posée ici : [la staty də la libɛʀte etɑ̃ kwa] ?

SCENES DE LA VIE FRANÇAISE

Monique et Emilie sont en grande conversation. Elles parlent de COIFFURES ET COIFFEURS.

MONIQUE	Tu es très chic, Emilie, vraiment bien coiffée. La frange te va bien. Tu viens de chez le coiffeur ?
EMILIE	Mais non, c'est lundi.
MONIQUE	Ah oui. Tu vas toujours chez Madame André ?
EMILIE	Non, Madame André a vendu son salon. J'ai un nouveau coiffeur qui me plaît beaucoup. On dirait que tu le trouves bien, toi aussi !
MONIQUE	Puis-je te demander son nom et l'adresse du salon ? Je dois me faire couper les cheveux, et j'ai envie d'une nouvelle coiffure.
EMILIE	Certainement. Il s'appelle Alexandre. C'est le salon Alexandre dans l'Avenue Franklin Roosevelt, n° 69.
MONIQUE	Oh, un beau quartier ! Cela doit coûter cher.
EMILIE	Un peu plus cher que Madame André, mais Alexandre fait vraiment attention. Regarde comme il m'a fait une bonne coupe. Il participe à des concours et connaît bien la mode.
MONIQUE	C'est vrai. Tu as une permanente, n'est-ce pas ?
EMILIE	Oui. Toi, tu as les cheveux frisés naturellement. Tu as de la chance !
MONIQUE	Je me fais faire un shampooing et un brushing, c'est tout. Mais une bonne coupe est absolument essentielle. Alors, merci infiniment du renseignement. Je suis contente de t'avoir rencontrée.
EMILIE	Je t'en prie. Donne-moi un coup de fil un de ces jours. On prendra un pot ensemble.
MONIQUE	D'accord. Au revoir, Emilie.
EMILIE	Au revoir, Monique.

Etude de mots

un **brushing** [bʀœʃiŋ]   *blow dry*

une **frange**   ici, cheveux qui retombent sur le front (**La frange te va bien.** *Bangs are becoming to you.*)

frisés *adj*   qui forment des boucles (*curls*)

un **shampooing** [ʃɑ̃pwɛ̃]   *shampoo*

NOTES SOCIO-CULTURELLES : C'est lundi. En France, les salons de coiffure sont fermés le lundi, ainsi que certaines boulangeries, épiceries et d'autres petits commerces. Les centres commerciaux et supermarchés restent ouverts.

Quand quelqu'un vous fait un compliment, vous ne dites pas « merci ». On ne dit rien ou on fait une remarque comme, par exemple : « Je suis contente d'avoir trouvé ce bon coiffeur. »

Ecoutez la bande 12-B. Faites une expérience (experiment) : prenez des notes sur la conférence du professeur Carroll (p. 269), au moins des notes mentales à rédiger plus tard. Qui sait, un beau jour vous voudrez peut-être suivre des cours en français !

DOIT-ON PARLER DE RELIGION ?

Au besoin, il existe une stratégie pour s'entendre

Il semble indiscret à beaucoup, et il est certainement dangereux, d'aborder le sujet des croyances religieuses sauf entre amis intimes. Si l'on ne connaît pas bien son interlocuteur, le risque d'aboutir à un désaccord est plus fort que la possibilité d'établir un rapport de sympathie.

Si une conversation se tourne vers les croyances et que l'on veuille l'en détourner, on peut l'orienter vers un sujet moins chargé d'émotion, par exemple le fait intéressant que le mot « religion » a plusieurs sens, si différents les uns des autres que le mot lui-même cause des malentendus. Il arrive que deux interlocuteurs croient se trouver en désaccord quand en vérité, c'est simplement qu'ils ont en tête deux sens différents de ce même mot.

Les sept visages du terme « religion »

Le 1er. L'esprit de révérence, d'humilité.

Croyants et incroyants considèrent cette qualité une vertu ; et il est évident que ni les uns ni les autres ne l'atteignent toujours. C'est ainsi qu'un grand critique d'art, Alfred Barr, a pu dire, « Il y a plus de religion dans une paire de vieilles chaussures, de Van Gogh, que dans beaucoup de peintures de la Madonne ».

Le 2e. Les convictions personnelles.

Chacun conduit sa vie selon des principes. Les incroyants ont leurs convictions, tout en rejetant les différentes églises, ou bien, en disant simplement qu'ils ne savent pas s'il existe un monde surnaturel. Les grands humanistes de la Renaissance, eux, étaient des croyants, mais pas toujours orthodoxes. Saint Thomas More et Erasme au XVIe siècle, Spinoza au XVIIe, par exemple, ont exercé une forte influence morale. Spinoza, juif, n'a pas pu publier son classique traité moral, *l'Ethique*, à cause de l'objection de certains théologiens contre son panthéisme : la conviction que Dieu est une présence impersonnelle dans tout ce qui existe.

Le 3e. Un dogme, une doctrine.

Ces croyances, reçues d'une tradition historique, sont communes à un groupe et elles diffèrent de l'un à l'autre même au sein d'une même foi. Une société pluraliste est forcée de tolérer ces différences au plus haut niveau de la pensée abstraite, c'est-à-dire le niveau des explications finales de l'univers et de la morale. C'est le seul moyen de maintenir une civilisation commune au niveau pratique de l'action.

Le 4e. Le rituel : les rites et règles d'un culte.

Certains considèrent essentielle à leur salut la plus stricte observance du rituel prescrit par leur religion. Pour d'autres, des enseignements abstraits, tels que l'altruisme ou l'amour de toute l'humanité, éclipsent ce qu'ils appellent le ritualisme.

Le 5e. L'appartenance à un groupe.

Pour beaucoup de fidèles, la satisfaction d'aller à l'église, à la synagogue, à la mosquée vient de la sociabilité au sein du groupe, plutôt que de la certitude à l'égard des doctrines.

Le 6e. Les mythes et autres symboles traditionnels.

En Orient, les traditions religieuses sont souvent très fortes comme formes artistiques, mais n'ont pas nécessairement un lien avec les croyances ou les institutions. Le lotus, par exemple, symbolise la pureté incorruptible.

Le 7e. Finalement, « la religion » dans le sens d'une institution spirituelle ou politique.

Les responsables de toute institution s'appliquent à la faire survivre. Mais la survivance des églises résulte surtout du fait qu'elles assument différentes responsabilités, comme le fait l'institution familiale, pour répondre aux besoins du temps : tantôt les besoins matériels des déshérités ou l'asile des réfugiés, tantôt des besoins purement spirituels. A un moment, on veut qu'une église soit tout à fait apolitique ; à un autre, c'est la seule forme d'organisation en place qui puisse résister à un régime politique oppressif.

En somme, il faut prévoir que l'on rencontrera des personnes intolérantes, opposées au principe d'une société pluraliste ; mais même avec de tels interlocuteurs, on peut trouver d'importants sujets d'entente cordiale.

Etude de mots

au besoin   en cas de nécessité

le **salut**   *salvation*

si . . . et que   Le **que** qui remplace **si** requiert le subjonctif.

QUESTIONS

1. Quelle est la stratégie proposée pour détourner une conversation qui risque d'aboutir à un conflit de croyances ?
2. Quel point est-ce qu'Alfred Barr voulait marquer, en comparant certains peintres religieux à Van Gogh ?
3. Distinguez entre une doctrine, un rituel, et une danse d'origine rituelle adaptée à un festival ethnique ou artistique.

4. Donnez un exemple pour montrer comment une église assume des fonctions diffé-rentes selon les besoins du temps. De même, un exemple pour l'institution familiale.

L'état de la tolérance en France

On peut faire appel à la tradition de tolérance des Français car ils se veulent tolérants, bien que ce soit une vertu difficile à pratiquer, surtout si l'on aime argumenter avec passion. Elle devient difficile pour tout peuple, par ailleurs, quand une minorité dépasse dix pour cent d'une population locale, menaçant les emplois des autres.

La volonté de tolérance se montre dans les réponses des Français à l'enquête CARA de 1981. On y demandait l'importance relative des valeurs à encourager chez les enfants. Pour les Français, la tolérance était la deuxième qualité à en-courager, après l'honnêteté et avant la politesse. La foi religieuse arrivait tout en bas de la liste des dix-sept qualités mentionnées par l'enquête ; ce qui n'est pas étonnant si l'on considère que 10 % seulement des interrogés se déclaraient pratiquants, le même pourcentage que celui des athées à l'autre extrémité de la gamme (*spectrum*) des croyances.

Il ne faut cependant pas prendre les sondages, même les meilleurs, pour argent comptant. Tout en jugeant l'honnêteté la qualité la plus importante à inculquer aux enfants, les Français se montraient les plus indulgents des neuf pays d'Eu-rope occidentale pour la fraude fiscale. Mais il est bien possible qu'ils aient été simplement plus francs que leurs voisins sur cette pratique, qu'ils n'ont jamais cherché à cacher. Une étude comparée citée par l'économiste Lester Thurow en 1985 concluait que la fraude fiscale prenait des dimensions plus importantes aux Etats-Unis qu'en France.

La tolérance se révèle dans d'autres questions de la même enquête. La France se trouve en haut de l'échelle de permissivité, avant les Pays-Bas et le Danemark ; l'Italie et l'Irlande tiennent le bas de l'échelle.

Il est intéressant de voir que les Français défendent la liberté individuelle même là où le résultat est le contraire de ce qu'ils souhaiteraient. Une grande majorité (85 %) jugeait qu'un enfant a besoin d'un père et d'une mère pour grandir heureux ; mais en même temps, une bonne majorité (61 %) approuvait le fait qu'une mère célibataire élève son enfant toute seule.

Ici le réalisme vient renforcer la volonté d'être tolérant ; on ne compte pas voir arriver ce que l'on souhaite. Le même réalisme apparaissait sans doute là où l'idéal de l'honnêteté affrontait le fait de la fraude fiscale.

L'épreuve suprême de la tolérance est probablement le conflit de croyances. Les Français se veulent tolérants dans une telle situation. Le démographe Alain Girard, commentant les résultats de l'enquête CARA dans la *Revue française de sociologie*, note que « 73 % prétendent qu'il ne leur est nullement désagréable de se trouver en présence de gens dont les idées, les croyances et les valeurs sont différentes des leurs ».

Ne comptez pas trop cependant sur cet autoportrait, notamment dans le cas du désaccord sur une question de religion ou de politique. Surtout, ne demandez pas à un Français de tolérer que quelqu'un déforme sa belle langue. A part ce sacri-lège-là, on peut être presque sûr d'une réponse favorable, tout de même, si l'on évoque le mot de Voltaire, « Je ne suis pas du tout d'accord avec ce que vous dites, mais je défendrai votre droit de le dire, jusqu'au feu. . . exclusivement ».

Etude de mots   l'**argent comptant**   argent payé sur-le-champ (le contraire de payé à terme)

QUESTIONS

1. Quels résultats du sondage CARA indiquent que les Français se veulent tolérants ?
2. Mentionnez des situations qui rendent la tolérance des différences particulièrement difficile.
3. Comment Voltaire a-t-il exprimé sa volonté d'être tolérant ?

LE CATHOLICISME EN FRANCE

La France est considérée comme un pays catholique, bien que dans les sondages, une légère majorité de la population se dise incroyante. La séparation de l'Eglise et de l'Etat est assurée par une loi adoptée en 1905, et les politiciens français n'invoquent jamais Dieu dans leurs discours politiques.

Comme partout en Europe à l'ouest du rideau de fer, le nombre de chrétiens fréquentant les églises ne cesse de diminuer. Néanmoins, deux formes traditionnelles du catholicisme restent très visibles, et une troisième forme, moins évidente, a exercé une force sociale puissante dans la rapide mutation de la société française au XXe siècle.

Deux formes traditionnelles du catholicisme

Les catholiques que l'on voit le plus souvent sur des photos représentent un catholicisme populaire, caractérisé par certaines fêtes, certaines dates de la vie. Ces catholiques-là vont à la messe deux ou trois fois par an : pour la messe de minuit, pour Pâques, peut-être pour la Toussaint. Les baptêmes, les premières communions, les mariages, parfois même les funérailles, restent pour eux l'occasion de grandes fêtes de famille et d'amis, et de grandes dépenses. Cette forme de catholicisme est la plus visible ; mais d'autres catholiques la jugent sans grande signification religieuse et sans avenir, sauf pour le folklore.

Une forme sérieuse du catholicisme traditionnel est le mouvement intégriste. Il s'agit d'une très petite minorité de croyants ultra-conservateurs, bouleversés par les changements dans la forme et aussi dans le dogme entre l'Eglise du XIXe siècle et celle de la seconde moitié du XXe. Pour eux, ces changements menacent l'essence même du catholicisme, et seul le respect du passé garantit l'intégrité de la foi (d'où le mot « intégriste »). Ils dénoncent les « déviations » de Vatican II, ont des messes en latin, des prêtres en soutane.

Une Eglise nouvelle au XXe siècle

C'est une troisième forme du catholicisme qui a fortement contribué au dynamisme de la France du XXe siècle : une foi détachée des rites et du formalisme, mais étroitement liée à l'Eglise.

Comme toutes les institutions, l'Eglise catholique en France passe par des crises de conscience et des remises en question internes qui sont des chocs salutaires. Dès les années 30, l'Eglise a pris conscience de ses liens avec les privilégiés et a opéré une révolution intérieure, voulant redevenir l'Eglise du Christ, donc l'Eglise des pauvres. Des mouvements dits « d'Action catholique » ont travaillé, à l'intérieur de chaque classe sociale, en faveur de plus de justice.

L'Eglise s'est rapprochée de la classe ouvrière en se servant de la JOC (Jeunesse Ouvrière Chrétienne) et des prêtres insérés professionnellement dans le monde du travail manuel : les prêtres-ouvriers. D'autres mouvements d'Action catholique ont entrepris « d'Evangéliser » les agriculteurs, les classes moyennes, les couples, les enseignants, mettant l'accent sur la réflexion personnelle, l'Evangile, la Bible, sur une réforme de la vie et des actes de chaque individu. Tout cela comportait un rejet des rites et du formalisme.

L'agitation et les réformes sociales avant la deuxième guerre mondiale, et la guerre elle-même, avaient donné aux catholiques de France le goût et le besoin de la solidarité et de l'entraide, le désir d'accorder paroles et actions. Le concile Vatican II, sous le Pape Jean XXIII, vint conforter prêtres et laïcs dans cette voie exigeante.

Toute une génération de catholiques français s'est alors trouvée plus à l'aise pour prier à la maison, ou sur les lieux de travail, que dans les églises. On voit de suite combien ce mouvement rapprochait les catholiques des protestants et créait un climat favorable à l'œcuménisme. L'Eglise réformée de France poursuivait en effet les mêmes buts, et le dogmatisme était condamné de part et d'autre.

Des écrivains célèbres illustrent ce que le catholicisme signifie pour les Français, pratiquants et ex-pratiquants : Charles Péguy, en quête de justice et de simplicité ; Paul Claudel, romancier et dramaturge aussi bien que diplomate ; et des peintres d'âmes tourmentées tels que Georges Bernanos, François Mauriac et Julien Green.

L'Eglise n'a pas seulement inspiré des écrivains mais a joué, comme on pouvait s'y attendre, un rôle politique. Les ministres et autres fonctionnaires catholiques dans les gouvernements de la deuxième moitié du XXe siècle, formés par les mouvements d'Action catholique, ont tous apporté à leur tâche un esprit de service et de générosité. Ces mouvements ont fourni aussi une formation, et des cadres, aux syndicats interprofessionnels, en particulier à l'un des trois grands syndicats : la CFDT (Confédération Française Démocratique du Travail).

La guerre des écoles : Attention aux sensibilités !

Dans un tel contexte, on comprendra que les écoles privées catholiques se défendent comme des beaux diables d'être réservées aux élites et aux privilégiés. Pour lutter contre cette accusation, elles demandent aux parents une participation aux frais, en général modulée suivant les revenus des familles. Ceci n'est possible que parce que l'Etat aide financièrement les écoles privées, dites « libres », qui sont à plus de 90 % catholiques.

Les écoles privées, certaines excellentes, d'autres médiocres, ont le mérite de combler les lacunes du secteur public (enseignement spécialisé, par exemple) ; et elles offrent aux parents une possibilité de choix lorsque l'école publique exige un redoublement ou une orientation. Dans de tels cas, une école moins exigeante peut accommoder l'individu au niveau où il se trouve, tout en laissant intact les normes du système national, car tous les examens et concours sont administrés par les écoles publiques.

Une guerre des écoles a éclaté en 1984 lorsque le gouvernement, socialiste, a voulu appliquer la doctrine, « à fonds publics, école publique ». Or, les Français sont sourcilleux dès qu'il s'agit des libertés, et toujours prêts à se battre contre le gouvernement au pouvoir. Les catholiques ont donc gagné. En dehors de cette crise, écoles publiques et écoles catholiques vivent côte à côte en bonne entente. Beaucoup d'enfants de familles non-catholiques vont dans des écoles catholiques ; et beaucoup d'enfants de familles catholiques sont élèves des écoles publiques. Il en est de même des corps enseignants : beaucoup de catholiques enseignent dans les écoles publiques ou les universités. Cela rend toute animosité durable impossible. Les Français sont devenus en tout cas plus tolérants. La religion n'est plus un sujet de discussion passionné, sans doute parce qu'il y a tant de non-croyants et de non-pratiquants en France. Les vrais chrétiens ne sont jamais antisémites, par exemple, contrairement aux catholiques de convenance qui forment les rangs du Front National.

Etude de mots

Action catholique *f* ensemble de mouvements laïcs (*lay*) créé en 1931, dont la mission avait été définie en 1922 par le Pape

Bernanos (1888–1948) dans des pamphlets, milita contre la médiocrité et l'indifférence considérées comme péchés

Claudel (1868–1955) *Le soulier de satin*, 1930

combler une lacune remédier à un manque

de convenance *f* pour les apparences

se défendre ici, nier avec force

fonds *mpl* capital servant au financement

les **frais** *m* les dépenses

le **Front National** mouvement politique fasciste, ultra-nationaliste, xénophobe, antisémite, qui recrute ses membres parmi les gens simples effrayés par le changement et les différences

Green (1900–) *Adrienne Mesurat*, 1927, *Frère François*, 1983.

Mauriac (1885–1970) *Le baiser au lépreux*, 1922, *Thérèse Desqueyroux*, 1927

la **messe de minuit** service religieux pendant la nuit de Noël, du 24 au 25 décembre

l'**œcuménisme** *m* [ekymenism(ə)] mouvement favorable à la réunion de toutes les Eglises chrétiennes

une **orientation** ici, le fait d'être dirigé par l'école vers une section moins prestigieuse, ou différente de celle souhaitée par l'élève et ses parents

Pâques *fpl* fête de la Résurrection, au printemps

part *f* : **de part et d'autre** des deux côtés, catholique et protestant

Péguy (1873–1914) poète et essayiste, Dreyfusard militant, mystique, mena plusieurs pélerinages à Chartres ; tué dans la bataille de la Marne

la **première communion** cérémonie au cours de laquelle les jeunes de 12 ou 13 ans font profession de foi. Cette cérémonie peut donner lieu à des réjouissances très païennes et marque parfois pour l'enfant la fin de toute pratique religieuse.

un **redoublement** le fait de recommencer la même année d'études une deuxième fois

sourcilleux *adj* ici, prendre l'air soupçonneux, inquiet (Cf. **froncer les sourcils** *to frown*)

une **soutane** longue robe boutonnée par-devant (date du XVIII\ :sup:`e` siècle)

la **Toussaint** le 1\ :sup:`er` novembre, fête « de tous les saints », occasion d'honorer les morts en allant au cimetière, et peut-être à la messe

Vatican II le deuxième Concile du Vatican, 1962–1965, premier concile à inviter des observateurs non-catholiques

QUESTIONS

1. Quel a été le changement le plus marquant dans l'Eglise catholique de France au XX\ :sup:`e` siècle ?
2. Ce changement a-t-il rapproché ou éloigné les catholiques des protestants ?
3. Nommez deux ou trois écrivains catholiques du XX\ :sup:`e` siècle.
4. Par quels moyens l'Eglise a-t-elle influencé la bureaucratie officielle et les ouvriers ?
5. Pour quelles raisons un gouvernement socialiste a-t-il dû continuer de subventionner les écoles privées ?
6. Qui se rappelle ce qu'est un « intégriste » ?
7. Le catholicisme en France a perdu en nombre mais a-t-il gagné en qualité ?

LES MINORITES RELIGIEUSES ET ETHNIQUES

A part les catholiques et les dix pour cent de la population française qui se déclarent athées, il faut distinguer trois minorités principales : les juifs, les protestants et les musulmans. On rencontrera, en plus, des sectes plus petites, notamment les groupes d'inspiration orientale ou indienne tels que les dévots de Krishna.

Les juifs

Le nombre d'israélites sous l'autorité du grand rabbin de France est d'environ 700 000, soit quelque 1,2 % de la population. Le talent et l'initiative qu'ils ont apportés à la nation dépassent de loin ce que l'on attendrait de leur nombre. La communauté juive française est néanmoins la plus importante, numériquement, d'Europe occidentale, et la quatrième au monde après celles des Etats-Unis, de l'U.R.S.S. et d'Israël. Entre 1962 et 1965 un demi-million de juifs ont immigré de l'Afrique du Nord, alors qu'avant, la majorité était originaire d'Europe centrale.

La France accueille facilement les minorités, et beaucoup de juifs français ont choisi l'assimilation. Une chercheuse distinguée, Dominique Schnapper, a estimé que deux tiers d'entre eux se sont mariés en dehors de la communauté juive. Depuis les persécutions sous Vichy, cependant, la tendance à l'assimilation s'est renversée. Certains ont émigré en Israël, et ceux qui restent en France ont manifesté un désir croissant d'être juifs aussi bien que Français. Un vote juif se dessine sur la scène politique. Le gain de la guerre de six jours par Israël en 1967, et l'antisémitisme, ont renforcé le sentiment d'identité qu'Albert Memmi (p. 176) a appelé la judaïcité.

Les protestants

L'initiative et l'entreprise des huguenots avaient commencé à exercer une forte influence en France pendant l'amnistie accordée par l'Edit de Nantes, entre 1598 et 1685. La révocation de l'Edit par Louis XIV a privé la France de beaucoup de ce talent. Denis Papin, par exemple, l'inventeur d'un bateau à vapeur et de la marmite à pression, se réfugia en Allemagne. Jusqu'à la Révolution toute église ou école huguenote a été interdite.

Certains centres régionaux de protestantisme ont pourtant survécu et se sont élargis, surtout au sud du Massif Central et en Alsace. Aujourd'hui les protestants français constituent moins de 1,5 % de la population. Ils sont très conscients de leur identité ; moins de la moitié se marient en dehors de leur communauté. Ils ont mérité une réputation de sérieux, et ils participent à la direction des affaires politiques et économiques de la nation, bien au-delà de leur faible importance démographique.

Les musulmans

La France a une longue tradition d'hospitalité envers les immigrants. En 1983 il y en avait plus de 4 millions et demi. Ce qui change la face de l'immigration depuis le milieu du XXe siècle, c'est le nombre d'Africains et, parmi ceux-ci, de musulmans. Un tiers du total en 1983 était maghrébin, plus presque 167 000 venus des pays subsahariens. Un grand nombre de ces Africains sont musulmans, ainsi que beaucoup des Noirs venus des D.O.M.-T.O.M. L'islam est donc devenu la seconde confession de l'hexagone, car les musulmans sont d'autant plus pratiquants que, déracinés de leur milieu natal, ils sont très mal intégrés dans cette société qui lutte en vain pour vaincre le chômage. Les maghrébins se voient traiter de « bougnoules » et de « zincos » par leurs concurrents, et les organisa-

Les Noirs sont une des minorités les mieux acceptées.

tions bénévoles telles que la FASTI (Fédération des associations de solidarité avec les travailleurs immigrés) et le MRAP (Mouvement contre le racisme et pour l'amitié des peuples) ne parviennent pas à arrêter la montée du ressentiment des deux côtés. Le mot « beurs » pour Arabes n'est pas péjoratif : il a été adopté par les réfugiés eux-mêmes, pour désigner la deuxième génération.

Les pouvoirs ont fait des efforts pour limiter l'immigration. Le démographe Alfred Sauvy fait observer que le problème de l'immigration des infortunés, légale ou illégale, touche tous les pays plus fortunés, et il pose la question de savoir à quel point ces pays ont l'obligation morale de les accepter.

Etude de mots

beur *adj, n pop* Arabe, verlan pour 'ra-be [bəʀ(a)] né en France, d'immigrants maghrébins (On expliquera le verlan, p. 351.)

une **marmite à pression** (ou une « cocotte minute ») sorte de casserole qui permet de cuire sous pression

QUESTIONS

1. Comment le judaïsme français a-t-il changé à la suite du régime de Vichy ?
2. La révocation de l'Edit de Nantes est restée en application de 1685 jusqu'à quel événement ?
3. Quelle fraction de la population française est protestante ?

4. Selon le recensement de 1983, quelle proportion des immigrants en France sont Maghrébins ?

5. Décrivez la situation sociale et culturelle des immigrants musulmans en France.

SCENES DE LA VIE FRANÇAISE

VERRA-T-ELLE LE P.D.G. ? Une Américaine, Nancy Connor, écrivain, essaie de prendre rendez-vous avec le P.D.G. d'une maison de décoration à Paris.

SECRETAIRE	Maison Lambert. Je vous écoute.
NANCY	Allô. Ici, Nancy Connor. Je voudrais parler avec M. Lambert avec l'idée de faire un article.
SECRETAIRE	De la part de qui ?
NANCY	De Nancy Connor, C-o-n-n-o-r. J'ai envoyé une lettre il y a huit jours à M. Lambert, en le priant de bien vouloir m'accorder un rendez-vous. J'écris pour une revue new-yorkaise.
SECRETAIRE	M. Lambert accorde peu de rendez-vous, Madame. De quoi s'agit-il ?
NANCY	J'ai vu l'exposition de la Maison Lambert à la biennale de la décoration au Grand Palais, et j'ai été fort impressionnée par la qualité des tissus et leurs dessins. Je voudrais parler avec M. Lambert avec l'idée de faire un article.
SECRETAIRE	M. Lambert est très occupé en ce moment. Pourriez-vous rappeler dans huit jours ?
NANCY	Bon, je ferai cela. Au revoir, Mademoiselle.
SECRETAIRE	Au revoir, Madame.
	(Huit jours plus tard, Mlle Connor retéléphone à la Maison Lambert.)
NANCY	Allô. C'est Nancy Connor, C-o-n-n-o-r. J'ai écrit à M. Lambert il y a quinze jours. Est-ce qu'il vous a dit s'il aura le temps de me voir ? Je vais quitter Paris dans quinze jours.
SECRETAIRE	M. Lambert a reçu votre lettre, Madame, mais il est très pris en ce moment. D'ailleurs, M. Lambert n'accorde pas de rendez-vous aux journalistes, en général.
NANCY	Excusez-moi, Mademoiselle, mais je suis chercheuse et écrivain plutôt que journaliste, et j'écris des articles pour une revue assez prestigieuse de New York.
SECRETAIRE	Ah ! Et vous avez l'intention d'écrire quelle sorte d'article, exactement ?

NANCY   Je prépare un article au sujet de la décoration d'intérieur comme preuve du dynamisme de la France contemporaine. J'ai trouvé cette exposition de la Maison Lambert si remarquable que je voulais en discuter avec M. Lambert pour mieux la présenter au public américain.

SECRETAIRE   Vous parlez certainement bien notre langue, Madame. Malheureusement, M. Lambert est parti jusqu'à mardi prochain.

NANCY   Je serais reconnaissante si M. Lambert pouvait m'accorder une vingtaine de minutes la semaine prochaine.

SECRETAIRE   J'essaierai d'arranger un rendez-vous. Voulez-vous rappeler mardi, en fin d'après-midi, avant six heures ?

NANCY   Oui. Merci infiniment. Au revoir, Mademoiselle.

SECRETAIRE   Au revoir, Madame.

Etude de mots

la **biennale**   exposition, festival organisé tous les deux ans

être pris(e)   ne pas être libre

le **Grand Palais**   grand édifice à Paris où ont lieu des expositions temporaires

la **Maison**   ici, établissement, firme

P.D.G.   président-directeur général

QUESTIONS

1. Dans quelle catégorie la secrétaire a-t-elle classé « Mme Connor »[1] en se basant sur la première conversation ? Pourquoi ?
2. Qu'est-ce que Nancy Connor a dit pour se faire classer comme intellectuelle ?
3. A part le changement de catégorie, qu'est-ce qui a pu inciter la secrétaire à donner une suite favorable à la seconde conversation ?
4. Croyez-vous que M. Lambert va décider de la recevoir ?

CES SITUATIONS QUI FONT IMPROVISER (III) : FAIRE UNE DEMANDE. LA REFUSER.

En groupes de deux, un(e) étudiant(e) aborde la question délicate, l'autre répond au négatif sans dire non.

Vous demandez à un(e) P.D.G. français(e) une contribution à l'une des organisations qui aident les immigrés : sinon de la part de l'entreprise, une contribution personnelle. A quelles sensibilités pouvez-vous faire appel ? Essayez de découvrir si vous devriez mentionner que votre organisation est patronnée par les Eglises, catholique et protestante, et par le grand rabbin de France.

LES MALENTENDUS CULTURELS (I)

Un point de vue français par Raymonde Carroll

Française vivant aux Etats-Unis, titulaire de diplômes français (DES) et américains (PhD) et professeur à Oberlin College, Raymonde Carroll observe ses deux cultures du point de vue anthropologique. Elle nous a permis de

---

[1]Vers 1985 on a commencé à employer l'abréviation *écrite* **Me**, qui, comme *Ms.*, évite la distinction entre **Mme** et **Mlle**. En parlant, on dit « Madame » à une femme que l'on ne connaît pas.

présenter quelques passages d'un livre fascinant qu'elle était en train d'écrire, *Evidences Invisibles : Américains et Français au quotidien*, Editions du Seuil, 1987 ; en traduction, *Living with Differences*, University of Chicago Press, 1987. Le titre veut dire que ce qui est évident pour les gens d'une culture peut être invisible pour les étrangers ; et encore, que nos propres présupposés sont souvent inconscients.

Dans ce chapitre et le suivant, vous allez regarder trois scènes par les yeux de cette observatrice pénétrante. Elle vous exposera le riche contexte qui est présupposé par les Français impliqués dans ces situations. Vous pourriez bien vous trouver vous-même un de ces jours dans des situations de la sorte. . . avec la différence que vous, vous comprendrez les présupposés invisibles et que, par conséquent, la guerre des cultures n'aura pas lieu.

Introduction

Dans son livre intitulé *The French*, l'historien Theodore Zeldin part en guerre, nous dit-il, contre les stéréotypes nationaux, et plus spécialement contre les stéréotypes que tout le monde, sauf lui, a sur les Français. Zeldin nous dit que ce qui l'intéresse, lui, ce sont les Français en tant qu'individus. Je cite : « I am interested above all in the French as individuals, in discovering what they know about the art of life, what pleasures they extract from existence. » (Pantheon Books, NY, p. 4)

Pour faire cela, Zeldin groupe plusieurs chapitres en six parties qui ont des titres comme : « How to compete and negotiate with them », « How to appreciate their taste », « How to understand what they are trying to say », « How to sympathize with them ». Si, comme Zeldin veut nous le faire croire, nous sommes tous les mêmes, Américains, Français, Anglais, des êtres humains universels, nous ne devrions pas penser aux Français en tant que « them », « eux » (ce qui souligne leurs différences), et nous ne devrions pas avoir besoin de tant de recettes pour les comprendre.

Ce livre, dont l'auteur a écrit une histoire de France très respectée (*France 1848–1945*), illustre bien le piège dans lequel nous tombons constamment, pris entre le désir de nier les différences (nous sommes tous des êtres humains) et celui de les expliquer (montrant ainsi qu'elles existent).

Bien sûr, nous sommes tous des êtres humains, mais nous parlons des milliers de langages différents, ce qui ne nous rend pas moins humains, et nous ne devrions pas avoir peur de reconnaître nos différences culturelles. Nous devons aussi accepter l'idée, une fois pour toutes, que le fait que nous sommes des êtres culturels ne nous transforme en rien en numéros de séries, n'efface pas nos différences à l'intérieur d'une même culture. (Je vous rappelle ici que j'emploie le mot « culture » dans son sens anthropologique.)

Je suis sûre que tout professeur de français en Amérique connaît le commentaire-leitmotiv de mes étudiants américains face à une grande variété de textes français : « Je l'ai trouvé un peu bizarre », ou encore « C'était très bizarre », et autres variantes. Français ou Américains, nous connaissons tous les témoignages qui racontent l'expérience souvent comique, mais encore plus souvent douloureuse, du malentendu culturel.

C'est de ces malentendus culturels entre Américains et Français que je vais brièvement parler. Ce qui m'intéresse, c'est non pas de comparer « la culture américaine » à la « culture française » — tâche immense sinon impossible — mais d'identifier les aires de contact, les points de rencontre, entre les deux cultures où il y a, en quelque sorte, accrochage ; c'est-à-dire d'identifier l'espace dans lequel peut naître le malentendu culturel. Bien sûr, les malentendus ne vont pas forcément naître chaque fois que le terrain y est propice. Mais il est important de pouvoir reconnaître ces espaces où le malentendu culturel peut facilement prendre place, et souvent être source de blessure parce que non identifié comme culturel, c'est-à-dire dû à la différence de présuppositions culturelles dont nous n'avons pas conscience, à des implicites que nous portons en nous sans le savoir, à notre façon de voir le monde, que nous avons apprise mais qui nous paraît « naturelle », « évidente », « allant de soi ».

A cause de ces évidences invisibles, il est difficile de reconnaître comme culturel un malentendu entre X, Américain ou Américaine, et moi Française ou Français. X agit de la façon qui lui est naturelle, j'agis de la façon qui m'est naturelle. Le seul problème, c'est que nos « naturels » ne coïncident pas. La plupart du temps, cependant, X et moi avons de bons rapports parce que si nos « évidences » ne coïncident pas, cela ne veut pas dire qu'elles soient forcément en conflit. C'est, en effet, seulement quand il y a conflit qu'il y a problème. Mais comme le propre de l'évidence c'est de se poser comme telle, de ne pas être remise en question, le malaise ou la peine que je ressens dans une situation de conflit, je ne vais pas l'attribuer à une interprétation erronée de ma part. Je vais plutôt l'attribuer à une des caractéristiques inhérentes à l'autre. C'est-à-dire qu'au sortir d'une expérience interculturelle qui m'a gêné(e), chiffonné(e) sans que je sache vraiment pourquoi, ou même sans que j'aie conscience de ma gêne, j'aurai tendance à dire des phrases du genre : « Les Américains sont. . . » ou « Les Français sont. . . »

Autrement dit, si les stéréotypes ont la vie dure, ce n'est pas parce qu'ils contiennent une graine de vérité, mais plutôt parce qu'ils expriment et reflètent la culture de ceux qui les énoncent. Ainsi, quand je (Français) dis : « Les enfants américains sont gâtés, mal élevés », je n'exprime pas une vérité première mais renvoie plutôt à la conception française de l'éducation des enfants. Quand je (Américain) dis : « Les Français sont grossiers (*rude*), ils ne vous laissent pas parler, ils vous interrompent tout le temps », je ne fais que renvoyer aux règles implicites de la conversation américaine. Mais pour comprendre cela, il faut d'abord que je prenne conscience de la lecture, de l'interprétation que j'apporte au texte culturel, du filtre à travers lequel je perçois, j'ai appris à percevoir le monde. En d'autres termes, avant de pouvoir comprendre la culture de l'autre, je dois prendre conscience de ma propre culture, de mes présuppositions culturelles, des implicites qui informent mon interprétation, de mes évidences. Ce n'est qu'après avoir franchi cette étape, en fait la plus difficile, que je pourrai commencer à comprendre les présuppositions culturelles de l'autre, les implicites qui donnent sa logique à un texte culturel jusqu'alors opaque.

Il est évident qu'un tel sujet ne peut qu'être effleuré dans le cadre de cette communication. Je vais donc prendre quelques exemples de malentendus culturels entre Américains et Français, et seulement indiquer les directions possibles de l'analyse.

L'amitié

J'ai souvent entendu des Français se plaindre que les Américains n'avaient que « des relations très superficielles », « n'avaient aucun sens de l'amitié », ou encore « ne savaient pas ce que c'était que l'amitié ». J'ai aussi entendu des Américains se plaindre que les Français étaient envahissants, encombrants, se mêlaient de ce qui ne les regardait pas. Je crois que nous pouvons facilement maintenant reconnaître les signes du malentendu culturel.

Rapidement, une expérience personnelle. Une de mes amies, Française et qui vivait aux Etats-Unis depuis deux ans, mais hors de France depuis plus longtemps, est arrivée un jour chez moi pour déverser un trop plein de rancune, pas contre moi, mais contre son amie-voisine. Je ne l'avais pas vue depuis quelques jours, comme c'est fréquent dans les grandes villes, et l'avais appelée pour avoir de ses nouvelles.

J'appris au téléphone qu'elle était « très fatiguée », que ses gosses l'épuisaient, qu'elle était complètement à plat depuis deux jours. Je proposai aussitôt de garder ses enfants pour qu'elle puisse se reposer. Elle accepta tout de suite. Vingt minutes après elle était chez moi pour déposer ses enfants et retourner se reposer. Elle est, en fait, restée près de deux heures chez moi. J'avais, par mon offre qui me semblait des plus naturelles, provoqué, à mon insu, un déclic. Elle s'est amèrement plainte de ce que sa voisine, une Américaine qu'elle considérait comme une amie, ne lui avait pas fait la même offre.

Pourquoi mon amie n'avait-elle pas demandé à sa voisine de « lui prendre les enfants » ? Bien qu'on dise pouvoir tout demander à un ami, en fait, ce à quoi l'on s'attend, si on est français, c'est que l'ami propose « spontanément » de faire ce qu'on aurait à lui demander. Mais comme l'ami doit être mis au courant, on commence par raconter qu'on a un ennui, on expose la situation qui fait problème.

L'ami, si c'est un « vrai ami », devrait alors intervenir, prendre en quelque sorte la situation en main, proposer une solution, c'est-à-dire son aide. Réponse : « Oh, non, je ne veux pas t'embêter », ou encore « Ça ne t'ennuierait pas trop ? », etc. Et c'est alors à l'ami d'insister « Mais non, ça ne m'ennuie pas du tout. . . A quoi servent les amis alors, si on ne peut pas compter sur eux pour une petite affaire de rien du tout. . . » Et le demandeur, qui n'a rien eu à demander, peut alors céder : « Si tu insistes si gentiment. . . »

Bien sûr, cet échange n'est qu'un modèle, qui peut prendre plusieurs formes, mais c'est bien là, en gros, ce à quoi on s'attend d'un ami si on est français. Ceci explique pourquoi on ne s'étonne pas de voir un ami prendre d'autorité la situation en main et annoncer, d'un ton péremptoire : « Pas d'histoires, je passe te prendre ce soir à huit heures, et nous allons au cinéma. Tu es crevé, tu as besoin de te détendre, je ne vais pas rester là à ne rien faire alors que tu te tues de travail sous mes yeux. . . » ou alors « C'est décidé, nous vous emmenons avec nous à la campagne ce week-end, cela vous fera le plus grand bien, et je n'accepterai pas que vous refusiez ».

A la voisine américaine de mon amie, cela aurait sans doute paru comme une véritable invasion de sa vie privée, une intrusion, ou une suggestion que mon amie était incapable de se débrouiller toute seule, qu'elle ne prenait pas bien soin de ses enfants, etc. C'est-à-dire que dans le contexte américain, si mon amie ne me demande rien, je me dois de respecter ses désirs, de ne pas me mêler de ce qui ne me regarde pas, de ne pas la traiter comme une enfant, bref de ne pas l'envahir. Mon rôle est d'être disponible et d'attendre qu'elle me demande de l'aider.

Là encore, on peut facilement imaginer les heurts et les blessures de part et d'autre dans un espace si propice au malentendu culturel.

Le couple

Nous sommes invités à dîner, avec plusieurs Américains. Conversation. Mon mari américain (ou ma femme américaine) vient de me dire quelque chose. Sur un film, par exemple. Je ne suis pas d'accord, je discute, me moque gentiment de mon compagnon, je plaisante sur ses films favoris. . . Ou je le taquine sur une opinion politique. Peu importe le sujet, ce qui compte, c'est que je ne suis pas d'accord avec lui sur un point quelconque, que je l'ai montré, et que j'ai en plus l'air de m'amuser de tout cela. Pour moi, Française, c'est une manière socialement acceptable de manifester mon affection. Pour lui, et les autres Américains, je viens de manifester le contraire puisque je n'ai pas « soutenu » mon compagnon et que j'ai même lourdement souligné mon désaccord d'une « agressivité » nocive à l'harmonie du couple.

On peut explorer ainsi toute la gamme de relations interpersonnelles. Et découvrir que c'est là où on se sent le plus en sécurité, le moins sur ses gardes, entre amis, entre copains, entre amants, entre voisins, entre collègues, etc., que le malentendu culturel a le plus de chances de surgir. Parce que nous supposons à tort qu'au fond, dans ce domaine, Américains, Français, nous sommes tous les mêmes, des êtres humains universels, comme dirait Zeldin. Nous ne sommes pas les mêmes, mais c'est loin d'être une catastrophe. Au contraire ! En effet, un des plus grands avantages de l'analyse culturelle, outre celui d'élargir notre horizon, c'est de transformer le malentendu culturel de source de blessures parfois profondes, en exploration fascinante et inépuisable de l'autre.

© 1983 R. Carroll

Etude de mots

allant de soi   étant évident

amèrement *adv*   *bitterly* ; de l'*adj* **amer** (**amère**)

à mon insu   sans le savoir

à plat   ici, épuisé(e)

ce qui ne les regardait pas   *what was none of their business.* **Cela ne vous regarde pas** = *That does not concern you.*

chiffonner   vexer, contrarier (origine : *to rumple* un chiffon, un morceau de vieille étoffe, *a rag*)

un **déclic** [deklik]   mécanisme de déclenchement (Cf. *click*) ; **déclencher** mettre en mouvement

DES   Diplôme d'Etudes Supérieures ; au niveau de la Maîtrise

effleurer   toucher légèrement ; examiner (un sujet) superficiellement

embêter *fam*   ennuyer, contrarier fortement

en gros   en général

un **ennui**   peine, souci, difficulté

une **gamme**   dans un système de musique, des notes jouées consécutivement ; ici, *range*

gâté *adj*   en mauvais état, détérioré ; un enfant **gâté** (*spoiled*)

un **heurt**   coup, choc ; **se heurter contre (à) qqch** s'entrechoquer, s'accrocher

un **leitmotiv** (mot allemand)   en musique, motif revenant plusieurs fois ; ici, phrase, formule qui revient à plusieurs reprises

nier   contester, rejeter

nocif(ive) *adj*   dangereux, pernicieux ; apparenté au verbe **nuire** (à), faire du mal (à)

un **piège**   engin pour attirer et prendre certains animaux ; moyen détourné dont on se sert pour tromper qqn

une **rancune**   ressentiment qu'on garde d'une offense, d'une injustice

taquiner   s'amuser à contrarier dans de petites choses sans méchanceté (Cf. **méchant**)

QUESTIONS

1. Quelle est la contradiction que l'auteur signale dans *The French* de Zeldin ?
2. Quelles expressions emploie-t-elle pour se référer aux « trois niveaux de généralisation utile » ? (*V* la p. 50.)
3. Au lieu de comparer deux cultures entières, qu'est-ce que l'auteur propose de choisir ?
4. Quand on souffre du choc culturel (ou de la condition nommée plus récemment la fatigue culturelle), on tend à blâmer quelque trait de l'autre culture. Pourquoi faut-il résister à cette tendance ?

5. Auquel des trois niveaux de généralisation placeriez-vous l'histoire racontée dans « L'amitié » ? Comment pourrait-on vérifier si l'histoire racontée est typique ?
6. Dans la conversation au dîner, où l'épouse française taquine son mari, quelle(s) valeur(s) culturelle(s) vous semble(nt) influencer son comportement ?
7. Est-ce que la réaction des invités américains aurait été différente s'ils avaient compris « l'agressivité ludique » des Français ?

UNE VUE COMPLEMENTAIRE DES DIFFERENCES CULTURELLES

Le philosophe Charles Morris a identifié treize styles de vie individuels, « *ways to live* », et il estime que les différences entre cultures consistent dans le dosage, la proportion, de ces différents styles personnels. Ainsi, tel pays a plus d'individus du type fataliste, tel autre en a plus du type agressif, etc. Le professeur Morris a fait des recherches dans les Amériques, au Japon et ailleurs qui confirment sa théorie, exposée dans *Varieties of Human Value* (University of Chicago Press, 1956). Cette théorie a une place importante parmi les « Méthodes et concepts » dans notre Index socio-culturel. Signalons cependant qu'elle néglige les habitudes mentales imposées par la langue qu'on parle : celles-ci, telle la forme d'énumération « de A à C, en passant par B » (p. 138), caractérisent une communauté linguistique tout entière.

COMPOSITION

Un jeune correspondant français vous demande d'expliquer les citations suivantes qu'il a lues en français. L'une vient de The Meeting of East and West *de F.S.C. Northrop, l'autre de* The Aims of Education *d'Alfred North Whitehead. Ecrivez une lettre pour répondre à l'une de ses deux questions.*

1. « En religion et en science, la civilisation de l'Ouest a la même histoire : elle formule des principes, des vérités, puis elle essaie continuellement de les formuler plus exactement. L'Orient, au contraire, a essayé de ne pas imposer une structure à la réalité. » Il sera facile de trouver un exemple dans l'histoire d'une science ou d'une tradition religieuse de l'Ouest.
2. « Cherchez la généralité, mais méfiez-vous-en. » Pour montrer combien cette méfiance est nécessaire, on peut citer un trait national, puis le cas d'un individu qui ne s'y conforme pas. Ou bien, on peut raconter comment telle généralisation n'a pas donné un bon résultat, comme dans cette anecdote :

   Un médecin débutant dit au vieux médecin qui le conseille,
   — Je ne peux pas du tout m'expliquer pourquoi mon pauvre malade est mort. Je l'ai traité exactement comme vous aviez traité le malade que vous, vous avez guéri.
   — Et voilà, dit le vieux médecin, exactement pourquoi votre malade est mort.

UN POEME DE PAUL VERLAINE

Ce poème est en premier lieu une œuvre d'art. Un autre poème de Verlaine, son « Art poétique », commence par le vers, « De la musique avant toute chose ». Verlaine appartient un peu au symbolisme, mais sa grandeur échappe à toute étiquette.

Le rythme léger, syncopé, et la beauté des sons font que le poème transcende la triste situation du poète et son état d'esprit lourd de remords. Son imagination

Verlaine.

est libre de s'envoler vers un autre monde. Ambition modeste, car cet autre monde, c'est celui que nous autres, nous considérons comme acquis.

La triste situation du poète n'est que trop réelle et le « je » impliqué dans tout poème lyrique est, cette fois, autobiographique. Verlaine était en prison pour avoir tiré deux coups de revolver, au cours d'une bagarre en 1873, sur son ami Arthur Rimbaud. Le poème fut publié huit ans plus tard dans *Sagesse*.

Un critique a dit que l'essence du symbolisme, c'est « un symbole qui se prolonge ». Le symbole d'un homme qui s'est bâti une prison par ses faiblesses trop humaines prend, en effet, des dimensions universelles. On pourrait inclure dans le symbolisme du poème le rôle de l'art qui transfigure la condition humaine.

Le ciel est, par-dessus le toit . . .

Le ciel est, par-dessus le toit,
Si bleu, si calme !
Un arbre, par-dessus le toit,
Berce sa palme.

La cloche, dans le ciel qu'on voit,
Doucement tinte.
Un oiseau sur l'arbre qu'on voit
Chante sa plainte.

Mon Dieu, mon Dieu, la vie est là,
Simple et tranquille.
Cette paisible rumeur-là
Vient de la ville.

> — *Qu'as-tu fait, ô toi que voilà,*
> *Pleurant sans cesse.*
> *Dis, qu'as-tu fait, toi que voilà,*
> *De ta jeunesse ?*

Etude
de mots   **considérer comme acquis**   Cf. *to take for granted*

QUESTIONS

1. Peut-on dire que ce poème est « un symbole qui se prolonge » ?
2. L'acteur Vincent Dubreuil interprète « Mon Dieu » dans ce poème comme une exclamation, « un soupir », plutôt qu'une invocation à un Dieu spécifique, et en fait, ce poème précède la conversion définitive de Verlaine au christianisme. Mais alors quelle serait la voix dans la dernière strophe ? Voyez-vous le cadre de ce poème comme spécifiquement chrétien, ou universel ?

DOUZIEME PALIER

EXPLORATIONS D'IDEES, ACTIVITES

A. En France, l'étudiant est assez libre d'organiser son temps toute l'année jusqu'aux examens, mais le seul résultat acceptable est une formation strictement prescrite. Aux Etats-Unis, la routine du *homework* est plus contrôlée, l'enseignement est dispensé « à la cuiller », mais les programmes laissent plus de liberté et l'on accepte des résultats plus individualisés. Quel serait le système éducatif idéal pour vous ?

B. Un débat. Certains Français estiment que les universités doivent être ouvertes à tous ceux qui ont le bac ; d'autres, qu'elles ne doivent pas admettre ceux qui ont peu de chances d'y réussir. Quelle est la meilleure politique ? Les Français s'opposent à la solution américaine, où le titre de *Bachelor* (*BA, BS*, etc.) a une valeur variable selon l'université. Ont-ils tort ?

C. Selon la compétence de la classe comparez, entre la France et les Etats-Unis, la situation du catholicisme, du protestantisme, du judaïsme ; et l'état de la tolérance.

D. Un débat sur la question posée par Alfred Sauvy (p. 266). Quelle politique nationale à l'égard de l'immigration correspondrait à vos convictions personnelles ?

E. Réalisez la scène racontée par Raymonde Carroll où une Américaine ne pense pas à offrir de garder les enfants de sa voisine. Puis, avec d'autres acteurs, celle où une Française offre de le faire.

F. Récitez « Le ciel est, par-dessus le toit. . . ». Si personne n'a récité encore « Les Djinns » de Victor Hugo, ce poème fournirait encore un exemple du rythme remarquablement flexible du français : « Murs, ville,/Et port,/. . . Dans la plaine/naît un bruit./. . . La voix plus haute/semble un grelot./. . . La rumeur approche,/L'écho la redit./. . . » (*Les Orientales*, 1829)

G. La classe aimerait entendre quelques-unes des réponses aux questions du jeune correspondant français (p. 273).

PROJETS INDIVIDUELS OU D'EQUIPE

A. Beaucoup jugent qu'un étranger parle bien leur langue s'il fait allusion à des lieux communs (*commonplaces*) de leur héritage culturel : par exemple, des proverbes. Enseignez à la classe la forme française de quelques proverbes que vous trouvez intéressants dans la liste sur les pages roses du *Petit Larousse*.[1]

B. Résumez pour la classe un événement d'actualité (*current event*) qui pourrait exciter la curiosité d'un visiteur français.

C. Certains Français disent au visiteur américain, « Selon ce que j'ai lu, vous traitez mal vos minorités ethniques et surtout les Indiens. En réalité, quelle est la situation ? » Apportez en classe des éléments d'une réponse : le nombre d'Indiens (plus grand qu'avant l'arrivée des Blancs ?), l'état des réserves (*reservations*), le rôle changeant du *Bureau of Indian Affairs,* les traités que l'on commence à honorer. . .

D. Un amateur de gastronomie peut parler de la carrière de chef de cuisine. En plus des carrières internationales, en voici une pour laquelle une formation française est particulièrement avantageuse. On peut s'inscrire à une école de cuisine pour devenir un cordon-bleu. Esquissez un projet de longue haleine : par l'intermédiaire d'un jumelage de villes, on peut organiser un échange d'apprentis. L'apprenti(e) français(e) viendrait étudier la gestion dans un hôtel, un restaurant, ou une université.

E. Pour un musicien. Jouez pour la classe un passage qui vous semble exprimer l'humilité, la dévotion, ou une autre émotion. Des possibilités : un des *Contes de ma Mère l'Oye* de Ravel ; une chanson de Noël.

---

[1] Dans certaines éditions, cette liste suit l'article « proverbe ».

CHAPITRE TREIZE

 Ecoutez la bande 13-A avec votre Cahier. Voyez la p. C139.

POUR ET CONTRE LA CENTRALISATION

Les gaullistes et les socialistes sont d'accord sur un point : il est souhaitable de décentraliser la structure politique et économique de la France. Mais la tradition jacobine de la centralisation et du dirigisme a toujours été plus forte que l'esprit opposé, dit « libéral », qui veut une économie au marché libre, et un minimum de gouvernement. « Toujours », c'est-à-dire jusqu'à l'avènement du gouvernement socialiste de Mitterrand en 1981. L'essai ci-dessous d'Eugène Leblanc, socialiste, montrera combien il est difficile pour un Français d'envisager une France décentralisée. On se plaint des « responsables », on les satirise, mais on est complice du système qui leur laisse la responsabilité.

La centralisation française a pourtant une autre raison d'être que ses racines psychologiques et ses causes historiques, parmi lesquelles la monarchie, Napoléon, et le fait d'avoir eu des voisins menaçants, depuis l'Angleterre médiévale jusqu'à Hitler. C'est que cette centralisation a des atouts que l'on ne veut pas sacrifier.

Les atouts de la centralisation

La structure centralisée offre en fait des avantages pragmatiques : notamment la capacité de faire face au changement par la planification, et celle de distribuer avec justice certains privilèges, comme l'éducation.

Prenons d'abord comme exemples de planification l'aménagement du territoire et le planning économique.

Les huit « métropoles d'équilibre », placées à des points stratégiques du territoire national, ont ou auront chacune un ensemble hospitalier de pointe, un centre élaboré d'enseignement et de recherche, et un aéroport international ; et chaque métropole est entourée de villes satellites équipées pour répondre aux besoins plus ordinaires. Par contre, dans un pays décentralisé, l'emplacement des hôpitaux ou des aéroports est décidé par le jeu des forces locales en conflit et le résultat est souvent moins qu'heureux.

Un organisme national, la DATAR ou Délégation à l'Aménagement du Territoire, organise des projets destinés à remédier à l'inégalité entre les diverses régions et à faire progresser l'économie nationale. L'organisation globale de ces projets permet de maintenir une équipe d'experts qui vont d'une région à l'autre quand on a besoin de leur spécialité. Un urbaniste américain qui a étudié la DATAR pendant les années 70 a trouvé qu'elle donne l'initiative aux pouvoirs locaux pour les décisions de portée régionale. Le ministre de l'Intérieur ou le ministre des Finances peuvent cependant annuler une décision de la DATAR, puisqu'il faut leur accord pour les dépenses.

La planification de l'économie est « indicative ». L'Etat indique, propose, des buts et des priorités au secteur privé, au lieu de les prescrire comme dans les pays communistes. Depuis 1945, on a développé une série de Plans de cinq ans, basés sur la prévision systématique, pour chaque période, des conditions nationales et internationales. Le IXe Plan, couvrant la période 1984–1988, a été proposé en 1982 après de nombreuses consultations avec les groupes intéressés.

Cette plaque de bronze marquée POINT ZERO DES ROUTES DE FRANCE se trouve à Paris, dans le pavé de la place du Parvis-Notre-Dame, devant la Cathédrale. Quelle conception de l'espace se trouve reflétée dans cette plaque ? Aux Etats-Unis, à partir de quel point mesure-t-on les routes ?

La puissance de l'Etat profite également à l'individu dans sa vie privée. L'assurance-maladie est offerte à tout habitant du pays ; l'individu ne paie qu'une fraction du prix de certains médicaments. De même, l'enseignement est pratiquement gratuit depuis l'école maternelle jusqu'au doctorat. Les parents reçoivent une allocation familiale pour chaque enfant à partir du deuxième. Si l'on veut acheter une maison, ce qui devient si difficile pour les jeunes couples d'autres pays, l'Etat aide à réaliser ce rêve. L'Etat subventionne les arts, le théâtre, les concerts et l'opéra pour les rendre accessibles à tous, et les citoyens les plus avares y contribuent comme les autres, puisque tous sont imposés (*taxed*) par le fisc.

Pourquoi décentraliser

L'Etat français pénètre dans la vie privée ; mais on accepte son paternalisme à cause de ses bienfaits. Le besoin de décentraliser se montre sur le plan collectif plutôt qu'individuel. On parle d'une « société bloquée » face à un monde qui change trop rapidement pour qu'une administration à Paris puisse diriger l'adaptation du pays entier. On parle du « mal français » : la lenteur du système à changer ses habitudes, la lourde bureaucratie nationale. En 1984 elle comptait 2,5 millions de personnes, soit 12 % de la population active, 40 % du budget de l'Etat.

Pendant la seconde moitié du XXe siècle, la centralisation a été renforcée par le phénomène du corporatisme, où la branche exécutive d'un gouvernement prend des décisions en coalition avec les leaders du secteur privé de l'économie, au risque de substituer le pouvoir des chefs de l'industrie et des syndicats à celui de l'électorat.

La réforme des années 80, heureusement pour la démocratie, va dans le sens contraire. Elle donne plus de pouvoir à l'électeur, en libérant de la tutelle nationale, pour les décisions de portée locale, les fonctionnaires élus dans les 99 départements (dont cinq d'outre-mer), ainsi que les nouveaux fonctionnaires élus dans les 22 régions qui regroupent les départements de l'hexagone et de la Corse.

La décentralisation en marche

Pour effectuer ce changement sans précédent, le gouvernement Mitterrand a créé un ministère de la Décentralisation. Les préfets, qui depuis Napoléon avaient exercé le pouvoir suprême au niveau des départements, sont devenus commissaires (*commissionners*) de la République et leur pouvoir exécutif a été transféré aux présidents des Conseils généraux, élus par les départements.

Aux départements on a donné la responsabilité de certains services sociaux ; aux 36 394 communes, celle de l'urbanisme local ; et aux 22 régions, celle du développement économique, à ce niveau entre celui de département et celui de l'Etat. Les régions ont un Conseil régional élu au suffrage universel, avec des crédits provenant de l'Etat et de leurs propres taxes, et un Comité économique et social représentatif des activités à caractère économique, social, professionnel, familial, éducatif et scientifique, culturel et sportif. Le Conseil régional est obligé de consulter ce comité.

Le pouvoir qui a été transféré aux 22 régions renverse radicalement la philosophie administrative précédente. Même Giscard d'Estaing, président de 1974 à 1981, avait insisté sur la politique qui remontait à la monarchie et qui voulait un minimum de niveaux de gouvernement entre l'Etat et le citoyen.

Voir à la fin du livre les 22 régions, avec les départements dont elles organisent et orientent la politique économique.

QUESTIONS

1. Qu'est-ce que la tradition jacobine ?
2. Comparez le mot « libéralisme » aux mots « *liberalism* » et « *conservatism* ».
3. Enumérez les atouts de la centralisation.
4. Que veut dire « la planification indicative » ?
5. Comment la puissance de l'Etat profite-t-elle à l'individu, autrement que par l'aménagement du territoire ?
6. Pourquoi la décentralisation est-elle souhaitable ?
7. Qu'est-ce que c'est que le corporatisme ?
8. Quelle est la signification du transfert du pouvoir exécutif des préfets aux présidents des Conseils généraux des départements ? Qui choisit les Conseils régionaux ?
9. La région Midi-Pyrénées a huit départements, d'autres en ont sept. Pourquoi la Normandie fait-elle deux régions différentes au point de vue économique ? (La réponse est cachée entre les pages 103 et 105.)

LIBRES PROPOS SUR UNE FRANCE DECENTRALISEE

Un point de vue français par Eugène Leblanc

Eugène Leblanc a été professeur d'abord au Lycée Clemenceau à Nantes, puis à l'Université de Nantes où il a été directeur des Sciences humaines de 1971 à 1979. Il avait été directeur de Recherches et Publications à l'Ecole Supérieure de Commerce de 1963 à 1973. Changeant de carrière à l'âge de 62 ans, il a été élu conseiller municipal et a exercé cette fonction de 1977 à 1983, chargé des Affaires culturelles et des Relations internationales. Dans *Nantes la rebelle* (1984), il réfléchit sur ces années de vie politique. Observateur pénétrant, toujours indépendant, cet écrivain a un certain style professoral où l'érudition est tempérée par un vif sens de l'humour. Si sa posture sur cette photo évoque l'hexagone, la ressemblance vaut bien un moment de réflexion.

L'état actuel de la décentralisation

Français de la côte Atlantique, je mentirais si j'osais affirmer que nos problèmes de décentralisation passionnent mes concitoyens. Je pourrais me promener dans les rues de mon quartier, micro à la main, et interroger mes voisins vaquant à leurs commissions, sur ce qu'est la Loi de 1981[1] ; ils m'assureraient, avec un bon sourire, qu'ils n'y comprennent rien ou l'ignorent et que les efforts qu'on attendrait d'eux pour se mettre en tête les différences entre l'avant et l'après 81 ne leur serviraient de rien. Et l'on se séparerait, goguenards, sur une formule familière chez nous : « Plus ça change, plus c'est la même chose. »

Ont-ils tort ? Sans doute. La décentralisation, ils sont déjà un peu dedans. Pour ne citer qu'un exemple : chaque Français doit, depuis des lustres, acquitter, en novembre, un impôt spécial sur l'automobile. Jusqu'en 81 il était le même pour tous. Voilà qu'il varie selon les départements. Désormais c'est l'assemblée départementale qui fixe cette taxe, suivant les servitudes publiques et les richesses inégales des 96 morceaux de France métropolitaine. Ceux qui paient plus cher s'en trouveront frustrés. Ceux qui paient moins, se frotteront les mains. Tant mieux si la disparité leur profite ; tant pis pour le voisin.

Les taxés maugréeront mais ne se soulèveront pas. Car il y a beau temps que les compagnies d'assurance modulent leurs cotisations suivant le nombre d'accidents par département. De la même façon que dans chaque Etat des USA.

On peut poursuivre ainsi. Les impôts changent d'une commune à l'autre et, dans une ville, d'un quartier à l'autre. Les gabelous itinérants chargés des estimations ont en tête et appliquent un principe d'équité : mieux vaut prendre dans la poche de celui qui montre beaucoup, que chez celui qui a peu. Donc, un impôt pour tous, Un, mais infiniment divers.

Une résistance psychologique enracinée

Qu'on se rassure, cependant : le butoir n'est pas loin. Si, un jour, la France, décentralisée, était devenue, de proche en proche, un Etat Fédéral, ce ne pourrait être, au mieux, que vers l'an 2200 ; en formant l'hypothèse qu'il y aurait chez nous plusieurs capitales : vision idyllique, car les Français savent bien que le centre, le modèle, le résumé de leur nation, c'est Paris. Aucune ville, dans aucun pays, ne rayonne à l'égal de leur capitale. La rengaine est toujours vivace : je *monte* à Paris. Comme au temps des héros de Balzac. Pourtant il existe une solide presse régionale, de bonnes universités non-parisiennes, des réussites sportives locales rivalisant avec celles de la capitale, un art de vivre loin du monstre, dans des havres de repos que les touristes envahissent aux belles saisons d'été ou d'hiver. Rien n'y fait : monter, descendre. Vers la province, on descend.

Paris reste le lieu béni des consécrations. Tel artiste, peintre, musicien, homme politique, à la recherche de la vraie réussite, ne l'obtiendra qu'à Paris. Un des symboles, parmi d'autres, de cette suprématie est celui de la presse parlée. Alors qu'il existe de solides entreprises de presse provinciales, la télévision reste nationale et donc parisienne. Et ce ne sont pas les braves radios locales qui y changeront quoi que ce soit. A Paris sont concentrées les grandes émissions de masse, et sauf pour les frontaliers qui peuvent capter les voisins d'Allemagne, de Belgique, etc. . . . le plus grand nombre subit sans se plaindre le poids des quatre seules chaînes parisiennes.

Il s'agit là d'une antériorité historique et psychologique que les Français ne discutent guère. Pas plus qu'ils ne contestent le fait que leur ville-lumière soit en même temps, en matière de politique, par tradition, conservatrice. On imagine

[1]Cette loi, adoptée peu après l'avènement du président Mitterrand, sera expliquée plus loin (pp. 282–283).

mal Paris gouverné par un maire socialiste, ou communiste. Car la richesse de Paris est colossale. Mêmes les pauvres s'y croient moins pauvres. Etre parigot modeste, c'est autre chose qu'être campagnard rupin.

Les Parisiens ont dans leur tête ce symbole de suprématie nationale. Leur capitale est le centre d'une toile d'araignée vers quoi tout converge : chemins de fer, avions, voitures. Et s'il leur arrive, vers les 8 heures du matin ou 6 heures du soir, d'être pris dans des embouteillages, ils conteront leurs ennuis en revenant chez eux, avec au fond d'eux-mêmes un rien de fierté.

A suivre (p. 282)

Etude de mots

béni *adj* **bénir** = donner la bénédiction

un **butoir** obstacle mis en place pour empêcher une porte de s'ouvrir trop (Une **date butoir** = une date limite, *a deadline*.)

capter ici, recevoir

une **chaîne** ici, *channel* de TV. (En 1986 il y en avait six. *V* la p. 320.) Notez le calembour : **subir le poids** (la lourdeur) des chaînes.

une **consécration** ici, le succès auprès du public

de proche en proche par degrés

un **embouteillage** (en + une bouteille) encombrement causé par un nombre excessif de voitures

se frotteront les mains (une paume contre l'autre) geste de satisfaction

le **gabelou** *péjoratif* employé qui fait payer les impôts (la **gabelle**, taxe sur le sel, une des impositions haïes sous l'Ancien Régime)

goguenard *adj* se moquant

il y a beau temps que depuis longtemps (Les taxés ne se soulèveront pas puisqu'ils ont déjà accepté la variation régionale d'autres impôts.)

des **lustres** *mpl* longtemps (un **lustre** = cinq années)

maugréer protester entre ses dents

montrent beaucoup laissent voir leurs richesses

les **96 morceaux** les départements

parigot(ote) *adj*, *n fam* parisien

une **rengaine** un cliché, une formule banale

un **rien de fierté** un peu. . .

Rien n'y fait. Rien ne change la chose.

rupin(e) *adj*, *n pop* riche

les **servitudes** les dettes des politiciens envers ceux qui les ont aidés

tant mieux, tant pis *V* la note en p. C142.

une **toile d'araignée** le réseau concentrique tissé par cet insecte pour capter les insectes ailés

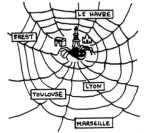

vaquant à leur commissions qui sont en train de faire leurs courses

QUESTIONS

1. Quelle est l'attitude générale des Français envers la décentralisation du pouvoir politique ?
2. M. Leblanc imagine que la décentralisation remplacerait la capitale par des capitales. Etes-vous d'accord ?

Trois efforts pour vaincre la résistance

Pourtant d'illustres hommes d'Etat tentèrent, après la 2ème grande guerre occidentale, de donner de l'air à la France plus lointaine, celle que Paris résume. Citons les deux plus illustres :

D'abord Pierre Mendès France qui, dès 1963, dans son livre *La République moderne*, insistait pour qu'on mette en place une économie régionaliste ; pour que les régions, 10 à 12, deviennent des pôles d'influence et d'action industrielles, commerciales, universitaires. Il s'agissait d'en finir avec une situation résumée en une excellente formule : Paris et le désert français.

L'idée fit son chemin. Et Charles de Gaulle, qui nourrissait pour Mendès France estime et admiration, voulut qu'une bonne fois, le pays fît un bond décisif, vers une « dilution » du pouvoir. C'était en 1969. Un an plus tôt, en mai 68, un énorme chahut avait secoué la capitale. Et les ondes de choc en avaient été ressenties dans les plus lointains villages.

De Gaulle ayant compris, et admis, que le temps était venu de diversifier les lieux de décision, d'inviter ses compatriotes à mieux participer aux affaires publiques, estimait que la révolte de 1968 avait, entre autres, exprimé ce besoin. L'heure était propice : on sollicitait les citoyens à se prononcer, par voie de référendum, sur ce bond décisif. Il y engageait sa propre fonction de chef de l'Etat.

Les résultats de cette consultation nationale méritent d'être rappelés :

Votants :	8 808 591
Exprimés :	8 548 029
Oui :	4 295 254
Non :	4 352 775

Par une poignée de voix, les électeurs refusèrent la modernité nationale : 260 000 hésitèrent et votèrent blanc.

Et De Gaulle s'en alla. Beaucoup de Français furent abusés ; on leur avait fait croire qu'il réclamait un plébiscite sur sa personne. L'histoire dira s'il en était ainsi. Mais la nécessité de décentralisation en fut repoussée de 22 années.

Remarquez que le Président Mitterrand, à l'orée de 85, lançait aux journalistes rassemblés pour les vœux : « Les bons référendums sont ceux que l'on gagne. Le problème, c'est que les Français ne répondent jamais à la question posée. »

A suivre[1] : Ceux qui en 1981 portèrent M. Mitterrand au pouvoir, ne votaient pas pour la décentralisation. Ils l'ont, contents ou non. Je ne dispose ici ni d'espace ni de temps pour détailler les documents. Il faudrait une synopsis de la Loi votée par l'Assemblée Nationale en septembre 81. Une part importante de l'exécutif national a été transférée. Les présidents des régions ou des départements ne seront pas les *missi dominici* du pouvoir.

Sans doute les préfets de région, devenus commissaires de la République, et les préfets de département ont-ils mission d'exécuter les décisions des assemblées régionales ou départementales, sans doute ont-ils à jouer le rôle d'incitateurs

---

[1] En utilisant cette expression, employée dans les périodiques pour annoncer la continuation d'un article dans le prochain numéro, M. Leblanc s'amuse à signaler que la tendance à se tromper sur la question posée continuera.

économiques, et de veiller à l'exercice régulier des compétences des autorités élues. Ils sont, pourrait-on dire, des surveillants généraux et des animateurs. Nommés par l'autorité supérieure, ils n'ont de comptes à rendre qu'à cette dernière. Mais, gardiens et garants de la légalité, ils ne sont plus, tout à fait, les patrons que les empires napoléoniens avaient créés à l'image du maître. Ce qu'ils peuvent se résumerait bien en des expressions : hausser les sourcils, faire les gros yeux. Ils ne dirigent pas l'attelage. Ce qu'on attend d'eux, c'est que le char ne capote pas.

S'il y a danger sur ce point, d'autres autorités, supérieures, le gouvernement et le chef de l'Etat, président de la République, agissant par le truchement de grands organismes centraux, mettront bon ordre. Exemple : si les collectivités sont maîtresses de leurs dépenses et de l'organisation de leur budget, elles doivent se soumettre à un contrôle a posteriori, réalisé par une Chambre des Comptes régionale — institution nouvelle — qui, en cas de litige, peut en référer à la Cour Nationale des Comptes. Pas question que les collectivités territoriales se comportent en paniers percés ou en jeunes chiens endettés et indéfiniment emprunteurs. Non, *Summa libertas, summum jus.* Que l'on soit ou non décentralisé, on est comptable des deniers publics. Et un œil attentif nous regarde.

A suivre (p. 284)

Etude de mots	**a posteriori** après l'acte

un **attelage**   des chevaux attachés à un véhicule

capoter   être renversé

Chambre des Comptes, Cour Nationale des Comptes   organismes chargés de contrôler (*audit*) les comptes publics

le **char**   véhicule (humoristique ; Cf. *chariot*)

comptable *adj*   responsable ; *accountable*

engageait sa fonction   mettait en jeu sa position

en jeune chien   sans réflexion

entre autres = *among other things* (≠ entre d'autres révoltes !)

fît   *imparf du subj de* **faire**, après **voulut que**

furent abusés   étaient trompés, n'ont pas compris qu'il s'agissait de la décentralisation

fut repoussée   ici, remise à plus tard (jusqu'à 1981)

un **litige**   une dispute soumise à un tribunal

Pierre **Mendès France** (1907–1982)   homme d'état radical-socialiste qui, entre autres réalisations, a mis fin à la guerre d'Indochine en 1954. Le parti républicain radical-socialiste était à droite de la position du parti socialiste actuel.

un ***missus dominicus*** (latin)   envoyé par le maître. Le masculin pluriel latin se termine en **i**. Cf. **alumnus, -i**.

l'**orée** *f*   la bordure ; ici, tout au début

par le truchement   par l'intermédiaire

les **régions**   Sous le président Giscard d'Estaing, les départements avaient déjà été regroupés en 22 régions « de programme » (au lieu du nombre plus petit proposé par Mendès France). Une loi de 1972, adoptée sous la présidence de Georges Pompidou (1969–1974), avait créé des préfets de région, nommés par le gouvernement. La loi de 1981 les appelle commissaires de la République, et elle commence à transférer leur pouvoir financier à un président de région et à un Conseil régional, élus au suffrage universel. Le Conseil régional vote le budget de la Région. Les assemblées des départements s'appellent toujours des Conseils généraux.

Summa libertas, summum jus (latin)   La plus haute liberté (exige) la plus haute discipline.

les **vœux** *m*   Les journalistes se rassemblent pour souhaiter une bonne année au président.

voter blanc   déposer dans l'urne un scrutin (*ballot*) vide

QUESTIONS

1. Racontez l'histoire de l'effort de décentralisation tenté par de Gaulle.
2. Expliquez comment la Loi de septembre 1981 a changé le statut des préfets des départements et des régions.
3. Quel est l'effet de ce changement sur la structure politique héritée de Napoléon ?
4. A qui les nouveaux présidents des 22 régions, et les assemblées régionales (les Conseils régionaux), doivent-ils rendre des comptes ?

Le paradoxe de la libération

Plus on est décentralisé, mieux on est tenu en lisières. Plus de tutelle administrative. Plus de tutelle financière, mais des garde-fous de la crainte endémique et salutaire, un rappel à l'ordre si l'on use mal du pouvoir délégué ; libres tant qu'on voudra, mais d'autant plus encadrés.

Tout cela est bien de chez nous !

Libérer les Français ?

Moi, Français, bon citoyen, je possède, en commun avec mes compatriotes, un art obstiné de tourner les lois. J'y tiens, pourtant, à ces lois, et à l'occasion, m'appuie sur elles pour invoquer mon bon droit. Mais en même temps, je prends de la distance par rapport à elles, pour les interpréter ou tourner, dès que mes intérêts particuliers sont en jeu. On dit que, dans ce domaine, les Italiens sont champions du monde. Mais pour la fraude fiscale, par exemple, les Français peuvent leur disputer la palme. Et savez-vous que les citoyens français sont dans le monde des recordmen de la possession de l'or ? Environ 5 000 tonnes d'or sont ainsi dissimulées dans des centaines de milliers de bas de laine. Ce n'est pas au hasard que Molière décrivit l'Avare Harpagon allant chaque jour rendre visite à sa chère cassette. L'or américain est à Fort-Knox. L'or des Français est pour moitié dans leurs goussets. Et si on leur dit que, grâce à Richard Nixon, le dollar est devenu la monnaie de base de l'univers, ils conviendront, après séance de psychanalyse, que mieux vaut un étalon extrait de la Terre, que la planche à billets verts du pays le plus riche du monde. Qui sait si un jour, par malheur, le dollar ne mentirait pas ? L'or ne mentira jamais.

Donc, bon citoyen de mon pays jadis dominateur, maintenant modeste dans ce vaste univers dont mes compatriotes ne représentent que 4 % de la population, me rappelant les idées politiques que mes grands ancêtres surent porter au-delà des mers, je reste convaincu qu'en m'imposant la décentralisation, on me joue un tour. A cause de ma petitesse en cette fin de XXe siècle, en dépit de ma grande capitale, je subodore les dangers d'un pouvoir émietté.

La France devenant un Etat Fédéral ? Qu'on me laisse rire.

Libérer les territoires ?

A l'heure actuelle et depuis 30 ans, notre pouvoir est en train de faire face aux séquelles d'une domination exercée hors de ses frontières. On a forgé un nouveau mot : décolonisation. Il est affreux, à mes oreilles, ce mot. Mais il contient en lui beaucoup de signification. C'est que le centralisme fut exporté, au nom des miens, au-delà des océans. Avec une logique imperturbable. Les Canaques de Nouvelle-Calédonie nous ont appris beaucoup là-dessus en 1985. Unifiés, ils ont affirmé que la plaisanterie avait assez duré, et que, assez nombreux encore pour revendiquer, avant de subir l'extinction des indigènes d'Australie et autres lieux, ils voulaient être, eux aussi, « décentralisés ». Quand on est à 20 000 km des décisions politiques, et avec un peu de bon sens, on peut estimer que le mot « décentralisation » est très proche du mot indépendance.

Qu'ils y aient droit, à l'indépendance, tant mieux. Qu'ils vivent heureux sur leur sol où règne un printemps perpétuel (température moyenne 23°), cela vaut la peine de se battre pour leur mer bleue et leur soleil. Il reste vrai toutefois, qu'à notre époque, l'indépendance n'est qu'un mot. Affranchis de leurs exploiteurs français, ils tomberont sous la domination d'autres rapaces. Auxquels ils ne pourront résister. . . La Nouvelle-Calédonie ne serait qu'une Jamaïque de plus. C'est peut-être mieux de vivre à Kingston qu'à Nouméa. Est-ce bien sûr ?

La décentralisation peut-elle aller trop loin ?

L'histoire de nos amis des USA nous instruit sur les limites de la décentralisation. Cette notion est, chez eux, inscrite dans leur constitution. Pour nous, Français, il nous paraît étonnant, par exemple, que tel criminel puisse dans un état être passible de la chaise électrique, ou de la piqûre mortelle alors que dans tel autre, la peine de mort est abolie. Et ceux de chez nous se rappellent qu'au milieu du XIXe siècle, le petit peuple américain, celui d'Abraham Lincoln, s'entredéchira dans la plus terrible des guerres, la guerre de Sécession. En ces temps, les Américains ont pu mesurer dans le sang, les limites des indépendances locales. Le roman de Margaret Mitchell *Autant en emporte le vent*, et le film, ont appris aux Européens les misères que connut, bien avant sa grandeur, un peuple de pionniers obligé de définir les conditions et limites du centralisme.

Deux histoires nationales, deux structures politiques

Le fédéralisme est inscrit dans l'histoire des USA. Le centralisme est inscrit dans l'histoire de la France. Un de nos grands politiques, Tocqueville, écrivait, il y a plus d'un siècle :

« Je veux bien que la Centralisation soit une belle conquête. Je consens à ce que l'Europe nous l'envie, mais je soutiens que ce n'est point une conquête de la Révolution. C'est au contraire un produit de l'Ancien Régime. »

L'histoire de l'Amérique fixe pour toujours la tradition fédérale. L'histoire de la France c'est celle de l'Etat Un et indivisible. Alors, qu'on le sache bien : la France divisible en régions quasi-autonomes, tant qu'on voudra. Divisible peut-être. Divisée jamais. Vive la Nation ! Mais j'y songe, nos amis d'outre-atlantique ne seraient-ils pas prêts à dire : « Vive l'American way of life » ?

Etude de mots

s'appuyer se reposer, se baser

un **bas** vêtement qui couvre le pied et la jambe

les **Canaques** les Mélanésiens indigènes de la Nouvelle-Calédonie. Ils constituent de 30 à 35 % de la population ; les **Caldoches** (les Blancs vivant en Nouvelle-Calédonie) et les Polynésiens en constituent, ensemble, de 60 à 65 %.

une **cassette** ici, un coffre

convenir ici, admettre

émietter réduire en miettes (*crumbs*)

un **garde-fou**   une balustrade au bord d'un trou, d'une descente abrupte, pour empêcher les gens de tomber. Ici, les garde-fous sont faits de crainte, etc.

un **gousset**   une petite poche

grâce à . . . Nixon   M. Leblanc veut dire que ce président, en abandonnant l'étalon-or (*gold standard*) comme modèle légal de mesure, a substitué le dollar comme étalon international, au profit des Etats-Unis.

jouer un tour   *to play a trick*

un **lisière**   une limite

une **planche à billets**   surface sur laquelle est gravée l'image à reproduire sur les billets de banque

Plus de   Il n'y a plus de

4 % de la population mondiale   Les 55 millions en France n'en font que ± 2 %.

subodorer   soupçonner

surent   *passé simple de* **savoir** (je sus)

QUESTIONS

1. Pourquoi la liberté gagnée par la décentralisation est-elle paradoxale ?
2. Pourquoi la Nouvelle-Calédonie ne serait-elle pas libre, selon M. Leblanc, si elle cessait d'être un T.O.M. ?
3. Que pense M. Leblanc de la variabilité des lois d'un Etat à l'autre des Etats-Unis ?
4. Selon vous, est-ce que la décentralisation serait allée trop loin si le Sud était devenu une nation indépendante en 1860–1865 ?
5. Expliquez comment les deux histoires nationales, de la France et des Etats-Unis, ont produit deux structures politiques différentes.

Apprenez les verbes **cueillir** [kœjiʀ] *et* **accueillir**, *p. C139, et faites l'Exercice B.*
Etudiez L'infinitif et l'infinitif passé, p. C140, et faites les Exercices C et D.
Etudiez La phrase exclamative et l'interjection, p. C141, et faites l'Exercice E.
Faites l'Exercice F sur les « faux amis », p. C143.
Ecoutez la bande 13-B.

SCENES DE LA VIE FRANÇAISE

UN JEUNE COUPLE CHERCHE UN APPARTEMENT à Nantes, une ville moyenne. Pascale travaille dans un jardin d'enfants, et Guy dans une société d'informatique. Vous entendrez cette scène avant de la lire.

PASCALE	Notre appartement est vraiment trop petit, et ce quartier ne m'a jamais plu. Ne trouves-tu pas que c'est le bon moment pour chercher quelque chose de plus grand ?
GUY	Oui. Voilà quelques mois que nous en parlons. Regardons les petites annonces. Ah, en voici une : F3, 80 m², 2e étage dans immeuble moderne, Av. Louis Lumière. Agence Brunot.
PASCALE	C'est où, l'Avenue Louis Lumière ?
GUY	Regardons notre plan. Voyons. . . la voilà. Elle est près du Parc de Procé dans le 5e arrondissement.
PASCALE	Cela doit être un quartier agréable. Mais c'est assez loin de mon école et loin de ton bureau.
GUY	Cela ne fait rien. J'ai l'habitude de prendre le bus. D'ailleurs je préfère, et toi, tu prendrais la voiture. Si on allait le voir ? Je vais téléphoner. (*Il fait le numéro.*) Allo, Agence Brunot ?
EMPLOYE	Oui. Bonjour, Monsieur.
GUY	Vous avez un 3-pièces, 2e étage, Avenue Louis Lumière à louer ?
EMPLOYE	Oui, Monsieur.
GUY	Quel est le prix du loyer, s'il vous plaît ?
EMPLOYE	2 500 F par mois, charges comprises. Il y a une cave aussi.
GUY	Y a-t-il un garage ?
EMPLOYE	Non, mais il y a un parking privé avec espace réservé et un garage à vélos.
GUY	Pourrions-nous le voir aujourd'hui ?
EMPLOYE	Oui, Monsieur. A quelle heure voulez-vous le visiter ?
GUY	Un moment, s'il vous plaît, je vais consulter ma femme. (*à Pascale*) Quand est-ce que tu voudrais voir l'appartement ?
PASCALE	Disons vers 4 h.
GUY	(*à l'employé de l'Agence*) Vers 4 h ?
EMPLOYE	Très bien, Monsieur. Je vous rencontrerai devant l'immeuble. L'adresse est 238, Avenue Louis Lumière près de la rue Albert Thomas.
GUY	Merci. Au revoir, Monsieur.
PASCALE	Que penses-tu du prix du loyer ? Il n'est pas trop cher ?
GUY	Pas pour un F3, surtout dans un joli quartier. Mais nous en regarderons d'autres, s'il y en a. Il vaut mieux en comparer deux ou trois. Il faut acheter un autre journal.

Etude de mots

charges comprises (c.c.) le chauffage collectif, l'assurance, l'ascenseur, l'entretien des parties communes (entrée, jardin, escaliers), et les services de la (du) **concierge** ou **gérant(e)**, qui habite généralement au rez-de-chaussée, surveille l'entrée, reçoit les livraisons (*delivery of packages*) et les messages. Il ou elle est responsable du nettoyage de l'immeuble.

2e étage Rappel : le 1er étage est au-dessus du rez-de-chaussée.

un **F3** (= famille 3 enfants, ou 3-pièces) salle de séjour et deux chambres avec cuisine, salle de bains, W.-C.)

le **loyer** ce qu'on paie par mois pour louer un appartement

W.-C. *water-closet* (ou **water** [vatɛʀ]) = les toilettes

Voici la petite annonce : « A louer F3, 80 m², 2e ét. im. mod. Av. Louis Lumière. Tél. Agence Brunot 40 82 50 26 »

LES MALENTENDUS CULTURELS (II)

Un point de vue français par Raymonde Carroll

La conversation

Sur la bande, cet essai précède la Scène ci-dessus.

Quand ma fille était toute petite, elle m'a demandé un jour, après la visite d'une de mes amies françaises : « Pourquoi tu te disputes toujours avec tes amis français ? » Je lui ai dit « mais je ne me dispute pas ! » Puis je me suis rendu compte qu'elle avait pris notre conversation « animée » (et donc pour nous agréable) pour une dispute par comparaison avec les conversations qu'elle entendait entre Américains ou celles que j'avais avec mes amis américains. J'ai souvent vérifié par la suite que les Américains prenaient pour de l'agressivité ce qui n'en était pas, à cause du rythme rapide et du ton de la voix qui caractérisent une conversation française animée, comme on en entend souvent au café par exemple.

En l'absence d'une analyse culturelle, il est normal dans ce cas, que des Américains puissent accuser les Français d'être agressifs et impolis, c'est-à-dire ce que seraient des Américains adoptant un tel rythme et un tel ton avec d'autres Américains.

Comme je l'ai déjà mentionné, les Américains accusent souvent les Français de ne pas les laisser parler, d'interrompre tout le temps, de poser des questions mais de ne pas écouter la réponse, et de parler pour ne rien dire. De leur côté, les Français se plaignent souvent de ce que les Américains remontent à Adam et Eve pour répondre à une toute petite question, parlent souvent des heures de manière très sérieuse (comprendre « ennuyeuse »), vous font une vraie conférence, bref, « ignorent tout de l'art de la conversation ».

Maintenant, une situation, que j'ai moi-même observée. Une soirée dans une ville universitaire aux Etats-Unis, en l'honneur d'un universitaire français très connu. La majorité des invités sont français. Quelques Américains. L'universitaire français, auquel on vient de présenter un historien américain, prend l'air intéressé : « Tiens, vous êtes historien ? Je m'intéresse justement beaucoup à l'Histoire. Vous connaissez X (historien américain célèbre) ? » « Oui. » « Que pensez-vous de son dernier livre. . . ? »

L'historien américain répond, « longuement », à la question. Le Français n'écoute plus depuis un moment, cherche des yeux dans le salon, élargit le cercle avec empressement à l'approche d'un autre Français qui, selon toutes apparences, interrompt « brutalement » la conversation avec une plaisanterie. Le nouveau venu se tourne vers l'Américain et demande : « A quoi est-ce que vous travaillez en ce moment ? » L'autre, aguerri, répond très brièvement « Oh, la même chose », et fait une plaisanterie. Le Français et l'Américain sont tous deux sortis insatisfaits de la conversation, chacun trouvant peut-être les accusations faites par les Américains et les Français entièrement justifiées. En fait, il y a eu un malentendu culturel. En effet, les règles implicites de la conversation non seulement diffèrent, elles sont directement en conflit. Bien que le mot « conversation » soit le même en français et en anglais, il est loin de signifier la même chose dans les deux cultures.

Pour un Français, entrer en conversation avec quelqu'un c'est initier (mais dans un contexte bien défini), affirmer ou renforcer une relation. La conversation engage les conversants dans une sorte de toile d'araignée tissée par la parole-araignée qui va de l'un à l'autre. S'il y a beaucoup plus de toiles d'araignée parfaites que de conversations idéales, c'est que l'araignée est seule à tisser sa toile tandis que la parole, pour tisser la sienne, nécessite la présence d'au moins deux conversants. Le danger, les risques d'erreur y sont beaucoup plus grands. Le caractère de telle ou telle conversation, sa forme, refléteront ainsi, avec beaucoup d'exactitude pour qui prend la peine de lire les signes, la nature des rapports entre les conversants. On fabrique un tissu de relations de même et en même temps qu'on « fait » la conversation.

Ainsi, par exemple, si je vais faire mes courses dans le quartier, je vais faire « un petit bout de conversation » avec les commerçants chez qui j'ai l'habitude d'aller ; si je vais chercher mes enfants à l'école, je ferai de même avec quelques parents dont les enfants sont en classe avec les miens, avec le maître ou la maîtresse, si je les vois. Avec les commerçants, je parlerai sans doute du temps, de la santé [. . .][1], de la beauté des fruits. [. . .] La conversation sera d'autant plus longue (dans les limites imposées par le contexte, clients qui attendent, etc.) que nos rapports seront proches.

Avec les parents d'élèves, je parlerai brièvement de nos enfants, de l'école [. . .], à moins qu'il y ait quelque chose à organiser, réunion, fête, etc. La conversation sera rarement longue, chacun doit s'empresser de rentrer, de ramener les petits à la maison. [. . .] La nature de la conversation reflétera directement la nature des rapports (échange poli, amical, chaleureux. . .). De toutes façons, il est important qu'il y ait échange, si bref soit-il. Ce qui explique que quelqu'un puisse vous dire « Mon Dieu. . . J'ai vu Madame Untel à la sortie de l'école mais j'ai même pas eu le temps de m'arrêter et de lui dire un mot. . . Qu'est-ce qu'elle doit penser. . . » Un(e) Américain(e) aurait dit « Hi ! » et cela aurait suffi. D'où son étonnement devant le « temps que nous passons » à bavarder avec l'un et avec l'autre.

Mais il est en même temps non seulement possible, mais fréquent — si j'habite dans un grand immeuble à ascenseur par exemple — que je tienne la porte et dise bonjour à mon voisin ou ma voisine « du dessus » ou « du dessous » (et même de palier) et que nous montions ensemble huit ou dix étages sans plus nous adresser la parole, peut-être même tous les jours. C'est en effet le hasard qui nous fait habiter si près l'un de l'autre, ce n'est pas une raison suffisante pour que nous voulions entrer en rapport, à moins que nous choisissions de le faire. . .

De la même façon, chez le commerçant [. . .], la conversation se fait seulement entre client et commerçant et non entre clients (même s'ils se voient là tous les jours), sauf si cela passe par l'intermédiaire du commerçant (« Tiens, demandez à Madame Untel ») ou d'un événement exceptionnel (un accident ; mai 68. . .).

Un meilleur exemple de cette situation nous est donné par le café. Au café j'ai plusieurs choix. Je peux y aller avec quelqu'un, rester au comptoir et ne parler qu'à mon compagnon ; je peux y aller retrouver des amis, auquel cas nous nous asseyons à une table, ou le premier arrivé s'installe à la table que nous allons occuper. [. . .] Je peux aussi y aller seul et prendre une table si je veux « qu'on me laisse la paix », et je peux même y travailler. . . Si j'ai envie de conversation, c'est au comptoir que je vais m'installer, et c'est seulement avec le patron ou la patronne derrière le comptoir que je peux bavarder. Je peux aussi entrer en conversation avec quelqu'un d'autre au comptoir, mais seulement par l'intermédiaire du patron, et seulement si je suis déjà un habitué.

L'observateur averti n'a aucune difficulté à reconnaître la « clientèle », les habitués, comme nous pouvons le voir si nous reprenons l'exemple du commerçant. Dans une boulangerie de quartier à Paris, où j'ai fait de nombreux enregistrements, j'ai assisté, en quelques heures seulement, à toute une gamme de conversations entre la boulangère et ses clients. [. . .] Les seules conversations qui se soient limitées à un échange d'information pure (. . .vous désirez ? . . .une baguette. . . bien cuite ?. . . oui. . . voilà, c'est tant. . .) marquaient nettement les non-habitués.

---

[1]Les points de suspension entre crochets [. . .] indiquent des mots que nous omettons.

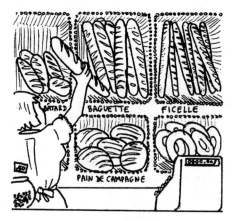

— Une baguette comme d'habitude ?

Les rares habitués qui, par choix (timidité, réserve, misanthropie...) ne faisaient pas la conversation se distinguaient des précédents par le fait qu'ils n'avaient pas besoin qu'on leur dise le prix du pain, ou encore et surtout par le geste de la boulangère qui se tournait vers une sorte particulière de pain tout en disant, par exemple, « Un bâtard/(une ficelle...) comme d'habitude ? » Autrement les habitués avaient tous droit à une conversation, si réduite soit-elle (« Alors, ça va mieux, aujourd'hui » ? où « mieux » et « aujourd'hui » suggèrent les autres jours et donc, de manière économique, la relation).

Il y a des habitués qu'on appelle « Monsieur/Madame », ceux qu'on appelle « Monsieur Untel/Madame Unetelle », puis ceux qu'on appelle par leur prénom (et tutoie). Il y a ceux auxquels on demande des nouvelles des « enfants » ou des « petits », ceux auxquels on demande des nouvelles de « votre fille/petit-fils/femme... », et ceux auxquels on demande des nouvelles de « Jean », « Nicole » ou « Arthurine ».

[...] Il y a enfin ceux, rares, qu'on va admettre dans l'arrière-boutique (on demande des nouvelles de tous les membres de la famille, qu'on connaît et nomme par leurs prénoms, etc.). Dans ce dernier cas, le pain est mentionné et acheté comme « après coup » et payé de même, ou encore tacitement « mis au compte » (à l'heure actuelle, signe de relation solide). Il semble donc qu'entre l'habitué et le commerçant, la conversation se transforme en échange social (et donc liens à renforcer, etc.) un échange qui ne serait, autrement, que monétaire. Dans cet échange, la question que l'on pose est donc plus un indicateur d'intérêt qu'une demande de renseignement.

L'attention accordée à toutes sortes de petits signaux (d'ennui, d'intérêt, etc.) qui guident l'échange de paroles, montre que la relation entre les conversants est plus importante que le degré d'information échangée. Ce qui importe, c'est de créer un réseau, si ténu soit-il. Les interruptions qui ennuient tellement les Américains ne sont pas de vraies interruptions (qui sont impolies en français aussi), mais plutôt des signes de ponctuation, des façons de souligner l'intérêt de la réplique de l'autre ; réplique qui appelle un commentaire, un mot d'appréciation, des dénégations, des protestations, du rire, bref une réaction sans laquelle elle tomberait à plat. La balle doit être rattrapée et relancée, à un rythme tacitement approuvé.

Ce sens que je donne à la conversation française, c'est-à-dire qu'elle affirme et renforce une relation, permet de comprendre pourquoi on ne se parle pas facilement en France dans le métro, dans la rue, dans l'ascenseur, chez un commerçant, pratiquement partout où l'autre est totalement étranger à ma vie, où le contexte n'appelle pas à créer des liens. D'où le silence, le visage fermé.

Par contre, pour les Américains, la conversation n'est pas synonyme de relation. Ce n'est pas la conversation qui révèle la nature de ma relation avec l'autre, mais l'espace que je permets entre nous. Plus les relations seront proches, moins il y aura d'espace, et plus il y aura même possibilité de contact. Dans le contexte américain, si l'espace entre l'autre et moi est plus restreint que l'espace qui « normalement » conviendrait à notre relation, je peux avoir recours à la conversation pour recréer cette distance involontairement abolie. Quand mon espace n'est pas menacé, la conversation me permet de « mieux connaître » l'autre et de lui donner sur moi les renseignements qui lui permettront de me connaître mieux. Mais seulement dans le présent, dans les limites définies par le contexte, sans que cela nous engage à maintenir la relation puisque la conversation n'est pas un commentaire sur notre relation mais une exploration selon ses connaissances et ses capacités. Si donc je ne suis pas sûr de mon information, je ne fais pas semblant de savoir, mais cède la parole à qui en saurait plus. Mais si j'ai une « contribution » à faire, je peux parler aussi longtemps que cela me paraîtra nécessaire pour répondre à une question, partager mon information. Et j'écouterai l'autre de même quand ce sera son tour, quel que soit son style. Et puisque je me tairai spontanément quand je n'aurai plus rien à dire, l'autre attendra ce silence, différent d'une pause de réflexion, pour parler à son tour. Toute autre manière de faire me paraîtra une interruption insultante si je l'interprète comme une marque de manque d'intérêt ; ou, pire, frivole et gênante si elle n'apporte rien à la conversation qui ne me paraisse « bruit », « agitation inutile », « impatience ». De même, dans la mesure où la conversation ne m'engage pas dans une relation (comme c'est le cas pour les Français), je peux, en principe, parler à n'importe qui, n'importe quand et n'importe où, et redisparaître à jamais dans la nuit. Un peu comme un musicien de jazz participerait à une « *jam session* » avec des musiciens inconnus, puis redisparaîtrait aussi dans la nuit.

Bien que l'analyse que je viens de faire soit plutôt squelettique, elle permet de voir la différence profonde des présuppositions que nous apportons à toute conversation franco-américaine. Elle permet aussi de suggérer la dimension des malentendus possibles. On peut facilement imaginer toutes sortes de situations en apparence anodines qui deviendraient terrain propice au malentendu culturel.

© 1983 R. Carroll

Etude de mots

aguerri *hardened*, comme par la guerre

le **bruit** ici, le sens psychologique : tout phénomène qui se superpose à un signal et limite la transmission de l'information

« **du dessus** » de l'étage au-dessus de mon appartement

de palier du même étage que moi

QUESTIONS

1. Comment la fille de l'auteur, élevée en Amérique, a-t-elle interprété le style de conversation de sa mère ?
2. Qu'est-ce qui fait que les Français accusent les Américains d'ignorer l'art de la conversation ?
3. Que veut dire, pour un Français ou une Française, entrer en conversation ?
4. Nommez au moins une situation où l'on devrait parler avec des connaissances en France et une autre où l'on n'a pas coutume de parler avec elles.
5. Comment l'observateur averti peut-il reconnaître les habitués chez un commerçant ?
6. Comment est-ce que l'auteur caractérise la conversation américaine ?

POUR COMPRENDRE ET SURMONTER LE CHOC CULTUREL

Question préliminaire

Quels membres de la classe ont eu l'expérience du choc culturel, ou du « mal du pays » en se déplaçant dans une autre ville ? Qu'est-ce qui arrive ?

Il est très utile de connaître d'avance ce curieux phénomène psychologique qui frappe souvent une personne immergée dans une culture étrangère. Le plus curieux c'est que, pendant un moment plus ou moins long, le phénomène peut fausser notre vue des situations, comme un miroir déformant.

Vers 1950 un diplomate américain vivant en Amérique latine a identifié trois phases, trois états émotionnels, par lesquels passe l'expatrié. D'abord une période d'euphorie. Le nouveau milieu est fascinant et on le voit en rose. Puis, suit une période de frustration, de déception. On ne reconnaît pas les petits signaux, les *cues*, qui font partie du code de communication, et l'on émet de faux signaux qui irritent inconsciemment ses interlocuteurs. Troisièmement, on s'adapte ; ou dans une minorité des cas, on ne réussit pas et l'on admet la défaite, peut-être juste au moment où l'on commençait à s'adapter sans s'en rendre compte ! Pourquoi ?

C'est que dans la deuxième phase, on est en train de subir deux changements. Il s'agit de deux variables découvertes pendant les années 1980 par un Américain et un Suédois.[1]

L'une de ces deux variables est le degré d'applicabilité du comportement de l'expatrié, que nous appellerons M. l'Ex. Au début, M. l'Ex est conscient de ne pas agir à propos. La courbe de cette variable commence à zéro et monte, lentement d'abord, puis plus rapidement.

Mais l'autre variable suit une courbe différente. Elle représente la clarté avec

[1]Cornelius Lee Grove (*AFS*) et Ingemar Torbiörn (Université de Stockholm), « A new conceptualization of intercultural adjustment and the goals of training », *International Journal of Intercultural Research* 9 ii, 1985, pp. 205–232. On peut demander aussi un tirage à part (*reprint*) au Dr. Grove, AFS International/Intercultural Programs, 313 E. 43rd St., New York, NY 10017. Le graphique ci-dessous est reproduit de la p. 218.

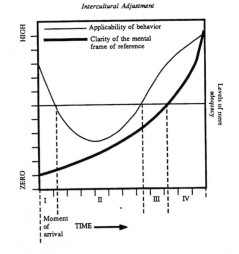

Intercultural Adjustment

laquelle M. l'Ex comprend sa situation. Cette courbe commence très haut : M. l'Ex suppose que le nouveau code est le même que chez lui. Puis vient le doute ; ce nouveau code n'est pas clair du tout ! Frustration, colère et même dépression. Au milieu de la phase critique, cette courbe se trouve à son point le plus bas, le plus décourageant, bien que le feed-back que reçoit M. l'Ex commence à indiquer que ses actions deviennent plus applicables à sa nouvelle situation. Le sentiment de découragement ne correspond pas à la réalité.

Connaître d'avance la nature du choc culturel peut redonner courage au temps du choc le plus dur, ce qui est particulièrement utile dans les pays où une forte distinction entre « les amis » et « les autres » tend à retarder l'acceptation du nouveau venu. En cas de choc, ne manquez pas de voir si le miroir déformant vous joue un tour.

QUESTIONS

1. Quelles sont les trois phases qui encadrent le choc culturel ?
2. Que signifient ici « applicabilité » et « clarté » ?
3. Pourquoi est-il utile de distinguer entre celles-ci ?

LE JUMELAGE COMME TERRAIN D'ESSAI

Les Français présupposent une autorité centralisée ; les Américains, le contraire. C'est une source de conflits, et non seulement dans le cadre d'un jumelage.

Quand la ville de New York a refusé au Concorde l'accès à ses aéroports, par suite de plaintes contre le bruit qu'il fait, les Français ont été convaincus que le gouvernement national, sinon le président lui-même, n'avait qu'à décréter la solution du problème. En France, le président de la République ne peut-il pas suspendre le maire d'une ville ? Il l'a fait, dans les années 70, quand un incendie tragique dans un bal public de Saint-Etienne a été attribué à une négligence de la part de la municipalité.

Dans le cas du jumelage entre deux universités ou deux villes, c'est nous, les citoyens, qui pouvons essayer d'appliquer à de tels conflits l'esprit analytique d'une Raymonde Carroll. Les deux histoires racontées ci-dessous vous permettront éventuellement d'éviter un conflit. Mais si la chose arrive, vous avez un excellent terrain d'essai pour la stratégie qui transforme le choc culturel en compréhension.

La première histoire concerne deux universités, liées par un contrat général qui vise à un échange d'étudiants. Le président de l'université française a demandé à l'administration centrale de l'université américaine, par telex, d'accepter sur sa recommandation personnelle un certain étudiant dont il donnait le nom. L'université américaine a répondu en expliquant que c'étaient les *departments* qui étaient chargés d'accepter les étudiants spécialisés, et qu'ils exigeaient toujours de voir d'abord le dossier des candidats. Des semaines ont passé sans que l'une ou l'autre université reprenne le sujet. C'est l'étudiant qui souffre de la situation, et il ne peut rien faire.

La seconde histoire se passe entre deux villes jumelées. Les étudiants français qui désirent faire un stage dans la ville américaine s'adressent toujours à leur mairie. Celle-ci transmet la demande à la mairie de la ville américaine qui n'a aucune compétence en la matière, et la demande arrive finalement au comité compétent de l'association qui s'occupe du jumelage. Ce comité propose à l'adjoint au maire français chargé des Relations internationales une manière de communiquer plus directe, et ne reçoit pas de réponse. Une candidate française se plaint qu'elle a attendu très longtemps une réponse de sa mairie à une demande de subvention, si longtemps, en fait, qu'il a été trop tard pour commencer son stage. Tous les partis se trouvent frustrés ; l'adjoint au maire, lui, bien qu'accablé par plusieurs sortes de relations internationales, est sans doute agacé qu'on lui propose d'abandonner une partie de sa responsabilité et donc de son pouvoir.

Dans l'un et l'autre cas, le conflit aurait été évité s'il y avait eu un accord précisant le bureau auquel chaque type de demande doit être adressé, avec copie à tel ou tel autre bureau. Mais on ne peut pas tout prévoir. Un jour, l'éducation interculturelle rendra inutiles des accords aussi détaillés, en sensibilisant chaque partenaire à la mentalité de l'autre. Dans le cas du jumelage des villes, après cinq ou six ans la mairie américaine a commencé en fait à se développer dans la direction de sa contrepartie française, et l'association américaine de citoyens a inspiré la création d'une association analogue dans la ville française. Mais ce rapprochement à long terme laisse sans solution les problèmes immédiats.

Etude de mots

un **adjoint au maire** *deputy mayor*

compétent qui a l'autorité d'agir en la matière ; *competent*

QUESTIONS

1. Pourquoi la presse française a-t-elle blâmé le gouvernement américain quand le droit d'atterrir à New York a été refusé ?
2. Expliquez comment la première histoire illustre les deux présupposés évoqués au début de cet essai.
3. Pour que le président d'université français ne garde pas un souvenir amer de l'expérience, quelle solution le comité de l'institution américaine devrait-il proposer ?
4. Racontez la seconde histoire.
5. Les deux associations ont trouvé des familles d'accueil pour les étudiants d'échange. L'association française a eu recours à des petites annonces dans un journal, ce qui n'a pas été nécessaire dans l'autre cas. Qui peut trouver un lien entre ce contraste et la nature de l'amitié dans les deux sociétés ?

CES SITUATIONS QUI FONT IMPROVISER (IV) : MARCHANDER

Dans une galerie d'art non loin de l'Ecole des Beaux-Arts, vous avez envie d'acheter une gravure de votre quartier favori. Celle-ci est en vente à un prix élevé, destiné à une clientèle de touristes américains. Tentez de faire baisser le prix en discutant avec le vendeur ou la vendeuse.

LA POESIE D'YVES BONNEFOY

Yves Bonnefoy (né en 1923) s'est fait une place éminente parmi les poètes qui ont paru en France depuis la seconde guerre mondiale.

Yves Bonnefoy.

Reconnu également comme critique littéraire, critique d'art, traducteur de poètes anglais, notamment de Shakespeare, il a apporté une contribution importante à la connaissance du rapport entre la poésie et la peinture. C'est lui qui fut choisi par le Collège de France pour succéder en 1981 à Roland Barthes.

Né à Tours, il passa son enfance entre la Touraine — les mois d'école — et le pays de ses grands-parents, le Lot, où il passait ses vacances. Dans ses écrits, Bonnefoy parle de la profonde influence de ce pays et de cette maison familiale sur son œuvre poétique. Après avoir réussi les baccalauréats de mathématiques et de philosophie en 1941, il fit des études de mathématiques supérieures à l'Université de Poitiers ; puis à Paris, des études supérieures de philosophie. Ayant écrit des poèmes depuis son enfance, il décida enfin de se consacrer à la poésie.

A cette époque Bonnefoy contribuait à une revue surréaliste. Mais il conclut que les surréalistes ne faisaient pas front à la réalité de la vie et de la mort. Par conséquent il refusa de signer le manifeste du surréalisme en 1947. Sa détermination d'affronter cette réalité fondamentale est évidente dès son premier recueil de poèmes, *Du mouvement et de l'immobilité de Douve*, paru en 1953.

L'intérêt que Bonnefoy portait aux arts visuels s'approfondit pendant un voyage en Italie. Il s'inspira du poète Dante et des grands artistes italiens, notamment Piero della Francesca, Caravaggio, Michel-Ange. Il cherchait un rapport

entre l'image et la parole du poème. Un peintre français qu'il aime particulièrement est Poussin, l'inspiration de plusieurs de ses poèmes.

Bonnefoy a été professeur associé aux universités de Genève, de Paris VIII
(Vincennes) et de Nice. Vivant à Paris, il a été souvent en voyage, et a fait de
nombreuses conférences dans les universités américaines. Son œuvre exerce
une influence toujours croissante en Europe francophone, en Allemagne, aux
Etats-Unis, et jusqu'au Japon.

**Etude
de mots**

Roland Barthes (1915–1980)   Philosophe et critique, dont l'influence a été comparée à celle de Sartre. Ses livres, de *Degré zéro de l'écriture* (1953) à *S/Z* (1970)
(consacré à « la lecture plurielle » d'une nouvelle de Balzac), en passant par
Mythologies (1957), explorent les symboles et les mythes que nous prenons
pour la réalité.

croissant   *adj et part prés du v* **croître**

le **Lot**   département de la Région Midi-Pyrénées

Nicolas **Poussin** (1594–1665)   Né en France, il passa la majeure partie de sa vie à
Rome. Influence considérable sur la peinture classique des XVIIᵉ et XVIIIᵉ
siècles.

« La parole » de Bonnefoy

Bonnefoy appelle sa langue poétique « la parole ». La « parole », ou « le feu mental », a pour lui un sens, une résonance, que le seul intellect est incapable de
saisir. Certains mots simples de la vie quotidienne prennent ainsi dans ses
poèmes une signification particulière.

Le poète a expliqué dans une lettre[1] son attachement pour ces mots, qui le
marque depuis sa petite enfance. On l'avait invité à formuler les thèmes de son
œuvre, et il a répondu : « . . . un poète n'a pas de thème, mais des mots ». Parmi
les mots qu'il évoque dans sa lettre, nous choisissons les suivants :

« *Le mot fer.* C'est le premier qui vient à l'esprit. [. . .] Il y avait en contre-bas de la
maison où j'ai passé beaucoup des étés de mon enfance une étroite plaine, avec à
son autre bout une rivière parmi les arbres. [. . .] Le fer était là, parmi les
branches riantes, dans la chaleur de l'été, c'était un pont qui jetait au-dessus des
eaux une sorte de grande cage. [. . .] J'ai sûrement été sensible, dans ces premières années, à ce qu'il suggérait d'opaque et de séparé au sein de la nature si
vive. . . »

Ce pont de fer est devenu pour lui une image de la poésie elle-même, qui est un
pont entre deux mondes. Plus exactement, c'est l'acte de relier deux mondes, car
Bonnefoy a dit une fois que pour lui un poème est une *activité*, tandis que pour
des critiques anglais et américains c'est une *chose*.

« *Le mot table.* [. . .] je devrai l'associer aux noms de la pierre et du feu [. . .] rejoi-
gnant la notion de tables rocheuses, assises indéfinies d'un haut plateau. En fait
je sais bien qu'il y a derrière ce mot le souvenir de cette *table de pierre*, l'autel où
l'on dressait dans les religions du feu la flamme d'adoration. Toute table signifie
sûrement pour moi le sol virtuel d'une foi, le fondement même d'une présence,
mais ici encore le sens ne s'est pas donné d'un seul coup, il a fallu que le mot vive
d'abord dans mes poèmes d'une existence fermée, éparse et énigmatique. Maintenant — et c'est là un exemple du devenir des mots dans une œuvre — il est à sa
place dans mon réel [. . .].

---

[1]Lettre à Howard L. Nostrand, le 10 septembre 1963, *in* Richard Vernier, *Yves Bonnefoy ou
les mots comme le ciel.* Tübingen : Gunter Narr Verlag ; Paris : Editions Jean-Michel
Place, 1985 (Etudes littéraires françaises, 35), pp. 107–118.

« A la *table* s'associait alors le *vent*, qui la balaye, éteint les flammes, disloque l'univers qui a été ébauché. Un vent de nuit, antagoniste de la *parole* qui est, elle, le feu mental, la consummation du réel au sein de l'être. Car il m'est bien apparent que la table reste pour moi le lieu propre de la parole, où vient se vérifier l'élaboration poétique [. . .].

« *Le mot lampe.* [. . .] Une de mes grandes chances, j'y songe maintenant, a été de ne pas naître dans une époque dont les vieilles lampes à huile ou à pétrole aient complètement disparu. Il y en avait encore en usage, vers 1930, chez mes grands-parents, et le passage lent de l'obscurité à la lumière incertaine m'a certes beaucoup appris. [. . .]

« Pendant longtemps, d'ailleurs, jusqu'au moment à peu près où j'ai commencé à écrire des poèmes sérieusement — vers l'âge de quatorze ans — je n'ai voulu et je n'aurais pu dormir qu'avec une petite lampe allumée. Je crois qu'elle avait à porter sa flamme dans l'espace des rêves, [. . .] et à y maintenir l'idée de la sacralisation possible du monde. [. . .] Et je dois placer sur le même plan que la présence des lampes cette autre chance : avoir pu lire au hasard de bibliothèques provinciales démodées, et bien avant de rencontrer la poésie du XXe siècle, les poèmes bons ou mauvais où l'écoute attentive des rythmes était inhérente à l'entreprise de poésie. Comment sauver le monde, comme chacun de nous a le devoir de le faire, si la poésie ne sépare pas son *temps* plus dense et exactement mesuré du chaos des durées inorganiques de la société d'aujourd'hui ? La prosodie est pour moi comme une lampe.

« *Le mot pierre.* Et de même la pierre. Ces vacances d'enfant [. . .] me détournaient aussi d'une morne ville moderne pour me montrer l'horizon des pierres. [. . .] Plus que toute autre réalité, je la sentais *substantielle* [. . .]. Comme la lampe, la pierre portait au loin dans l'univers concevable la possibilité du sacré. Un peu comme la beauté a dû l'être pour d'autres hommes, dans des civilisations différentes ; et quand j'ai découvert moi-même, en Italie, que la beauté existait, je l'ai aperçue et comprise dans ses racines de pierre, à ce niveau mystérieux où les formes les plus élémentaires ne semblent pouvoir naître que parce qu'elles ont pris la mesure et reconnu le sens de la résistance du marbre. Je crois que je suis remonté peu à peu de l'architecture vers la peinture, mais pour entendre encore dans celle-ci les échos d'un savoir profond de la pierre. La pierre a dû toujours constituer pour l'homme une épiphanie de l'être, et l'homme a dû chercher à s'inscrire dans ce réel, en étudiant avec précaution l'économie de la pierre. »

Bonnefoy ajoute à sa lettre un « *post-scriptum.* [. . .] Il me semble que le grand sujet de réflexion conceptuelle pour un poète est précisément la poésie, parce que celle-ci doit se dégager de ses formes impures, de ses ambitions naïves, etc., pour mieux accomplir son mouvement propre. [. . .] Le passage du réel à l'objet, qui est une aliénation, et les moyens qui sont laissés à l'homme de notre temps pour surmonter cette aliénation, voilà ce qui me paraît le sujet de réflexion le plus important aujourd'hui pour une conscience déterminée par la poésie ; et voilà en tout cas le thème essentiel — sur ce plan, j'accepte le mot bien volontiers — de mes écrits. [. . .] »

Donc pour surmonter « l'aliénation » de l'homme moderne qui abandonne « le réel » pour « l'objet », Yves Bonnefoy invoque la poésie. C'est une poésie qui dépasse l'intellectualité, mais qui s'en sert. Il a écrit en 1980 : « Nous sommes des Occidentaux et cela ne se renie pas. Nous avons mangé de l'arbre de la science, et cela ne se renie pas. Et loin de rêver d'une guérison de ce que nous sommes, c'est dans notre intellectualité définitive qu'il faut réinventer la présence, qui est salut. »[1]

---

[1] Cité par Richard Vernier, *ibid.*, p. 32.

**Etude
de mots**

a dû l'être c'est-à-dire (apparemment), la beauté a probablement été pour d'autres ce que la pierre ou la lampe ont été pour moi

une **assise** une base, une fondation

balayer du *n* un **balai**

la **consummation** mot formé par Bonnefoy sur le *v* **consumer**, épuiser

dresser ici, établir, ériger (*to erect*)

ébaucher esquisser

l'**écoute** ici, l'action d'écouter

en contre-bas *adv* à un niveau inférieur

épars(e) *adj* dispersé

une **épiphanie** ici, révélation du « réel » qui n'est pas fait d'objets tangibles (Cf. la p. 189)

l'**être** ici, le moi qui a l'expérience du « réel » (Cf. l'**être humain**)

rocheux(euse) *adj* formé de roche (de pierre)

le **sol** un surface de terre (Cf. *soil*)

l'**univers** ici, la conception du monde et le système de valeurs

Trois poèmes

Les poèmes que nous avons choisis se trouvent dans trois recueils différents, les trois premiers sur quatre, parus entre 1953 et 1975. Chaque recueil est construit autour d'un seul sujet, un seul drame (en effet, la première section du premier recueil a pour titre, « théâtre ») qui mène au prochain ; et chaque poème est lié au poème suivant à l'intérieur du recueil. En même temps chaque poème peut être lu et entendu seul. Chaque poème a sa propre vie.

Le premier recueil, *Du mouvement et de l'immobilité de Douve* (1953), est une série de poèmes mythiques qui racontent la lutte de deux amants contre la mort. Douve est le symbole de la femme qui meurt, et sa mort fait renaître le poète à une vie nouvelle.

Le premier des trois poèmes choisis, qui n'a pas de titre, ouvre une section intitulée « Vrai lieu ». Ce mot *lieu*, comme beaucoup d'autres mots simples de la vie quotidienne, va reparaître bien des fois dans l'œuvre de Bonnefoy. « Vrai lieu » représente la réalité de la vie, le moment actuel.

> *Qu'une place soit faite à celui qui approche.*
> *Personnage ayant froid et privé de maison.*
>
> *Personnage tenté par le bruit d'une lampe,*
> *Par le seuil éclairé d'une seule maison.*
>
> *Et s'il reste recru d'angoisse et de fatigue,*
> *Qu'on redise pour lui les mots de guérison.*
>
> *Que faut-il à ce cœur qui n'était que silence,*
> *Sinon des mots qui soient le signe et l'oraison,*
>
> *Et comme un peu de feu soudain la nuit,*
> *Et la table entrevue d'une pauvre maison ?*

— *Du mouvement et de l'immobilité de Douve*,
Mercure de France 1958

Le « vrai lieu » de ce poème, c'est l'humble maison où un pèlerin vient chercher un abri. On dit que le poème fut inspiré par une peinture d'Elsheimer, « La moquerie de Cérès », qui a pour sujet une histoire de la mythologie grecque. Cérès, déesse de la fertilité de la terre, cherche sa fille perdue, Proserpine. Epuisée d'avoir erré par le monde entier, Cérès frappe à la porte d'une humble maison. Une vieille avec une bougie (la lampe du poème) lui offre à boire. Un garçon au visage dur se moque d'elle. En colère, la déesse lui jette la boisson à la figure. Le garçon est changé en salamandre et disparaît dans les rochers.

La salamandre est centrale au poème de *Douve*. Elle est froide comme la mort, attachée à la pierre réelle, imperméable au feu, de l'aspiration vers un idéal — ou de la désillusion. Pourtant, son cœur qui bat doucement révèle la vie, la vie primitive et amorale de la terre.

Ce poème nous rend sensibles à l'angoisse de celui qui cherche sans trouver et qui a besoin de l'accueil et des soins de ceux qui possèdent les choses simples de la vie. Est-ce que le poète évoque Cérès ? Est-ce que c'est elle le « personnage » du poème ?

Le poème est écrit en vers alexandrins sauf le neuvième vers, un décasyllabe. Les poètes du XXe siècle se méfient des rythmes attendus, rassurants, des siècles passés.

**Etude
de mots**

Adam **Elsheimer** (1578–1610)   Le numéro 1083 sur la peinture se réfère à l'inventaire du musée.

un **oraison**   une prière

recru *adj*   épuisé

La moquerie de Cérès.

QUESTIONS

1. Que signifient, à la gauche de la peinture, tant de fleurs et de fruits prêts à cueillir ?
2. Pourquoi, à votre avis, Elsheimer a-t-il choisi de peindre le garçon nu ? Parce que la vieille dame est très pauvre ? Ou qu'il représente la tendance primitive, brutale, de ridiculiser ce qui échappe à notre expérience ? Ou pour une autre raison ?
3. Quelle est l'attitude de la dame envers la visiteuse et envers le garçon qui se moque d'elle ? Comment est-ce que le peintre exprime chaque attitude ?
4. Cérès passe la moitié de l'année au-dessous de la terre. Qu'est-ce que ce fait symbolise ?

5. Elle transforme le garçon en salamandre. Y a-t-il un rapport entre le mode de vie de Cérès et celui de ce petit reptile ?
6. Que signifie la salamandre pour Bonnefoy ?
7. A votre avis, quelle est la résonance spéciale dans ce poème des mots *lampe, feu* et *table* ?
8. De quoi le pèlerin a-t-il besoin ?
9. Selon vous, est-ce que la fin du poème produit le même sentiment que la peinture ?
10. Est-ce que ce poème dit quelque chose sur les relations humaines ?

Le deuxième poème, « La même voix, toujours », se trouve dans le deuxième recueil, *Hier régnant désert* (1958) dont le titre a été traduit par un critique comme *Yesterday's Desert Dominion*.[1] Cette collection, tout en étant mélancolique, « montre une progression de la perte jusqu'au recouvrement, de la nuit jusqu'à la lumière, des marches qui ne mènent nulle part aux marches qui aboutissent au "vrai lieu" ».[2]

La même voix, toujours

Je suis comme le pain que tu rompras,
Comme le feu que tu feras, comme l'eau pure
Qui t'accompagnera sur la terre des morts.

Comme l'écume
Qui a mûri pour toi la lumière et le port.

Comme l'oiseau du soir qui efface les rives,
Comme le vent du soir soudain plus brusque et froid.

— *Hier régnant désert*, Mercure de France 1959

Ce poème fait partie d'une section intitulée « A une terre d'aube » dont il est l'avant-dernier poème. Le poème qui le précède, « Une voix », dit : « Ecoute-moi revivre, je te conduis/ Au jardin de présence, . . . » Bonnefoy cherche à saisir par l'intuition « une présence », un genre de réalité qui n'a rien en commun avec les catégories, chères à l'intellect, qui diffèrent tant d'une culture à l'autre. On pourrait comparer le moment de « présence » à l'expérience *satori* de la méditation Zen.

Le « vrai lieu » dans « La même voix, toujours », serait-il le port ? Le vent, comme nous a dit le poète (p. 297), « disloque l'univers » ; mais le vent ici est un vent du soir, non pas de la nuit. Quant à la mort, elle est importante dans l'œuvre de Bonnefoy. Elle fait partie de la vie ; le poète la nomme et l'accepte.

Le poème a sept vers dont tous, sauf le premier et le quatrième, sont des alexandrins.

Etude de mots

l'**écume** *f* mousse qui se forme à la surface des liquides agités, chauffés ou en fermentation

effacer faire disparaître ; rendre moins net, moins visible

[1]John T. Naughton, *The Poetics of Yves Bonnefoy*. Chicago: University of Chicago Press, 1984, p. 82.
[2]Naughton, *ibid.*, p. 85 (notre traduction).

QUESTIONS

1. Est-ce que le pain rappelle une image du premier poème ?
2. Devant la réalité de la mort, quel serait le rôle, selon vous, de l'eau et de la pureté qu'elle représente ?
3. Doit-on imaginer, croyez-vous, que l'écume des vagues, au cours d'un voyage orageux, ait mûri, intensifié, le désir de voir la lumière du port ?
4. L'oiseau qui annonce le soir efface la distance qui vous sépare du « port » : un havre ? ou la fin de la vie ?
5. Quel aspect de la condition humaine serait représenté par le vent ? Une force opposée à la parole, à la lampe, mais autre chose que la mort ? (Cf. la p. 297)
6. Un certain lecteur imagine, sans certitude, que cette « même voix, toujours » est celle de la poésie qui fait partie de la mentalité humaine. Adoptez un moment cette hypothèse pour comparer cette voix à celle de la Muse de Musset (p. 154). Préférez-vous la consolation que trouve Musset, ou la tentative (*attempt*) que fait Bonnefoy de sonder la condition humaine ?

Le troisième poème, « L'été de nuit », premier dans la première section du même titre, se trouve dans le troisième recueil, *Pierre écrite* (1965), dont le titre se réfère à de vraies pierres romaines qui existent dans les musées en France et dans les monuments romains, surtout dans le Midi. La plupart sont des tombeaux et des sarcophages gravés d'inscriptions. Les poèmes dans la section titrée « Pierre écrite » suggèrent des épitaphes sur des tombeaux imaginaires. Ces poèmes ont été influencés, paraît-il, par une peinture de Poussin, « *Et in Arcadiā ego* » (1638–1639).

Sur la peinture deux jeunes mariés et deux bergers en Arcadie, un paradis terrestre, contemplent cette inscription sur un vieux tombeau romain. On peut lire l'inscription de deux façons. D'ordinaire, c'est le mort dans le tombeau qui s'adresse au voyageur. Est-ce sa voix, disant « Moi aussi, j'ai vécu dans ce paradis » ? Mais plus probablement — puisque le *et* est placé avec *in Arcadiā* — c'est la Mort en personne qui dit, « Même en Arcadie, je suis présente ». Le centre d'attraction est le beau visage de la jeune mariée. A-t-elle la fortitude d'accepter cette réalité ?[1]

« Et in Arcadiā ego » (Les Bergers d'Arcadie).

[1]On peut voir les belles couleurs sombres de cette peinture au Louvre, ou en p. 61 de Doris Wild, *Nicolas Poussin* (Zurich : Orell Füssli, 1980, vol. 1).

Pierre écrite marque un changement dans la vie du poète et dans son œuvre. Il célèbre un nouveau mariage. Une présence féminine, « une âme partagée », une douce fusion de la lumière et de l'obscurité, une paix intérieure imprègnent ces poèmes à la fois simples (au moins d'apparence !) et puissants. « L'été de nuit » est le premier d'une série de neuf poèmes d'amour. Mais si le poète parle de l'amour, d'une vie paisible et harmonieuse, il n'oublie pas la mort et les contradictions de la vie, toujours présentes. Il accepte avec calme ce qui est.

On remarque les couleurs, car Bonnefoy en utilise peu. Le poème a onze vers dont le rythme varie entre des vers libres de six syllabes (1, 9), des décasyllabes (2, 3, 4, 7, 11) et des alexandrins (5, 6, 8, 10).

L'été de nuit

Il me semble, ce soir,
Que le ciel étoilé, s'élargissant,
Se rapproche de nous ; et que la nuit,
Derrière tant de feux, est moins obscure.

Et le feuillage aussi brille sous le feuillage,
Le vert, et l'orangé des fruits mûrs, s'est accru,
Lampe d'un ange proche ; un battement
De lumière cachée prend l'arbre universel.

Il me semble, ce soir,
Que nous sommes entrés dans le jardin, dont l'ange
A refermé les portes sans retour.

— *Pierre écrite*, Mercure de France 1965

Etude de mots

accru *part p du v* **accroître**   agrandir, augmenter

un **ange**   « Du point de vue de la poésie, Ange ou Idée sont la même chose. . . » — Vernier (*op. cit.* p. 112)

un **battement**   un bruit rythmé (du verbe **battre**)

QUESTIONS

1. Vous êtes un grand peintre et vous allez peindre le jardin de Bonnefoy. Décrivez votre peinture.
2. Y a-t-il contradiction entre « s'élargissant » et « se rapproche de nous » ?
3. Qu'est-ce qui intensifie la couleur des feuilles et des fruits ?
4. Comment le mot « battement » sert-il à relier les deux images de l'ange et de la lumière ?
5. L'arbre que « prend » la lumière, dans quel sens croyez-vous qu'il soit universel ?
6. Si l'ange a refermé les portes du jardin, est-ce que cela veut dire que le poète vivra maintenant dans un monde plus petit ? Qu'un chapitre pénible de sa vie est fini ? Ou autre chose, à votre avis ?
7. D'après ce que vous avez lu, est-ce que Bonnefoy est un homme religieux ? S'il semble l'être, dans le(s)quel(s) des sept sens ? (V les pages 259–260.)

COMPOSITION

Exercice oral préalable

Il sera intéressant d'écrire au tableau une liste des mots (français ?) qui ont acquis une résonance poétique pour l'un ou l'autre d'entre vous.

Parmi les sujets de composition :

1. Les mots qui sont devenus poétiques pour vous personnellement. Quel est le secret de leur résonance ? (Une expérience que vous pouvez raconter ? Une autre source ?)
2. Pour un futur stagiaire, ou candidat à une bourse ou un emploi dans un domaine international. Un curriculum vitae. Qu'est-ce qu'un employeur voudra savoir à votre sujet ? Comme modèle, demander le formulaire d'un *placement service* local ou voir Alfred Fontenilles et Mark Heimdinger, *La vie des affaires* (New York: Macmillan, 1981) p. 9.

TREIZIEME PALIER

DEBATS ET DISCUSSION

A. En France, 80 % des députés, 90 % des sénateurs sont en même temps maires d'une ville. Aux Etats-Unis on crierait au « conflit d'intérêts » ! Est-ce que le Congrès est sujet à ces conflits ?

B. La France et le Québec ont des organismes officiels qui décrètent l'usage correct du français. Dans le monde anglophone, les lexicographes et les grammairiens prennent l'usage public comme autorité. Laquelle vaut mieux ici, la centralisation ou la décentralisation ?

C. Un débat. Le Français : Vos présidents n'ont pas la formation et l'expérience de l'administration nationale qu'assure notre système. L'Américain : Votre système des Grandes Ecoles a créé une élite de dirigeants peu représentative de la population ; il vaut mieux que tout citoyen né dans le pays puisse être président.

D. Un débat. Vaut-il mieux que les concerts soient subventionnés par des contributions bénévoles, ou par des impôts ?

E. Un brainstorming. Sally est au pair dans une famille qui n'a connu que les deux catégories, famille et domestique ; et elle n'est pas reçue comme faisant partie de la famille. Le couple a deux enfants, 5 et 8 ans. Que doit-elle essayer de faire en priorité, parmi vos idées et les suivantes ?

a) Chercher tout de suite une autre famille.

b) Exprimer son appréciation. « J'ai tellement de chance d'être chez vous. Vous connaissez si bien les musées, ce quartier. . . »

c) Demander des conseils, des renseignements. « Quel est le mot juste ? Que devrais-je étudier ? »

d) Parler de sa propre famille. Mentionner un parent qui fait quelque chose susceptible d'intéresser la famille d'accueil.

e) Ecrire de petites lettres personnelles. Un mot à l'occasion de l'anniversaire d'un membre de la famille.

f) Offrir un cadeau — quelque chose que l'on a fait, ou qui vient de son pays.

g) Fabriquer un plat ou organiser un repas de son pays. Le *cheesecake*, par exemple, serait une nouveauté.

h) Enseigner aux enfants des jeux, ou à fabriquer quelque chose, par exemple pour l'arbre de Noël. (L'habileté manuelle est admirée.) Leur raconter des histoires du genre des livres du pays d'Oz de L. Frank Baum.

F. Certains membres de la classe auront une expérience intéressante à raconter, peut-être un souvenir d'enfance, qui a influencé leur attitude envers un peuple étranger.

PROJETS INDIVIDUELS OU D'EQUIPE

A. Présentez une proposition destinée à établir ou revitaliser un jumelage pour votre ville ou région. Quels sont les avantages ? Comment procéder ?

B. Pour un psychologue ? (Pas nécessairement.) Animez une discussion du choc culturel (p. 292). Tom Lewis et Robert Jungman en distinguent six phases : (1) préliminaire, (2) de spectateur, (3) de participation croissante, (4) de choc, (5) d'adaptation, et (6) de rentrée chez soi : *On Being Foreign: Culture Shock in Short Fiction, an International Anthology* (Intercultural Press, Box 768, Yarmouth, ME 04096, 1986).

C. Animez un débat sur les firmes multinationales, en expliquant d'abord leurs bienfaits (elles apportent du capital, créent des emplois) et les dangers (elles peuvent ruiner une petite ville en déplaçant une usine ; elles peuvent devenir plus fortes qu'un gouvernement).

D. Pour un latiniste ? La classe aimerait être renseignée sur Cérès. Pourquoi le mot « céréale » porte-t-il son nom ? La déesse grecque, Déméter, passe-t-elle l'hiver sous terre comme Cérès ?

E. Y a-t-il quelqu'un dans la classe qui puisse comparer la recherche d'une identité universelle, telle qu'on la trouve chez Bonnefoy, à celle de Goethe (*das All*) ; ou au Zen ; ou à la philosophie, d'origine indienne, de Krishnamurti ?

F. Qui s'intéresse à l'opinion de Bonnefoy sur les qualités contraires du français et de l'anglais ? *V* « Shakespeare and the French poet », *Encounter* 105 (juin) 1962, pp. 41–43, ou Naughton, *op. cit.*, pp. 15–16.

CHAPITRE QUATORZE

Ecoutez la bande 14-A. Mme Huet va plus loin vers l'amitié.

LES TENDANCES SOCIO-CULTURELLES (I)

Un point de vue français par Alain de Vulpian[1]

Alain de Vulpian est président directeur général de la Cofremca, à Paris, qui fait des études de marketing en France, et président de l'Institut de Recherches Internationales sur le Changement socio-culturel, à Lucerne — ce qui permet de dire que le lecteur de cet article sur la France connaîtra du même coup les tendances d'une dizaine de pays européens entre le Royaume-Uni et l'Europe orientale communiste.

Les meilleures études de marketing sont une source importante de données concrètes sur le changement socio-culturel. A la différence des sondages d'opinion publique qui se limitent aux questions du moment, ces études peuvent suivre des tendances de longue durée en posant les mêmes questions par intervalles à la même population.

Le fait que les études de marketing sont payées par des sociétés commerciales est un gage d'objectivité : la survie des instituts de sondage dépend de la précision avec laquelle ils saisissent la réalité. Il est vrai que le domaine du marketing est limité aux aspects de la société que l'on peut exploiter financièrement ; mais presque toute habitude, tout désir, toute crainte, tout rêve est exploitable. Les institutions économiques s'intéressent à presque tout ce qui concerne les sciences socio-culturelles, de même que l'institution religieuse qui a sponsorisé l'enquête CARA (p. 167).

M. de Vulpian joint une orientation philosophique à une technique sociométrique sophistiquée. Esprit cosmopolite, il a animé un séminaire en anglais à l'Université de Palerme, en Italie. On notera qu'il introduit plusieurs mots nouveaux pour parler avec précision d'une « socio-culture » et des structures formelles et « informelles » qui la constituent.

[1]Abrégé de « Changement socio-culturel et démocratie », *Futuribles*, n° 82, novembre 1984, pp. 28–43, avec l'aimable autorisation de l'Association internationale futuribles, 55, rue de Varenne, 75007 Paris.

Deux changements radicaux dans le système de valeurs

En vingt ans, les valeurs dominantes de la société française ont radicalement changé. A la quête d'une sécurité économique maximale s'est substitué le désir d'une plus grande expression de la personnalité, notamment dans le travail. Dans les esprits de nos contemporains, l'émotion l'emporte désormais sur la rationalité.

Nous vivons une époque de mutation. Celle-ci concerne non seulement la technologie et l'économie mais le tissu même de notre société.

La France, représentative d'une dizaine de pays

En 1981 et 1982, dans le cadre du premier cycle du Programme ACE (Anticiper le Changement en Europe), les informations en provenance des observatoires du changement socio-culturel situés dans une dizaine de pays européens ont été soumises, par notre Institut de Recherches Internationales sur le Changement socio-culturel (RISC), à une analyse comparative. Cette confrontation a apporté, entre autres, une surprise : la profonde homogénéité du changement socio-culturel en Europe. Près d'une trentaine de grands courants se retrouvent dans tous les pays d'Europe. Quelles que soient les différences entre l'histoire récente, la situation économique actuelle, le climat, la religion, la couleur des gouvernements des pays concernés, leur évolution socio-culturelle a de nombreux traits parallèles.

Les physionomies actuelles de la société italienne et de la société suédoise sont très différentes, mais leurs tendances d'évolution ont de nombreux points communs. Cette homogénéité du changement socio-culturel renforce l'idée qu'il constitue une dimension relativement autonome et lourde. Les sociétés démocratiques ont une dynamique propre et se transforment d'une façon qui s'impose, dans une large mesure, aux pouvoirs et même aux plus puissants d'entre eux, les Etats.

1964–1984. Les changements de la socio-culture française

En vingt ans, la société française a changé profondément, plus profondément que notre image de cette société, que notre vocabulaire pour en parler.

Les jeunes, plus nombreux, sont-ils les bienvenus ?

Nous savons un certain nombre de choses sur cette évolution. La courbe de la natalité s'est inversée en 1964. La part des femmes dans la population active est passée de 33 à 40 %. La proportion des agriculteurs est passée de plus de 20 % à moins de 10 % ; celle des employés et cadres moyens, de 20 à 35 %.

Mais nous sommes beaucoup moins conscients des changements profonds qui concernent la socio-culture, c'est-à-dire, au sens où nous entendons ces mots, les gens avec leurs valeurs, leurs motivations, leurs mentalités, leurs mœurs, les grandes représentations sous-jacentes qu'ils partagent, les structures informelles et les processus de régulation que tissent leurs interactions.

Des valeurs, des motivations et des mentalités profondément changées

Dès 1964, le plaisir était déjà une motivation très répandue dans la société française et le devoir, une valeur qui s'estompait ; cette évolution s'est accentuée, mais il faut surtout noter que la qualité du plaisir recherché s'est profondément modifiée. Aujourd'hui, notre problème n'est plus d'oser échapper à la souffrance, au devoir et à la culpabilité, mais de devenir des gourmets de plaisir et d'accroître notre plaisir dans la durée ; et la recherche du plaisir ne guide plus seulement la consommation et les loisirs : depuis une dizaine d'années, elle s'est introduite massivement dans la sphère du travail.

La chute de la motivation dominante de sécurité économique s'est poursuivie malgré la crise économique de 1973.

Parallèlement, la motivation d'estime-standing a commencé à décliner entre 1965 et 1970, alors que la motivation d'expression personnelle s'envolait. Au milieu des années 80, le segment le plus nombreux, le plus actif, celui qui donne le ton est motivé avant tout par l'expression et l'accomplissement personnels, les « sécuriteux » et les « standigneux » représentant encore cependant une partie non négligeable de la population.

Estimation de la proportion de Français chez qui domine la motivation :

	DE SECURITE	D'ESTIME-STANDING	D'EXPRESSION	?
MI-60	45 %	45 %	10 %	
MI-80	30 %	25 %	40 %	5 %

En 1964, le règne du rationalisme, de l'argumentation et des idées claires n'était guère contesté et l'école cultivait encore chez la grande majorité de nos jeunes enfants la capacité visuelle-analytique. En 1984, le tactile, l'olfactif, le gustatif, l'auditif, le proprioceptif ont acquis droit de cité. Les émotions éprouvées l'emportent sur les représentations claires et sur les idéologies, le cerveau droit développe son influence aux dépens de celle du cerveau gauche. L'affectivité publique pèse plus lourd que l'opinion publique. Nous devenons une culture plus auditive, affective et sensuelle, moins visuelle et rationaliste.

Au milieu de tous ces changements de motivation ou de sensibilité, une stabilité inattendue nous frappe : « le need for achievement » (le besoin de se dépasser) reste très élevé et stable.

Le changement prend une forme nouvelle

Pendant ces vingt années, nos mœurs se sont profondément transformées. Nos mœurs sexuelles, bien sûr, et les rôles respectifs des hommes et des femmes, mais aussi nos façons de nous alimenter, de prendre nos vacances, de gérer notre temps, etc.

Le modèle sociologique qui organise nos changements de mœurs semble s'être lui-même transformé profondément. Vers 1900, les bourgeois s'habillaient comme des bourgeois, les ouvriers comme des ouvriers et les paysans comme les paysans de leur région. Entre 1930 et 1970, tout le monde copie plus ou moins les bourgeois (qui s'inspirent éventuellement eux-mêmes d'anciennes pratiques populaires) et, à la fin de la période, les différences vestimentaires sont devenues ténues. Depuis cette époque, le changement change. On ne sait plus qui copie qui, qui montre la voie. Nous observons, d'une part, de grandes vagues (par exemple, moins de mariages, des repas plus désordonnés) et d'autre part, un éclatement des mœurs (certains choisissent une direction, d'autres une autre, d'autres encore une troisième) : fluidité, variabilité, hétérogénéité, versatilité.

Les présuppositions du XVIIIᵉ siècle renversées

Certaines des grandes représentations communes que partageaient les Français se sont délitées ou transformées.

En 1964, nous voyions tous l'avenir en rose : progrès = richesse = bonheur ! Aujourd'hui, c'est l'idée d'incertitude qui est au centre de notre image de l'avenir.

La restructuration de notre paradigme de la nature est plus frappante encore. En 1965, la très grande majorité des Français étaient encore imprégnés de la représentation de la nature qu'avait élaborée l'Occident à partir du XVIIIᵉ siècle. La science qu'avaient fondée Newton, Descartes, Leibnitz, etc. s'était progressivement imposée aux esprits : déterminisme, certitude, causalité, continuité, prévisibilité, mécanisme. . . La nature apparaissait comme une horloge, l'univers semblait ordonné, structuré par des régularités, gouverné par des lois que l'homme pourrait découvrir, évoluant selon des trajectoires déterminées. Peu après le début de ce siècle, Einstein et la relativité, Heisenberg et l'incertitude, Freud et l'inconscient ont fortement ébranlé un édifice que la thermodynamique avait déjà fissuré.

Cette « révolution scientifique » et, plus tard, la naissance de la cybernétique, le développement de la biologie comme science dominante, les travaux sur le cerveau, les nouvelles percées en physique, etc. expriment et fondent un paradigme nouveau.

L'incertitude règne en principe sur les ruines d'un déterminisme global et détaillé. La notion de trajectoire fait place à celles de tendances, fluctuations, bifurcations. La notion de causalité s'incline devant celle, plus complexe, de système. L'ordre naît du désordre, plutôt que d'un principe organisateur général ou d'un plan. Cette révolution, progressivement et par à-coups, touche les acteurs et les masses, par l'intermédiaire de l'intelligentsia, de l'éducation, des médias, des événements. Les représentations fondamentales de la nature s'infléchissent.

A suivre (p. 309)

Etude de mots	
acquérir droit m **de cité**	être accepté comme légitime

les **acteurs**   ici, les décideurs

la **couleur**   ici, la coloration idéologique (capitaliste, socialiste, etc.)

la **courbe de la natalité s'est inversée**   le taux de naissances a commencé à monter

se déliter   se décomposer, se désagréger

d'entre eux   parmi les pouvoirs

s'envolait   (la courbe sur le graphique) montait vite et haut

s'estomper   devenir moins net ; **estomper**   rendre moins net (*to blur*)

un **gage**   une assurance

Heisenberg (1901–1976)   physicien connu pour le principe de l'incertitude (*indeterminacy*)

Leibnitz (1646–1716)   connu pour sa philosophie qui suppose une harmonie préétablie entre tous les êtres, assurant « le meilleur des mondes possibles »

lourd(e)   ici, massive, difficile à détourner

par à-coups *mpl*   de façon intermittente

un **paradigme**   un modèle, une représentation

une **percée**   l'action de percer (Cf. *breakthrough*)

les **pouvoirs**   politiques et du secteur privé

le **proprioceptif** ce qui concerne la sensation de mouvement du corps (sensation reçue par les récepteurs des muscles, ou par les canaux semi-circulaires des oreilles, sensibles aux mouvements de la tête)

les **représentations** *f* l'image de la réalité

sous-jacent(e) Cf. *underlying*. Donc, une représentation sous-jacente = une présupposition.

ténu *adj* petit, mince (Cf. *tenuous*)

QUESTIONS

1. Les sociologues de la gauche se méfient des études de marketing à cause de leur rapport avec le capitalisme. Qu'est-ce que l'on peut leur répondre ?
2. Nommez deux changements radicaux survenus entre les années 60 et 80.
3. Comment les changements dans le système de valeurs ont-ils affecté le sens du devoir, le désir de s'exprimer, et l'intellectualité ?
4. Pourquoi est-il devenu difficile de voir quelle classe sociale copie l'autre ?
5. Qu'est-ce qui a remplacé l'univers-horloge du XVIIIe siècle, selon la recherche que fait la Cofremca ? Pourquoi ?

De nouvelles structures informelles

Les structures informelles qui dominent en 1984 ont peu de points communs avec celles de 1964.

Une multitude de petites cellules, foisonnantes et enchevêtrées, se développent sur les ruines des grandes unités d'antan : la solidarité d'atelier l'emporte sur la solidarité de classe ; on se sent de son quartier ou de son village avant de se sentir Français ; l'intérêt de sa famille ou celui de son groupe professionnel pèse plus lourd que l'intérêt général. C'est à la base que foisonne la vie. Les grandes unités qui faisaient la vie en 1964 n'ont pas disparu, mais sont souvent devenues des formes vides.

En 1964, la structure informelle de la majorité des familles françaises était encore de type pyramidal : le père, au sommet, disposant de l'autorité formelle, les plus jeunes enfants à la base, obéissants. Aujourd'hui, dans la plupart des familles, le père ne conserve une influence éventuellement déterminante que s'il est suffisamment bien informé et souple pour tenir compte des réactions de la mère et des enfants ; la structure est devenue cybernétique. La même évolution se produit dans les entreprises, les syndicats, les associations, même si parfois l'organigramme officiel la dissimule. L'autorité hiérarchique cède chaque jour un peu plus de terrain devant d'autres formes d'autorité, de leadership, d'influence ou de pilotage.

En 1964, le repliement sur le foyer et sur soi était encore un trait caractéristique des Français : le foyer où l'étranger ne peut pénétrer, le pavillon entouré d'un jardin enclos de murs, les volets aux fenêtres, le travail indépendant, les bonnes manières qui protègent d'un véritable contact étaient autant de symptômes de ce repliement.

En 1984, les Français sont dans l'ensemble beaucoup plus ouverts aux autres. Beaucoup ont envie d'établir le contact, même s'ils n'y parviennent pas toujours : la timidité est moindre. Deux fois plus de Français en 1984 qu'en 1964 ont l'impression qu'ils se mettent souvent à la place des autres et qu'ils savent regarder le monde à travers les yeux des autres. L'empathie et l'intuition des interactions entre soi et les autres se sont considérablement développées, rendant les gens et les groupes plus transparents les uns aux autres. Un très grand nombre de jeunes communiquent aisément, de façon authentique, avec des gens qu'ils ne connaissent pas, à condition qu'ils leur soient sympathiques. Des réseaux de communication radicalement nouveaux se sont développés : le « Réseau » du téléphone, les petites annonces de *Libération*, la Citizen Band, les réseaux spontanés de solidarité, etc.

La place de l'informel s'est considérablement accrue. En 1964, on traitait la majorité des problèmes par des solutions formelles et le formel embrayait assez bien sur la réalité des choses. On croyait à la formalisation et à ses progrès futurs. Aujourd'hui, l'informel gagne du terrain dans tous les domaines. Les directions d'entreprises utilisent ce qu'elles appellent parfois des « hiérarchies parallèles » et sont, en tous cas, obligées de tenir compte des structures non formelles. La population pratique l'autodéfense. L'économie parallèle se développe. Des municipalités et des fonctionnaires locaux bricolent des solutions illégales à des problèmes urgents. Les camionneurs pèsent sur le pouvoir en bloquant la circulation. La montée de l'informalité nous met aux prises avec la complexité du vivant.

La décentralisation du contrôle social

Les processus discrets d'autorégulation qui gèrent le fonctionnement de notre société et de notre économie, sans que nous en ayons même conscience, se sont profondément transformés au cours des vingt dernières années. Nous en évoquerons quelques exemples.

La mode : décentralisée et cybernétique

Le système de la mode s'est développé spontanément. Il contribue à régler la production et la distribution des vêtements et les comportements concernant le vêtement. En 1964, ce système était encore en très grande partie pyramidal et autoritaire. En haut de la pyramide, se trouvaient les grands couturiers et quelques magazines qui, de connivence, décrétaient la mode tous les six mois : en bas de la pyramide, le petit segment de « femmes-à-la-mode » obtempérait. En 1984, le système est profondément changé ; il brasse un chiffre d'affaires plus important ; un certain nombre de ses acteurs ont disparu, d'autres se sont installés ; les femmes qui sont influencées par la mode sont plus nombreuses, mais elles n'ont plus l'impression d'obtempérer : elles choisissent ce qui leur convient parmi ces jolies choses que propose la mode ; plusieurs modes coexistent ; la mode naît un peu partout dans le système, parfois dans la rue, parfois chez des stylistes, parfois chez des couturiers qui s'inspirent de ce qu'on voit dans la rue ; il n'y a plus à proprement parler de « haut » ni de « bas », mais des boucles partout : le système n'est plus pyramidal, il est cybernétique.

Le standing social : un système désagrégé

En 1964, le système du standing était à son apogée ; il constituait un des processus centraux de régulation de la société de consommation de masse. Les signes d'opulence étaient clairs et hiérarchisés. Par exemple, une voiture plus grande signifiait plus d'opulence qu'une voiture plus petite.

En 1984, ce système est presque complètement désagrégé : l'estime est moins fréquemment une motivation dominante ; l'opulence n'est plus une valeur largement reconnue ; les signes d'opulence se sont brouillés. Les motivations personnelles, avec leur diversité et leur versatilité, servent de ressorts à un nouveau système de régulation en train de se constituer, beaucoup plus complexe que le précédent.

Le conformisme de l'ouvrier : une attitude qui disparaît

En 1964, le système du « travail-automatique » fonctionnait encore. Une forte proportion des hommes travaillaient dur, dans une activité salariée, avec régularité, souvent avec qualité, comme automatiquement. Pour une minorité qui n'était pas encore atteinte par l'hédonisme ambiant, s'acharner à un travail pénible était gratifiant : faire son devoir, remplir son rôle de père pourvoyeur. D'autres s'acharnaient à travailler pour diminuer la hantise de l'insécurité ou, plus simplement, pour réduire les chances de perdre leur emploi. D'autres encore travaillaient pour s'acheter les beaux objets, signes de statut social, pour s'élever sur l'échelle de l'opulence.

En 1984, ce système d'autorégulation ancien est gravement endommagé. Dans le nouveau système qui est en train de se mettre en place, la plupart des travailleurs ne travaillent bien que dans la mesure où leur travail les motive.

Il faut donc que ce travail et son environnement leur convienne, qu'il réponde à leurs attentes et à leurs objectifs particuliers, différents d'une personne à l'autre, fluctuants selon les circonstances. Les directions découvrent qu'il faut motiver les collaborateurs comme elles avaient découvert 40 ans plus tôt qu'il fallait motiver les consommateurs pour qu'ils achètent.

A suivre, dans le prochain chapitre

Etude de mots

accru *part p du v* **accroître**   agrandi, augmenté

s'acharner (à)   se consacrer avec fureur (à)

l'**apogée** *m*   le point le plus haut

l'**atelier** *m*   ici, *the workplace*

des **boucles** *f*   ici, des courbes très accentuées qui se recoupent

brasser   *lit, to brew* ; ici, traiter

bricoler   ici *v trans*, improviser

brouiller   confondre (Cf. *to embroil*)

un **camionneur** conducteur de camion (*trucker*)

d'antan *adj littér* du temps passé (latin *ante* + an)

les **directions** *f* ici, les personnes qui dirigent les entreprises

embrayait ... sur la réalité correspondait aux circonstances de l'époque

s'enchevêtrer s'engager les un(e)s dans les autres de façon désordonnée

foisonner abonder ; se développer

la **hantise** le fait d'être hanté, obsédé

des **hiérarchies** *f* **parallèles** des lignes d'influence ajoutées à la ligne d'autorité

obtempérer obéir, se soumettre

le **pourvoyeur** celui qui satisfait les besoins

le « **Réseau** » **de téléphone, les petites annonces de** *Libération* (journal parisien d'un style moderne) des moyens de prendre contact avec des personnes qui partagent un même intérêt, un même plaisir. Ce Réseau se sert de l'ordinateur du Minitel (*V* p. 321).

QUESTIONS

1. Est-ce que les attitudes sur le patriotisme national et l'attachement à un quartier ou à un village contredisent M. Leblanc, qui ne s'attend pas à une décentralisation sur le plan sentimental ?
2. Dans la majorité des familles d'aujourd'hui, que faut-il à un père pour qu'il puisse exercer une influence déterminante ?
3. Comment les camionneurs et les fonctionnaires locaux illustrent-ils « l'informel » ?
4. Pourquoi le mot « informel », si longtemps exclu de la langue française, pourrait-il maintenant acquérir droit de cité ?
5. Comment la décentralisation du contrôle social se manifeste-t-elle dans le cas de la mode, du standing, et de l'attitude de l'ouvrier envers son travail ?

Apprenez les verbes **boire** *et* **pleuvoir**, *p. C145, et faites les Exercices A, B et C. Etudiez les temps littéraires, p. C146, et faites les Exercices D et E.*

EXEMPLES DE L'EMPLOI DES TEMPS LITTERAIRES

Lisez les deux passages suivants en notant les temps littéraires que les auteurs emploient. Ce serait une bonne idée de lire d'abord les questions qui suivent chaque passage.

A. « Ils partirent à travers les petites rues où l'aube naissait. Il faisait doux, dans le ciel les nuages se teintaient de rose. On aurait dit une promenade toute pareille à celles qu'ils avaient faites si souvent après de grandes nuits de travail. En haut des escaliers qui descendaient vers la gare, ils s'arrêtèrent [. . .] un moment, ils regardèrent les longs toits plats des trains rangés au bord des quais [. . .].

« Pierre s'approcha d'un guichet, puis il revint vers Françoise. »

— Simone de Beauvoir, *L'Invitée*, Gallimard, 1943 ; Livre de Poche, pp. 477–478.

QUESTIONS

1. Nommez l'infinitif de chaque verbe employé au passé simple dans ce passage.
2. Quels autres temps, non littéraires, se trouvent dans ce passage ? Pourquoi l'auteur a-t-elle employé ces temps ?

B. « Le lendemain de bonne heure, mon père devait nous quitter pour deux ou trois jours. Il n'était pas tranquille et eût remis ce départ, je le sentais, s'il avait pu. Ça m'ennuie, me dit-il, de vous laisser seules avec ce type (*guy*).

— Que pourrait-il nous faire, le rassurai-je, étant blessé ?

— Jouer de son charme. Prudence, dit-il, et gardez vos distances.

« Je me sentis offensée, un peu. Non que je crusse qu'il s'inquiétât pour ma vertu. Ces mots : "Son charme", montraient plutôt la crainte que l'autre pût nous embobiner (tromper), Tante Jo et moi. En vue de quoi ? De m'épouser pour ma dot ? Il eût fallu que j'en eusse une. » (une **dot** [dɔt] *dowry*)

— Vercors, *Le piège à loup*. Paris : Editions Galilée, 1979

QUESTIONS

1. Quels sont les temps littéraires dans ce passage ?
2. Quelles expressions gouvernent le choix du subjonctif ?
3. Remplacez chaque temps littéraire de ce passage par le temps qu'on emploierait dans la conversation.

Faites les Exercices F sur les « faux amis » et G, A quelle heure téléphoner ?, pp. C148–149.

Ecoutez la bande 14-B. Une nouvelle surprise pour Vincent.

SCENES DE LA VIE FRANÇAISE

BISON FUTE A VOTRE SERVICE ! Cécile, étudiante en droit, demande un renseignement.

Une route départementale dans le Midi.

CECILE   Monsieur, j'ai une correspondante aux Etats-Unis qui voudrait venir en France faire de la bicyclette pendant les grandes vacances. Qu'est-ce que vous proposez comme régions ? Y a-t-il une agence à laquelle elle pourrait s'adresser ?

BISON   Il y a la Fédération française de cyclotourisme. Vous n'avez qu'à chercher dans l'annuaire du téléphone ou dans le Minitel. Mais votre correspondante pourrait choisir une région et, avec des cartes routières détaillées, préparer elle-même son itinéraire. Des guides comme le *Guide Michelin* indiquent les hôtels et restaurants. Je suggère de petits chemins à la campagne, loin des routes nationales. Par exemple, en Bretagne, en Normandie, dans les vallées de la Loire et de la Dordogne ; en Bourgogne aussi.

CECILE   Vous ne lui conseillez pas de partir seule quand même ?

BISON   Ce ne serait peut-être pas très prudent. Il vaut mieux faire un randonnée en groupe à moins qu'elle ne parte avec un copain.

CECILE   Quelles sont les régions les moins envahies par les touristes, à votre avis ?

BISON   Nous en recevons de plus en plus. Tant mieux ! Nous sommes contents qu'ils aiment notre pays. Mais moi, j'ai un faible pour les îles. Il y en a de belles où l'on peut pédaler tranquillement.

CECILE   Je n'y avais pas pensé. Je connais Belle-Ile près de la côte sud de la Bretagne.

BISON   Belle-Ile est très bien. Et les Iles d'Hyères dans la Méditerranée sont idéales. Les voitures privées et les caravanes sont interdites dans les deux îles de Port-Cros et de Porquerolles. C'est un petit paradis pour les cyclistes. Mais les sportifs entraînés en auront vite fait le tour.

CECILE   Pourtant c'est une bonne idée, les îles. Savez-vous si on y trouve des hôtels et des restaurants ?

BISON   Vous voulez rire, Mademoiselle ! Les restaurants là-bas sont excellents, ainsi que les hôtels. Puisque c'est la France !

CECILE   Tous ces renseignements sont dans les guides, bien entendu. Je vous remercie mille fois, Monsieur. Ma correspondante va être heureuse de recevoir ma lettre.

BISON   Je vous en prie, Mademoiselle. Je suis à votre service.

Si vous désirez faire du cyclotourisme en France, ou voyager par d'autres moyens, vous pouvez consulter :

Fédération française de cyclotourisme, 8, rue Jean-Marie Jégo, 75013 Paris. Publication : *Cyclotourisme*, mensuel.

le *Guide Michelin France*, un seul volume rouge pour toute la France pour les hôtels et restaurants. Les volumes verts, par région, donnent des renseignements pratiques et les principales curiosités à visiter. Tous les deux ont des cartes.

Logis de France, Guide des hôtels et auberges rurales. Paris : Fédération Nationale des Logis de France, 25, rue Jean Mermoz, 75008. Carte routière incluse.

Carte Michelin 170 : Sports et loisirs en plein air : Environs de Paris, Spécial cyclotourisme.

Pour faire du camping, voir le *Guide Susse*, 5, rue de la Baume, 75008 Paris.

Les guides et la carte se trouvent dans les librairies.

LES MEDIAS EN FRANCE

Un point de vue français par Francis Balle

Directeur de l'Institut français de presse et professeur à l'Université de droit, d'économie et de sciences sociales de Paris (Paris II), vice-chancelier des Universités de Paris, *Visiting Professor* plusieurs fois à Stanford, Francis Balle a été membre du Haut-Conseil de l'Audiovisuel, du Comité consultatif des Universités, et d'autres comités nationaux. Ses fonctions administratives ne l'empêchent pas d'écrire des livres sur la sociologie des médias, dont la liste est mise à jour dans chaque édition de *Who's Who in France*.

Les instituts mis en place par les différentes industries ont coutume de présenter une image favorable de leur client collectif. Francis Balle vous permet, au contraire, de regarder à l'intérieur de la situation des médias en France. Le milieu est français ; mais le lecteur dans un autre pays comprendra mieux, à partir de cet exemple, les mécanismes de l'institution qui crée pour nous les « réalités » du monde contemporain.

L'essai que M. Balle a bien voulu écrire pour ce livre, comme tout « document authentique », emploie un vocabulaire moderne : dans ce cas, celui de la discussion publique des médias. Les questions aux pages 319 et 321 aideront à comprendre le texte si l'on veut bien les suivre en le lisant.

Les grands moyens d'information, en France, ce sont principalement les journaux imprimés, qu'ils soient quotidiens ou hebdomadaires. Non pas que la radio et la télévision n'exercent pas sur les Français la même influence que dans les autres démocraties occidentales. Non pas, certes, que les nouveaux médias comme les magnétoscopes, le télétexte ou le vidéotex, aient moins d'attrait aux yeux des Français qu'à ceux des Américains ou des Japonais. Mais parce que les journaux écrits, qu'il s'agisse des quotidiens comme *Le Monde* ou *Le Figaro*, fondés respectivement en 1944 et en 1854, ou des hebdomadaires créés dans les années 50 et 60, comme *L'Express*, *Le Nouvel Observateur* et *Le Point*, conservent un grand prestige, et exercent une influence bien au-delà du cercle relativement peu étendu de leurs lecteurs respectifs.

I. La presse écrite en France

La presse quotidienne et non quotidienne

L'acte de naissance de la grande presse est français. Dès 1863, *Le Petit Journal* entend s'adresser au plus grand nombre possible de lecteurs, et non plus seulement aux privilégiés de l'argent et de l'instruction : il coûte 5 centimes. Peu après 1900, le plus grand quotidien du monde, du moins par les tirages, est français : *Le Petit Parisien*, dont le premier exemplaire était paru en 1876, tire chaque jour plus d'un million et demi d'exemplaires. Trois quarts de siècle plus tard, la grande presse est gagnée par le sentiment confus de vivre la fin d'une époque. Les taux de « production » de la presse quotidienne baissent inexorablement : 370 pour 1 000 habitants en 1946, 188 seulement en 1980. En 1984, année plutôt faste pour eux, la France occupe le 16ème rang mondial, avant l'Italie, et juste après la Belgique, avec 191 quotidiens fabriqués chaque jour pour 1 000 habitants.

En France, comme dans les autres pays industrialisés, c'est à partir des années 60 qu'un nombre toujours plus grand de publications non quotidiennes choisissent de se consacrer à un public spécifique de lecteurs ou à un sujet clairement circonscrit. Ainsi, la part de la presse quotidienne, celle qui est composée, pour l'essentiel, de journaux d'information générale et politique, ne cesse de diminuer dans l'ensemble des publications périodiques.

Les singularités de la presse française

Comparée à celle des autres pays développés, la presse française présente pourtant plusieurs singularités importantes. D'abord, le recul et la fragilité des quotidiens sont incontestablement plus marqués dans la patrie d'Emile de Girardin, fondateur du quotidien *La Presse*, en 1836, que partout ailleurs. Ensuite, les groupes de presse, bien que passablement nombreux, sont moins puissants et moins diversifiés qu'aux Etats-Unis, en Grande-Bretagne, en Allemagne Fédérale ou au Japon. De même, l'inconstance des lecteurs vis-à-vis de leurs journaux d'information revêt en France des formes variées, préjudiciables au crédit de la presse, à sa « crédibilité » et à son « pouvoir ». Enfin, les journalistes français n'ont jamais été reconnus et consacrés par la Cité et par le monde intellectuel, à l'égal de leurs confrères britanniques ou américains.

La presse et ses lecteurs

Le déclin des quotidiens, exprimé en chiffres de tirages, n'est pas sans lien avec l'attitude réservée, voire sévère, des lecteurs français vis-à-vis de leurs journaux.

Certes, tous ne s'accorderaient pas, aujourd'hui, avec la boutade lancée en 1840 par Balzac : « Si la presse n'existait pas, il ne faudrait pas l'inventer. » Mais tout se passe, depuis 1970–1975, comme si la France, après avoir été le berceau de grands quotidiens, se résignait à en devenir le tombeau. Est-ce là l'effet d'un caprice national ?

La presse française semble en effet souffrir d'un double malentendu. Le premier concerne les relations qu'elle entretient avec ses lecteurs. Le fait marquant, à cet égard, c'est la multiplicité des phénomènes de rejets. A un extrême, certains refusent la presse de façon absolue, la considérant comme l'instrument d'une culture prétendue dominante et des intérêts qui la servent. A l'autre extrême, on trouve une forme atténuée du refus des journaux qui consiste, soit à les lire occasionnellement, soit à prêter seulement attention à leurs rubriques les plus anodines. Entre ces deux pôles, les chefs d'accusation sont nombreux : recherche du grand public, conformisme, timidité. . . Vindictes souvent opposées : les uns reprochent aux journaux de mettre l'accent sur ce qui ne va pas, les ruptures, les conflits, les minorités ; les autres, à l'inverse, estiment qu'ils constituent l'allié le plus sûr de tous les « *establishments* ».

La presse française en chiffres de diffusion

A. Principaux quotidiens de Paris (exemplaires vendus en 1984)

		PARAISSANT
France-Soir	418 800	le soir
Le Monde	385 100	l'après-midi
Le Figaro	361 200	le matin
Le Parisien Libéré	340 800	le matin
Le Matin de Paris	175 800	le matin
L'Humanité	120 300	le matin
La Croix	113 900	le matin
Libération	90 000	le matin
Le Quotidien de Paris	65 000	le matin
L'Aurore	53 000	le matin

B. Quotidiens régionaux de plus de 200 000 exemplaires

Ouest-France (Rennes)	707 600
Dauphiné Libéré (Grenoble)	375 100
La Voix du Nord (Lille)	373 300
Sud-Ouest (Bordeaux)	363 300
Le Progrès (Lyon)	321 300
La Nouvelle République du Centre Ouest (Tours)	280 900
Nice-Matin (Nice)	261 900
La Montagne (Clermont-Ferrand)	256 400
La Dépêche du Midi (Toulouse)	255 100
L'Est Républicain (Nancy)	255 100
Les Dernières Nouvelles d'Alsace (Strasbourg)	218 600
Le Républicain Lorrain (Metz)	202 000

C. Les trois principaux hebdomadaires d'information générale

L'Express	410 000
Le Nouvel Observateur	395 000
Le Point	350 000

La presse et l'Etat

Un second malentendu empoisonne les relations entre la presse et les pouvoirs, quels qu'ils soient. Sans doute, les relations entre les grands moyens d'information et les gouvernants sont-elles marquées, partout, par la suspicion. Mais le malentendu entre la presse et les gouvernants est plus profond en France que partout ailleurs. Les dirigeants sont excessivement sensibles aux critiques des médias. Et ceux-ci admettent difficilement la critique, d'où qu'elle vienne. De là la gaucherie, ou les maladresses, de l'information d'Etat en France. De là aussi la fausse naïveté et les candeurs apparentes de la presse française, plus tentée de se draper dans sa dignité que d'informer sur elle-même.

La presse, reflet d'une société conflictuelle

Parmi les différents protagonistes de l'information — l'éditeur, le journaliste, l'informateur et le lecteur — chacun cherche confusément un bouc émissaire. Chacun semble mener une guerre de positions. Les journalistes d'abord : certains invoquent le conservatisme des directeurs de journaux, d'autres la relative indifférence des lecteurs. Arguments qui, dans bien des cas, apportent une explication à l'érosion de la diffusion. Les dirigeants de la « grande » presse ensuite : ils jettent souvent la pierre aux journalistes, trop portés, selon eux, à vouloir « précéder » les lecteurs. Et ils déplorent aussi parfois la propension des pouvoirs établis, publics ou privés, à la rétention systématique de l'information. Les lecteurs enfin : ils accordent aujourd'hui plus volontiers leur confiance à la télévision qu'aux journaux, même s'ils leur sont fidèles. Une tradition bien établie veut que l'on traite le lecteur français avec ménagement. Si l'on en croit Philippe Boegner : « Dans l'instant où il réclame la vérité, il rejette toute information risquant d'ébranler ses convictions. »

Ainsi, entre les uns et les autres, la stratégie du soupçon prévaut tandis que les entreprises de presse deviennent parfois le champ parfaitement clos d'un combat entre des managers prudents ou routiniers et les corporatismes respectifs des journalistes et des imprimeurs.

A suivre (p. 319)

Etude de mots

anodin *adj* inoffensif, insignifiant

Philippe **Boegner** (1910—) ancien directeur de plusieurs périodiques, membre de l'Académie française, auteur anti-raciste

un **bouc émissaire** personne sur laquelle on fait retomber les torts des autres (*scapegoat*)

une **boutade** une plaisanterie, *quip*

les **chefs d'accusation** terme légal : les motifs d'un procès ; ici, les reproches

la **Cité** ici, la nation, l'ensemble des citoyens

les **corporatismes** ici, la défense de leurs intérêts

ébranler agiter, secouer ; ici, déstabiliser, changer

exercer (une influence) ici, *to exert*

faste *adj* favorable

Le Figaro En 1854, hebdomadaire satirique (d'où le nom de Figaro) ; en 1886, devint un quotidien politique et littéraire. Aujourd'hui, quotidien au point de vue conservateur.

Emile de **Girardin** (1806—1881) réduisit le prix des journaux en y publiant la publicité payée

un **magnétoscope** appareil qui permet de voir ou d'enregistrer des images sur bande vidéo (*VCR*)

le **ménagement** douceur, égard, précaution

« **précéder** » **les lecteurs** ici, leur dire ce qu'ils veulent entendre

prévaut *du v* **prévaloir** (l'emporter) ; Cf. *prevail*

(la) **recherche du grand public** l'effort d'attirer beaucoup de lecteurs

la **rétention** (de l'information) **retenir** : ici = ne pas donner, garder

sans doute Au début d'une proposition, cette expression cause l'inversion verbe-sujet.

un **tirage** l'ensemble des exemplaires imprimés en une seule fois

une **vindicte** une querelle

QUESTIONS

1. Nommez des journaux et des hebdomadaires français dont l'influence s'étend au-delà de leurs lecteurs.
2. Quand est née la presse à grand tirage ?
3. Quel type de publications non quotidiennes devient plus répandu dans les pays industrialisés depuis les années 60 ?
4. Qu'est-ce qui singularise les groupes de presse (ceux qui publient les périodiques), les lecteurs, et le statut des journalistes en France ?
5. Comment Balzac a-t-il modifié le cliché, « Si la chose n'existait pas, il aurait fallu l'inventer » ?
6. En dehors des attitudes de rejet total ou partiel, quelles sont les accusations que fait à sa presse le public français ?
7. Quels sont les prétendus défauts des dirigeants de la « grande » presse, des journalistes, des pouvoirs politiques, et des lecteurs ?
8. Quels sont les groupes qui défendent leurs intérêts dans l'industrie de la presse ?

II. La radio-télévision en France

Les quatre premières chaînes de TV et les cinq radios

La radio s'est répandue en France en même temps qu'en Angleterre et aux Etats-Unis, entre 1920 et 1930. La France, en revanche, est entrée dans l'ère de la télévision avec dix ans de retard sur l'Amérique du Nord, et quelques années après l'Angleterre et l'Allemagne Fédérale. C'est en 1953 que les Français se décident enfin à acheter les premières télévisions, à l'occasion de la retransmission en direct du Couronnement de la Reine d'Angleterre, Elisabeth II. En quelques années la télévision conquiert la société française tout entière, d'abord les classes moyennes, ensuite les catégories sociales plus pauvres, et enfin les « intellectuels » pendant longtemps réticents devant le dernier-né des « mass media ». Néanmoins, la seconde chaîne est fondée en 1964 seulement, et la troisième chaîne naît en 1973 sous le double signe de la régionalisation et de la concurrence. Depuis cette date, les activités de la radio et de la télévision ont été marquées par une double évolution.

D'un côté, le nombre de programmes susceptibles d'être reçus en France n'a pas cessé d'augmenter : à côté des chaînes nationales de télévision, depuis 1975, *France Inter*, *France Culture* et *France Musique* pour la radio dite « publique », *Europe 1* et *Radio Monte Carlo*, radios privées, peuvent être captées sur une portion toujours plus grande du territoire national ; de même dans les régions frontalières, vers l'Italie, le Luxembourg, l'Allemagne Fédérale et la Grande-Bretagne, les stations des pays voisins peuvent être reçues par les Français, en plus des trois chaînes du « service public », c'est-à-dire *Télévision Française n° 1* (TF1), *Antenne 2* (A2) et *France Région n° 3* (FR3), fondées par la loi de 1975. La quatrième chaîne officielle de télévision française a été ajoutée en 1984. C'est *Canal Plus*, une chaîne hertzienne à péage, offrant surtout des films et des programmes d'information, inauguré le 1er novembre 1984.

D'un autre côté, le contrôle du gouvernement sur la « programmation » et sur les programmes n'a pas cessé de s'assouplir depuis 1969. La loi de 1974 continue cette politique de libéralisation. De même la possibilité de créer, après 1982, des radios locales privées, grâce à l'abrogation formelle du monopole de l'Etat sur la programmation par la loi du 29 juillet 1982.

La garantie de la liberté de communication

Cette loi de 1982 sur les nouveaux médias impose le rapprochement avec la loi du 29 juillet 1881 sur la liberté de la presse : « la communication audiovisuelle est libre ». La formule de 1881 était : « l'imprimerie et la librairie sont libres ». Les deux formulations s'inscrivent dans le droit fil de la « libre communication des pensées et des opinions » des révolutionnaires de 1789.

En définissant la communication audiovisuelle, la loi de 1982 prend en compte la diversité des techniques et les promesses de leurs rapprochements. « Libre », la communication audiovisuelle « est mise à la disposition du public, par voie hertzienne ou par câble, de sons, d'images, de documents, de données ou de messages de toute nature ». Par la vertu de cette définition très large de la « communication audiovisuelle », le législateur de 1982 entend combler cet espace laissé trop longtemps vacant entre la radio-télévision et les télécommunications, espace où sont nés les nouveaux médias. Et du même coup, il délimite avec précision le champ d'application de la loi, excluant de celui-ci le domaine particulier de la correspondance privée.

Une libéralisation progressive

Double progrès, par conséquent considérable, dans la voie d'une concurrence accrue et plus authentique en matière de programmes : d'un côté, par un retour à l'inspiration libérale, qui se traduit par l'abrogation du monopole de programmation et la proclamation de la liberté de la communication audiovisuelle ; de l'autre, par la prise en compte des nouvelles techniques de diffusion ou de communication, soumises à des régimes différents selon les cas.

Aux termes de la loi de 1982, l'Etat, certes, reste propriétaire des réseaux hertziens et garde la responsabilité exclusive de l'allocation des fréquences. Et c'est lui seul qui autorise la diffusion des programmes. Mais le mot dérogation ne fait plus partie, désormais, du vocabulaire officiel. On parle en termes de concessions de service public pour certaines sociétés privées, et en termes d'autorisations pour les radios locales et la télévision par câble.

En 1986, une cinquième chaîne de télévision, *la Cinq*, complètement privée, a été ajoutée aux quatre chaînes officielles, et en 1987, la sixième, *M 6*. Dès cette même année, le simple dépôt d'une déclaration suffisait pour le vidéotex, c'est-à-dire pour tout système permettant l'interrogation à distance de documents écrits ou audiovisuels, à l'exclusion toutefois des œuvres cinématographiques.

L'ancien monopole face à la technologie future

La place prépondérante du service public de la radio-télévision et les limitations apportées par l'Etat à l'initiative privée mettront-elles vraiment fin, comme la loi de 1982 le proclame, au monopole de la programmation ? Ou bien, cette liberté de communication audiovisuelle est-elle confisquée, aussitôt que proclamée, par la vieille tendance à la centralisation ?

L'indépendance des journalistes vis-à-vis des gouvernants a toujours fait l'objet, en France, d'interminables polémiques. Mais leur attention se tourne volontiers vers les promesses encore incertaines des nouveaux médias. D'abord, est-ce que l'explosion de ceux-ci un peu partout annonce l'affaiblissement de la presse écrite ? Mais ensuite, est-ce que la radio et la télévision, et même les cassettes, la télévision par câble et la télévision « directe » par satellite, seront supplantées à leur tour par la télématique et la vidéomatique, moyens d'accès individuel à des images ou à des informations de toutes sortes ? Que verra-t-on demain ? Moins, sans nul doute, que le déferlement de sons et d'images dont parlent les ingénieurs, impatients de brûler les étapes. Mais plus, peut-être, qu'un violon d'Ingres pour amateurs déçus de la télévision conventionnelle, ou utopistes de la vidéo. Ce que l'on voit dès à présent, c'est la mise en accusation des monopoles nationaux : ceux des télécommunications, qui remontent au télégraphe du XIXe siècle, et ceux de la diffusion hertzienne par émetteurs et relais terrestres. Les monopoles de l'Etat cèdent à la revendication en faveur de la « libre communication des pensées et des opinions » : le droit pour chacun d'utiliser le média de son choix afin de s'exprimer ou d'accéder à l'expression de la pensée d'autrui.

Etude de mots

à péage *m* (chaîne de télévision, ou autoroute)   payante

brûler les étapes   aller très vite, passer sans s'arrêter

le **déferlement**   déploiement avec force, comme une vague

une **dérogation**   une permission exceptionnelle

hertzien *adj*   par ondes électromagnétiques et non par câble

s'inscrire dans le droit fil   aller dans la même direction

un **violon d'Ingres**   activité exercée en dehors d'une profession (*hobby*). Le peintre Ingres jouait bien du violon.

QUESTIONS

1. Quelle fut la dernière catégorie sociale à se laisser vaincre par la télévision ?
2. Nommez les quatre premières chaînes de télévision.
3. Quelles sont les radios nationales ?
4. Dans quelle direction est-ce que la politique officielle a évolué, à l'égard du contrôle de la radio et de la télévision ?
5. On trouve constamment des références à la loi du 29 juillet 1881. Que dit-elle ?
6. Comment la cinquième chaîne de télévision diffère-t-elle des quatre premières ?

UN JEU : DEVINEZ LES MOTS ANGLAIS

Voici une dernière liste de mots que l'on entend prononcer par les francophones de leur façon très particulière.

1. [lilinwa]
2. [ʒoan bɛz]
3. [œ̃ dʒin]
4. [tupɛʀwɑ]
5. [œ̃ pylɔvɛʀ] ou [œ̃ pyl]

LA TELECOMMUNICATION FRANÇAISE AU SEUIL DU XXIe [1] SIECLE

Une innovation : le Minitel

Les premières télévisions, les premières machines à laver, les premiers voyages aériens ont été considérés comme un luxe rare. En quelques années, ils sont devenus objets de consommation courante, et ils ont changé l'existence.

---

[1][vɛ̃teynjɛm]

C'est ce qui se passe en France avec un petit ordinateur domestique, le Minitel. Ses fonctions étaient limitées au début à quelques banques de données, mais le Minitel ouvre une ère nouvelle dans le domaine des télécommunications et de l'information.

Distribué progressivement aux abonnés du téléphone par les PTT, à titre entièrement gracieux, le Minitel joue le rôle de la *Ford Model T*, en introduisant dans chaque foyer une méthode style « XXIe siècle » d'accès aux informations. Le Minitel n'a rien de révolutionnaire ou sophistiqué. Muni d'un simple clavier et d'un écran, il se branche sur le téléphone, dans votre cuisine ou sur votre bureau. Mais il amorce une révolution tranquille en faisant de l'ordinateur domestique un produit de grande consommation.

Son but premier est de fournir un annuaire téléphonique électronique pour toute la France. Mais avec le Minitel, vous pouvez aussi faire vos achats à n'importe quelle heure du jour ou de la nuit. Les magasins de vente par correspondance sont accessibles grâce à un code. En payant un droit d'accès à ce service, vous pouvez aussi interroger le Minitel sur la position de votre compte bancaire. Clubs de rencontre, agences matrimoniales, jeux, histoires drôles sont parmi les nombreux autres services offerts. Le Minitel fournit aussi des informations sur les spectacles dans votre ville : vous aurez en quelques secondes la liste des films, pièces de théâtre, concerts, expositions, etc. L'écran vous donnera tous les détails et restera allumé aussi longtemps que vous le voudrez. Certaines formalités administratives (demandes de mutation des fonctionnaires) passent obligatoirement par le Minitel, évitant ainsi beaucoup de problèmes de stockage et de transmission de l'information. Grâce à ce modeste ordinateur domestique, l'informatique n'appartient plus au domaine de l'imagination futuriste mais à la vie de tous les jours. Comme à chaque étape du progrès technologique, on se passe facilement du Minitel tant qu'on n'en a pas. Mais bientôt on ne saura plus vivre sans lui, ou son successeur.

Le téléphone en expansion ; la poste aux multiples fonctions

L'emploi du téléphone s'est popularisé en France à une vitesse qu'on n'aurait pas attendue il y a quelques années et le Service des Télécommunications poursuit la tâche d'équiper la France en téléphone. Vous obtiendrez instantanément un correspondant en France ou à l'étranger, de n'importe quel coin de France, si vous êtes chez un particulier ou à l'hôtel. Ce sera un peu plus difficile d'une cabine publique, cible favorite des vandales. Le spectacle de cabines massacrées est désespérant pour qui a un appel urgent à faire. Pour lutter contre cet état de choses, on a multiplié le nombre de téléphones à carte électronique. Vous pouvez acheter (dans les postes ou bureaux de tabac) une télécarte qui vous donne un crédit d'appels correspondant au prix payé. La somme qui vous reste, débitée au fil des secondes, s'affiche sur un voyant électronique. Votre carte sera seulement « usée » plus vite si, depuis la France, vous appelez St. Louis, Missouri, au lieu de St-Martin-des-Champs ! Il vous suffira de faire le 19 (accès aux lignes internationales) puis le 1 (Etats-Unis) avant l'indicatif et les sept chiffres du numéro de votre correspondant américain.

Si on a un abonnement au téléphone, on peut aussi obtenir une carte de crédit, la Carte Télécommunications. Elle permet de téléphoner de n'importe quel poste téléphonique, de n'importe quelle cabine, à pièces ou équipée d'un publiphone à cartes. Demeuré service public, le téléphone est devenu aussi une affaire commerciale gérée comme telle, et profitable.

La plupart des bureaux de poste sont réaménagés de façon plus pratique, avec un souci de sécurité, mais aussi d'élégance, dans un style qui respecte celui de la région, et de l'époque de construction lorsque la poste occupe un bâtiment ancien. Efficace dans l'ensemble (sauf en période de grève, la modernisation étant cause de pénibles suppressions d'emplois), la poste joue un rôle central dans l'économie et dans la vie de chaque ville, village, quartier. En plus de l'acheminement du courrier et des paquets, elle sert de banque grâce aux Centres de Chèques Postaux, de Caisse d'Epargne, dont l'emblème est l'écureuil. La poste peut aussi distribuer des cartes de crédit, gérer des portefeuilles d'actions. La poste a une bonne image dans le public qui lui fait largement confiance pour toutes ces opérations. Le service du télégraphe, lui, souffre de la concurrence du télex et du téléphone. On n'envoie plus guère de télégrammes, sauf quelques messages de félicitations (mariages, naissances) ou de condoléances (décès).

Etude de mots

un **annuaire** ici, la liste des abonnés : alphabétique, professions (les pages jaunes), et à Paris, rues

à titre gracieux sans faire payer

au fil des secondes à chaque seconde qui passe

une **banque de données** *data bank*

une **cabine à pièces** *coin phone*

la **Caisse d'Epargne** banque nationale d'épargne (*savings*)

Un **écureuil**

une **demande de mutation** requête officielle pour être transféré dans un autre lieu de travail

depuis la France quand on téléphone de France

un **indicatif d'appel** *area code*

un **portefeuille d'actions** *portfolio of stocks*

les **P.T.T.** Postes, Télécommunications et Télédiffusion

un **voyant** ici, un petit écran

QUESTIONS

1. Quels services du Minitel pouvez-vous citer ?
2. Pourquoi le publiphone à cartes est-il moins sujet au vandalisme que la cabine à pièces ?
3. Comment est-ce que la Poste s'introduit dans la vie des Français ? Et que symbolise l'écureuil ?

LES MOYENS DE TRANSPORT EN FRANCE

Les routes et autoroutes

Les Américains qui voyagent en France sont surpris par la durée d'un trajet de 1 000 km, un peu plus de 600 miles [mil], Toulouse-Dunkerque par exemple. Même s'il existe des autoroutes sur les grands axes, il faut faire une partie du parcours sur des routes nationales qui traversent villes et villages construits bien avant les premières automobiles.

Les autoroutes sont désignées par la lettre A et un chiffre. Elles portent aussi un nom, comme pour les humaniser. Il y a « La Languedocienne, La Catalane, l'Autoroute du Soleil, la Provençale, l'Autoroute blanche, l'Autoroute des deux Mers, l'Océane (A11), l'Aquitaine (A10), l'Autoroute de Normandie (A13) ». La plus populaire, l'Autoroute du Soleil (A6 et A7) est venue soulager deux routes nationales très fréquentées, la N6 et la N7. Ce sont les accès de Paris à la Côte d'Azur. Elles signifient vacances pour un grand nombre de Français et existent même dans les chansons.

Camions et voitures venus de toute l'Europe sont un signe tangible de l'existence de la C.E.E., d'une part ; de la position de la France en tant que carrefour, d'autre part. Tous les enfants de France jouent à repérer l'origine des véhicules grâce aux immatriculations : DK (Danemark), I (Italie), GB (Grande-Bretagne), B (Belgique). Les plaques des voitures françaises permettent aussi de repérer le département d'origine puisque les mêmes chiffres les désignent sur les adresses (code postal) et sur les plaques d'immatriculation : 13 pour les Bouches-du-Rhône, 75 pour la ville de Paris, 44 pour la Loire-Atlantique. . .

Les chemins de fer

Ils desservent un grand nombre de villes. Une société nationalisée, la S.N.C.F. contrôle pratiquement tout le transport ferroviaire. Pour la région parisienne il a fallu coordonner trains de banlieue, métro et bus. Là, la S.N.C.F. et le R.E.R. ont créé un organisme indépendant, la R.A.T.P. : Régie Autonome des Transports Parisiens. La modernisation des chemins de fer est un processus continu. Pionnière en matière d'électrification, la S.N.C.F. modernise maintenant les gares et surtout les voies pour que le T.G.V. puisse y circuler à 378 kms (236 miles) à l'heure.

Les lignes aériennes

Elles sont handicapées par les prix de revient, et par la lenteur des accès entre les centres-villes et les aéroports. Air-Inter est la compagnie aérienne la plus importante à l'intérieur de la France. Le nombre de passagers augmente chaque année, mais plus lentement que sur les lignes internationales. La France est un pays trop petit pour que l'avion puisse y rendre les mêmes services qu'aux Etats-Unis.

Les fleuves, rivières et canaux

Ces cours d'eau forment un vaste réseau de voies fluviales de quelque 8 500 km. Un grand nombre de péniches (à peu près 5 800) transportent des marchandises à travers la France et jusqu'aux pays de la C.E.E. Malgré le fait qu'un plus grand pourcentage de tonnes de marchandises se fait transporter par la route et par les chemins de fer, les péniches restent nécessaires au commerce. Le gouvernement est constamment en train d'améliorer le réseau, de moderniser les ports et les techniques, de créer de nouveaux canaux.

Une péniche sur un canal en Bourgogne.

Le batelier vit à bord de la péniche, souvent avec sa famille. Il a peut-être un chien ou un chat et une moto, un vélo ou une mobylette. Puisqu'il lui faut passer par beaucoup d'écluses, il connaît les éclusiers sur sa route. Il connaît d'autres bateliers également, et quand les péniches se croisent, ils se saluent en cornant.

Il existe aussi des péniches transformées en bateaux de plaisance pour faire de jolis voyages. Celles-là naviguent plus lentement que les péniches commerciales. Quand on voyage en péniche, on a une tout autre vue de la France. On amarre près de villages à la campagne, et on quitte le bateau pour faire des promenades à vélo ou à pied. C'est un voyage agréable et reposant, sans les problèmes de circulation ! Et l'on rencontre des gens très intéressants.

Etude de mots

un **axe**   *axis* ; ici, une ligne principale de circulation

une **péniche**   bateau long et étroit, pour les canaux

le **prix de revient**   le coût de la production et distribution ; ici, toutes les dépenses nécessaires pour offrir le service

soulager   ici, en partageant la circulation

QUESTIONS

Parmi les projets de voyage des membres de la classe, y en a-t-il un qui emprunte (*a*) les routes et autoroutes, (*b*) le train, (*c*) l'avion, (*d*) la péniche ?

CES SITUATIONS QUI FONT IMPROVISER (V) : CONTREDIRE

Vous parlez avec un(e) commerçant(e) qui croit que tous les Américains sont des gens sans individualité, qu'ils ne connaissent pas l'art de vivre, et qu'ils vivent au milieu de la richesse — et de la violence — que l'on voit dans les films américains. Vous essayez de prouver le contraire.

COMPOSITION

Discussion préalable : Que chacun(e) décrive sommairement son projet, et que les autres lui offrent éventuellement des renseignements pertinents s'ils en ont trouvé.

Un séjour pas trop bref...

Décrivez en détail votre projet de voyage ou de séjour : l'itinéraire, l'emploi du temps, les modes de transport, les activités que vous prévoyez.

L'HUMOUR A CONTEXTE RICHE

On dit que le dernier aspect d'une culture que l'étranger arrive à comprendre, c'est son humour. C'est vrai, si l'on parle d'un certain niveau. Car la comédie a trois niveaux. Au plus élevé se trouve la haute comédie, qui est universelle. Par exemple, les comédies de caractère de Molière. Le niveau bas est celui de la farce, également universelle. Le garçon de café verse la sauce dans le dos d'une cliente et tout le monde rit. La situation ne dépend d'aucune culture particulière.

Entre le haut et le bas se trouve un genre d'humour qui, au contraire, dépend d'un contexte culturel spécifique. C'était le cas de « La poche et la main » : cette conversation pseudo-intellectuelle exploitait le contraste entre ce raisonnement absurde et une vraie enquête philosophique.

Dans « L'écrivain souterrain » Roland Dubillard trouve encore un sujet bien français, l'écart entre le langage de l'administration du métro et l'idéal d'un style clair, simple et élégant. Il imagine que ce jargon officiel a été produit par un écrivain qui vit loin de la clarté du jour. Il se moque aussi du grand rituel printanier des prix littéraires, et des auteurs prétentieux, interviewés à la radio et à la télévision, qui commentent leurs œuvres en un style obscur. Dubillard est bien dans la tradition du Molière des *Précieuses Ridicules* — la comédie où Molière se moquait d'un jargon qui s'était rendu ridicule en cherchant à paraître sophistiqué.

L'ECRIVAIN SOUTERRAIN

par Roland Dubillard

LE REPORTER   Le prix *Littérature pour tous* de cette année vient d'être décerné. Son lauréat écrit depuis fort longtemps ; il a d'ores et déjà trouvé sa consécration auprès d'un nombre considérable de lecteurs. Nous avons la chance de l'avoir avec nous ce soir. Quelques questions, Monsieur. Vous êtes lu, somme toute, depuis que vous écrivez. Depuis quand écrivez-vous ?

L'ECRIVAIN   Depuis que j'en ai l'occasion.

REPORTER   Voilà. Et cependant, beaucoup de vos lecteurs vous connaissent à peine. A leur intention, j'espère que vous ne refuserez pas de dire quelques mots.

ECRIVAIN   Oh, vous savez, je n'ai pas grand-chose à dire. Tout ce que j'avais à dire a été imprimé.

REPORTER	Ce qui est exceptionnel. Mais, à propos de l'ouvrage qui vous a valu de recevoir ce prix. . .
ECRIVAIN	J'ai été récompensé pour l'ensemble de mon œuvre.
REPORTER	Certes. Mais en dernier lieu, qu'aviez-vous écrit ?
ECRIVAIN	Ceci : « Il est expressément défendu d'ouvrir les portières pendant la marche, de se pencher en dehors, d'entrer ou de sortir des voitures autrement que par les portières qui se trouvent du côté où se fait le service du train. »
REPORTER	Peut-on savoir ce qui vous a poussé à vous exprimer ainsi ?
ECRIVAIN	Je ne le sais pas moi-même. Je ne me rendais pas compte. J'ai écrit ça comme j'avais écrit, vers la même époque : « Il est interdit de cracher sur le parquet des voitures ».
REPORTER	Naïvement. Car enfin : et sur les sièges ?
ECRIVAIN	Oh. . . à l'époque, je crois que personne n'y pensait sérieusement. . .
REPORTER	Vous rappelez-vous pourquoi vous avez écrit, la même année je crois, excusez-moi, je cite de mémoire : « Toute quête ou vente d'objets quelconques est interdite dans l'enceinte du Métropolitain » ?
ECRIVAIN	Parce que je le savais et que je voulais que d'autres que moi le s. . . que je voulais le faire savoir à d'autres que moi.
REPORTER	Qu'entendiez-vous, à l'époque, par « objets quelconques » ?
ECRIVAIN	N'importe quoi.
REPORTER	Vous n'attachiez donc pas au mot « quelconque » un sens péjoratif.
ECRIVAIN	Hein ? Ah oui ! — Ah non, Ah oui, non, oui, non, oui, non. Non.
REPORTER	Saviez-vous pourquoi toute vente d'objets quelconques était interdite dans l'enceinte du Métropolitain ?
ECRIVAIN	Non. J'étais jeune. Je me bornais à constater le fait.
REPORTER	Et aujourd'hui, pensez-vous que cette vente soit également interdite dans d'autres enceintes que celle du Métropolitain ?
ECRIVAIN	C'est possible. Je n'ai pas réfléchi à la question. Ce sont des choses. . . il faudrait avoir plusieurs vies !
REPORTER	Qu'est-ce pour vous qu'une enceinte ?
EVRIVAIN	Ce qu'elle était pour Littré. Ce qu'elle est devenue, de nos jours, pour Larousse ou autres Robert.
REPORTER	Revenons à votre œuvre la plus récente. Vous dites : « Il est expressément défendu d'ouvrir. . . etc. » Pourquoi ?
ECRIVAIN	Parce que c'est vrai.
REPORTER	Sans doute. Mais pourquoi : « expressément » ? N'auriez-vous pas pu dire, simplement : « Il est défendu d'ouvrir. . . »
ECRIVAIN	Je l'aurais pu, si je l'avais voulu.
REPORTER	Pourquoi ne l'avez-vous pas voulu ?
ECRIVAIN	Eh bien voilà une question intéressante et que je vous remercie de m'avoir posée. Elle va me permettre de dissiper certains malentendus, certaines erreurs d'interprétation, assez ridicules il faut bien le dire. Contrairement à ce qu'on l'a prétendu quelquefois l'adverbe « expressément » — dans l'expression « expressément défendu » — , n'avait dans mon esprit aucun rapport avec la métaphysique d'Aristote qui, comme vous le savez, distinguait les formes « impresses » et les formes « expresses ». Non. Toute ressemblance entre la pensée d'Aristote et la mienne ne peut être que fortuite. Je n'ai lu aucun de ses ouvrages. Et je suis bien tranquille que lui non plus n'a pas dû lire les miens.
	D'autres ont prétendu que si j'avais écrit : « expressément défendu », c'était pour signifier : « défendu comme il est de règle

générale dans les trains express ». Eh bien non, n'est-ce pas. D'abord le métro n'est pas un train express, et puis, ce qui est vrai pour les express est également vrai pour les rapides ! De sorte qu'à ce compte, j'aurais tout aussi bien pu écrire : « Il est rapidement défendu. . . », ce qui n'offre pas grand sens. Non, tout ça c'est des histoires de critiques ; il ne faut pas les suivre quand ils vont trop loin.

REPORTER   Vous avez pourtant écrit : « expressément ». Pourquoi ?

ECRIVAIN   Eh bien, je vais peut-être vous étonner, mais je n'en sais rien. Ça m'est venu tout d'un coup, j'ai écrit ça d'un seul jet, je n'ai pas fait une rature. Et croyez-moi : quand on écrit comme ça, en général, c'est que c'est bon. Mais oui ! Ça me rappelle, tenez. . . ce qui est arrivé dernièrement à un de mes confrères, de ceux qui travaillent pour les véhicules de surface. Il avait écrit. . . Voyons, qu'est-ce que c'était déjà. . . Ah oui : « Il est dangereux de se pencher au dehors, ou de laisser passer un bras par la fenêtre ». Alors on lui a dit : comment ! Un bras ! Et les jambes, alors ? Et s'il prend fantaisie à un usager quelconque de laisser pendre ses jambes par la fenêtre ? Oui. Bien sûr. C'était maladroit. Pour être exact, il aurait fallu qu'il écrivît : « Il est dangereux de laisser passer un "membre" par la fenêtre ». Mais c'est alors, vous le pensez bien, que la critique s'en fût donné à cœur joie ! Non, voyez-vous, il ne faut pas chercher la petite bête. C'est difficile, vous savez, d'écrire ce genre de texte. Ça n'a l'air de rien, mais c'est un travail difficile.

REPORTER   Pourquoi avez-vous choisi de vous exprimer par la voie du métropolitain, plutôt que par celle du roman, de la poésie, du théâtre, etc.

ECRIVAIN   Il y a des choses qu'on ne peut exprimer que par la voie du métropolitain, et qui seraient déplacées, voire incompréhensibles, dans un roman.

REPORTER   Par exemple ?

ECRIVAIN   Défense de fumer. Dans un roman, non, n'est-ce pas. . . il faut se mettre à la place du lecteur.

REPORTER   Nous allons maintenant passer, si vous le voulez bien, à une de vos œuvres les plus connues, mais au sujet de laquelle je vous avouerai que je ne vous suis pas très bien. . .

ECRIVAIN   Allez-y, allez-y, ça m'amuse.

REPORTER   La voici, je la cite de mémoire. . . : « Conservez votre titre de transport, il peut être contrôlé en cours de route, et il sera exigé aux accès de correspondance, et à la sortie. »

ECRIVAIN   C'est vrai, j'ai écrit ça.

REPORTER   Croyez-vous à toute cette affabulation ?

ECRIVAIN   Bien sûr, il y a là-dedans un côté légendaire. Je sais bien que votre titre de transport, c'est-à-dire le papier certifiant que c'est bien à « titre » de voyageur que vous êtes « transporté », ne sera contrôlé ni en cours de route, ni à la sortie, ni nulle part. Mais, derrière ce mythe, n'est-ce pas, destiné à effaroucher les masses incultes et à les structurer, j'ai voulu exprimer l'opportunité, pour le voyageur, de conserver en main ce petit rectangle symbolique. Le jeter sur le parquet des voitures, en effet, ce n'est pas propre. Le manger, comme il est tentant de le faire, surtout pour des enfants, ce n'est pas propre non plus. Et puis, il vous occupe les doigts pendant que vous roulez, vous pouvez même parcourir ce qui est écrit dessus, et qui est souvent instructif. . .

REPORTER   C'est de vous ?

ECRIVAIN   Non, mais c'est assez bien fait. . . Et pendant ce temps-là, vous ne penserez pas trop à profiter des contacts que vous pouvez avoir avec vos voisines, — ou vos voisins. Ils sont voyageurs debout comme vous, ils ont droit au même respect.

REPORTER   A ce propos, je ne vous cacherai pas que bien des esprits vous ont reproché d'avoir écrit, entre autres textes du même ordre : Voyageurs debout : 95, voyageurs assis : 21, alors qu'il vous eût été si facile d'écrire le contraire. . .

ECRIVAIN   Oui : voyageurs assis 95, voyageurs debout 21. D'abord, je me borne à peindre les hommes tels qu'ils sont, non tels qu'ils devraient être. . .

REPORTER   Racinien, en quelque sorte ?. . .

ECRIVAIN   . . . Plutôt que cornélien, oui. Et puis je ne fais pas de politique.

REPORTER   Méfiez-vous : les voyageurs debout, par leur nombre, sont les plus forts.

ECRIVAIN   Oui, eh bien qu'ils suivent mon conseil : « Voyageurs debout, ne songez pas trop à profiter de votre avantage numérique pour prendre la place de vos adversaires assis. Car s'il est vrai qu'ils tiendront aisément à 21 debout, jamais vous, vous ne tiendrez à 95 sur les sièges. Ou alors, vous y serez encore plus mal qu'avant. »

REPORTER   C'est exactement ce genre de raisonnement que tiennent tous les écrivains réactionnaires.

ECRIVAIN   Je ne fais pas de politique.

REPORTER   Dans ce cas, nous aborderons, s'il vous plaît, une de vos œuvres les plus purement littéraires, et qui se trouve en même temps être une des plus populaires, puisqu'elle chante dans toutes les mémoires. Je veux parler de votre alexandrin. Tel qu'en lui-même enfin l'éternité le change, je me permettrai de le redire pour tous à haute voix : « Le train ne peut partir que les portes fermées ».

ECRIVAIN   Et puis l'octosyllabe qui lui fait suite et qu'on a coutume d'oublier je ne sais pas pourquoi : « Ne gênez pas leur fermeture ». Oui, après tout, je ne suis pas mécontent d'avoir écrit ça. Mais je ne vois pas ce que j'en pourrais dire. La pensée est assez banale. La forme est recherchée, mais le sens est banal. J'ai voulu seulement exprimer par là que le plaisir de coincer une porte vient rarement sans la douleur d'être coincé par elle. . . Et que si le train ne part pas, vous non plus, vous ne pourrez partir. C'est un jeu absurde où personne ne gagne.

REPORTER   Eh bien je crois que nous avons dit l'essentiel. . .

ECRIVAIN   Non, il y a un problème, malgré tout, dont j'aimerais toucher un mot, un problème important, qui continue à me préoccuper, et au sujet duquel on m'a fait bien des reproches, c'est le problème du frein de secours.

REPORTER   « Il est défendu de se servir du frein de secours sans motif plausible. »

ECRIVAIN   Ah, vous avez lu ça aussi? Et qu'est-ce que vous en pensez ? honnêtement ?

REPORTER   Eh bien, à vrai dire, c'est l'œuvre de vous qui me laisse le plus réticent. Car enfin, qu'appelez-vous au juste un motif plausible ?

ECRIVAIN   Vous avez mis le doigt dessus. Eh bien voilà : je soutiens que tout homme peut légitimement se trouver, une fois au moins par semaine, un motif d'actionner le frein de secours. Ne serait-ce que la curiosité, le désir de savoir comment ça fonctionne, ou celui de rétablir un équilibre compromis par telle ou telle secousse. Mais, si le motif simple se présente assez fréquemment, le motif plausible, lui, est extrêmement rare.

REPORTER　　Mais pratiquement, comment distinguer si le motif qu'on a est plausible ou non ?

ECRIVAIN　　Par une expérience très simple. Que signifie plausible, en effet ? Plausible vient du verbe latin *plaudere*, qui signifie battre des mains, applaudir. D'où : plausible, digne d'être applaudi. Donc, à supposer que l'envie vous prenne de vous servir du frein de secours, confiez-vous à vos compagnons de route. Si plusieurs d'entre eux, ou même un seul, se met à applaudir à l'énoncé de votre motif, la preuve est faite, c'est un motif plausible, et vous pouvez y aller d'une main ferme. Si au contraire votre entourage demeure sur sa réserve, ou si, par exception, vous êtes seul dans votre wagon, n'entreprenez rien, vous pourriez vous en repentir.

REPORTER　　Eh bien je pense que nous avons tout dit. Il me reste à vous remercier.

© Marc Barbezat, L'Arbalète, 1976

Etude de mots

à cœur joie　*to one's heart's content*

une **affabulation**　arrangement de faits constituant une œuvre d'imagination (Cf. une **fable**)

alexandrin *adj, nm*　vers de douze syllabes divisé par une césure (pause) normalement entre six et six, comme le vers puissant que cite le reporter, « Tel qu'en lui-même enfin. . . » (c'est-à-dire, devenu immortel, et trouvant ainsi sa vraie identité). C'est le premier vers d'un sonnet, « Le Tombeau d'Edgar Poe », par Stéphane Mallarmé, chef de l'école symboliste, qui était aussi professeur d'anglais.

à titre de　en tant que (parce que l'on est. . .)

chercher la petite bête *fam*　être extrêmement méticuleux ; essayer très fort de trouver de quoi blâmer quelqu'un

coincer　bloquer ; **être coincé**　être pris, se faire pincer

cornélien *adj*　de Pierre Corneille, comme Racine, dramaturge du XVIIe s. ; auteur du *Cid*. Les personnages de ses tragédies sont héroïques.

cracher　expectorer

la **critique s'en fût donné** (*plus-que-parfait du subj*) **à cœur joie**　les critiques se seraient amusés sans restreinte (Cf. *would have had a field day*)

effaroucher　effrayer (un animal) de sorte qu'on le fait fuir ; alarmer, troubler

une **enceinte**　ce qui entoure un espace fermé et en interdit l'accès : un rempart ; l'espace ainsi fermé (Cf. *premises*)

f*une **expérience**　ici, expérimentation

le **frein de secours**　le mécanisme par lequel un passager peut arrêter le train en cas d'accident

impresse *adj f*　*a priori* (avant l'expérience) ; **exprès (expresse)** *adj*　exprimé, explicite. (Aristote distinguait entre *dynamis*, l'état d'un potentiel non réalisé, et *energeia*, l'état de réalisation.)

un(e) **lauréat(e)** *n, adj*　qui a remporté un prix dans un concours. Dans l'antiquité, on couronnait le gagnant (ou le héros) de laurier (*laurel*).

Emile **Littré** (1801–1881)　lexicographe qui illustre son dictionnaire de phrases des grands auteurs, phrases qu'il dictait à sa femme, dit-on, même dans les gares de chemin de fer

objets quelconques　Il s'agit d'un calembour. L'avis (*the notice*) affiché veut dire *any objects whatever*, mais « objets quelconques » peut signifier aussi *trivial objects* ; c'est-à-dire, il est défendu de vendre. . . des objets insignifiants !

le **parquet**   le plancher (*floor*)

les **portières** *f* **du côté où se fait le service. . .**   façon verbeuse de dire, du côté du quai

que d'autres que moi le s. . .   Cet écrivain n'est pas sûr du subjonctif de **savoir**.

racinien *adj*   de Racine ; on dit que Racine peignait les hommes comme ils sont. (Cf. p. 18)

une **rature**   l'acte de barrer, d'effacer (un mot ou des mots)

le **titre de transport**   nom officiel de ce que nous autres appelons simplement un billet

QUATORZIEME PALIER

ACTIVITES, DISCUSSION

A. Un sketch humoristique à mettre en scène. Un(e) touriste, dont la langue ne distingue pas entre [v] et [f], demande un billet aller et retour pour Anvers (*Antwerp*). L'employé(e), croyant que c'est une plaisanterie, répond sèchement qu'il n'y a que des billets simples pour l'Enfer (cf. *Inferno*), et demande pourquoi diable on veut mourir si jeune ? Est-ce que le (la) touriste réussira à expliquer qu'il (elle) ne se moquait pas de l'employé(e) ?

B. Un dialogue entre une culture à contexte faible et une culture à contexte riche. C'est un principe du journalisme américain qu'il faut séparer les faits (le reportage) de l'opinion. Les Français affirment que ce n'est pas possible : c'est une illusion de croire pouvoir séparer « un fait » du contexte des attitudes de l'observateur. Lequel a raison ? Il est amusant d'analyser de ce point de vue un article de journal.

C. Un débat. Quelle est la meilleure solution du problème linguistique de la négociation interculturelle ? Par exemple :

1. Chaque spécialiste apprendrait les trois ou quatre langues principales.
2. Chacun parlerait une des langues principales et apprendrait seulement à comprendre les autres.
3. On se fierait entièrement aux interprètes et, dans les congrès, à la traduction simultanée.
4. Chacun apprendrait une langue construite, comme l'esperanto ou une langue à mi-chemin entre les langues occidentales et orientales.

D. Une question de mode. Un anthropologue, A. L. Kroeber, a démontré qu'au XIXe siècle, les jupes (*skirts*) aux Etats-Unis se faisaient plus longues ou plus courtes suivant des cycles, plus rapides en temps de crise sociale. Après avoir lu M. de Vulpian, croyez-vous qu'il serait utile de chercher la continuation de ces cycles dans la France des années 80 ?

PROJETS INDIVIDUELS OU D'EQUIPE

A. Montrez à la classe un journal du monde francophone. Animez une discussion sur ses caractéristiques.

B. Montrez une carte des canaux de France ou/et de la publicité pour des excursions en péniche.

C. Parlez à la classe des changements que le vidéotex, comme le Minitel français, introduira dans la vie du XXIe siècle. *V* par exemple « Et voilà ! le Minitel », *New York Times Magazine*, 9 March, 1986, pp. 46, 49, 69.

D. Les « références culturelles » — les allusions que vous pouvez faire à la littérature, à l'histoire — sont un des signes de « compétence socio-culturelle ». Les Français aiment entendre des allusions aux fables de La Fontaine. Faites deviner à la classe ce que l'on veut dire par « Je préfère être le rat des champs », ou « C'est le pavé de l'ours ! ».

CHAPITRE QUINZE

 Ecoutez la bande 15-A. Elle commence par la Scène, A Montmartre, p. 337. Vous y entendrez le nom d'une pâtisserie-confiserie qui, assez typiquement, est breton : un nom de famille (que vous n'avez évidemment pas besoin de retenir). C'est Hellegouarch.

 ## LES TENDANCES SOCIO-CULTURELLES (II) : LE DEFI A LA NOUVELLE GENERATION

par Alain de Vulpian

Nous sommes, en 1984, au centre d'une mutation. Parallèlement au changement socio-culturel, se produisent des changements en tous genres et très profonds, notamment géopolitiques, économiques et technologiques. Quelques exemples :
— géopolitiques : mondialisation, intensification de la dialectique Nord-Sud, déplacement d'activité vers le Pacifique, lutte pour le pouvoir entre les Etats-nations d'une part et des entités infra- et supranationales de l'autre, etc.
— économiques : risques de pénuries localisées, fluctuation du prix de l'énergie, nouvelle donne internationale, difficultés dans les pays occidentaux à financer des dépenses collectives croissantes, système monétaire fragilisé, chômage, etc.
— technologiques : développements de la micro-informatique, de la robotique, de la télématique, des bio-technologies, développement de nouveaux matériaux, des technologies aéronautiques et de l'espace, énergies nouvelles, etc.

Ce qu'il faudra pour réussir

Les acteurs (Etats, gouvernements, entreprises, syndicats, etc.) sont profondément affectés par le changement de leur environnement social, économique, technologique.
Ces acteurs ne sont pas seulement des « pouvoirs » qui peuvent tenter d'agir, avec succès ou insuccès, sur leur environnement. Ils sont aussi sélectionnés par cet environnement. Ils se maintiendront, se développeront, verront leur capacité d'action s'accroître s'ils trouvent à s'ajuster à l'environnement.
Il est intéressant de constater, à cet égard, combien notre représentation de la sélection naturelle s'est profondément transformée. Il y a cent ans, l'évolution nous paraissait résulter d'une guerre entre les espèces qui assurait le triomphe du plus fort et du plus agressif. La science moderne nous conduit peu à peu à une image très différente de la pression de sélection : l'espèce qui réussit est celle qui parvient, mieux que ses concurrentes, à s'adapter à son écosystème, à l'alimenter et à s'en nourrir, et qui s'y fait une niche confortable.

Les chances des petites entreprises

Les petites entreprises, notamment celles qui sont nouvelles et dans des secteurs de pointe, sont très bien placées pour tirer parti des changements. Même de très anciennes petites entreprises peuvent profiter de leur caractère informel et de leur mobilité et inventer de nouvelles façons d'être. Si l'ensemble des structures juridiques et bureaucratiques n'exerçait pas en France une action paralysante, le foisonnement des petites entreprises nouvellement créées aurait déjà profondément modifié le panorama, comme c'est le cas aux Etats-Unis.

Le défi lancé aux grandes entreprises

Les grandes entreprises sont confrontées à un enjeu redoutable mais stimulant. Ce qui avait assuré leur succès dans les années 50 et 60, c'était une combinaison de production de masse, taylorisme, marketing de masse, organisation hiérarchique et bureaucratique, développement systématique d'une connivence avec l'Etat régalien, management à l'américaine, prévision, planification à cinq ans, évaluation à court terme des performances des responsables. Tout cela est pris à contrepied par les changements de l'environnement. Mais leur caractère de cellules autonomes, leur relative flexibilité, le fait qu'elles ont conscience d'être mortelles sont autant d'atouts qui aident certaines grandes entreprises à inventer les nouvelles adaptations indispensables. La société française traverse actuellement une phase exceptionnelle de fluidité, dont bon nombre d'entreprises tirent habilement parti.

Le défi lancé aux autres institutions de la société

Mais les structures de l'Etat, celles des grandes administrations, celles des grandes organisations politiques, confessionnelles, syndicales, construites à l'échelle nationale selon un modèle pyramidal et très centralisé, ont peu évolué au cours des vingt dernières années sinon pour se renforcer. Et l'urbanisation n'a fait qu'accentuer le phénomène en coupant le citoyen des circuits informels d'intervention politique qui caractérisaient la vie des petites communes.

Dans la plupart des pays, les gouvernements et les Etats disposent de cartes du territoire, d'analyses et de stratégies qui datent ; elles étaient adaptées à l'environnement d'hier ou d'avant-hier et ne le sont pas à celui d'aujourd'hui. Mal informés, insuffisamment au contact de la société vivante, dépourvus de vision, ils ne parviennent pas à développer des innovations qui engrèneraient la socioculture. D'où leur inefficacité, leur perte de contrôle de la situation, leur incapacité à maîtriser l'inflation, le chômage, ou l'opinion publique dont les réactions continuent à les prendre au dépourvu, leur inaptitude à favoriser le développement des consensus qui seraient nécessaires pour fonder les grandes réformes indispensables.

Ce décalage induit un malaise chez les citoyens. Il avait provoqué, à la fin des années 60 et au début des années 70, des mouvements de contestation. Il produit plutôt aujourd'hui des réactions de fuite hors de la société formelle et institutionnalisée. Les Français, de plus en plus nombreux, quittent tranquillement, sur la pointe des pieds, sans protestation, la grande société institutionnalisée qui leur paraît froide, étrangère et inefficace.

Trois scénarios vraisemblables

Les interactions entre changement socio-culturel, changement technologique et économique, jeu des acteurs peuvent nous mener dans des directions diverses, dont trois nous paraissent les plus vraisemblables pour le reste du XXe siècle.

La turbulence actuelle peut s'aggraver et, malgré sa nature fondamentalement instable, perdurer.

Ou cette turbulence peut provoquer des efforts despotiques pour restaurer l'ordre formel, ce qui risque de produire une course entre la réglementation et l'évasion, qui pourrait aboutir à la perte des libertés.

C'est le troisième scénario, cependant, qui est le plus probable pour la France. Dans la ligne des principaux courants socio-culturels et technologiques actuellement en œuvre, un nouveau tissu social peut se constituer. Ce nouveau tissu est d'un niveau de complexité très élevé, celui du vivant. La structure dominante est en réseau, à mailles très fines. Les centres de pouvoir sont légers. Les autorités hiérarchiques et les centres de décision sont souvent remplacés par des processus d'autorégulation.

Les personnes et les petits groupes jouissent ainsi d'une assez large autonomie. Cependant, un certain nombre d'organisations (pouvoirs politiques, entreprises, églises, etc.), plus souples, mieux informées, plus inventives que les autres apprennent à manipuler ce réseau.

Pour l'Europe, une période critique

C'est probablement pendant les cinq années de 1985 à 1990 que se joue l'avenir des sociétés européennes. Un retour au despotisme est possible. La turbulence peut se prolonger et marquer durablement l'affaiblissement de l'Europe. Une société très nouvelle, d'un niveau de complexité très élevé, relativement harmonieuse, libre et efficace peut commencer à s'installer. Peser dans cette dernière direction est, à mon sens, une des grandes affaires de notre époque.

En effet, lorsqu'un système est à ses débuts, il est très difficile d'infléchir sa marche ; il peut se nourrir des actions menées à cet effet qui aboutissent ainsi à des résultats inverses de ceux qui étaient visés. Par contre, « lorsqu'on parvient à un point de bifurcation où plusieurs solutions sont possibles, il suffit qu'un petit phénomène appelé "fluctuation" intervienne pour favoriser préférentiellement l'une des évolutions ; celle-ci[1] s'impose alors irréversiblement et s'enfle de sa propre réussite jusqu'à ce qu'elle parvienne à un nouveau point d'inadaptation ».

(— André Danzin et Ilya Prigogine, « Quelle science pour demain ? » *Le Courrier de l'Unesco*, février 1982)

Il faut faire sauter des verrous qui bloquent des évolutions saines, qui empêchent par exemple que de nouvelles formes de travail (susceptibles de réduire le chômage et la délinquance des jeunes) se développent, qui freinent la création d'entreprises nouvelles, qui bloquent les interactions dans l'entreprise entre les personnels et la direction, etc.

Il faut imaginer et mettre en œuvre une multitude d'innovations appropriées dans l'entreprise, dans l'Etat, dans la vie municipale, dans la vie culturelle, qui soient susceptibles de réaccorder les pouvoirs et les institutions avec la socio-culture.

Une partie des entreprises, des associations, des acteurs du jeu local cherchent, en France et dans la plupart des pays d'Europe, à tirer parti du changement socio-culturel et de la nouvelle complexité, inventant des structures et des méthodes d'action en phase avec l'évolution de la socio-culture. Il faudrait qu'ils soient à la fois plus libres de jouer leurs cartes au mieux, afin que fonctionne à plein la sélection naturelle des innovations positives, et plus aidés à découvrir et à mettre en œuvre les innovations appropriées.

Pour mettre toutes les chances de notre côté, nous aurions besoin d'un gouvernement et d'une administration qui aient la volonté de créer les conditions pour que se produisent un certain nombre d'évolutions naturelles, et que se mettent en place les régulations indispensables. Au lieu d'imposer en vain sa loi à la vie, ce gouvernement chercherait à reprendre un pouvoir réel en engrenant les processus sociologiques et économiques naturels et en les pilotant d'un doigt léger.

En France, cet Etat souhaitable se situe à l'opposé de la tradition autoritaire, centralisatrice, hiérarchique, régalienne. La Cofremca a cependant observé, au cours de ces dernières années, des innovations à la base dans les comportements des Pouvoirs Publics qui constituent des signes encourageants.

---

[1]**celle-ci** l'une des évolutions : ce scénario

Etude de mots

s'enfler grossir, augmenter. Le succès attire le succès.

un **engrenage** :

engrener mettre en liaison deux roues dentées (*cogs*) ; ici, faire fonctionner

en phase en harmonie

être pris à contre-pied être contrarié : les changements empêchent les procédés que l'auteur va énumérer.

faire sauter faire éclater, démolir

les **grandes administrations** les grands services publics : ministères de P.T.T., des finances, etc.

la **mondialisation** le remplacement des contextes régionaux par un contexte mondial

une **nouvelle donne** distribution des cartes (Cf. *New Deal*)

pour que . . . et que Rappel : le second **que** reprend la conjonction entière.

prendre au dépourvu surprendre dans un moment où on n'a pas les ressources nécessaires

réaccorder remettre en accord, en harmonie

régalien(ne) monarchique (Cf. *regal*)

trouver à trouver le moyen de

QUESTIONS

1. Avez-vous observé des conflits entre une nation et une entité qui en fait partie ? entre une nation et un organisme intergouvernemental ?
2. Quelle conception du darwinisme (l'adaptation à de nouvelles conditions pour survivre) a remplacé la première ?
3. Selon la nouvelle conception, quelle stratégie conduirait au succès dans la profession que vous choisirez comme exemple ?
4. Comparez les structures politiques (gouvernements et Etats) aux entreprises commerciales, du point de vue de leur adaptation au changement social actuel.
5. Comment l'attitude politique des citoyens a-t-elle changé entre les années 60 et 80 ?
6. Décrivez les trois directions que le changement socio-culturel pourrait prendre pendant le reste du XXe siècle, selon M. de Vulpian.
7. Nommez les trois caractéristiques dont on aura besoin, selon lui, pour tirer parti de la structure sociale future la plus probable.
8. Dans quelle phase de la vie d'un système peut-on infléchir sa marche, selon Danzin et Prigogine (un lauréat du prix Nobel) ?
9. Comment faut-il que le style français de gouvernement évolue, selon M. de Vulpian, pour s'adapter à la nouvelle forme de société ?
10. Quel est le rôle du citoyen d'une démocratie dans l'adaptation des institutions politiques ?

Apprenez le verbe **craindre** *et les verbes qui se conjugent comme* **craindre***, p. C151. Faites les Exercices A–E, pp. C151–153, l'Exercice F, p. C153, et l'Exercice G sur les « faux amis », p. C154.*

SCENES DE LA VIE FRANÇAISE

 A MONTMARTRE.   Irène et son ami, Didier, font des commissions (des courses).

IRENE   Il vaut mieux acheter nos timbres et poster les lettres avant de faire le marché parce que le bureau de poste est toujours bondé entre 11 h 45 et midi et demi. Cela m'agace d'attendre quand j'ai des courses à faire.

Pour faire le marché, on fait la queue.

DIDIER   On fait la queue tout le temps ici. Et c'est la même chose partout. C'est qu'il y a du monde à Paris, et à Montmartre !

IRENE   Oui, mais le quartier a du cachet, et puis j'y suis habituée. Quand même, monter la rue des Abbesses et la rue Lepic avec des filets pleins est une corvée. Pourtant, faire le marché en voiture, ce n'est pas possible. Tu as remarqué les embouteillages ? C'est un vacarme perpétuel. Malgré ça j'adore faire le marché.

DIDIER	Moi aussi, mais pas tous les jours ! On est moins bousculé dans mon quartier, boulevard Pasteur, mais je trouve le marché de la rue Lepic vraiment marrant. (*Ils arrivent à la poste.*)
IRENE	(*à l'employée*) C'est combien une carte postale par avion pour les Etats-Unis ?
EMPLOYEE	Je n'ai que des timbres ordinaires. Adressez-vous au guichet n° 3 pour les autres.
IRENE	Ah bon. Alors donnez moi six timbres à 2 francs 20, s'il vous plaît.
EMPLOYEE	13 francs 20.
IRENE	Je voudrais envoyer ce petit paquet par bateau aux Etats-Unis.
EMPLOYEE	Au guichet n° 5 on s'occupe des paquets destinés à l'étranger.
DIDIER	(*Au guichet n° 3*) Irène, c'est 3 francs 35, une carte postale pour les Etats-Unis. Combien en veux-tu ?
IRENE	Trois, s'il te plaît. Merci, Didier. (*A l'employé, guichet n° 5*) Je voudrais expédier ce petit paquet aux Etats-Unis, par bateau.
EMPLOYE	Il faut remplir cette étiquette pour la douane.
IRENE	Voilà.
EMPLOYE	800 grammes. C'est 16 francs 50.
IRENE	Vous avez des étiquettes « par avion », s'il vous plaît ?
EMPLOYE	Au guichet n° 4 il y en a.
IRENE	Bon. (*à Didier*) Quel système ! Il faut un guichet différent pour chaque chose. C'est agaçant ! Voilà la boîte aux lettres, dans cette rue à droite.
DIDIER	Je mettrai les lettres. Et maintenant le marché. (*Ils traversent la place des Abbesses.*) Est-ce que tu prends quelquefois le mini-bus ? Voilà l'arrêt en face de l'église. Cela doit être commode pour monter la Butte.
IRENE	Oui, je le prends de temps en temps surtout en sortant du métro.
DIDIER	Le mini-bus monte jusqu'à la place du Tertre et le Sacré-Cœur, n'est-ce pas ? Mais c'est amusant de monter à pied et de regarder les gens. Tu dois connaître pas mal de marchands.
IRENE	Ah oui ! J'ai ma boucherie, ma charcuterie, ma boulangerie, et ma crémerie préférées. Il y a de tout dans le quartier. Mais parfois je descends jusqu'à la place de Clichy où il y a un grand supermarché Luc.
DIDIER	Je l'ai aperçu du bus qui passe par le cimetière.
IRENE	On peut prendre le bus dans la rue Caulaincourt. Je descends à pied et je prends le bus pour rentrer.
DIDIER	Il y a beaucoup de cinémas place de Clichy.
IRENE	J'achèterai *Pariscope* pour voir quels films passent si tu veux en voir un ce soir. Moi j'aimerais bien.
DIDIER	Je t'invite. Nous verrons s'il y a quelque chose de bien. Autrement on peut essayer d'avoir des billets pour le théâtre. Le Théâtre Saint-Georges et le La Bruyère ne sont pas trop loin.
IRENE	Je te remercie. On trouvera certainement une idée pour ce soir. Voilà la boulangerie. (*Ils disparaissent dans la boulangerie.*)

Etude de mots

agacer irriter

avoir du cachet avoir de l'allure, un style caractéristique, du charme

la **Butte** (la butte Montmartre) la colline dans la partie nord de Paris où se trouve la Basilique du Sacré-Cœur

le **cimetière** le cimetière Montmartre

expédier envoyer par la poste

faire la queue attendre son tour en se mettant derrière une autre personne un **filet**   ici, sorte de sac (*net bag*) pour porter les provisions, etc.

Pariscope   publication hebdomadaire donnant la liste de tous les spectacles à Paris : films, pièces de théâtre, concerts, opéras, music-hall, etc.

un **vacarme**   bruit, tumulte bruyant

LA JUSTICE ET LA STRUCTURE SOCIALE

La justice est la dernière valeur du système français qui présente des éléments assez inattendus pour mériter une étude. C'est un élément curieux. Le mot justice veut dire, partout, deux valeurs non seulement différentes mais nettement opposées.

D'une part, la justice « sociale » veut dire égalité ; et ce qui doit être égal, c'est la liberté pour que chacun et chacune puisse s'épanouir au maximum de sa capacité individuelle. D'autre part, la justice « répressive » limite la liberté de tous pour les protéger contre l'injustice et la violence.

En France, la monarchie a légué l'habitude d'un Etat paternaliste responsable de la sûreté publique. La Révolution, par contre, a légué une forte tradition des droits de l'homme. Le Français est révolutionnaire comme individu, mais conservateur comme membre d'un groupe. Le ministre de la Justice (le garde des Sceaux) et les forces de l'ordre (les gendarmes et la police locale) sont puissants et on le veut ainsi, de crainte toujours d'un nouveau bouleversement de l'ordre social. Mais les ministres de la Justice ont souvent fini par se voir haïs.

Il n'est pas étonnant que le conflit entre les deux significations de la justice soit particulièrement intense dans la société française, où tant de conflits résistent à la résolution par le compromis.

La justice sociale

Au sein de la première de ces valeurs, encore un conflit fondamental : le conflit entre l'égalité et la liberté. En France, c'est la liberté qui l'emporte. Selon l'enquête CARA, le rapport entre ces deux valeurs était de 54 % pour la liberté contre 32 % pour l'égalité — un écart moindre qu'en Grande-Bretagne et en Hollande, mais supérieur de beaucoup à celui observé dans la majorité des neuf pays étudiés, surtout l'Italie, la République fédérale et l'Espagne, où l'égalité recevait un peu

La liberté l'emporte. . . d'abord.

plus de votes que la liberté. Aux Etats-Unis, la liberté l'emportait de 72 % à 20 % !

Le progrès de l'égalité signifie, évidemment, que les privilégiés sont obligés de partager leurs avantages avec les défavorisés. Or, les événements inquiétants tels que ceux de mai 68 ont été assez fréquents en France pour faire craindre aux privilégiés la possibilité d'un bouleversement catastrophique.

De l'autre côté, une tradition très forte pousse les intellectuels à défendre les « déshérités ». *Les Héritiers* est le titre d'un livre de Pierre Bourdieu qui signale l'inégalité des chances dans le système éducatif. Les caricaturistes des journaux et revues font constamment appel à la conscience des lecteurs par des dessins qui contrastent l'homme pauvre et l'avare riche, comme le dessin de Plantu à la page 148. On constate des manifestations de l'esprit humanitaire chez les jeunes : des clubs de lycéens, par exemple, où l'on discute du Tiers Monde et des droits de l'homme.

Il est vrai que, quand on demande à des Français si l'esprit humanitaire fait des progrès en France ils se montrent sceptiques. On peut cependant signaler, avec les exemples que l'on vient d'évoquer, l'agitation en faveur des droits de la femme ; la législation en faveur des enfants illégitimes, aussi bien que pour aider les mères célibataires ; la sollicitude pour les orphelins et les handicapés ; les organisations qui luttent contre le racisme, et les bénévoles qui enseignent à lire aux immigrés ; les courts métrages sur les clochards au milieu des festivités de Noël ; les protestations contre la cruauté envers les animaux et même contre la vénérable institution de la chasse.

Si l'on considère que la santé est un droit de l'homme, il faut compter parmi les manifestations de la justice sociale le système français d'assurance-maladie, établi en 1945 quand l'Alsace et la Lorraine, réintégrées à la France, ont revendiqué les droits qu'elles avaient eus sous l'Allemagne, et que le reste de la France a demandé la même protection. Les enfants semblent certainement avoir bénéficié de ce droit, car la mortalité infantile a baissé en France (de 9,5 à 8 pour mille habitants entre 1982 et 1984) alors qu'elle montait aux Etats-Unis.

Les immigrants qui ont afflué en France après la guerre d'Algérie ont gravement mis à l'épreuve la volonté française de justice sociale, et ce problème sera encore plus grave quand les enfants des maghrébins chercheront du travail. Au fond, c'est un conflit entre la qualité de vie en France et l'inexorable fait démographique.

La justice répressive

Le système juridique a deux parties, la justice civile et pénale. Dans la première c'est l'individu qui introduit l'action ; dans la seconde, c'est l'Etat. La justice pénale réserve des surprises aux Anglo-Américains, et en fait, la base du système entier est étranger à leur mentalité.

Le Code Napoléon est exprimé sous forme de principes, par contraste avec le droit commun anglo-saxon qui est basé sur l'ensemble des cas précédents. C'est un exemple du contraste entre l'intellectualité qui cherche la synthèse et la mentalité qui évite les abstractions en prenant comme point de départ des cas concrets.

Une seconde surprise vient du procédé du droit pénal. La procédure française a donné une fausse impression selon laquelle on serait « coupable jusqu'à être prouvé innocent ». Le malentendu vient du fait que l'Etat procède à une recherche sur l'infraction avant de présenter l'accusation devant un tribunal ou un jury, et que l'enquêteur principal s'appelle un « juge d'instruction ». Ce juge, cependant, malgré son titre, ne juge pas si l'accusé est innocent ou coupable : il « instruit » l'affaire, c'est-à-dire collecte les informations nécessaires au procès. L'accusé reste innocent en attendant le jugement du jury ou du tribunal. Il arrive, parfois, que la presse obtienne illégalement le dossier du juge d'instruction avant la séance du tribunal. Dans ce cas, le public risque de croire que l'accusé est coupable. Mais dans le système américain, le public a cette même réaction lorsque l'*indictment* d'un *grand jury* est publié, tout à fait légalement.

La supposition de l'innocence est donc la même dans les deux systèmes. Mais une vraie différence résulte des deux cultures, dont l'une insiste sur un contexte et l'autre veut isoler la chose observée. Ainsi, le droit criminel français admet comme valable et utile le contexte entier d'un acte, même le témoignage par ouï-dire (*hearsay*). Par contre, le droit anglo-saxon exclut de nombreuses catégories de preuves comme « *inadmissible evidence* ».

Troisième surprise, en France l'individu a le droit de recours à un tribunal supranational où il peut rencontrer l'Etat sur un pied d'égalité. Car depuis 1981 la France se soumet aux décisions de la Cour européenne des droits de l'homme, un tribunal attaché au Conseil de l'Europe.

Un dernier élément du système juridique français confirme l'opinion que l'esprit humanitaire fait des progrès : la France a signé en 1983 au Conseil de l'Europe un accord qui exclut la peine de mort, même en cas de crise.

La structure sociale

Le degré de mobilité — de liberté pour s'élever dans la hiérarchie — est une mesure importante de l'état de la justice sociale.

Autrefois on divisait la société française en classes sociales : grande bourgeoisie (aristocratie et bourgeois riches) ; classe moyenne (professions libérales, cadres moyens) ; employés, artisans, petits commerçants ; ouvriers ; et paysans.

Un défilé du 1er mai.

Aujourd'hui ces classes ne correspondent plus à la réalité. Le fermier qui a une chaîne hi-fi pour écouter Mozart sur France Musique, l'ouvrier qui passe ses week-ends dans sa résidence secondaire, n'ont plus ni l'apparence ni la mentalité correspondant aux anciennes classifications. Les ouvriers qui participent aux décisions de la gestion et aux bénéfices de l'entreprise ne constituent plus une classe opposée au capitalisme. Les sociologues préfèrent donc parler de « catégories socio-professionnelles ».

Une de ces catégories, les cadres, n'est évidemment pas une classe sociale, et pourtant les aspirations et le souci de sécurité de ces salariés les distinguent des entrepreneurs. Les cadres ne représentaient en 1960 que 10 % de la population ; en 1980, ils en constituaient 20 % : une nouvelle force dans l'électorat. Le pourcentage des agriculteurs avait baissé en même temps de 20 à 10 %.

On pourrait supposer que les artisans, eux, resteraient une classe sociale. Ils travaillent à la main, ils forment des apprentis comme avant. Mais ils ont besoin aujourd'hui d'être des entrepreneurs modernes pour survivre, même avec l'aide qu'ils reçoivent de l'Etat. Leurs 850 000 entreprises jouent un rôle indispensable dans les industries du bâtiment, de l'alimentation, de la mécanique, de l'habillement, de la coiffure. Pour reconstruire le flambeau de la Statue de la Liberté il a fallu des artisans de France.

Les vieilles différences de classe s'estompent, mais la structure reste tout de même plus hiérarchisée qu'une certaine Française ne voulait admettre quand elle a dit,

— Figurez-vous, dans la classe de ma nièce il y a un fils du comte de Paris, et on dit *tu* même au fils du comte de Paris. Cela prouve que la structure s'est démocratisée.

Elle a raison en partie. Mais les différences de classe influencent encore les attitudes et les aspirations d'un bout à l'autre de la hiérarchie. Il est significatif que le mot « démocratiser » veut dire pour certains fonctionnaires du ministère de la Culture, apporter au peuple la haute culture.

Le mur entre les amis et « les autres » n'existe pas pour les familles internationales, cosmopolites, de la grande bourgeoisie, qui maintiennent un grand nombre de relations à des degrés divers de distance.

Au milieu de l'échelle, où le pouvoir d'achat et le niveau de vie ont augmenté d'au moins la moitié en vingt années, la mobilité socio-professionnelle est devenue une aspiration répandue, ce qui n'est évidemment pas le cas en haut de l'échelle.

Les attitudes des maris envers la femme qui travaille varient d'un niveau à l'autre. En haut, le mari sait que personne ne croira qu'il a besoin d'un revenu supplémentaire ; il peut être fier d'avoir une femme qui fait un métier difficile. Dans la classe moyenne, ce revenu permet un niveau de vie agréable et respecté. Dans une famille ouvrière, le mari n'est pas tellement enchanté de voir sa femme en compagnie des « mecs » de l'usine ; et il considère comme un luxe de s'offrir une femme au foyer.

Les grèves périodiques des ouvriers montrent assez l'opposition entre leur intérêt et celui des chefs d'entreprise. Les syndicats ouvriers ne sont pas très forts — 20 % des ouvriers — et ces syndicats sont si nombreux qu'une grève importante requiert une coalition entre eux. Ces coalitions sont instables et ne peuvent avoir que des buts imprécis. Néanmoins, les grèves en France sont plus sévères qu'en aucun autre pays européen sauf l'Italie. Les ouvriers expriment leurs intérêts chaque 1er mai, fête du Travail : ils font sentir leur pouvoir par l'interruption des transports publics et par des défilés dans la rue, avec des pancartes dont les slogans ne laissent pas de doute sur l'aspect combatif de leurs aspirations.

L'écart entre les extrêmes de richesse et de pauvreté en France est le plus étendu de l'Europe occidentale. Même parmi les salariés, les 10 % en haut de l'échelle gagnaient en 1981 quinze fois le salaire minimum, le SMIC. Les plus pauvres sont certains chômeurs, certains vieillards et certains immigrants qui vivent difficilement de l'Aide Sociale. Ce sont les nouveaux pauvres que l'on appelle le Quart Monde.

Mais le critère le plus significatif pour mesurer le degré d'égalité dans une société est de voir à quel point chaque catégorie de la population est représentée parmi les dirigeants. Si, dans un cas imaginaire, les enfants d'ouvriers ou les Noirs constituent 10 % de leur génération mais seulement 2 % des P.D.G., des politiciens haut placés et des intellectuels écoutés, c'est une mesure de l'inégalité des chances. Car de toute évidence, la capacité génétique de réussir est très bien distribuée parmi tous les groupes socio-économiques et ethniques.

Or, en France, le nombre des enfants d'ouvriers dans l'enseignement supérieur et même dans les lycées demeure bien inférieur à la proportion de leur catégorie dans la population. Cette mesure de l'égalité est sévère pour tous les pays. La France a fait d'énormes progrès au cours du XXe siècle. Le nombre d'étudiants au-dessus du primaire a doublé en 20 ans, mais les intellectuels insistent sur les progrès qui restent à faire. Les réformes continuent. . . dirigées, il est vrai, par une élite soucieuse de son intérêt et surtout ignorante des handicaps des défavorisés.

Il ne reste plus de valeurs à étudier !

Félicitations ! Vous avez maintenant une notion pratique de toutes les valeurs de ce système qui auraient posé des difficultés. Les autres n'ont pas besoin d'une étude. En voici les principales.

Le réalisme, nous l'avons vu, limite fortement ce que l'on attend de la vie et de la nature humaine. Quant au bon sens, on peut le considérer comme un aspect de cette même valeur, puisque le bon jugement n'entre jamais en conflit avec la perception claire de la réalité.

La sociabilité est la même partout. Ce qui singularise sa forme française, c'est le compartimentage des occasions d'être sociable ou non.

Le bonheur ne fait pas partie de la liste. Ce n'est pas une valeur distincte mais plutôt l'ensemble des valeurs cherchées par l'individu, comme l'idée d'une société souhaitable est l'ensemble d'autres valeurs telles que l'égalité et la liberté. Dans une société libre, les deux ensembles sont indispensables l'un à l'autre.

QUESTIONS

1. Que veut-on dire par « justice sociale » et « justice répressive » ?
2. Situez l'égalité par rapport à la justice sociale dans le système français de valeurs.
3. Quelle nuance aurait poussé les intellectuels à choisir le terme « déshérités » plutôt que « défavorisés » ?
4. Citez plusieurs exemples de l'esprit humanitaire en France.
5. Comment le Code Napoléon diffère-t-il du droit commun des pays anglophones ?
6. Critiquez le cliché, « coupable jusqu'à être prouvé innocent ».
7. Expliquez comment un citoyen français peut échapper à la souveraineté nationale de la France.
8. Pourquoi les sociologues remplacent-ils le terme « classes sociales » en décrivant la société française d'aujourd'hui ?
9. Citez des aspects de l'ancienne stratification par classes qui persistent.
10. Pourquoi les maris tendent-ils à adopter des attitudes différentes envers l'épouse qui veut travailler ?
11. Quel est le rapport entre le réalisme et le bon sens ?
12. Comparez la sociabilité française à celle de votre pays.
13. Quel est le rapport, selon vous, entre l'idéal pour la personne et l'idéal pour la société ?

Ecoutez la bande 15-B.

CES SITUATIONS QUI FONT IMPROVISER (VI) : ARGUMENTER

Vous parlez, à une réception, avec un(e) Français(e) de soixante-dix ans, très pessimiste au sujet de la France contemporaine. « Toutes les cultures finissent par se ressembler ; il n'y a plus d'esprit humanitaire ; et les jeunes n'ont plus de valeurs. » Prenez le contre-pied de sa position.

LE DYNAMISME DANS LA FRANCE CONTEMPORAINE

Bordeaux, le 15 juin 1988

Monsieur Vincent DUBREUIL
81 Avenue de Saxe
69300 LYON

Cher Vincent,

Le cours de M. Pence est terminé et je n'ai pas oublié que vous aviez demandé à voir mes notes sur sa conférence finale. Vous voudrez bien les trouver ci-jointes. Pour moi, ce prof sous-estime nos défauts mais il m'a convaincu de deux choses : que nous avons aussi des atouts, et que l'on voit plus juste si l'on compare les images de son pays vu du dedans et du dehors.

Avec mon meilleur souvenir,

René MARTIN

Les notes de René

Le dynamisme, bon ou mauvais, est inhérent à notre culture. Les conflits entre groupes, entre régions, entre générations, entre l'identité historique française et la volonté du *look* moderne — tout ça remue les idées et pousse à l'action. L'étendue de notre éventail politique, du monarchisme à l'anarchisme, et du capitalisme à la défense de l'environnement, nous oblige à tenir compte d'une grande variété d'options.

Notre volonté d'accepter le conflit et de le gérer donne une leçon de réalisme. (« Conflit » ne comprend pas ici la violence criminelle, 3 cas pour 100 000 habitants en Europe contre presque 19 aux Etats-Unis.)

L'individualisme français est une forme de dynamisme et un atout pour affronter la société post-industrielle. Celle-ci se décentralise ; la structure sociale du passé se remplace par les relations « informelles ». Nous avons déjà pas mal d'expérience des relations informelles : le système D !

La planification indicative devient une nécessité pour la survie économique des démocraties. Face au rythme rapide du monde moderne, les gouvernements sont obligés d'assumer trois fonctions :

1. Etablir la prospective. (Il est inutile que chaque entreprise finance une étude des mêmes conditions futures, nationales et internationales.)
2. Assurer que l'économie nationale soit compétitive.
3. Harmoniser les pièces de la machine économique qui doivent s'engrener, mais qui évoluent à des rythmes différents.

La France, comme le Japon, a une formule qui joint un Etat fort à un secteur privé et à un marché libre.

Les huit métropoles d'équilibre et les neuf villes nouvelles constituent une application originale de la planification au problème des concentrations urbaines. Sarcelles, prototype de la ville nouvelle, un désastre dans les années 50 (le manque de cafés et d'autres facilités a causé le malaise appelé « la sarcellite »), est devenue une des collectivités agréables de la grande banlieue parisienne, fière de ses transports publics, supermarché, écoles, bibliothèque.

Avec le développement des régions, la planification s'alimente de nouvelles sources d'initiative locale, comme le mouvement associatif. Exemple : Villejuif, petite ville défavorisée au sud de Paris, qui a son propre plan de six ans, établi au cours de réunions des citoyens.

L'initiative française se fait sentir dans un grand nombre de domaines scientifiques et techniques.

1. **Sciences physiques.** Le CERN (Centre européen de recherche nucléaire) a construit le plus grand accélérateur du monde. Les Etats-Unis ont été obligés de

l'imiter pour éviter une fuite de physiciens vers l'Europe. La France a poussé plus loin qu'aucun autre pays l'utilisation de l'énergie nucléaire. Ses nombreuses centrales satisfaisaient, en 1987, 70 % de ses besoins en électricité. L'Etat subventionne aussi la recherche sur l'énergie solaire et géothermique. En océanographie, le navire Jean Charcot fait des recherches cartographiques avec de nouveaux instruments. Les recherches de Jacques Cousteau sont connues d'un public mondial, qui aide à les financer.

2. **Sciences biologiques et médecine.** Les centres de recherche français sont parmi les premiers dans certaines branches de la biologie et dans le domaine de l'ingénierie génétique, qui contribue à la pharmacie, à l'industrie et à l'agriculture. Un seul agriculteur, qui nourrissait dix personnes dans les années 60, arrive à en nourrir trente. Dans les territoires du Pacifique, la France fait des recherches dans le champ nouveau de l'aquaculture.

La médecine française brille dans certains domaines de pointe, tels l'emploi du laser dans la chirurgie de l'œil, et le combat contre le SIDA (syndrome immunodéficitaire acquis). D'autres recherches élargissent l'horizon de la médecine. Selon un observateur américain, les Français sont plus avancés en acuponcture que les Chinois.

3. **Industrie et commerce.** Avec moins de 1,2 % de la population mondiale, la France est le quatrième pays exportateur. Les entreprises et l'Etat ont augmenté continuellement les fonds pour la recherche et le développement pendant les années 80, au contraire de la tendance internationale. On a fait progresser ainsi la construction automobile et aéronautique, l'aérospatiale, l'informatique et la télématique. Les usines Renault ont été robotisées avant celles du pays de Henry Ford. La fusée Ariane fut choisie par GTE (General Telephone et Electronics) pour lancer plusieurs satellites américains.

Dans certaines branches des arts et des arts appliqués la vitalité est frappante. (M. Pence précise qu'ici il n'est qu'un amateur.)

Style moderne : le Forum des Halles, qui remplace les anciennes Halles, marché de gros (*wholesale*) transféré à Rungis au sud de Paris.

Un des styles post-modernes : « Les Echelles du Baroque », par Ricardo Bofill, complexe regroupant des appartements à loyer bas et moyen, des boutiques, un restaurant, un café.

1. **La France continue d'attirer de jeunes artistes de l'Europe de l'Ouest et de l'Est.** De même, **les architectes.** Pour l'architecture post-moderne, Paris est la ville la plus frappante du monde. De même, encore, les arts décoratifs : les tissus, la décoration intérieure.

2. **Les compositeurs et les concerts publics.** La France subventionne la création aussi bien que la diffusion de la musique, plus généreusement que tout autre pays d'Europe. Les concerts fleurissent, ainsi que les excellents orchestres régionaux, dont les auditeurs ne paient que 10 % du prix coûtant, grâce à l'apport de l'Etat et des Conseils régionaux. Pourtant, la musique nouvelle n'a qu'un public limité, alors qu'une étude de 596 compositeurs sérieux, faite en France en 1984, montre une activité et une diversification sans précédent.

L'écart dans les arts entre l'innovation et le goût du public suggère au sociologue une hypothèse : Paris ne cesse de former des innovateurs, comme il a formé le compositeur américain Aaron Copeland — et les jeunes d'aujourd'hui continuent à créer une perspective sur le monde que le grand public ne comprend pas. Les arts sont comme ça, dit M. Pence. Ils expriment une vision que la philosophie et les sciences réduisent plus tard à l'expression littérale. Quant à la musique populaire, par exemple la chanson engagée, elle tire sa vitalité directement des valeurs et des sentiments profonds du public d'aujourd'hui.

3. **La littérature et le cinéma montrent ce même écart.** L'expérimentation dans le roman est beaucoup plus diversifiée que le choix des best-sellers. Le public apprécie cependant certains excellents romanciers, poètes et dramaturges contemporains. M. Pence avait été impressionné aussi par la vitalité du théâtre de la rue, souvent improvisé, dans différentes régions du pays. Les grands cinéastes français intéressent un public mondial, mais en même temps des jeunes préparent un art nouveau par une expérimentation inconnue du grand public.

4. **En gastronomie, la France continue à se trouver dans le peloton de tête.** Elle a répondu au nouveau souci de la santé en lançant au monde la cuisine minceur, et elle répond au défi des chaînes américaines et britanniques du *fast-food* par des alternatives plus chic, par exemple de nouvelles croissanteries qui vendent des croissants simples et fourrés ; et dans certains cafés, même chez

Fauchon, de petites tables surélevées où l'on peut rapidement avaler quelque chose avec une tasse de café, sans même s'asseoir.

Dans les sports, la France fait manifestement preuve de dynamisme. Elle gagne bon nombre de championnats internationaux. Ses 7,4 millions de sportifs licenciés pratiquent un éventail de sports : sports d'équipe (football, rugby, basket, volley-ball), de montagne (alpinisme, ski), aquatiques (voile, natation, planche à voile), aériens (ballon, parachutisme, U.L.M.) ; tennis, judo, escrime ; cyclisme, équitation, et courses automobiles.

Les intellectuels donnent l'exemple de l'esprit créateur et ils sont écoutés. Edgar Morin, qui fait la synthèse des sciences physiques et biologiques et qui base là-dessus la philosophie d'une société « bâtie sur le désordre », le conflit. Pierre Bourdieu, qui coordonne les sciences sociales pour qu'ils servent mieux la société. Alain Touraine, le premier à concevoir la société post-industrielle. Jacques Lacan, explorateur du no man's land entre Freud et la linguistique, où il trouve l'origine de la conscience, chez l'enfant, de sa propre identité.

Le génie français de la synthèse se montre également dans les UER des universités et dans les instituts de recherche. Le cas des *Annales*, ce groupe d'historiens qui rassemble les contributions de la sociologie, de l'anthropologie, etc., pour créer « l'histoire totale » d'une société et de sa mentalité. Le monde a besoin de cet esprit de synthèse, car les « départements » du savoir fragmentent notre optique.

En France, le goût de la synthèse a une base solide dans la mentalité nationale. L'histoire totale d'un village médiéval (*Montaillou*, de Leroy Ladurie) est devenue un best-seller. Les Américains, dit M. Pence, sont surpris de voir combien de livres, pas du tout popularisés, apparaissent parmi « Les succès de la semaine » dans chaque numéro de *L'Express*.

Le gouvernement seconde les intellectuels novateurs. Trois ministères (Recherche et Industrie, Culture, et Education nationale) ont contribué à inaugurer en 1983 le Collège international de philosophie qui accueille des chercheurs de tous les domaines, de la théologie à la technologie, en passant par les droits de l'homme et le totalitarisme. Ce collège est dans le secteur privé, comme les *think tanks* américains, mais il diffère de ceux-ci à deux égards. Il met les chercheurs en rapport non seulement entre eux mais avec le public, en les encourageant à offrir des séminaires, gratuits et ouverts à quiconque veut y participer. Et le collège envoie certains de ses participants dans d'autres pays comme conférenciers et animateurs de séminaires.

Ma conclusion. En somme, nos atouts sont notre acceptation réaliste du conflit ; notre débrouillardise et notre aptitude pour les structures « informelles » ; la planification indicative ; l'initiative dans certains domaines des sciences, de l'industrie, des arts et des sports ; et enfin le génie de la synthèse chez nos intellectuels, qui sont secondés par le gouvernement et le public. D'accord, dis-je. . . mais le mal français n'est pas guéri.

Etude de mots	**Fauchon** magasin d'alimentation à Paris

un(e) **licencié(e)** ici, titulaire d'une licence qui permet de prendre part aux compétitions d'une fédération sportive : licence de ski, de tennis, etc.

le **prix coûtant** le coût de la production, sans bénéfice

l'**U.L.M.** ultra-léger motorisé, un avion portable perfectionné en France

QUESTIONS

1. Pourquoi est-on obligé de défendre son opinion contre un plus grand nombre d'autres points de vue en France qu'aux Etats-Unis ?
2. Quelles caractéristiques permettent aux Français de s'adapter à la société post-industrielle ?

3. Nommez les trois fonctions économiques que l'Etat doit assumer, selon M. Pence.
4. Qu'évoque le nom Sarcelles pour un Français ?
5. Citez quelques domaines scientifiques et technologiques où la France fait preuve de vitalité.
6. Comment M. Pence explique-t-il l'écart entre la création novatrice des artistes et le goût du public contemporain ?
7. Décrivez le Collège international de philosophie.
8. Quelle est la réaction de René aux idées de M. Pence ?

AU-DELA DE LA GRAMMAIRE : LES NIVEAUX DE LANGUE

La notion de niveaux de langue est associée aux différences entre des catégories socio-professionnelles qui diffèrent par leur éducation, milieu et situation économique. En France le salaire d'une personne embauchée peut dépendre de son langage. Sa façon de parler, même son ton de voix, la place dans une hiérarchie. Un Français qui se situe vers le haut de la classe moyenne ne dirait pas « Mes salutations à votre dame » (*My regards to the Mrs.*). Il ne parlerait jamais de sa femme comme « ma bourgeoise », ni celle-ci de son mari comme « mon homme ». Si vous parlez correctement, avec un bon accent (n'importe s'il n'est pas parfait !) et une bonne intonation, si vous savez employer à leur place un vocabulaire soigné ou courant, vous verrez que des portes s'ouvriront pour vous.

Les Français compartimentent strictement les différents types de situation et ils sont très sensibles aux niveaux de langue. Ils trouvent extrêmement amusants des dessins humoristiques qui mettent des mots populaires dans la bouche du président de la République parlant avec le premier ministre.

Un étranger en France entend principalement deux niveaux de langue : le français soigné et le français courant. La langue courante a un ton plus détendu. On évite les mots d'un style élevé pour parler avec simplicité. Et l'on emploie des expressions familières selon le degré d'intimité de la situation. Les expressions familières (marqués *fam* dans les dictionnaires) sont parfaitement correctes. Tout le monde s'en sert : elles n'appartiennent pas, comme les expressions populaires, à un niveau socio-économique particulier ; ni à un vocabulaire spécialisé, comme l'argot d'un groupe social ou professionnel.

L'emploi des expressions familières est subtil et délicat, surtout pour un étranger. S'il emploie un mot familier ou populaire dans une situation où ce mot semble déplacé, il sera considéré mal élevé.

Vous pouvez vous amuser à voir les différences entre les niveaux de langue. Il n'y a aucune raison d'être découragé(e) devant leurs nuances. Vous n'avez qu'à employer le français soigné, qui se comprend et se parle partout, grâce aux écoles et aux médias. Bien sûr, chaque région a sa parole : ses expressions, son accent et son intonation. On ne parle pas tout à fait le même français à Marseille qu'à Dijon. Mais en habitant une région, on comprend bientôt ces nuances.

On n'entend pas le même français parmi les agriculteurs et les informaticiens.[1] On ne parle pas de la même manière à son professeur qu'à son copain ou copine. On entend un français familier et populaire au marché, au match de foot, à la Fac entre étudiants, dans un bus à Paris où le conducteur, à bout de forces, lance des injures aux chauffards qui l'empêchent de rouler comme il voudrait.

En milieu scolaire on emploie des expressions familières et populaires maintenant devenues courantes. Il y a moins de formalisme qu'autrefois. Depuis les années 70, par exemple, le tutoiement entre l'enseignant et l'élève existe dans le

[1]Eddy Roulet, « Pour une meilleure connaissance des français à enseigner ». *Le Français dans le monde* 100 (oct.–nov. 1973): 22–26.

secondaire. Pourtant, lors des examens, un niveau de langue soigné est exigé à l'écrit comme à l'oral.

En milieu estudiantin universitaire, la langue est toujours des plus familières et cela depuis longtemps. Les ouvriers et les jeunes de toutes les couches sociales ont beaucoup d'expressions en commun. Voici des exemples de la langue familière :[1]

LANGUE FAMILIERE	LANGUE SOIGNEE
Tu me barbes.	
Tu me rases.	Tu m'ennuies.
Tu m'assommes.	
Tu m'embêtes.	Tu m'importunes.

Cependant, les ouvriers ont leur façon de parler à eux, et même quand ils aspirent à un statut social plus élevé, ils gardent le langage de leur classe, trouvant ridicule de singer la bourgeoisie.

La langue populaire est parlée par certaines couches sociales formées en général par les Français qui n'ont pas fait, ou pas fini des études secondaires. Voici quelques exemples :

LANGUE POPULAIRE	LANGUE SOIGNEE
Qu'est-ce qu'il est mignon !	Qu'il est mignon !
	Comme il est mignon !
T'as pas dix balles ?	Aurais-tu dix francs à me prêter ?
Ce film est vachement drôle.	Ce film est très drôle.

LANGUE INCORRECTE	
aller au coiffeur (au dentiste)	aller chez le coiffeur (chez le dentiste)
Je sais pas y faire.	Je n(e) sais pas le faire.
J'peux pas.	Je n(e) peux pas.

L'argot est le vocabulaire (jargon) particulier à un groupe, comme l'argot parisien, l'argot écolier, l'argot militaire, etc. Mais il y a des mots argotiques devenus courants pour désigner beaucoup de choses, et toute langue a des mots péjoratifs pour d'autres nationalités.

casser sa pipe mourir
jaser, **jaspiner** parler
le **grisbi**, le **fric** argent
Fransquillon Français
Amerloque, **Amerlo(t)** Américain
Fritz, haricot vert, boche Allemand
Angliche, Britiche, rosbif Anglais

Rital Italien
Bougnoule Nord-Africain
bouffer manger
une **bouffe** un repas
le **pinard** vin
Parigot(e) Parisien(ne)
avoir de la veine ; être veinard, être verni avoir de la chance

La Scène du Tour de France (p. 172) et celle du Samedi soir (p. 101) donnent des exemples de situations où le français parlé inclut des expressions familières et populaires.

[1]Nicole Gueunier, « Les niveaux de langue en milieu scolaire ». *Le Français dans le monde* 112 (avril 1975): 6–12.

Jusqu'ici, il s'est agi de la langue parlée, mais la langue écrite emploie également les deux niveaux. La Chanson de la Seine (p. 46) contient trois expressions familières. Le cas de la jeune étrangère qui s'est fait refuser comme étudiante au pair (p. 50) illustre l'importance de savoir choisir le niveau correct pour une communication privée.

Dans ce livre nous ne mettons pas l'accent sur les expressions argotiques et familières du moment, car la langue courante change d'année en année. C'est ce changement qui donne de la vitalité à la langue d'un pays ainsi qu'à sa culture. Il s'agit d'apprendre la langue soignée, de base, et de connaître les niveaux de langue. Le reste s'apprendra tout seul avec l'expérience et l'approfondissement des connaissances.

N'ayez pas peur, vous n'avez pas besoin de connaître toutes ces nuances pour communiquer. Prenez surtout plaisir à observer la variété du français que vous entendrez, et petit à petit, vous prendrez confiance et vous pourrez vous amuser à utiliser un niveau de langue nouveau, un ton inhabituel.

PARLEZ-VOUS VERLAN, LA GUELAN DES NEJEU ?

Le langage des jeunes aujourd'hui, pardon. . . le langage des « ado céfran chébran » (adolescents français branchés), c'est le verlan : les mots prononcés à l'envers [lɑ̃vɛʀ], d'où le mot « verlan ». Ce code date, dit-on, de 1950. D'autres croient qu'il est plus ancien. De toute façon, depuis 1983 c'est une véritable renaissance du verlan, et dans les médias, dans la publicité, ce langage est à la mode. Comme la mode il changera et disparaîtra pour un temps.

Qui parle verlan ? Beaucoup de jeunes et d'autres jusqu'à l'âge de cinquante ans. Le verlan symbolise une classe d'âge et non pas une classe sociale. Les Français plus âgés se plaignent que la langue est devenue laxiste. D'autres n'aiment pas que tant de mots anglophones se mêlent à leur langue. « Qu'est devenue la pureté du français ? » demandent-ils.

En tout cas, pour être chébran, c'est-à-dire au courant, ce sera amusant d'essayer de savoir de quoi on parle. Voici une conversation à décoder. Remarquez qu'il y a des mots populaires et des mots anglais employés avec le verlan.

Etude de mots   **branché(e)**   *lit, plugged in* (sur un courant électrique) ; ici, au courant

SCENES DE LA VIE FRANÇAISE

LES PAINCOS JASPINENT : Marie-Jo, Véronique, Thierry et Yves.

MARIE-JO	Si on demandait aux paincos d'aller prendre une bonne bouffe à ce nouveau bistro. Il est chic et choc.
VERONIQUE	Absolument. Thierry a vraiment le look câblé. Son costume est très classe. Ce n'est pas un baba cool comme son frère.
MARIE-JO	Ben, son frère, il est complètement ringard. Thierry, lui, est vraiment NAP. Ah ! les voilà ! Salut, Yves ! Thierry !
YVES ET THIERRY	*(parlent en même temps)* Salut, Marie-Jo ! Véronique !
THIERRY	Vous jaspinez depuis longtemps ?
VERONIQUE	Pas exactement. C'est vrai que tu laisses béton les sucettes à cancer ?
THIERRY	Tout à fait. Je veux vivre moi ! Comme ça j'aurai plus de fric pour mes must.

VERONIQUE	Si on allait bouffer au bistro de l'Ile ?
YVES	Je connais un restaurant japonais chic et choc. L'ambiance y est cool. Vous voulez pas l'essayer ?
MARIE-JO	Pourquoi pas ? S'il est japonais, il est chébran, hein ?
THIERRY	D'accord. Mais le saké est too much. Mon répé me dit que la bière japonaise, ça va. Faut pas en boire trop, alors c'est bonjour les dégâts !
TOUS	Absolument !

« Les must de Cartier ».

Etude de mots

(*sur la BD*)

déballer *pop* raconter

une **meuf** *pop* verlan pour **femme**

un **baba cool** *fam* un jeune habillé d'une façon décontractée

ben *fam*   Eh bien !

une **bouffe** *pop*   quelque chose à manger ; un repas

câblé(e)   branché, chic, à la mode

chic et choc *fam*   très moderne

classe *adj fam*   chic : ici, bien coupé, bien fait

cool *adj fam*   décontracté

le **dégât**   dommage occasionné par une cause violente (accident, etc.)

jaspiner *pop*   causer, bavarder

le **look**   l'apparence, l'allure

les **must** *nm fam* [le mœst]   Cf. « les must de Cartier », publicité de la maison
   Cartier, bijouterie à Paris. En réalité, ces **must** sont des luxes qui coûtent cher.

NAP *adj fam*   Neuilly-Auteuil-Passy (quartiers de Paris aisés, chic)

ringard *adj pop*   démodé, de mauvaise qualité ; individu incapable

le **saké**   boisson japonaise alcoolisée à base de riz fermenté

une **sucette à cancer**   une cigarette

DE LA VIOLENCE A LA CONSCIENCE

Un point de vue français par Vercors

Né Jean Bruller en 1902, Vercors com-
mença d'abord une carrière distinguée
comme dessinateur et graveur, carrière
qu'il n'a jamais cessé de poursuivre. Il
prit son pseudonyme pendant la Résistance, comme d'autres chefs du
mouvement. Avec un ami il a fondé Les
Editions de Minuit, où parurent 24
livres sous le nez de la Gestapo ; cette
maison d'édition demeure une des
meilleures. C'est là que Vercors publia
son premier roman, *Le Silence de la
mer* — le silence qu'une famille française oppose à un officier allemand logé
chez eux, en l'occurrence un homme
cultivé, attirant. On imagine les tensions sous la surface de cette mer, notamment pour la jeune fille de la
famille.

Célèbre dès ce premier roman, Vercors reste un des mieux connus (et des
plus traduits) des écrivains de la
France contemporaine, admiré pour
son style et respecté comme penseur.
Ses livres, dont plus de cinquante sont mentionnés dans *Who's Who in France*,
comprennent non seulement des romans et des volumes de dessins mais des
écrits philosophiques, des volumes d'histoire de France et d'Angleterre, et des
pièces de théâtre. L'une de celles-ci, *Zoo*, présente d'une façon amusante une des

questions philosophiques qui ont le plus préoccupé Vercors : Qu'est-ce qui fait la différence entre l'homme et l'animal ? Il met en scène un couple dont le nouveau-né est. . . un petit singe.

Vercors est bien qualifié pour traiter la question qu'il a choisie en réponse à notre demande d'un essai : quel est l'apport de la France au monde ? Sa réflexion le conduit à une réponse plus simple que celle du professeur Pence, résumée dans les notes de René. Vercors choisit un aspect de l'individualisme français, et il répond ainsi en même temps à la grande question que René introduisait dans le Chapitre Quatre : l'individualisme est-il nécessairement égoïste ? Invité par Le Livre de Poche en 1986 à écrire une nouvelle préface pour *Les Misérables*, Vercors a amplifié là l'application de son propos à ce roman célèbre de Hugo.

Il n'est pas facile à un Français de parler de la France — de la France contemporaine — pour la raison que, vivant « dedans », il n'a pas plus de recul, pour s'en figurer les contours, que n'en aurait un poisson rouge pour son bocal. L'auteur est né au début de ce siècle, toute sa vie se confond avec lui, il ne peut s'en faire qu'une image subjective, déformée. Mais hors de ce vingtième siècle, il en est quinze qui l'ont précédé, que l'auteur peut observer alors d'un œil plus détaché, plus impartial : les quinze cents ans d'histoire de France qui vont de la conquête des Francs, vers l'an 400 et quelques, à la Grande Guerre de 1914. Or, ce sont ces quinze siècles où s'est lentement formée cette nation, la France, qui peuvent le mieux faire comprendre l'aventure singulière dont la France d'aujourd'hui n'est que le provisoire aboutissement. Et s'il fallait alors que l'auteur embrassât d'un seul regard cette longue succession d'années, il serait tenté de les résumer en trois périodes fortement dessinées :

Une première période de violence et de force.
Une deuxième de force et de grandeur.
Une troisième de grandeur et de conscience.

On voit déjà, peut-être, où l'auteur veut en venir. Montrer que, ce long cheminement étant celui de toute civilisation, de ce point de vue l'évolution de la France a été exemplaire.

De ces trois grandes périodes, la première, la plus longue, a duré mille ans. *Grosso modo*, de l'invastion franque à l'aube de la Renaissance. Période interminable pendant laquelle, au cours de combats meurtriers, d'incursions sanguinaires, de destructions, de cruautés et de famines, mais en revanche (en dehors de la foi) d'une extrême pauvreté en productions de l'esprit, les provinces rivales se sont lentement, difficilement et douloureusement rassemblées en nation.

Période de violence qu'ont suivie, dans une France enfin unifiée, trois cents ans de puissance et de grandeur, allant de la pré-Renaissance à la fin du « Grand Siècle », celui de Louis XIV ; trois siècles au cours desquels la monarchie française s'est établie en grande puissance occidentale, cependant que s'y produisait une explosion incomparable dans les lettres et les arts, d'Abélard à Fénelon et de Fouquet à Poussin.

La troisième période enfin a duré deux cents ans, du dix-huitième au vingtième siècle, du « Siècle des Lumières » (Diderot, Voltaire) jusqu'à celui qu'ont annoncé Hugo et l'Affaire Dreyfus ; deux siècles au cours desquels la France s'est haussée de la grandeur à cet état suprême : la conscience.

Mais pourquoi, voulant caractériser cette dernière période, l'auteur se plaît-il à citer Hugo et la célèbre Affaire ? C'est parce qu'à ses yeux l'un et l'autre symbolisent la France de ce temps-là : une France éprise de liberté, de solidarité et d'équité, une France à l'apogée de son rayonnement ; un rayonnement tel que le père de l'auteur, quittant à pied sa terre hongroise, est venu chercher sur les bords de la Seine ce qu'il ne pouvait trouver ni sur le sol natal, ni nulle part encore en Europe : la liberté et la justice — autrement dit, la suprématie de la conscience sur le désir.

Je m'explique. Ce qui meut l'homme en toutes choses, c'est le désir. Barbare, ses appétits s'assouvissent par la violence. Plus il se civilise ensuite, plus il tient compte des appétits antagonistes d'autrui. Mais ce respect provoque incessamment en lui, de façon plus ou moins claire selon la gravité du choix, un débat entre son désir et son droit à le satisfaire. Et le lieu de ce débat, c'est la conscience individuelle.

Si, à titre d'exemple, j'ai cité l'Affaire Dreyfus, c'est parce que jamais jusque là (et jamais plus depuis, hélas) le peuple français n'avait connu un tel sursaut de conscience, où se sont affrontées sa passion patriotique et la condamnation injuste *d'un seul homme*. Aujourd'hui, sur presque toute la surface du globe, les innocents se voient condamnés par millions, sans que la conscience mondiale s'émeuve outre mesure. Il y a là une dégradation angoissante du respect d'autrui, angoissante car elle ne peut qu'entraîner avec elle celle de l'homme civilisé.

Et si j'ai cité d'abord Victor Hugo, c'est parce qu'il a, mieux que personne, incarné la France de son époque, la France de la grandeur et de la conscience. Aussi me permettra-t-on de m'étendre un peu sur certaines de ses œuvres, en lesquelles les Français, tous les Français de son temps, se sont reconnus.

Mais se sont reconnus, à première vue, de façon ambiguë. Car comment d'innombrables lecteurs — dans chaque foyer des villes, chaque chaumière des campagnes — ont-ils pu se reconnaître en quatre romans certes grandioses, mais de sujets si différents ? Le sujet des *Misérables*, c'est en effet la peinture hallucinante de la misère, la défense passionnée des malheureux ; celui de *Quatre-vingt-treize*, c'est au contraire une épopée, celle de la Révolution française ; celui de *L'Homme qui rit*, c'est une accusation, celle des inégalités sociales ; celui des *Travailleurs de la mer*, au contraire une exaltation, celle du labeur humain. Et puisque, à la lecture de ces romans si différents, les Français se sont enthousiasmés avec la même ferveur, il fallait donc que se cachât, sous chacun de ces sujets divers, un autre qui se révélât être le *vrai* sujet, un sujet que les quatre romans eussent en commun — diffus dans les deux derniers, éclatant dans les deux premiers — un sujet qui fût chez tous leur véritable circulation sanguine, un sujet auquel, enfin, les Français se montrassent unanimement et singulièrement sensibles. Et c'est, on l'a deviné, le débat de la conscience entre le désir et la justice.

Un souvenir personnel éclairera mon propos. J'avais douze ans et lisais à plat ventre *Quatre-vingt-treize*, cette épopée où la jeune République défend sa vie contre l'insurrection des Chouans. C'est la lutte des « bleus » contre les « blancs ». A la tête des bleus se trouvent le capitaine Gauvain, et son père adoptif Cimourdain, commissaire chargé par la Convention de contrôler le commandement. A la tête des blancs règne le marquis de Lantenac, dont l'ascendant moral et le génie militaire sont une menace mortelle pour la République.

Enfant, j'étais surtout sensible, on s'en doute, à l'aventure, à l'héroïsme, à la fumée des combats. Jusqu'à ce que, aux dernières pages, je fusse soudain bouleversé par une toute petite phrase, un presque rien, qui suffit néanmoins à faire éclater en moi un sentiment nouveau, dont toute ma vie ensuite se trouverait éclairée.

Elle terminait, cette petite phrase, des drames de conscience successifs retombant les uns sur les autres. D'abord Lantenac, fait prisonnier et condamné à mort, est parvenu à s'évader. Si on le retrouve on le guillotine. Or, il s'est réfugié près d'un château où éclate un incendie. Trois petits enfants vont y périr, que seul peut sauver Lantenac. D'où ce terrible dilemme : s'il se montre on l'arrête (et les Chouans seront privés de leur chef) ; mais s'il n'intervient pas, les trois enfants seront brûlés vifs.

Lantenac néanmoins sort de son refuge, arrache les enfants aux flammes et, au bas de l'échelle, on lui met la main à l'épaule : « Je t'arrête », dit Cimourdain. « Je t'approuve », dit Lantenac. Sa conscience est en repos — mais c'est à présent celle du capitaine Gauvain que torture le dilemme : que doit-il faire ? Guillotiner cet homme de cœur dont il admire le geste ? ou trahir la République en libérant son plus grand ennemi ?

Il le libère, et tout le débat de conscience retombe maintenant sur Cimourdain. Approuvera-t-il la magnanimité de son fils adoptif, ou le livrera-t-il à la justice révolutionnaire ? Son devoir l'emporte, et c'est à lui de présider le tribunal. Deux voix pour, deux voix contre. La sentence de vie ou de mort dépend désormais de lui seul.

Jusque là, mon jeune âge n'avait vu dans cette succession de dilemmes que de piquantes péripéties : que décidera Lantenac ? Puis Gauvain ? Puis Cimourdain ? J'en étais excité et c'est tout. Mais c'est alors que survenait la petite phrase dont j'ai parlé :

Cimourdain se leva. Son visage était couleur de terre.

Et alors ces trois mots, *couleur de terre*, voici qu'ils provoquaient en moi une émotion inattendue et bouleversante. Qu'ils me faisaient brusquement comprendre, ressentir, partager toute l'affreuse souffrance qui déchirait cet homme ; et, avec elle, ce qu'avait à la fois de sublime et d'horrible le débat qui l'écartelait : trahir la République et du même coup ses propres raisons de vivre ; ou envoyer à la guillotine ce fils qu'il aime plus que lui-même. « *Son visage était couleur de terre* » et je sentais le mien prendre la même couleur dans l'attente angoissée du verdict.

Aussi quand, à l'instant que le couperet tranche la tête de Gauvain, Cimourdain se tire une balle dans la tête, il me sembla que j'avais été élevé moi-même aux sommets de la douleur et de l'honneur — de ce qui fait le prix inimitable de la condition humaine : les commandements de la conscience.

Et ce que je ressentais là, c'était aussi ce que, un demi-siècle plus tôt, les Français avaient ressenti avant moi à la publication des *Misérables*. Car — de même que *Quatre-vingt-treize* est d'abord l'épopée de la Révolution — si ce roman, les *Misérables*, est d'abord la fresque monumentale de la France de son temps, des vertus de son peuple et des vicissitudes de son Histoire, il est, plus encore que l'autre, le siège d'une succession redoutable de drames de conscience — et dans l'âme, cette fois, d'un seul homme. Qu'on en juge :

Miséreux condamné aux galères pour le vol d'un pain, Jean Valjean est libéré après dix-neuf ans de bagne. Repoussé de partout, sans gîte, sans ressources, va-t-il pour vivre se faire bandit ? Il vole effectivement le prêtre qui l'a recueilli, mais dont ensuite la divine bonté éveille en lui un regret, un remords. Pas suffisant, toutefois, pour qu'il ne vole encore, sur la route, un petit Savoyard. Mais ce n'est déjà plus que par faiblesse ; et le remords, dans sa conscience, se débat maintenant avec sa faim et sa révolte. Des trois, qui l'emportera ?

Le remords. Et le voilà, caché sous un nom d'emprunt, qui s'est mis durement au travail. A force de labeur — et d'intelligence — il réussit si bien qu'il devient un riche industriel, aimé de toute sa petite ville et respecté au point qu'elle le choisit pour maire.

Mais il n'en reste pas moins récidiviste ; et recherché comme tel par l'inspecteur Javert, qui a connu aux galères ce gaillard d'une vigueur non pareille. Valjean, devenu M. Madeleine, a vieilli et forci ; Javert, en le croisant un jour de marché, n'est pas sûr de le reconnaître. Or voici que sous leurs yeux un charretier tombe sous sa voiture. Seul Valjean-Madeleine est assez fort pour soulever le tombereau. Mais s'il le fait, sa force va le dévoiler devant Javert : faut-il donc y renoncer et laisser mourir sous la charge cet homme qui agonise ?

Il soulève le tombereau, échange en se relevant un regard avec Javert, qui toutefois, faute de preuve — ou crainte de se faire lyncher — n'ose pas encore l'arrêter. Mais un dilemme plus grave attend l'ex-galérien. L'on vient de coffrer un voleur de pommes, en qui l'on a cru reconnaître l'ancien forçat. Récidiviste, c'est le bagne à perpétuité. L'heureux M. Madeleine l'y laissera-t-il expédier à sa place ? Sa conscience le torture toute une nuit (« *Une tempête sous un crâne* ») et, au matin, il se livre à la justice, et le revoilà aux galères.

Il s'évade, récupère sa fortune (qu'il avait cachée sous un arbre), mais ne va plus mener jusqu'à sa mort qu'une vie de fugitif. Il recueille des mains d'un couple horrible, les Thénardier, une petite fille qu'ils martyrisent. Il l'élève, fait d'elle une demoiselle qu'il aime de tout son cœur. Or, vieilli, il apprend qu'elle s'est éprise d'un jeune aristocrate, Marius. Quoi ! va-t-on lui enlever Cosette ? Il en mourra, c'est sûr. Surviennent « Les Trois Glorieuses », et il est informé que Marius ne pourra réchapper d'une barricade qui mène un combat sans espoir. Joie, joie, jour de joie, il va donc conserver Cosette ! Mais le voici qui se met en route et rejoint la barricade. . . pour veiller sur son jeune rival.

Là, les insurgés ont découvert un policier qui les espionne. C'est Javert. Ils le ligotent à un poteau et chargent le vieux Valjean de l'exécuter. Bonne occasion de se débarasser de son persécuteur ! Mais peut-on, en conscience, abattre un homme dans les liens ? Valjean y renonce, le délivre, tire en l'air et le laisse s'enfuir.

Mais, à présent, c'est sous le crâne de Javert que va se jouer le drame de conscience. Ayant plus tard retrouvé Valjean — qui vient de sauver Marius blessé à travers les égouts — il l'arrête puisque c'est sa fonction ; mais peut-il, doit-il livrer son propre libérateur ? C'est là un dilemme insoluble pour sa conscience de policier. Il relâche Valjean mais, ayant ainsi gravement trahi son devoir, ne survit pas à son honneur et se jette dans la Seine.

Cosette va donc pouvoir épouser Marius. Valjean la dote richement et le mariage a lieu. Mais, dans l'esprit du vieillard, c'est un dernier (le septième) et cruel débat : pour rester auprès d'elle, auprès d'eux, va-t-il mentir jusqu'à son dernier jour, en cachant à Marius qu'il est un forçat en rupture de ban ? Ou bien — afin d'éviter au jeune ménage le risque d'un scandale — tout avouer au mari avant de s'éloigner à jamais de celle qui se croit sa fille ? Il dit tout, disparaît ; et s'éteindrait dans le désespoir et la solitude — si Marius, ayant découvert quel homme est Jean Valjean, ne lui ramenait Cosette pour recueillir les dernières paroles d'un homme heureux.

Ainsi, sept grands épisodes et sept débats de conscience ! (Sans compter ceux, moins significatifs, que peut-être j'oublie.) Mesure-t-on à sa valeur une si étrange, une si remarquable répétition ? Or, si cela peut paraître, chez Hugo, une sorte d'obsession, il ne peut en être de même chez ses lecteurs. Et si dix millions de foyers français en ont été bouleversés, au point de faire de Hugo leur maître à penser, et de ce roman le miroir de leur âme, c'était bien que cette âme se confondait avec la conscience. Quand on pense à cela de nos jours, n'est-ce pas extraordinaire ? Qui se reconnaîtrait encore dans un pareil roman, en un temps où — à l'Ouest comme à l'Est — toute morale, tout débat de conscience sont rejetés comme un obstacle suranné, ridicule, à l'assouvissement du désir collectif ?

Qu'on ne s'étonne donc pas si, de nos jours, la suprématie qu'a repris le désir sur la conscience, la puissance sur l'équité, menace de nous ramener ensemble aux premiers temps de la violence et de la force. Ni si personnellement — faute d'être en mesure de prévoir quelle image la France où j'ai vécu, celle du XXᵉ siècle, laissera plus tard d'elle-même dans l'Histoire — j'éprouve une poignante nostalgie de la France d'il y a cent ans, la nostalgie d'un peuple fervent de Hugo, qui se faisait une bible de ses œuvres et une religion de la justice.

Etude de mots

Abélard théologien du XIIᵉ siècle, célèbre par son amour pour Héloïse

l'**ascendant** *m* l'influence (terme d'origine astrologique)

les « **bleus** » l'armée républicaine de la Révolution ; les « **blancs** » les royalistes

coffrer *fam*   mettre en prison

en rupture de ban   revenu sur le territoire dont il a été banni

exemplaire *adj*   ici, typique

Fénelon (1651–1715) théologien, trop avancé pour son temps, auteur d'un *Traité de l'éducation des filles* (1687)

Jean **Fouquet**   peintre et miniaturiste du XVe siècle. Son portrait de Charles VII est au Louvre.

Il vole effectivement le prêtre . . . un remords   La police a ramené Jean Valjean à ce prêtre, un évêque, qui a dit « Mais j'avais donné ces chandeliers (*candlesticks*) à ce Monsieur ! »

meut *de* **mouvoir**   faire agir

où l'auteur veut en venir   où je veux que mon raisonnement aboutisse. **En** veut dire « dans ce raisonnement » (Cf. la différence entre **Où sommes-nous ?** et **Où en sommes nous ?**)

Nicolas **Poussin**   peintre qu'admire Bonnefoy. *V* pp. 296, 301.

Les **Trois** (Journées) **Glorieuses**   les 27, 28 et 29 juillet 1830 (Cf. p. 152)

QUESTIONS

1. Vercors divise en trois périodes les quinze premiers siècles de l'histoire de France. Comment caractérise-t-il ces périodes ?
2. Que signifie l'Affaire Dreyfus pour les Français ?
3. Quelle est l'hypothèse de Vercors au sujet des romans de Victor Hugo, si différents mais qui tous ont eu un succès exceptionnel ?
4. Racontez l'acte héroïque de l'aristocrate Lantenac.
5. Quelle est la petite phrase qui a tellement frappé le jeune Jean Bruller ? Quel est le dilemme de Cimourdain ?
6. Aidez-vous les uns les autres à raconter ce que vous savez de la vie de Jean Valjean.
7. Pensez-vous que les désirs — Cf. « mes must » — sont plus forts que la conscience dans la société où vous vivez ?
8. Comparez ce que dit Vercors du désir et de la conscience (pp. 355, 357) à ce que disait de Vulpian de l'émotion et de la rationalité (p. 306), du plaisir et du devoir (p. 307).
9. Quel est le scénario le plus probable ? — Que l'humanité retourne à la violence ? Que les forces civilisatrices assurent le progrès ? Que le degré actuel de violence se stabilise ?

COMPOSITION

1. La lecture de Victor Hugo paraît avoir lancé Vercors sur une vie de réflexion. Racontez une expérience qui vous a fait prendre conscience d'un penchant que vous prenez plaisir à cultiver.
2. Décrivez les qualités de la culture française que vous aimeriez emprunter, et celles de votre culture que vous estimez le plus.

QUINZIEME PALIER

ACTIVITES, DISCUSSION

A.   Un débat suivi d'un vote. Quel est le défi le plus urgent auquel les jeunes d'aujourd'hui se trouvent confrontés ?

B. Un débat, en petits groupes, sur la peine de mort.

C. Quels sont les atouts de la France face aux années 90 ?

D. Un drame en deux actes à mettre en scène. Un certain Européen, en visite aux Etats-Unis, est invité à dîner à 19 h un dimanche. Il compte y arriver à 19 h 30 et attend jusqu'à la dernière minute pour acheter des fleurs, afin qu'elles soient fraîches. Mais tous les fleuristes sont fermés ! Il arrive à 20 h. L'hôtesse le reçoit, il fait ses excuses. Plus tard, elle et son mari se disent leurs vraies réactions.

E. Vercors estime qu'aucune tendance culturelle, aucun progrès humanisant, n'est irréversible. Qu'en pensez-vous ? L'histoire, à très long terme, serait-elle cyclique ?

F. En groupes de deux ou trois, jaspinez ! Transformez les mots importants de deux syllabes en verlan.

PROJETS INDIVIDUELS OU D'EQUIPE

A. Parlez de la vitalité de la France dans votre spécialité. *V* par exemple un périodique tel que *Nouvelles de France* ; pour les arts le n° double 131–132, (vol. 6–7, 1984) ; pour les sciences, H. W. Paul et T. W. Shinn, « The structure and state of science in France », *Contemporary French Civilization* 6 (1–2) 1981/82, pp. 153–193.

B. Pour les écologistes. Décrivez l'œuvre scientifique et éducative de Jacques Cousteau.

C. Pour les étudiants en droit. Décrivez le *restatement movement*, un pont entre le droit commun et le droit civil.

D. Pour les politologues et historiens. Décrivez les « familles » qui regroupent les partis d'extrême droite, de droite, du centre, le « marais » (une partie de l'électorat qui occupe également le centre mais qui vacille, plutôt isolée de la vie politique active), les partis de gauche et d'extrême gauche. *V* par exemple Christian Garaud, « Lecture de deux tracts électoraux », *French Review* 57 (1984) pp. 336–343.

E. Pour un(e) linguiste. Animez une discussion sur les images cachées dans les mots, par exemple l'origine de *bosser* (travailler dur) et de *to emboss* ; du mot employé en anglais, *cloisonné* ; de **com**prendre et de to **under**stand ; l'explication du fait que le soleil est masculin pour les peuples méridionaux et féminin pour les Allemands, alors que la lune est le contraire.

LEXIQUE ET INDEX GRAMMATICAL

La liste des abréviations se trouve à la page A-1.

Sont omis : les nombres, les verbes en **re-** ou **ré-** quand le sens est évident, les mots ou locutions à trait d'union (-) dont les éléments indiquent le sens, et les mots qui ont le même sens et la même forme qu'un mot anglais.

Les mots sont expliqués autant que possible en français afin que l'étudiant se libère de la traduction. Si un mot n'est ni défini ni traduit, il a le même sens que le mot anglais correspondant. Les mots étrangers sont en *italique*.

Les verbes réfléchis (= employés avec **se**) sont définis seulement si la forme réfléchie a un sens irrégulier et autre que le sens passif, qui est normal.

Le féminin ou le pluriel des noms et adjectifs est indiqué entre parenthèses : **heureux(euse)** ; un (des) **lieu(x)**. Un tiret (—) remplace un mot de base : **général(e)** ; **—ement** ; **en —**.

Les locutions idiomatiques apparaissent à la lettre du mot le plus important.

Les mots d'une même famille sont groupés dans une même entrée, quand l'ordre alphabétique le permet, afin de favoriser la mémorisation par association.

f* devant un mot signifie « faux ami » : le sens diffère de celui du mot anglais.

Un numéro indique le premier chapitre dans lequel un mot apparaît avec le sens donné ; le chapitre + page (par exemple, 1:3) indique qu'il sera utile de retrouver ce mot en contexte ou dans une *Etude de mots*.

Un numéro de page précédé de C se réfère au *Cahier de l'étudiant*.

Les mots en majuscules (*capitals*) indiquent des termes expliqués dans le *Cahier*.

Les mots nouveaux dans le *Cahier* sont expliqués sur place s'ils ne sont pas dans ce Lexique avec la mention « *Cahier* ».

A

à *to* 1 ; *at, in* 1 ; à + nom géographique 9, C116 ; à/de/en + nom 8, C104 ; à + inf 10, C104, C117, C122, C123

abaisser faire descendre 10

abandonner 6 ; un **abandon** *the act of dropping out* 12

abattre faire tomber, *to strike down* 15

une **abbaye** [abei] un monastère, *abbey* 5

un **abbé** *abbot*, une **abbesse** *abbess* 15

une **abeille** l'insecte qui produit le miel, un liquide épais et sucré 8

abolir *to abolish* 7

l'**abondance** *f* 9 ; *adj* **abondant(e)** 7 ; *adv* **abondamment** 6

abonder *to abound* 10

s'**abonner** (à) *to subscribe (to)* 14 ; un **abonnement** *subscription* 14

d'abord *adv first* 1

aborder *to approach, broach (a matter)* 2 ; *adj* **abordable** 6

aboutir (à) avoir pour résultat 12 ; un **aboutissement** 15

abréger rendre bref 14

une **abréviation** 12

un **abri** *shelter*; à l'**—de** *sheltered from* 4

abriter *to shelter* 2

abroger *to abrogate*, déclarer nul ; l'**abrogation** *f* 14

abrupt(e) *adj* 13

une **absence** 2

absolu(e) *adj, nm* absolute 2 ; *adv* **absolument** 3

absorber 4 ; *adj* **absorbant(e)**

abstrait(e) *adj abstract* 1

absurde *adj* 4 ; l'**absurdité** *f* 5

un **abus** *abuse* ; *v* f***abuser** tromper 11 ; **— de** *to abuse*

une **académie** *academy*; région administrative du système éducatif français 11

Acadie *f Acadia* 9 ; **acadien(ne)** 9, d'où **cajun**, *n, adj invariable*

accabler *to overwhelm* 13

accéder à 9 (Cf. l'**accès**)

accélérer 4 ; un **accélérateur** (science physique) 15

un **accent** marque écrite 1, C195 ; l'**accentuation** *f* C60

accentuer *to accent* 6 ; *adj* **accentué(e)** 7

accepter 2 ; *adj* **accepté(e)** 7

l'**accès** *m* 6 ; *adj* **accessible** 13

acclimater ; *adj* **acclimaté(e)** 7

accommoder 12

accompagner 1 (Cf. un **compagnon**, une **compagne**) ; un **accompagnement**

accomplir(issant) *to accomplish* 1 ; l'**accomplissement** 14

un **accord** *agreement* 2 ; être
d'— *to agree* 1 ; d'— ! *OK*
3

accorder mettre en accord ; *to
grant* 4

accoutumer *to accustom*
6 ; *adj* **accoutumé(e)** 7

accrocher *to catch onto* (Cf. un
crochet *hook*) ; *adj* **ac-
croché(e)** 7 ; un **accrochage**
un léger choc entre deux véhicules 9, ou entre deux
cultures 12

accroître *v trans* rendre plus
grand 10

un **accueil** [akœj] *a welcome*
7 ; *v* **accueillir** 11 ; *adj* **ac-
cueillant(e)** 6

accumuler 4

accuser 3

s'**acharner** à + inf 14 ; l'**achar-
nement** *m* ardeur

un **achat** *a purchase* 6

acheminer mettre dans le
chemin ; l'**acheminement** *m*
14

acheter *to buy* 1 ; un(e)
acheteur(euse) 11

achever (à + **chef**, ancien français pour *head*) *to finish*
(*bring to a head*) 3

acide *adj*, *nm* 6

l'**acier** *m steel* 6

acquérir *to acquire* 7

acquitter payer, régler 13

un **acte** une action 1 ; un(e) **ac-
teur(trice)** 5

actif(ive) *adj* 4 ; **ACTIF/PASSIF**
9, C113

une **action** *an action* 1 ; *share
of stock* 14 ; *v* —**ner** mettre
en mouvement 14

l'**activité** *f* la qualité d'être actif ; *an activity* 1

l'**actualité** *f* la réalité présente
9 ; les —**s** *news*

f*actuel(le)** *adj* de ce moment
4 ; *adv* **actuellement** à présent 15 ; (*actual* = vrai,
véritable)

l'**acuponcture** (ou **acu-
puncture**) *f* 15

adapter 1 ; *adj* **adapté(e)**
8 ; l'**adaptation** *f* 15

adhérer (à) coller (à) ; devenir
membre (de) 10 ; l'**adhésion** *f*
11

l'**ADJECTIF** *m* définition
C75 ; démonstratif 1, C7 ; le
f des —**s** 6, C76 ; *pl* des —**s**

6, C77 ; interrogatif et ex-
clamatif 5, C63 ; place de l'—
6, C77 ; l'— possessif 6,
C78 ; comparaison 8, C102

admettre *to admit* 2

l'**administrateur(trice)** 12 ; *adj*
administratif(ive) 3 ; *adv* ad-
ministrativement 3

une **administration** *a public
service* 4

administrer *to manage* 8 ; *adj*
administré(e) 8 ; un(e) ad-
ministré(e) personne
soumise à une administra-
tion 7

admirer 1 ; *adj* **admirable** ; *adv* **admirablement** 3

admis *part p* de **admettre** ; *adj*
7

adopter 7 ; *adj* **adoptif(ive)**
adopted 15

adorer 4 ; *adj* **adoré(e)** 3

adoucir rendre doux 9

une **adresse** *address* 5 ; terme
d'— 1

f*l'**adresse** *f* dextérité, habileté
9

adresser (une lettre) 10 ; s'— à
parler à (une personne), aller
à (un guichet, un bureau) 1

un(e) **adulte** ; *adj* 2

l'**ADVERBE** *m* définition, formation, place, comparaison
8, C105—107 ; — de quan-
tité 4, C51

un(e) **adversaire** 8

aérien(ne) *adj* de l'air 3

aéronautique *adj*, *nf* 12

un **aéroport** 7

aérospatial(e) *adj* ; l'—**e** *f* l'industrie 15

affable *adj* ; l'**affabilité** *f* 8

une **affabulation** (Cf. **fable**) une
fiction 14

affaiblir rendre moins fort
2 ; un **affaiblissement** 10

une **affaire** *a business* 3 ; un
homme d'—**s** 2

affaisser accabler, *to overwhelm* 9

affecter 6 ; l'**affectation** *f*
3

affectif(ive) *adj* qui concerne
les sentiments 6 ; l'**affectivité** *f* 7

affectueux(euse) *adj* *affection-
ate* 10 ; *adv* **affectueusement** 8

une **affiche** *poster* 8   *billboard*

afficher *to display* 8

affilier *to affiliate* 10

affiner rendre plus fin 11

affirmer 4

un **affluent** *a tributary*, par
exemple une rivière 3

affluer *to flow into* 9

affranchir rendre civilement libre ; mettre un timbre-poste
sur ; *adj* **affranchi(e)** 13

affreux(euse) *adj* très laid, désagréable 13

f*affronter** *to face*, braver, *to
confront* 7 ; un **affrontement**
confrontation 8

afin de *conj in order to* 3

l'**Afrique** *f* 1 ; *adj* **africain(e)**

agacer ennuyer, embêter 13

un **âge** ; *adj* **âgé(e)** *aged* 1

une **agence** 2

aggraver *to aggravate* 11 ; s'—
devenir plus grave 3

agir *to act* 4 ; il s'**agit** de *to be a
question of* 6

agiter *to agitate* 4

un **agneau** *lamb* 5, C87

l'**agonie** *f* ; *v* **agoniser** 15

agrandir rendre plus grand 8

f*agréable** *adj* *pleasant, enjoyable* 2

agréer accepter 8

agréger admettre (à un
groupe) ; un(e) **agrégé(e)**
9:181 ; l'**agrégation** *f* 9

f* l'**agrément** *m* qualité qui
rend agréable 10

agressif(ive) *adj* 2 ; *adv*
agressivement 4 ;
l'**agressivité** *f* 4 ; l'**agression**
f 4

agricole *adj* 6

l'**agriculture** *f* ; un **agriculteur**
5

l'**agronomie** *f* 12

aguerrir *to harden* (un soldat) ; *adj* **aguerri(e)** 13

aider (qqn à faire qqch) *to help*
1

un **aigle** *eagle* 9

aigu(ë) *sharp* 1 ; *high-pitched*
1 ; *v* **aiguiser** *to sharpen* 10

une **aile** *wing* 5 ; *adj* **ailé(e)** 13

un **ailier** (football français)
5:73

ailleurs *elsewhere* ; d'— be-
sides 4:50

aimable *adj* *kind* 2 ; *adv*
—**ment** 6

aimer *to like* ; *to love* ; *to enjoy*
1 ; — **mieux** préférer 1 ; *adj*,
n **bien-aimé(e)** 8

aîné(e) *adj* avant + né(e), plus âgé(e) 7

ainsi *adv thus* 3 ; – que *conj as well as* 4

l'**air** *m appearance* 2 ; avoir l'– *to seem* 1 ; — musical mélodie 14

une **aire** *area* 12

l'**aise** *f* : à l'— *at ease* 4 ; *adj* aisé(e) *easy* ; f*assez riche 3 ; *adv* aisément *easily* 7 ; l'**aisance** *f* facilité naturelle, grâce 9

ajouter (à) *to add (to)* 3

ajuster *to adjust* 15

une **alarme** ; *v* **alarmer** 6 ; *adj* **alarmant(e)** 6

l'**Alaska** *m* ; en — 10

un **albatros** 8

un **alcool** [alkɔl] *alcohol* 11 ; *adj* —isé(e) 2 ; —ique 10

alerte *adj* 1 ; *v* —r

alexandrin *adj, nm* vers de 12 syllabes 13

l'**Algérie** *f* 9 ; *adj* **algérien(ne)** 9 ; **algérois(e)** 9

une **algue** plante aquatique : *alga* 9

l'**aliénation** *f* 9

un **aliment** *nutriment*; *v* —er 14 ; *adj* —taire 7 ; l'—tation *f* 11

f*une **allée** large avenue bordée d'arbres 6

une **allégeance** *allegiance* 4

l'**Allemagne** *f Germany* 2 ; *adj* **allemand(e)** 2 ; l'— *m* la langue ; *n* A—(e)

aller *to go* 1 ; futur proche C18 ; cela te va *that suits you* 2 ; s'en — *to go off, away* 3 ; — de soi être évident 12 ; Allez ! *Come on!, Well, then* 5

allier *v trans to ally* 8 ; un(e) **allié(e)** 2

allô réponse à un appel téléphonique 2

une **allocation** *an allotment, grant* 13

allumer *to light* 6

un **aloi** *alloy* ; qualité 10

alors *adv then* 1 ; *consequently* 2 ; *conj* — que tandis que 6

un **alphabet** 1 ; l'— français C3 ; *adj* **alphabétique** 6

les **Alpes** *f* 2 ; *adj* **alpin(e)** qui a rapport aux montagnes 2 ; un(e) —iste *climber* 7

l'**Alsace** *f* (ancienne province) 6 ; *adj* —cien(ne) 6

f*altéré(e) *adj* qui a soif ; qui excite la soif 8

f*altérer changer en mal : corrompre, déformer, falsifier 6

alterner 3 ; l'**alternance** *f alternation* 5 ; *adv* **alternative-ment** 5

l'**altitude** *f* 7

l'**altruisme** *m* 12 ; *adj* **altruiste** 6

l'**amabilité** *f* (Cf. **aimable**) 11

une **amande** *almond* 6

un(e) **amant(e)** *lover* 12

amarrer *to dock, to land* 14

un **amateur** ; — de *one who has a hobby* 1

une **ambassade** *embassy* 10 ; un(e) **ambas-sadeur(drice)**

ambiant(e) *adj surrounding* ; la température —e *room temperature* 4

ambigu(ë) *adj ambiguous*, qui a plus d'un sens possible 4 ; l'**ambiguïté** *f* 10

l'**ambition** *f* ; *adj* **am-bitieux(euse)** 3

l'**ambre** *m ambergris* 8

une **âme** *soul* 7

améliorer rendre meilleur 9 ; l'**amélioration** *f* 7

aménager préparer en vue d'un usage déterminé ; l'**aménagement** *m* 13 ; *V* DATAR

une **amende** *a fine* 6

amener *to lead* 7

amer(ère) *adj bitter* 4 ; *sour* ; *adv* **amèrement** 10

amérindien(ne) *adj, n* 10

l'**Amérique** *f* 2 ; *adj* **améri-cain(e)** 1

amerloque *adj, n, argot* américain(e) 15

l'**amertume** *f bitterness* 11 ; *V* **amer**

un(e) **ami(e)** *friend* 1 (Cf. co-pain) ; *adj* —cal(e) *friendly* 2 ; *adv* —calement 10

une **amirale** femme d'un amiral 6

une **amitié** *friendship* 1

l'**amnistie** *f* 12

amoral(e) *adj* moralement neutre 13

amorcer commencer, ébaucher 14

l'**amour** *m love* 2 ; *adj, n* —eux(euse) qui aime 7

un **amphithéâtre** ; *fam* **amphi** 4

ample *adj* ; l'**ampleur** *f* 5

amplifier ; *adj* **amplifié(e)** 2

amuser 14 ; s'— *to have a good time* ; *adj* **amusant(e)** 2

un **an** *a year* 1 ; un an/une année C21

une **analogie** 5

une **analyse** 3 ; *v* **analyser** 1 ; *adj* **analytique** 11

un **ananas** *pineapple* 2

l'**anarchie** *f* 6 ; *adj* **anarchique** 10 ; l'**anarchisme** *m* 15

l'**anatomie** *f* 5

un(e) **ancêtre** *ancestor* 9

un **anchois** *anchovy* 4

ancien(ne) *adj ancient* 13 ; *former* 3 ; *adv* **ancien-nement**

l'**Andalousie** *f Andalusia* 2 ; *adj* **andalous(e)** 2

une **anecdote** 3

un **ange** *angel* 13 ; *adj* **angélique** 10

un **angle** 3

l'**Angleterre** *f England* 5 ; *adj* **anglais(e)** ; l'— *m* la langue 1 ; *n* **Anglais(e)**

anglophone *adj, n* de langue anglaise 1

anglo-saxon(ne) *adj* anglo-phone ; Les **Anglo-Saxon(ne)s** 2

l'**angoisse** *f anguish* 9 ; *v* —r 15 ; *adj* **angoissant(e)** 15

une **anguille** [ãgij] *eel* 6

un **animal**, des **animaux** 1 ; *adj* —(e) 3

animer douer de vie 3 ; diriger (une activité) 10 ; un(e) **ani-mateur(trice)** 13 ; *adj* **ani-mé(e)** 8

l'**animosité** *f* la haine 12

une **année** *a year* 2 ; un an/une année C21 ; *adj* **an-nuel(le)** ; *adv* **annuellement** 10

un **anniversaire** *anniversary; birthday* 2

annoncer *to announce* 1 ; une **annonce** 13 ; les petites —s *want ads* 13

annoter 11

un **annuaire** (par exemple des Téléphones) un volume annuel 3

annuler 13

anodin(e) *adj* inoffensif ; in-signifiant 13

anormal(e) *adj* pas normal 10
antagonique (ou **antagoniste**)
adj opposé 13 ; l'**antago-
nisme** *m* 10
d'antan *adj* du temps passé
14
une **antenne** 10
antérieur(e) *adj front* 1 ; *ear-
lier* ; l'**antériorité** *f* 13
une **anthologie** 9
l'**anthropologie** *f* 15 ; un **anthropologue** (ou **an-
thropologiste**) 4 ; *adj*
anthropologique 9
anticiper imaginer d'advance 2
anti-conformiste *adj* 3
les **Antilles** *f* arc formé d'îles,
qui sépare l'Atlantique de la
mer des Caraïbes 1 ; *adj* **an-
tillais(e)** 9
une **antipathie** ; *adj* **antipathique** 11
antique *adj ancient* ; l'**antiquité** *f* les civilisations anciennes 2
antisémite *adj, n* 12 ; l'**antisémitisme** *m* 8
s'**apercevoir** (**de**) ou (**que**) *to
notice* 8 ; un **aperçu** *an insight* 6
un **apéritif** boisson qui stimule
l'appétit 12
aplatir rendre plat 9
l'**apogée** *m* le point le plus élevé
14
apolitique *adj* éloigné de la politique 12
apparaître *to appear* (sou-
dainement) 1 ; *sembler* 6
un **appareil** une machine, un
instrument 11
apparent(e) *adj* ; une **apparence** 1 ; *adv* **apparemment**
13
un **appartement** 3 (≠ l'immeuble)
appartenir à *to be part of* 4 (Cf.
être membre de) ; l'**appartenance** *f* 12
appauvrir rendre pauvre 9
appeler *to name; to call* 1 ; *adj*
appelé(e) 7 ; un **appel**
3 ; faire — à *to appeal to* 15
un **appétit** 4
applaudir 14
appliquer *to apply* 2 ; *adj* **ap-
plicable** 13 ; l'**applicabilité** *f*
13
un **apport** *contribution* 3 ; *v*
—**er** qqch à 1
l'**APPOSITION** *f* procédé par le-

quel deux termes occupent la
même place dans une structure grammaticale. Exem-
ple : **Lui, il** . . . ; **Il dit, il
insiste que** . . . ; **La ville de
Pau.**
apprécier 1 ; *admirer* 4 ; *adj*
apprécié(e) 8 ; l'**appréciation**
f 3 ; *adj* **appréciable** *notable*
12
apprendre *to learn* 1 ; (f* —
qqch à qqn *to teach*) ;
un(e)**apprenti(e)** *apprentice,
learner* 6 ; l'**apprentissage** *m*
6
une **approche** *an approach*
2 ; *v* s'—**r** (**de**) *to approach*
8
approfondir rendre plus profond 11 ; l'**approfondissement** *m* 9
approprier 10 ; *adj* **ap-
proprié(e)** à propos 7 ; Cf.
propre
approuver 12
appuyer soutenir, renforcer 13
après *prép after* 1 ; *conj* —
avoir + *part p* C140 ; — **que**
conj + ind ; **d'**— *prép according to* 5 ; un(e) —-**midi**
afternoon 2, *m/f* C21
apte *adj* 11
l'**aquaculture** (ou **aquiculture**)
f culture des plantes dans
une solution saline 15
aquatique *adj* 15
l'**Arabie** *f* ; — **Saoudite**
12 ; *adj* **arabe** 1 ; l'— *m* la
langue ; un(e) **A**— 1
une **araignée** *spider* 13
arbitraire *adj arbitrary* 4
arborer *to hoist; to display* 3
un **arbre** *a tree* 2
Arcadie *nf Arcadia* 13:301
archaïque [aʀkaik] *archaic* 1
une **arche** [aʀʃ] *arch* 6
l'**archéologie** *f* ; un **archéo-
logue** 5 ; *adj* **archéologique**
10
une **archipel** [aʀʃipɛl] *archipe-
lago* 1
un **architecte** [aʀʃitɛkt] 3 ; l'**architecture** *f* 5
ardent(e) *adj* 4 ; l'**ardeur** *f* 10
l'**argent** *m silver; money* 2
l'**argile** *f clay* 9
l'**argot** *m slang* 3 ; *adj* —**ique** 4
un **argument** ; *v* —**er** 11
aride *adj sec* 9
un(e) **aristocrate** 8 ; une **aristocratie** les anciens nobles ;

la classe sociale la plus élevée
2 ; *adj* **aristocratique** 2
Aristote *Aristotle* 14
une **arme** *weapon* 7 ; des
—**ments** *mpl* 8
une **armée** *army* 1
arracher déraciner ; détacher ;
tirer, extraire 15
arranger : cela m'**arrange** *that
solves my problem* 1
un **arrêt** action de s'arrêter, *to
stop* ; endroit où un bus doit
s'arrêter 1 ; *v trans* ou *intrans* —**er** 1
l'**arrière** *m* la partie postérieure
d'une chose ; *adv* **en** — ; à
l'— 5
arriver *to arrive* 1 ; *to happen*
7 ; — à parvenir à (un but)
3 ; l'**arrivée** *f arrival* 4
l'**arrogance** *f* 4
arrondir rendre rond 3 ; *adj* **ar-
rondi(e)** 8
un **arrondissement** une division administrative d'une
ville 3
arroser *to dampen; to wash
down* 6 ; Cf. la rosée *dew*
un **arsenal**, des **arsenaux** 8
un **art** 3
un **artichaut** *artichoke* 5
l'**ARTICLE** *m* 1 ; defini, indé-
fini C10 ; partitif C50
articuler *to articulate* 1 ; l'**articulation** *f* 1 ; une — *joint* 9
artificiel(le) *adj* 1
un **artisan** une personne qui
fait des objets, souvent artistiques, de ses propres mains
3 ; *adj* —**al(e)** 6 ; l'—**at** *m* =
les —**s** 5
un(e) **artiste** 1 ; *adj* **artistique**
2 ; *adv* **artistiquement** 4
l'**ascendant** *m* l'influence 15
un **ascenseur** *elevator* 5
l'**Asie** *f* 1 ; *adj* **asiatique** 10 ; *n*
A— 10
un **asile** un refuge 12
un **aspect** [aspɛ] 1
aspirer 11 ; une **aspiration**
h aspiré *aspirated h* 2, C14
l'**aspirine** *f* 2
assaisonner *to season* 3
une **assemblée** 9 ; l'**A**— **nationale** 3:37
asseoir *to seat*; s'— *to sit
down* 3 ; formes 11
assez *adj* 1 ; *adv enough*; —
pour . . . *enough
to* . . . 2 ; *adv rather* 2
une **assiette** récipient peu pro-

fond, *a plate* 5 (≠ un plat
cuisiné)

assimiler *to assimilate* 1

assis ! *v* (à un chien) *sit!* 10 (V
asseoir)

une **assise** une base 13

f*l'**assistance** *f aide* ; personnes réunies (≠ une audience,
réception où un officiel
admet qqn pour l'écouter)

assister *to help* ; f* — **à** *to be
present at, attend* 5 ; un(e)
assistant(e) ; — **social(e)** *social worker* 12

associer *to associate, relate*
1 ; s'— **à** *to associate
(oneself) with* ; *adj* **associé(e)** 13 ; une **association** ; *adj* **associatif(ive)** 5

assommer frapper d'un coup
violent à la tête ; ennuyer 15

assouplir rendre souple 10

assouvir calmer, satisfaire
15 ; l'**assouvissement** *m* 15

assujettir *to subject* 6

assumer prendre la responsabilité de 9

l'**assurance** *f assurance* ; f*insurance* 4 ; —**maladie** 11

assurer *to assure* 3 ; faire fonctionner (assurer un service) ;
to insure (par un contrat)

un **astérisque** *asterisk* (*) 1

l'**astrologie** *f* ; *adj* **astrologique** 15

l'**astronomie** *f* ; un(e) **astronome** 12

un **atelier** *workshop; studio;
the workplace* 14

athée *adj, nm, f* qui ne croit en
aucun dieu 10

un(e) **athlète** 8 ; *adj* **athlétique**
15

l'**Atlantique** *nm et adj* ; l'océan
m — 3

une **atmosphère** 6

un **atome** 10 ; *adj* **atomique**
8

un **atout** *trump* 11

atrophier 11

un(e) **attaché(e) de direction**
administrative assistant 8

attacher 1 ; un **attachement**
4 ; *adj* **attachant(e)** *appealing* 9

une **attaque** 5 ; *v* —**r** 3

attardé(e) *adj, n* qui est d'un
temps passé ; en retard dans
son développement 8

atteindre [ɛ̃] *to reach, attain* 6

un **attelage** les bêtes **attelées**
(attachées) à une voiture 13

attendre [ɑ̃] *v trans et intrans
to wait for* 1 ; s'— **à** *to expect*
2

attendrir rendre plus tendre ;
s'— être très touché 7

une **attente** le fait d'attendre
(de s'— à qqch) 3

l'**attention** *f* 1 ; **faire** — *to pay
attention* 12 ; *adj* **attentif(ive)** 8

atténuer rendre ténu, *to attenuate* 14

atterrir descendre, se poser à
terre 1

attirer *to attract* 1 ; *adj* **attirant(e)** 1 ; l'**attraction** *f*

une **attitude** 1

un **attrait** ce qui attire
agréablement 8 ; *adj* **attrayant(e)** 7

attraper 4 *to catch*

attribuer 7

l'**aube** *f* début du jour 13

une **auberge** *inn* 6 ; — **de
jeunesse** *youth hostel*

aucun(e) *adj, pron* ne . . . —
not any 3, C85

audacieux(euse) *adj* 8 ; l'**audace** *f* 9

au-dedans *adv* à l'intérieur 7

au-delà *adv beyond* ; *prép* —
de 4

au-dessous 6, **au-dessus** 6
advs ; —, — **de** *préps below,
above* ; V **dessous,
dessus**

audiovisuel(le) *adj, nm* 14

un(e) **auditeur(trice)** 6

auditif(ive) *auditory* 14

augmenter 3

aujourd'hui *adv, nm today* 1

auparavant *adv* avant tel événement 8

auprès de *prép* a côté de (une
personne) 11

auquel *pron interrog* 5 ; *pron
relatif* 7 ; *pl* **auxquels** ; V
lequel

l'**aurore** *f* moment où le soleil va
se lever 8

f*aussi *adv* de plus, *also*
1 ; **aussi . . . que** *as . . . as*
2 ; au début d'une proposition, **aussi** = par conséquent : **Aussi est-il vrai
que . . .** = *Therefore it is true
that . . .* 15, C106

f*aussitôt immédiatement

12 ; — **que** *conj as soon as*
9, C113

l'**Australie** *f* 9 ; *adj*
australien(ne)

autant (que) *adj, adv as much
(as)* 2 (au + tant : *up to that
much*) ; **d'—** **plus que** *all the
more . . .* 6 ; **pour — que**
l'on sache 10

un **autel** *altar* 8

un **auteur** *author* 2

authentique *adj* 1

une **autobiographie** ; *adj* **autobiographique** 12

un **autobus** (ou **bus**) (dans une
ville) 1 ; ≠ un **car**
(interurbain)

auto-correctif(ive) *adj* que la
personne corrige elle-même 1

un **autocrate** ; *adj* **autocratique** 4

l'**autodéfense** *f* défense, individuellement ou entre
voisins, contre la violence 14

automatique *adj* 5 ; *adv*
—**ment** 14

l'**automne** *m autumn* 2 ; **en —**

une **auto(mobile)** (une Citroën,
etc.) 4

un(e) **automobiliste** personne
qui conduit une auto 1

autonome *adj autonomous*
7 ; l'**autonomie** *f* indépendance 4

un **autoportrait** 12

l'**autorégulation** *f* 14

l'**autorité** *f authority* 3 ; *adj* **autoritaire** *authoritarian* 3 ; *v*
autoriser 7 ; l'**autorisation** *f*
2

une **autoroute** *freeway* 3

l'**auto-stop** *nm hitchhiking* ;
faire de l'— 1

autour *adv around* ; *prép* —
de 2

autre *adj, nm ou f other* 1 ;
d'autres C51 ; *adv*
—**ment** 5 ; **entre —s**
among other things 13

autrefois *adv* dans un temps
passé 2

autrui les autres (personnes) 6

auxiliaire *adj, nm a helping
verb* 3

avaler *to swallow* 15

une **avance** l'action d'avancer ;
en — 2, **à l'—** 5, **d'—** *beforehand* ; *v* —**r** 7 ; l'—**ment**
m 11

avant *conj, adv before* 3 ; *prép*

— **de** + inf 1 ; *conj* — **que** + subj

un **avantage** *an advantage* 1 ; *adj* **avantageux(euse)** 12

l'**avant-bras** *m forearm* 8

avant-hier *adv* dans le jour qui a précédé hier 15

avare *adj, n* contraire de généreux 13

avec *prép with* 1

l'**avènement** *m the advent, the coming* 13

l'**avenir** *m* le temps à venir 1

une **aventure** *adventure* 4 ; *adj* **aventureux(euse)** 9

avertir alerter ; *adj* **averti(e)** bien informé 13

aveugle *adj blind* 9 ; *v* —**r** 11

un(e) **aviateur(trice)** 2

un **avion** *airplane* 1

un **avis** une opinion 4

un **avocat** *lawyer* 5

avoir *to have* ; expressions avec — 2, C15 ; **y avoir** : il y a . . . **que** C22 *there is (are)* ; — **(une heure)** *(an hour) ago* 2 ; — **beau faire qqch** *to do something in vain* 11

avouer *to admit, avow* 6

un **axe** *axis* ; route principale 14

azur *adj, nm* 4

B

le **baccalauréat** (le **bac**, le **bachot**) 12:250

un(e) **bachelier(ière)** titulaire du bac 12

une **bactérie** ; *adj* **bactérien(ne)** 10

les **bagages** *m baggage* 2

une **bagarre** *fam* échange de coups 4

le **bagne** une prison 15

une **bagnole** *fam* voiture 6

une **baguette** pain long, mince 13 : 290

une **baie** un bras de la mer 9

se **baigner** *to bathe* ; f*to go swimming*

une **baignoire** *bathtub* 7

un **bain** *bath* 2 ; **prendre un —**

f*un **baiser** *a kiss* 8 ; Ne pas employer le *v* — (sens sexuel) ; dire **donner un baiser, une bise** *fam,* à qqn, ou **embrasser** qqn.

baisser mettre plus bas 10 ; descendre ; une

baisse ; **en** — *in decline* 15

un **bal** réunion où l'on danse 2

un **balai** *a broom* ; *v* **balayer** 13

une **balance** *scales* ; *v* —**r** *to balance* ; *to sway* ; **s'en** — *fam to shrug it off* 3

une **balançoire** *a swing* 8

une **balle** *ball* 4 ; un **ballon** (de football) 5

un **ban** *a ban* 15 (Cf. **bannir**)

banal(e) *adj* sans intérêt 13 ; une —**ité** une platitude *small talk* 3

bancaire *adj* ; *V* une **banque** 6

une **bande** *band* ; — **magnétique** *tape* 1 ; une — **dessinée** (BD) *comic strip* 2

la **banlieue** *suburbs* 3 ; la **proche** — *inner suburbs* ; la **grande** — *outer suburbs*

bannir *to banish* 15 (Cf. un **ban**)

une **banque** *bank* (institution) 1 ; — **de données** *data bank* 14 ; un **banquier** *banker*

baptiser [batize] 9 ; un(e) **baptiste** 8 ; le **baptême** 12

barbare *adj barbarous* ; *nm* et *f a barbarian* 1

une **barbe** *beard* 6

un **barbier** aujourd'hui, coiffeur 7

une **barre** *bar; ridge* 7 ; *v* —**r** 11

une **barrière** *fence* 7

un **bas** *stocking* 13

bas (basse) *adj, nm* 2 ; *adv low* ; **le bas de qqch** la partie inférieure

une **bascule** une balançoire, *a swing* ; *v* —**r** 8

la **base** *base, basis* ; **de** — *adj basic* ; *v* **baser qqch sur** 1

le **basilic** *basil* (herbe) 4

une **basilique** *basilica* (église) 15

le **basket** (ou — -**ball**) 1

les **Basques** 4:55 ; *adj* **basque**

le **bassin** *basin* 1

une **bataille** *battle* 2 ; *adj* **batailleur(euse)** 11

bâtard(e) *adj* ; un pain assez long 13:290

un **bateau** *boat* 4

un(e) **batelier(ière)** pilote de bateau 14

bâtir *to build* 6 ; un **bâtiment** 15 ; le — (l'industrie) 3

un **bâton** *a stick* 8

un **battement** bruit rythmé 13

battre *to beat* 1 ; **se** — *lutter* 12

un **baume** *balm* 14

bavarder *to chat* 13

la **BD** bande dessinée 2

béarnais(e) *adj* de Béarn (province dans le sud-ouest de la France) 5

beau (belle) *adj beautiful* 1 ; *fine* ; **un** — **jour** *some fine day* ; **avoir** — + inf *to do in vain* 11

Beaubourg musée parisien 3:37

beaucoup *adv much, many* 1 ; — **de** + nom ; **de** — *by far* 15 ; comparaison de — C106

la **beauté** qualité d'être beau 1

les **beaux-arts** *fine arts* 1

un **bébé** *baby* 1

le **bec** *beak* 2

une **bêche** *spade* ; *v* —**r** 9 ; *adj, n* **bêcheur(euse)** qui bêche 9

la **Belgique** *Belgium* 1 ; *adj* **belge** 6

un **bélier** *ram* 8

ben [bɛ̃] *fam* Eh bien ! 11

bénédictin(e) *adj, nm, f* 7

la **bénédiction** 13

le **bénéfice** *benefit* 7 ; *profit* 15 ; *v* **bénéficier (de)** 8 ; *adj* **bénéfique** 2

bénévole *adj* qui fait qqch gratuitement 10

bénin (bénigne) *adj* pas sévère 11

bénir *to bless* 13

le **benjoin** [bɛ̃ʒwɛ̃] *benzoin* 8

berbère *adj Berber* 9 ; un(e) **B**—

un **berceau** *cradle* 7 ; *v* **bercer** 12

un **béret** *beret* 5

un(e) **berger(ère)** *shepherd(ess)* 5

la **bergeronnette** (oiseau) 8

berlinois(e) *adj* de Berlin 9

le **besoin** *need* 2 ; **au** — *in case of need* ; **avoir** — **de** 2

une **bête** *beast* 5 ; *adj stupid* ; une **bêtise** un acte stupide 10

une **betterave** *beet* 11

un **beur** *fam* un Arabe, maghrébin 12:266

le **beurre** *butter* 6

le **biais** *bias* ; **par le** — **de** *by means of* 7

une **bibliographie** 6

la **bibliothèque** *library* 3 (≠ librairie) ; un(e) **bibliothécaire** 8

un **bicentenaire** 7

une **bicyclette** *bicycle* ; en —,
à — 1

un **bidet** *a nag* ; bassin à eau
courante sur lequel on peut
s'asseoir pour se laver 7

bien *adv well* 1 ; + le partitif
C50 ; comparaison
C107 ; faire du — *to do good*
4 ; un — une possession
8 ; le — -être *well-being*
2 ; *very* avec la nuance d'une
réaction émotionnelle (Cf.
très, f*fort**) ; *conj* **bien que**
(+ *subj*) *although* 6

un **bienfait** *benefit* 7

biennal(e) [bjenal] *adj, n* qui a
lieu tous les deux ans 12

bientôt *adv soon* 2 ; à — *see
you soon* 1

bienveillant(e) *adj* bon, *bene-
volent* 9

bienvenu(e) *adj welcome* 6 ; la
—e

la **bière** *beer* 2

le **bifteck** *beefsteak* 2

un **bijou(x)** *jewel* 2 ; une
—**terie** (boutique) 15

un **bilan** *lit balance sheet* 10

bilingue *adj, n* 10

un **billet** *ticket* 2

bimane qui a deux mains 11

la **biographie** 2

la **biologie** 10 ; *adj* biologique
7 ; un(e) **biologiste** 8

bipède *adj, nm* 11

Bison Futé *m* 1:4, 3:33

un **bistrot** *pop* un petit café
8

bizarre *adj strange* 1 ; une
—**rie** 6

une **blague** *joke* 4

le **blâme** ; *v* —**r** 8

blanc (blanche) *adj, n white*
9 ; un — *a blank* ; *v*
blanchir devenir ou rendre
— 1

f*blesser** *to wound*, faire une
blessure à 10 (≠ bénir *to
bless*) ; une **blessure** 9

bleu(e) *adj blue* 3

un **bloc** ; *v* **bloquer** 11

un **bocal** *fish bowl* 15

un **bœuf** [bœf], des —s [bø] *ox*
5 ; *beef cattle* 7

boire *to drink* 1 ; formes 12

le **bois** *wood; woods* 3 ; *adj*
—**é(e)** *wooded* 7

une **boisson** *beverage* 2

une **boîte** *box; a can* 4 ; *fam*
une entreprise 12 ; — **de
nuit** *nightclub* 6 ; — **aux lettres** *mailbox* 15

f*un **bol** *small (individual)
bowl* 4

bon (bonne) *adj good* 1 ; comparaison C103 ; **Ah, bon ?**
C'est vrai ? 5

un **bonbon** *candy* 2

bondé(e) *adj crowded* 2

le **bonheur** (bon + heur = au-
gure) *happiness* 2

bonsoir 2

la **bonté** *kindness* 15

le **bord** *edge* 13 ; à — *aboard*
2 ; **de tous** —s de toute sorte
6

bordelais(e) *adj* de Bordeaux 5

un **bordereau** *itemization, bill*
8

une **bordure** *edge; rim; border*
2

une **borne** *milestone; limit* ; *v*
—**r** *to limit* 4

bosser *pop* travailler (une
bosse, *hump*) 10

bostonien(ne) *adj, n* de Boston
4

une **botte** *boot* ; *adj* **botté** qui
porte des bottes 6

un **bouc émissaire** *a
scapegoat* 14

la **bouche** *mouth* 1 ; **Bouches-
du-Rhône** *fpl* 4

un(e) **boucher(ère)** *butcher* ;
une **boucherie** 15

bouffer *pop* manger 8 ; une
bouffe un repas 15

une **bougie** *candle* 6 ; *spark
plug*

bougnoule *adj, n, pop*
maghrébin 12:265

bouillir *v intrans to boil* ; *adj*
bouillant(e) ardent 4

un(e) **boulanger(ère)** qui fait
ou vend le pain 13 ; une
boulangerie 12

une **boule** un corps sphérique
10

un **boulevard** 3 (*abrév* boul.,
bd)

bouleverser troubler, secouer
12 ; le **bouleversement** 15

un **bouquin** un vieux livre ; ou
fam, livre 3 ; le(la) —**iste**
marchand(e) de —s 3

les **Bourbons** une dynastie
française 3

bourgeois(e) *adj, n* (1) citoyen
d'un bourg, d'une ville 2 ; (2)
conformiste 3 ; (3) pour les
romantiques vers 1830, phi-
listin, insensible à l'art et à
l'humanité ; (4) à (7), cf.
bourgeoisie

la **bourgeoisie** Cf. les sens (1) à
(3) de **bourgeois(e)** ; (4) la
classe moyenne et dirigeante
(*governing*) — le contraire
des ouvriers et paysans
3 ; (5) pour les marxistes,
l'ennemi du prolétariat ; (6)
la **petite** — les artisans et petits commerçants 11 ; (7) la
haute (ou **grande**) — les
riches et l'aristocratie 7

un **bourgeon** *bud* 8

la **Bourgogne** *Burgundy*
3 ; *adj* **bourguignon(ne)**
Burgundian 7

bourrer remplir, *to stuff* 6

une **bourse** *purse; scholarship*
9

bousculer *to jostle* 9 ; une
bousculade 11

un **bout** une extrémité 1 ; à —
de forces au bout de ses
forces 15 ; un morceau 13

une **boutade** une plaisanterie
11

une **bouteille** *bottle* 2

une **boutique** *a shop* 3

un **bouton** *button* ; *v* **bouton-
ner** 12

la **boxe** sport de combat 6

une **branche** 7 ; *v* —**r** *to plug in*
(à une prise de courant) ; sur
le téléphone 14 ; *adj*
branché(e) *fam* informé 15

le **bras** *arm* 8 ; *branch* d'une
rivière, d'un fleuve 3

brasser *to brew* 14

une **brasserie** café-restaurant
8:144

bref (brève) *adj short* 1

bressan(e) de Bresse 11

la **Bretagne** *Brittany* ; *adj*
breton(ne) 5 ; la **Grande- —**
Great Britain ; *adj* **britannique** 5

un **breuvage** boisson (Canada)
10

bricoler *to be one's own hand-
yman* ; improviser 14

la **Brie** (région) ; le **b—** (fromage) 4

brièvement *adv* de l'*adj* bref 4

brillant(e) *adj brilliant* 1 ; *adv* brillamment 4

briller *to shine* 5

une **brique** *brick* 6

briser *to break, smash* 1 ; — la glace *to break the ice* 1

le **brochet** (poisson) *pike* 7

une **brochure** *a pamphlet* 10

la **broderie** *embroidery* 5

le **brouillard** *fog* 2 ; *v* brouiller confondre 14

le **bruit** *noise* 3 ; *static* 13 ; *v* bruisser faire un — léger 9

brûler *to burn* 4

la **brume** *mist* 2 ; *adj* brumeux(euse) 2

brun(e) *adj brown* 9

un **brushing** *blow dry* 12

brusque *adj rude* ; *adj* —ment 2

brutal(e) *adj* 13 ; *adv* —ement 9

bruyant(e) *adj* qui fait beaucoup de bruit 15

le **BTS** 12:250

une **bûche** *log* 5

un **bûcher** *pyre* : brûler au — *to burn at the stake* 5

un **buisson** *bush* 8

une **bulle** *bubble* 2

le **bureau** *desk*; *office* 2 ; – de tabac *tobacco shop* 3 ; un —crate ; une —cratie [byʀɔkʀasi] 4 ; *adj* —cratique 15

un **bus** 3 (≠ un car interurbain)

le **but** *goal, purpose* 1

un **butoir** *door stop* 13

C

c prononciation de la lettre c C13, C175

ça *pron* forme familière de cela 1

une **cabane** maison très humble 2

un **cabaret** 3

une **cabine** *cabin* ; — téléphonique 5

un **câble** 14 ; *adj* câblé(e) *fam* branché, informé 15

cacher *v trans to hide* 2

un **cachot** cellule obscure de prison 9

un **cadeau** *gift* 2

le **cadre** *frame, framework* 2 ; un — employé qui organise, ou encadre, les fonctions des employés sous sa direction 6, 15 ; — supérieur, moyen *top, middle management* 14 ; — d'exécution *foreman, shop steward*

le **café** *coffee* 2 ; *a café* 2 ; une **cafétéria** 8

une **cafetière** *coffee pot* 2

un **cahier** *notebook, workbook* 1

caillé(e) *adj curdled* 7

un **caillou** *pebble* 2

un **caïman** *alligator* 9

une **caisse** grande boîte ; *cashier's window* 8 ; la Caisse d'Epargne banque nationale d'épargne (*savings*) 14 ; un(e) **caissier(ière)** *cashier* 8

calciner brûler 9

le **calcul** *calculation* ; *calculus* ; *v* —er *to calculate* 1

Caldoche *n, adj* blanc vivant en Nouvelle-Calédonie 13

un **calembour** *pun* 3

les **calendes** *f* (latin) le 1er du mois 8 ; un **calendrier** *calendar* 5

la **Californie** ; *adj* californien(ne) 9

calme *adj* 2 ; *v* —r rendre — 5

un **calvaire** 5:83

le **calvinisme** 7

un(e) **camarade** *comrade* 1

le **camembert** (fromage) 6

camerounais(e) *adj* du Cameroun 10

un **camion** *a truck* 3 ; un camionneur 14 (pas de *f*)

un **camp** ; — de concentration 2

la **campagne** les régions rurales 2 ; *adj* campagnard(e) 13

le **camping** [kɑ̃piŋ] ; faire du — 7

le **Canada** 1 ; *adj* canadien(ne) 3 ; un **canadianisme** 10

un **canapé** un divan 7

Canaque *n, adj* indigène de la Nouvelle-Calédonie 13

un **canard** *duck* 5

la **candeur** la franchise ; la crédulité 14

un(e) **candidat(e)** 8 ; la —ure *candidacy* 8

un **caneton** le petit du canard 5

la **canne** la femelle du canard 5

(se) cantonner (s')enfermer 9

un **capitaine** 8

le **capital** 13 ; *adj, n* —iste ; le —isme 11

une **capitale** *capital city* 3

capoter être renversé 13

captif(ive) *adj* 11 ; la **captivité** 5 ; *v* capter 8

f*un **car** *bus* interurbain

car *conj for* 1. Car introduit une proposition (*clause*) indépendante ; parce que, une proposition subordonnée. Car introduit une justification ; parce que, une explication.

CARA (enquête sociologique) 9:167

le **caractère** *character* 3 ; une **caractéristique** 4 ; *v* caractériser 2 ; *adj* caractéristique (de) 8

une **carafe** *carafe, decanter* 2

une **caravane** voiture-maison pour le camping 14 ; le caravaning *trailer camping* 14

cardinal(aux) *adj* V NOMBRES

une **caricature** ; *v* caricaturiser 4 ; un(e) caricaturiste 8

un **carnaval**, des carnavals 10

un **carnet** *a notebook* ; — de 10 tickets d'autobus *a book . . .* 3

carré(e) *adj, nm square* 3

un **carreau** *square* ; à —x *checked* (*cloth*, par exemple) ; papier à —x *graph paper* 10 ; *window pane; tile*

un **carrefour** croisement de chemins 14

une **carrière** *a quarry; career* (scolaire ou professionnelle) 1

un **carrosse** *carriage; private coach* 6

une **carte** *card; map* 3 ; (≠ menu 8:144) ; — postale 1 ; de crédit *credit card* 14

un(e) **cartographe** ; *adj* cartographique 15 ; la cartographie

un **cas** *case, instance* 1 ; en tout — *in any case* 10

un(e) **cascadeur(euse)** un(e) acrobate 9

casser *to break* 5

une **cassette** 1

catalan(e) adj de Catalogne ; les C—s 4:55

un **catalogue** ; v —r 8

une **catastrophe** ; adj catastrophique 15

une **catégorie** a category, type
1

cathartique adj 11

une **cathédrale** 2

catholique adj, n 2 ; le catholicisme 12

causatif(ive) adj qui est la
cause de 6 ; faire — C94

f*une **cause** ; en — en question 6 ; prép à — de on account of, by reason of 1 (Cf.
parce que conj) ; v **causer** to
cause 1 ; f*to chat ; une
causerie a talk 10 ; la
causalité 14

f*une **cave** cellar 13

une **cavité** hollow 5

CE, CETTE, pl **CES** adj this,
that 1, C7

CE pron 1, C9 ; C96 ; **c'est-à-
dire** that is to say
1 ; **C'est/Il est** C9, C97

ceci pron (ce pron + ici) this 2

céder to yield 6 ; to cede 9

Cedex Courrier d'Entreprise à
Distribution Exceptionnelle
(livraison plus rapide du
courrier commercial ou officiel) 9

la **C.E.E.** Communauté économique européenne, = le
Marché commun 10

ceindre to gird 9 ; une **ceinture** belt 9

cela pron (ce + là, there) that
1

célèbre adj fameux 1 ; v **célébrer** 1

céleste adj relatif au ciel ; di-
vin 9

célibataire adj non marié(e) 6

celle pron ; V celui 8

une **cellule** cell 7 ; adj **cel-
lulaire** 10

un(e) **Celte** adj, n Celt 5 ; adj
celtique 5

CELUI (CELLE) = ce + lui,
c' + elle the one (+ which,
who) 2, C96

un **cénacle** club littéraire 8

la **cendre** le résidu de la com-
bustion, par exemple du
bois 9

Cendrillon f Cinderella 6

une **centaine** à peu près cent
13

un **centime** un centième d'un
franc 14

un **centimètre** 7

central(aux) adj 13 ; v —iser
3 ; adj **centralisé(e)** 7 ; la
—isation 3 ; adj —isa-
teur(trice) 7 ; le —isme m 11

Centrale : l'École centrale
12:253

une **centrale nucléaire** les
bâtiments où l'énergie nucléaire est fabriquée 5

un **centre** 2 ; — **nucléaire**
terme général 4 (qui com-
prend la médecine nucléaire
aussi bien que la centrale
nucléaire)

un **cèpe** variété de champignon 5

cependant adv however (ce +
pendant, left hanging) 2

un **cercle** 2

une **céréale** cereal 13 ; Cf.
Cérès 13:299, 304

cérébral(e) adj 11

une **cérémonie** 5 ; adj **céré-
monial(e)** 8

certain(e) adj ; une —e personne 1 ; **être** — de être sûr
de ; adv —ement 4 ; la **certitude** 12

certes adv indique une con-
cession (Cf. to be sure) 13

un **certificat** 11

le **cerveau** brain 14 (la **cer-
velle** = la substance constituant le cerveau)

césairien(ne) adj d'Aimé Césaire 9

cesser to cease 7 ; Il ne cesse
de faire qqch He never
stops doing something 3

la **césure** la pause dans un
vers 14

la **CFDT** (syndicat) 12:263

chacun(e) pron each one 1

le **chahut** protestation tumultueuse d'écoliers contre
un enseignant 12

une **chaîne** 6 ; — **de TV** TV
channel 13 ; — **de production** 3

la **chair** flesh 8

une **chaire** siège d'un pontife,
d'un professeur d'université
8

la **chaleur** heat 7 ; adj
—eux(euse) cordial, warm 4

une **chambre** bedroom 6 ; une
— **de commerce** 12 ; la C—
des députés 3:37

un **champ** field 1 ; adv sur-
le- — immédiatement 12

un **champignon** mushroom ;
fig qui pousse vite 4

un(e) **champion(ne)** ; le —nat
championship 5

la **chance** luck 1 ; opportunity
6

le **chancelier** chancellor 7

un **chandail** un pull-over
[pylɔvœʀ], sweater 1

la **Chandeleur** Candlemas 10

une **chandelle** candle 6

f*le **changement** change
1 ; (≠ le change foreign exchange) ; v trans et
intrans **changer** 2 ; adj
changeant(e) 5

**CHANGEMENTS ORTHOGRA-
PHIQUES** c/ç, g/ge
C13 ; verbes à — C175

une **chanson** song ; la C— de
Roland 1

chanter to sing 2 ; adj **chan-
tant(e)** 4 ; un(e) **chan-
teur(euse)** 10

un **chantier** worksite ; en —
in construction 5

un **chantre** chanteur dans un
service religieux 9

un **chapeau** hat ; note préliminaire 8

une **chapelle** chapel 4

un **chapitre** chapter 1

chaque adj each 1

le **charbon** coal 10

la **charcuterie** porc et produits
à base de porc 6 ; boutique
où on les vend 15

une **charge** burden 15 ; charge
(d'énergie) 2 ; v —r to burden 6 ; adj **chargé(e)** 8 ; les
—s utilities (eau, électricité,
etc.) 13

Charlemagne 1

le **charme** 3 ; adj **charmant(e)**
charming 2 ; v —r 7 ; un(e)
charmeur(euse) 9

un **charpentier** carpenter 7

une **charrette** voiture à deux
roues 10 ; un(e) **char-
retier(ière)** 15

la **chasse** the hunt 15 ; v
—r ; un(e) **chasseur(euse)**
1

le(la) **chat (chatte)** cat 4 ; jouer
à — (perché) to play tag 1

un **château** l'habitation d'un roi, d'un seigneur 1
un **châtelain** seigneur d'un château 5 ; ∫ une —e 5
châtier to chastize 6
le **chaud** n heat ; avoir — to feel hot 2 ; faire — to be hot (weather) 2 ; adj **chaud(e)** 4
une **chaudière** boiler 10
un **chauffard** un mauvais conducteur d'auto 15
chauffer to heat 7 ; le **chauffage** acte de — 5
le **chaume** thatch ; une **chaumière** petite maison rustique couverte de chaume 15
une **chaussure** shoe 3
chauvin(e) adj 7:118 ; le —isme 7
un **chef** directeur ; — d'entreprise 4 ; point principal, item 14
un **chef-d'œuvre** masterpiece 1
un **chemin** a road; way 13 ; — de fer les rails sur lesquels roulent les trains 3 ; v intrans —er ; le —ement 15
une **cheminée** chimney; fireplace 12
une **chemise** shirt (d'homme ou de femme) 2
le **chêne** oak 2
un **chèque** 14 ; un **chéquier** carnet de —s
cher (chère) adj dear 5 ; adv coûter — 6
Cherbourg port en Normandie 2
chercher v trans to look for (Cf. to seek) 2 ; to go get . . . 1 ; — à + inf to try to 3 ; n **chercheur(euse)** researcher 3
chérir to cherish 4
un **cheval** horse 7 ; la —erie chivalry 8 ; un —ier knight 11
un (des) **cheveu(x)** hair 5 ; adj **chevelu(e)** qui a beaucoup de cheveux 7 ; la **chevelure** 9
chez prép at the house of 1 ; in the country, the writings (etc.) of
chic adj invariable stylish 8 ; nm style
un **chien** dog 1
un **chiffon** a rag ; v —ner to rumple ; vexer 12
un **chiffre** caractère qui repré-

sente un nombre (ou un code) : a figure 9
la **chimie** chemistry 10 ; un(e) **chimiste** 12
la **Chine** ; adj **chinois(e)** 15
la **chirurgie** surgery 12
un **choc** shock 4
le **chocolat** 7
choisir [∫waziʀ] to choose 1 ; un **choix** 2
chômer être sans travail ; un(e) **chômeur(euse)** 15 ; le **chômage** 12
choquer to shock 1
une **chose** thing 1
un **chou** cabbage; — à la crème cream puff 1 ; mon — 1
un **Chouan** insurgé royaliste contre la Révolution 15
la **choucroute** sauerkraut 6
chouette adj agréable, beau, super! 7
chrétien(ne) n, adj Christian 1
le **christianisme** la religion chrétienne 6
une **cible** target 14
une **cicatrice** a scar 11
ci-dessous plus bas qu'ici 4
ci-dessus plus haut qu'ici 8
le **cidre** jus de pomme 5 ; — bouché jus de pomme fermenté
le **ciel** sky; heaven 3
ci-joint adv ; adj **ci-joint(e)** (après un n) enclosed 15
un **cimetière** 3
le **cinéma** movie theatre 2 ; adj —tographique 14 ; un(e) **cinéaste** auteur et/ou réalisateur de films 10
circonflexe adj (bent around) 1
circonscrire to circumscribe 14
circonspect(e) adj 11
une **circonstance** 6
circulaire adj 14
circuler 6 ; la **circulation** circulation ; traffic
la **cire** wax 6 ; v —r 10
cistercien(ne) (ordre religieux) adj 7
le(la) **citadin(e)** habitant(e) d'une ville 4
la **cité** city center 7 ; les gens de la ville 14 ; une **Cité universitaire** résidence d'étudiants 9
citer to cite, quote 3 ; adj **cité(e)** 7

un(e) **citoyen(ne)** citizen 1 ; la —neté 10:205
le **citron** lemon 2
civil(e) adj 9 ; la —isation 1 ; v —iser 15 ; adj —isé(e) 4 ; adj —isateur(trice) 15
civique adj 1 ; le **civisme** esprit — 10
clair(e) adj clear 1 ; adv —ement 4
clandestin(e) adj caché aux autorités 2
la **clarinette** 8
la **clarté** (Cf. clair) light; brightness 7
une **classe** 1 ; heure de — 1 ; en — 1 ; avoir de la — to be stylish ; adj **classe** (d'un vêtement) chic 15 ; les —s sociales 3
classer classifier 4 ; le **classement** 9
le **classicisme** mouvement artistique, dominant en France aux XVIIᵉ–XVIIIᵉ siècles 6 ; adj **classique** 1
le **clavecin** harpsichord ; un(e) —iste 7
un **clavier** keyboard 14
une **clé** (ou **clef**) key 1 ; adj invariable d'une importance particulière 1
le **clergé** clergy 7
un(e) **client(e)** 4 ; la —èle 13
le **climat** [klima] 4
un(e) **clochard(e)** vagabond(e) des villes 6
une **cloison** un mur léger 11 ; adj —né(e) 11 ; le —nement compartimentage 12
clore fermer 8
clos(e) adj fermé 14
un **clown** [klun] 5
une **coalition** 13
un **coche** (stage)coach 12
un **cocon** cocoon 7
une **cocotte** cooking pot 12
un **code** 1 ; le C— Napoléon 8:151
le **cœur** heart ; le centre 2 ; les émotions 3 ; à — joie to one's heart's content 14
coexister exister en même temps 2
un **coffre** trunk of a car 13 ; v fam —r emprisonner 15
cohérent(e) adj 6 ; la **cohérence** 10

une **cohue** une foule ; une bousculade 11

une **coiffe** coiffure féminine régionale 5 ; *adj* **coiffé(e)** dont les cheveux sont en ordre 12 ; portant un chapeau ; la **coiffure** ce qui sert à couvrir la tête ou à l'orner 5 ; un(e) **coiffeur(euse)** 11

un **coin** angle ; petit espace 4 ; *v* **coincer** serrer, bloquer, immobiliser 14

coïncider 12 ; une **coïncidence** 1

la **colère** *anger* 4 ; *adj* **coléreux(euse)** 4

collaborer 9 ; *n* **collaborateur(trice)** 7

la **colle** *glue* ; *v* —**r** 10 ; *adj* **collant(e)** 2

collectif(ive) *adj* 5 ; *adv* **collectivement** 11

une **collectivité** *a community* 10

un **collège** école secondaire (11 à 14 ans) 3 ; Cf. un **lycée** ; un(e) **collégien(ne)** élève de collège 7

un(e) **collègue** *colleague* ; être —**s** = être d'une même profession 1

une **colline** *hill* 7

le **colombage** architecture qui combine le bois avec la maçonnerie (*masonry*) 5, 6:106

un **colon** membre d'une colonie 4 ; *adj, n* —**isateur(trice)** 4 ; une —**ie** *colony* 3 ; *v* —**iser** 9 ; *adj* —**ial(e)** 5 ; la —**isation** 4 ; le —**ialisme** 9

une **colonelle** femme d'un colonel 6

une **colonne** *column* 3

colorer *to color* 2 (Cf. la **couleur**)

colossal(e) *adj* 13

un **combat** une lutte 6 ; *v* —**tre** 7 ; *adj* —**if(ive)** 15

combien *adv, conj how much, how many* 1

combiner ; une **combinaison** 15

combler remplir (un vide) 12 ; satisfaire pleinement

f*une **comédie** 8:153 ; la **C**— - **Française** (théâtre) 3

comique *adj* 5

un **comité** *committee* 7

commander *to command; to govern* 1 ; un **commande-** ment 4 ; — **qqch** faire une **commande** *to order something*

comme *prép like* 3 ; *conj as* 1 ; — **ci** — **ça** *fam* entre bien et mal, *so-so* 1

commencer (à ou de + inf) 1

comment *adv how* 1

commenter *to comment (on)* 8 ; un **commentaire** *a comment* 9

le **commerce** *trade* 1 ; *adj* **commercial(e)** 8 ; *v* **commercialiser** ; la **commercialisation** 7 ; un(e) **commerçant(e)** 13

commettre *to commit* 7

un **commissaire** personnage officiel (de police ; de la République ; 3:43, 13:278

f*une **commission** *commission* ; f***errand** 15 ; *v* —**ner** 13

commun(e) *adj common* 2 ; *nm* en — ; le **droit** — 15

une **communauté** *community* 8

une **commune** division territoriale administré e par un maire et un conseil municipal 3 ; *adj* **communal(e)** 8

la **communication** 1 ; *adj* **communicatif(ive)** 8

communiquer 1

communiste *adj, n* 8 ; le **communisme** 11

un(e) **compagnon (compagne)** personne qui accompagne 4 ; la **compagnie** 13

comparer 1 ; la **comparaison** 2 ; *adj* **comparatif(ive)** ; *adv* **comparativement** 7. V **adjectif** ; **adverbe**

un **compartiment** *compartment* 6 ; *v* —**er** 7 ; le —**age** 7

un(e) **compatriote** personne du même pays 3

compenser *v trans* équilibrer 11

la **compétence** *skill* 1 ; *adj* f***compétent(e)** autorisé 13

la **compétition** la concurrence 4 ; *adj* **compétitif(ive)** 11

complémentaire *adj* 9

complet(ète) *adj* entier ; (un bus) plein 1 ; un — *man's suit* 11 ; *v* **compléter** 1 ; *adv* **complètement** 1

complexe *adj* 9 ; la **complexité** 8

complice *adj, n accomplice* 8

compliquer 8 ; *adj* **compliqué(e)** 3

comporter *to involve* 6 ; **se** — *to behave, conduct oneself* 3 ; le **comportement** *behavior* 3

composer 2 ; *to dial* (un numéro de téléphone) 5 ; une **composition** 1 ; un(e) **compositeur(trice)** *a composer* 8

f***composter** *to punch* (un billet) 7

comprendre *to comprehend* 1 ; *to include* 6 ; *adj* **compréhensible** 8 ; la **compréhension** *understanding* 1

comprimer *to compress* 8 ; *adj* **comprimé(e)** 11 ; un **comprimé** *a pill* 2

y **compris** *adv including* 7

compromettre *to compromise* 14 ; le **compromis** 15

comptable *adj accountable* 13 ; un(e) **comptable** *an accountant* 11 ; la **comptabilité** *accounting* 11

un **compte** [kõt] *an account* ; un — **en banque** 8 ; **Chambre, Cour des C**—**s** 13:283 ; un — -**rendu** *a report* 1 ; *minutes; book review* 4 ; se **rendre** — *to realize* 6 ; **tenir** — **de** *to take into account* 14 ; une **prise en** — *a taking into account* 14 ; à ce — dans ce cas 14 ; *v* **compter** *to count* 2 ; — **faire qqch** *to expect to do something* 4 ; **argent comptant** *cash* 12 ; un **comptoir** *counter* (surface) 13

le **comte** [kõt] *Count*, titre de noblesse 1 ; *f* la —**sse** 1

concentrer (par exemple l'attention) 5 ; la **concentration** 1

concentrique *adj* 10

un **concept** ; *adj* —**uel(le)** 12

concerner 7 ; *prép* **concernant** 7

un **concert** 15 ; un —**iste** 6

concerter *v trans* consulter et agir ensemble ; la **concertation** 11

concevoir *to conceive*, avoir un concept de 4 ; *adj* **concevable** 13

concilier *to reconcile* 6 ; un **concile** (*church*) *council* 12

3 ; *adj* **contestataire** 3 ; la
contestation 15
le **contexte** 4
un **continent** 1
continuel(le) 6 ; *adv* —**lement**
12
continuer (à ou de + inf)
2 ; *adj* **continu(e)** 14 ; la
continuité 4
contourner *to get (go) around*
7
la **contraception** 2
contracté(e) *adj* comprimé
4 ; tendu 8 ; inquiet
une **contradiction** ; *adj* **contradictoire** 9
contraindre *to constrain*
10 ; une **contrainte** 4
contraire *adj, nm opposite*
1 ; *adv* —**ment** 12
contrarier aller contre, ennuyer 12
le **contraste** 2 ; —**r** 2
un **contrat** *contract* 6
contre *prép against* 1 ; *adv*
par — *in contrast, on the
other hand* 2
contrebas *adv* ; **en** — *below*
13
contredire *to contradict* 4
une **contrepartie** *counterpart* 4
le **contre-pied** diamétralement
opposé 15
la **Contre-Réforme** *the Counter-Reformation* 6
un **contribuable** *taxpayer* 8
f***contribuer à** *v intrans to con-
tribute to* 3 (Pour le sens transitif, dire **apporter qqch
à.**) ; une **contribution** 1
le **contrôle** 11 ; *v* —**r** 12 ; un(e)
contrôleur(euse) personne
qui exerce une vérification
une **controverse** 10 ; *adj* **con-
troversé(e)** qui fait l'objet
d'une — 3
convaincre *to convince* 4 ; *adj*
convaincu(e) 13
convenable *adj fitting* 1 ; *f* les
convenances *proprieties* ; **de
convenance** pour les apparences 12
convenir admettre 13 ; — **à**
agréer, *to be fitting* 7
une **convention** *conven-
tionality* 3 ; *adj* —**nel(le)** 8
converger 10
converser 7 ; la **conversation**
1 ; un **conversant** néologisme 13

convoquer *to summon* 11
coopérer [kɔɔpeʀe] *v* ; la **coopération** 4 ; *adj* **coopé-
ratif(ive)** ; une **coopérative** 6
un(e) **copain (copine)** (indique
une relation moins intime
que l'amitié) 2
une **copie** 13 ; *v* —**r**
copieux(euse) *adj* 8
une **coquille** *shell* 8 ; *a
misprint*
une **corde** *rope* 1 ; une **cordée**
d'alpinistes 7
cordial(e) *adj* ; *adv* —**ement**
10 ; la —**ité** 11
un **cordon-bleu** un cuisinier
(une cuisinière) très habile
12
cornélien(ne) *adj* se réfère à
Pierre Corneille 14
corner sonner 14 (Cf. une
corne, *horn*)
un **corollaire** 7
le **corporatisme** défense des intérêts du groupe 12:250 ;
13:278
corporel(le) *adj* 11
le **corps** *body* 3 ; *group* 1
correct(e) *adj* 1 ; *adv* —**ement**
15
correspondre *to correspond*
1 ; *adj* **correspondant(e)**
5 ; un(e) — *pen or tape pal*
11 ; la **correspondance** 8
corriger rendre correct 1
corrompre *to corrupt* 7 ; *adj*
corrompu(e) 8
la **Corse** *Corsica* 4 ; *adj* **corse**
4
une **corvée** autrefois, taxe sous
forme de travail ; tâche désagréable 7
cosmopolite *adj cosmopolitan*
14
le **costume** 3 ; *v* —**r** 10
la **côte** *coast* 4 ; *adj*
côtier(ière) *coastal* 6 ; *nf
rib* ; **côte à côte** l'un(e) à côté
de l'autre 12
le **côté** *side* 2 ; *adj* **à** — *nearby*
5 ; *adv* **à** — **de** *beside* 1 ; **du
— de** *in the direction
(vicinity) of* 1
la **cotisation** *dues* 5
le **coton** 7
côtoyer être à côté de 6
le **cou** *neck* 11
une **couche** *a layer* 3 ; *v* —**r** *to
lay (a thing) down* 10 ; pas-
ser la nuit 7 ; **se** — *to go to*

bed 10 ; **Couché !** (à un
chien) *Lie down!* 10
coudre *to sew* 4
couler *to flow* ; **se la** — **douce**
fam avoir la vie facile 3
la **couleur** *color* 2
un **couloir** *corridor* 7
un **coup** *blow, stroke* ; — **de fil**
telephone call 3 ; **tout à** —
adv soudain 4 ; **après** —
après l'acte principal
13 ; **tout d'un** — *all at once*
14
coupable *adj* blâmable, *culpa-
ble* 15
couper *to cut* 4 ; *adj* **cou-
pant(e)** ; une **coupe** *haircut*
12 ; une **coupe horizontale**
ground plan 3
un **couperet** grand couteau,
par exemple de la guillotine
15
la **cour** *court (royale)* 1 ; tribunal 6
f*le **courage** ; **avoir le** — **de** *to
have the energy to* ; *adj* **cou-
rageux(euse)** *brave* 4
courant(e) *adj, nm current*
2 ; fréquent 4 ; **un** —
8 ; (mettre) **au** — *(to bring)
up to date* 4 ; *adv* **couramment** *fluently* 3
une **courbe** *a graph* 3 ; *a curve*
4 ; *v* —**r** 10 ; *adj* **courbé(e)**
bent 8
courir *to run* 7 ; **j'ai couru**
C34 ; formes 11 ; un(e)
coureur(euse) 9
une **couronne** *crown* 1 ; *v* —**r**
1 ; le —**ment** 14
le **courrier** *mail* 4
un **cours** *course* 1 ; *class hour*
11 ; **au** — **de** *in the course of*
2 ; **en** — courant 11
une **course** *errand, shopping*
2 ; *race* 9
court(e) [kuʀ(t)] *adj short* 2
courtois(e) *adj courtly*
2 ; *courteous* ; la —**ie** 5
un(e) **cousin(e)** 8
un (des) **couteau(x)** *knife* 2
le **coût** *cost* ; *v* —**er** 3 ; le **prix**
—**ant** coût de la production
11
la **coutume** *custom* 4 ; *adj* **cou-
tumier(ière)** 10
un(e) **couturier(ière)** *dress-
maker* 4
couvrir *to cover* ; formes
6 ; *adj* **couvert(e)** 2

une **couverture** *blanket*
2 ; *cover* (d'un livre) 3
cracher *to spit* 14
la **craie** *chalk* 11
craindre *to fear* 4 ; formes
15 ; la **crainte** 3 ; de **crainte**
de + inf ; de — que + subj =
de peur de, que ; *adj* **crain-**
tif(ive) 11
le **crâne** *skull, cranium* 15
créateur(trice) *n, adj creator;*
creative 1 ; *adj* **créatif(ive)**
1 ; la **créativité** 8 ; la **cré-**
ation 1
crédible *adj* ; la **crédibilité** 14
le **crédit** *credit* 13 ; *pl funds*
13 ; à — *on credit* 8
créer *to create* 2
la **crème** *cream* 1 ; une **cré-**
merie petit magasin où l'on
vend de la crème, du lait, du
fromage, etc. 5 ; le(la) **cré-**
mier(ière) vendeur de produits laitiers 5
créole *adj, n creole,* personne
de race blanche née dans les
colonies des Amériques ; le
— leur dialecte 9
une **crêpe** *thin pancake* 5 ; recette 10 ; une —**rie** 10
le **cresson** *watercress* 6
creux(euse) *adj hollow* 10 ; *v*
creuser 7 ; un **creuset** *melt-*
ing pot 9
crever *to burst ;* fam *to die*
7 ; *adj* **crevé(e)** fam très fatigué 2
un **cri** un son perçant 10 ; *v*
—**er** *to call out* 1
criminel(le) *adj, n* 7 ; la **crimi-**
nalité 10
une **crise** *crisis* 10
un **critère** *criterion (pl criteria)*
15
la **critique** *criticism ;* un — *a*
critic ; v —**r** 6 ; *adj* **cri-**
tiqué(e) 8
croire (à, en) *to believe (in)* 2,
C43 ; formes 4
croiser *to cross; to pass* 8 ; *adj*
croisé(e) 8 ; un **croisement**
11
un **croissant** *crescent-shaped*
roll ; une —**erie** 15
croître *to increase, grow*
13 ; la **croissance** 2 ; *adj*
croissant(e) 13
la **croupe** *hind quarters* 9
croustillant(e) *adj crusty* 6
la **croûte** *crust* 5

croyable *adj* que l'on peut
croire 11
une **croyance** *a belief* (Cf.
croire) 6
un(e) **croyant(e)** *believer* (le
contraire : libre penseur) 5
un **cru** le vin d'un vignoble 7
cruel(le) *adj* 6 ; la **cruauté** 6
une **crypte** 10
cueillir *to pick* (des fruits, des
fleurs) 13
une **cuiller** [kɥijɛʀ] (ou —**ère**)
spoon 4 ; une **cuillerée** la
quantité contenue dans une
— 10
le **cuir** *leather* 9
cuire *v trans* et *intrans to cook*
6 ; *adj* **cuit(e)** 13
la **cuisine** *kitchen* 7 ; *cooking*
1 ; un(e) **cuisinier(ière)** *a*
cook 6 ; une **cuisinière** *a*
stove ; v **cuisiner** 3 ; *adj*
cuisiné(e)
la **cuisse** *thigh* 5
le **cuivre** *copper; brass* 12
culinaire *adj* 5
la **culpabilité** 14 (Cf. **coupable**)
un **culte** (religieux) 8
cultiver *to cultivate* 1 ; *adj*
cultivé(e) 8 ; un(e)
cultivateur(trice) 8
une **culture** 1 ; *adj* —**l(le)** 2
(Cf. **cultural(e)** *agricultural*)
Cupidon *Cupid* 8
curieux(euse) *adj curious ;*
étrange, bizarre 1 ; *adv*
curieuseusement 6 ; la **curi-**
osité 5
une **cuve** grand récipient de
bois ou de maçonnerie 10
la **cybernétique** *cybernetics*
7:116–117
un(e) **cycliste** 9 ; le **cylisme** 8
le **cyclotourisme** 14

D

un **dada** *hobby,* un violon d'Ingres 14
le **Danemark** 12 ; *adj* **danois(e)**
le **danger** 1 ; *adj* —**eux(euse)**
dans *prép in* 1 ; — **une heure**
at the end of an hour 2
la **danse** 5 ; *v* **danser**
le **darwinisme** sélection
naturelle 15:333
le **DATAR** 13:277
la **DATE** 2, C21 ; f* ≠ un **ren-**
dez-vous ; *v* **dater** *to belong*
to a past moment ; **dater de**
to date from 1 ; **datant de** 6

le **Dauphiné** (région, capitale : Grenoble) 14
davantage *adv* plus 8
DE *prép of; from* ; **plus de dix**
more than ten ; **plus grand**
de dix metres *greater by 10*
meters ; ***de**/à/en + nom 8,
C104 ; **de** + inf 10, C104,
C122, C123
déballer pop raconter 15
débarquer *to disembark* 10 ; le
débarquement 6
débarrasser dégager de ce qui
embarrasse (= qui en-
combre) 10
un **débat** *debate* ; discussion
3
débaucher détourner (qqn)
d'un travail, de ses devoirs
11 ; renvoyer, *to fire* 12
le **débit** *output,* écoulement ; *v*
—**er** produire 14
déboucher passer à un lieu
plus ouvert ; des **débouchés**
m des offres de situations 9
debout *adv* (de + bout) vertical
14
se **débrouiller** se tirer d'une
situation difficile 3 ; *adj* **dé-**
brouillard(e) 4 ; la —**ise** 4
Debussy [dəbysi], Claude compositeur 1
le **début** *beginning* 1 ; —
... *in early* . . . 6 ; à ses
—**s** 15 ; *v* —**er** ; *adj* —**ant(e)**
8
la **décadence** 4
décaféiné *adj, nm* (« déca »)
decaf 11
un **décalage** un manque de correspondance 15
décasyllabe *adj, nm* (vers) de
10 syllabes 13
une **décennie** période de 10
ans 3
la **décentralisation** contraire
de l'organisation autour d'un
centre 3 ; *v* **décentraliser**
3 ; *adj* **décentralisé(e)**
13 ; *adj* **décentralisa-**
teur(trice) 8
f*la **déception** *disappointment*
11
décerner accorder (un honneur) 10
le **décès** la mort 14
f***décevoir** *to disappoint* 2 (≠
tromper *to deceive*) ; *adj* **dé-**
cevant(e) 11
déchiffrer *to decipher* 9

déchirer to tear 5 ; une **déchirure** 9

déchoir tomber à un statut inférieur 8

décider 4 ; — de + inf ; se — à + inf to make up one's mind 13 ; adv **décidément** 4

un **décideur** decision maker 14 (pas de f)

un **décilitre** un dixième de litre 10

décimal(e) adj nombres décimaux C314

une **décision** 2 ; adj **décisif(ive)** 9

déclamer ; adj **déclamatoire** 10

déclarer 4 ; une **déclaration** 7

déclencher mettre en mouvement 12 (Cf. to clench) ; le **déclenchement** 12

un **déclic** mécanisme qui déclenche 12

le **déclin** 3 ; v —er 14

décoder 15

la **décolonisation** 9

décomposer 14

décontracté(e) adj relaxed 4

décorer 4 ; le **décor** interior decoration 3 ; adj **décoratif(ive)** 7 ; une **décoration** 8

découler résulter 8

découper diviser en morceaux 10

décourager 10 ; le **découragement** 7 ; adj **décourageant(e)** 11

découvrir to discover 1 ; une **découverte** 5

un **décret** decree 5 ; v **décréter** 13

décrire to describe 2

dedans adv inside; therein 7

dédier to dedicate 9

déduire to deduce 11 ; la **déduction**

une **déesse** goddess 7

défaire to undo 11

la **défaite** l'opposé d'une victoire 3

un **défaut** fault 7 ; à — de for lack of

défavorable adj unfavorable 12 ; v **défavoriser** 4

défendre to defend 3 ; se — to defend oneself ; nier avec force 12 ; la **défense** 3 ; adj **défensif(ive)** 4 ; adj **défendable** 4

défendre to forbid 14 ; la **défense** prohibition 5 ; défense de. . . . . forbidden 14

la **déférence** 10

le **déferlement** l'action de déployer (Cf. to unfurl) 14

un **défi** a challenge 11 ; v —er

défiler to parade 4 ; un **défilé** 15

définir 2 ; une **définition** 1

définitif(ive) adj 1 ; adv **définitivement** 7

déformer 6 ; adj **déformé(e)** 7 ; adj **déformant(e)** 13

le **défoulement** la décharge (contraire de **refoulement**) 11

défricher transformer de forêt en champ 7 ; un **défricheur** (pas de f) 7

dégager to disengage, mettre en évidence 9

le **dégât** dommage, destruction 15

dégénérer 10

dégoûter to disgust 12

la **dégradation** 15

un **degré** (par exemple de température) 1

déguiser to disguise 6

déguster savourer, to taste, sip 2

dehors adv, nm ; au — à l'extérieur 6 ; en — vers l'extérieur ; en — de prép excepté

déiste mf deist 7:121

déjà adv already 1

déjeuner ; prendre le — (le repas de midi) 3 ; le petit — le premier repas de la journée 2 (dé + jeûner, to fast : to break fast)

se **délasser** se relaxer 2 (de l'adj las(se), fatigué(e))

déléguer ; adj **délégué(e)** 11 ; une **délégation** 10

délibérer 7

délicat(e) adj 4 ; adv —ement 11

délicieux(euse) adj 1 ; un **délice** plaisir vif et délicat 8

délimiter 14

délinquant(e) n, adj 7 ; la **délinquance** 15

se **déliter** se décomposer 14

f***délivrer** to set free 15

demain adv tomorrow 1

une **demande** a request 11 ; v f***demander** v trans qqch à

qqn to request, ask for 1 ; se — to wonder 7 ; — à qqn de faire qqch 3 (≠ poser to ask une question) ; — à faire qqch demander la permission de . . . 11 (to demand = exiger) ; un(e) **demandeur(eresse)** 12

une **démarche** une action faite en vue d'un but 9

démasquer to unmask 1 (du n un **masque**)

démêler to disentangle 4

demeurer to dwell; to remain 6

demi(e) adj half 1 ; accord C195

démobiliser 11 ; adj **démobilisant(e)** décourageant 11

la **démocratie** 4 ; adj **démocratique** 5 ; v **démocratiser** 7 ; la **démocratisation** 8

démodé(e) adj dépassé 13

la **démographie** ; adj **démographique** 15 ; un(e) **démographe** 12

une **demoiselle** damsel 15

démolir to demolish 15

un **démon** 8

DEMONSTRATIF 1 ; l'adj — C7 ; le pron — ce C9 ; **celui** C96

démonter to take off ; adj **démontable** 7

démontrer to demonstrate 4

une **dénégation** denial 13

un **denier** ancienne monnaie romaine 13

un **dénominateur** 9

dénoncer 12 ; une **dénonciation** 9

dénouer défaire un nœud [nœ] (knot) ; un **dénouement** la fin d'une histoire 7

une **dent** tooth 1 ; le(la) **dentiste** 1 ; adj —aire 12 ; une roue —ée cog 15

la **dentelle** lace 5

le **départ** departure 4

le **département** division administrative de la France 3 ; adj —al(e) 13

dépasser laisser derrière soi en allant plus vite 5 ; to surpass 7

dépayser faire changer de pays ; désorienter ; le **depaysement** 4

dépêcher to dispatch ; se — se hâter (6 du Cahier)

dépendre (de) *to depend (on)* 4 ; la **dépendance** 7

les **dépens** *m* expense 7 ; **aux — de** 2 ; *v* —**er** *to spend* 8 ; une —**e** *expenditure* 8

dépeupler rendre la population moins nombreuse 3

le **dépit** : en — de *in spite of* ; malgré 4

déplacer changer (une chose) de place 4 ; **se** — aller à un autre endroit 3 ; *adj* **déplacé(e)** *out of place* 4 ; un **déplacement** 4

déplier le contraire de plier 11

le **déploiement** 10 (Cf. **déployer**)

déplorer 14

déployer *to unfold; to deploy* 5

de plus *in addition, moreover* 3

déporter *to deport* 2

déposer *to deposit; to drop (a person) off* 1 ; un **dépôt** 14

dépouiller *to despoil, take away one's authority* 7

dépourvu(e) *adj* (de) qui n'a pas (de) ; **prendre au** — *to catch off guard* 15

une **dépression** 9

depuis *adv since* ; *prép* 1 ; — . . . jusqu'à (un endroit) 4 ; + le prés 1, C6 ; + l'imparf 10, C123 ; — **que** *conj* + imparf 11

un **député** membre de l'Assemblée nationale 13 (pas de *f*)

déraciner *to uproot* 4 (du *n* une **racine**)

le **dérailleur** *gearshift* 9

déranger *to disturb* 12

la **dérision** 4 ; *adj* **dérisoire** ridiculement petit, minime 12

dériver 3

dernier(ière) *adj last* 1 ; devant/après le nom C78 ; *adv* **dernièrement** 14

une **dérogation** une infraction ; une exception permise 14

dérouiller enlever la rouille (*rust*) 9

dérouler étaler 10 ; **se** — *to take place*

derrière *adv, prép behind* 4 ; *nm* le côté opposé au devant

le **DES** 12:272

dès *prép starting from* 1 (du latin *de + ex* : *from out of*)

le **désaccord** contraire d'un accord 12

désagréable *adj* 7 ; *adv* —**ment**

désagréger décomposer 14

se désaltérer boire 6

désapprouver 11 ; la **désapprobation** 3

le **désarroi** confusion, *disarray* 6

un **désastre** 7 ; *adj* **désastreux(euse)** 10

un **désavantage** 7

descendre *to go down, take down* 3 ; *intrans/trans* C34

une **descente** contraire d'une montée 9

un **désert** *desert; wilderness* 13

le **désespoir** *despair* 9 ; *v* **désespérer** 9 ; *adj* **désespérant(e)** 14

déshérité(e) *adj* privé d'héritage ; d'avantages *underprivileged* 7

désigner marquer 14 ; être le signe linguistique de 6

la **désillusion** 13

la **désintégration** 10

le **désir** 3 ; *v* **désirer** 1

désolé(e) *adj very sorry* 1

désordonné(e) *adj* en désordre 10

le **désordre** 11

désormais *adv* = dès + or (maintenant) + ma(g)is (plus) : dès maintenant 7

un **despote** (pas de *f*) ; *adj* **despotique** 7 ; le **despotisme** 7

le **dessert** [desɛʀ] (≠ le **désert** [dezɛʀ] *desert*)

desservir faire le service de (une localité) 14 ; *to clear (the table)* 2

un **dessin** [desɛ̃] *drawing, design* 2 (≠ un **dessein** *a plan*) ; un(e) —**ateur(trice)** 11 ; *v* —**er** 2

le **dessous** la face inférieure de qqch ; *adv* en- — ; au- — 6 ; plus bas ; ci- — 4 ; *prép* au- — **de** 4

le **dessus** la surface de qqch ; *adv* au- — plus haut ; *prép* au- — **de** 4

le **destin** *destiny* 9

destiner qqch à une fonction *to devote; to intend* 3 ; la **destinée** *destiny* 6 ; un(e) **destinataire** personne à qui se destine un envoi 8

destructif(ive) *adj* 2 ; *n, adj* **destructeur(trice)** 9

la **désunion** 5

détacher 2 ; *adj* **détaché(e)** prêté(e) (à un autre service), *on leave* 4 ; *adj* **détachable** 11

un **détail** 4 ; en — *retail* ; *v* **détailler** 13 ; *adj* —**é(e)** 8

détendre relâcher ; **se** — se reposer 11 ; *adj* **détendu(e)** 12

détériorer 12 ; la **détérioration** 5

déterminer délimiter avec précision 10 ; **se** — définir son identité 6 ; *adj* **déterminé(e)** 13 ; la **détermination** 13 ; le **déterminisme** 14 ; *adj* **déterminant(e)** 7

détester 2

un **détour** 5 ; *v trans* —**ner** *to turn aside* 7

au détriment de *to the detriment of* 3

détruire effectuer la destruction de 3

une **dette** *a debt* 13

devant *prép in front of, in the presence of*, face à 3

dévaster ; *adj* **dévastateur(trice)** 5

développer 1 ; le **développement** 1

devenir *to become* 1, C31 ; *to become of* 3 ; formes 3

déverser faire couler (un liquide) en grande quantité 9

dévier (se) détourner ; une **déviation** 12 ; le **déviationnisme** 11

deviner *to guess* 5

dévoiler révéler (Cf. un **voile**) 15

devoir *to owe*, etc. 4, C43 ; le — *duty* ; les —**s** *homework* 2

dévôt (dévote) *adj, n* attaché à une religion 5 ; la **dévotion** 9

le **diable** *the devil* 5

un **diabolo menthe** limonade à la menthe 2

un **dialecte** 3

la **dialectique** raisonnement ;

« thèse, antithèse et synthèse » ; dialogue 15

un **dialogue** 3

le **diamètre** ; *adj* diamétral(e) ; *adv* diamétralement 8

une **diapositive** photo en couleur pour la projection ; *fam* une **diapo** 6

une **diaspora** l'action ou le fait de disperser 9

dicter to dictate 7 ; une **dictée** a dictation (exercise) 5 ; un(e) **dictateur(trice)** 8

la **diction** manière de parler, de prononcer ; le **dictionnaire** 1

Dieu *m* God 1 ; f***mon dieu** ! *exclam* 4, (13) C142

différer 4 ; *adj* différent(e) 1 (**de** *from*) ; la **différence** 1 ; *adv* différemment 2

difficile *adj* difficult 1 ; *adv* —ment 6 ; la **difficulté** 2

diffus(e) *adj* répandu 15 ; *v* —er 8

digne *adj* worthy 14 ; *dignified* ; la **dignité** dignity 1

un **dilemme** 11

diligent(e) *adj* ; *adv* diligemment 10

une **dimension** 4

diminuer *v trans* et *intrans* to diminish 6

diminutif(ive) *adj* 2

dîner ; prendre le — (le repas du soir) 2

une **diphtongue** une voyelle + une demi-consonne 10

un **diplomate** (pas de *f*) 4 ; la **diplomatie** 8 ; *adj* diplomatique 1

un **diplôme** diploma, degree 2 ; *v* diplômer ; *adj* —é(e) 8 ; un(e) **diplômé(e)**

dire qqch to say something 1 ; formes 2 ; c'est-à-dire = en d'autres termes 1 ; — à qqn de faire qqch 11 ; en — long (sur) dire beaucoup (about) 11

direct(e) *adj* 1 ; *adv* —ement 1

un(e) **directeur(trice)** 6 ; un **directoire** directorate 9

diriger to direct 7 ; se — (vers) to go (toward) ; un(e) **dirigeant(e)** 8 ; *adj* dirigeant(e) 3 ; le **dirigisme** le planning 11

discerner 6 ; le **discernement** 11

la **discipline** règle de conduite appliquée à soi-même 3 ; *adj* discipliné(e) 5

la **discorde** 6

une **discothèque** 6

le **discours** *discourse; speech* 6

discret(ète) *adj* tactful ; *adv* discrètement 7 ; la **discrétion** ; *adj* discrétionnaire qui est laissé à la discrétion 8

discriminer distinguer, séparer ; — **contre** traiter mal un groupe social ; la **discrimination** 6

la **discussion** 1 ; *v* discuter 1 ; — **de** ; f*sans de = aussi disputer

disloquer 13

disparaître to disappear 5

disparate *adj* discordant ; la **disparité** la diversité 13

dispenser 12

disperser 10

f***disposer de** avoir à sa disposition (*disposal*) 7 ; *adj* disponible *available* 4 ; la **disponibilité** 11

disputer ; se — se quereller 13

un **disque** *disc, phono record* 2

dissemblable *adj* différent 11

la **dissimilation** la divergence, contraire d'assimilation 10

dissimuler cacher 13

dissiper 14

distant(e) *adj* 1 ; la **distance** 1 ; *v* distancer dépasser 7

distiller [distile] 6

distinct(e) *adj* 7 ; *adv* —ement 2

distinguer to distinguish 1 ; *adj* distingué(e) 3 ; la **distinction** 1

distribuer 4 ; la **distribution** **divers(e)** *adj* diverse, different 13 ; *v* —ifier 14 ; la —ité 4

divin(e) *adj* ; *adv* —ement 6

diviser to divide 1 ; la DIVISION EN SYLLABES C13

le **divorce** 2 ; *v intrans* f* —r avec, d'avec qqn(e) to get a divorce from someone

une **dizaine** about ten 2

un **djinn** *genie*, esprit de l'air ; démon 8

un **docteur** médecin 2 ; titulaire d'un doctorat 6 ; le **doctorat** 12

un **document** ; un(e) —aliste 8

le **dogme** *dogma* 12 ; *adj* dogmatique ; le **dogmatisme** 4

un **doigt** *finger* 1

un **dolmen** *dolmen* 5

un **domaine** 2

un **dôme** 7

domestique *adj* 5 ; *v* —r 5

dominer 3 ; *adj* dominant(e) 8 ; la **domination** 3 ; *adj, n* dominateur(trice) 13

le **dommage** *damage* ; c'est — too bad 6

donc *conj* par conséquent, *therefore* 1

donner to give 1 ; *adj* donné(e) 4 ; les **données** *f* the given, les faits 8 ; une **banque de données** data bank 14 ; la **donne** deal (au jeu de cartes) 15

dont *pron* of which, whose 2

doré(e) *adj* couleur d'or 3

dormir to sleep 2 ; formes 6 ; Cf. s'en—

doser déterminer la dose de 3 ; le **dosage** 12

un **dossier** [dosje] documentation, *record, file* 12

une **dot** [dɔt] *dowry* 14 ; *v* **doter** to endow 15

la **douane** customs 15 ; un(e) **douanier(ière)** 10

double *adj, nm* 3 ; le — twice as much ; *v* —r 5

doucement *adv* de l'*adj* doux 3

la **douceur** gentleness 6 (Cf. l'*adj* doux)

la **douche** shower (bath) 2

doué(e) *adj* gifted 11

la **douleur** pain ; *adj* douloureux(euse) 6 ; *adv* douloureusement 15

le **doute** doubt 1 ; *v* —r to doubt ; se —r (de . . . ; que + ind ou cond) to suspect 15

une **douve** a moat ; 13:298

doux (douce) *adj* soft, gentle 2

une **douzaine** dozen 2

drainer 3

le **drame** drama 6 ; *adj* dramatique 6 ; *v* dramatiser 6 ; un **dramaturge** playwright 7

un **drapeau** *flag* 3
dresser *to train; to erect* 13
un(e) **dreyfusard(e)** partisan de Dreyfus 12
la **drogue** *drugs* 11
f*une **droguerie** boutique où l'on vend des articles ménagers (14 du *Cahier*)
droit(e) *adj straight; right(-hand side)* 3
le **droit** *law; a right* 3 ; **avoir — à qqch** ; la **—ure** probité 7
drôle *adj* amusant 5
f*un **drugstore** 3:42 (Cf. une **droguerie**)
dû (due) *adj owed* 4 ; *adv* **dûment** *duly* 4
un(e) **duc (duchesse)** *duke, duchess* 5 ; un **duché** leur propriété 5
duquel *pron interrog* 5 ; *pron relatif* 7 ; *V* **lequel**
dur(e) *adj, adv hard* ; *v* **—cir** faire ou devenir — 10 ; *n* le **durcissement** 15
durant *prép during* 3
durer *to last* 8 ; *adj* **durable** 2 ; *adv* **durablement** 15 ; la **durée** 8
dynamique *adj* 5 ; le **dynamisme** 4
la **dynamo** *generator* 9

E
l'**eau(x)** [o] *nf water* 1
ébaucher esquisser 13
éblouir *to dazzle* 8
ébranler secouer, faire trembler 14
un **écart** distance entre deux choses 14 ; **à l'— de** loin de 7 ; *v* **—er** *to set aside* 8
écarteler déchirer en quatre (un condamné) 15
ecclésiastique *adj* 8
une **échalote** sorte d'oignon doux ; *shallot* 4
un **échange** *an exchange* 4 ; *v* **—r** *to exchange* 4
échapper à *to escape* 1
un **échec** *a failure* 6 (du *v* **échouer**)
une **échelle** *ladder; scale* 4 ; *size* 1
un **écho** 3
échouer ne pas réussir ; un **échec** 6
un **éclair** la lumière intense et brève de la foudre (*lightning*)

9 ; *v* **—er** illuminer 6 ; expliquer ; *adj* **—é(e)** *enlightened* 8 ; l'**—age** *m* lumière artificielle 10 ; **—cir** rendre clair 8
un **éclat** *splinter; burst* 8 ; *v intrans* **—er** *to break out* 4 ; *to blow up* ; un **—ement** 14
éclipser 5
éclore s'ouvrir (se dit d'une fleur) 8
une **écluse** *lock, sluicegate* ; l'**éclusier(ière)** *lock keeper* 14
une **école** *school* 1 ; l'**écolier(ière)** élève du primaire 15
l'**écologie** *f* ; un(e) **écologiste** 15
éconduire ne pas recevoir (*to show out*) 6
une **économie** *economy* 2 ; **faire des —s** *to save up* ; *adj* **économe** *economical* 7 ; *adj* **économique** *economic* 4 ; un(e) **économiste** 10
un **écosystème** 15
écouler (Cf. **couler** : passer) 6
écouter *v trans to listen to* 1 ; l'**écoute** *f* (l'action) 13 ; un **écouteur** récepteur *earphone* 5
un **écran** *a screen* 14
écraser *to crush; to flatten* 7 ; briser par une compression, un choc violent 9 ; *adj* **écrasé(e)** 7
écrémé(e) *adj skim* 5 (Cf. la **crème**) ; *V* le **lait**
une **écrevisse** *crayfish* 7
écrire (qqch) à qqn 1 ; formes 7 ; *adj* **écrit(e)** 1 ; un **—** *a writing* 7 ; **par —** *in writing* 2 ; l'**écriture** *f handwriting* ; l'action d'écrire 9 ; un **écrivain** *writer* 6
l'**écume** *f foam, froth* 13
un **écureuil** [ekyʀœj] *squirrel* 14
édicter ; Cf. un **édit** 6
un **édifice** 3
un **édit** *edict* 12
f***éditer** *to publish* 9 ; un(e) **éditeur(trice)** 2 ; une **édition** 13
éduquer *to educate* 1 ; l'**éducation** *f* 1 ; *adj* **éducatif(ive)** *educational* 9
effacer *to erase* 10

effaroucher effrayer 14
f***effectivement** *adv* réellement 6
effectuer faire, exécuter 13
efféminé(e) *adj* sans virilité 10
un **effet** *a result* ; **en —** *in fact* 3
efficace *adj efficacious* 10 ; l'**efficacité** *f* 6
efficient(e) *adj* 4 ; l'**efficience** *f* 6
effleurer toucher légèrement 12
un **effort** 3 ; *v* **s'efforcer** (de + inf) 5
effrayer faire peur à 8
égal(e) *adj equal* ; *adv* **—ement** *likewise* 1 ; *v* **—er** être égal à ; l'**—ité** *f* 4 ; *adj* **—itaire** 7
l'**égard** *m* ; **à l'— de** *in regard to* 7 ; des **—s** marque de considération 8
l'**églantier** *m* rose sauvage 8
une **église** *church* 1 ; l'**Eglise** (catholique romaine) 2
égocentrique *adj egotistical* 4 ; l'**égocentrisme** *m* 6
égoïste *selfish* 5 ; l'**egoïsme** *m* 4
un **égout** *sewer* 15
l'**Egypte** *f* ; *adj* **égyptien(ne)** 7
eh ! bien *exclam well, . . .* 6
élaborer 13 ; l'**élaboration** *f* 13
s'élancer se lancer (*lunge*) en avant ; un **élan** *impulse* 7
élargir *to broaden* 4
élastique *adj* 11
une **élection** 3 ; l'**électorat** *m* 8 ; *adj* **électoral(e)** 6 ; un(e) **électeur(trice)** 13
l'**électricité** *f* 15 ; *adj* **électrique** 7 ; l'**électrification** *f* 14
électromagnétique *adj* [elɛktʀɔmaɲetik] 14
électromécanique *adj* 7
électronique *adj* 5 ; un(e) **électronicien(ne)** 12
l'**élégance** *f* 3:30 ; *adj* **élégant(e)** 3
une **élégie** poème lyrique qui exprime une plainte 9
un **élément** 2 ; *adj* **élémentaire** *elementary* 6
un **éléphant** 11
un(e) **élève** *student* du primaire, secondaire (ou supérieur) 1
élever *to bring up* 1 ; *to raise*

6 ; *adj* **bien, mal élevé(e)**
7 ; l'**élevage** *m* (des animaux)
6

éliminer 7

élire *to elect* 10 ; *V* **élu(e)**

une **élite** 10 ; *adj, n* **élitiste** 12

éloigner mettre, faire aller, à
distance 11 ; *adj* **éloigné(e)** 6

éloquent(e) *adj* ; l'**éloquence** *f*
4

un(e) **élu(e)** *adj, n, part p* du *v*
élire 8

embarquer 10

embarrasser *to hinder; to embarrass* 1 ; l'**embarras**
m ; l'**— du choix** le problème
de choisir 5

embaucher prendre comme
employé 11

embêter *fam* ennuyer fortement 11

un **emblème** 10

embobiner *fam* tromper 14 (Cf.
une **bobine**, *bobbin, spool*)

un **embouteillage** congestion
13

s'**embraser** [ãbʀɑze] prendre
feu 8

embrasser *to embrace* avec les
bras ; donner un baiser (*a
kiss*) à qqn 7 (Ne pas employer le *v* **baiser**.) ; une **em-
brassade** 10

un **embrayage** *clutch* ; *v* **em-
brayer** mettre le moteur en
communication avec les
roues ; **— sur** être en rapport
avec 14

embrigadé(e) *adj regimented* 3

l'**émergence** *f* 6 (*emergency* =
une **crise**)

émérite *adj emeritus(ta)*, en
retraite (*retired*) et honoraire
9

émerveiller frapper d'étonnement et d'admiration ; s'**—**
to marvel 6

émettre *to emit* 11 ; *adj* **émet-
teur(trice)** 14

émietter *trans to crumble*, réduire en miettes 13

émigrer ; un(e) **émigré(e)** ré-
fugié(e) 9

éminent(e) *adj* 4

une **émission** programme de
radio, de télé 6

emmener *to take (a person or
thing) somewhere* (ou chez
soi) 7 ; *to bring along* 12

une **émotion** 1 ; *adj* **—nel(le)**

2 ; *v trans* **émouvoir** 3 ; *adj*
émouvant(e) 9

l'**empathie** *f* 7 ; *adj* **empathique** 10

empêcher *to prevent* 5

un **empereur**, une **impératrice**
1

*f**l'**emphase** *f bombast* 9 ; ≠
emphasis : la mise (*v* mettre) en valeur, l'accent (sur)
(Ce dernier sens est un anglicisme canadien.) ; *adj* **emphatique** 9

un **empire** 1

empirique *adj empirical*
11 ; l'**empirisme** *m*
11:228

une **emplette** un achat 10

un **emploi** *a use* 1 ; *employment* 1 ; *v* **employer**
utiliser 1 ; *adj, n* **employé(e)**
13 ; un(e) **employé(e)** sala-
rié(e) 1 ; un(e) **em-
ployeur(euse)** 4

empoisonner faire absorber du
poison à 14

emporter *to carry away*
13 ; l'**— sur** être plus fort
que 4

s'**empresser de** se hâter de
13 ; l'**empressement** *m* 13

emprisonner 6

un **emprunt** *a loan* 12 ; *v* **—er**
to borrow 7 ; utiliser
8 ; un(e) **—eur(euse)** 13

EN *prép in* ; **en** + saisons 1,
C104 ; **en coton**, etc. 8,
C104 ; **en** + noms géo-
graphiques 9, C115 ;
en/tout en + *part prés* 9,
C117 (≠ **à** + *inf* : *V* C123)

EN *adv of it, of them* 1 ; emploi
4, C52

l'**ENA** 12:254 ; « **Enarques** »
diplômés de l'**ENA**

encadrer mettre dans un cadre
2 ; un **encadrement** 10

une **enceinte** un rempart ;
l'espace entouré 14

l'**encens** *m frankincense* 8

encercler mettre dans un cercle C2

enchaîner joindre successivement ; l'**enchaînement** *m* 6

enchanter *to delight* 2 ; *n, adj*
enchanteur(teresse) 2 ; l'**enchantement** *m* 10

une **enchère** une offre plus ele-
vée ; une **vente aux —s** *auction* 7

enchevêtrer *to tangle* 14

enclin(e) (à) *adj inclined (to)*
11

un **enclos** ; *adj* **—(e)** fermé,
clos 14

encombrer *to encumber; to
crowd* 3 ; un **encombrement**
3

encore *again* 2 ; *more* ; **— une
fois** *once more* 1 ; *still*
2 ; **pas —** *not yet* 3 ; **—** + le
partitif 4, C50

encourager 3 ; *adj* **encoura-
geant(e)**

une **encyclopédie** 1

endémique *adj* enraciné dans
une population 13

endetté(e) *adj* qui a des dettes
13

endommager mettre en
mauvais état 14

endormir faire dormir ; s'**—**
commencer à dormir 6

un **endroit** point ou partie de
l'espace, *a place* 1 (≠ une
place)

l'**énergie** *f* 5 ; *adj* **énergique**
plein d'**—** ; *f** **énergétique**
qui a rapport au fuel 10

énerver ennuyer, exaspérer 5

l'**enfance** *f childhood* 2

un(e) **enfant** *child* 1

l'**Enfer** *m Hell* 14

enfermer *to enclose* 6 ; *adj* **en-
fermé(e)** 7

enfin *finally* 1

enflammé(e) *adj* ardent, passionné 4 ; *v* **enflammer** 8

enfler remplir d'air ; s'**—**
grossir 15

s'**enfuir** *to flee* 11

*f****engagé(e)** *adj* au service
d'une cause 9

engager 5 ; risquer 13

engendrer 9

un **engin** un instrument, une
machine 12

engrener *to engage (a cog)*
15 ; l'**engrenage** *m* 15

énigmatique *adj* 9

enivrer rendre ivre 8

un **enjeu** *what is at stake* 15

enlacer entourer en serrant 11

enlever *to take away, remove*,
ôter 9

un **ennemi** *enemy* 4

un **ennui** 3 ; *v* **ennuyer** *to bore*
6 ; *to bother* 6 ; s'**—** *to be
bored* ; *adj* **ennuyeux(euse)**
boring 3

énoncer *to enunciate* 6 ; un **énoncé** *utterance* 14

énorme *adj enormous* (latin *ex* + la norme) 1

une **enquête** une recherche, *a survey* 12 ; *v* —r 9 ; *adj, n* —eur(euse) 5

s'**enraciner** prendre racine 8 ; *adj* **enraciné(e)** 8

enragé(e) *adj* furieux 11

enrayer arrêter 6

enregistrer *to record* (sur bande magnétique) 2 ; *to check* (des bagages, une bicyclette) ; un **enregistrement** 11

s'**enrhumer** attraper un rhume 3

enrichir(issant) 1 ; *adj* **enrichissant(e)** 10

une **enseigne** *a (suspended) sign* 6

enseigner 1 ; — qqch, — à qqn à faire qqch *to teach* . . . ; un(e) **enseignant(e)** 1 ; un **enseigné** *learner* 4 ; l'**enseignement** *m instruction* 4

ensemble *adv together* 1 ; un — *a whole* 1 ; *a set* 4

ensoleillé(e) *adj* plein de soleil 2

ensuite *adv next* (Cf. suivre) 1

entendre *to hear* 2 ; *to understand* 13 ; s'— *to have a good relation* 6 ; bien **entendu** *of course* 2 ; avoir l'intention de 15 ; une **entente** *an understanding* 6 ; l'**entendement** *m* la capacité de comprendre 11

un **en-tête**, des —s *headline* 6

enthousiaste *adj* 4 ; l'**enthousiasme** *m* 7 ; *v trans* **enthousiasmer** 15

entier(ière) *adj whole* 1 ; *adv* **entièrement** 7

une **entité** 15

entourer *to surround* 2

s'**entraider** s'aider réciproquement 9 ; l'**entraide** *f* 11

entraîner emmener avec soi 6 ; *to train* ; un **entraîneur** *coach* 5 (f*une **entraîneuse** travaille dans un bar)

entre *prép between; among* 1

s'**entrechoquer** se choquer l'un contre l'autre 12

l'**entre-deux-guerres** *m* (de 1918 à 1939) 9

entrelacer *to intertwine* ; *adj* **entrelacé(e)** 4

entreprendre *to undertake* 4 ; *adj* **entreprenant(e)** *enterprising* 4

une **entreprise** *business* 1

entrer (dans) *v intrans to enter* 1 ; — à (sens abstrait) ; une **entrée** *entrance* 5

entretenir maintenir (un espoir) 7 ; l'**entretien** *m* maintenance 7

entrevoir voir à demi 8 ; *adj* **entrevu(e)** 13

énumérer *to enumerate* 7 ; une **énumération** 8

envahir *to invade* 5 ; un **envahisseur** (pas de *f*) 7 ; un **envahissement** 9

l'**envergure** *f breadth, scope* 5

envers *toward* 2 (sens abstrait ; Cf. aller **vers** un objet) l'**envers** *m the reverse, wrong side* ; à l'— *backwards* 11

l'**envie** *f envy* 6 ; f***avoir** — de *to feel like* + *v* 2 ; *v* —r *to envy* 4

environ *adv* approximativement 1 ; les —s *m the surroundings* 7 ; un —**nement** 5

envisager 6

s'**envoler** s'élever dans le ciel 10

envoyer *to send* 5

épais(se) *adj thick* 7

s'**épanouir** *to bloom; to fulfill oneself* 6 ; l'**épanouissement** *m* 7

l'**épargne** *f saving(s)* 14 ; la **Caisse d'Epargne** (banque) 14 ; *v* —r *to save, spare,* économiser ; traiter avec clémence

épars(e) *adj* dispersé 13

épatant(e) *adj, fam* super (du *v* **épater** *astonish*)

une **épaule** *shoulder* 2

épeler *to spell* 1

un(e) **épicier(ière)** *grocer* 1 ; une **épicerie** 12

une **épingle** *pin* à cheveux 7

l'**Epiphanie** *f* 9:189

épique *adj epic* 2 ; une **épopée** 15

épiscopal(e) *adj* présidé par un évêque 12

un **épisode** 1

un **épitaphe** 13

une **épopée** un poème épique 15

une **époque** une longue période 1 ; **faire** — être mémorable 6

épouvanter faire peur à ; *adj* **épouvanté(e)** 8

un(e) **époux (épouse)** *spouse* 6 ; *v* **épouser** *to marry; to espouse* 6

une **épreuve** un test 9

épris *part p* de s'**éprendre** être saisi par un sentiment d'amour 8

éprouver *to experience* 4 ; *to test*

épuiser *to exhaust* 12 ; *adj* **épuisé(e)** 13 (Cf. un **puits** *a well*)

un **équilibre** *balance* 4 ; *adj* **équilibré(e)** 4 ; *v* —r 11

une **équipe** groupe de personnes unies dans une tâche commune 1 ; *a crew* 6 ; — **de football** 1 ; travailler en — ; *v* **équiper** 10 ; l'**équipement** *m* par exemple, — **ménager** (*household*) 8

un(e) **équipier(ière)** membre d'une équipe sportive 9

l'**équitation** *f* l'art de monter à cheval 15

l'**équité** *f* 6

un **équivalent** 9 ; *v* **équivaloir** (à) être l'équivalent de 10

un **érable** *maple* 10 ; une **érablière** plantation d'—s 10

ériger *to erect* 13

l'**érosion** *f* 14

f***errer** *to wander* 9

une **erreur** 1 ; *adj* **erroné(e)** *erroneous* 4

érudit(e) *adj* savant 12 ; l'**érudition** *f* 13

une **escalade** ascension 7

un **escalier** *stairs* 1 ; — **roulant** un escalator

un(e) **esclave** *slave* ; l'**esclavage** *m* 7

l'**escrime** *f fencing* 15

un **espace** *a space* 1 ; l'— l'univers

l'**Espagne** *f Spain* 1 ; *adj* **espagnol(e)** ; l'**espagnol** *m* la langue 2 ; un(e) **Espagnol(e)** 5

une **espèce** *a kind, species* 1

espérer *to hope* 1 ; un **espoir**, une **espérance**

un(e) **espion(ne)** *spy* 8 ; *v* —**ner** 8 ; l'—**nage** *m* 8

l'**espoir** *m* 8

l'**esprit** *m spirit* 3 ; *wit* 7

un(e) **Esquimau(de)** *n, adj*
10:192

une **esquisse** *sketch* 7 ; *v* —r 7

un **essai** *an attempt; an essay*
1 ; *v* **essayer** (de + inf) *to try*
1 ; un(e) **essayiste** 1

l'**essence** *f* essence 7 ; f**gas-
oline* 6

essentiel(le) *adj, nm* 1 ; *adv*
—**lement** 6

un **essor** l'acte de s'envoler ;
développement réussi 10

l'**est** [ɛst] *m the east* 3

une **estampe** *a print* 3

esthétique *adj* 2

l'**estime** *f* esteem 14 ; *v* —r *to
esteem* ; juger 11 ; cal-
culer ; l'— -**standing** *m*
14 ; *V* standing

l'**estomac** *m* 6

estomper *to blur; to dull* 14

l'**estragon** *m* (herbe) *tarragon* 4

estudiantin(e) *adj* des étudiants 3

établir(issant) *to establish*
1 ; un **établissement** (une
école) 10

f*un **étage** *a story* ; le premier
— *the second floor* (≠ le
rez-de-chaussée *street level*)

étaler *to display; to spread
out, "stagger"* (des paie-
ments, etc.) 3

un **étalon** modèle légal de mesure 13

une **étape** *a lap, stage* 8

un **état** *state* ; nation 1 ; l'—
providence *welfare state*
4 ; *status* 6 ; les **Etats-Unis**
m United States 1 ; *V*
Amérique

l'**été** *nm summer* 1 ; en —

éteindre [ɛ̃] *to extinguish* 6

étendre [ã] *to extend, stretch*
4 ; s'— 3 ; *adj* **étendu(e)**
7 ; une **étendue** *an area* 9

éternel(le) *adj* 6 ; l'**éternité** *f*
14

Ethiopique *adj* créé par
Senghor (≠ Ethiopien) 9

l'**éthique** *f* science de la morale
11

ethnique *adj* 8 ; *adv* —**ment**
9 ; une **ethnie** 10

ethnocentrique *adj* ; l'**ethnocentrisme** *m* 7

l'**ethnologie** *f* 11 ; un(e) **ethnologue** 9

une **étiquette** *a label* ; l'— la

conduite qui catégorise une
personne ; les règles de l'— 4

une **étoffe** *fabric* 9

une **étoile** *a star* 3 ; *adj*
étoilé(e) 13

étonner *to astonish* 4 ; *adj*
étonnant(e) 6 ; l'**étonnement** *m* 13

étouffer *to stifle* 4 ; *adj* **étouf-
fant(e)** 7

étrange *adj strange* 8

étranger(ère) *adj, n foreign(er)*
1 ; *stranger* ; *adv* à l'—
abroad 4

être *to be* 1 ; — **en train de**
1 ; verbes conjugués avec —
C34 ; un **être** *a being* 2

étroit(e) *adj narrow*, le contraire de large (Cf. *strait(s)*
1 ; *close* (relations) 1) ; *adv*
—**ement** 10 ; l'—**esse** *f* 7

une **étude** *study* 1 ; *v* **étudier**
1 ; un(e) **étudiant(e)** (universitaire) 1

un **euphémisme** mot substitué
à un mot désagréable 4

l'**euphorie** *f* 13

l'**Europe** *f* 1 ; *adj* **européen(ne)**
3

eux *pron accentué
them(selves)* 1, C108

s'évader s'échapper 6

évaluer 1 ; une **évaluation** 15

l'**Evangile** *m* le Nouveau Testa-
ment, surtout les 4 premiers
livres 12 ; *adj* **évangélique**
7 ; *v* **évangéliser** 12

l'**évasion** *f* action de s'évader 15

éveiller *to awaken* 10 ; un
éveil 10

un **événement** *an event* 4

un **éventail** *a fan* (Cf. le
vent) ; *a range* 15

f* **éventuel(le)** *adj possible*
4 ; *adv* —**lement** 7

un **évêque** *bishop* 6

f* **évident(e)** *adj obvious*
5 ; *adv* f***évidemment**
2 ; f*l'**évidence** *f* ob-
viousness (≠ une preuve)

éviter *to avoid* 4

évoluer *to evolve* 2 ; l'**évolution** *f* 5

évoquer 1

exacerber rendre amer ; *adj*
exacerbé(e) 7

exact(e) *adj exact* 7 ; *true* ;
adv —**ement** 3

exagérer 4 ; une **exagération** 9

exalter glorifier 6 ; *adj* **exal-
tant(e)** *inspiring* 6

un **examen** [ɛgzamɛ̃] *an exam*
(de fin d'année) 1 ; *v* **examiner** 3

exaspérer 4

exaucer *to grant* ; être **exaucé**
obtenir 6

une **excavation** 3

excédé(e) *adj* exaspéré 12

excellent(e) *adj* 2 ; *v* **exceller** 6

excepté *prép* à l'exception de
3 ; une **exception** 4 ; par
— ; *adj* **exceptionnel(le)**
8 ; *adv* **exceptionellement** 8

un **excès** 11 ; *adj* **exces-
sif(ive)** ; *adv* **excessivement**
14

s'exciter 11 ; *adj* f***excitant(e)**
qui excite physiquement ;
provocant (*exciting* = passionnant) ; *adj* **excité(e)** *ex-
cited* 15

l'**EXCLAMATION** *f* 13, C141 ;
adj **exclamatif(ive)** 13

exclure *to exclude* 2 ; *adj* **ex-
clusif(ive)** ; *adj* **exclusivement** 12

excuser 5 ; une **excuse**

exécuter 7 ; *adj, n* **exé-
cuteur(trice)** ; le pouvoir
exécutif 7

une **exégèse** *exegesis*, explication 9

un **exemplaire** chacun des objets (livres, journaux, etc.)
produits d'après un modèle
commun 14 ; *adj* typique ;
exemplary 15

un **exemple** 1 ; par — *for example* ; *exclam Indeed!*

exempt(e) *adj* [ɛgzã(t)] ; *v* —**er**
6

exercer utiliser (un droit)
6 ; un **exercice** ; faire de l'—
1

exiger *to exact, require* 4 ; *adj*
exigeant(e) *exacting*
11 ; l'**exigence** *f* 11

un **exil** 7 ; *v* —**er** 7

l'**existentialisme** *m* ; *adj, n*
existentialiste 10:201

exister 1

exotique *adj* 5 ; l'**exotisme** *m* 8

l'**expansion** *f* 1

un(e) **expatrié(e)** *expatriate* 9

expédier *to expedite* ; envoyer
15

une **expérience** *experience*

1 ; f* *an experiment* 5 ; *adj* expérimental(e) 8 ; l'expérimentation *f* 14

une explication *explanation* 1 ; *v* expliquer 1

explicite *adj* 14 ; *v* —r expliquer 9

un exploit 2 ; *v* —er ; *adj* —able 14 ; un(e) —eur(euse) (= abusif(ive)) 13

explorer 1 ; une exploration 3 ; un(e) explorateur(trice) 15

exporter 5 ; une exportation *export* ; *adj, n* exportateur(trice)

exposer f* *to expose; to expound* 10 ; un exposé un bref discours, oral ou écrit, sur un sujet précis 3

exprès *adv* avec intention 11 ; *adj* exprès (expresse) 14

express(e) *adj* ; train — 7 ; le café — 2

expressément *adv explicitly* 14

une expression 1 ; d'— française en langue française 1 ; *adj* expressif(ive)

exprimer *to express* 1 ; *adj* exprimé(e) 8

l'extase *f ecstasy* 9

extérieur(e) *adj* 2 ; *v* extérioriser 11

exterminer 7

extraire *to extract* ; un extrait 8 ; *adj* extrait(e) 3

extraordinaire *adj* 5

extrême *adj, nm* 1 ; *adv* —ment ; une extrémité 5

F

une fable 4 ; *adj* fabuleux(euse) 4

fabriquer *to make, manufacture* 3 ; une fabrique 5 ; *adj* fabriqué(e) 7

la façade 3

f* la face (*surface*) aspect ; *prép* — à *toward* 3 ; *adv* en — opposite 3 ; *prép* en — de *facing* 3 ; le — -à- — 7:127, 8:147

une facette *facet*, côté 9

facile *adj easy* 4 ; *adv* —ment 2 ; *v* faciliter 5 ; la facilité *facility, ease* 8

la façon *way, manner* 1 (*fashion, style* = la mode) ; de toute — en tout cas 15

un facteur *factor* 7 ; *postman* une facture *a bill* 10

facultatif(ive) *adj optional* 4

la faculté ; f* « la Fac » *fam* = *college, school* (d'une université) 1

faible *adj weak* 5 ; *slight* ; avoir un — pour *to have a weakness for* 14 ; la faiblesse 1

la faïence *pottery* 5 ; la —rie l'industrie 5, le produit

faillir faire qqch presque le faire 10

la faim *hunger* ; avoir —2

faire *to make; to do* 1 ; formes 2 ; expressions avec 2, C19 ; — partie de être membre (ou un élément) de 2 ; il fait beau, etc. (*weather*) 2, C20 ; — + inf (— causatif) *to have a thing done* 2, C94 ; se — devenir 8 ; *adj* fait(e) 7

un fait *a fact* ; en fait, *in fact* 1 ; au — à ce sujet 12

le faîte la partie la plus élevée d'un édifice 12

falloir *to be necessary* (seul sujet : il) 2, C62 ; formes 5 ; comme il faut C62 ; s'en — de + la quantité qui manque 9

fameux(euse) *famous* ; sens ironique 4

familier(ière) *adj* 1 ; *adv* familièrement 9 ; *v* familiariser 12

la famille 1 ; *adj* familial(e) 3

fanatique *adj* ; le fanatisme 5

la fantaisie 8 ; *adj* fantaisiste 8

le fantastique *adj, n* imaginaire, irréel 2

un fantôme une ombre 2

la farce *stuffing* ; *v* farcir 11

une farce *joke; farce* 14 ; *adj, n* farceur(euse) 11

la farine *flour* 10

f* farouche *adj* non domestiqué 12 ; *adv* —ment violemment 11

fasciste *adj, n* 9

fasciner 1 ; *adj* fascinant(e) 1

faste *adj* ; un jour — jour heureux 14

FASTI 12:266

fatal(e) *adj fated* ; *adj* —iste 12 ; *adv* f* —ement *inevitably* 7

la fatigue ; *v* —r *to tire* 2 ; *adj* fatigué(e) 2 ; fatigant(e) ennuyeux 9

une faucille *sickle* 9

un faune homme mythique aux pieds de chèvre (*goat*), symbole de la sensualité 1

fausser rendre faux 5 ; *adj* faussé(e) 8

il faut (*v* falloir) C62

une faute *fault; mistake, error* 2 ; *prép* — de *for lack of* 4

un fauteuil [fotœj] *armchair* 7

faux (fausse) *adj false* 4

une faveur ; *prép* en — de 3

favorable *adj* 11 ; *v* favoriser *to favor* 6 ; *adj* favori(te) *favorite* 2

fécond(e) *adj* 8 ; la fécondité 10

une fédération 6 ; *adj* fédéral(e) 7 ; le fédéralisme 13

féliciter *to congratulate* 4 ; une (des) félicitation(s) 4

femelle *adj, n* 5

féminin(e) *adj, nm* 1 ; la féminité *femininity* 6 ; la feminisation 6 ; *n, adj* féministe 6 ; le féminisme 6

une femme *woman* 1 ; *wife* 2

fendre *to split* 8 ; *adj* fendu(e) 8

une fenêtre *window* 3

féodal(aux) *adj feudal* 2 ; le féodalisme 2

le fer *iron* 3

une ferme *a farm* 4 ; un(e) fermier(ière) 6

fermer *to close* 5 ; *adj* fermé(e) 4 ; la fermeture action de — 5 ; *to lock*

la ferronnerie *wrought iron* 6 (Cf. le fer)

ferroviaire *adj* du chemin de fer 14

fertile *adj* 3 ; la fertilité 13

la ferveur 9

un festival, des festivals 2 ; la festivité 15

la fête *feast; holiday* 4 ; *party* ; la — des Rois 9:189

le feu *fire* 6

une **feuille** [fœj] *leaf* 2 ; *sheet of paper* ; le **feuillage** *foliage* 2 ; *adj* —té(e) formé de couches fines 11

une **fève** *a bean* 9:189

une **ficelle** *string* ; pain long et fin 13

se **ficher (de)** se moquer (de) 3

fidèle *adj faithful* ; la **fidélité** 2

fier [fjɛʀ] **(fière)** *adj proud* 4 ; la —té 4

se **fier à** avoir confiance en 8

la **fièvre** *fever* 3

figuré(e) *adj* abstrait, métaphorique 11

figurer (dans) être une partie (de) 3 ; **se —** imaginer 15

un **fil** *thread; wire* (de téléphone) 3 ; **au —** de avec le passage de 14

filant(e) *adj* une étoile —e un météore 10

une **fille** *daughter* 10 ; **jeune — girl** 3 ; **petite —** 5

un **film** 2 ; **filmer** 1

un **fils** [fis], des — [fis] *son* 4

un **filtre** 12 ; *v* —r

la **fin** *end* 2 ; —janvier, etc. *in late . . .* 6 ; *adj* **final(e)**, *pl* **finals** ou **finaux(ales)** 6 ; *adv* **finalement** 1

fin(e) *adj* pur ; *fine* ; futé 11

la **finance** activité bancaire ; *v* **financer** 10 ; le **—ment** (l'acte) 9 ; *adj* **financier(ière)** *financial* 13 ; *adv* **financièrement** 6

la **finesse** le raffinement 3

finir(issant) *to finish* 5 ; **en —** avec mettre fin à 13

une **firme** une entreprise, *a firm* 12

le **fisc** le trésor public 4 ; *adj* **fiscal(e)** 13

une **fissure** ; *v* —r 14

fixe *adj* qui ne change pas 5

fixé(e) *adj fixed*, immobile 5

une **flamme** 12

le **flanc** *flank, side* 5

Flandre *f Flanders* 6 ; *adj* **flamand(e)** *Flemish* 6

flatter *to flatter* ; *n, adj* **flatteur(euse)** 6 ; la **flatterie**

une **flèche** *arrow* 1

une **fleur** *flower* 2 ; **la — de lis** 3:42 ; *v* —ir *to flourish, bloom* 10 ; *adj* —i(e) 5 ; un(e) —**iste** 15

le **fleuve** *river* (se jette dans la mer) 3 (≠ une rivière)

flexible *adj* 2 ; la **flexibilité** 8

flotter *to float* 8

fluctuer 14

fluide *adj, nm* ; la **fluidité** 14

une **flûte** 12

la **FNAC** 6:100

la **foi** *faith* 5 ; *belief* 12

le **foie** *liver* 11

une **fois** *one time* 1

une **foison** profusion ; *v* —**ner** 14 ; un —**nement** 15

le **folklore** ; *adj* **folklorique** 5

la **folie** *insanity; folly* 10 ; **folle** *adj f* de fou

foncer *v intrans fam* se jeter impétueusement 5 ; **— sur, dans**

une **fonction** 1 ; *v* —**ner** 4 ; le —**nement** 7 ; un —**naire** bureaucrate 3

le **fond** *bottom* (d'un récipient, d'un espace, d'une page) 4 ; *the depths* 7 ; *the back* (d'une salle) ; **V ski** ; *adv* **au — fondamentalement** 4 ; *adj* —**amental(aux)** 3 ; les **fonds** *mpl* capital servant au financement 12

une **fondation** 9

fonder *to found* 6 ; *adj* **fondé(e)** 7 ; le **fondement** la base 8 ; un(e) **fondateur(trice)** 6

fondre passer de l'état solide à l'état liquide 9

le **football**, « le foot » *soccer* 5 ; le *football* américain 1

un **forçat** ciminel, galérien 15

une **force** *strength, force* 2 ; **accent de —** *stress accent*, C60 ; **à — de** *by dint of* 15 ; *v* **forcer** *to force* 1 (forcer qqn à faire qqch 4 ; être forcé de faire qqch) ; *adv* **forcément** 11

forcené(e) *adj* furieux, *out of one's senses* 11

forcir devenir plus fort 15

la **forêt** *forest* 3

forger fabriquer en métal ; créer 13

le **formage** (origine du mot fromage) 7

la **formalité** 4 ; le **formalisme** 12 ; la **formalisation** 14

la **forme** 1 ; *v* —r 9 ; *adj* **formé(e)** 7 ; la **formation**

2 ; l'éducation d'une personne 6 ; une **formation politique** un groupement de partis 6 ; *adj* **formateur(trice)** 7

formel(le) *adj* clair, explicite ; *formal* 14

une **formule** *a formula* 1 ; *v* —r *to formulate* 9 ; un **formulaire** *printed form* 10

fort(e) *adj strong* 1 ; **f*** *adv* very (a un sens vague et facilement sarcastique) ; *adv* —**ement** *strongly* 7 ; *v* **fortifier** 2

fortuit(e) *adj fortuitous* 14

la **fortune** ; *adj* **fortuné(e)** 12

un **fossé** [fose] *ditch* 9

fossile *adj, nm* ; *v* **fossiliser** 10

fou (folle) *adj, n crazy (person)* 2 ; **un monde —** *big crowd* 2

la **foudre** une décharge électrique, par temps d'orage 9 ; *v* **foudroyer** 9

un **fouet** *a whip* 1 ; *v* **fouetter** 1

une **fouille** [fuj] une excavation faite en vue de découvrir qqch 10

une **foule** *a crowd* 9

une **fourchette** *fork* (2 du *Cahier*)

la **fourme** (un fromage) 7

fournir *to furnish* 7

fourrer *to stuff* 10

f* le **foyer** *hearth; home* 6

FRACTIONS C195

fragile *adj* 2 ; *v* **fragiliser** rendre — 15 ; la **fragilité** 14

un **fragment** 7 ; *v* —er 7 ; *adj* —é(e) 7

frais (fraîche) *adj fresh; cool* 2

les **frais** *m* le coût, les dépenses 10

une **fraise** *strawberry* 2

franc (franche) *adj frank*, sincère 2 ; la **franchise** ; *adv* **franchement** 2

franc (franque) *adj Frankish* 15 ; **Les Francs** ancienne population germanique maritime de la Belgique, de la Hollande et des rives du Rhin 1

le **franc** l'unité monétaire de la

France ; un **nouveau** —
(1960) = 100 anciens —s 5
la **France** 1 ; *adj* fran-
çais(e) ; le **français** la langue 1 ; *n* **Français(e)** 1 ; *adv*
à la (manière) française 1
franchir surmonter (un obstacle) 2 ; de franc (franche) :
devenir libre (de)
francophone *adj* de langue
française 1 ; la **fran-
cophonie** les régions où le
français est la langue maternelle ou la langue seconde 9
une **frange** *fringe; bangs* 12
frapper *to hit, strike* 6 ; *adj*
frappant(e) 3 ; la **frappe** *typ-
ing* 10
la **fraternité** *brotherhood* 2
fraticide *adj, nm* qui tue un
frère 9
la **fraude** l'acte de tromper 8
un **frein** *a brake* 14 ; *v* —er
le **frelon** *hornet* 8
frémir trembler 9
fréquent(e) *adj* 12 ; *v* —er
5 ; *adj* —é(e) 7 ; *adv* fréquemment 7 ; la **fréquence**
14
un **frère** *brother* 1
une **fresque** peinture murale
15
le **fric** *pop* argent 6
friser *to curl* 12
frissonner *to shiver* 8 ; un
frisson
frire *to fry* ; des frites *f*
(pommes de terre frites) 8
frivole *adj* 2
le **froid** *n, adj* cold ; avoir —
to feel cold 2 ; faire — *to be
cold (weather)* 2
le **fromage** *cheese* 4
froncer *to frown* 8
frondeur(euse) *n, adj* 11:236
le **front** *forehead* ; faire — à
affronter, *to face up to* 13
le **Front populaire** (1936)
3 ; FNLC Front National
pour la libération de la
Corse 4 ; le **Front National**
contre l'Occupation, seconde
guerre mondiale ; des an-
nées 1980 12:263
frontalier(ière) *adj* de la frontière 4 ; *n* habitants près de
la frontière 13
une **frontière** *limite* 4
frotter *to rub* 10

fructifier *v intrans* produire
des fruits 9
un **fruit** [fʀɥi] *fruit; nut* 2 ; *adj*
—ier(ière) 6
frustrer ; *adj* frustré(e) 7 ; la
frustration 11
fuir *to flee* 14 ; la **fuite**
15 ; *adj, n* fugitif(ive) 15
fumer *to smoke* 11 ; la **fumée**
15 ; *n, adj* fumeur(euse) 7
des **funérailles** *fpl a funeral*
12
la **fureur** 14 ; la **furie** ; *adj*
furieux(euse) 8
une **fusée** *rocket* 15
la **fusion** ; *v* —ner 10
futé *adj* smart ; **Bison Futé**
1:4
le **FUTUR** C173 ; le — **PROCHE**
2, C18, 7:136 ; *adj* —(e)
1 ; — après conj de temps
9 ; C113
le **FUTUR ANTÉRIEUR**
11 ; C130
futuriste *adj* qui évoque le
futur 14

G

g prononciation de la lettre
C14, C175
la **gabelle** 13:281 ; le **gabelou**
13:281
une **gaffe** *social blunder* 1
gagner *to earn; to win* 2 ; atteindre 14 ; *n* gagnant(e) ; le
gain 12
gai(e) *adj* joyful 2 ; la **gaieté**
(ou gaîté)
gaillard(e) *adj, n* robuste et gai
15
une **galaxie** 6
une **galère** *galley (rowed by
convicts)* 15 ; un **galérien** un
condamné aux galères 15
une **galette** *cake* 9 ; crêpe salée
10
Galles, le pays de *Wales* ; *adj*
gallois(e) 5 ; le **gallois** la langue ; *n* **Gallois(e)** 5
gallicus *adj m* (latin) de la
Gaule 8
gallo-romain(e) *adj* de la Gaule
quand elle était dominée par
Rome 3
une **gamme** *scale* (musicale) ;
range 12
un **gant** *glove* 11
une **garantie** 7 ; *v* garantir
5 ; le(la) **garant(e)** 13

le **garçon** *boy; waiter* 2
la **garde** l'action de
garder ; être sur ses —s se
méfier 4 ; un — *a guard; v*
—r *to keep* 1
un **garde-boue** mudgard 9
un **garde-fou** *railing* 13
gardien(ne) *adj, n* 5
la **gare** *station* 3 ; *v* —r *to park*
(une voiture) 8
garnir *to garnish* 6 ; *adj* garni-
(e) 8
la **Gascogne** ancienne province
9 ; *adj* gascon(ne)
un **gastronome** gourmet ; la
gastronomie 6 ; *adj* gastronomique 7
le **gâteau** *cake* 1
gâter *to spoil* 12
gauche *adj* left(-hand side) 3 ;
clumsy ; *adj, n* gauchiste
leftist 10
la **Gaule** *Gaul*, l'Europe occidentale à l'époque romaine
(± 50 avant J.-C. à ± 400
après J.-C.) ; *adj* gaulois(e)
2 ; **humour gaulois** 2:19
gaulliste *adj, n* (partisan) de
Charles de Gaulle 13
un **gave** torrent pyrénéen 5
un **gaz** *gas* 3 ; *adj*
gazeux(euse) 2
un **géant** *giant* 5
geler *to freeze* 2
un **gendarme** *national mili-
tiaman* 15
gêner *to annoy; to embarrass*
2 ; *adj* gênant(e) 13 ; la **gêne**
12
général(e) *adj* 1 ; *adv* en —
3 ; —ement 4 ; *v* —iser
4 ; une, la —isation 2 ; une,
la —ité 12
générateur(trice) *adj, n* 10
une **génération** 2
généreux(euse) *adj* 2 ; *adv*
généreusement 2 ; la **générosité** 2
génétique *adj, nf* 10
le **génie** *genius* ; l'**ingénierie** *f*
(*engineering*) 3
le **genou(x)** *knee* ; les —x *lap*
2
le **genre** *gender* 4
les **gens** *mf people* 1 ; « les petites — »les pauvres, qui
travaillent sans gagner beaucoup d'argent 3 (l'*adj* est *f* devant ce mot ; *m* après)

gentil(le) *adj* kind 2 ; la
  —lesse 4 ; *adv* gentiment 4

la **géographie** 4 ; *adj* géographique 2 ; *adv* géo-
  graphiquement 5 ; un(e) géographe 6

la **géologie** 10 ; *adj* géologique
  7 ; un(e) géologue 7

la **géométrie** 11 ; *adj* géométrique 6

géopolitique *nf, adj* 15

géothermique *adj* 15

gérer *to manage* 7 ; la gestion
  6 ; un(e) gérant(e) 13

germanique *adj* 1

germer *to sprout*, commencer à
  se développer 9

la **Gestapo** 2

un **geste** *gesture* 3 ; *v* ges-
  ticuler 6 ; 8:139–141

la **gestion** l'action de gérer *to
  manage* 6 ; *adj* —naire 12

le **gewürztraminer** un vin blanc
  6

le **gigot** *leg of lamb* 5

le **gilet** *vest* 8

un **gîte** un abri, un logement 7

la **glace** *ice* 1 ; une — *ice
  cream* 3 ; un miroir ; *adj*
  glacé(e) très froid 10

glisser *to slip, slide* 10

global(e) *adj* total 13 ; *adv*
  —ement 11

f* la **gloire** honneur, renommée
  8 ; *adj* glorieux(euse) 2 ; *v*
  glorifier 6

goguenard(e) *adj* se moquant
  13

un **golfe** *gulf* 10

un(e) **gosse** *fam* kid 12 (*pop*,
  au Canada, testicule)

gothique *adj* ; style — architecture aux arches pointues
  5

le **goujon** (petit poisson)
  gudgeon 5

un **gousset** une petite poche 13

le **goût** *taste* 3 ; *v* goûter qqch
  1

une **goutte** *drop* 5

gouverner 2 ; *adj* gouverné(e)
  8 ; f* le gouvernement 3 = les
  gouvernants 14 (≠ l'Etat) ;
  adj gouvernemental(e) 10

la **grâce** *grace* 3 ; —à *owing
  to* 2 ; *adj* gracieux(euse)
  graceful 6 ; à titre gracieux
  gratis 14

des **graffiti** *mpl* 11

une **graine** *a grain; a seed* 12

la **grammaire** *grammar*
  1 ; un(e) grammairien(ne)
  13

un **gramme** *gram* 5

grand(e) *adj* great 1 ; *big;
  tall* ; *adv* —ement pour la
  plupart 9 ; la —eur 2 ; *v* —ir
  2 ; *adj* —issant(e) 6

grandiose *adj* 15

la **grand-mère** 4, le **grand-père**
  8

graphique *adj* 3 ; un — *a
  graph* 13

gras(se) *adj fat* (Cf. la graisse
  grease) ; un caractère —
  boldface type 4 ; faire la
  —se matinée *to sleep late* 2

gratifier 14

un **gratte-ciel**, des — *sky-
  scraper* 3

gratter *to scrape, scratch* 3

gratuit(e) *adj* pas payant
  8 ; *adv* —ement 1

grave *adj serious* 1; *low-
  pitched* 1 ; *adv* —ment
  14 ; la gravité 7

graver *to engrave* 3 ; une gravure 13 ; un —eur 15 (pas de
  f)

la **Grèce** *f Greece* ; *adj* grec
  (grecque) 1

grégorien(ne) *adj* ; le —
  le plain-chant 6

un **grelot** *bell* (petit, sphérique)
  12

une **grenouille** *frog* 7

une **grève** (d'ouvriers) *a strike* ;
  faire la — *to strike* 6

une **grille** *iron gate*
  6 ; *grill* ; *adj* grillé(e) *toasted*
  6

grimacer 6

un **griot** poète ambulant africain 9

gris(e) *adj gray* 2

gronder réprimander ;
  murmurer 9

gros(se) *adj big* 2 ; *v* —sir *to
  make larger* 4 ; *to gain
  weight* 2

grossier(ière) *adj coarse* ;
  vulgaire 12

grosso modo *adv roughly*, en
  général 15

une **grotte** *grotto, cave* 5

un **groupe** 1 ; — RYTHMIQUE
  = — de sens *sense group*
  60 ; — DE SOUFFLE *breath
  group* 5, C60 ; *v* —r 11 ; un
  —ment *grouping* 5

le **gruyère** (fromage) 5

guère *adv* ; ne — *hardly at all*
  3, C85

guérir *v trans et intrans to cure*
  12 ; *to get well* ; *adj* guéri(e)
  3 ; la guérison 11

une **guerre** *war* 1

la **gueule** la bouche (animale) ;
  pop la bouche humaine ;
  fine — *gourmet* 11

le **guichet** *ticket window; bank
  teller's window, etc.* 3

un **guide** 3 ; *v* —r 9

le **guidon** *handlebar* 9

la **guillotine** ; *v* —r 7

gustatif(ive) *adj gustatory* 14

la **Guyane** 9 ; *adj* guyanais(e)
  9 ; *n* Guyanais(e)

la **gymnastique** 5 ; un gym-
  nase *gymnasium*

H

(Pour ʰ, h aspiré, V p. C3.)

habile *adj clever, skillful*
  4 ; *adv* —ment 15 ; l'—té *f* 9

habiller *to dress* 5 ; un habillement 11

habiter *v trans to live in, at*
  1 ; et *intrans to live* (= *to
  dwell*) 3 ; *adj* habité(e)
  7 ; une habitation un domi-
  cile ; un(e) habitant(e) 4

une **habitude** *habit, custom*
  1 ; d'— *ordinairement* 1 ; *v*
  habituer 10 ; un(e) ha-
  bitué(e) personne qui fré-
  quente un lieu 6 ; *adj* ha-
  bituel(le) 2

la ʰ**haine** *hatred* 7

ʰ**haïr** le contraire d'aimer 9

l'ʰ**haleine** *f breath* 12

hallucinant(e) *adj* qui a une
  grande puissance d'illusion
  15

handicaper ; un(e) handi-
  capé(e) 12

hanter *to haunt* ; la hantise 14

f*ʰ**hardi(e)** *bold* 6

un ʰ**haricot vert** *green bean* 4

l'**harmonie** *f* 3 ; *adj* harmo-
  nieux(euse) 5 ; *v* harmoniser 10

le ʰ**hasard** *chance* ; par —
  1 ; *v* —er *to risk* 10

la ʰ**hâte** *haste* ; avoir — (de)
  5 ; *v* se hâter

hausser *to raise* 15 ; — les
  épaules *to shrug* 2 ; un
  haussement 8

ʰ**haut(e)** *adj, nm, adv high*

illogique adj 6 ; adv —ment 4

illuminer 8

illustre adj illustrious 7

illustrer 2 ; une **illustration**

une **image** 2 ; adj **imagé(e)**
10 ; v **imaginer** 2 ; l'**imagina-**
tion f 3 ; adj, n **imaginaire** 2

imiter to imitate 1 ; l'**imitation**
f

immatriculer inscrire sur un
registre public ; l'**immatricu-**
lation f 14

immédiat(e) adj 7 ; adv
—**ement** 1

immerger to immerse 10 ; l'**im-**
mersion f

un **immeuble** apartment
house 7

un **immigré** immigrant 6

immobile adj 3 ; l'**immobilité** f
8

immortel(le) adj 9

l'**IMPARFAIT** m 4, C47 ; im-
parf/passé comp 4, C48, au
passif C49 ; — + **depuis**, etc.
C10 ; — du subjonctif 14,
C147

l'**IMPERATIF** m forme de verbe
qui exprime une commande
1 ; V les verbes, p. C173 ; le
subj comme impér C177

impérial(e) adj d'un empire
3 ; l'—**isme** m 9 ; adj, n
—**iste** 10

impérissable adj 6

un **imperméable** manteau que
la pluie ne pénètre pas 3

impersonnel(le) adj 5

implanter 11

impliquer to imply 3 ; adj im-
pliqué(e) 12 ; adj **implicite**
12

impoli(e) adj qui manque de
politesse 13

important(e) adj important
1 ; f*grand : une quantité
—**e** 3 ; faire l'— se croire —
3 ; l'**importance** f

importer to be important
13 ; **n'importe** no matter
8 ; to import (commerciale-
ment) 10 (an import = une
importation)

importun(e) adj 10 ; v —**er**
qqn, être insupportable
6 ; une —**ité** un acte importun 2

imposer qqch à qqn to impose
3 ; f*to tax 4 ; adj **imposé(e)**
8 ; un **impôt** a tax 4

imprécis(e) adj vague 15

imprégner to imbue 6

une **impression** 2 ; v —**ner**
7 ; adj —**nant(e)** im-
pressive ; un(e) **impression-**
niste 8 ; l'**impressionnisme**
m mouvement artistique
8 ; adj — 1 (V la couverture
du texte)

imprimer to press; to print
3 ; un **imprimé** printed
form ; une —**ie** a press
14 ; un **imprimeur** (personne) ; une **imprimante**
(machine)

improviser 10

impuissant(e) adj sans pouvoir
10

impur(e) adj pas pur 13

l'**inaccessibilité** f 8

l'**inadaptation** f (du v adapter)
11

inadéquat(e) adj 11

inaltérable adj 11

inaperçu(e) adj unnoticed 4

inattendu(e) adj unexpected 4
(Cf. **s'attendre à**)

inaugurer 14

incapable adj 15 ; l'**incapacité**
f le manque de capacité 11

incarner to incarnate 15

un **incendie** grand feu destruc-
tif 13

incertain(e) adj 4 ; l'**incer-**
titude f 8

f*incessamment adv tout de
suite 15

incessant(e) adj qui ne cesse
pas 8

inchangé(e) adj pas changé 6

inciter ; un(e) **incitateur(trice)**
13

incliner to tip 10 ; **s'**— to
bow ; céder 14 ; une **inclina-**
tion (≠ l'**inclinaison**, par exemple de la tour de Pise)

inclure to include 2 ; adj **in-**
clus(e) 14

incompréhensible adj 10

inconciliable adj irreconcil-
able 6

inconnu(e) adj contraire de
connu 13 ; nm — 8

inconscient(e) adj out of
awareness ; nm the sub-
conscious 9 ; adv **in-**
consciemment 6

l'**inconstance** f (V constant) 14

incontestable adj ; adv
—**ment** 14

f*un **inconvénient** une
mauvaise conséquence ; un
désavantage 1

incorporer inclure 7

incorrect(e) adj 15

incroyant(e) adj athée 12

inculquer imprimer dans l'esprit 12

inculte adj sans culture intellectuelle 14

l'**Inde** f India 4

indécent(e) adj contraire de
décent 5

indéfini(e) adj 1 ; adv —**ment**
13

indéniable adj 11

indépendant(e) adj ; l'**indé-**
pendance f 4 ; adj —**iste** 4,
10

un **index** index ; le premier
doigt 4

un **indicateur** 13

l'**INDICATIF** m C67 ; un **indi-**
catif d'appel area code
14 ; la planification indicative 13:277

indien(ne) adj 5 ; un(e)
Indien(ne)

indifférent(e) adj ; l'**indif-**
férence 12

indigène adj, n indigenous,
native 9

indigne adj unworthy 6

indiquer to point at 1 ; to indi-
cate 1 ; n, adj **indi-**
cateur(trice) 13

indirect(e) adj 1 ; adv
—**ement** 7

l'**indiscipline** f le manque de
discipline ; l'**indocilité** 4

indiscret(ète) adj indiscreet;
tactless 2

indispensable adj 1

indisposer ennuyer 6 ; adj **in-**
disposé(e) 6

un **individu** une personne 1

individualiser adapter à l'individu 3 ; **s'**— montrer son individualité 3 ; adj
individualisé(e) 3

l'**individualisme** m culte de l'individualité 2 ; adj, n **indi-**
vidualiste 2

l'**individualité** f un ensemble
distinctif de traits 3

individuel(le) adj d'un individu
1

l'**Indochine** f 13

induire trouver par induc-
tion ; causer 15

l'industrie *f* 2 ; *adj* —l(le) 3 ; *v* industrialiser 5 ; *n* l'industrialisation *f* 9

inédit(e) *adj* pas publié 8 ; sans précédent

ineffaçable *adj* du *v* effacer 11

inégal(e) *adj* unequal 13 ; une inégalité *inequality* 6

inépuisable *adj* 12 ; *V* épuiser

inerte *adj* ; l'inertie *f* 8

inévitable *adj* 4 ; *adv* —ment 4

inexorable *adj* qui résiste à la prière ; *adv* —ment 14

inextricable *adj* ; *adv* —ment 8

infantile *adj* 15

inférieur(e) *adj* *lower* 1 ; — (à) *inferior (to)* ; l'infériorité *f* 11

infini(e) *adj* *infinite* 8 ; *adv* infiniment 3 ; l'— *m* 8

un **INFINITIF** *to + verb* ; adj + à/de + inf 10, C122 ; nom + à + inf C104 ; à + inf/en + part prés 9, C117 (Cf. C123) ; verbe + de/à/rien + inf 10, C123 ; — passé 13, C140

un(e) infirmier(ière) personne qui soigne les malades 11

infléchir modifier la direction de 15

inflexible *adj* ; l'inflexibilité *f* 11

une influence ; *v* —r 4, influer sur

l'informalité *f* (anglicisme) 14

l'informatique *f* *computer science* 5 ; un(e) informaticien(ne) 12

informel(le) *adj* sans caractère officiel 14

informer ; *adj* informé(e) 8 ; un(e) informateur(trice) 14

l'infortune *f* le malheur 3 ; *adj* infortuné(e) 12

ingénieur *engineer* 6 ; l'ingénierie *f* *engineering* 10

ingénieux(euse) *adj* qui a de l'invention 6 (≠ génial : qui a du génie) ; l'ingéniosité *f* 4

un ingrédient 3

inhérent(e) *adj* 12

initier *to initiate* 7 ; l'initiative *f* 3

f*une injure une insulte 4 ; *v* injurier 4

injuste *adj* 12 ; une injustice

l'innocence *f* 15 ; *adj* innocent(e) 15 ; *adv* innocemment 4

innombrable *adj* *innumerable* 15

innover *to innovate* ; *n* innovateur(trice) 8 ; l'innovation *f* 15

inoffensif(ive) *adj* 14

inonder *to inundate* 6 (Cf. une onde)

inorganique *adj* 4

inoubliable *adj* (V oublier) 6

inquiet(iète) *adj* 12 ; *v* inquiéter *to disturb* ; s'— *to worry* 14 ; *adj* inquiétant(e) 15

un **INSA** 12:250

insatisfait(e) *adj* 10 ; l'insatisfaction *f* 7

inscrire *to inscribe* 8

un insecte 2

l'insécurité *f* 14

insensible *adj* *insensitive* 1

inséparable *adj* 1

insérer *to insert* 12 ; accoutumer à 6

insignifiant(e) *adj* *insignificant* 14

insister 4 ; l'insistance *f* 4

inspecter ; l'inspecteur(trice) 11

inspirer 6 ; *adj*, *n* inspirateur(trice) 7

installer 1 ; s'— *to move in* 3

un instant ; à l'— immédiatement 1 ; *adj* —ané(e) ; *adv* —anément 14

une institution ; *v* —naliser 15 ; un institut 12

l'instituteur(trice) enseignant du primaire 6

instructif(ive) *adj* 8

instruire *to instruct* ; — une affaire 15:341 ; *adj* instruit(e) *educated* 3

un instrument ; un —iste (musical) 6

insu : à l'— de X sans que X le sache 12

l'insuccès *m* le manque de réussite 15

insuffisant(e) *adj* contraire de suffisant 11 ; *adv* suffisamment 15

une insulte 1 ; *v* —r 4 ; *adj* insultant(e) 13

f*insupportable *adj* impossible à supporter (*to bear, put up with*) 2

s'insurger se soulever (contre l'autorité) 15

intacte *adj* 5

intègre *adj* honnête 4 ; *v* intégrer 4 ; incorporer 6 ; être accepté dans 12 ; l'intégrité *f* *wholeness*, honnêteté 4 ; *adj*, *n* intégriste 12:262

l'intellectualité *f* 3 ; l'intellectualisme *m* 11

intellectuel(le) *adj*, *n* qui a rapport à l'intelligence 1 ; les —s la classe sociale qui consacre la vie à cultiver l'intellect 1 ; *adv* —lement 8

intelligent(e) *adj* 2 ; l'intelligence *f*

intense *adj* 1 ; l'intensité *f* 3 ; *v trans* intensifier 13

interculturel(le) *adj* 7

interdépendant(e) *adj* ; l'interdépendance *f* 10

interdire prohiber 12 ; un interdit

interdisciplinaire *adj* 11

intéresser *to interest* 1 ; s'— à *to be interested in* 2 ; *adj* intéressé(e) 13 ; *adj* intéressant(e) 2

f*l'intérêt *m* *self-interest* 1 ; un sujet d'— : V dada, amateur

l'interférence *f* 4

intérieur(e) *adj*, *nm* *internal*, *interior* 1

l'**INTERJECTION** *f* 13 ; C141

un(e) interlocuteur(trice) personne avec qui on parle 4

intermédiaire *adj*, *n* 4

international(e) *adj* 1 ; *adv* —ement 9

interpersonnel(le) *adj* 11

interpréter 6 ; une interprétation 9 ; un(e) interprète 13

interprofessionnel(le) *adj* de plusieurs professions 12

INTERROGATIF(IVE) *adj* 3 ; l'adj — 5, C63 ; pronom — 5 ; C63 phrase —ive C16 ; *v* interroger 12 ; f*une interrogation (« interro ») un test, *a quiz*, pendant un cours

interrompre 5 ; une interruption 4

un intervalle 14

intervenir *to intervene* 7 ; *to interfere* ; prendre part à une conversation (dans ce sens : une intervention 3)

une interview 4 ; *v* —er 9 ; un

—er (ou —eur) (pas de *f*) [ɛ̃tɛʀvjuvœʀ] 7

intime *adj, n* 1 ; l'intimité *f* 1

intituler donner un titre à 6

intolérant(e) *adj* 12 ; l'intolérance *f*

l'INTONATION *f* 6 ; C73

INTRANSITIF(IVE) 4 ; C46 ; verbes —s conjugués avec être C34

f*introduire faire entrer qqn dans un lieu, ou une chose dans une autre ; faire adopter 2 (≠ présenter une personne à une autre)

un(e) Inuk, *pl* des Inuit Esquimau(aude) 10

inutile *adj* pas utile 7 ; *adv* —ment 10 ; l'inutilité *f* 11

invalide *adj, n an invalid* ; l'hôtel des Invalides 3:37

un inventaire *inventory* 13

inventer 3 ; une invention 4 ; un(e) inventeur(trice) 6 ; *adj* inventif(ive) 15

inverse *adj* opposé 15 ; à l'— par contraste 14 ; *v* —r *to invert* 14

inviter 4 ; un(e) invité(e) *a guest* 5

involontaire *adj* ; *adv* —ment 13

invoquer 12

l'Irlande *f* 4 ; *adj* irlandais(e) ; *n* Irlandais(e) 4

f*l'ironie *f* le sarcasme 4:51 ; *adj* ironique 4

irrationnel(le) *adj* 2

irrégulier(ière) *adj* 1

irremplaçable *adj* 9

irréversible 6 ; *adv* —ment 15

l'irritation *f* 1 ; *v* irriter 10

isoler 15 ; *adj* isolé(e) 5 ; l'isolement *m* 8

Israël *m* 12 ; *adj* israélite 9 ; un(e) Israélite ; Israélien(ne)

issu(e) *adj* qui provient, résulte 8

l'Italie *f* 3 ; *adj* italien(ne) ; l'italien *m* la langue 1 ; *n* Italien(ne) 1

un itinéraire *itinerary* 5 ; itinérant(e) *adj* 13

un IUT 12:250

ivre *adj intoxicated* 6

J

jacobin(e) *adj Jacobin* 8:151

jadis *adv* il y a longtemps 2

jaillir *to spurt* 10

jaloux(ouse) *adj jealous* 3 ; *adv* jalousement 2

jamais *ever* 4 ; **ne . . . —** *never* 1

f*la jambe *leg* 5 (f*On dit le pied d'une table ; un gigot de mouton, une cuisse de poulet.)

le jambon *ham* 7

le jansénisme branche de la Contre-Réforme 7

le Japon 13 ; *adj* japonais(e) 7

un jardin *garden* 1 ; *yard* (d'une maison) ; — d'enfants *kindergarten* 1

jaser parler ; *to gossip* 15

jaspiner *pop* parler 15

jaune *adj yellow* 3

le javelot *javelin* 9

un Jésuite 2

un jet [ʒɛ] action de jeter ; **d'un seul —** d'un coup 14 (Cf. un jet [dʒɛt] avion à réaction)

jeter *to throw; throw out* 1 ; une rivière **se jette dans** *flows into* 4

un jeu *game* 3 ; *process* 7

jeune *adj young* ; *n youth* 1 ; la jeunesse 8

un job [dʒɔb] un travail rémunéré non spécialisé 7

la JOC 12:262

la joie *joy* 2 ; *adj* joyeux(euse) 4

joindre *to join* (deux choses) 3 ; atteindre par téléphone 8 ; **se — à une personne** *to join with a person*, par exemple pour envoyer des vœux 10 ; *adj* ci-joint, après un *n* ci-joint(e) 15

joli(e) *adj pretty* 4

le joual un dialecte de Montréal 10:193

la joue *cheek* 3

jouer *to play* 1 ; — **un rôle** 3 ; **—un tour (à)** *play a trick (on)* 13 ; — **à chat** *to play hide and seek* 1 ; — **à un jeu**, par exemple au tennis 1 ; — **d'un instrument de musique** ; un(e) joueur(euse) 5

jouir *to enjoy* 8

le joujou *fam* jouet, *toy* 2

le jour la lumière du soleil ; 24 heures 1 ; **huit —s** = une semaine ; **quinze —s** = 2 semaines 2 ; **—/journée** C21 ; les **sept —s** (V se-

maine) ; **mettre à —** *to bring up to date* 14

le journal *newspaper* 2 ; un(e) —iste 2 ; *adj* —istique 4 ; le —isme 12

journalier(ière) *adj* de chaque jour 3

une journée l'espace de temps entre le lever et le coucher du soleil 2 ; **jour/—** C21

la judaïcité l'identité juive 12 ; le judaïsme 8

judiciaire *adj* relatif à l'administration de la justice 7

judicieux(euse) *adj* qui a le jugement bon 3

un juge 1 ; *v* —r 4 ; un —ment 2

juif(ive) *n, adj Jewish* 3

jumeau(elle) *adj, n twin* 11 ; *v* jumeler *to twin* 2 ; un jumelage *a twinning* (de villes, etc.) 8

une jupe *skirt* 14

juridique *adj* qui a rapport au droit 6 ; une juridiction *jurisdiction* 10

un juriste 7

le jus *juice* 2 ; *thin gravy*

jusque *prép* marquant une limite, *up to* 9 ; **jusqu'à** *until, up to* 1 ; *conj* **jusqu'à ce que** + subj

juste *adj*, impartial 4 ; f*exact, correct 4 ; *adv just* (**— avant**) 1 ; *adv* —ment précisément ; par coïncidence 1

la justesse la précision 4

la justice 2 (Cf. la justesse)

justifier *to justify* 3

K

la Kabylie région de l'Algérie 9 ; Les Kabyles 9

un kaléidoscope 9

un kilo(gramme) = 2,2 *lbs* 4

un kilomètre (km) = 0,624 *miles* 5

L

un labeur travail pénible 15

un laboratoire 1

laborieux(euse) *adj* 7

un lac *lake* 2

un lacune *a lacuna*, un vide 12

laïc (laïque) *adj, n* qui ne fait pas partie du clergé 12

laid(e) *adj* contraire de beau ; la —eur 3

la laine *wool* 2

laisser *to let* 8 ; — + inf

C94 ; *to lay aside* 5 ; le — -
aller *easy-going attitude* 4

le lait *milk* 4 ; — **écrémé** =
skim milk ; — **demi-écrémé**
= 2 % ; — **entier** ; — **frais** 5

laitier(ière) *adj* 7 ; *n* (une
personne)

la **laitue** *lettuce* 4

un **lamantin** *manatee, sea
cow* 9

laminaire *layered* (Cf. une
lame *blade*) 9

une **lampe** 8

lancer *to launch; to throw; to
project* 8

une **lande** terrain sablon-
neux ; les **Landes** (région du
sud-ouest) 5

le **langage** la manière de parler
1

la **langue** *tongue* 1 ; *language*
1

le **Languedoc** (province) 4 ; *adj*
languedocien(ne) 4

f***large** *adj wide* (Cf. **grand**
tall) ; *adv* —**ment** abondamment 14

las(se) fatigué 7

latin(e) *adj* 13 ; le — la langue
latine 3 ; un(e) —**iste** étu-
diant(e) de latin 13

le **laurier** *laurel* 14 ; *n, adj*
un(e) **lauréat(e)** qui a remporté un prix 14

laver *to wash* 4

laxiste *adj permissive* 11

LE *pron* objet 1, C17 ; *pron*
neutre 12, C135

une **leçon** 1

un(e) **lecteur(trice)** personne
qui lit (Cf. **lire**) 5

f*la **lecture** l'action de lire
2 ; une — un passage à lire 4
(≠ une conférence *a lecture*)

légal(e) *adj* 12 ; *adv* —**ement**
15 ; *v* —**iser** 8 ; la —**ité** 13

une **légende** 8 ; *caption* 9 ; *adj*
légendaire *legendary* 9

léger(ère) *adj light (weight)*
2 ; *slight* 12 ; *adv* **légèrement** 2 ; la **légèreté** 8

un **légionnaire** soldat d'une
légion 7

législatif(ive) *adj* 7 ; la **législature** 8 ; la **législation**
8 ; un(e) **législateur(trice)**
14

un **légiste** spécialiste des
lois ; un juriste 12

légitime *adj legitimate* 4 ; *adv*
—**ment** 14 ; la **légitimité**

léguer donner à la postérité ;
adj **légué(e)** 7

un **légume** *vegetable* 4

un **leitmotiv** 12:272

le **lendemain** le « demain » du
jour en question 2

lent(e) *adj slow* 2 ; *adv*
—**ement** 4 ; la —**eur** 8

LEQUEL *pron which ; interrog*
5, C64 ; *relatif* 7, C93

la **lèpre** *leprosy ; adj* **lé-
preux(euse)** 12

une **lettre** de l'alphabet 1 ; correspondance 4 ; les —**s** *hu-
manities* 4

LEUR *pron to them* 2 ; C37

LEUR(S) *adj their* C78 ; *pron* le
(la) —, les —**s** *theirs* 11,
C129

lever *to raise* ; se — *to rise,
stand up, get up (from bed)*
6 ; *adj* **levé(e)** 7

la **lèvre** *lip* 8

un **lexique** dictionnaire
1 ; un(e) **lexicographe** *lexi-
cographer* 13

la **LIAISON** (du *v* **lier**) *linking* 7,
C89 ; *relationship* 2

une **liane** *vine* 9

le **Liban** *Lebanon* 10 ; *adj*
libanais(e)

f***libéral(e)** *adj* 11 ; les professions —**es** 15 ; la —**isation**
14 ; le —**isme** idéologie qui
réduit au minimum l'intervention de l'Etat dans les affaires économiques et
sociales 11

libérer 2 ; *adj* **libéré(e)** 7 ; la
libération 2 ; *adj, n* **libéra-
teur(trice)** 15 ; la **liberté** 2

le **libéro** (football français) 5:73

f*une **librairie** *bookstore*
4 ; un(e) **libraire** vendeur de
livres 10

libre *adj free* 1 ; *adv* —**ment** 2

une **licence** 12:250 ; un(e) **li-
cencié(e)** (sports) 15

lier *to bind* (Cf. *to ligate*)
6 ; être **lié(e)** d'amitié avec
qqn 2 ; un **lien** une attache,
un rapport, *bond* 5 ; dans
les —**s** *tied* 15

un **lieu**, des **lieux** *place* 5 ; au
— de *instead of, in lieu of*
1 ; f*avoir — *to take place*
2 ; donner — à *to give rise to*
3

une **lieue** *league* (= 4 km) 5

une **ligne** *line* 2 ; — **aérienne**
relative à l'aviation 3

ligoter *to bind head and foot*
15

une **ligue** *league* 7

liminaire *adj* préliminaire 9

une **limite** 2 ; *v* —**r** 2 ; *adj* **li-
mité(e)** 3 ; **limitatif(ive)** 8

le **limon** l'argile, *clay* 9

la **limonade** boisson gazeuse
au citron 2

un(e) **linguiste** 4 ; *adj* **linguistique** 1 ; la **linguistique**
linguistics

liquide *adj, nm* 3

lire *to read* 1 ; formes 8 ; *V* la
lecture

lisible *adj* qui peut être
lu ; *adv* —**ment** 10

la **lisière** le bord, la bordure,
edge 13

lisse *adj smooth* 9

une **liste** 1

un **lit** *bed* 3

une **lithographie** *lithograph*
3

le **litige** *litigation* 13

un **litre** *a liter* (= 1,0567
quarts) 5

littéral(e) *adj* 15 ; *adv*
—**ement** 14

la **littérature** 1 ; *adj* **littéraire**
2 ; un **littérateur** (pas de *f*)
écrivain de métier 3

une **livraison** *delivery* ; n°
d'une publication 13

un **livre** *book* 2 ; *adj* —**sque**
bookish 11

une **livre** un *lb.* 4 ; une £
sterling

la **livrée** *livery* 5

livrer *to deliver* 15

local(e) *adj* (Cf. un **lieu**) 4 ; *v*
—**iser** 15

un **locataire** *tenant* 6

une **locution** une expression, *a
phrase* 4

loger *to house ; intrans to stay*
1 ; le **logement** *lodging* 4 ;
un **logis** maison ou appartement 12

la **logique** 2 ; *adj* — ; *adv*
—**ment** 11

une **loi** *law* 5

loin *adv, nm far* 3 ; *adj*
—**tain(e)** 2

le(s) **loisir(s)** *m leisure* 3

long(ue) *adj* [lō (lōg)] 1 ; le —
de *prép along; alongside*
3 ; *adv* —**uement** 2 ; en dit
— (**sur**) dit beaucoup 11

longer aller le long de 4 (≠
traverser)

longtemps *nm, adv a long while* 1

le look l'apparence 15

lors (de) au moment de 6 ; *conj* **dès — que** pourvu que 10

lorsque *conj* quand 1

le lotus 12 (= le nénuphar)

louer *to praise* 13 ; *to rent* 7

la Louisiane 9 ; *adj* **louisianais(e)**

un loup *wolf* 6 ; *Le L— et l'Agneau* C87

lourd(e) *adj heavy* 2 ; *adv* **—ement** 12 ; **la —eur** 13

loyal(e) *adj* ; **la loyauté** 1

le loyer *rent(al)* 13

lucide *adj* 10 ; **la lucidité**

une luciole *firefly* 8

lucratif(ive) *adj* 12

ludique *adj* relatif au jeu 11

LUI *pron, objet indirect* 3, C37 ; *pron accentué* 8, C108 ; **— -même** *himself* 3

la lumière *light* 3

la lune *moon* 10

un lustre *lit* période de cinq ans 13

un luth *lute* 8

une lutte *a fight* 6 ; *v* **—r** 6

f***le luxe** *luxury* 2 ; *adj* **luxueux(euse)** (la luxure = la lascivité)

un lycée école secondaire pour les 15–18 ans 7 ; **un(e) lycéen(ne)** élève de lycée 7

lyncher *to lynch* 15

Lyon 4 ; *adj* **lyonnais(e)** 4

lyrique *adj* plein d'émotion, d'exaltation 3 ; **le lyrisme** 10

M

mâcher *to chew* 12

machinal(e) *adj* qui est fait comme par machine, sans penser 10

un maçon *mason* ; **la maçonnerie** 5

une madone portrait de la Vierge 12

un magasin *store* ; **grand —** *department store* 3

un mage (Cf. la magie) ; **les trois Rois —s** 9:189

le Maghreb les pays arabes du Nord de l'Afrique 9 ; *adj* **maghrébin(e)** 9

la magie l'art du magicien 3 ; **un(e) magicien(ne)** 3 ; *adj* **magique** 3

magistral(e) *adj* ; **un cours —** *lecture course* 12

un magistrat juge ; haut fonctionnaire 7 ; **la —ure** 12

la magnanimité grandeur d'âme, générosité 15

le magnétisme 10 ; *adj* **magnétique** 2

un magnétoscope *videotape recorder* 14

magnifique *adj magnificent* 1

une maille *a stitch* ; *pl, a mesh* 15

un maillot (T-shirt symbolique) 9

la main *hand* 1

maintenant *adv now* 1

maintenir *to maintain* 3 ; **le maintien** 7

le maire *mayor* 1 ; **la mairie** *town (city) hall* 3

mais *conj but* 1

le maïs *maize, corn* 11

une maison *house* 2

un maître *master*, **une —sse** 7 ; **un — queux** *head chef* 8 ; **— à penser** *mentor* 15 ; **la maîtrise** *mastery; master's degree* 12 ; *v* **maîtriser** *to master* 1 ; *adj* **maîtrisable** 8

majeur(e) *adj major* 2 ; **la majorité** 6

le mal *evil; pain* : **un —** (par exemple de tête) ; **avoir —** (par exemple à la tête) 2 ; **le — du pays** la nostalgie 10 ; **le « — français »** 8:146

mal *adv badly* 2 ; **—** comparaison des adverbes, C107 ; **pas —** *not bad* 4 ; **pas — de** *a lot of* 1

malade *adj sick* 4 ; **une maladie** 7

maladroit(e) *adj* pas adroit ; **la maladresse** un manque d'habileté, de savoir-faire, de tact 14

le malaise (mal + aise) l'embarras 12

un malentendu *a misunderstanding* 1 (Cf. s'entendre)

malgache *adj* de Madagascar 9

malgré *prép* en dépit de, *in spite of* 3

le malheur *ill fortune* 3 ; *adj* **—eux(euse)** *unhappy* 2 ; *adv* **—eusement** 6

f***la malice** la méchanceté, *mis-*

chief ; *adj* **malicieux(euse)** 12

malien *adj* du Mali 9

malin (maligne) *adj* méchant ; débrouillard 6

maltraiter traiter mal 10

la maman *fam* mère 2

le management [manadʒmɛnt] la gestion + l'organisation + la stratégie de décision dans les entreprises 11

une manche *sleeve* ; **la Manche** *English Channel* 3 ; (Cf. **un —** *a handle*)

un mandat *mandate* 8 ; **un —-poste** *a money order* 10

manger *to eat* 1

manier *to handle, manage* 6 ; **le maniement**

la manière *manner, way* 1 ; **les bonnes —s** *manners* 4

manifeste *adj* ; *adv* **—ment** 8 ; *v* **—r** 7 ; **une manisfestation** (*fam* une **manif**) protestation dans la rue 6

manipuler 4

une manœuvre *a maneuver* 4 ; *v* **—r**

le manque *lack* 11 ; *v* **—r** *to miss* (le bus) 1 ; *to be lacking* 9 ; **—r de qqch** *to be without something* 9 ; **—r de faire qqch** presque le faire 7 ; **ne pas —r de . . .** pas oublier de . . . 1 ; formes 9

mansardé(e) *adj* forme de toit (*roof*) 3:43

un manteau *coat* 5

un manuel *a manual; textbook* 6

manuscrit(e) *adj, nm* 11

une mappemonde carte du globe 9

maraîcher(ère) *adj* relatif à la production des légumes dans un marais 5

un marais *swampland* 3 ; ceux qui s'intéressent peu à la politique 15

le marbre *marble* 4

un(e) marchand(e) *merchant* 3 ; *v* **—er** 13 ; **la —ise** 13

la marche *walking* 1 ; **en —** *in motion, functioning* 13

le marché *market* 4 ; **faire le —** acheter des provisions (de la nourriture) 2 ; **bon — ** *adj invariable cheap* ; **le B— M—** 3

marcher *to walk* 2 ; (chose) *to work well* 1 ; *to go along* 4 ; un(e) **marcheur(euse)** 3

un **maréchal** *marshal* 9 (une —e = l'épouse d'un —)

une **marge** *margin* 4

le **mari** *husband* 4

f* **se marier avec qqn** 2 ; *adj, n* **marié(e)** 7 ; la **mariée** *bride* 5 ; le **mariage** 2

une **marmite** *pot* 12 ; — à pression (aujourd'hui cocotte minute) *pressure cooker* 12

le **Maroc** *Morocco* 9 ; *adj* **marocain(e)**

une **marque** *mark* 1 ; **tableau de** — *scoreboard* 1 ; *v* —r *to mark, designate; to score* 1 ; *adj* **marqué(e)** *sharp, striking* 3

un(e) **marquis(e)** 1

marrant(e) *adj pop* amusant 5

marre *adv* ; **en avoir** — être dégoûté 12

un **marron** *chestnut* ; *adj invariable* la couleur 10

marseillais(e) *adj* de Marseille 9

martiniquais(e) de la Martinique 9

un **martyre** 9 ; *v* **martyriser** 15

le **marxisme** 11 ; *adj* **marxiste**

masculin(e) *adj* 1 ; la —ité 6

un **masque** 1 ; *v* **masquer**

un **massacre** ; *v* **massacrer** 14

une **masse** *mass* 3 ; *adj* **massif(ive)** ; le **Massif Central** (*V* carte à la fin de ce livre) 7 ; *adv* **massivement** 14

un **match**, des **match(e)s** *game* 2

un **matériau**, des —x toute matière servant à construire (un bâtiment) 15

matériel(le) *adj, nm* 2

maternel(le) *adj* ; **langue** —le *native language* 1 ; **école** — *nursery school* 13 ; la **maternité** 6

la **mathématique** (ou les —s) 13 ; *fam* les **maths** 2 ; — **spé**, — **sup** 12:253 ; un **mathématicien** 6

la **matière** *matter* 4 ; *material* 5 ; une — *a (school) subject* 11

le **matin** 1 ; la —ée *morning* 2, C21 ; **faire la grasse** —ée *dormir tard* (*V* gras)

matriarcal(e) *adj* 6

maugréer protester entre les dents 13

les **Maures** peuple nord-africain 9

mauvais(e) *adj bad* 1 ; comparaison C103

une **maxime** *maxim* 6

le **maximum** 15

Me abréviation écrite qui évite la distinction Mme/Mlle 6 (Cf. **Me** = Maître, titre des avocats, des notaires)

un **mec** *argot guy* 15

mécanique *adj mechanical* 2 ; *nf* (la théorie) ; un **mécanisme** 12

méchant(e) *adj ill-behaved; malicious* 6 ; la **méchanceté** 12

mécontent(e) *adj* pas satisfait 14 ; le —**ement** 11

une **médaille** *a medal* 10

f* un **médecin** *physician* 2 (≠ un physicien) ; f* la —e la science médicale ; profession du — (≠ un médicament) 6

un **média**, les **médias** 4 ; les **mass media** (ou **mass-médias**)

médical(e) *adj* 4 ; un **médicament** *medication* 13

mediéval(e) *adj* 1 ; *V* **Moyen Age**

médiocre *adj* 6 ; la **médiocrité** 11

médire de dire du mal de 6

méditer 6 ; la **méditation** 13

la **Méditerranée** 4 ; *adj* **méditerranéen(ne)** 4

la **méfiance** *distrust* 2 ; *v* **se méfier (de)** 2

un **mégalithe** pierre colossale ; *adj* **mégalithique** 5

meilleur(e) *adj better* 1 ; le(la) —(e) *the best* C103

la **mélancolie** ; *adj* **mélancolique** 13

mélanésien(ne) *adj* de Mélanésie 13

un **mélange** *mixture* 2 ; *v* —r 2

mêler *to mix* 4

une **mélodie** 2

une **membrane** 1

un **membre** 1 ; bras ou jambe 14

même *adj same* 13 ; *adv even* 1 ; **de** — de la même façon 13 ; **tout de** — *all the same* 4 ; **Il en est de** — *The same*

is true of . . . 4 ; **moi-** —, **nous-** —s *myself*, etc.

la **mémoire** *memory* 6 ; *adj* **mémorable** 1

un **mémoire** *a thesis; (term) paper* ; *pl* **memoirs** 4

mémoriser 3 ; la **mémorisation** 11

une **menace** *a threat* ; *v* **menacer** 6 ; *adj* **menaçant(e)** 13

un **ménage** un couple 12 ; *household* ; le — *housework* 2 ; *adj* **ménager(ère)** *household* 6

ménager *to spare*, respecter ; le **ménagement** 14 ; *adj V* **ménage**

mener *to lead* 2 ; — **à bien** *to carry out* 12

un **menhir** *menhir* 5

mensuel(le) *adj* qui a lieu tous les mois 14

mental(e) *adj* 1 ; la —**ité** 1

la **menthe** *mint* 2

la **mention** ; *v* —**ner** 1

mentir *to lie*, dire un mensonge 13

un **menu** 8

le **mépris** *scorn* 3 ; *v* **mépriser**

une **mer** *a sea* 12 ; la — **du Nord** 3

un **merci** *thanks* 1 (Cf. la **merci** *mercy*)

la **mère** *mother* 2

méridional(aux) du Midi de la France 4

le **mérite** 6 ; *v* —r *to deserve* 2

une **merveille** chose qui cause une grande admiration 5 ; *adj* **merveilleux(euse)** 2 ; *adv* **merveilleusement** 7

Mesdames *pl* de **Madame** 6

Mesdemoiselles *pl* de **Mademoiselle** 6

mésestimer avoir mauvaise opinion de 10 ; sousestimer

un **message** 8

la **messe** *mass*, rite catholique 12

la **mesure** *measure* ; modération 3 ; une précaution 4 ; **en** — **de** capable de 15 ; *v* **mesurer** 3 ; le **mesurage** l'action de mesurer 10 ; **sur** — *made to order* 13

le(les) **métal(aux)** 5 ; *adj* —**lique** 3

une **métaphore** 3

métaphysique *adj* au-delà de la

monter *to climb* ; *v intrans* et
trans 2, C34 ; la **montée** *rise*
2

une **montre** *a watch* 7

montréalais(e) *adj* de Montréal
10

montrer *to point at; to show* 1

un **monument** 3

se **moquer de** ridiculiser, rire
de 4 ; ne pas considérer
important 10 ; *adj* **mo-
queur(euse)** 5 ; une —ie 13

moral(aux) *adj* 2 ; f***la** —e les
règles de conduite 3 ; la —e
d'une fable ; la —ité bonne
conduite 3 ; un(e) —**iste** 5

le **moral** *morale* ; remonter le
moral redonner de la force
morale 2

un **morceau** *piece* 4 ; *morsel*

mordre *to bite* ; *adj* **mor-
dant(e)** 7

une **morille** type de champignon 11

morne *adj* triste, morose 13

la **morphologie** l'étude des formes ; les formes étudiées 10

la **mort** *death* 2 ; *adj* **mort(e)**
qui ne vit plus 8 ; un(e)
mort(e) 12 ; la **mortalité** 15

mortel(le) *adj mortal* 7 ; *adv*
—**lement** 11

une **mosquée** *mosque* 12

un **mot** *a word* 1 (Cf. *a motto*)

un **moteur** ; *adj* —**(trice)** 5

motiver 6 ; la **motivation**

une **moto(cyclette)** *motorcycle*
3 ; **en** — ; **à** —

motoriser munir d'un moteur
15

mou (molle) *adj soft* 5

une **mouche** *a fly* 14

**moudre, moulant, moulu, je
mouds** *to grind* 11

mouiller mettre en contact
avec de l'eau ; **se** — *fam* ou
pop s'engager 12

un **moule** *mould* 10 ; *v* **mouler**
7

un **moulin** *mill* 11

mourir *to die* 2 ; formes 7

la **mousse** *moss; foam, froth* 3

la **moutarde** *mustard* 1

le **mouvement** 1

un **moyen** *a means* 3

moyen(ne) *adj middle-sized*
4 ; *average*, "*so-so*" 1 ; le
Moyen Age *Middle Ages*, du
IXᵉ au XVᵉ s. 1

le **MRAP** 12:266

muet(te) *adj* silencieux(euse)
11

multinational(e) *adj* 13 ; une
(firme) —e

multiples *adj* très nombreux
4 ; *v* **multiplier** 11 ; se **multiplier** 6 ; la **multiplicité** 14

municipal(e) *adj* ; une —ité 13

munir (de) *to provide, equip
(with)* 14

le **mur** *wall* 2

mûr(e) *adj mature, ripe* 9 ; *v
trans* et *intrans* —**ir** 13

murmurer 9

le **musc** *musk* 8

le **muscle** [myskl(ə)] 1

un **musée** *a museum* 1

la **musique** 1 ; *adj* **musical(e)**
1 ; un(e) **musicien(ne)** 7

musqué(e) *adj* à l'odeur de
musc 9

un **must** [mœst] *fam* en réalité,
un luxe 15

musulman(e) *adj, n Moslem*,
de la religion de Mahomet 5

une **mutation** un changement
4 ; un changement de lieu de
travail imposé 4

mutiler 4

mutuel(le) *adj* réciproque ;
adv —**lement** 11

le **mystère** 1 ; *adj* **mysté-
rieux(euse)** 5 ; **mystérieusement** 5

mystique *adj* ; le **mysticisme**
11

un **mythe** 9 ; *adj* **mythique** 13

la **mythologie** 5

N

la **nacre** *mother of pearl* 8 ; *adj*
nacré(e) 8

nager *to swim* 1 ; la **nage**, la
natation 1

naïf(ïve) *adj* 8 ; *adv* **naïvement**
7 ; la **naïveté** 14

naître *to be born* 2 ; formes 7 ;
adj **né(e)** 7 ; la **naissance**
birth 5

nantais(e) *adj* de la ville de
Nantes 5

Nantua : sauce — 11:231

napoléonien(ne) *adj
Napoleonic* 13

narratif(ive) *adj* (3 du *Cahier*)

nasalisé(e) *adj* ; une **voyelle**
—e : une partie de l'air passe
par le nez 1

natal(e) *adj* où l'on est né 9

la **natalité** *birthrate* 7

la **natation** l'action de nager 1

une **nation** 1 ; *adj* —**al(e)** 4 ; la
—**alité** 5 ; *adj* —**aliste** 10 ; le
—**alisme** 9 ; *v* —**aliser** 14

la **nature** 2 ; *adj* —**l(le)** 1 ; *adv*
—**llement** 1 ; un(e)
naturaliste 6

naval(e), *pl* **naval(e)s** *adj* de la
marine militaire 4

naviguer 14

un **navire** *ship* 5

ne *adv* : **ne** explétif C81 ;
omission de **pas** C85 ;
ne . . . guère *scarcely* 3 ;
ne . . . jamais *never* 1 ;
ne . . . ni . . . ni *neither . . . nor* 1 ; **ne . . . nul**
no one 6 ; **ne . . . nulle part**
nowhere 6 ; **ne . . . pas**
not ; **ne . . . personne** *no
one* 6 ; **ne . . . plus** *no more,
no longer* 1 ; **ne . . . point** =
ne . . . pas 2 ; **ne . . . que**
seulement 1 ; **ne . . . rien**
nothing 2 ; *V LA NEGATION*
C85

né(e) *part p* de **naître** 2

néanmoins *nonetheless* (le
néant (*nothingness*) +
moins) 3

nécessaire *adj* 1 ; *adv* —**ment**
3 ; la **nécessité** 3 ; *v* **néces-
siter** 3

la **nef** *nave* 6 ; du latin *navis*,
navire

LA NEGATION 6, C85 ; *adj*
négatif(ive) 3

négliger *to neglect* 6 ; la **négligence** 7 ; *adj* **négligeable** 9

négocier *to negotiate* 4 ; un(e)
négociant(e) un(e) commer-
cant(e) 7 ; la **négociation** 8

un(e) **nègre(sse)** *a Black* 7 ; la
Négritude 9:169

la **neige** *snow* ; *v* —**r** 2

un **néologisme** un mot
nouveau 10

nerveux(euse) *adj* 8

net(te) [nɛt] *adj clean* ; *adv*
nettement clairement 4

nettoyer rendre propre, net
2 ; le **nettoyage** 13

neuf (neuve) *adj* récemment
créé 1 ; **flambant** — *brand
new* (≠ nouveau)

neutre *adj neuter, neutral*
5 ; *v* **neutraliser** 5

un **neveu** *nephew* 3 ; *f* une
nièce

new-yorkais(e) *adj, n* 4

le **nez** *nose* 3

ni . . . ni *neither . . . nor* 1

une **niche** ; *v* —r faire son nid *nest* 10

niçois(e) de Nice 4

une **nièce** *f* de neveu 15

nier *to deny* 12

un **niveau(x)** *a level* 3 ; les —x de langue (du — populaire au — élevé) 15

noble *adj* ; un(e) — *nobleman (noblewoman)* 3 ; la **noblesse** *nobility* 3 ; l'aristocratie 1

nocif(ive) *adj harmful* 12 (Cf. nuire)

Noël *m Christmas* 2 ; la — la fête de —

noir(e) *adj black* 2 ; *v* —cir *to blacken* 3 ; un(e) **Noir(e)** 9

une **noix** *walnut* 11

le **NOM** *name* 1 ; un substantif, *a noun* ; définition C20 ; pluriel des noms 2, C20 ; *v* **nommer** 1 ; *adv* **nommément** 7

le **nombre** *number* 1 ; le — de *how many* 1 (Cf. un **numéro**) ; *adj* **nombreux(euse)** *numerous* 2

les **NOMBRES** cardinaux (un, etc.) C194 ; ordinaux (premier, etc.) C195 ; la place des — ordinaux C77

non(-)verbal(e) *adj* sans paroles 1

le **nord** [nɔʀ] *north* 2 ; *adj* —ique 15 ; le — -ouest 6 [nɔʀwɛst] *northwest*

normal(e) *adj* usuel 4 ; École N—e qui prépare les enseignants 6 ; (Cf. une **norme**) ; *adv* —ement 4

la **Normandie** 3 ; *adj* **normand(e)** 6

une **norme** 3

la **Norvège** ; *adj* **norvégien(ne)** 5 ; le **norvégien** la langue

la **nostalgie** regret mélancolique du passé ou de son pays 3 ; *adj* **nostalgique** 9

un **notaire** 6:90

notamment *notably* 3

une **note** *notation* 1 ; *mark, grade* 1 ; — **musicale** 4 ; *v* —r *to notice* 1 ; *to note down* 4

une **notion** 2

f*une **nourrice** femme payée pour nourrir un enfant, *wet*

nurse 6 (≠ une infirmière, une garde-malade)

nourrir 8 ; — un **enfant** 7 ; la **nourriture** *food* 4

nouveau (nouvel, nouvelle) *adj new*, différent de ce qui a précédé 1 (≠ **neuf**) ; *adv* **nouvellement** 8 ; les **nouvelles** *the news* 3

une **nouveauté** *novelty, innovation* 13

Nouvelle-Ecosse *f Nova Scotia* 9

novateur(trice) *n, adj* qui innove 5

nu(e) *adj* dans l'état de nudité 9

un **nuage** *cloud* ; *adj* **nuageux(euse)** 2

une **nuance** une différence subtile 1 ; *v* **nuancer** 8 ; *adj* **nuancé(e)** 8

nucléaire *adj* relatif au noyau de l'atome ; qui produit de l'énergie 5

nuire à faire du mal à 6

la **nuit** *night* 2

NUL(LE) *adj* ne . . . —(le) *not any* 6, C85 ; **nul** *pron no one* 12 ; ne . . . **nulle part** *nowhere* 6, C85

le **numéro** *numeral; number (1, 2, etc.)* ; *adj* **numérique** 14 ; *adv* **numériquement** 12 (Cf. **nombre**) ; *v* **numéroter** marquer d'un numéro

O

f*l'**obédience** *f* soumission à une autorité 7 (*obedience* = l'**obéissance** *f*)

obéir *v intrans* + à *to obey* 10 ; *adj* **obéissant(e)** 14

objectif(ive) *adj, nm* 1 ; l'**objectivité** *f* 14

un **objet** *an object; purpose* 8

OBJET pronom objet direct 2, C17 ; indirect 3, C37

une **obligation** 2 ; *adj* **obligatoire** 3 ; *adv* **obligatoirement** 14

l'**obligeance** *f* la gentillesse 12

obliger qqn à, être obligé de faire qqch 4 ; être obligé à qqn

f*obscur(e)** *adj* noir 13 ; *obscure* 6 ; l'—ité *f* 8

obséder *to obsess* 14

observer 11 ; une **observation**

1 ; *adj, n* **observateur(trice)** 3 ; un **observatoire** 14

obstiné(e) *adj* tenace 4 ; *v* **s'obstiner** à + inf *to insist on* 6

obstruer causer une obstruction 3

obtempérer obéir, se soumettre 14

obtenir *to obtain* 1 ; l'**obtention** *f* 10

une **occasion** 3 ; d'— *secondhand* 3 ; *v* —ner 3 ; *adj* —nel(le) ; *adv* —nellement 14

l'**Occident** *m the West* 2 ; *adj* —al(e), *pl* —aux(ales) 1

occitan(e) *adj, n* du Midi de la France 4, l'**Occitanie** *f*

occuper 2 ; s'— de *to take care of* 6 ; *adj* **occupé(e)** 8

une **occurrence** ; f*en l'— dans le cas présent 10

un **océan** 1 ; l'**océanographie** *f* 10 ; un(e) **océanographe**

un **octosyllabe** un vers de huit syllabes 14

une **odeur** 2 ; *adj* **odorant(e)** *fragrant* 8

œcuménique [ekymenik] *adj ecumenical* ; l'**œcuménisme** *m* 12:264

un **œil** [œj] 5, des **yeux** [jø] *eye* 2

un **œuf** [œf] 4, des —s [ø] *egg* 5

une **œuvre** une production durable, par exemple écrite 1 ; en — en pratique 5

une **offense** ; *v* —r 2 ; *adj* **offensif(ive)** 5

officiel(le) *adj* 3 ; *adv* —lement 3

un **officier** 15

une **offrande** *an offering* 9

offrir 1 ; formes 8 ; une **offre** 4

une **oie** *goose* 12

un **oignon** [ɔɲõ] *onion* 2

un **oiseau**, des **oiseaux** *bird* 2

olfactif(ive) *adj olfactory* 14

une **ombre** *shadow* ; *fig sens* 2

omettre *to omit* 3 ; une **omission**

on *pron sujet people* 1, C8

un **oncle** *uncle* 7 (*f* une **tante**)

une **onde** *wave* 13 ; eau 6 ; *adj* **ondulant(e), ondulatoire** 10 ; une **ondulation** 9

l'**ONU** *f* Organisation des Nations Unies 7

une **opale** ; *adj* —scent(e) qui en prend les reflets 8

un **opéra** 1

opérer to operate ; accomplir 12 ; une **opération** 14

opportun(e) adj à propos, *fitting* 1 ; l'—**ité** f la qualité d'être opportun 14 (*an opportunity* = l'occasion, la possibilité, ou l'opportunité)

opposer to oppose (deux choses) ; **s'** — à 2 ; une **opposition** 2 ; adj **opposé(e)** 5 ; à l'**opposé** de 15 ; adj, n **opposant(e)** 6

opprimer to oppress 9 ; adj **oppressif(ive)** 12

optimiste adj, n 10 ; l'**optimisme** m 9

optique adj ; une — un point de vue 10

opulent(e) adj ; l'**opulence** f 14

or conj marquant un point particulier d'un argument, par exemple : Tout homme est mortel. Or, Socrate est un homme. Donc, Socrate est mortel. 2

l'**or** m gold 2

un **orage** storm ; faire de l'— 2 ; adj **orageux(euse)** 7

une **oraison** une prière 13

oral(e), pl oraux (orales) adj 1 ; adv —**ement**

une **orange** ; adj **orangé(e)** couleur d'— 13

un(e) **orateur(trice)** speaker 6

un **orchestre** 9

ordinaire adj 2 ; adv d'— = —**ment** 1

ordinal(aux) adj V NOMBRES

un **ordinateur** computer 5

ordonner arranger 11 ; commander ; adj **ordonné(e)** orderly 14

un **ordre** an order ; (religieux) 2 ; l'— le contraire de **désordre**

l'**orée** nf bordure 13, commencement

une **oreille** ear 9

ores [ORZ] : d'— et déjà dès maintenant 4

un **orfèvre** silversmith 5 ; son art, l'—**rie** f 5

un **organe** partie d'un organisme 7 ; adj **organique** 4

un **organigramme** tableau de la structure (d'une entreprise, etc.) 14

organiser 1 ; adj **organisé(e)**

7 ; une **organisation** 5 ; adj, n **organisateur(trice)** 5

un **organisme** organism ; un ensemble de services 6

l'**orgueil** m l'arrogance 6

l'**Orient** m the East 2 ; adj —**al(aux)** eastern 14

orienter 3 ; une **orientation** 3 ; 12:264

originaire (de) adj native (of) 4

original(e) adj le contraire de l'imitation 4 ; l'—**ité** f 3

l'**origine** f 1 ; adj **originel(le)** qui date de l'origine 3

Orphée m Orpheus 9

un(e) **orphelin(e)** orphan 15

l'**orthographe** f spelling 5 ; adj **orthographique** 1 ; signes —s C195

oser to dare 6

l'**OTAN** f Organisation du traité de l'Atlantique du nord 10

ou or 1 ; **ou bien** or else 1 ; **ou . . . ou** either . . . or

où where 1 ; Le ` qui distingue **où** de **ou** commémore le mot latin *ubi* (Cf. *ubiquitous*), qui avait deux syllabes ; le mot pour **ou** avait une syllabe.

oublier to forget 1

l'**ouest** m the West 3 ; adj *invariable*

ouf ! expression de fatigue 2 ; de soulagement (*relief*) 4

un **outil** [uti] a tool 3

outre prép in addition to 6 ; au-delà de 15

ouvert(e) adj open 3 ; adv —**ement** 6 ; une —**ure** 5

un **ouvrage** objet produit par un ouvrier, un artisan, un artiste 6

un(e) **ouvrier(ière)** personne qui travaille avec les mains ; adj — 3

ouvrir to open 3 ; formes 8

P

le **Pacifique** (océan —) 15

pacifiste n, adj ; le **pacifisme** 8

païen(ne) adj pagan 9

le **pair** peer; equal ; **au** — 4:50

une **paire** deux choses, ou personnes, qui vont ensemble 4

la **paix** peace 6 ; adj **paisible** peaceful 7

un **palais** résidence royale 3 ; bâtiment officiel, par ex-

emple — **de justice** ; the palate 1

pâle adj très peu coloré(e) 8

un **palier** une plate-forme dans un escalier (*a landing*) 1

une **palme** 12 ; la — le championnat 13 ; un **palmier** arbre dont les feuilles sont des palmes 9

palpiter vibrer ; adj **palpitant(e)** 7

un(e) **pamphlétaire** auteur de pamphlets : courts écrits satiriques 9

un(e) **pamplemousse** grapefruit 9

un **panaché** (boisson) bière mélangée avec limonade 2

une **pancarte** une affiche ; a banner 15

un **panier** basket 5 ; — **percé** spendthrift 13

une **panne** breakdown ; être en — 1

un **panneau** panel, road sign 1

un **pantalon** pants 5

le **panthéisme** 12:259

le **pape** Pope 4

la **paperasse** écrit considéré comme inutile 12

une **papeterie** lieu où l'on fabrique ou vend du papier 12

le **papier** paper 1 ; — **sulfurisé** waxed paper 10

Pâques nfpl Easter 12

un **paquet** a package 9

par prép by; through 1

un **parachute** ; le **parachutisme** (sport) 15

un **paradigme** un modèle, une représentation 14

le **paradis** 3

un **paradoxe** 4 ; adj **paradoxal(e)** 4

un **paragraphe** (= un alinéa) 1

paraître to appear 2 ; adj **paru(e)** 8

parallèle adj 14 ; adv —**ment** 14

paralyser 8 ; adj **paralysant(e)** 15 ; la **paralysie**

un **parapluie** umbrella 2 ; (Cf. un **parasol**, contre le soleil)

un **parc** 3

f* **parce que** conj because 1 (Cf. **à cause de** prép) ; V car

parcourir aller d'un bout à l'autre de 3 ; lire rapidement 14 ; un **parcours** 10 le **pardon** 1 ; (en Bretagne) 5:83 ; *v* **pardonner** 5

pareil(le) *adj* semblable, similaire 6 ; *adv* —**lement** 7

un(e) **parent(e)** *a relative* 12 ; vos —s votre père et mère 1

une **parenthèse** une remarque accessoire ; **entre** —s = ( ) 1

la **paresse** répugnance à travailler ; *adj* **paresseux(euse)** 7

parfait(e) *adj perfect* 2 ; *adv* —**ement** 5

le **PARFAIT DU SUBJONCTIF** 6, C80, C174

parfois *adv sometimes* 3

le **parfum** *perfume; flavor* 2 ; *adj* —**é(e)** 2 ; *v* —**er** 6

parier *to bet, wager* 9 ; un **pari** 9

parigot(e) *adj, n fam* parisien 13

Parisien(ne) *n* ; *adj* **parisien(ne)** 3

un **parlement** ; *adj* —**aire** 8

parler *to speak* 1 ; *adj* **parlé(e)** 2 ; un — manière de — 10

parmi *prép among* 2

le **Parnasse** 8:157 ; *adj* **parnassien(ne)** 10

f*la **parole** *speech; spoken word* 1

f*une **part** *share, portion* 5 ; **mettre à** — *to set aside* ; **à** — *prép* excepté 3 ; *adv* 4 ; **d'une** — ... **d'autre** — pour opposer deux idées 4 ; **de la** — **de** au nom de ; **de** — **et d'autre** des deux côtés 12 (*a part* = une partie)

le **partage** l'action de diviser ; une **ligne de** — 12 ; —**r** *to share* 1

un **partenaire** *partner* 6

le **parti** ; un — **politique** 6 ; **prendre** — pour décider en faveur de 4 ; **tirer** — **de** bénéficier de 15

le **PARTICIPE PASSE** (correspond à *-ed* en anglais) 3 ; accord du — 3, C33 ; le **PARTICIPE PRESENT** (correspond à *-ing* en anglais) 3 ; emploi 9, C116

participer (à) *to take part (in)* 3 ; un(e) **participant(e)** 9

le **particularisme** 4:56

particulier(ière) *adj particular* ; distinctif, spécial 1 ; un — un individu 14 ; *adv* **particulièrement** 1 ; un **particularité** 6

une **partie** *a part* 1 ; **faire** — **de** *to belong to* 2 ; une — **de sucre** 10:196

partiel(le) *adj* pas entier 4 ; un — examen de fin de semestre

partir *to depart* 2 ; **à** — **de** *starting with* 5

partisan(e) *adj, n* 4

le **PARTITIF** 4, C50

partout *adv* à tout endroit 3

la **parturition** 9 ; la **parturiente** = la mère (Senghor crée « le parturiant ») 9:187

parvenir à arriver à (un but), réussir 3

le **parvis** espace devant une église 13

un **pas** *a step* ; **ne . . .** — *lit, not a step* 1 ; — **du tout** *not at all* 1 ; omission de **pas** C85

passable *adj* acceptable ; *adv* —**ment** plus qu'un peu 14

un **passage** ; **au** — en passant 6

un(e) **passager(ère)** *a passenger* 14

le **passé** *the past* 1 ; *adj* **passé(e)** ; *last* 2

le **PASSE ANTERIEUR** 14, C147

le **PASSE COMPOSE** 3, C32 ; au négatif C35 ; au passif C113 ; passé comp/imparf 4, C48

le **PASSE SIMPLE** 14, C146

un **passeport** 4

passer *v trans et intrans to pass* 1 ; changer 14 ; f*— **un examen, un concours** *to take a test* (≠ *to pass*) 12 ; **se** — *to happen* 14 ; — **un film** le montrer 3

passible *adj* ; **être** — **de** qui doit subir (une punition) 13

PASSIF(IVE) *adj, nm* 3, C113 ; comment éviter le — 9, C114

la **passion** 2 ; l'amour— 2 ; *v* —**ner** 5 ; *adj* —**né(e)** 7 ; *adj* —**nant(e)** *exciting* 1 (≠ excitant)

pasteuriser *v* 5 (Louis Pasteur, 1822–1895)

une **pâte** *dough* 10

paternel(le) *adj* ; **paternaliste** 7 ; le **paternalisme**

patienter *to wait* 8

le **patinage** *skating* 1 ; *v* **patiner**

une **pâtisserie** *pastry; pastry shop* 15

une **patrie** pays auquel on appartient 4 ; un(e) **patriote** 7 ; *adj* **patriotique** 5 ; le **patriotisme** 9

un **patrimoine** un héritage 4

le **patron** *boss*, directeur d'industrie 4 ; *v* —**ner** *to be a patron of* 11

une **patte** pied et jambe d'animal 11

un **pâturage** *pasture* 6

la **paume** (de la main) *palm* 8

la **paupière** *eyelid* 8

une **pause** 4

pauvre *poor* 2 ; la —**té** 3

paver *to pave* 4 ; un f***pavé** *cobblestone; pavement* 13

un **pavillon** maison 7

payer *v trans to pay for* 10 ; *adj* **payé(e)** 3 ; **payant(e)** qu'il faut payer 12

un **pays** [pei] *local region* ; nation 1 (≠ la campagne)

un **paysage** [peizaʒ] *landscape* 1 ; un(e) **paysagiste** peintre de paysages 7

un(e) **paysan(ne)** [peizã], [peizan] *n, adj peasant* 3

un **P.-D.G.** président [et] directeur général 12

le **péage** *toll* 14

la **peau** le derme et l'épiderme 4

la **pêche** *fishing* 5 ; *v* —**r** *to fish* 6 ; un(e) **pêcheur(euse)** 5

un **péché** *a sin* 5 ; *v* **pécher** 5

la **pédagogie** 7 ; *adj* **pédagogique** 7

une **pédale** ; *v* —**r** 10

peindre *to paint* 6 (Cf. un peintre)

f*la **peine** *trouble* 4 ; *sorrow* 2 ; — **de mort** *death penalty* 15 ; **à** —*just barely* C85

un **peintre** *painter* 3 (pas de *f*) ; la **peinture** *painting* 4

péjoratif(ive) *adj* 11

peler *to peel* 4

un(e) **pèlerin(e)** *pilgrim* 5 ; un **pèlerinage**

une **pelote** *a ball* ; la — 5:83

un **peloton** un groupe de personnes proches les unes des autres 9

une **pelouse** *lawn* 8

pénal(e) *adj* 15 ; une —ité *penalty* 4

pencher s'incliner 14

pendant *during* 4

pendre *v trans* et *intrans to hang* 2

un **pendule** *pendulum* 8 ; une — *clock* 6

pénétrer (dans) *to penetrate (into)* 1 ; *adj* **pénétrant(e)** *perceptive* 3 ; **pénétrable** 7

pénible *adj* qui cause de la peine 2

une **péniche** *barge* 14

penser *to think* ; — à *to direct one's thought to, think about* 1 ; — à/de 6, C70 ; **pensez-vous** ! 4, C142 ; une **pensée** *a thought* 1 ; un(e) **penseur(euse)** 5

un(e) **pensionnaire** élève logé(e) à l'école 6

une **pente** *slope* 7

la **pénurie** le manque, la pauvreté 15

perçant(e) *adj* 7 (Cf. percer)

un **percepteur** représentant du fisc 8

percer *to pierce* 13 ; — une rue ouvrir un passage 3 ; une **percée** *breakthrough* 14

percevoir *to perceive* 8 ; la **perception**

perché(e) *adj perched* 6 ; V **chat**

perdre *to lose* 2 ; *to waste* ; *adj* **perdu(e)** 7 ; une **perte** *a loss* 7 ; *a waste* ; un **perdant** *a loser* 4

perdurer durer longtemps 15

le **père** *father* 2 ; le **Père Noël** *Santa Claus* 2

péremptoire *adj* qui ne permet pas d'objection 12

la **perfection** ; *v* —ner 4 ; le —nement 9

périmé(e) *adj out-of-date* 4

une **période** 1 ; *adj* **périodique** à des intervalles réguliers 13 ; *adv* **périodiquement** 6 ; un **périodique** un journal, une revue 15

une **péripétie** changement, événement imprévu 15

périr *to perish* 6 ; *adj* **périssable**

permanent(e) *adj* 8

permettre *to allow, permit* 1 ; un **permis** *a license*

la **permission** 11 ; *adj* **permissif(ive)** ; la **permissivité** 12

pernicieux(euse) *adj* 12

perpétuel(le) *adj* 13 ; *v* **perpétuer** 10 ; la **perpétuité** 15

persan(e) *adj* de la Perse *(Persia)* 11

persécuter ; la **persécution** *adj, n* **persécuteur(trice)** 15

persévérer ; *adj* **persévérant(e)** 7

le **persil** [pɛrsi] *parsley* 4

persister 4

un **personnage** (théâtre) *a character* 1

la **personnalité** 3

une **PERSONNE** *person* 1 ; 1ère —, etc. 1 ; **ne . . . — personne** *pron nobody, not . . . anybody* 6, C85

personnel(le) *adj personal* 1 ; le — *personnel* 3 ; *adv* —lement 1

une **perspective** 3 ; *view* 3 ; *future prospect* 10

perspicace *adj perspicacious* 8

persuader 7

une **perte** *a loss* 7 (Cf. perdre)

pertinent(e) *adj relevant* 2

perturber troubler 11

peser *v trans* et *intrans to weigh* 7

le **pessimisme** 11 ; *adj* **pessimiste** 2

petit(e) *adj small* 1 ; comparaison C103 ; — à — *peu à peu* 15 ; la —esse 13

le **pétrole** huile minérale naturelle 9 ; *adj* **pétrolier(ière)** 12

peu *adv little*, à un faible degré 1 ; V comparaison des *adv* C107 ; — à — graduellement, progressivement 3 ; **un — a little** 2

le **peuple** une population nationale 1 ; f*les masses 2:47 ; *v* —r 4 ; *adj* **peuplé(e)** 7 ; (Cf. **On dit** *People say*)

la **peur** *fear* ; avoir — 2, avoir — de 2 ; faire — à *to frighten* ; de — que + subj 2

peut-être *adv perhaps* 1 ; — que + ind 4

le **phare** *headlight* 9

une **pharmacie** 8 ; un(e) **pharmacien(ne)**

Phèdre *Phaedra*, tourmentée par un amour considéré incestueux 2

un **phénomène** 1

un **philosophe** ; *adj* **philosophique** 5 ; la **philosophie** 6

un **phonème** *phoneme* 1, C2 ; *adj* **phonémique** 10

phonétique *adj* 1 ; la — *phonetics*

la **photographie** *photography* 12 ; une — (une photo) 2 ; un(e) f* **photographe** *photographer*

la f***PHRASE** *sentence* 2 ; — négative C85 ; — interrogative C16 ; question indirecte C124 ; — conditionnelle 12, C24, C134 ; — exclamative et interjection C141

la **Phrygie** 9 ; *adj* **phrygien(ne)** 9:167

un(e) f***physicien(ne)** *physicist* 8

la **physionomie** ensemble des traits d'un visage 14

physique *adj* 4 ; le — l'aspect — 6 ; la — la science physique ; *adv* —ment 11

le **piano** 1 ; un(e) **pianiste** 6

la **Picardie** 6 ; *adj* **picard(e)** 6

une **pièce** partie d'un ensemble 4 ; *a room* 6 ; — de théâtre *a play* 9

un **pied** *foot* 2 ; à — *on foot* 1 ; f**leg* (d'une table, etc.) 4 ; un — d'égalité *equal footing* 6

un **piédestal** un socle, *pedestal* 8

un **piège** *trap* 12

une **pierre** *stone* 3

un(e) **piéton(ne)** personne qui circule à pied 5

pieux(euse) *adj pious* 11

un **pilier** *pillar* 7

un **pilote** 1 ; *v* —r 15 ; le **pilotage** 6

pincer *to pinch* ; une **pincée** 4

un **pionnier** *pioneer* 8 (pas de *f*)

un **pique-nique**, des —s *picnic* 6

piquer *to prick; to bite* 7 ; *adj* **piquant(e)** *exciting* 15 ; une **piqûre** *sting; injection* 13 pire *adj* comparatif de **mauvais** 11

pis *adv* comparatif de **mal** *worse* ; **tant —** *too bad* 4

une **piscine** *pool* (pour la nage) 1

la **pitié** *pity* ; **avoir —** de 2

pittoresque *adj picturesque* 4

f*une **place** *a public square* 4 ; *a (theatre) seat* 3 ; **de la — *some room*; à sa — *in its place* 1 ; (≠ endroit) ; *v* **placer** *to put* 3

une **plage** *a beach* 1

une **plaie** *wound* 9

plaindre *to pity* 3 ; **se — *to complain* 6 ; une **plainte** 12

une **plaine** *plain* 3

plaire (à qqn) *to please someone* 1 ; formes 9

la **plaisance** ; **de —** *non-commercial(e)* 14

plaisanter *to joke* 12 ; une **plaisanterie** 3

le **plaisir** *pleasure* 1 ; **faire — à qqn** 2

un **plan** *plan* 1 ; *map* (d'une ville) 3 ; **sur le — de** *at the level of* 4

une **planche** *plank* ; **— à voile** *sailboard* 15 ; une **estampe** 3

une **planète** 9 ; *adj* **planétaire** 9

la **planification** le planning (national, municipal, etc.) 3 ; **— indicative** 13:277 ; *v* **planifier** 8

une **plante** 2 ; *v* **—r** 6

une **plaque** *a plaque; license plate* 14

plat(e) *adj flat* ; *adj, adv* **à — out flat** 12 ; **eau —e** non gazeuse 2

un **plat** *large plate* ; une préparation culinaire 3

un **plébiscite** 10

la **pléiade** (sept poètes du XVIᵉ s.) 5

plein(e) *adj* [plɛ̃ plɛn] *full* 1 ; **un trop — *overflow* 12 ; *v* **+ — de** *fam lots of* 4 ; **en — air** [plenɛʀ] *open air* 4 ; **à — pleinement** 15 ; *adv* **—ement** 2

pleurer *to weep* 12

pleuvoir *to rain* 2 ; formes 14

un **pli** *a fold* 9 ; *v* **—er** *to bend; to fold* 7 ; *adj* **pliable**

plonger *to plunge; to dive* 3 ; un(e) **plongeur(euse)** *dishwasher* 10

plouc *adj fam, péjoratif* qui manque de raffinement social 8

la **pluie** *rain* 3 (Cf. **pleuvoir**)

la **plupart** *pronom indéf* la plus grande partie ; le plus grand nombre (+ verbe au *pl*) 3

une **pluralité** 10 ; le **pluralisme** l'acceptation de la — des croyances 10 ; *adj* **pluraliste** 8

le **pluriel** *plural* 1

plus [plys] *prép, adv plus* 6 ; **— [ply(s)] que** *more than* 1 ; **— [ply] de** + nombre *more than* 1, C106 ; *V* comparaison des advs, C106 ; **en — de** *in addition to* 3 ; **de plus** *moreover* 3 ; **de — en — more and more** 1 ; **ne ... — [ply]** *no more, no longer* 1, C85 ; **— tard** *later,* une autre fois 6

le **PLUS-QUE-PARFAIT** [plyskǝpaʀfɛ] 12, C134 ; **— du subjonctif** 14, C147

plusieurs *adj invariable several* 1

plutôt *adv rather, sooner* 3

les **PME** petites et moyennes entreprises 4

pneumatique *adj* ; **un —,** un **pneu** *a tire* 7

une **poche** *pocket* 2

une **poêle** [pwal] *frying pan* 10

un **poème** 2 ; la **poésie** 2 ; un **poète,** une **poétesse** 1 ; *adj* **poétique** 3

le **poids** *weight* 7

une **poignée de main** *handshake* 1

le **poignet** *wrist* 10

le **poing** la main fermée 8

un **point** 1 ; *period* 1 ; **ne ... — = ne ... pas** 2 ; *adj* **—u(e)** *pointed* 1

une **pointe** extrémité pointue ; **heure de — *rush hour* ; (technologie) **de — des plus modernes** 15 ; **à la — du progrès** 5

une **poire** *pear* (4 du *Cahier*)

un **poisson** *fish* 3 ; **— rouge** *goldfish* 15

la **poitrine** thorax, *chest* 6

le **poivre** *pepper* 4

un **pôle** 7 ; *v* **polariser** 8

une **polémique** une controverse 9

poli(e) *adj, part p* de **polir** *to polish: polished, polite* 1 ; *adv* **poliment** 4

la **police** 4 ; un **policier** *detective* 11 ; *adj* (un film) **policier** 6

policé(e) *adj* (XVIIIᵉ s.) civilisé, raffiné 7

la **politesse** la courtoisie 3

politique *adj* 4 ; **la — *politics* ; **une — *a policy* 13 ; **un — un politicien** 3 ; *v* **politiser** *to politicize* ; la **politisation** 5

un(e) **politologue** *political scientist* 8

polluer *to pollute* 2 ; la **pollution**

la **polyandrie** 7

polychronique *adj poly-chronic* 8:145

polycopier reproduire, *to xerox* 11 ; la **polycopie** (le processus) ; un **polycopié,** *argot* un **polycope** 12:250

la **polygamie** 7

polynésien(ne) *adj* de Polynésie 13

polytechnique *adj* 12:253

polyvalent(e) *adj* qui a plusieurs fonctions 11

une **pomme** *apple* ; **— de terre** *potato* ; **—s de terre à l'huile** : recette 4:66

une **pompe** *pump* 1

un **pompier, sapeur-pompier** f*fireman (chargé du service public de secours) 2

la **ponctualité** 6 ; *adj* **ponctuel(le)** *punctual* ; f*limité à un seul cas

la **PONCTUATION** 5, C196 ; *v* **ponctuer** 10

f**populaire** *adj* du peuple, opposé de l'élite 3:47 ; la **popularité** 9 ; *v* **populariser** 14

une **population** 2

le **porc** *pork* 6

la **porcelaine** *china* 7

un **port** (de mer) 4

une **porte** *door* 1 (Cf. une **portière**)

la **portée** *reach, range* 9

un **porte-bagages** *baggage carrier* 9

un **portefeuille** *wallet* 8 ; *portfolio* 14

porter *to carry* 1 ; *to wear* 1 ; *to incline* 14 ; *n, adj* **porteur(euse)** 7

un(e) portier(ière) *hotel clerk* 6

f***une portière** (d'auto) *door* 4

le Portugal ; *adj* **portugais(e)** ; **le portugais** la langue 4

poser *to place; to put* ; — **une question** *to ask a question* 1 ; — **une candidature**, etc. *to pose* . . . ; *n* la **pose** (selon les sens du *v*)

positif(ive) *adj* 5 ; *adv* **positivement** 11

la **position** 2

le **positivisme** 8:159

posséder *to possess* 2 ; **un possesseur** 8 (pas de *f*)

possessif(ive) *adj* ; l'adj — 6, C78 ; le pron — 11, C128

possible *adj* ; **Il est — que +** subj ; la **possibilité** 1 ; f***pas d'**adv (*possibly* = peut-être, éventuellement)

la **poste** *the mail; post office* 2 ; *adj* **postal(e)** 1 ; *v* **poster** mettre à la poste 15

un poste un emploi, un travail 6

postérieur(e) *adj back, posterior* 1

a posteriori (latin) après l'acte 13

un post scriptum *postscript* 13

un(e) postulant(e) personne qui demande un poste 6

un pot *pot; pitcher* ; **prendre un —** *fam* boire qqch 2

un poteau *pole, post* 15 ; *stake*

potentiel(le) *adj, nm* 11

la **poterie** *pottery* 5

le **pouce** *thumb* 4

la **poudrerie** (canadianisme) type de neige 10

une poule femelle du coq ; une **poularde** 11:230 ; le **poulet** *chicken* 4

pour *prép for* 1 ; *conj in order to* 1 ; **— que +** subj *in order that* 5 ; *négatif* : **— ne pas que**

pour cent = % ; un **pourcentage** 2

pourquoi *adv, conj* pour quelle raison ? 1

poursuivre *to pursue* 8 ; continuer 13 ; la **poursuite** 3

pourtant cependant 3

pourvoir *to provide* ; **un(e) pourvoyeur(euse)** 14

pourvu que *conj provided that* + subj 8

pousser *to push* 1; *to grow* ; *adj* **poussé(e)** avancé 11

une poutre *beam* 5

pouvoir *to be able* 3, C30 ; **il se peut que +** subj il est possible que 5 ; **le — power** ; **les —s** (politiques) 12

pragmatique *adj* pratique 13 ; le **pragmatisme** doctrine qui accorde la première place à l'action, au résultat 11

f***une prairie** *meadow* 8

pratiquant(e) *adj, n* qui observe les pratiques d'une religion 12

la **pratique** *practice* ; *adj* — *practical* 1 ; *v* —**r** *to practice* ; *adv* —**ment** *virtuellement* 3

un pré *meadow* 3 ; **V —** **-salé** 6:110

préalable *adj* qui précède 10

précaire *adj precarious* 7

une précaution 8

précéder 2 ; *adj* **précédent(e)** 1 ; un **précédent** *a precedent* 8

prêcher *to preach* 7

précieux(euse) *adj* 5

se précipiter se dépêcher, agir en hâte 11

précis(e) *adj exact* ; *well-defined* 2 ; un — *a digest* 1 ; *v* —**er** 8 ; la **précision** 1 ; *adv* —**ément** 1

un précurseur 8

un prédécesseur 10

prédominer 4 ; la **prédominance** 6 ; *adj* **prédominant(e)** 6

une préface 7 ; *v* —**r** 4

préférer 1 ; *adj* **préféré(e)** 7 ; la **préférence** 5 ; *adj* **préférentiel(le)** ; *adv* **préférentiellement** 15

la **préfecture** les bureaux du préfet 3, la charge du préfet 3

le **préfet** *prefect* 3:43

la **préhistoire** 9 ; *adj* **préhistorique** 4

f***le préjudice** *detriment* ; *adj* **préjudiciable** 14

un préjugé *prejudice* 4

préliminaire *adj* 7

un prélude 2

premier(ière) *adj first* 1 ; *adv* **premièrement** 1

prendre *to take, grasp* (Cf. *apprehend*) 1 ; expressions avec — 2, C19 ; **s' y —** *to go about it* 11 ; **— un billet** *to buy a ticket* 2

le **prénom** *given name* 6

préoccuper 7 ; une **préoccupation** 2

préparer 1 ; la **préparation** 1 ; les **préparatifs** (d'un voyage) 10 ; *adj* **préparatoire** 11 ; **classes préparatoires** 12:250

prépondérant(e) *adj* 14

la **PREPOSITION** 8 ; définition C103

présager indiquer (une chose à venir) 6

près de *adv near* 1 ; **à peu —** approximativement 3

un pré-salé 6:110

prescrire *to prescribe* 8

présent(e) *adj* 1 ; *nm* 4 ; **à —** 4 ; la **présence** 4

le **PRESENT** de l'ind 1, C173 — du subj 5, C65

présenter *to present; to introduce* une personne à une autre 8 (Ne pas dire **introduire**.) ; la **présentation** 3 ; *n* **présentateur(trice)** *anchor person* 6

préserver 3 ; *adj* **préservé(e)** 7

présider 5 ; *adj* **présidé(e)** 7 ; **un(e) président(e)** 1 (*V* P.-D.G.) ; la **présidence** 9

presque *adv almost* 1

la **presse** *printing press* ; les journaux 8

pressé(e) *adj squeezed* 2 ; *pressed, in a hurry* 3 ; **pressant(e)** *urgent(e)* 7

la **pression** *pressure* 11

le **prestige** ; *adj* **prestigieux(euse)** 6

présupposer 2 ; une **présupposition** 2 = un **présupposé** 2:16

prêt(e) *adj ready* 3 ; **le — -à-porter** *ready to wear* 4

f***prétendre** *to claim* 4 ; une **prétention** 7

la **prétentaine** : courir la —
faire des escapades 10
prétentieux(euse) *pretentious*
14
prêter *to lend* 5
un **prêtre** *priest* 3
une **preuve** *proof* 15 ; faire —
de montrer 4
prévaloir *to prevail* 14
prévenir *to inform in advance*
6 ; *to prevent* ; la **prevention**
6 ; f* des **préventions** *preju-*
dices 6
prévoir *to foresee* 2 ; *to provide*
for ; la **prévision** 2 ; *adj* **pré-**
visible ; la **prévisibilité**
14 ; *adj* **prévoyant(e)** 8
prier *to beg; to pray* 8 ; **Je vous**
prie *Please* 8 ; **Je vous en**
prie *You're welcome* 5
une **prière** *prayer* 6
primaire *adj primary* 1 ; le —
l'enseignement jusqu'à la 6ᵉ
1 ; secteur agricole d'une
économie 6
le **primat** *primacy* 9
les **primeurs** f les premiers
fruits et légumes de la saison
5
primitif(ive) *adj primitive;*
basic 6 ; les **TEMPS PRIMI-**
TIFS d'un verbe :
"principal parts" 3:33
un **prince**, une **princesse** 2
principal(e) *adj main* 1 ; *adv*
—**ement** 14
une **principauté** *principality,*
domaine d'un prince 4
un **principe** *a principle* 2
le **printemps** *spring(time)*
2 ; au — ; *adj*
printanier(ière) 14
la **priorité** 5
la **prise** l'action de **prendre** ;
une — **de conscience** *a fresh*
awareness and appraisal,
stock-taking 1 ; **aux —s avec**
confronté à 14 ; **une — en**
compte *a taking into ac-*
count 14
un **prisme** 9
prisonnier(ière) *n, adj* 5
privé(e) *adj private* 1
priver *to deprive* 11
un **privilège** 2 ; *adj* **privilé-**
gié(e) 7
un **prix** *prize* 2 ; *price* ; le — **de**
revient 14:325 ; le — **coû-**
tant coût de la production 11
probable *adj* ; la **probabilité**
4 ; *adv* —**ment** 4

la **probité** 7
un **problème** 1 ; une **problé-**
matique analyse d'un problème 9
un **procédé** *a procedure* 1 ; *v*
procéder 8 ; une **procédure**
juridique 15
un f* **procès** *a lawsuit* 3 (≠ un
processus *a process*)
prochain(e) *adj next* 1 ;
avant/après le nom C78
proche *adj near* 2 ; **de** — **en** —
par degrés 13
proclamer 7
prodigue *adj prodigal* 2 ; *v* —**r**
to lavish 2
produire *to produce* 4 ; un pro-
duit 5 ; *adj* **productif(ive)** ;
la **productivité** 3 ; la
production 3 ; *n, adj* **pro-**
ducteur(trice) 9
un f* **professeur** personne qui
enseigne dans une université
ou dans un lycée 1 (pas de
f) ; *adj* **professoral(e)** 13
une f* **profession** *vocation*
1 ; — **libérale** *a profession*
15 ; *adj* **professionnel(le)**
1 ; *adv* —**nellement** 6
le **profit** 7 ; tirer — de 7 ; *v*
—**er de** *to profit by, take ad-*
vantage of (an opportunity)
2 ; —**er à qqn** lui faire du
bien 6 ; *adj* **profitable**
profond(e) *adj deep* 2 ; la
—**eur** 8 ; *adv* —**ément** 3
la **progéniture** l'opposé d'**an-**
cêtres 6
un **programme** 8 ; *v* —**r** ; la
programmation 14
le **progrès** 1 ; faire des — 3 ; *v*
progresser 3 ; *adj*
progressif(ive)
progressiste *adj* qui est partisan du progrès 4
prohiber *to prohibit* 8
la **proie** *prey* 2 (Cf. un **oiseau**
de —)
un **projet** 1 ; *v* —**er** 6
prolonger 4
une **promenade** petite excur-
sion (à pied ou dans un véhicule) 2
promener *v trans* déplacer, par
exemple, sa main, son re-
gard, sur qqch ; **se** — faire
une promenade 3 ; un(e)
promeneur(euse) 7
promettre *to promise* 5 ; *adj*
prometteur(euse) 12 ; une
promesse 8

la **promotion** 6 ; (*year of grad-*
uation) : *class* 12 ; **en** — *on*
(*promotional*) *sale* (≠ en solde) ; *v* **promouvoir** *to pro-*
mote 8
prompt(e) [prō(t)] *adj* 4 ; *adv*
—**ement**
le **PRONOM** non accentué, sujet 1, C8 ; objet direct 2,
C17 ; objet indirect 3,
C37 ; accentué 8, C108 ; démonstratif, **ce** 1, C9, **celui** 7,
C96 ; interrogatif 5,
C64 ; possessif 11,
C128 ; relatif 7, antécédent
C92 ; neutre (je le suis) 12,
C135 ; — + **de** + *adj* 7, C92
PRONOMINAL : verbe — 6,
C83
la **PRONONCIATION** 1 ; C2,
C13, C60, C73, C89 ; *v* **pro-**
noncer *to pronounce* 1
la **propagande** 8
une **propension** tendance
naturelle 14
un **prophète**, une **prophé-**
tesse ; *adj* **prophétique** 8
propice *adj propitious* 12
un **propos** un sujet de discussion ou de conversation 6 ; à
ce — à ce sujet 14 ; *adj, adv*
à — pertinent, adapté à la situation ; *appropriately* 1
proposer 1 ; une **proposition**
une idée proposée 5 ; *gram*
f* un groupe de mots conte-
nant un verbe : *a clause* 2
propre *adj proper* 4 ; — + *nom*
(*one's*) *own* 1 ; *nom* + —
clean ; *adv* —**ment** 8 ; *nom*
propre *proper noun* 7
la f* **propriété** les possessions 2
(*propriety* = les conve-
nances) ; un(e) **propriétaire**
possesseur 6
proprioceptif(ive) *adj* 14:309
la **prosodie** *prosody,* versification 9
la **prospective** recherche sur le
futur 11
prospère *adj* 6 ; la **prospérité**
3 ; *v* **prospérer** 6
le **protagoniste** 14 (pas de *f*)
protéger *to protect* 2 ; *adj* **pro-**
tégé(e) 7 ; *adj,* ι **protec-**
teur(trice) 3
une **protéine** 10
protestant(e) *n, adj* 12 ; le
—**isme** 12
protester 10
la **proue** l'avant d'un navire 9

la **prouesse** *prowess* 3
prouver *to prove* 2
la **Provence** 4 ; *adj* **proven-
çal(e)**, *pl* **provençaux(ales)**
provenir (de) avoir son origine
(dans) 5
un **proverbe** 8
une **province** ; f***la** — la France
excepté Paris 4 ; *adj* **provin-
cial(iaux)** 4
le **proviseur** directeur d'un
lycée (pas de *f*) 11
provisoire *adj provisional*
8 ; *tentative; temporary*
provoquer être la cause de 4 ;
to elicit 3
la **proxémique** *proxemics*
7:116
la **proximité** 10
la **prudence** 6 ; *adj* **prudent(e)**
7
la **Prusse** ; *adj* **prussien(ne)** 8
un **pseudonyme** 15
la **psychanalyse** [psik-] 13 ; *v*
—**r** ; un(e) **psychanalyste** 10
la **psyché** [psi∫e] 9
un(e) **psychiatre** [psik-]
10 ; *adj* **psychiatrique**
10 ; la **psychiatrie** 10
psychique [psi∫ik] *adj* 7
un(e) **psychologue** [psik-]
5 ; *adj* **psychologique** 8 ; la
psychologie 7
P.T.T. Postes, Télécommunications et Télédiffusion 14
public(ique) *adj* 1 ; *adv* **publiquement** 8
la **publicité** *advertising* 4 ; *adj*
publicitaire 8
publier *to publish* 2 ; la **publication** 3
un **publiphone** (commandé par
une carte) 14
puis *adv* then, next 1
puisque *conj since* (causal) 7
puissant(e) *adj* fort 8 ; la **puissance** 13
un **pull-over** [pylɔvœʀ] (un
pull) un chandail, *sweater*
14
punir(issant) *to punish* 4 ; une
punition 11
pur(e) *adj* sans mélange ; sans
défaut 9 ; la —**eté** 12 ; *adv*
—**ement** 12
puritain(e) *nm, adj* 2
une **pyramide** 14

Q

un **quai** *(station) platform*
3 ; les — (à Paris) *river*

banks 3 ; **Le** — **d'Orsay**
ministère des Relations
extérieures
qualifié(e) *adj skilled* 7
une **qualité** 1
quand *conj when* 1 ; — même
+ cond *even if* ; *adv even so*
1 ; avec le fut C113
quant à *prép as for* 4
une **quantité** *quantity* 1
une **quarantaine** environ
quarante 9 ; 40 jours d'isolement : *quarantine* 9
un **quart** = ¼ 1
un **quartier** une partie d'une
ville ayant une certaine unité
3
QUE *pron* 2, C63, C92 ; *conj
than* ; ne . . . que seulement
1 ; que l'on soit . . . ou
whether one is . . . or 6
le **Québec** 4 ; *adj* **québécois(e)**
1
QUEL(LE) *adj what, which* 1,
C63 ; —**(le) que** + subj
whatever 14
quelconque *adj whatever*
9 ; insignifiant 14
quelque *adj* une petite quantité, un petit nombre de
3 ; *adv invariable* approximativement 8 ; — **grand
que** . . . *however large* . . .
quelque chose *m something*
2 ; — **de** + *adj* 7, C92
quelquefois *sometimes* 1
quelque part *somewhere* 2
quelqu'un(e) *someone* ; *pl*
quelques-un(e)s 1
une **quenelle** 11:231
une **querelle** une dispute 14 ; *v*
se —**r** 7
une **QUESTION** *question; problem* 1 ; comment poser une
— C16 ; *v* —**ner** 11
QUESTION INDIRECTE C124
la **quête** la collecte 6:101 ; **en
— de** *in quest of* 7
une **queue** *tail* 11 ; **faire la** —
to wait in line 15
QUI *pron* 1, C63, C92, C108 ; **V
pronom**
quiconque *pron whoever* 10
un **quinconce** *quincunx*,
arbres plantés en carrés, avec
un arbre au centre de chaque
carré 5
une **quinzaine** deux semaines
6 ; à peu près quinze 7
f***quitte** *adj* à au risque de
6

quitter *v trans to leave* 1 ; *to go
away from* 3
QUOI *pron what* 8, C64,
C92 ; — **que ce soit** *whatever it be* 13
quoique *conj* + subj *although*
7
quotidien(ne) *adj* de tous les
jours 3 ; un — un journal 14

R

un **rabbin** *rabbi* 12
un **rabot** *a plane* (outil) 7 ; *v*
—**er** 7 ; *adj* —**é(e)** 7
raccompagner accompagner
jusqu'à la porte qqn qui va
partir 5
raccourcir rendre court 8
une **race** (biologique) 1 ; le **racisme** 9 ; *adj* **raciste**
une **racine** *root* 1 ; (d'un verbe)
stem, sans les terminaisons
racinien(ne) *adj* (se réfère au
dramaturge Racine) 14
raconter *to tell, recount* (une
histoire) 2
f***radical(e)** *adj* en politique,
près du centre, un peu à
gauche 13 ; *adv* —**ement** 7
radioactif(ive) *adj* 10 ;
la **radioactivité** 10
la **radio(diffusion)** 1
une **radioscopie** examen par
rayons X 9
raffiné(e) *adj refined* 3
rafraîchir rendre frais ; se —
prendre un **rafraîchissement**
refreshment (boisson, glace,
etc.) 3
le **raisin** *grape(s)* 10
la **raison** *reason* 1 ; **avoir** — *to
be right* 1 ; *adj* —**nable**
2 ; *adv* —**nablement** 6 ; *v*
—**ner** 10 ; le —**nement** 6
ralentir rendre plus lent 8 ; aller plus lentement
se **rallier** à rejoindre, s'unir
avec 7
ramasser prendre par terre (*to
pick up*) 10 ; recueillir (*to col-
lect*) 10
un **rameau** une petite branche
7
ramener faire revenir 13 ;
rapporter
la **rancœur** 11, la **rancune** 12
rancor, le ressentiment
une **randonnée** longue marche,
hike 7
le **rang** *rank* 8
ranger *to put in order* 14 ; *to*

put away ; se — se placer (aux côtés de . . .) 8

ranimer *to reanimate* 5

rapace *adj, nm* qui aime trop le gain 13 ; un — un oiseau de proie

rapide *adj* 4 ; *adv* **rapidement** 4

rappeler *to recall* ; se — *remember* 5

un **rapport** *relationship* 1

rapporter *to bring back* 5 ; se — à avoir un rapport avec 6

rapprocher mettre plus près 10

rare *adj* 13 ; *adv* —**ment** 4

raser toucher légèrement 8

un **rasoir** *razor* 8

rassembler *to bring together* 1 ; un **rassemblement** 6

rassurant(e) *adj* et *part prés* de **rassurer** redonner confiance à 3

un **rat** [Ra] 4

rater *fam* manquer 1

rationnel(le) *adj* 11 ; la **rationalité** 11 ; le **rationalisme** 7 ; *adj* **rationaliste** 14

la **R.A.T.P.** 14:324

rattraper regagner, récupérer 13 ; rejoindre, *to catch up with*

une **rature** un trait (*line*) écrit sur un mot pour l'annuler 14

ravir plaire beaucoup à 10 ; *adj* **ravi(e)** très content 4 ; *adj* **ravissant(e)** 5

rayer *to stripe* ; une **rayure** 10 ; à **rayures** *ruled, striped*

un **rayon** *a ray* 7; *a shelf* 7 ; *a spoke* 9 ; *v* —**ner** émettre des rayons lumineux, *to radiate* 5 ; le —**nement** 7

réagir *to react* 2 ; une **réaction** 1 ; *adj* **réactionnaire** 14

réajuster ; le **réajustement** 11

f*réaliser** convertir en réalité 1 (Cf. **se rendre compte de qqch** *to realize, grasp something*) ; une **réalisation** *achievement* 6 ; un(e) **réalisateur(trice)** (*film) producer* 8

la **réalité** 1 ; le **réalisme** 2 ; *adj* **réaliste** 2

réanimer faire revivre 7

rebelle *adj* 3 ; une **rébellion** 3

rebondir *to rebound* 5

le **recensement** *census* 10 ; *v* **recenser**

récent(e) *adj* 3 ; *adv* **récemment** 9

un **récepteur** personne ou chose qui reçoit 14 ; *adj* —(**trice**)

une **recette** *recipe* 4

recevoir *to receive* 2 ; — **des invités** *to entertain* 6 ; *adj* **reçu(e)** : une **idée reçue** opinion répandue 7 ; une **réception** 10

rechange *m* ; **de** — destiné à remplacer un objet identique 9

réchapper *v intrans* échapper de justesse (*barely*) à un péril 15

un **réchaud** *hot plate* 10

réchauffer chauffer (ce qui s'est refroidi) 10

la **recherche** *pursuit* 3 ; *research* 3 ; *v* —**r** *to seek; to research* 3 ; *adj* **recherché(e)** *sought after* 7 ; *affected* 14

un(e) **récidiviste** criminel qui recommence le crime 15

f*un **récipient** *receptacle, container* (*a recipient* = un destinataire) 9

réciproque *adj* ; *adv* —**ment** 2 ; **verbes, sens** — C83

réciter dire de mémoire 1 ; un **récit** un exposé narratif 2

réclamer insister sur son droit à (qqch) 4

recommander 1 ; une **recommandation** 13

recommencer commencer à nouveau ; f*refaire** 12

une **récompense** *reward* ; *v* —**r** 12

réconcilier 2 ; une **réconciliation** 9

réconforter redonner du courage à 7

reconnaître *to recognize* 3 ; *adj* **reconnaissant(e)** *grateful* 10

reconstituer ; la **reconstitution** 7

recouper *to cut across* 14

le **recours** ; **avoir** — à faire appel à 11

recouvrer (la santé) aller mieux 3 ; le **recouvrement** l'action de reprendre 13

recouvrir couvrir ; *to overlap* 8 ; *to cover*

la **récréation** (cours scolaires) 11

recréer re + créer 9

recru(e) *adj* épuisé 13 ; débordant

une **recrue** *recruit* ; *v* **recruter** 11 ; le **recrutement** 10

un **recueil** une collection 9 ; *v* —**lir** 15

reculer aller en arrière 7 ; le **recul** la perspective 10

récupérer *v trans to recuperate* 15

un(e) **rédacteur(trice)** *editor* ; la **rédaction** son bureau ; l'action de rédiger 10

la **rédemption** 9

rédiger formuler par écrit 6

redoubler doubler 8 ; le **redoublement** 12:264

redouter craindre 9 ; *adj* **redoutable** 11

réduire *to reduce* 13 ; *adj* **réduit(e)** 3

réel(le) *adj* *real* 10 ; *adv* **réellement**

un **référendum** 10

référer : **se** — **à** *to refer to* 1 ; **en** — **à** (un supérieur) 8 ; une **référence** 8

RÉFLÉCHI *adj* *reflexive* C33 ; *V v pronominal* C83

réfléchir (à) méditer, penser sérieusement en soi-même 1 ; la **réflexion** 1

refléter 6 ; un **reflet** (par exemple d'un miroir) 9

un **réflexe** 11

la **réflexion** *V* **réfléchir**

la **réforme** 4 ; la **Réforme** *the Reformation* 6 ; *v* —**r** 4 ; un(e) **réformateur(trice)** 8

refouler *to repress* 7 ; le **refoulement**

un **réfrigérateur** 4 ; *fam* le **frigo**

réfugié(e) *adj, n refugee* 12 ; *v* **se réfugier** 8

refuser 2 ; — **de faire qqch** 6 ; un **refus** 5

réfuter 7

un **régal** *a treat* ; *v* **régaler qqn** 5

régalien(ne) *adj* du roi 15

regarder *v trans to look at* 1 ; le **regard** 3

un **régime** 7

une **région** 1 ; *adj* —**al(e)**, *pl* —**aux(ales)** 3 ; *adj* —**aliste** 4 ; la —**alisation** 14

un **registre** *register; range* 10

une **règle** *a rule* 3 ; *v* **régler** *to regulate* 14 ; *to pay; to settle* 7 ; un **règlement** *regulation* 11 ; *v* **réglementer** 6 ; la **réglementation** 15

régner to reign 6 ; le **règne** 8

le **regret** la nostalgie 9 ; à — *regretfully* 4 ; v —**ter** to regret 6 ; f* *to miss (the past)*

regrouper to group 6

régulier(ière) adj regular 1 ; la **régulation** le fait d'assurer le fonctionnement 14 ; la **régularité** 14

réhabiliter 9 ; la **réhabilitation** 9

une **reine** *queen* ; une — -**claude** (prune) 6

réintégrer 8 ; V **intégrer**

rejeter to reject 3 ; le **rejet** l'action de rejeter 12

rejoindre revenir près de 4

réjouir rendre joyeux ; **se** — *to rejoice* 12 ; la **réjouissance** joie collective 7

relâcher rendre moins tendu 10 ; libérer 15

un **relais** changement de chevaux ; une auberge ; un retransmetteur 14 ; **prendre le** — *to relieve* (qqn) 10

relancer remettre en marche 8

RELATIF(IVE) adj ; pron — 7, C92 ; relatif à *relating to* ; adv **relativement** 2 ; le **relativisme** 8 ; la **relativité** 10

une **relation** 1 ; le —**nisme** 11:224 ; adj —**niste** 11

le **relief** ; **mettre en** — mettre l'accent sur 8

relier to connect (Cf. **lier** *to ligate, bind*) 3

la **religion** 12 ; adj **religieux(euse)** 2

une **relique** fragment du corps d'un saint, etc. 10

remarquable adj 2 ; adv —**ment** 12

une **remarque** a remark 1 ; v f*—**r** *to notice* 1 ; **faire** —**r** qqch à qqn *to point out; to remark*

un **remède** remedy 6 ; v **remédier à** 12

le **remembrement** réorganisation des domaines agricoles 7

remercier qqn **pour** (ou **de**) qqch, **d'avoir fait qqch** *to thank* . . . 2 ; un **remerciement** 10

remettre to restore 11 ; to postpone 14 ; la **remise** 6 ; **remettre (une remise) en cause, en question** 6:90, 11

remonter to rewind ; redonner

de la force morale à qqn 2 ; — à *to go back (to)* 8

le **remords** remorse 12

un **rempart** un mur, *rampart* 14

remplacer to replace 2 ; un **remplacement** 8

remplir to fill 1

remporter gagner (une victoire, un prix) 14

remuer agiter 9

rémunérer to remunerate 10 ; adj **rémunéré(e)** 8

renaître 13 ; la **Renaissance** 5

une **rencontre** a meeting 3 ; v —**r** to meet; to encounter 1

un **rendez-vous** a scheduled meeting, a date 1 (Cf. **se rendre à un endroit**)

rendre to return; to render (to make) + adj 1 ; **se** — (à) to go; to surrender 7 ; adj **rendu(e)** 7 ; le **rendement** output, production (exprimée quantitativement) 6

renforcer to reinforce 3 ; adj **renforcé(e)** 8 ; le **renforcement** 6 ; un **renfort**

une **rengaine** un cliché 13

renier répudier ; rejeter 13

renommé(e) adj célèbre 5 ; la —**e** 7

renoncer à qqch to renounce something 6

renouveler to renew 8 ; le **renouvellement** 6

rénover remettre à neuf 5

renseigner to inform 7 ; un **renseignement** 3

f* la **rente** revenu, *income* (sauf salaire) ; f* adj **rentable** profitable 12

rentrer to return (home) 2 ; la **rentrée** (à l'école) 10

renverser to overturn; to reverse 8 ; adj **renversé(e)** 8

renvoyer faire retourner ; faire repartir 11

répandre to spread 8 ; adj **répandu(e)** 4

reparaître to reappear 13

réparer to repair 3

répartir distribuer (Cf. une **part**) 5 ; la **répartition** 6

un **repas** a meal (Cf. a repast) 3

repentir to repent 14

un **repère** reference point ; **point de** — 3 ; v **repérer** to locate 3

répéter [ʀe], pas [ʀə] 1 ; la **répétition** 15 ; adj **répétitif(ive)** 8

replier to bend back, fold ; adj **replié(e)** 7 ; un **repliement** mouvement en arrière 14

une **réplique** a reply ; (théâtre) a speech 11

répondre à qqn, à qqch to answer 1 (repondre = to lay another egg) ; une **réponse** 1

se reposer 2 ; le **repos** 3 ; adj **reposant(e)** 11

repousser to push back 8 ; to repulse; to postpone 13

reprendre to take up again, resume 2

représenter 1 ; un **représentant** 1 ; adj **représentatif(ive)** 9 ; une **représentation** 7

répressif(ive) adj 11 ; la **répression** 11

une **réprimande** 11 ; v —**r** 11

un **reproche** 4 ; v —**r** (qqch à qqn) 6

reproduire 1

une **république** 3 ; adj **républicain(e)** 13

la **répugnance** 4

la **réputation** 4 ; adj **réputé(e)** estimé 7

requérir to require 4

une **requête** a request 8

le **R.E.R.** Réseau Express Régional : extension du métro de Paris, créé par la R.A.T.P. et la S.N.C.F. 3

un **réseau**, des **réseaux** a network 9

une **réservation** reservation 7

la **réserve** le fait de ne pas révéler ses sentiments 2 ; une f* — an Indian reservation

réserver to reserve; to give (une place à) 2 ; to have in store 6 ; adj **réservé(e)** fermé, secret 3

un **réservoir** 7

résider habiter ; un(e) **résident(e)** ; une **résidence** 7

se résigner ; la **résignation** 8

la **résistance** 3 ; la **Résistance** 2:28 ; v **résister (à qqch)** 3

une **résolution** 1 ; v **résoudre** to resolve 6 ; **se résoudre à** (faire qqch)

une **résonance** 3 ; v **résonner** 10

le **respect** [ʀɛspɛ] 3 ; v —**er** 2

respectif(ive) adj 7 ; adv **respectivement** 9

respirer *to breathe* 6 ; *adj* respiratoire 3

resplendissant(e) *adj* resplendent 8

responsable *adj responsible* 6 ; les —s (pas de *f*) *the officials* 13 ; la responsabilité 1

ressembler à [Rəsãble] *v intrans to resemble; to look like* 3 ; une ressemblance 5

f*ressentir [RəsãtiR] éprouver, sentir, avoir une impression de 7; *to resent* ; le ressentiment *resentment* 7 (Cf. en vouloir à)

un ressort [RəsɔR] *a spring* (mécanique) 7

un(e) ressortissant(e) *a national* (vivant à l'étranger) 10

une ressource [RəsuRs] *resource* 1

ressusciter [Resysite] *to resuscitate* 10

un restaurant 8 ; la restauration la profession

restaurer *to restore* 3 ; une restauration 8

le reste *remainder* 2 ; f*v rester *to remain* 1 (je suis resté(e) C34)

restreindre *to restrain* 8

le résultat *result(s)* 1 ; *v* résulter 6

résumer rendre court, abréger 5 ; un résumé 5

la résurrection 12

rétablir re + établir 14

un retard *delay* ; en — *behind schedule* 1 ; *v* —er 6

retenir garder, *to keep* ; garder dans la mémoire 1 ; la retenue modération 11 ; la rétention 14

réticent(e) *adj* silencieux ; réservé, méfiant 12

retomber rétrograder 6

le retour *return* 4 ; être de — *to be back* 1 ; en — *in return* 2 ; *v* —ner 4

retracer 4

la retraite *retreat; retirement* 11

rétrograde *adj* qui va vers le passé 6

f*une réunion *a meeting* 2 (un meeting = une — de caractère politique)

réunir mettre ensemble 6

réussir *to succeed* 1 ; *adj* réussi(e) *successful* ; la réussite 4

la revanche *revenge* ; f*en — par contre 8

le rêve *dream* 2 ; une rêverie 7 ; *V* rêver

réveiller *to awaken* 6 ; le réveil 10

révéler 4 ; *adj* révélateur(trice) 1 ; une révélation 13

revendiquer réclamer 7 ; une revendication 14

revenir *to come back* 2 ; le revenu *revenue, income* 4

rêver *to dream* 2 ; — de 2 ; — à penser vaguement à ; *V* le rêve

révérer ; la révérence 12 ; *adj* révérencieux(euse)

revêtir couvrir d'un vêtement 14

revient : prix de — 14:325

réviser examiner de nouveau 1 ; la révision 1

revitaliser 13

revivre re + vivre (*to revive* = (se) raviver) 13

la révocation 12 ; *v* révoquer annuler

revoilà re + voilà 15

revoir *to see again* 8 ; au — (*until we meet again*) 1

la révolte 4 ; *v* se —r 3

révolu(e) *adj* accompli ; écoulé, passé 14

une révolution 3 ; *v* —ner *to revolutionize* 6 ; *adj, n* —naire 7

une revue *magazine* 2

le rez-de-chaussée "*street level*": *ground floor* 13

la R.F.A. l'Allemagne de l'Ouest (République fédérale) 11

le rhum *rum* 10

un rhume *a cold* 3 ; *v* s'enrhumer

ribonucléique *adj* (acide) 10

riche *adj* 1 ; *adv* —ment 15 ; la —sse 7

un rideau *curtain* 6

ridicule *adj ridiculous* 4 ; le — 1 ; *v* ridiculiser 2

rien : ne . . . — *nothing* 2, C85 ; — de + adj 7, C92 ; ne . . . — que . . . *nothing but* . . . ; — de plus que . . . *nothing more than* . . . 3 ; en — *in any way at all* 12 ; un — un peu 13

le riesling un vin blanc sec 6

rigide *adj* 2 ; la rigidité 11

la rigueur 10 ; *adj* rigoureux(euse) 11

un(e) rimailleur(euse) mauvais poète 9

ringard(e) *adj, nm fam* démodé 15

rire (de) *to laugh (at)* 2 ; formes 5 ; le — 5 ; vouloir — *to be kidding* 5

le risque 4 ; *v* risquer 1

rituel(le) *adj, nm* 12 ; le ritualisme 12

rival(e) *n, adj* 2 ; *v* —iser avec *to rival* 2 ; la —ité 9

la rive *bank* (d'une rivière, d'un fleuve) 3

une rivière (se jette dans un fleuve ou dans une autre rivière) 3

une rixe une bagarre 11

le riz *rice* 15

f*une robe *a dress* 3

un robinet *faucet* 2

un robot ; la —ique 15 ; *v* —iser 15

robuste *adj* 6

une roche 13, un rocher *a rock* 5 ; *adj* rocheux(euse) 13

un roi *king* 1

un rôle 3

romain(e) *adj* de Rome 2 ; un Romain 3

un roman *a narrative* 2 ; *a novel* 8 ; le —cier *novelist* 4

roman(e) *adj* ; style — *romanesque*, architecture aux arches arrondies 5

romantique *adj* 2 ; le romantisme 8

rompre *to break* (sens abstrait) 8

rond(e) *adj round* 2

un rondeau *rondeau* 5:84

le rosbif *roast beef* 15

une rose 2 ; *adj* couleur de rose 4

un rossignol *nightingale* 7

rôtir *to roast* 5

rouennais(e) *adj* de Rouen 4

rouge *adj red* 3

la rouille oxyde de fer, *rust* ; *v* —r 9

rouler *to roll* 3 ; d'une voiture, *to go* ; conversation : — sur *to turn to* 4

une roulotte une caravane 7

la Roumanie ; *adj* roumain(e) 4

rouspéter *fam* protester, manifester sa mauvaise humeur 3

une **route** *road, highway*
1 ; *adj* **routier(ière)** 5

la **routine** ; *adj* **routinier(ière)**
8

roux (rousse) *adj brick red;
red-headed* 7

royaliste *adj, n* 15

le **royaume** *realm* 3

un **ruban** *ribbon* 7

une **rubrique** un titre, un en-
tête 14

une **rue** *a street* 3

la **ruine** 14 ; *v* —r 13

un **ruisseau** *stream, creek* 5

une **rumeur** bruit confus de
voix 12

rupin(e) *adj, n, pop* riche 13

la **rupture** (*V* **rompre**) 15

rural(aux) *adj* 2

la **Russie** ; *adj* **russe** ; le **russe**
la langue ; un(e) **Russe** 2

le **rythme** *rhythm* 1 ; du français 2:26, C60 ; *adj* **rythmique** 8 ; **GROUPE
RYTHMIQUE** *sense group*
C60

S

sabbatique *adj* (*lit*, tous les 7
ans) ; **une année** — : une
année de recherche 10

le **sable** *sand* 1 ; *adj*
sablonneux(euse)

un **sac** *bag* ; — à dos *knap-
sack* 7 ; — à main

sacré(e) *adj sacred* 3 ; avant le
nom : *fam darned* 9 ; *v* **sa-
craliser** attribuer un caractère sacré à ; la **sacralisation**
13

le **sacrifice** 8 ; *v* **sacrifier** 8

un **sacrilège** un acte d'irrévé-
rence 12

sage *adj, n wise* 1 ; (d'un enfant) *well-behaved* 2 ; la
sagesse *wisdom* 5

saignant(e) *adj* qui perd du
sang 9 ; peu cuit, *rare*

saillant(e) *adj salient* 10

f***sain(e)** *adj* en bonne santé 15

saisir *to seize, grasp* 1

les **SAISONS** *f seasons* 5,
C104 ; *adj* **saisonnier(ière)**
3

le **saké** (ou **saki**) (mot japonais)
(une boisson alcoolisée) 15

une **salade** f**lettuce; salad*
4 ; un **saladier** *salad bowl* 4

f***un salaire** *wages* 2 (*salary* =
un traitement) ; *adj, n* **sa-
larié(e)** employé(e) 11

une **salamandre** 13

sale *adj dirty* ; un — **temps**
bad weather (2 du *Cahier*)

salé(e) *adj salt(ed)* (Cf. le **sel**)
6 ; un **pré-** — 6:110

une **salle** *a room, hall* 8

f*le **salon** *parlor* 4 ; les —s
6:93 ; exposition d'art 8

saluer *to greet* ; **Salut !** *exclam
Hi!* 1 ; au revoir ; le **salut**
salvation 13 ; *adj* **salutaire**
salutary 12

le **sang** *blood* ; *adj* **sanguin(e)**
15

sanguinaire *adj* cruel, féroce
15

sans *prép without* 1

la **santé** *health* 3

le **sarcasme** 4

la **sarcellite** le malaise éprouvé,
au début, à Sarcelles et dans
d'autres villes nouvelles 15

un **sarcophage** *sarcophagus*
13

la **Sardaigne** *Sardinia* 4

la **satire** 2 ; *adj* **satirique**
3 ; un(e) **satiriste** 10 ; *v* **satiriser** 13

satisfaire *to satisfy* 4 ; —
qqn ; — **un besoin** ; — à
une obligation ; la **satisfaction** 2 ; *adj* **satisfaisant(e)** 1

satori *adj* de la méditation Zen
13

la **saucisse** *sausage* à servir
cuite 6 (Cf. le **saucisson**,
sausage à servir froid)

sauf *prép* excepté 3 ; *conj* —
que 6

saupoudrer *to sprinkle* 10

sauter *to jump* 6 ; *to skip
over* ; éclater 15 ; le **saut**
(athlétisme) 15

sauvage *adj wild*, à l'état de
nature 5 ; f**shy; savage*

sauver *to rescue* 2

une **savane** prairie tropicale
9

une **saveur** *flavor* 3

savoir *to know* 1, C43, C62 ; *to
know how to* 1 ; formes 4 ; le
— -**vivre** *social know-how*
1 ; à — *namely* 4

le **savon** *soap* ; une —**nerie**
(fabrique) 10

savourer *to savor* 3 ; *adj* **sa-
voureux(euse)** 7

un(e) **Savoyard(e)** habitant(e)
de la Savoie 15

un **scandale** 11

un **sceau** *cachet* (*seal*) officiel ; le **garde des Sceaux**
ministre de la Justice 15

un **scénario** 3 ; un(e) **scénariste** *scriptwriter* 10

une **scène** 1 ; *stage* 1 ; **en** —
on the stage 14

sceptique [sɛptik] *adj, n skep-
tical* 5 ; le **scepticisme** 8

un **schéma** [ʃema] un pat-
tern ; une situation 6

une **science** *adj* **scientifique**
5 ; f*un(e) **scientifique**
scientist ; *adv* **scientifiquement** 7

scolaire *adj* de l'école 2

scolariser *to school* 9 ; la
scolarité 10, la **scolarisation
schooling** 11

un **scrutin** *ballot* 13

sculpter [skylte] *v* ; une **sculp-
ture** ; un **sculpteur** (pas de *f*)
8

SE *pron objet himself*, etc. 1,
C33, C83

f*une **séance** une session 13

un **seau** *pail* 10 (Cf. un **sceau**)

sec (sèche) *adj dry* 4 ; *adv*
sèchement 8 ; *v* **sécher**
4 ; la **sécheresse** 10

la **sécession** 13

second(e) *adj* [səgõ(d)] ; —**aire**
adj 1 ; le —**aire** l'école ; le
secteur industriel d'une
économie 6 ; *v* —**er** aider
4

secouer agiter 4

le **secours** aide dans une situation difficile 14

une **secousse** (Cf. **secouer**) un
choc 4

un **secret** 3 ; *adj* —**(ète)**
10 ; *adv* **secrètement** 5

un(e) **secrétaire** 6

une **secte** *sect* 12

un **secteur** *sector* 4

la **sécurité** 4 ; *adj* « **sécuri-
teux(euse)** » qui cherche la
— 14

séduire *to seduce; to
charm* ; la **séduction** 9

un **seigneur** *lord* 2

le **sein** *breast, bosom* 8 ; **au** —
de *within* 6

un **séjour** le temps où l'on sé-
journe (cf. *sojourn*) à un endroit 5 ; **salle de** — *living
room* 7

le **sel** *salt* 13

la **sélection** 6 ; *adj* **sélectif(ive)**
10 ; *adv* **sélectivement**
10 ; *v* —**ner** 9

un **self-service** (un **self**) une
cafétéria 8
une **selle** *saddle* 9
selon *prép according to* 2
la **semaine** *week* 1 ; lundi,
mardi, mercredi, jeudi, ven-
dredi, samedi, dimanche
(*noms masculins*)
sémantique *adj* 10:205 ; la —
10:206
sembler *to seem* 1 ; Il semble
bien *It certainly seems*
4 ; **faire semblant de** *to pre-
tend* 7
semer *to sow* ; répandre 12
un **séminaire** *a seminary* 9 ; *a
seminar*
une **semi-voyelle** = semi-con-
sonne C2
le **Sénat** ancien nom du Conseil
de la République ; un **sénateur** homme ou femme (pas
de *f*) 13
sénégalais(e) *adj* du Sénégal 9
senghorien(ne) *adj* de Senghor
9
le **sens** *sense* 1 ; *meaning* 1 ;
direction ; — **unique** *one-
way* 7
une **sensation** ; *adj* —**nel(le)**
9 ; *fam* **sensas !** , **sensa !**
invariable
sensibiliser rendre sensible 8
f***sensible** *adj sensitive* 1 ; assez grand pour être perçu
12 ; *adv* —**ment** ; la **sensibilité** ; la **sensiblerie**
sensibilité excessive 1
sensuel(le) *adj* propre aux
sens 14 ; *sensual*
un **sentiment** 1 ; la **sentimentalité** 3 ; f***adj** —**al(e)** qui
concerne les —s 1 (pas nécessairement *sentimental*)
sentir *to feel* 2 ; *to smell* 1
séparer 2 ; **se séparer** se quitter 13 ; *adj* **séparé(e)** 7 ; *adv*
séparément 11 ; la **séparation** 7 ; le **séparatisme** 4, 10
une **séquelle** *sequel* 13
une **séquence** 9
serein(e) *serene* 6 ; la **sérénité**
2
sérère *adj* Sérère (peuple du
Sénégal) 9
une **série** *a series* ; **homme de
—** sans individualité 3
sérieux(euse) *adj serious*
2 ; f*reliable 4 ; *adv* **sérieusement** 13

un **serment** *oath* 1
serrer *to close* ; — la main (à
ou de qqn) *to shake hands*
2 ; *adj* **serré(e)** *close together* 7 ; une **serrure** *lock* 6
un(e) **serveur(euse)** *waiter
(waitress)* 4
servir *to serve* 1 ; (terme du
tennis) 4 ; **se — de** employer
6 ; le **service** 2
la **servitude** l'esclavage 7
le **sésame** (grain, huile de) 5
(Cf. « Sésame, ouvre-toi ! »)
un **seuil** *threshold* 7
seul(e) *adj alone, only*
1 ; *mere (this alone)* 3 ; *adv*
—**ement** 1
la **sève** liquide nutritif des
arbres 10
sévère *adj* dur, austère 3 ; *adv*
—**ment** 9 ; la **sévérité** 6
les **sexes** *nm* 4 ; *adj* **sexuel(le)**
6 ; la **sexualité** 2
le **sexisme** discrimination contre les femmes 6 ; *adj* **sexiste**
6
un **shampooing** *shampoo*
12 ; faire un —
si *conj if* (condition) 1 ; — + le
présent 2, C24 ; — + l'im-
parf et le plus-que-parf 12,
C134
si *conj whether, if* (question indirecte) 2, C124
si *adv* tellement, *so* ; — + adj,
adv + **que** *so . . . that* 1
si ! = oui, pour contredire un
négatif 2, C17
(**sic**) (mot latin) ainsi : selon le
texte cité 9
le **SIDA** syndrome immunodéficitaire acquis, *AIDS* 15
la **sidérurgie** production du fer
et de l'acier (*steel*) 6
un **siècle** période de cent (100)
ans 1
un **siège** *seat* 3
LE SIEN, LA SIENNE *pron* 11,
C129
un **sigle** les initiales d'un
groupe de mots (par exemple
l'ONU, le R.E.R.) 12
un **signal** [siɲal] 13 ; *v* —**er** *to
point out* 1
un **signe** une indication 1 ; *v*
signifier 1 ;
adj **significatif(ive)** 7 ;
la **signification** 1
signer mettre sa signature
6

le **silence** ; *adj* **silen-
cieux(euse)** 7
une **similitude** une ressemblance 8
simple *adj* ; modeste, sans affectation 3 ; *adv* —**ment**
1 ; *v* **simplifier** 1 ; la **simplicité** 3
simuler 11
simultané(e) *adj* 14 ; *adv*
—**ment**
sincère *adj* 6 ; la **sincérité** 10
un **singe** 11 ; *v* —**r** imiter, *to
ape* 15
singulier(ière) *adj singular*
1 ; *adv* **singulièrement**
15 ; une **singularité** *a pecu-
liarity* 14 ; *v* **singulariser** 15
sinistre *adj* 2
sinon *conj* (si + non) 8
une **sirène** *mermaid* 9 ; appareil sonore d'alarme
un **sirop** *syrup* 2
sitôt *adv* (que) aussitôt (que) 8
une **situation** 3 ; *v* **situer** 3
le **ski** 1 ; faire du — alpin
(*downhill*) ; — de fond
(*cross-country*) 10 ; une **station de —** ; *v* **skier** 10 ; *n*
—**eur(euse)** 7
un **slogan** 4
le **SMIC** salaire minimum in-
terprofessionnel de croissance, mis à jour selon le
coût de la vie (*cost of living*)
15
la **S.N.C.F.** Société nationale
des chemins de fer français
14
sobre *adj* 7
sociable *adj* 2 ; la **sociabilité** 3
social(e) *adj* 1 ; *adv* —**ement**
12 ; *v* —**iser** (un enfant) 6
le **socialisme** « doctrine
d'organisation sociale qui entend faire prévaloir l'intérêt,
le bien général, sur les intérêts particuliers, au moyen
d'une organisation con-
certée » (*Le Robert*) 9 ; *adj, n*
socialiste 2
une **société** 2
une **socio-culture** un système
socio-culturel 14
la **sociologie** 4 ; *adj* **sociologique** 14 ; un(e) **sociologue** 4
la **sociométrie** l'étude quan-
titative de la société ; *adj* **sociométrique** 14
la **sœur** *sister* 1

la **soif** *thirst* ; **avoir** — 2
le **soin** *care* 3 ; *v* **soigner** *to take care of* 3 ; *adj* **soigné(e)** *careful* (chose) 1 ; **soigneux(euse)** (personne) ; *adv* **soigneusement** 11 ; les **soigneurs(euses)** infirmiers, etc. 9
le **soir** 2, une —**ée** *evening* 2, C21
soit *v* *so be it* ; *conj* — ... — *either* . . . *or* 3
le **sol** *surface de terre* 13
solaire *adj du soleil* 15
un **soldat** *soldier* 1
des **soldes** *m* articles mis en solde 3 ; **en solde** *on sale* pour liquider l'inventaire (≠ en promotion)
le **soleil** *sun* ; **au** — *in the sun(light)* 1
solennel(le) *adj* [sɔlanɛl] *solemn, formal* 8
solide *adj* 11 ; *adv* —**ment** 7 ; la **solidarité** 12
un **soliloque** *soliloquy* 9
solliciter *to solicit* 8 ; attirer l'attention de qqn 4
la **sollicitude** attention soucieuse et affectueuse 9
sombre *adj* *dark* 13
sommaire *adj* *bref* 8 ; *adv* —**ment** 14 ; un — table des matières d'un numéro de revue
une **somme** *a sum, quantity* 3 ; — **toute** en résumé 14
le **sommeil** *sleep* ; **avoir** — *to be sleepy* 2
un **sommelier** *wine-waiter* 7
le **sommet** *summit* 7
somptueux(euse) *adj* 14
un **son** *a sound* 1 ; les **SONS DU FRANÇAIS** C2
sonder *to probe* 13 ; un **sondage** (d'opinion) *poll* 8
un **songe** *dream* 10 ; *v* —**r** (à) penser (à), rêver (de) 6
sonner faire un son ; *to sound; to ring* (une sonnette, *bell*) 7
sonore *adj* *sonorous*, qui sonne, qui résonne (*resonates*) ; la **sonorité** 9 ; une **bande** — *audio tape* 11
sophistiqué(e) *adj* *sophisticated* 5
un **sorbet** *sherbet* 11
une **sorte** un type, une espèce

1 ; *prép* **de** — **que** + ind *so that* 3 ; + subj *in order that*
sortir *v intrans* ; — **de** *to go out of* 1 ; *v trans* *to take (something out of)* C34
un **souci** *a worry* 3 ; *v* **se** —**er de** *to care for, care about* 6 ; *adj* —**eux(euse)** *concerned* 4 ; —**eux(euse)** + **de** *mindful of*
soudain(e) *adj* *sudden* 2 ; *adv* brusquement, rapidement 3
le **souffle** *breath; breeze* 9 ; **GROUPE DE** — C60 ; *v* —**r** *to blow* ; le **souffleur** *prompter* (pas de *f*) 11
un **soufflet** *a bellows* ; **à** —**s** *with pleats* 11
souffrir *to suffer* 6 ; la **souffrance** 3
souhaiter *to wish* 4 ; *adj* **souhaitable** 4
soulager diminuer la souffrance de, *to relieve* 14 ; le **soulagement** 4
soulever lever à une faible hauteur 7
un **soulier** une chaussure 11
souligner *to underline* 3
soumettre *to submit* 6 ; *adj* **soumis(e)** 13 ; la **soumission** 7
un **soupçon** une suspicion 14 ; *v* —**ner** 7 ; *adj* —**neux(euse)** *distrustful* 12
une **soupe** 4 ; le —**r** *supper* (Canada) 10
un **soupir** *sigh* 10 ; *v* —**er**
souple *adj* *supple* 2 ; la —**sse** 9
une **source** *a spring* (eau) 3 ; *a source* 2
le **sourcil** *eyebrow* 8 ; *adj* f***sourcilleux(euse)** [suʀsijø] 12:264
sourd(e) *adj* *deaf* 7
sourdre surgir, naître 10
sourire *to smile* 5 ; un — 1
la **souris** *mouse* 4, C56
sous *prép* *under* 1 ; — **un roi** 3
sous-jacent(e) *adj* caché 14
soustraire *to subtract* 9
soutenir *to support* (≠ supporter) 4
souterrain(e) *adj* *subterranean* 14
se souvenir *to remember* 6 ; un — 4
souvent *adv* fréquemment 1
soviétique *adj* 10

spacieux(euse) *adj* 10
une **spatule** *spatula* 10
spécial(e) *adj* ; *adv* —**ement** 5 ; une **spécialité** 5 ; un(e) —**iste** ; *v* **(se)** —**iser** 5 ; *adj* —**isé(e)** 6
spécifique *adj* 12 ; *adv* —**ment** 12
un **spectacle** *a show* 14 ; *adj* **spectaculaire** 3
un(e) **spectateur(trice)** *spectator* 2
une **sphère** 14 ; *adj* **sphérique**
f***spirituel(le)** *adj* *witty* 3 ; *spiritual* : la **spiritualité** 6
splendide *adj* 5
spolier voler, par abus de pouvoir 9
sponsoriser *to sponsor* 9
spontané(e) *adj* 3 ; *adv* —**ment** 8 ; la —**ité** 11
le **sport** ; *sport(s)* 1 ; **faire du** — 1 ; *adj* —**if(ive)** 6
un **squelette** *skeleton* ; *adj* **squelettique** 13
stable *adj* ; *v* **stabiliser** 15 ; la **stabilité** 7 ; la **stabilisation** 10
f*un **stage** *internship* 6 ; un(e) **stagiaire** *trainee* 8
standard *nm et adj invariable* 1
le **standing** (social) prestige 14 ; *adj* « **standingneux(euse)** » [stɑ̃diɲø] qui cherche le — 14
une **station de métro** 3 ; — -**service** où on vend l'essence, etc. 11 ; *v* —**ner** *to park* 2
statique *adj* 3
la **statistique** ; *adj* — 2 ; *adv* —**ment** 4
f*le **statut** *status* 4
un **stéréotype** 2 ; *adj* **stéréotypé(e)** 4
stérile *adj* 9 ; la **stérilité** 10
un **stock** ; *v* —**er** ; un —**age** une réserve 14
le **stoppeur** (football français) 5
Strasbourg 6 ; *adj* **strasbourgeois(e)**
un **stratagème** 1
une **stratégie** 6 ; *adj* **stratégique** 3
strict(e) *adj* 2 ; *adv* —**ement** 12
une **strophe** *a verse* (d'un poème) 3
une **structure** 2 ; *v* —**r** 7

stupide *adj* 10 ; *v* **stupéfier** étonner ; la **stupéfaction** 10

le style 1 ; — **d'expression** 15 ; un(e) **styliste** 14

un **stylo** *fountain pen* 2 ; — - **bille** *ballpoint pen*

subalterne *adj, n* inférieur en rang 8

subconscient(e) *adj, nm* **sub-conscious** 10

subir *to undergo* 4

le **SUBJONCTIF** présent et quelques emplois 5, C66 ; parfait 6, C80 ; — après certaines conjonctions, adjs, et le superlatif 6, C81 ; comment éviter le — 7, C98 ; imparf et plus-que-parfait du — 14, C147

subodorer soupçonner 13

subordonner *to subordinate* 3

subsaharien(ne) *adj* au sud du Sahara 9

subsister survivre 2

la **substance** ; *adj* **substanciel(le)** [sybstãsjɛl] 13

substituer une chose f*à (*for*) une autre 4

subtil(e) *adj* 6

une **subvention** *subsidy* ; *v* —**ner** 6

succéder à suivre 13

le **succès** 1 (Cf. le *v* **réussir**)

un **successeur** 1 (pas de *f*) ; *v* **succéder** à 12

successif(ive) *adj* en séquence 15 ; *adv* **successivement** l'un après l'autre 1

succinct(e) *adj* ; *adv* —**ement** 7

une **sucette** *lollipop* ; « — à cancer » cigarette 15

le **sucre** *sugar* 6 ; *adj* **sucré(e)** 6

le **sud** [syd] *south* 3

la **Suède** *Sweden* 2 ; *adj* **suédois(e)** ; le **suédois** la langue 10

suffire *to suffice* 5 ; *adj* **suffisant(e)** *sufficient* ; satisfait de soi-même 4 ; *adv* **suffisamment** 5

le **suffrage** le vote 13

suggérer proposer discrètement 13 ; indiquer ; une **suggestion** 1

le **suif** *tallow* 6

la **Suisse** *Switzerland* 1 ; *adj* **suisse** 4 ; un(e) — (**Suissesse**)

la **suite** *sequence; sequel* 4 ; **tout de —** [tutsyit] immédiatement 2

suivant(e) *adj* et *part prés* de **suivre** qui vient immédiatement après 1

suivre *to follow* 1 ; — **un cours** *to take a course* 1 ; formes 12 ; **à — ** *to be continued* 4

sujet(te) *adj, nm subject* 1 ; **au — de** *concerning* 2 ; **— à** *subject to* 2

sulfurique *adj* 6

summum, *adj, f* **summa** (latin) au plus haut degré 13

superbe *adj* 6

la **superficie** *area* 4 ; *adj* **—l(le)** en surface 4 ; *adv* **—lement** 12

supérieur(e) (à) *adj higher* (*than*), *upper* 1 ; un(e) — 3

un **supermarché,** une « grande surface » 12

superposer *to superimpose* 13

supplanter prendre la place de 14

un **supplément** 9 ; *adj* **—aire** 10

f* **supporter** *to bear, put up with* 6 (≠ soutenir)

supposer 1 ; une **supposition** 15

supprimer *to suppress* ; f* **omettre** 6 ; la **suppression** élimination 14

suprême *adj* 3 ; un — **de volaille** (plat) 6 ; la **suprématie** 13

sur *prép on* 1

sûr(e) *adj sure, certain* 1 ; *safe, secure* ; la **—eté** la sécurité ; *public safety* 2 ; *adv* **—ement** 5

suranné(e) *adj* démodé, dépassé 15

surélevé(e) *adj* très élevé 15

la **surface** 1

surgir *to arise* 7 ; *adj* **surgi(e)** 7

surmonter *to overcome* 2

surnaturel(le) *adj* au-dessus de la nature 12

un **surnom** nom de famille 9 ; *v* **—mer** 9

surpasser 10

la **surpopulation** population excessive 9

une **surprise** 4 ; *v* **surprendre** 4 ; *adj* **surprenant(e)** 11

surréaliste *adj, nm, f*

10:200 ; le **surréalisme** 2:200 ; 13:295

un **sursaut** une vive réaction 15

surtout *adv especially* 2

survécu *part p* de **survivre** 3

surveiller *to watch over* 13 ; *to supervise* observer attentivement ; **se —** 11 ; un(e) **surveillant(e)** 13

survenir apparaître, *to come on the scene* 10 ; se produire, *to occur*

survivre à *to survive* 3 ; la **survie** 10, la **survivance** 12

un **survol** action de voler au-dessus de ; de résumer rapidement 5

susciter faire naître (qqch), causer 9

suspendre *to suspend* 3 ; le **suspense** [syspɛns] 9

suspension : **points de —** = . . . , indiquant une omission 13 ; ou un **!** 8

une **syllabe** *a syllable* 1 ; **DIVISION EN SYLLABES** 2, C13

un **symbole** 1 ; **SYMBOLES PHONETIQUES** C2–3 ; *adj* **symbolique** 8 ; *v* **symboliser** 3 ; le **symbolisme** (1885–) 8 ; *adj* **symboliste** 2

la **symétrie** *symmetry* 3

la **sympathie** 8 ; *adj* f* **sympathique** *congenial, enjoyable* (personne ou chose) 2 ; *adj fam invariable* **sympa** 2

une **symphonie** 7

un **symptôme** 14

synchroniser 5 ; le **synchronisme** le fait d'être synchronisé 8

syncopé(e) *adj syncopated* 8

le **syncrétisme** combinaison peu cohérente 9

un **syndicat** (*trade*) *union* 3 ; *adj* **syndical(e)** 4 ; un — **d'initiative** *tourist bureau* 5

un **synonyme** 7

la **syntaxe** l'organisation des mots 10

la **synthèse** 7

un **système** 1 ; « **le — D** » la débrouillardise 4 ; *adj* **systématique** 8 ; *adv* **systématiquement** 2

T

le **tabac** [taba] *tobacco* 3

une **table** 3 ; **à —** 4

un **tableau** *picture* ; **— de marque** *scoreboard* 1

un **tabou** 2

une **tâche** *task* 6 (≠ une tache *stain*)

tacite *adj* ; *adv* **—ment** 13

la **taille** *size* 8 ; *waist* ; *v* **—r** *to cut* ; un **tailleur** (*f* une **couturière**) *a tailor* 11 ; *woman's suit*

se **taire** *to be or become silent* 8 (Cf. *tacit*)

le **talent** 5 ; *adj* **—ueux(euse)**

un **tamis** un **crible**, *sieve* ; *v* **—er** 10

tandis que *conj while* (par contraste) 3

tangible *adj* 13 (Cf. **toucher**)

tant (de) *adv* **so much, so many (of)** 2 ; **— mieux, — pis** 13, C142 note

la **tante** *aunt* 7

tantôt *adv, nm* ; **à —** à cet après-midi ; **— . . . —** à un moment, à un autre moment 12

un **tapis** *rug* 9 ; la **—serie** *tapestry* 6

taquiner *to tease* 12

tard *adv late* 2 ; **plus —** 6 ; *adj* **—if(ive)** 6 ; *v intrans* **tarder** *to delay* ; **il me tarde de** je suis impatient(e) de 5

une **tarte** *tart; pie* 11

un **tas** *pile* 6

une **tasse** *cup* 3

un **taureau** *bull* 9

le **taux** *rate* 2

une **taxe** *tax* 3 ; *v* **—r** 13

le **taylorisme** la systématisation du travail industriel 15

la **Tchécoslovaquie** *Czechoslovakia* 2 ; *adj* **tchèque**

un(e) **technicien(ne)** 12

la **technologie** 10 ; *adj* **technologique** 7

teinter *to tint* 14

tel(le) *some . . . or other* 11 ; **un(e) —** *such a*; **— que** *such as* 13 ; *adv* **—lement** à un tel degré, *so . . . , so much* 2

une **télécarte** carte de crédit pour le téléphone 14

la **télécommunication** 8

le **télégraphe** 14 ; un **télégramme** 14

la **télématique** *viewdata processing* 14

la **télépathie** 8

le **téléphone** 2 ; *v* **—r à qqn** 2 ; *adj* **téléphonique** 3

un **télétexte** texte écrit transmis électroniquement 14

la **télévision** 6 ; un **téléviseur** (l'appareil)

le **télex** service de transmission à un téléimprimeur 14

un **témoin** *witness* 11 ; *v* **témoigner** ; un **témoignage** *testimony* 8

la **température** 4

tempérer modérer 6 ; le **tempérament** 4

une **tempête** 9

temporaire *adj* 12 ; *adv* **—ment** 11

le **TEMPS** *time* 1 ; divisions du, expressions de 2, C21 ; **à —** *in time (for . . .)* 1 ; **de — en —** *from time to time* 1 ; *the weather* 2, C20 ; **les —** (*tenses*) et autres sens 8:142 ; **les — primitifs** 3:33 ; **Il y a beau — que** Depuis longtemps 13

la **ténacité** 6

une **tendance** 3

tendre *v régulier to stretch out* 4 ; **— à** *to tend to* 4 ; **avoir tendance à** 3 ; *adj* **tendu(e)** *tense* 8

tendre *adj tender; gentle; loving* ; *adv* **—ment** 4 ; la **—sse** 2

les **ténèbres** *fpl* l'obscurité 8 ; *adj* **ténébreux(euse)**

tenez ! *exclam* voici ! 4

tenir *to hold* 1 ; **— à** être attaché à 13 ; **— à + inf** avoir un grand désir de ; **— compte de** *to take into account* 14

le **tennis** 2

un **ténor** 10

la **tension** 2

f*une tentative *an attempt* 7

tenter (de) *to attempt to* ; **— qqn de faire qqch** *to tempt . . .* 3

ténu(e) *adj* délicat, *tenuous* 13

la **tenue** l'action de tenir ; façon de se tenir ou de s'habiller 3

un **terme** 1 ; la **terminologie** 6 ; **payer à terme** *to buy on credit* 12

terminer mettre fin à 2

le **terrain** *ground* 4 ; **— de jeux** 4 ; **— d'action** 7 ; **— d'essai** *testing ground* 13

une **terrasse** *terrace* ; le trottoir devant un café 3

la **terre** *earth* 3 ; **par —** *on the floor or ground* ; *adj* **—stre** 13

Terre-Neuve *f Newfoundland* 10

terrifiant(e) *adj* 10

une **terrine** récipient en terre pour faire cuire ; son contenu 11

un **territoire** 9 ; *adj* **territorial(e)** 13

terroriser 11 ; le **terrorisme** 4 (Cf. la **terreur**)

le **tertiaire** le secteur des services dans une économie 6

un **tertre** une petite colline, *mound* 15

un **test** une interrogation (pendant un cours) ; *v* **tester** 1

la **tête** *head* 1 ; **une grosse —** personne très intelligente 12 ; **un en- —**, **des en- —s** *heading, headline* 6

téter *to be nursed* 6, C87 ; la **tette** bout de la mamelle, chez les animaux 10

un **texte** 1

le **T.G.V.** Train à grande vitesse 7 ; 14:324

le **thé** *tea* 2

un **théâtre** 1 (≠ cinéma)

un **thème** 1 ; *adj* **thématique** ; une **thématique** ensemble de thèmes 9

la **théologie** 15 ; un **—n** 7 (pas de *f*)

une **théorie** 5 ; *adj* **théorique** 11 ; un(e) **théoricien(ne)** *theorist* 8

thermodynamique *adj, nf* 10

une **thèse** *thesis* 6

le **thon** *tuna* 4

tiens ! expression de surprise 1

un **tiers** *a third* ; *adj* **tiers (tierce)** 6 ; le **T— Monde** 15

la **tige** (d'une fleur) *stem* 6

un **timbre(-poste)** *(postage) stamp* 2

timide *adj* ; la **timidité** 7

le **tirage** la quantité d'exemplaires imprimés 13

un **tirailleur** *sharpshooter* 9

tirer *to pull* 5 ; *to extract* 6 ; **— sur** *to shoot at (pull the trigger)* 15 ; **— profit de** profiter de 7 ; **se — de . . .** 3:34

tisser *to weave* 4 ; un **tissu** *fabric* 4

le **titre** *title; term of address*

1 ; à — de avec la valeur de 11 ; *v* —r 13

titulaire de *adj* qui a le titre, le privilège, la fonction de 10

une **toile** *canvas, linen* ; — d'araignée 13

la **toilette** costume (de femme) ; faire sa — *to dress* ; les —s, le W.C. le cabinet, *lavatory* 7

le **toit** *roof* 3

tolérer to *tolerate* 5 ; *adj* tolérant(e) 12 ; la **tolérance** 7

une **tomate** 4

un **tombeau** monument funéraire sur une tombe 3

tomber to *fall* 1 ; je **suis tombé(e)** ; une **tombée** (de pluie, etc.)

un **tombereau** *dump cart* 15

le **ton** *tone, mood* 3

une **tonne** *ton* 13

le **tonnerre** le bruit de la foudre, *thunder* 9

tordre to *twist* 11 ; la **torsion**

un **tort** *a wrong* ; **avoir** — to be *wrong* 2 ; à — ou à raison *rightly or wrongly* 14

tortueux(euse) *adj tortuous* 6

tôt *adv early* 2 ; *soon*

total(e) *adj, nm* ; *adv* —ement 13

totalitaire *adj* ; le **totalitarisme** 15

toucher to *touch* 1 ; to *cash* (a *check*) 8 ; — à porter la main sur ; atteindre ; le — le contact 8

toujours *adv always* 1 ; *still* 1

une **tour** *tower* 3

un **tour** *trick; tour* ; à mon — *my turn* 4 ; faire le — de passer en revue 4 ; à — de rôle *taking turns* 9

un **tourbillon** *whirlwind* 10 ; *v* —ner 10

un(e) **touriste** 4 ; *adj* **touristique** 5 ; le **tourisme** 7

le **tourment** *torment* 12 ; *v* —er 3

tourner to *turn* 4 ; un **tournant** 7 ; une **tournure** (de phrase) 3 ; une **tournée** voyage à itinéraire fixe 5 ; *v* **tournoyer** tourner en cercles 10

la **Toussaint** *All Saints' Day*, le 1er novembre 12

tousser to *cough* 3 ; une **toux** [tu]

tout(e), tous (toutes) *adj*

every; any; (pl) all 1 ; *pron (mpl* [tus]) ; *adv* entièrement ; *quite* ; — à fait *completely* 3 ; — à l'heure *a moment ago; in a moment* 4

toutefois *adv* cependant 13

une **tradition** 2 ; *adj* —nel(le) 3

une **traduction** *translation* 4 ; *v* **traduire** 3 ; un(e) **traducteur(trice)** 13

la **tragédie** 1 ; *adj* **tragique** 5

trahir to *betray* 15 ; la **trahison** 8

un **train** 1 ; être en — de 1, C6

un **trait** 4

un **traité** *treaty* 10

traiter to *treat* (bien, mal, etc.) 3 ; le **traitement** *treatment* 5

une **trajectoire** 14

un **trajet** *route* 3:44

une **tranche** *slice* 4

tranquille [tʀɑ̃kil] *adj* 11 ; *adv* —ment 4 ; la **tranquillité** 6

une **transaction** 2

transcender 12

transférer 8 ; le **transfert** 13

transformer 3 ; *adj, gram* **transformationnel(le)** **TRANSITIF(IVE)/INTRANS** 4, C46 ; verbes trans en français/intrans en anglais, et vice versa C46

transmettre to *transmit* 6

le **transport** *transportation* 3 ; exaltation 8 ; *v* —er 1

transposer 5

le **travail** *work* 3 ; *v* —ler to *work* 3 ; —ler qqch to *practice something* 1 ; to *study* ; *adj* —leur(leuse) 6 ; des **travaux pratiques** *mpl* 12:250

travers *nm, prép* ; à — *across, through* 3 ; de — *adv obliquely, askance* 3

traverser aller d'un côté (ou d'un bout) à l'autre de 3 (≠ longer)

un **treillis** *trellis* 2

le **tréma** (ë) indique que la voyelle qui précède est prononcée séparément

trembler ; un **tremblement** 7

très *adv very*, du latin *trans* : jusqu'à la limite d'une catégorie 1 (Cf. **bien, f*fort**)

un **trésor** *treasure* 4 ; *treasury*

un **triangle** 1, TRIANGLE DES VOYELLES C2

une **tribu** *a tribe* 3

tricolore *adj, nm* de trois couleurs 3

triller [tʀije] to *trill* ; *adj* **trillé(e)** 7

un **trimestre** 2 ; *adj* **trimestriel(le)** 11

le **triomphe** 15 ; *v* —r 4 ; *adj* **triomphant(e)** 8

triste *sad* 3 ; *adv* —ment 11 ; la **tristesse** 11

tromper to *deceive* 6 ; se — faire une erreur 5 ; *adj* **trompeur(euse)** 11

une **trompette** 6 ; un — = le musicien 6

un **trône** *throne* 8

trop *adv too, too much* 1

tropique *adj tropical* 9

le **trottoir** *sidewalk* 4

un **trou** *a hole* 13 ; *v* —er 7

un **troubadour** chanteur/compositeur médiéval 2

troubler 5

une **troupe** groupe de soldats 2, ou d'acteurs

une **trousse à outils** *tool kit* 9

trouver to *find* 1 ; se — to *be (to be found) in a place* 1

un **truc** *fam trick* ; une chose 1

un **truchement** un(e) interprète, un(e) intermédiaire 13

une **truite** *trout* 6

TU/VOUS 1:9

tuer to *kill* 11

un **tumulte** 15 ; *adj* **tumultueux(euse)** 11

la **Turquie** 9 ; *adj* **turc (turque)**

la **tutelle** *guardianship*, protection 7

tutoyer qqn lui dire « tu » 1 ; le **tutoiement** 15

un (des) **tuyau(x)** un tube destiné à faire passer un liquide, un gaz 3 ; *fam* « *a tip* » 11:231 ; la —terie un ensemble de tuyaux 3

un **type** *type* ; *fam a guy* 14 ; *adj* **typique** 1 ; *adv* **typiquement** 5

un **tyran** ; *adj* —nique 9

U

une **UER** (ou **UFR**) (enseignement) 12:250

un **U.L.M.** (avion) ultra-léger motorisé 15

ultramoderne *adj* 6

un(e) *one, a, an* ; **un à un, un par un** *one by one* 1

unanime *adj unanimous* ; *adv* —ment 15 ; l'**unanimité** *f* 4

uni(e) *adj unified* 7 ; *plain* 10

unifier 3 ; *adj* **unifiant(e)** 7 ; *adj* **unifié(e)** 13 ; l'**unification** *f* 3

uniforme *adj* 3 ; *nm* ; l'**uniformité** *f* 11

f **unique** *adj* le(la) seul(e) de sa catégorie 4 ; *adv* —ment 10

unir *to unite* 2 ; *adj* **uni(e)** *united; even; plain* 10

f une **unité** *a unit* 8 ; l'— *unity* 4

un **univers** 7 ; *adj* —**el(le)** 3 ; l'—**alité** *f* 6

une **université** 1 ; *adj* **universitaire** 1

M. Untel, Mme Untel (Unetelle) *Mr., Mrs. So and so* 11

urbain(e) *adj urban* 2 ; l'**urbanisme** *m* l'aménagement, l'embellissement des villes 13 ; un(e) **urbaniste** 13 ; *v* **urbaniser** 6 ; l'**urbanisation** *f* 15

une **urne** boîte pour recevoir les bulletins de vote 13

l'**usage** *m use, usage* ; un —r celui qui utilise 14 (pas de *f*)

f **user** *to wear out* 6 ; — **de** utiliser 6

une **usine** *factory* 4

utile *adj useful* 1 ; *adv* —**ment** 6 ; *v* **utiliser** 1 ; l'**utilité** *f* 7 ; *adj* **utilisable** 3 ; l'**utilisation** *f* 9

une **utopie** ; *adj* **utopique** ; un(e) **utopiste** *utopian* 14

l'**uvule** *f the uvula*, appendice (*appendage*) mobile au fond de la bouche, attaché au palais mou 1 ; *adj* **uvulaire** 7

V

les **vacances** *fpl vacation* 1 ; **en** — ; un **vacancier** *vacationer* (pas de *f*) 7

un **vacarme** grand bruit, tumulte 15

une **vache** *cow* 5 ; *adv* argot —ment beaucoup ; très 15

vaciller [vasije] 15

vague *adj* 7 ; *adv* —ment 8

une **vague** *a wave* 13

vaillant(e) *adj* courageux 9

vain(e) *adj vain, empty* 2 ; **en** — inutilement 15

vaincre *to conquer*, remporter

une victoire sur 3 ; un **vainqueur** 4 (pas de *f*)

un **vaisseau** un navire, *ship* 6

la **vaisselle** *dishes* 4

valable *adj valid* 15 ; qui a une valeur 12

la **valeur** *worth* ; une — *a value* 2

une **valise** 4

une **vallée** *valley* 4

un **vallon** petite vallée 7

valoir *to be worth* 2 ; **faire** — faire apprécier ; utiliser 6 ; **il vaut mieux** *it is better* 5

une **valve** 9

un(e) **vandale** ; le **vandalisme** 14

la **vanille** 10

la **vanité** 6

vanter *to praise; to vaunt* ; **se** — *to boast* 7

la **vapeur** eau à l'état gazeux 2

vaquer à s'occuper de 13

varier *to vary* 4 ; *adj* **varié(e)** 7 ; la **variation** 4 ; la **variété** *variousness* 4 ; la **variabilité** 13

un(e) **vassal(e)**, des **vassaux(ales)** 8

vaste *adj* 3

un **veau** jeune bœuf, *calf* 11

vécu *part p* de vivre 3

la **végétation** 9

véhément(e) *adj* 9 ; la **véhémence** 10

un **véhicule** 6 ; *v* —r transporter, transmettre 6

la **veille** *vigil* ; le jour précédant 2 ; *v* —r être attentif ; —r sur surveiller 13

une **veine** *a vein* 8 ; **de la** — *fam* de la bonne chance ; *adj fam* **veinard(e)** 15

un **vélo** une bicyclette 3

la **vendange** *grape harvest* 10

vendre *to sell* 3 ; un(e) **vendeur(euse)** 4 ; **en vente** 13

vénérable *adj* 15

la **vengeance** ; *v* **venger** *to avenge* 6

venir *to come* 1 ; — **de** *to have just* 3

le **vent** *wind* ; **il fait du** — ; **dans le** — moderne 8

la **vente** action de vendre 6

le **ventre** l'abdomen 15

verbal(e) *adj* 4

le **VERBE** *verb* 1 ; — + **de/à/sans** prép + inf 10, C123 ; —s conjugués avec

être C34 ; — pronominal C83 ; —s réguliers C173 ; irréguliers C176 ; à changements orthographiques C175 ; *V* passif ; réfléchi ; transitif

verbeux(euse) *adj* le contraire de **succinct** 14

la **verdeur** la vigueur de la jeunesse (Cf. vert) 10

le **verglas** [vɛʀgla] mince couche de glace (*ice*) sur le sol 2

la **vérité** *truth* 1 ; *adj* **vrai(e)** 2 ; *adj* **véritable** 2 ; *adv* **véritablement** 9 ; *v* **vérifier** 1

le **verlan** langage qui consiste à renverser les syllabes : l'envers devient verlan 12

vernir *to varnish* 9

le **verre** *glass* ; un — (à eau, à bière, etc.) récipient en verre 2 ; **prendre un** — (en général, de vin) 2

un **verrou** *a bolt* (forme de serrure) 15

vers *prép toward* (sens physique) 1 ; approximativement 1 (Cf. sentiments **envers** une personne)

f un **vers** ligne d'un poème 3 (≠ une **strophe** *a verse*)

f **versatile** *adj* inconstant, instable ; la **versatilité** *versatility* 14

à verse *adv* à torrent : **il pleut** — (Cf. verser *to pour*) 4

la **versification** les règles pour mettre en vers 3

vert(e) *adj green* 3 (Cf. la **verdure**)

la **vertu** 6 ; *adj* —**eux(euse)** 6

f une **veste** *suit coat* : élément d'un complet (*suit*) d'homme ou d'un tailleur (*suit*) de femme 11 ; *jacket* (*a vest* = un gilet)

un **vêtement** objet fabriqué pour couvrir le corps humain 8 ; *v* **vêtir** 5 ; *adj* **vestimentaire** 14

veuf (veuve) *adj*, *n* dont la femme ou le mari est mort(e) 4

une **vexation** 4 ; *v* **vexer** 12

la **viande** *meat* 5

vibrer 6

le **vice** 6

vice versa *adv* [visevɛʀsa], [visvɛʀsa] 4

une **victime** (pas de *m*) 1

une **victoire** ; *adj* **victorieux(euse)** 5

victorien(ne) *adj* du règne de la reine Victoria (1837–1901) 2

une **vidéocassette** 8

la **vidéomatique** le traitement des images par vidéotex 14

le **vidéotex** tout système permettant l'interrogation de documents à distance 14

la **vie** *life* 1

vieillir devenir vieux 15 ; un **vieillard** un vieux 12 ; le **vieillissement** 7

vierge *adj, n virgin* 5

vieux [vjø], **vieil** *m* 4, **vieille** [vjɛj] *adj old* 3 ; **mon —** terme d'amitié 1

vif (vive) *adj* vivant *lively* 1 ; sur le — spontané ; dans l'action 1 ; *adv* **vivement** *keenly* 4

une **vigne** *vine* 2 ; un **vignoble** *vineyard* 7

vigoureux(euse) *adj* ; *adv* **vigoureusement** 1 ; la **vigueur** 8

vilain(e) *adj* mauvais ; un — temps *bad weather* 2

un **village** 3 ; un(e) **villageois(e)** 6

la **ville** *city* 1 ; en — *downtown* 5

le **vin** *wine* 3 ; le **vinaigre** (aigre *sour*) *vinegar* 4 ; la **vinaigrette** (recette) 4:66

une **vindicte** une accusation 14

la **violence** 4 ; *adj* **violent(e)** 3 ; *adv* **violemment** [vjɔlamɑ̃] 4

le **violon** 14 ; un — d'Ingres [ɛ̃gRə] (peintre qui jouait bien du violon) un dada, *hobby* 14 ; un(e) **—iste** 6

virer *to turn; to veer* ; un **virage** 7

viril(e) *adj* ; la **virilité** 6

virtuel(le) *adj* 13

un(e) **virtuose** ; la **virtuosité** 8

le **visage** *face* 3

viser *to aim at* ; — à avoir comme objectif 9

visible *adj* 8 ; *adv* **—ment** 3

une **visite** 4 ; faire (ou rendre) — à qqn 5 ; un(e) **visiteur(euse)** 3

f***visiter** (une ville, un monument) 2

visuel(le) *adj* 1

vital(e) *adj* ; la **—ité** 4

vite *adv* rapidement 2 ; la **vitesse** 4

la **viticulture** la culture des vignes 7 ; *adj* **viticole** 7

vivace *adj vivid* 2 ; **vivacious** ; la **vivacité** 11

vivant(e) *adj living* 2 ; bon — *adj, nm* jovial 4 (pas de *f*)

vivre *to live* 1

le **vocabulaire** 1

une **vocation** *a calling* 1

un **vœu**, des **vœux** [vø] *a wish* 11

voici *prép* (= l'*impér* Vois + ici) *lit, See here : Here is . . .* 1

une **voie** *track* 7 ; *way* ; — respiratoire 3

voilà *prép* (= l'*impér* Vois + là), *lit, See there : There is . . .* 1 ; — un an (que) . . . *a year ago* 3

un **voile** *veil* ; *adj* **voilé(e)** 8

une **voile** *sail* 1 ; faire de la — *to go sailing* 14

un **voilier** bateau à voile 5

voir *to see* 1 ; formes 4

voire *adv* même 6 (Cf. *verily*)

voisin(e) *adj, n neighbor(ing)* 1 ; le **—age** *neighborhood* 4

une **voiture** une automobile 1 ; en — 1

la **voix** *voice* 2 ; à haute — *aloud* 2

le **vol** *flight* 15 ; le vol à voile *hang-gliding* 15 ; *v* **—er**

le **vol** *theft* ; *v* **—er** 15 ; *n, adj* **—eur(euse)** 6

la **volaille** *fowl* 6

le **volant** *steering wheel* 4

un **volcan** ; *adj* **—ique** 7

un **volet** *shutter* 7

un(e) **volontaire** *adj* 5 ; *adv* **—ment** 9

la **volonté** *will(power)* 1

volontiers *adv* avec plaisir 4

la **volupté** vif plaisir des sens 8

le **vote** ; *v* **—r** 13 ; *adj* **voté(e)** 7

vouer consacrer, *to devote* 6

vouloir *to want* 1, C29 ; — dire *to mean* 1 ; **Que voulez-vous ?** *What do you expect?* 2 ; **Je veux bien** *I'm willing* 4 ; *Yes, please* 4 ; **Je voudrais bien** *I would like very much* ; en — à qqn *to have a grudge against someone* 3, C30 ; formes 3

vouvoyer qqn lui dire « vous » 1

f***un voyage** *a trip* 2 ; *v* **—r** *to travel* 1 ; un(e) **voyageur(euse)** 3

un **voyant** un petit écran 14

une **voyelle** *a vowel* 1 ; LES VOYELLES du français C2

vrai(e) *adj true* 2 ; *adv* **vraiment** *really* 2

vraisemblable *adj* qui semble vrai, *likely* ; *adv* **—ment** 8

la **vue** *vision* 5 ; *view* ; un point de — 4

vulnérable *adj* 10

W

le **W.C.** *water closet*, les toilettes 13

X

xénophobe *adj, n* hostile aux étrangers 12 ; la **xénophobie**

Y

y *adv there* 1 ; emploi 4, C52

le **yaourt** [jauRt] *yogurt* 5

yeux *pl* d'**œil** *nm eyes* 2

la **Yougoslavie** 10 ; *adj* **yougoslave**

Z

un **zéphir** une douce brise 8

zinco *adj, n pop* maghrébin 12:265

le **zodiaque** 8

zut ! *fam heck! shoot!* 5

INDEX SOCIO-CULTUREL

LA FRANCE

[1]Les concepts les plus importants sont en caractères gras.

LA FRANCOPHONIE (excepté la France)

METHODES ET CONCEPTS

Le * indique que la même entrée paraît dans la section FRANCE.

CARRIERES

Les professions signalées par un * se trouvent aussi dans la section FRANCE.

ABREVIATIONS

abrév	abréviation	*impér*	impératif	*pop*	populaire
adj	adjectif	*ind*	indicatif	*prép*	préposition
adv	adverbe	*indéf*	indéfini	*prés*	présent
av. J.-C.	B.C.	*inf*	infinitif	*pron*	pronom
Cf.	*Confer* (latin)	*interrog*	interrogatif	*qqch*	quelque chose
	comparez à	*intrans*	intransitif	*qqn*	quelqu'un
cond	conditionnel	*lit*	littéralement	*réfl*	réfléchi
conj	conjonction	*littér*	mot littéraire	*s.*	siècle
exclam	exclamation	*m*	masculin	*sing*	singulier
f	féminin	*n*	nom	*subj*	subjonctif
f*	faux ami	*No, no*	numéro (devant	*syn*	synonyme
fam	familier		un nombre)	*trans*	transitif
fig	sens figuré	*p.*	page	*v*	verbe
	(*figuratively*)	*pp.*	pages	*V*	voir, voyez
fr	français	*part p*	participe passé	*=*	équivalent
fut	futur	*part prés*	participe		approximatif
gram	grammaire		présent	*≠*	n'égale pas
h	h aspiré	*passé comp*	passé composé		
imparf	imparfait	*pl*	pluriel		

PHOTO CREDITS

Chapter 11
Page 226: Mark Antman/The Image Works. Page 227: Owen Franken. Page 241: Courtesy Marc Barbezat, Arbalète.

Chapter 12
Page 247: Owen Franken/Stock, Boston. Page 255: Stuart Cohen. Page 257: (top) Reproduced with the permission of the Groupe d'Etude et de Recherche du Musée d'Angoulême, (bottom) Courtesy The Port Authority of New York and New Jersey. Page 266: Mark Antman/The Image Works. Page 274: Culver Pictures, Inc.

Chapter 13
Page 278: David Pinkney. Page 293: Copyright © Pergamon, 1985. Page 295: William H. Tague, Williams College, 1982. Page 299: *Ceres en casa de Becuba*, by Adam Elsheimer, Museo del Prado, Madrid. Page 301: Cliché des Musées Nationaux-Paris.

Chapter 14
Page 313: Stuart Cohen. Page 324: Monroe Pinckard/Rapho/Photo Researchers.

Chapter 15
Pages 337 and 352: George White, Jr. Page 346: Le Crédit Lyonnais-Relations Publiques. Page 347: David Pinkney.

Pages 7, 19, 45, 51, 74, 75, 109, 117, 234, 252, 306, 325, 340: Copyright © Jean Amadou, reprinted from *Les Yeux au fond de la France*, Editions Robert Laffont, Paris 1984.

LA FRANCE: GEOGRAPHIE PHYSIQUE ET ANCIENNES PROVINCES

PAYS-BAS

ANGLETERRE

ALLEMAGNE

LA MANCHE

BELGIQUE

LUXEMBOURG

Calais
Boulogne
ARTOIS
Lille
FLANDRE
Amiens
PICARDIE
ARDENNE
Cherbourg
Le Havre
Beauvais
Oise
Rouen
ÎLE DE FRANCE
Aisne
Reims
Metz
LORRAINE
Caen
Seine
Nancy
NORMANDIE
Marne
Brest
Paris
CHAMPAGNE
Strasbourg
St. Brieuc
Chartres
Seine
Rhin
BRETAGNE
MAINE
Troyes
ALSACE
Le Mans
Auxerre
VOSGES
Rennes
Orléans
ORLEANAIS
Dijon
FRANCHE
Lorient
Angers
Tours
COMTÉ
Nantes
ANJOU
TOUR-
BOURGOGNE
Loire
AINE
Bourges
NIVER-
Doubs
SUISSE
POITOU
BERRY
NAIS
Cher
Nevers
Mâcon
JURA
Lac de Léman
Poitiers
BOUR-
Saône
La Rochelle
BONNAIS
MARCHE
Vichy
LYON-
SAVOIE
AUNIS
Clermont-
NAIS
Lyon
Mont.-Blanc
SAINTONGE
Angoulême
Limoges
Ferrand
St. Étienne
Grenoble
ANGOU-
LIMOUSIN
AUVERGNE
Isère
MOIS
ITALIE
Bordeaux
Dordogne
MASSIF
DAUPHINÉ
GUYENNE
Lot
CENTRAL
Allier
Garonne
CEVENNES
Rhône
ALPES
COMTAT
PROVENCE
GASCOGNE
Tarn
Nîmes
Avignon
Nice
Menton
Biarritz
Toulouse
Montpellier
Cannes
MONACO
BÉARN
Pau
LANGUEDOC
Marseille
Toulon
PYRÉNÉES
FOIX
Perpignan
ROUSSILLON
ANDORRE

GOLFE DE GASCOGNE

ESPAGNE

MER MÉDITERRANÉE

ÉCHELLE
0   100   200
Km.

CORSE
Ajaccio

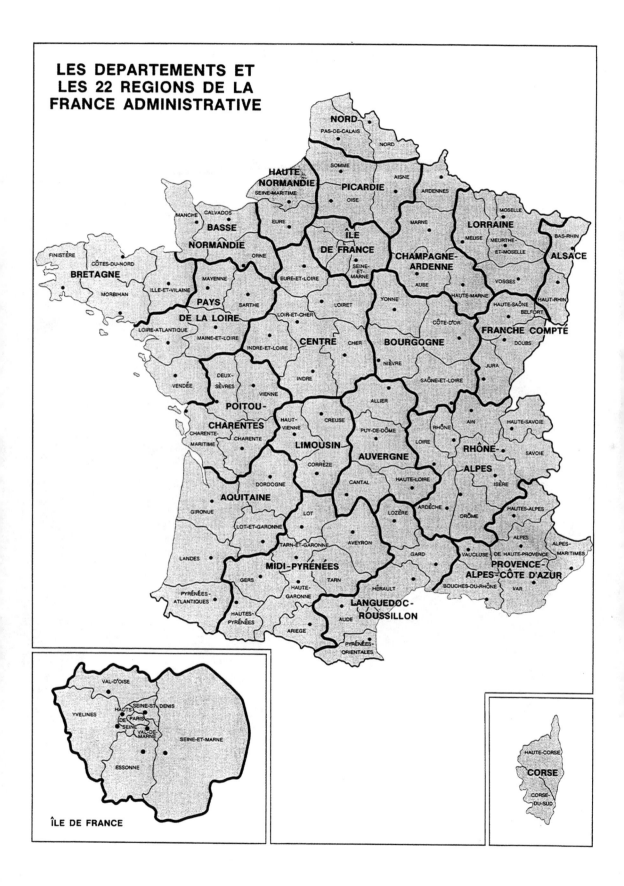

LES DEPARTEMENTS ET
LES 22 REGIONS DE LA
FRANCE ADMINISTRATIVE

NORD
PAS-DE-CALAIS
NORD
SOMME
AISNE
HAUTE NORMANDIE
SEINE-MARITIME
PICARDIE
OISE
ARDENNES
MOSELLE
LORRAINE
MEUSE
MEURTHE-ET-MOSELLE
BAS-RHIN
ALSACE
MANCHE
CALVADOS
BASSE NORMANDIE
EURE
ÎLE DE FRANCE
MARNE
SEINE-ET-MARNE
CHAMPAGNE-ARDENNE
HAUTE-MARNE
HAUTE-SAÔNE
BELFORT
HAUT-RHIN
FINISTÈRE
CÔTES-DU-NORD
ORNE
EURE-ET-LOIRE
AUBE
VOSGES
BRETAGNE
ILLE-ET-VILAINE
MAYENNE
LOIRET
YONNE
FRANCHE COMTÉ
MORBIHAN
PAYS DE LA LOIRE
SARTHE
LOIR-ET-CHER
CÔTE-D'OR
DOUBS
LOIRE-ATLANTIQUE
MAINE-ET-LOIRE
CENTRE
CHER
BOURGOGNE
JURA
INDRE-ET-LOIRE
NIÈVRE
DEUX-SÈVRES
INDRE
SAÔNE-ET-LOIRE
VENDÉE
VIENNE
ALLIER
POITOU-CHARENTES
HAUT-VIENNE
CREUSE
PUY-DE-DÔME
AIN
HAUTE-SAVOIE
CHARENTE-MARITIME
CHARENTE
LIMOUSIN
AUVERGNE
RHÔNE
LOIRE
RHÔNE-ALPES
SAVOIE
CORRÈZE
HAUTE-LOIRE
ISÈRE
DORDOGNE
CANTAL
AQUITAINE
LOT
LOZÈRE
ARDÈCHE
DRÔME
HAUTES-ALPES
GIRONDE
LOT-ET-GARONNE
AVEYRON
ALPES
ALPES-MARITIMES
LANDES
TARN-ET-GARONNE
GARD
VAUCLUSE
DE HAUTE-PROVENCE
MIDI-PYRÉNÉES
GERS
HAUTE-GARONNE
TARN
HÉRAULT
PROVENCE-ALPES-CÔTE D'AZUR
BOUCHES-DU-RHÔNE
VAR
PYRÉNÉES-ATLANTIQUES
HAUTES-PYRÉNÉES
LANGUEDOC-ROUSSILLON
AUDE
ARIEGE
PYRÉNÉES-ORIENTALES

VAL-D'OISE
YVELINES
SEINE-ST-DENIS
HAUTS-DE-SEINE
PARIS
VAL-DE-MARNE
SEINE-ET-MARNE
ESSONNE
ÎLE DE FRANCE

HAUTE-CORSE
CORSE
CORSE-DU-SUD